Mario Bretone
Geschichte des römischen Rechts

MARIO BRETONE

Geschichte des römischen Rechts

Von den Anfängen
bis zu Justinian

*Aus dem Italienischen übersetzt
von Brigitte Galsterer*

VERLAG C.H.BECK MÜNCHEN

Veröffentlichung in Zusammenarbeit mit der Biblioteca Italia, einem Programm
der Giovanni Agnelli Stiftung zur Verbreitung der italienischen Kultur.
Der Übersetzung liegt die 3., erweiterte Auflage 1989 folgender Ausgabe zugrunde:
Mario Bretone, Storia del Diritto Romano
© Gius. Laterza & Figli Spa, Roma – Bari, 1987

Alle in dem vorliegenden Band zitierten Cicero-Texte beruhen auf der
Übersetzung von Professor Manfred Fuhrmann, „Cicero. Sämtliche Reden",
7 Bde. (Artemis), Zürich 1970–1982

Die Deutsche Bibliothek – CIP-Einheitsaufnahme

Bretone, Mario:
Geschichte des römischen Rechts / Mario Bretone. Aus dem
Ital. übers. von Brigitte Galsterer. – 2. Aufl. München : Beck, 1998
   Einheitssacht.: Storia del diritto romano ⟨dt.⟩
   ISBN 3-406-44358-3

ISBN 3 406 44358 3

2. Auflage der deutschen Ausgabe, 1998
© C. H. Beck'sche Verlagsbuchhandlung (Oscar Beck), München 1992
Umschlagentwurf: Bruno Schachtner, Dachau
Satz und Druck: Appl, Wemding
Bindung: Conzella Verlagsbuchbinderei, Pfarrkirchen
Gedruckt auf alterungsbeständigem (säurefreiem) Papier
Printed in Germany

INHALT

Vorwort 11

I. Recht und Geschichte

1. Fakten, Institutionen – Der Text als Problem 15
2. Literarische und andere Quellen 18
3. Die Wahl der Perspektive und der „dogmatische Kern"
   der Romanistik 21
4. Eine Rechtsgeschichte – aber wie? 29
5. Das römische Recht als Erscheinungsform der Antike 34
6. Andere Kulturen 35

II. Die „antiken Gesetze" und der Sinn der Überlieferung

1. Von Panaitios zu Cicero: „es gibt mehrere Stufen der menschlichen
   Gesellschaft" 38
2. Weltherrschaft und politische Verfassung: Ein Bezug
   des Polybios auf die Zwölftafeln? 41
3. Die Zwölftafeln und das „Bild der Frühzeit" 45
4. Juristische und philologisch-antiquarische Forschung 50
5. Historische Distanz und ihre Aufhebung 53

III. Brauch und Gesetz in der archaischen Praxis

1. Typologie 56
2. Einige Fragen zum „Gesetz" in den Rechten der Antike 57
3. Zwölftafelgesetz und Schrift 59

4. Anregung durch griechische Vorbilder 62
5. Der Mechanismus des Wandels 65
6. Die „sinnlich faßbare Wirklichkeit" der Formen:
   Die Privatautonomie und der Prozeß 68
7. Das Zwölftafelgesetz – ein Codex für eine bäuerliche Gesellschaft? .. 74

IV. Priester und Deuter

1. Das Geheimnis der Priester 81
2. Eine „Zeichensprache" 84

V. Die Überwindung des Formalismus

1. Bauern und Händler 89
2. Das Handelsrecht 93
3. Die Spielregeln 95
4. Der Prätor und das Edikt 102
5. *Ius honorarium* 107

VI. Ein aristokratischer Beruf

1. Der Laie als Rechtsgelehrter 111
2. Recht, Philosophie und *artes liberales* 117
3. Der Jurist als Orakel 120
4. Bewahrung und Neuschaffung von Formeln 121
5. Mißtrauen gegenüber dem Gesetz 124
6. Die Überlieferung des *ius civile* 130
7. Das Edikt – ein ebenso brüchiger wie dauerhafter Text 132

VII. Das Responsum

1. Die Respondierpraxis und der Prozeß 138
2. Mündlichkeit und schriftliche Form 140
3. Methodische Umrisse 142

VIII. Der Jurist und der Kaiser

1. Die Diplomatie der Macht 147
2. Diskussionen im kaiserlichen Rat 149
3. Der Kaiser als Gesetzgeber, die Edikte und die Senatsbeschlüsse 153
4. Reskripte und Dekrete 158
5. Eine neue Macht? 161
6. Kaiserliche Normengebung und Jurisprudenz 163

IX. Öffentliche Verwaltung, Unterricht und Schulen

1. „Immensum corpus imperii" 170
2. Laufbahnen 173
3. Lehrer und Schüler 176
4. Der Jurist als Philosoph 184

X. Literarische Formen

1. Die problematischen Schriften 187
2. Kommentare und andere Schriften 189
3. Neue Interessen 193

XI. Die Mittel eines Faches

1. Das kollektive Werk und die einzelnen Darsteller 195
2. Alte und neue Wege. 197
3. Der „Fall" und das Problem 201
4. Wie entsteht eine Regel? 205
5. Zeitlose Dialoge 208
6. Die Sorge um die Wörter 211

XII. Naturrechtliche Vorstellungen

1. Die großen Symbole 216
2. Der Konsens der Weisen und der „Konsens der Völker" 217
3. Schein und Sein 220
4. „Aequitas civilis" und „aequitas naturalis" 222
5. Das „gerechte Gesetz" 227
6. Das Recht jenseits der menschlichen Gesellschaft 229

XIII. Das spätantike kodifizierte Recht

1. Absolutismus und Gesetzgebung 234
2. Eine legalistische Mentalität 238
3. Die literarische Entwicklung 241
4. Der Codex als Buch und als Gesetzestext:
   private Sammlungen und die Kodifikation durch Theodosius II. 244
5. Das „Rechtswissen" der barbarischen Könige 249
6. Die Kodifikation Justinians 251
7. Die Novellen und die Beziehungen zur klassischen Welt 256
8. System und Zeit 259
9. Die Utopie vom „einfachen Gesetz" 261

Inhalt 9

Anmerkungen

I. Recht und Geschichte 269   II. Die „antiken Gesetze" und der Sinn der Überlieferung 273   III. Brauch und Gesetz in der archaischen Praxis 278   IV. Priester und Deuter 288   V. Die Überwindung des Formalismus 290   VI. Ein aristokratischer Beruf 297   VII. Das Responsum 305   VIII. Der Jurist und der Kaiser 308   IX. Öffentliche Verwaltung, Unterricht und Schulen 316   X. Literarische Formen 322   XI. Die Mittel eines Faches 323   XII. Naturrechtliche Vorstellungen 331   XIII. Das spätantike kodifizierte Recht 338

Chronologische Übersicht 351

Die Juristen und ihre Werke 369

Bibliographischer Anhang 380

Abkürzungsverzeichnis 421

Sachregister 433

Quellenindex 449

VORWORT

Dieses Buch ist keine systematische Darstellung des römischen öffentlichen oder Privatrechts; es hat keinerlei enzyklopädische Ambitionen. Die großen Abhandlungen des 19. Jahrhunderts und die von ihnen ausgehende Literatur haben bis heute die beiden Wege der systematischen oder der enzyklopädischen Darstellung beschritten. In verschiedenartigster Weise hat man Systematik und Geschichte verbunden. Es entstanden klassische Werke, die dazu beigetragen haben, unsere historisch-juristische Sensibilität zu formen; sie haben ihre Faszination ungebrochen bewahrt. Es ist immer von Nutzen, durch ihre Schule zu gehen. Man sollte sie aber nicht als ein ungeheures Archiv verwenden, sondern dazu, über den in ihnen enthaltenen Schatz an Konzepten nachzudenken. Wollte man ihrem Beispiel einfach folgen, bestünde die Gefahr, in veraltete Formen Probleme zu gießen, die sich jenseits der Enge eines strengen „Schematismus" neu herausgebildet haben. Andererseits kann eine Rechtsgeschichte, wenn es überhaupt eine gibt, nicht im reinen und schlichten Erzählen bestehen, und nicht darin, daß man darin wirr alles aufnimmt.

Das Recht ist praktisch ausgerichtetes Handeln und Wissen, das sich bisweilen bis zu den Höhen theoretischer Reflexion aufschwingt. Der Mensch der Antike hat sich, wie der der Neuzeit, mit dem Recht die historischen Zusammenhänge organisiert, die sein Gemeinschaftsleben bestimmen. In der römischen Welt gewinnt die juristische Erfahrung ihr ganz besonderes Aussehen. Es ist nicht das Ziel dieses Buches, dieses in allen seinen Facetten zu beschreiben, sondern die zugrunde liegenden Strukturen und die Überzeugungen, die es leiten, in ihrem Werden und ihrem Wandel zu erfassen. Es soll in gewisser Weise der tiefere Gesamtsinn des römischen Rechts sichtbar werden. Die Darstellung entwickelt sich anhand einiger grundlegender Themen; dabei folgt sie natürlich einem chronologischen Faden. Das Nachdenken über die Zwölftafeln in den letzten 150 Jahren der Republik und in den beiden ersten Jahrhunderten der Kaiserzeit ist natürlich für sich selbst von Bedeutung, stellt aber auch einen guten Ausgangspunkt dar. Von dort geht es zurück bis zur Gesetzgebung der Decemvirn, einem historischen Ereignis ersten Ranges, und dann in umgekehrter Richtung wieder weiter vorwärts. Den Endpunkt bildet die Kodifikation Justinians, die die Schwierigkeiten jener Zeit durch eine Rekapitulation des Vergangenen lösen wollte; sie ist ein bewährter und symbolischer Endpunkt. Die Kodifikation Justinians steht, wie jedes historische Ereignis, zwischen einer Vergangenheit und einer Zukunft; sie beschließt eine „Geschichte des römischen Rechts", ist aber Grundlage des byzantinischen Rechtsdenkens und speist die mittelalterliche und moderne Rechtskultur in Europa. In einem chronologischen Bogen, wie wir ihn gewählt haben, springen die Kontinuitäten und die Unterschiede ins Auge. Die Fragen sind von Fall zu Fall verschieden, aber es sind stets spezifische Fragen, die nur bei einer historisch-juristischen Einbindung der Forschung richtig gestellt werden können. Sind es aber auch relevante Fragen, die hier gestellt werden? Ich bejahe dies selbstverständlich. Es gibt nicht nur einen Weg, die Antike zu erfassen und zu verstehen, sondern man kann verschiedene einschlagen, und ich habe einen von ihnen gewählt. Ob es freilich noch der Mühe wert ist, die Antike zu erforschen, oder ob man nicht das, was einem immer mehr aus dem Blickfeld gerät, lassen sollte, ist eine andere Frage. Freilich ist es für das zeitgenössische Bewußtsein nicht gleichgültig, ob man in dem einen oder anderen Sinne antwortet.

Ich hätte nie begonnen, dieses Buch zu schreiben, wenn ich es nicht an einigen neuralgischen Punkten an einer Reihe von Einzeluntersuchungen hätte festmachen können, die ich in den vergangenen Jahren durchgeführt habe und deren Gegenstand vor allem die römische Jurisprudenz ist. Der eigentliche Ursprung des Buches liegt jedoch in meinen Vorlesungen und Seminaren. Dies zeigt sich in der Anlage, in der Auswahl der Quellen und in der Darstellung. Das Buch möchte sich nicht nur an den eigentlichen Fachmann wenden, ohne dabei jedoch auf einen kritischen Ansatz zu verzichten. Einige Sätze, die ich geschrieben habe, sind möglich, weil ich die Dinge von einer höheren Warte aus betrachte; sie wären weniger zu rechtfertigen, wenn ich sie aus der Nähe ansähe. Ich möchte damit nicht sagen, daß ich immer die Details vernachlässigt habe. Oft habe ich mich sogar viel zu sehr damit aufgehalten. „Die Kritik ist eine gefahrvolle Arbeit" hatte Bayle gewarnt, „wenn wir gewisse Einzelheiten übergehen, hält uns all unser übriges Wissen nicht von einem Fehlurteil ab".

Die antike Welt besteht nicht nur aus dem griechisch-römischen Umkreis. Komparatistische und andere Anforderungen verpflichten den Rechtshistoriker, die Kulturen jenseits dieses Umkreises nicht außer Acht zu lassen; freilich weiß jeder, daß diese der Gegenstand selbständiger Wissenschaften, und nur für diejenigen direkt zugänglich sind, die sie betreiben. Ich habe auch versucht, die Spannung zwischen empirischen Angaben und heuristischen Entwürfen, welche die historische Arbeit kennzeichnen, deutlich zu machen. Die ersteren sagen nichts ohne die letzteren, aber die letzteren bilden und präzisieren sich erst bei der Forschung selbst und man kann sie stets korrigieren und der Kritik unterziehen. Bisweilen habe ich lediglich gängige Kenntnisse und anerkannte Ergebnisse (oder was man dafür hält) vorgetragen, oder auch unlösbare Schwierigkeiten und Probleme; oder ich habe Möglichkeiten aufgezeigt und Vermutungen vorgeschlagen, die noch auf analytischer Ebene der Vertiefung bedürften. Derartige Ungleichheiten werden in dem Maß sichtbarer, in dem sich der Rahmen der zur Debatte stehenden Fragen erweitert. Jedenfalls ist richtig, daß es niemals einen geometrischen Punkt geben wird, wo sie verschwinden. Andererseits weiß jeder Historiker, der es gewohnt ist, mit einer so heiklen Kategorie wie der Zeit umzugehen, daß auch seine eigene Arbeit auf sie Rücksicht nehmen und sich auf diese Weise ebenso zufällige wie notwendige Grenzen setzen muß.

> Tempora labuntur, tacitisque senescimus annis
> Et fugiunt freno non remorante dies.

Von 1984–1986 konnte ich das Thema des 2. Kapitels in einer Vorlesung an der Juristischen Fakultät in Siena, in einem Seminar beim Fachbereich Politologie der Universität Turin, und bei der 3. Rechtshistorikertagung in Copanello behandeln; die Themen des 11. und 12. Kapitels habe ich in zwei Seminaren, am Institut für Rechtsphilosophie an der Universität „La Sapienza" in Rom und am Rechtshistorischen Institut der Universität Warschau vorgetragen. Die endgültige Fassung hat sehr viel durch die dortigen Diskussionen gewonnen. Einige Freunde, Filippo Cassola, Federico D'Ippolito und Tullio Spagnuolo Vigorita haben verschiedene Teile des Manuskripts gelesen, das auf seinem Rand noch ihre Bemerkungen trägt. Mit meinen ständigen „philologischen" Fragen habe ich die unerschöpfliche Geduld von Luciano Canfora und Paolo Fedeli auf die Probe gestellt; es ist mir unmöglich, allen denjenigen einzeln zu danken, die mir bei verschiedenen Gelegenheiten Informationen und Rat zuteil werden ließen. Es ist überflüssig zu betonen, daß ich allein für die Meinungen, die ich vertrete und für die Fehler, die mir vielleicht unterlaufen sind, verantwortlich bin. Wie immer, danke ich Amalia Sicari für ihre wertvolle Hilfe; Venanzia Giodice half mir bei der Schlußdurchsicht. Viel verdanke ich der ausdauernden Mitarbeit der Bibliothekarin des Instituts für Römisches Recht, Carmela Tramoni. Meine Frau hat mit ihrer Ironie versucht, mich bei meiner Arbeit aufzuheitern; sie hat mich vor völliger Isolierung bewahrt.

Bari, Dezember 1986.   M. B.

Ich betrachte die Übersetzung meiner *Storia del diritto romano* ins Deutsche als eine Auszeichnung. Die romanistische Forschung spricht, zumindest seit Hugo, mit grundlegenden Werken in dieser Sprache zu uns. Jeder Rechtshistoriker weiß dies. Ich selbst habe meine ersten Erfahrungen mit dieser Sprache zu Beginn meines Studiums in einer wunderbaren napoletanischen Privatbibliothek gemacht. Die Erinnerung daran ist mir besonders lieb.

Die deutsche Ausgabe meiner *Storia* ist, auch im Vergleich zur letzten italienischen, in Wirklichkeit eine Neuausgabe. Ich habe einige besondere Probleme im 6. und 12. Kapitel vertieft. Die Anmerkungen zeigen hie und dort einige Kürzungen. Ich habe den bibliographischen Anhang, soweit es mir erforderlich schien, ergänzt und aktualisiert, aber auch reduziert.

Mit Brigitte Galsterer stand ich lange im Gespräch. Ihr gilt nun mein herzlicher Dank für die Geduld und die Intelligenz, mit der sie dieses Buch übersetzt hat.

Bari, im Juni 1992 M.B.

Anmerkung der Übersetzerin:

Wörtliche Zitate aus der nicht-deutschsprachigen Sekundärliteratur sowie aus lateinischen und griechischen Autoren wurden, soweit vorhanden, aus gängigen deutschsprachigen Übersetzungen übernommen.

Das schwierigste Übersetzungsproblem stellten die Zitate aus den Digesten dar, für die keine neuere deutsche Übersetzung vorliegt; sie wurden aus dem Lateinischen übersetzt, wobei versucht wurde, die Eigenheiten der italienischen Übersetzung des Autors zu berücksichtigen.

B.G.

I. RECHT UND GESCHICHTE

1. Fakten, Institutionen – Der Text als Problem

Die Sucht nach dem Alten, schrieb Horaz in seinem Brief an den Kaiser, kennt keine Grenzen: dies geht bis zu der Vorstellung, die Musen hätten vom Albanerberg herab die Gesetze der Decemvirn und die Verträge der Königszeit, die Bücher der Priester und die uralten Bände der Weissagungen diktiert.[1] Die poetischen Argumente des Horaz standen im Gegensatz zu dem bei den Römern weit verbreiteten Archaismus und versuchten, eine ironische Distanz auszudrücken. Aber konnten diese Dokumente ihrer lange zurückliegenden Vergangenheit den Römern der augusteischen Zeit oder der späten Republik, abgesehen von einer legendären Darstellung, irgendeine Hilfe für die Rekonstruktion ihrer Vergangenheit sein? Diese Frage formulierte gegen Mitte des 18. Jahrhunderts Louis De Beaufort in seiner *Dissertation sur l'incertitude des cinq premiers siècles de l'histoire romaine*.[2] Lediglich die Friedensverträge oder die Bündnisse waren seiner Meinung nach von Nutzen: „Was die Zwölftafelgesetze und die Bücher der Priester anbelangt, so waren sie gewiß nützlich, um Kenntnisse über die Verfassung der Regierung der Frühzeit und die Ursprünge bestimmter Gebräuche und religiöser Zeremonien zu vermitteln; sie konnten jedoch keinerlei Hilfe sein, um Fakten sicher zu ermitteln, um Ereignisse in eine gewisse Ordnung zu bringen und ihre Datierung festzulegen: also das, was für die Geschichte entscheidend ist."

Die Kritik De Beauforts hält an der herkömmlichen Unterscheidung zwischen dem Antiquarischen und der Historiographie fest und nimmt sie als Wertmaßstab, – eine Unterscheidung, die ihn noch lange überleben sollte: Im Zentrum historischen Bemühens steht das „Ereignis" im engeren Sinn des Wortes, während die Institutionen in das Gebiet des Antiquarischen fallen. Für uns gilt dies nicht in gleicher Weise. Gewiß ist aus unserer Sicht ein stimmiges chronologisches Gerüst für die Geschichte ebenso wesentlich, „wie die Genauigkeit der Maße für die Physik".[3] Wir stellen fest, daß eine Schlacht, ein vorübergehendes politisches Bündnis oder die Ermordung eines Tyrannen sich nicht auf derselben Ebene der „Realität" bewegen und so dauerhaft sind, wie die Volksversammlung, der Senat und die Magistratur (die „Wahrzeichen einer Republik"),[4] oder wie die juristisch-literarische oder kodifizierende Praxis. Niemand wird freilich die Geschichte lediglich auf die Ereignisse beschränken oder sich damit bescheiden, die Institutionen in ihrer abstrakten Struktur zu betrachten. Anderseits sind Ereignisse und Institutionen vom bewußten und unbewußten Handeln der Menschen und sowie von Kräften, die im Innern einer Gesellschaft wirken, abhängig; um sie herum gruppieren sich Ideen und Überzeugungen oder Theorien, und es bildet sich „die Bedeutungs- und Sinnstruktur, ohne die es keine menschliche Gesellschaft gäbe".[5] Um ein Beispiel zu nennen: Das Zwölftafelgesetz interessiert uns als politische Tatsache, als Ausfluß eines gesellschaftlichen Konfliktes in der römischen Gemeinschaft des 5. Jahrhunderts v. Chr.; daneben interessiert es aber gleichzeitig in seiner formalen Ausformung, als normensetzender Text, der mit technischem Sachverstand auf der Grundlage oft älterer Gebräuche ein Netz von Beziehungen regelt. Eben weil sie so geregelt sind, stellen sich diese Beziehungen im Bewußtsein der Menschen „isoliert" als juristisch dar. Im Hinblick auf das Gesetz ist eine ganz subtile Interpretationsarbeit wichtig, und man darf daher die Art und Weise, in der Generationen im Lauf der Zeit die Erinnerung daran weitergaben, nicht außer acht lassen.

Wir sagten: Der Text der Zwölftafeln. Auch wenn er lange in Bronze oder in Eichenholz eingegraben erhalten geblieben wäre, hätte man ihn mündlich in unterschiedlichsten Formen weitergegeben, und die „Weisen" hätten ihn nicht nur in einer einzigen Art verstanden. Der Text war jedoch in seiner epigraphischen Form bereits einige Jahre nach seiner Publikation schon nicht mehr zu lesen. So wie wir ihn kennen, kann man ihn aus einer unsicheren literarischen Überlieferung, die ihn nach und nach modernisiert und verändert hat, ableiten. Diese Modernisierung und Veränderung war, wie wir annehmen dürfen, nicht nur sprachlicher Natur. Will man sich eine Vorstellung davon machen, dann müssen zunächst die „Fragmente" wieder zusammengestellt werden. Die Geschichte der antiken Rechtskultur erfordert häufig diese Art von „Archäologie". Wir verwenden sie zum Beispiel für ein so wichtiges Dokument wie das Edikt des Prätors. Auch die Werke der spät- (und mittel-)republikanischen und der frühkaiserzeitlichen Juristen sind zum allergrößten Teil nur auf diese Weise rekonstruierbar. Ihr Überlieferungszustand und ihre Menge sind von jahrtausendalten historischen Entwicklungen bedingt. Der Wandel in der Buchform, von der Papyrusrolle zum Kodex – eine „Revolution", die sich, wie wir noch sehen werden, in der Kaiserzeit vollzog – war dabei von entscheidender Bedeutung. Wie auch andere literarische Werke, litten die juristischen an einem Fehlen des Schutzes der Kulturgüter: es scheint, als hätten sie lediglich in gewissem Maß die gesetzgeberischen Maßnahmen Konstantins, und ein Jahrhundert später die Valentinians III. und Theodosius' II., geschützt.[6] Das Risiko von Veränderungen und Aktualisierungen oder regelrechter Fälschung war indes ein Teil ihrer Aufgabe, nämlich für den Gebrauch da zu sein.

Von der gesamten klassischen Jurisprudenz haben wir allein vom „Handbuch" des Gaius direkte Kenntnis. Dieses Werk entstand in der Mitte des 2. Jahrhunderts n. Chr. und noch im 5. Jahrhundert waren wohl einige Exemplare davon in Italien im Umlauf. Barthold Georg Niebuhr hatte im Jahr 1816 das Glück, auf eines dieser Exemplare in der Kapitelsbibliothek in Verona zu stoßen, einer Bibliothek, die „vorzüglich reich an sehr alten lateinischen Membranen" war. Auf einem einzigen Blatt war der Text des Gaius als solcher lesbar und Niebuhr erkannte ihn schnell, obgleich der Name fehlte. Auf anderen Blättern mußte er den Text unter einer Schrift des 9. Jahrhunderts, nämlich unter den „Briefen" des Hieronymus erahnen, der auf dem wiederverwendeten Pergamentkodex über den Text des Gaius geschrieben war. Nach und nach enthüllte der Palimpsest sein Geheimnis und erweckte „große Hoffnungen für die Rechtsgeschichte".[7] Leider hatte kein anderer Text das Schicksal des Gaius. Autoren, wie seine Zeitgenossen Iulianus oder Pomponius, oder wie Papinian, Paulus und Ulpian, die vierzig oder fünfzig Jahre nach ihm lebten, kennen wir fast ausschließlich durch die justinianische Kompilation.[8] Die kaiserlichen Kommissare hatten zu Beginn des 6. Jahrhunderts in ihren Bibliotheken noch den Kommentar zu Quintus Mucius von Pomponius und zu Masurius Sabinus, nicht hingegen den monumentalen Kommentar des Pomponius zum Edikt, den sie lediglich aus zahlreichen Hinweisen bei späteren Juristen kannten. Diesem Werk war dasselbe Schicksal beschieden wie den älteren Kommentaren des Servius und des Ofilius oder des M. Antistius Labeo zum Edikt. Die Bücher zum *ius civile* des Q. Mucius Scaevola, die zwischen den Kriegen und den inneren Unruhen der späten Republik entstanden, hat man nach der großen Zeit der Rechtswissenschaft in der Severerzeit schwerlich noch gelesen; dennoch war ihr Erscheinen ein literarisches Ereignis, sie befruchteten die juristische Überlieferung zumindest auf dem Gebiet des Privatrechts und bildeten (worauf man in der Forschung hingewiesen hat) die Grundlage des juristischen Denkens in Europa.[9]

Die Beispiele ließen sich beliebig vermehren. Wenn man es recht betrachtet, ist jede Literatur ein „Fragment von Fragmenten". „Das wenigste dessen, was geschah und was gesprochen worden, ward geschrieben, vom Geschriebenen ist das wenigste übrig geblieben".[10] Für die juristische Literatur stellt sich diese Wahrheit noch viel deutlicher dar. Der heutige Leser der Digesten wird noch mehr als der mittelalterliche des Schweigens gewahr, das diese ungewöhnliche Anthologie umgibt. Wieviele Bücher sind darin nicht aufgenommen, wieviele Autoren sind darin nicht einmal erwähnt? So wie eine Literatur sich selbst „konserviert", so zerstört sie im Laufe ihrer Entwicklung die Menge dessen, was von aktueller Bedeutung war und über diesen Augenblick hinaus seine Wirkungskraft verloren hatte. „Die Nachwelt trifft eine Auswahl, nicht absolut gerecht, aber doch mit geschichtlich erkennbarer Nothwendigkeit".[11] Andererseits formulierten die Juristen nicht jede ihrer Überlegungen schriftlich. Die Worte, die sie sprachen, jedoch nicht in ihre Bücher übernahmen, und die kein Schüler und kein Zuhörer für aufzeichnungswürdig hielt (wie Gellius bei

Caecilius Africanus),[12] werden wir nie erfahren; wichtig ist jedoch der Hinweis, daß sie für Intellektuelle, die sie oft lange im Gedächtnis behielten, gleichwohl bedeutsam waren. Im übrigen bewahrte ein Rechtsbescheid, der in schriftliche Form gebracht wurde, recht wenig von seinem mündlichen Vorgang. Dasselbe könnte man von einer *disputatio* sagen: und wieder etwas anderes war wohl die Debatte, so wie sie sich „im Lichte des Forums" oder im Auditorium, in dem der Jurist seine Vorlesungen hielt, abspielte.

Für uns ist somit jeder Text in seiner Zusammenstellung als Text ein Problem, und wir können an ihm jeweils unterschiedliche Seiten wahrnehmen. In einem juristischen Text, in einem Gesetz oder in einer rechtswissenschaftlichen Abhandlung sind sowohl der Stil im engen Sinn des Wortes als auch die Fachterminologie von Bedeutung; dies gilt sowohl für die dahinter stehende intellektuelle Tätigkeit wie für die sozialen Bezüge, die er offenlegt oder stillschweigend mit einbegreift. Der Text kann insgesamt eine individuelle Mitteilung oder das mehr oder weniger getreue Spiegelbild einer kollektiven oder anonymen Wirklichkeit sein; er kann zu statistischen Berechnungen etwas beitragen oder eine ganz besondere menschliche Situation beleuchten. Derjenige, der sich mit dem Text beschäftigt, muß als erstes Hindernis seine Fremdheit überwinden. „Die Vergangenheit", schreibt Jakob Burckhardt, ist „in ihrer Äußerung anfangs immer fremdartig und ihre Aneignung eine Arbeit". Diese Arbeit kann die ganze Person fordern. Die antiken Autoren müssen „ganz gelesen werden", und mehrmaliges Lesen ist erforderlich: anfangs „kämpft man oft noch zu sehr mit den sprachlichen und sachlichen Schwierigkeiten".[13]

2. Literarische und andere Quellen

Die Überlieferung, ohne die es keine Geschichte gibt, besteht nicht nur aus den antiken Autoren und ihren Werken, die auf unterschiedlichen Wegen auf uns gekommen sind. Kein Rechtshistoriker könnte sich ausschließlich literarischer Texte bedienen, und noch viel weniger nur der antiken Rechtsliteratur, auch wenn dies allein mit allen damit verbundenen Schwierigkeiten ausreichen würde, alle seine Energien zu binden. Neben den literarischen Quellen stehen andere: epigraphische und papyrologische, numismatische, ikonographische und archäologische. Sie können von Fall zu Fall von außerordentlicher Bedeutung sein. Es wurde bereits seit längerem erkannt, daß „alles, was der Mensch sagt oder schreibt, alles was er erbaut oder berührt, Informationen über ihn liefern kann und soll". Diese Beobachtung gilt auch für die Rechtsgeschichte. Die Zeugnisse sind vielfältiger und jedes einzelne historische Problem hat es mit einer Vielfalt von Zeugnissen zu tun. Marc Bloch hat treffend bemerkt:

2. Literarische und andere Quellen

„Wer der Ansicht ist, jedem historischen Problem entspreche nur eine einzige, speziell dafür geeignete Kategorie von Dokumenten, der irrt sich gründlich. Im Gegenteil, je mehr sich die Forschung bemüht, zu den grundlegenden Tatsachen vorzudringen, desto weniger kann sie darauf verzichten, sehr verschiedenartige Dokumente heranzuziehen, da oft nur deren Konvergenz eine Sache zu erhellen vermag. Welcher Religionshistoriker gäbe sich damit zufrieden, nur theologische Traktate oder Hymnensammlungen auszuwerten? Er weiß genau, daß er aus den Malereien und Skulpturen an den Wänden von Heiligtümern sowie aus der Anlage und Ausstattung von Gräbern mindestens ebensoviel über den Glauben und die Gefühlswelt früherer Generationen erfahren kann, wie aus vielen schriftlichen Quellen... Würde es zum Verständnis der heute bestehenden Gesellschaftsformen etwa ausreichen, sich in die Lektüre von Parlamentsdebatten oder Regierungsakten zu vertiefen? Muß man heutzutage nicht in der Lage sein, eine Bankbilanz zu lesen, einen Text, der für einen Laien genauso unverständlich ist wie Hieroglyphen? Könnte man sich vorstellen, daß ein Historiker, der sich mit dem Zeitalter der Maschine befaßt, von der Konstruktion und Modifikation einer Maschine nichts weiß?"[14]

Selbstverständlich erfordern verschiedene Arten von Quellen unterschiedliche Fachkenntnisse, und interdisziplinäre Beziehungen können sich sowohl innerhalb der Altertumswissenschaft als auch außerhalb ihrer Grenzen als notwendig erweisen. Wir versuchen, die Vergangenheit auf vielerlei Weise zu rekonstruieren, in erster Linie freilich vermittels der Worte, die andere Menschen aufgeschrieben haben und die die Überlieferung zu unserem Glück bewahrt hat. Worte sind nichts Unbewegliches. Einige erscheinen klar, wie Staat oder Nation, Wirtschaft, Familie, Kultur oder Zivilisation; vor dem 19. Jahrhundert jedoch, bevor sich Wissenschaften wie Soziologie, Staatswirtschaft und Historiographie im modernen Sinne des Wortes herausbildeten, hatten sie nicht dieselbe Bedeutung, die sie heute für uns haben. Damals und auch in der Antike hatten diese oder entsprechende Wörter andere Bedeutungen, oder Wörter hatten große Bedeutung, die sie in der Folgezeit verloren. Dasselbe gilt auch für das Recht. Die Annahme wäre irrig, daß die Bezeichnung „Gesetz", die wir verwenden, um *lex* oder *nomos* oder andere entsprechende Termini wiederzugeben, immer dasselbe meint, wenn wir uns auf das republikanische oder kaiserzeitliche Rom, auf das demokratische Athen oder auf die heutigen parlamentarischen Staaten in Europa beziehen. Eine der Aufgaben beim kritischen Studium des römischen oder anderer antiker Rechte besteht darin, auf einem sehr heiklen Gebiet die scheinbare leichte Verständlichkeit der Sprache aufzubrechen.

Der Historiker, der sich mit der antiken Welt befaßt, ist wie jeder andere Historiker weder Wahrsager noch Wünschelrutengänger. Andererseits hat er „per definitionem nie persönlich an den Ereignissen teilgenommen, über die er berichtet".[15] Dies gilt nicht nur für die Großereignisse, wie Kriege oder Revolten, Blutbäder oder Epidemien, es gilt auch für anders geartete Vorkommnisse. Es fehlt ja nicht an lebendigen Beschreibungen von Verhören und Prozessen sowie an Schlachtenbeschreibungen; wir kennen die Streitigkeiten von

Personen, die bei einem Gesetzesantrag oder einem Senatsbeschluß sowohl Teilnehmer als auch Zuschauer waren. Wenn wir die Quellen zur juristischen Praxis in einem bestimmten Licht betrachten, dann sind sie ähnlich. Wir müssen eines festhalten: Das Recht verfährt nach dem Prinzip einer ständigen Reduktion typischen menschlichen Handelns, es hat mit Modellen, Regeln und Normen zu tun, und es ist nicht „Beschreibung" eines tatsächlichen und konkreten Vorgangs.[16] Die juristische Darstellung eines Kaufvertrags oder eines Testaments, eines Diebstahls oder irgend eines anderen Deliktes bedeutet nicht, einen der unendlichen faktischen Vorfälle zu erzählen, sondern den Typus oder die „Form" in seiner normativen Tragweite zu erfassen. Eben diese faktischen Ausprägungen werden in den Quellen zur juristischen Praxis wirklichkeitsgetreu berichtet. Um eine Vorstellung davon zu vermitteln, sollten wir einen Kaufvertrag nachlesen, der in griechischer Sprache in Askalon, einer Stadt in Palästina, um die Mitte des 4. Jahrhunderts n. Chr. aufgezeichnet wurde, und auf einem Papyrus aus Arsinoe erhalten ist:

„Flavius Vitalianus, Biarch der Einheit der Kataphraktenreiterei, die nun unter dem Kommando des Tribunen Dorotheus in der Stadt Arsinoe in Ägypten stationiert ist, hat guten Glaubens von Flavius Agemundus, Unteroffizier bei dem numerus der auxiliares Constantiaci unter dem Kommando des Tribunen Varius, jetzt abkommandiert zur Führung der „familia" der hier liegenden tüchtigen Truppe der Constantiaci, einen ihm gehörigen Sklaven gekauft. Der Sklave heißt Argutes, oder wie er sich auch immer nennt oder genannt wird; er ist gallischer Herkunft und ungefähr 14 Jahre alt; seine Hautfarbe ist hell, er ist stupsnasig und hat schöne Augen und glatte Haare. Der vereinbarte Preis beträgt 18 Solidi, jeder zu 4 Scrupuli und mit Bildern auf beiden Seiten. Der Verkäufer hat diesen Preis von 18 Goldstücken aus der Hand ausgezahlt vom Käufer empfangen, der sie gemäß dem oben genannten Vertrag übergeben hat. Er hat ihm den Sklaven übergeben, so daß er nun rechtmäßig über ihn verfügen kann und er seiner Gewalt untersteht; er kann ihn verkaufen oder sich seiner so bedienen, wie es ihm beliebt, von heute an und für immer".[17]

Beim Testament sind die Einzelheiten nicht nur äußerlich. Bekanntlich war das Testament der wichtigste Rechtsakt eines römischen Bürgers. Die Abhandlungen zum Privatrecht beginnen damit und jedwedes juristische Werk widmet dem Testament breiten Raum. Gleichwohl kann, von der Natur der Sache her, keine juristische Abhandlung uns das Gefühl und die Regungen dessen, der sein eigenes Testament schrieb oder schreiben ließ, übermitteln; nur ab und zu können wir einen ganz schwachen Widerhall davon erfassen. Allein die testamentarischen Verfügungen lassen uns dahinter blicken, wie z.B. bei der mittelalterlichen Abschrift einer verlorenen Inschrift, die das Testament eines römischen Bürgers gallischer Herkunft wiedergibt und die wahrscheinlich in trajanischer Zeit entstanden ist:

„Ich übertrage die Sorge für meine Bestattung und die Totenfeier und alles andere, sowie für die Errichtung des Grabbaus und des Grabmals dem Sextius Iulius Aquila, meinem Neffen, und dem Macrinus, dem Sohn des Reginus, und dem Sabinus, dem Sohn des Dumnedorix, sowie dem Priscus, meinem Freigelassenen und Verwalter. Ich bitte sie, für alle diese Dinge Sorge zu tragen und ich stelle ihrer Billigung all das, was ich verfügt habe, was nach meinem Tod geschehen soll, anheim. Ich verfüge, daß meine gesamte Ausrüstung, mit der ich mich für Jagd und Vogelfang ausgestattet habe, mit mir verbrannt wird: Lanzen, Schwerter, Messer, Netze, Vogelnetze, Schlingen, Leimruten, Zelte, Vogelscheuchen, Badeausrüstung, Sänften, Tragsessel, und alle Substanzen und Ausrüstungsgegenstände, die zu dieser Beschäftigung nötig sind. Auch der aus Binsen hergestellte Nachen soll mit verbrannt werden, so daß nichts ausgenommen wird. Ich hinterlasse einige damastene und bestickte Gewänder und alle Sterne aus Elchgeweih ...".[18]

3. Die Wahl der Perspektive und der „dogmatische Kern" der Romanistik

Angesichts einer beliebigen antiken, wie jeder Gesellschaft, die sich von der unsrigen unterscheidet, kann man sich die Frage stellen, inwieweit der von außen kommende Betrachter in der Lage ist, sie zu verstehen. Gewiß, er befindet sich nicht im Stande der Unschuld, und selbst wenn er es wäre, machte dies seine Aufgabe nicht leichter. Er greift auf seine Erfahrungen, auf seine eigene kulturelle Situation zurück und wird im Lauf seiner Untersuchung die Gesichtspunkte, die Interpretationsmuster, die „Modelle", die ihm zum Verstehen der Daten von Nutzen sind, herausarbeiten. Die Daten wie die Gesichtspunkte sind einer ständigen Überprüfung unterworfen; sie werden dadurch berichtigt und einem bestimmten Zweck angepaßt, nämlich den Gegenstand der Untersuchung in seiner Eigenständigkeit zu begreifen. Daß dieser Zweck lediglich das Fragliche seiner Untersuchung bezeichnet, und nicht das Ziel, das man sicher und bestimmt erreichen kann, nimmt ihm nichts von seinem Wert und der Notwendigkeit, ihn zu verfolgen. Alle Forschung ist im Grunde ein provisorisches Unternehmen, und die Aussicht, daß ein Erkenntnisfortschritt immer möglich sei, genügt als Rechtfertigung.

Die historische Forschung kommt ohne eine Perspektive nicht aus. Ohne Blickwinkel und Perspektive kann man sich vielleicht eine Materialsammlung vorstellen, nicht jedoch Bedeutungen herausarbeiten. Das Bild eines Gebäudes oder eines Irrgartens, an das die Geschichte manchmal erinnert, ist nicht so abwegig, wie es auf den ersten Blick erscheint. In diesem Gebäude, „in dem wir eingeschlossen sind, langweilen wir uns nie (ein absoluter Geist, der seine Anlage kennen würde und nichts zu entdecken und zu beschreiben hätte, würde sich dort langweilen)".[19] Der Gesamtplan entzieht sich uns, aber einzelne Winkel erschließen sich unserem Auge, wenn wir unseren Blick nur richtig auszurichten vermögen. Kann eine juristische Perspektive zum Verständnis der Antike beitragen?

Auf den ersten Blick würde man sagen (und auch wir haben dies auf diesen einleitenden Seiten zunächst gedacht), es liege auf der Hand, daß es die Rechtsgeschichte mit dem Recht zu tun habe, wie die Literaturgeschichte mit der Literatur, die Kunstgeschichte mit der Kunst, die Religionsgeschichte mit der Religion, und so fort. Wo nun aber genau die Grenzen dieser einzelnen Geschichten zu ziehen sind, ist gar nicht so einfach festzustellen, und man kann sogar bezweifeln, ob es solche gibt. Wie wir noch sehen werden, sind in der Rechtsgeschichte die Dinge noch komplizierter als anderswo. Dabei können wir annehmen, daß jeder von uns über einige Erfahrungen mit dem Recht verfügt. Wie L. A. Hart feststellt, gibt es nur wenige Menschen, die nicht wissen, daß es in den unterschiedlichsten Gesellschaften „ein Gesetz gibt, das einen Mord bestraft, oder das verlangt, daß man auf Einkommen Steuern bezahlt, oder das die Bedingungen festlegt, unter denen ein Testament Gültigkeit erlangt". Auch die Tatsache, daß es bestimmte Verfahren gibt, mit denen Vorschriften eingesetzt oder abgeschafft werden, daß es Experten gibt, die man zu Rate zieht und Richter, die Urteile sprechen, ist ein recht weitverbreitetes Gemeinwissen.[20] Natürlich wird die ganze Angelegenheit schwieriger, wenn wir uns fragen, was ein Gesetz zu einem Gesetz oder ein Urteil zu einem Urteil macht. In Wirklichkeit ist in allen Fällen lediglich ein äußerlicher Vorgang wahrnehmbar: „in einem Saal kommen Menschen zusammen, halten Reden, die einen erheben ihre Hände, die anderen nicht", oder „ein Mann mit einem Talar bekleidet, spricht von einem erhöhten Platz aus zu einem vor ihm stehenden Menschen bestimmte Worte". Dies sind berühmte Beispiele, die Hans Kelsen dem täglichen Leben entnommen hat.[21] Die juristische Bedeutung dieser Akte ergibt sich nicht aus ihrer faßbaren Darstellung. In Rom veröffentlichte der Prätor sein Edikt zu Beginn des Amtsjahres auf weißen Holztafeln. Wie unterschied sich diese Menge von Wörtern von irgendeiner anderen Menge von Wörtern, die ein Bürger auf eine Mauer in seiner Stadt schrieb? Um dies nachzuweisen, muß man sich selbstverständlich die Prätur im Rahmen der politischen Verfassung Roms ansehen, daraus die typische Rechtssprechungsfunktion ableiten und die schwierigen Mechanismen darlegen, die die praktische Anwendung seiner Ankündigungen überhaupt möglich machten. Mit all diesen Fragen werden wir uns zu beschäftigen haben. Hier genügt es im Augenblick, wenn wir uns das Recht als einen Komplex von Betragensregeln und von Verhaltensrichtlinien vorstellen, von Weisung gebenden und zwingenden Apparaten, von Verfahren, nach denen die Handlungen des Einzelnen bewertet, und nach denen die Interessen, die dabei im Spiel sind, geschützt werden können.

Die Rechtsgeschichte selbst hat eine Geschichte. Es ist unmöglich, hier den gesamten Weg nachzugehen, aber es ist nicht ohne Nutzen, bei einigen bedeutsamen Streckenabschnitten zu verweilen. Ich spreche hier ganz allgemein von Rechtsgeschichte: Das römische Recht wird in der Tat zum historischen Problem durch eine Historiographie, deren Gesichtskreis nicht allein die Wirklichkeit der antiken Welt umfaßt, sondern auch das Mittelalter und die Neuzeit einschließt. Die Gesetzessammlung Justinians fand ihren Weg nach

3. Die Wahl der Perspektive

Italien bereits wenige Jahre, nachdem sie erlassen war, aber nicht alle ihre Teile hatten dasselbe Schicksal. Die Digesten gerieten in Vergessenheit, und ihre „Entdeckung" in Bologna um das Jahr 1100 erscheint als der Beginn einer neuen Epoche. Vom 13. bis zum 17. Jahrhundert und darüber hinaus übernahmen fast alle Staaten Mittel- und Westeuropas das justinianische als geltendes Recht: Frankreich, Spanien und Portugal; seit dem 16. Jahrhundert, und in gewissem Maß bereits davor Deutschland, Österreich, Polen, Ungarn, die Niederlande und Schottland. Als „gemeines Recht", universell, und in Bezug auf einzelne lokale Ordnungen als Ergänzung und als Ersatz, erlangte das Recht Justinians dauerhafte Wirkung. Seine Geschichte verflocht sich nicht allein mit der des Reiches und der Kirche, sie begleitete auch den Aufstieg der absolutistischen Staaten aus der Auflösung der mittelalterlichen Gesellschaft. Es ging in die großen Kodifikationen ein, die zwischen dem 18. und 19. Jahrhundert entweder entstanden oder geplant wurden. In ihnen fanden die Spannungen einer zwischen den alten feudalen Privilegien und den neuen „bürgerlichen" Werten von Sicherheit und Freiheit des Handelns und von formaler Gleichheit geteilten Welt ihren Niederschlag. Im grandiosen Entwurf der justinianischen Kompilation wird das römische Recht bis an die Schwelle unseres Jahrhunderts auf verschiedene Art und Weise verstanden, eingesetzt und gehandhabt. Zusammen mit dem kanonischen Recht bildet das römische Recht die Grundlage der juristischen Lehre in allen Universitäten Europas.[22] Nach der Beschreibung von Hugo Grotius in der 1. Hälfte des 17. Jahrhunderts konnte es als bestes Beispiel für „Unbeständigkeit" und „Subtilität" gelten. Es unterliegt aber auch auf vielfältige Weise einer rationalistischen Interpretation, die die ihren Normen innewohnenden „natürlichen" Prinzipien herauslöst, und ihnen eine systematische Form gibt. Schließlich erblickte während des gesamten 19. Jahrhunderts die deutsche historische Schule und die Lehre vom Privatrecht, die man als Pandektistik bezeichnete, im römischen Recht ein unersetzliches Modell. Das römische Recht kann für Juristen, die ihre Rolle eifersüchtig verteidigen und sich zum Hüter einer als ewiger Wert angesehenen Tradition machen, ein sicherer Führer sein.

Die Rechtswissenschaft überprüft auch ihre eigene Geschichte. Im Vorwort zum 4. Band seiner 1826 publizierten *Geschichte des römischen Rechts im Mittelalter* schrieb Savigny:

> „Zuvörderst besteht eine wichtige zur Rechtswissenschaft gehörende Aufgabe in der Aufstellung der Dogmengeschichte, durch welche unser eigenes Besitzthum in seine geschichtlichen Elemente zerlegt werden soll. Und zwar ist diese Dogmengeschichte schon aus einem allgemeinen, auch für andere Wissenschaften geltenden Grunde wichtig, indem diese genetische Behandlung unseres eigenen Wissens zu einer gründlichen Kritik desselben hinführt. Dazu kommt aber noch ein besonderer, unserer Rechtswissenschaft eigenthümlicher Grund. Da nämlich in der fortgehenden Entwicklung der Rechtswissenschaft das positive Recht selbst sich entwickelt und umbildet, so ist besonders für die neueren Jahrhunderte die Dogmengeschichte zugleich der reichhaltig-

ste Theil der Rechtsgeschichte. Die Gelehrtengeschichte nun ist nicht selbst Dogmengeschichte, ... aber sie ist die unentbehrliche Grundlage einer jeden Dogmengeschichte, und leistet dadurch, daß sie diese möglich macht, der Rechtswissenschaft einen wesentlichen Dienst".[23]

Wendet man den Begriff „Dogma" auf das Recht an, so verliert er den absoluten Wert, den ihm die Theologie zuerkennt, er bewahrt aber einen autoritativen und allgemeinverbindlichen Kern. Eine „Geschichte der Dogmen", mit einer „Geschichte der Gelehrten" als Stütze, also einer Geschichte derjenigen, die diese Dogmen ausgearbeitet und sie in den wissenschaftlich-literarischen Diskurs eingeführt haben, ist über die Rechtsgeschichte des Mittelalters hinaus, für die Savigny sie formulierte, von Bedeutung. Das „Grundprinzip" der historischen Methode bestehe darin, „jeden gegebenen Stoff bis zu seiner Wurzel zu verfolgen",[24] hatte er zehn Jahre zuvor notiert. Diese Wurzeln können sehr weit in die Zeit zurückreichen. Wenn wir genau hinsehen, dann entsteht die Rechtsgeschichte aus der Rechtswissenschaft, so wie sie sich heute darstellt; die Rechtswissenschaft ist, sozusagen, der Gegenstand ihrer Geschichte. Der Vorrang der Rechtswissenschaft betrifft auch die inhaltliche Ebene: Die Dogmen, deren Entstehung ergründet werden soll, sind wissenschaftliche Gegenstände, die, nach einer oft wiederholten Metapher, als real und „lebendig" gelten. Im Recht verbindet ein entwicklungsgeschichtliches Band Gegenwart und Vergangenheit, und Savigny war weder der erste noch der einzige, der dies feststellte. Auch Paul Johann Anselm Feuerbach hatte auf diesen Punkt hingewiesen. Dieser Kantianer, Philosoph und Jurist, der sich bald mit Savigny wegen einer grundlegenden Frage (nämlich der Kodifikation in Deutschland) überwarf, legt jedoch den Schwerpunkt mehr auf die Gesetzgebung als auf die Rechtswissenschaft:

„Aus demjenigen, was einst als Recht *gegolten hat,* ist hervorgegangen das jetzt geltende Recht, und dieses ist nur darum das, was es ist und wie es ist, weil das Alte, indem es *veraltet,* das Neue geboren hat. In der Vergangenheit von Jahrtausenden liegt der Keim zu der Gesetzgebung, der wir jetzo dienen. Der Keim mußte verwesen, damit die Frucht entstünde; kann ich aber das Daseyn der Frucht begreifen, ohne von ihrem Seyn zu ihrem Werden und von ihrem Werden zum letzten Grund ihres Werdens zurückzugehen?"[25]

In dem Maß, in dem der Historiker vom juristischen Wissen seiner eigenen Zeit ausgeht und dieses in seinem Werden betrachtet, unterscheidet er sich vom Antiquar. Das Recht ist für ihn ein „Organismus", nicht ein Haufen Steine, sondern eher ein Kunstwerk, nach einem Gleichnis von Georg Friedrich Puchta. Es ist unerläßlich, seine „simultane Mannigfaltigkeit" zu betrachten, um seine „successive Mannigfaltigkeit" zu begreifen. Der Unterschied von Geschichte und antiquarischer Forschung ist bekanntlich antik. Er wurde von Puchta neu formuliert:

„... die antiquarische Auffassung ist so weit davon entfernt, mit der Geschichte zusammenzufallen, daß sie vielmehr einen Gegensatz dazu bildet; der Unterschied ist der, daß jene ihren Stoff nicht von der Seite seiner Bewegung, sondern als einen ruhenden betrachtet. Aus dieser Verschiedenheit der Behandlung folgt auch eine Verschiedenheit der Gegenstände. Die antiquarische Forschung beschränkt sich auch auf alterthümliche, vorübergehende Zustände, die geschichtliche hat es eben so sehr mit gegenwärtigen zu thun, nur daß sie sie in ihrem Werden auffaßt. Rechtsalterthümer also geben uns das Bild des Rechtszustandes irgend einer vergangenen Zeit, ohne uns zu sagen, wie er entstanden und was aus ihm geworden ist, während gerade dieses letztere die Aufgabe der Rechtsgeschichte ist. Die antiquarische Untersuchung ist ein unentbehrliches Hülfsmittel der Geschichte, aber sie ist nicht die Geschichte selbst".[26]

Dies war also, wie man sagen könnte, das „dogmatisch orientierte" Konzept der Rechtswissenschaft der historischen Schule (Puchta war neben Savigny einer ihrer Hauptvertreter). Mehr als einhundert Jahre später ist diese Sichtweise noch immer aktuell. Eine vollständige Historisierung der rechtswissenschaftlichen Forschung, meint Paul Koschaker, würde die universelle europäische Bedeutung des römischen Rechts und seine erzieherische Kraft zersetzen und es in die „Vitrine des Museums" verbannen; aus diesem Grund ist sie abzulehnen. Koschaker richtet heftige Kritik an die Adresse der historisch-philologischen oder der neuhumanistischen Richtung, die sich gegen Ende des 19. Jahrhunderts durchzusetzen beginnt:

„So ist die Rechtslehre genau so wie die Theologie mit einer Duplizität des Wissenschaftsbegriffes belastet. Ihr Kern, die Dogmatik, ist scholastisch. Um ihn herum haben sich im Laufe der Zeit eine Anzahl von Nebendisziplinen, darunter die Rechtsgeschichte, angesetzt, die den Erfordernissen der modernen Wissenschaft genügen. Die Romanistik befand sich von Haus aus in dem dogmatisch-scholastischen Kern. Die historische Schule hat versucht, die Rechtsgeschichte in diesen Kern hereinzuziehen, und das konnte wenigstens teilweise gelingen. Die neuhumanistische Richtung hat die Romanistik aus dem scholastischen Kern in den Außenbezirk der Rechtsgeschichte gebracht, sie zur Wissenschaft im modernen Sinn des Wortes gemacht, aber sie als Teil der Rechtslehre denaturiert. Nach diesem Rezept mag man altägyptisches und sonstige altorientalische Rechte, die Gesetze Manus wie das Recht der Azteken, ja selbst das altgriechische Privatrecht studieren. Es würde aber schon bei der griechischen Staatslehre versagen, aus dem einfachen Grunde, weil diese auch in der modernen Staatslehre fortlebt. Erst recht gilt dies vom römischen Privatrecht, dessen Kulturbedeutung in seiner praktischen Geltung, beziehungsweise in dem Einfluß liegt, den es jeweils auf die Theorie des geltenden Rechts ausgeübt hat".[27]

Und noch einmal bildet die Beziehung zwischen Rechtsgeschichte und Rechtswissenschaft, so wie sie sich zur Zeit darstellt, den entscheidenden Punkt. Die Selbständigkeit des Privatrechts ist ein weiterer wichtiger Aspekt, auf den man eingehen sollte. Die großen privatrechtlichen Abhandlungen zwischen dem 18. und dem 19. Jahrhundert, von Pothier bis Windscheid, basieren auf Material aus der justinianischen Kompilation. Das „heutige römische Recht" Savignys geht darauf zurück; es ist lediglich „Privatrecht": „... dasjenige, was die Römer durch *jus civile* (in einer der vielen Bedeutungen dieses Ausdrucks), bezeichnen, oder das, was sie zur Zeit der Republik als die ausschließende Kenntniß eines *jurisconsultus* ... ansahen". Gewiß, ganze Rechtsinstitute wie die Sklaverei, der Kolonat, die Stipulation und so fort haben keinerlei Bedeutung mehr.[28] Das Studium der Quellen dient darüber hinaus dazu, Konzepte und Theorien zu entwickeln, die sich davon entfernen. Eine „juristische Wahrheit", die gleichzeitig modern und antik ist, nimmt Gestalt an.[29] „Die Entdeckung des Privatrechts", bemerkte Jhering, ist der römischen Welt zu verdanken, ihrer praktischen und „prosaischen" Intelligenz.[30] Vielleicht war man allgemein bereit, dies anzuerkennen. Aber man möchte diese Feststellung weder in einer historiographischen Frage lösen (warum und wie ist alles geschehen?), sondern sie vielmehr als unbestrittene Tatsache und Voraussetzung hinnehmen, von der aus man sich auf dem eigenen Weg fortbewegt.

Auch das Werk von Robert Joseph Pothier, auf der Linie von Jean Domat im vorrevolutionären Frankreich entstanden, ist selektiv und ordnend, aber von anderem Geist beseelt. Der Code civil Napoleons hat hier seine wissenschaftlichen Voraussetzungen. Alle bei Pothier rationalistisch und systematisch interpretierten Quellen fußen auf dem römischen Recht in seiner justinianischen Spätform. Andererseits „ist die hinter dem Code Napoléon stehende Welt des aufkommenden Kapitalismus noch eher auf Handel als auf Industrie ausgerichtet, die Welt der kleinen Produzenten"; die dargestellte Gesellschaft ist „eine Gesellschaft, in der bei der Mittel- und Oberschicht der Ertrag aus Kapital und Erbschaften dominiert." Es herrschen die landwirtschaftliche Produktion und Anlagen in Immobilien vor, und Frauenarbeit ist, abgesehen von den ärmeren Schichten, ganz oder fast unbekannt. Uns liegt dies alles sehr fern. Das Kennzeichen unseres Zeitalters ist die industrielle Produktion, die in den davor liegenden Epochen keine Vorläufer hat.[31] Das bedeutet, daß uns auch eine Auffassung von Privatrecht fern liegt, wie die von Pothier oder Savigny oder einer ihrer Nachfolger in der europäischen Rechtskultur. Das Band, das dieses Privatrecht mit der antiken Welt verband, ist unwiderruflich durchschnitten. Nicht nur das öffentliche Recht Roms, wie Savigny meinte, sondern auch das Privatrecht ist eine Wirklichkeit der Vergangenheit. Es wäre anachronistisch, würde man juristische Formen und Strukturen, die den Problemen der heutigen Gesellschaft nicht mehr entsprechen, für aktuell halten und ihnen eine Art zeitloser Gültigkeit zuerkennen. Selbst die römische Terminologie kann sich, wenn man sie nicht in ihrer spezifischen Bedeutung versteht, „letztlich als eine Quelle von Mißverständnissen" erweisen.[32] Vielleicht mußte man sich vor einigen Jahrzehnten noch vor der Illusion hüten, daß dieselben oder verwandte Wörter identische Bedeutungen abdeckten, und daß man unter Eigentum, Vertrag, Obligation, aber auch unter Servitut oder Testament dasselbe verstand, was die römische Jurisprudenz und die romanistische Tradition darunter verstanden hatte.[33] Dies sollte heute nicht mehr der Fall sein. Es sei daran erinnert, daß die Menschen „nicht bei jeder Veränderung ihrer Sitten auch das Vokabular ändern".[34]

Gegenüber der auf Savigny zurückgehenden Tradition stellt sich das Verhältnis zwischen Dogmatik und Rechtsgeschichte auch viel komplexer und diffiziler dar. Insbesondere die Diskussion in der italienischen rechtshistorischen Forschung seit den zwanziger Jahren ist in dieser Hinsicht sehr aufschlußreich. Die moderne Dogmatik dient heute nicht so sehr dazu, die „Objekte" der historischen Forschung zu ermitteln (und in gewissem Sinne vorzubestimmen), sondern sie kann vielmehr in heuristischer und diagnostischer Funktion eingesetzt werden, als Instrumentarium zum Verständnis der Rechtsvergangenheit in ihrer verdeckten Bindung an die heutige Erfahrungswelt. Sie wird eher auf methodologischer als auf thematischer Ebene wirksam. Es bleibt jedoch im Grunde die (wie man sagen könnte: ontologische) Idee einer ununterbrochenen juristischen Tradition bestehen, „die von Rom ausgeht und über das justinianische und das gemeine Recht bis zu uns fortdauert".[35]

Die Dogmatik führt die Geschichte auf das Gebiet des Privatrechts. Freilich beeinflußt das Privatrecht in der zweiten Hälfte des 19. Jahrhunderts auch die Darstellung des „öffentlichen Rechts", das in eine systematische Richtung gebracht wird: Der „strenge Schematismus" Mommsens ist ein Beleg dafür. Wenn Juristen von Philologen lernen könnten, so besteht seit Mommsen kein Zweifel daran, daß auch Philologen von Juristen lernen könnten.[36] Beim Privatrecht bildet sich immer mehr das Ziel heraus, seine klassische Form herauszuarbeiten. Darauf zielt auch die Forschungsrichtung, die Koschaker (wie wir sagen würden) neuhumanistisch genannt hat. Die Philologie muß die Texte von den justinianischen Interpolationen reinigen. Sie arbeitet mit sauberen Kontrasten und scharfen Gegenüberstellungen. Der Antitribonianismus des 16. Jahrhunderts hält sich im Klassizismus der neueren Interpreten.[37] Das Bild wird gegen Ende des 19. und in den ersten Jahrzehnten des 20. Jahrhunderts noch komplizierter: Neben den Eingriffen der justinianischen Kompilatoren in die klassischen Texte erscheinen die Überarbeitungen der byzantinischen und westeuropäischen Schulen immer wichtiger. Die römische Jurisprudenz bleibt immer weniger ein und dasselbe „große Werk",[38] sondern läßt ihre unterschiedlichen Zeithorizonte und die Physiognomien ihrer Darsteller erkennen. Man wendet sich nicht mehr nur dem Denken über das Recht in seinen literarischen Ausprägungen zu, sondern auch den Veränderungen in der Rechtspraxis. Der Rahmen des Bildes wandelt sich indes nicht: Das Recht ist und bleibt eine Realität, die als solche bestehen kann und die man in ihrer Selbständigkeit beschreiben kann.

Das römische Privatrecht hat in seiner klassischen Form exemplarischen Wert für die moderne Rechtswissenschaft. Freilich verweist auch der fortschreitende Verlust seiner praktischen Bedeutung, die es in Europa noch lange nach dem Ende der Antike besaß, auf sein Schicksal als wissenschaftliches Paradigma. Das Privatrecht muß sich neuen Problemen stellen. Jhering hatte dies gespürt, aber nicht alle Forscher sind sich dessen bewußt. Es ist paradox, daß die juristische Geschichtsschreibung auf die Idee des Modells nicht verzichten kann und fortfährt, es auf verschiedene Art und Weise immer wieder vorzubringen, und dies, obwohl sich die Grenzen der Forschung erweitern, man papyrologisches Material neben literarischen Quellen nutzt und das römische Recht in seinem Verhältnis zu den anderen Rechten der antiken Welt (besonders zum griechischen, aber auch zum hellenistischen und orientalischen Recht) untersucht. Ludwig Mitteis, der in besonderem Maße zu diesen Neuerungen beigetragen hat, bemerkt dazu:

„In dieser... Rechtsgeschichte wird naturgemäß das römische Recht die wichtigste ... Rolle spielen. Seine Stellung beschränkt sich natürlich nicht darauf, seine Bedeutung ist eine so unermeßliche, daß dieses immer nur eine Nebenfunktion von ihm bleiben wird. Seine Hauptfunktion bleibt in alle Zukunft die, das harmonisch in sich geschlossene und sozusagen absolute System des Privatrechts zu sein".[39]

Leopold Wenger machte 1904 den Vorschlag zu einer „antiken Rechtsgeschichte",[40] und Mitteis zeigte in den zwanziger Jahren deren Grenzen und Gefahren auf. Er mußte unter anderem auf den (bis dahin unbestrittenen) Vorrang des römischen Rechts nachdrücklich hinweisen. Freilich war Wenger in dieser Frage mit Mitteis einer Meinung. Fast fünfzig Jahre nach seinem berühmten „Manifest" schrieb er:

„Das römische Recht – und folglich auch seine Geschichte – ist nicht gleichstufig allen anderen Rechten der Alten Welt, ... es steht, ... als *ars boni et aequi* auf einer durch die Jahrhunderte der Geschichte eroberten, unbestreitbar und unbestritten ihm eingeräumten Hochebene der menschlichen Rechtskultur, und hat seine Schritte getan in die Nähe, ja in den Bereich des überstaatlichen, überzeitlichen, ja überweltlichen, göttlichen Naturrechts".

Auch für Wenger „nimmt das römische Recht nicht bloß neben, sondern über den weltlichen Satzungen sowohl des Altertums als auch der Jahrhunderte seither bis auf unsere Tage eine exzeptionelle, eine Sonderstellung ein";[41] einerseits reiht er sich damit in eine allgemeine Auffassung von antiker römischer Rechtsgeschichte ein, andererseits steht er aber außerhalb und über dieser. Louis Gernet war sicher zu optimistisch, als er 1938 schrieb: „Man weiß, um dies ganz einfach auszudrücken, daß sich in einer Gesellschaft alles ‚hält'; das „Recht ist... niemals ‚abseits'; dies hat man für das römische Recht bereits seit einiger Zeit erkannt".[42] Ganz so war es nicht. Man betrachtete das römische Recht als juristisches System „gesondert", es war in sich „harmonisch geschlossen" und „absolut" (um abermals Worte von Mitteis zu wiederholen). Diese Vorstellung findet sich auch im *Classical Roman Law* von Fritz Schulz. Gewiß, so bemerkt Schulz „muß sich der Historiker bemühen, das Recht der Vergangenheit soweit wie möglich in seiner historischen Form darzustellen. Er darf Form und Inhalt nicht trennen". Und doch ist für ihn das klassische Privatrecht, „das wahre römische Privatrecht", „ein homogenes und originales System, und es ist... in der Tat einzigartig"; man kann, natürlich mit geeigneten Anpassungen, die Kategorien und Unterscheidungen der modernen Privatrechtsforschung darauf anwenden.[43]

4. Eine Rechtsgeschichte – aber wie?

Wenn wir recht sehen, war das „Konzept" des Rechts die Leitlinie der Rechtsgeschichte, also nicht ein elastischer, provisorischer und instrumentaler Begriff zur Orientierung der Forschung, sondern eine ausschließliche und bindende Kategorie über Jahrhunderte und Jahrtausende hinweg. Diese Kategorie, also das Recht als kohärentes und sich selbst genügendes Ganzes von Instituten oder Normen, von Werten, Rechtsfiguren oder Definitionen, hat sich als Gegenstand einer speziellen historischen Disziplin etabliert. Wenn man es unter diesem Blickwinkel betrachtet, so ist die Rechtsgeschichte letzten Endes nichts anderes als die diachronische Entwicklung eines intellektuellen Konzepts und (wie sich von selbst versteht) seiner internen Ausprägungen. Das römische Recht nimmt darin den größten Raum ein, auch über die Grenzen der Antike hinaus. Wenn man das römische Recht von den Fäden abschneidet, die es mit der komplexen Wirklichkeit jener Welt, mit einer Sozial- und Wirtschaftsordnung mit ihren Schichtungen und Spannungen und einer politischen Struktur, die es von einer Stadtgemeinde in ein Weltreich verwandelte, verbanden, gewinnt es in der Idealisierung seiner Interpreten ein neues Leben. Seine Gesetzessammlungen enthalten das Material für den mittelalterlichen und neuzeitlichen juristischen Alltag sowie für das theoretische Nachdenken über das Recht; sie sind weiterhin geltendes Recht, aber auch Träger einer Überlieferung und Zeugen einer großen Vergangenheit. Eine ununterbrochene Kette scheint ihre weit zurückliegenden Ursprünge mit der Jetztzeit zu verbinden. Dieses Recht, dessen Entwicklung oder (wie man bisweilen meinte) „Dynamik", es festzustellen gilt, enthält in den Augen seiner historischen Betrachter auch eine zeitlose Wahrheit. Die Vorstellung von seiner Vollkommenheit überdauerte, offen oder verdeckt, die Ironie Mommsens in der Mitte des 19. Jahrhunderts.[44]

Dieser, wie wir ihn nennen würden, „kategoriale" Gesichtspunkt, ist seit langem unhaltbar geworden. Heute würde niemand, – zumindest prinzipiell –, mehr bestreiten, daß die Rechtsgeschichte es nicht allein mit Ideen und „Werten" zu tun hat, sondern mit Verhaltensweisen und sozialen Problemen in einer bestimmten Zeit und in einem bestimmten Raum, ferner mit Wirtschaft und Politik. Andererseits entstehen und vergehen die Wertvorstellungen und Ideen, oder sie überleben auch in Zusammenhängen, die zu ihrer Erklärung beitragen. Man kann einer „dogmatisch orientierten" eine sozialgeschichtlich orientierte Rechtsgeschichte gegenüberstellen. Aber diese Formel ist zweideutig. Es genügt nicht, sie auszusprechen, und die Schwierigkeiten sind behoben. Wenn das Recht lediglich ein Aspekt der Gesellschaft oder eine ihrer Ausdrucksformen ist, kann man dann überhaupt noch von einer Rechtsgeschichte sprechen? Welches wäre ihr Schicksal im schwierigen Verhältnis zwischen einzelnen Spezialgeschichten und der Sozialgeschichte? Ich bin nicht der erste, der diese Fragen stellt; sie tauchten immer wieder in der zeitgenössischen theoretischen und methodologischen Diskussion auf.

Bleiben wir beim römischen Recht. Es besteht kein Zweifel daran, daß es, in seinen Grundzügen, die Schöpfung einer elitären Berufsschicht darstellt. Wenn nun aber auch „eine Schicht von Rechtsgelehrten mit besondern Verhaltens- und Denkweisen ... eine interpretationsbedürftige gesellschaftliche Erscheinung ist", müßte man dann nicht daraus ableiten, daß sich die Rechtsgeschichte als autonome Geschichte ihrem Ende nähert? Diesen Schluß hatte Arnaldo Momigliano 1963 auf einem Kongreß gezogen. „Ich stelle mir vor, daß wir hier zusammengekommen sind", meinte er, „um ein historisches Ereignis von einiger Bedeutung zu feiern, nämlich das Ende der Rechtsgeschichte als autonomem Zweig der historischen Forschung.... Man kann sich heute vorstellen, daß die Literaturgeschichte, die Kunstgeschichte, die Geschichte der Naturwissenschaften und die Religionsgeschichte eine gewisse Selbständigkeit bewahren können, da sie ihren Ursprung in verschiedenen Tätigkeiten der Individuen haben. Man kann aber nicht länger an eine Autonomie der Rechtsgeschichte denken, die ihrer Natur nach eine Formulierung der sozialen Beziehungen ist, die in vielfältigen menschlichen Tätigkeiten wurzeln".[45] Dies war keine überraschende Schlußfolgerung. Rund zwanzig Jahre zuvor hatte Marc Bloch die Beobachtung gemacht, das Recht sei im strengen Sinne des Wortes „die formale Hülle für Realitäten, die selbst viel zu unterschiedlich sind, um mit Erfolg den Gegenstand einer einheitlichen Untersuchung abzugeben"; das Recht könne keine einzige erschöpfend darstellen. Er fügte hinzu:

„Trotzdem hat der Begriff der rechtlichen Tatsache, die als solche von anderen Phänomenen unterschieden ist, eine gewisse Berechtigung. Denn in vielen Gesellschaften waren die Anwendung und in hohem Maße auch die Erarbeitung der Rechtsregeln das besondere Werk einer Gruppe von Fachleuten, die in dieser Rolle (die sie natürlich mit anderen sozialen Funktionen verbinden konnten) autonom genug waren, ihre eigenen Traditionen zu besitzen und oft auch eine eigene Denkmethode zu praktizieren. Als eigenständige Wissenschaft könnte mithin die Geschichte des Rechts nur als eine Geschichte der Rechtsgelehrten bestehen, was für den Zweig einer Wissenschaft von den Menschen wohl keine so schlechte Existenzform darstellte. Wird Rechtsgeschichte in diesem Sinn verstanden, dann beleuchtet sie sehr verschiedenartige, und doch einem einheitlichen menschlichen Tun unterworfene Phänomene unter einem zwar notwendig begrenzten, aber immerhin sehr aufschlußreichen Aspekt".[46]

Jetzt entzog Momigliano der Geschichte des Rechts auch noch ihren letzten Boden, nämlich die „Geschichte der Juristen". Diese Bosheit war außerordentlich nützlich, denn sie zwang dazu, das Problem von den Wurzeln her neu anzugehen. Theoretisch formuliert, verschob sich der Akzent vom Recht als historischem Gegenstand, den man in seiner Autonomie erfaßt, hin zu einer sozialen Gesamtheit, und von der Rechtsgeschichte hin zur Sozialgeschichte. Zwischen diesen beiden Extremen besteht immer die Neigung, dem zweiten den Vorzug zu geben; dies geht sogar soweit, daß man das erste als unzeitgemäßes Überbleibsel ablehnt. Das Interesse liegt nicht so sehr auf der Bestimmung (oder der Erhaltung) der Grenzen zwischen den beiden Disziplinen, als vielmehr auf ihrer Abschaffung.[47]

Was soll man nun genau unter der Abschaffung von Grenzen zwischen Spezialgebieten verstehen? Es kann nichts anderes bedeuten als das Bewußtsein, daß die historischen Probleme über die Grenzen der einzelnen Disziplinen hinausreichen, und deren Begründung und Methoden, und darüber hinaus ihre Grundüberzeugungen (die manchmal in ihren absterbenden akademischen Traditionen wurzeln), in Frage zu stellen. Freilich sind auch die historischen Probleme, wie alle anderen, immer ganz spezifische Probleme. Es geht nicht darum, globale oder „totalitäre" Annäherungsversuche zu rechtfertigen. Für den Historiker wie für den Gelehrten ist es unmöglich, „ein ganzes Teil der Welt zu beobachten oder zu beschreiben,... weil die Beschreibung stets notwendigerweise selektiv ist". Popper hat Recht: Jeder Versuch der Verallgemeinerung erweist sich am Ende als unfruchtbar.[48] Man hat auch darauf aufmerksam gemacht, daß „die Totalität nicht als *Gegenstand* oder *Gebiet* der historischen Untersuchung aufgefaßt werden kann". Wenn man es so betrachtet, würde die Frage paradoxe Ergebnisse zeitigen: „eine bestimmte Untersuchung (und *eine* Untersuchung kann per definitionem nur bestimmt sein), die sich auf *das Ganze* richten würde, wäre eine Art Einladung zur Konfusion, zur Unbestimmtheit, zu einer mystischen Geschichtsschreibung". Die Totalität ist ein regulatives Kriterium, eine Grenzvorstellung, und „hat die Bedeutung einer *Spannung,* niemals die eines Zieles, das man erreichen kann".[49]

Wenn also die Totalität nicht Gegenstand der historischen Forschung sein kann, dann kann es andererseits auch das Recht, als im voraus gebildete Kategorie, nicht sein. Momigliano und Bloch haben nicht unrecht, wenn sie im Recht „die Formulierung der sozialen Beziehungen" sehen, „die in vielfältigen menschlichen Tätigkeiten wurzeln", oder „die formale Hülle von Realitäten, die selbst zu unterschiedlich sind, um mit Gewinn den Gegenstand einer einheitlichen Untersuchung abzugeben". Die Soziologie bestätigt diese Ahnung. Parsons und Luhmann haben nicht als einzige hervorgehoben, daß das Recht direkt oder indirekt die Gesamtheit der menschlichen Beziehungen gestalte, daß es diffus in allen sozialen Bereichen wirke und nicht leicht als Sonderphänomen isoliert werden könne.[50] Für die Rechtsgeschichte ist die Schlußfolgerung unausweichlich: „Wenn wir nicht Voraussetzungen einführen wollen, die in den Erfahrungswissenschaften unzulässig sind (wie etwa das ideale Sein von ‚Recht')", bemerkt Franz Wieacker richtig, „müssen wir also zugeben, daß sich die Rechtsgeschichte von der politischen Geschichte, der Sozialgeschichte, oder der Geschichte der Literaturen und Wissenschaften durch ein besonders geartetes Wirklichkeitsobjekt nicht unterscheidet".[51] Jegliche historische Forschung orientiert sich an einer Problematik. Ist das Recht, oder vielmehr unsere Erfahrung damit, in der Lage, diese zu bestimmen? Wir wollen nicht etwa, wie jetzt klar ist, a priori eine Gesamtheit definieren, sondern eine (bewegliche und veränderbare) Perspektive oder Arbeitshypothese gewinnen.[52] Bei dieser Frage gewinnt das Verhältnis zwischen Historiographie und Sozialwissenschaften seine ganze Bedeutung. Unser kognitives Interesse kann nicht auf der psychologischen Ebene stehen bleiben oder sich schlicht durch Intuition leiten lassen; wir brauchen vielmehr Theorien und Erklärungsmuster. Das theoretische und soziologische Nachdenken über das Recht (wie über Wirtschaft, Religion oder Politik) kann dem Historiker eine Anschauung von der Welt vermitteln.

Zwischen Recht und sozialen Verhältnissen, zwischen Wirtschaft und Recht, besteht ein innerer Zusammenhang, aber kein unmittelbares spiegelbildliches Verhältnis. Dies hat besonders Max Weber betont: „Ökonomische Situationen gebären neue Rechtsformen nicht einfach automatisch aus sich, sondern erhalten nur eine Chance dafür, daß eine rechtstechnische Erfindung, wenn sie gemacht wird, auch Verbreitung findet"; „eine ‚Rechtsordnung' kann unter Umständen unverändert bestehen bleiben, obwohl die Wirtschaftsbeziehungen sich radikal ändern", oder, im Gegenteil, sich ihre Kategorien auseinanderentwickeln können „ohne daß Wirtschaftsbeziehungen dadurch in irgend erheblichem Maß berührt werden".[53] Die derzeitigen Diskussionen über das „Sozialsystem" und über das Recht als eines der sozialen Systeme, sind für die historische Forschung kein Hindernis, sondern kommen ihr mit ihrem Spiel von Kontrasten und unerwarteten Kombinationen zu Hilfe. Diese Diskussionen haben nichts gemein mit der positivistischen Soziologie, dem Organizismus und dem Evolutionismus in der Art des 19. Jahrhunderts. Wie auch immer ihre äußersten Ansprüche sein mögen (die im übrigen nicht bindend sind), sie bringen den Historiker weg von einer idealistischen oder spiritualistischen Konstruktion des Rechts. Diese Trennung ist endgültig. Im Grunde ist es mit dem Begriff der „juristischen Erfahrung", der in den vergangenen dreißig Jahren einen Beitrag zur Erweiterung unseres historiographischen Horizontes geleistet hat, nicht wirklich gelungen, eine solche hervorzubringen.[54]

Wenn man das Recht soziologisch betrachtet, so bleibt es damit nicht weniger ein „schwieriges" technisches Phänomen.[55] Man erforscht es in seinen Schwierigkeiten, seinen Methoden und Verfahren, in seinen Lehrmeinungen und literarischen Ausdrucksformen, in seiner „Philosophie", die es begleitet, in den Bedürfnissen, die es befriedigt (oder vernachlässigt) und den Auswirkungen, die es auf die interne Sozialordnung hat. Der durch die Soziologie

4. Eine Rechtsgeschichte – aber wie?

mögliche Gesichtspunkt „von außen" verhindert, daß sich die juristische Historiographie im Fachlichen ihres Studiengegenstandes verliert, und gestattet, sie als eine der Praktiken zu sehen, die der Mensch auf unterschiedliche Art und Weise und ohne die notwendige Kontinuität im sozialen und kulturellen Leben entwickelt und immer wieder vorbringt. Wenn der Historiker freilich einmal seine Perspektive gewählt hat, kann er an einem gewissen Punkt nicht anders, als sie hinter sich zu lassen, um alle Möglichkeiten und Gelegenheiten dieses Abenteuers wahrzunehmen. Er erforscht unbekannte Gebiete, und „die Empfindung des Unterschiedes und des Exotischen" ist, wie Bloch bemerkte, stets „die unentbehrliche Vorbedingung jedweden vernünftigen Verständnisses des Vergangenen".[56]

Wir sagten oben, daß das römische Recht – und das ist ein wichtiges Merkmal – die fachliche Schöpfung einer Schicht von Spezialisten war. Sie waren es, die geeignete Methoden erfanden und einsetzten, mit denen Interessenkonflikte objektiviert und neutralisiert werden konnten. Vor allem durch sie hat das Recht gegenüber der magisch-religiösen Sphäre und den ethisch-politischen Urteilen seine Autonomie erlangt. Bis an die Grenzen des Möglichen mußte jede regulierende Lösung von innen heraus gesucht werden. Jenseits dieser Grenze blieb der Weg offen, sich auf die „Werte" zu berufen, mit ihrer ganzen Last an Emotionen, oder aber man suchte nach anderen Kriterien der Legitimation. Die (relative) Autonomie des Rechts ist eine Grundüberzeugung in der römischen Gesellschaft. Die Menschen verhalten sich und orientieren sich entsprechend dieser „Wahrheit". Dies ist soweit unbestreitbar; indes darf sich der Historiker nicht darauf beschränken, nur Kenntnis davon zu nehmen; er muß sich fragen, was diese Autonomie eigentlich bedeutet, warum und wie und wieweit ein Bereich der Kultur unabhängig und „neutral" erscheinen und seine Experten und „Funktionäre" haben kann. Für die Beantwortung dieser Fragen reicht eine allgemeine Kenntnis der institutionellen und dauerhaften Aspekte einer jeden historischen Wirklichkeit, – und nicht nur der, welche „événementiel" und momentan ist –, nicht aus. Diese Kenntnis ist lediglich eine erste notwendige Ebene. Die Techniken der sozialen Kontrolle (und die juristische ist eine davon), muß man scharfsinniger angehen. Der Historiker muß sich bereitwillig, aber auch mit Mißtrauen, zum Theoretiker und Soziologen des Rechts machen. Nur so kann er die Spezialisierung der Juristen und das, was Juristen von Fall zu Fall aus ihrer Spezialisierung gemacht haben, die Rolle, die sie spielten und die Macht, die sie im gesamten gesellschaftlichen System ausübten, begreifen.

5. Das römische Recht als Erscheinungsform der Antike

Das römische Recht muß also vollständig in die antike Welt zurückversetzt werden. Als antike Erscheinungsform muß man es von der Tradition der Rechtswissenschaft, die sich auf der Grundlage ihrer Codices im mittelalterlichen und neuzeitlichen Europa ausgebildet hat, trennen. Aber nicht einmal als Erscheinungsform der Antike stellt das römische Recht eine einheitliche Wirklichkeit dar. Das erste, an das wir vielleicht dabei denken (in Erinnerung an Dante oder aus der Emotion heraus, wenn wir die hieratischen Figuren auf den Mosaiken von Ravenna betrachten?) ist eben das große Gesetzgebungswerk Justinians. Freilich ist das römische Recht nicht nur in den Gesetzesbüchern Justinians (dazu zählen auch die Digesten) und in den Institutionen, so wie sie überliefert sind, enthalten. Diese stellen allenfalls einen Abschluß dar. Wenn wir uns auf einem langen historischen Weg von einem Markstein zum anderen zurückbewegen, kommen wir auf ein anderes Gesetzgebungswerk, nämlich in der Mitte des 5. Jahrhunderts v. Chr. die Zwölftafeln. Es genügt, sich dem einen oder anderen der so weit auseinanderliegenden Fakten zu nähern, um zu begreifen, daß in dem Ausdruck „römisches Recht" viele verschiedene Dinge enthalten sind, und daß er lediglich einen zusammenfassenden und beschwörenden Wert besitzt. Niemand wird die Gesellschaft und den Stadtstaat der archaischen Zeit mit dem politischen und zivilen Leben des augusteischen Rom oder der spätantiken Hauptstädte verwechseln; ebensowenig darf man das allerälteste Privatrecht mit dem prätorischen oder kaiserzeitlichen, oder die priesterlichen Juristen, die Erfinder rigider Formeln für Rechtsgeschäfte oder Prozesse, mit den spätrepublikanischen und „klassischen" Rechtsgelehrten gleichsetzen, oder mit den Professoren, Advokaten und Funktionären, wie sie die Rechtsschulen der Spätantike in Konstantinopel wie in Berytus hervorbrachten. Für uns hat das römische Recht seine monolithische Struktur und seine geradlinige Kontinuität verloren. Es spielt sich auf verschiedenen und manchmal auch gegenläufigen Pfaden, auf unterschiedlichen Ebenen, ab; in seinem Inneren treten tiefgreifende Veränderungen auf.

Unser kognitives Interesse ist ausschließlich historisch, und das ist richtig so. Der Rechtshistoriker will eine Rechtspraxis erforschen, die die juristische Kultur in Europa geformt hat, von der ihn aber ein riesiger Abstand trennt. In dem Maß, in dem er versucht, sie von allen Seiten her mit allen ihm bekannten Kategorien zu verstehen, bringt er stets seinen eigenen kulturellen Hintergrund ins Spiel. Wie der Religionshistoriker, kann auch der Rechtshistoriker sagen: „Letztendlich befragen wir uns, wie ein Anthropologe, nur über uns selbst".[57] Freilich hätten wir nicht das Bedürfnis, die Antike auf dem Gebiet des Rechts – wie auch auf irgendeinem anderen – kennenzulernen, wenn wir in einer Welt ohne Geschichte lebten. Aber selbst wenn wir uns dies vorstellen könnten, ist eine solche Welt anders als die, in der wir (zu unserem Glück) jetzt leben. Selbstverständlich kann niemand eine vollständige anthropologische Veränderung, wie sie Paul Valéry annahm, ausschließen:

„Angenommen, die ungeheure Umgestaltung, die wir erleben, und die uns verändert, entwickle sich weiter, ändere zugutertletzt das, was von den Sitten und Gebräuchen übriggeblieben ist und bestimme die Lebensbedürfnisse und -umstände ganz anders; dann würde diese neue Ära bald Menschen hervorbringen, die mit der Vergangenheit keine geistige Verbindung mehr hätten. Die Geschichte bestünde für sie in fremdartigen, nahzu unverständlichen Erzählungen, denn nichts in ihrer Epoche hätte in der Vergangenheit irgend ein Vorbild, und nichts aus der Vergangenheit überlebte in ihrer Gegenwart".[58]

Das Bewußtsein der Vielfalt und die Fähigkeit, die „Verwandlungen zu hüten", die sich in der Geschichte selbst als einer der Ausdrucksformen der Vernunft abspielen,[59] stehen dieser Tendenz entgegen.

6. Andere Kulturen

Für uns als Bewohner der westlichen Welt und als Europäer ist es selbstverständlich, daß wir die Rolle des Rechts in seinen verschiedenen möglichen Erscheinungsformen für wichtig halten und „die Notwendigkeit seiner Herrschaft ausrufen"; wir können uns praktisch kaum eine Gesellschaft vorstellen, die kein Interesse daran hätte oder ohne es auszukommen wüßte.[60] Und doch versteht sich das Recht nicht immer und nicht in allen Kulturen als eine besondere menschliche Erfahrung, ein Wissensgebiet oder ein Handlungsspielraum, in dem sich bestimmtes fachliches Handeln vollzieht. Seine (relative) Autonomie ist ein Charakteristikum der europäischen und westlichen Zivilisation, die auf der griechisch-römischen basiert. Dies stellt sich anderswo, im indischen, chinesischen, jüdischen oder islamischen Raum ganz anders dar. Weber hat darauf immer wieder hingewiesen. Er stellte bei seiner Rechts- und Religionssoziologie die Frage: Warum haben wir im Westen den Kapitalismus? in den Mittelpunkt. „Das ist eine Frage", bemerkte Karl Jaspers, „die im eminenten Sinne die gegenwärtige Existenz begreifen will".[61] Als Antwort darauf beharrte Weber auf dem Recht als für eine derartige Wirtschaftsordnung notwendiger stabiler Ordnung. Auch Talcott Parsons hat sich dies zu eigen gemacht und hervorgehoben. Der „moderne rationale Betriebskapitalismus", so schreibt Weber, „bedarf, wie der berechenbaren technischen Arbeitsmittel, so auch des berechenbaren Rechts und der Verwaltung nach formalen Regeln". Allein der Westen könne den Führungskräften in der Wirtschaft dieses „kalkulierbare Recht" gewährleisten. Es arbeite wie eine „technisch vernünftige Maschine". Um sein Funktionieren zu begreifen, genügt es nach Weber nicht, sich auf die Rechtsgeschichte des mittelalterlichen und neuzeitlichen Europa zu beschränken, sondern man muß in der Zeit zurückzugehen, zumindest bis zum archaischen Rom und den Rechtstechniken der antiken priesterlichen Juristen. „Eine rationale Rechtslehre" ist außerhalb dieses Umkreises nicht denkbar. Woanders fehlen die ‚strengen Richtlinien' des römischen Rechts und die diesem eigene ‚rigoros juristische Geisteshaltung'.[62]

In der 2. Hälfte des 2. Jahrhunderts n. Chr., als die römische Jurisprudenz in Rom einen ihrer Höhepunkte erreichte, ging man im jüdischen Bereich an die Kompilation der Mischna. Die Mischna sammelte die mündliche Überlieferung, die sich neben der geschriebenen Thora, die die biblischen Bücher des Pentateuch enthielt, unter der Bezeichnung Thora ausgebildet hatte. Die Mischna und ihr Kommentar flossen zwischen dem 3. und dem 5. Jahrhundert, einer Zeit also, in der man im römischen Kaiserreich die ersten Codices erarbeitete, in zwei Sammlungen, den Talmud ein, dem Werk von amoräischen Gelehrten aus Palästina und Babylon. Der Kern dieses Schrifttums ist also die mündlich überlieferte Thora. Nach gültiger Lehrmeinung behandelte die Thora nicht nur einen Einzelaspekt des Lebens, sondern die menschliche Existenz in ihrer Ganzheit. Religion, Ethik, Recht, das körperliche Dasein; „nichts von allem, was den Menschen betrifft", entzog sich seiner Kontrolle. „Deshalb konnten sich weder Lehrer noch Schüler darauf beschränken, ausschließlich rechtliche Fragen zu diskutieren".[63] Man erkennt in der Arbeit der rabbinischen Schriftgelehrten etwas Vergleichbares zu der der römischen Juristen, aber gleichzeitig auch etwas sehr Unterschiedliches. Die rabbinischen Interpreten waren „keine Juristen in dem Sinne, in dem wir den Begriff verstehen", ebenso wenig wie sie nur „Chronisten" oder „Theologen" waren. Ihr Schrifttum ist ein „kollektives Schrifttum, ein Schrifttum, in dem die enge Bindung zwischen Recht, Geschichte und Theologie das beherrschende Thema bildet".[64]

Ein zweiter Vergleichspunkt ist der Hinduismus. Zumindest seit Alexander dem Großen war Indien nicht mehr außerhalb des Gesichtsfeldes der klassischen Welt, seine Geschichte wurde davon allerdings nur minimal beeinflußt. Das Dharmaśāstra (zu dem auch das ‚Gesetz des Manu' gehört), enthält die indische „Wissenschaft" von Recht und Sitte. Es geht vor unsere Zeitrechnung zurück, seine Formulierung oder Überarbeitung zog sich jedoch über 2000 Jahre hin.[65] Es enthält eine noch ältere Überlieferung. Solche uralten Bücher sind die Veda und die Upanischaden, in denen Vorschriften, die wir als Rechtsvorschriften bezeichnen würden, neben rituellen und magischen Formeln, heiligen Gesängen, sprachlichen Regeln, astronomischen Unterweisungen und metaphysischen Spekulationen stehen. Die Auffassung vom Recht müssen wir im Wort *dharma* suchen, das die Gesamtheit von „Religion" und „Sitte", von „Pflicht" und „Gerechtigkeit" bezeichnet. Dieses Wort ist der Ausdruck der natürlichen und ewigen Ordnung des Universums und der menschlichen Beziehungen.⁶⁶ Man könnte sagen, daß *dharma* „die Privilegien, die Pflichten und Verpflichtungen eines Menschen, „seinen Verhaltensleitfaden als Mitglied der arischen Gemeinschaft wie als Angehörigen einer Kaste sowie als Person in einer bestimmten Phase seines Lebens" meint.⁶⁷

Und China? Während des Prinzipats organisierte sich Rom als Weltmacht. Die Zeit des Stadtstaates war abgelaufen. Das Kennzeichen einer Weltmacht, so schreibt Michael Grant, „ist das Fehlen irgend eines ernstzunehmenden Gegners an seinen Grenzen". Wenn dies richtig ist, so kann auch China, zu dieser Zeit unter der Han-Dynastie, den „Herren der Welt", als Weltmacht bezeichnet werden.⁶⁸ Die chinesische Zivilisation „die festeste und dauerhafteste aller bekannten Zivilisationen",⁶⁹ war ganz anders und weit entfernt. Eine Vorstellung vom Recht griechisch-römischer Prägung findet dort keinen Platz. Das Recht ist nicht eine von der Gesellschaft unterschiedene Funktion in einer Welt, in der „der Vorrang des Konkreten, das Gefühl für das Gelegentliche zu stark sind"; in der „das Gesetz, das Abstrakte, das Bedingungslose ausgeschlossen sind ... sowohl aus der Gesellschaft als auch aus der Natur" und in der „Verachtung herrscht für alles, was Uniformität meint", für jedwede Form von Beweisführung oder eine bindende Rechnung, für das Mechanische und Quantitative. Bei jedem Begriff, – auch von Zahl oder von Geschick –, bleibt etwas, „das die Möglichkeit des ‚Spiels' zuläßt.⁷⁰ Interessenkonflikte werden bis zu den Grenzen des Möglichen durch Geldzahlungen gelöst, und jeder Prozeß ist ein „Skandal". Das Recht ist ein zwar notwendiger aber beklagenswerter Notbehelf und es wäre ideal, wenn man niemals darauf zurückgreifen müßte.⁷¹ Letztendlich ist es der Zweck des Rechts, überflüssig zu werden. Nach dem Codex der T'ang (zwischen 7. und 10. Jahrhundert, zeitgleich mit der Eroberung des Westens durch die Araber und dem Reich Karls des Großen), ist es „der Zweck der Strafe, die Strafe abzuschaffen". Konfuzianer, Legisten und Taoisten stimmen in dem Ideal einer Gesellschaft überein, in der das Gesetz keine Daseinsberechtigung mehr hat, weil die Harmonie der menschlichen Beziehungen nicht vom Zwang abhängen solle. Auch die chinesische marxistische Theorie vom Verfall des Rechtes kann man in diesem Zusammenhang sehen.⁷²

Am Ende der antiken Welt und noch darüber hinaus bieten die Lehren Mohammeds und des Islam dem Rechtshistoriker einen weiteren Betrachtungspunkt bei der Analyse der Unterschiede. Wie die Bibel, so ist auch der Koran (Qur'ān) ein geoffenbartes Buch. Es ist richtig, daß keine Religion mit so großer Klarheit wie der Islam die Regeln des praktischen Handelns dargelegt hat.⁷³ Diese Regeln bilden jedoch kein Rechtssystem. Das Recht ist schließlich nur „eines der Gesichter" der Religion.⁷⁴

II. DIE „ANTIKEN GESETZE" UND DER SINN DER ÜBERLIEFERUNG

1. Von Panaitios zu Cicero: „es gibt mehrere Stufen der menschlichen Gesellschaft"

Wenn man für die römische Welt von „antiken Gesetzen" oder einfach von „Gesetzen" spricht, so denkt man sofort an die Zwölftafeln, das Gesetz par excellence.[1] Cicero erwähnt sie in *De officiis* dreimal, allerdings immer flüchtig und in sehr speziellem Zusammenhang.[2] An einer vierten Stelle werden sie indirekt angesprochen: Die Gesetze verändern ihre Sprache nie, sie treten an die Stelle der von den Königen gehandhabten „Gerechtigkeit".

„Mir jedenfalls scheinen nicht nur bei den Medern, wie Herodot schreibt, sondern auch bei unseren Vorfahren, damit man die Gerechtigkeit genießen konnte, einst würdige Männer als Könige eingesetzt worden zu sein. Denn als die Menge ohne sich aufzulehnen von denjenigen bedrängt wurde, die Reichtum und Macht besaßen, nahmen sie Zuflucht zu einem einzelnen durch Vollkommenheit hervorragenden Mann, der, da er vermeiden wollte, daß die Schwächeren Schaden nähmen, durch Begründung der Rechtsgleichheit die Hochgestellten gemeinsam mit den Niedrigen nach gleichem Recht beherrschte. Die Ursachen für die Begründung der Gesetze war dieselbe wie die für die Königsherrschaft. Denn man suchte bekanntlich immer ein Gleichheit gewährleistendes Recht. Sonst gäbe es ja gar kein Recht. Falls sie dies von einem einzigen gerechten und gutgesinnten Manne erreichten, gaben sie sich mit ihm zufrieden. Wenn dies nicht gelang, wurden Gesetze gefunden, die zu allen stets mit ein und derselben Sprache redeten".[3]

Besser als aus *De officiis* können wir das Schicksal der Zwölftafeln in der späten und ausgehenden Republik in anderen Werken verfolgen; aber aus keinem können wir noch drei oder vier Jahrhunderte nach ihrer Entstehung ihren Symbolwert besser begreifen. Das Handbuch der herrschenden römischen Schicht, als das *De officiis* bezeichnet wurde,[4] entstand in den letzten Monaten des Jahres 44 v. Chr.: Die schrecklichen Iden des März waren gerade vorüber. Cicero zeichnet im 1. Buch von *De officiis* ein Bild der Gesellschaft. Sie stellt sich als eine auf den Kopf gestellte Pyramide oder als eine Serie von konzentrischen Kreisen dar.[5] Der äußere steht für die gesamte Menschheit und der innere für die Familie, die kleinste Einheit, deren Glied der einzelne ist. Zwischen beiden wird der Staat, eine gleichermaßen natürliche und historisch gewachsene Einrichtung, angesiedelt:

„Aber in der Frage, was die natürlichen Anlagen für die menschliche Gemeinschaft und Gesellschaft sind, ist, wie es scheint, weiter auszuholen. Die erste ist die, die sichtbar ist in der Gesellschaft der gesamten Menschheit. Ihr einigendes Band ist das Denk- und Redevermögen, das durch Lehren und Lernen, durch das Gespräch miteinander und gegeneinander und durch Urteilen die Menschen untereinander versöhnt und verbindet, durch einen ganz natürlichen Gesellschaftsgeist. . . . Und es ist dies die am weitesten ausgreifende Gesellschaft der Menschen untereinander, die aller mit alle. In ihr ist die gemeinschaftliche Verfügung über alle Erzeugnisse, die die Natur zu gemeinschaftlicher Nutznießung durch die Menschen hervorgebracht hat, zu wahren, mit einer Unterscheidung: Die Güter, die durch Gesetze und bürgerliches Recht einzelnen zugewiesen sind, sollen in diesem ausschließlichen Besitz verbleiben, wie es durch die Gesetze selbst festgelegt ist. Was die anderen Besitzverhältnisse anbelangt, so soll für sie das griechische Sprichwort Geltung haben, nach welchem Freunden alles gemeinsam ist. . . . Es gibt aber mehrere Stufen der menschlichen Gesellschaft. Um nämlich von jener Abstand zu nehmen, die grenzenlos ist, so ist die desselben Volkes, Stammes und der Sprache näher, durch die die Menschen am meisten verbunden werden. Eine noch engere Bindung ist es, derselben Bürgerschaft anzugehören. Denn vieles ist den Bürgern untereinander gemeinsam: Der Marktplatz, die Tempel, die Säulenhallen, die Straßen, die Gesetze, die seit alters her beachteten Normen, die Gerichte, Abstimmungen, und außerdem Bekanntschaften und Freundschaften sowie Geschäfts- und Handelsbeziehungen vieler mit vielen. Noch enger ist die Verbindung der Gemeinschaft der Verwandten. Von jener unermeßlichen Gesellschaft der Menschheit aus schließt sie sich zusammen zu einem kleinen und enggezogenen Kreis".[6]

Die Vorstellung von einer Gesellschaftsordnung, die mit der bewohnten Welt eins ist, und in der sich die kosmische Vernunft widerspiegelt, wurzelt in stoischem Gedankengut. Zenon hatte der „Stadt", die er in voller Überzeugung für wertlos hielt, die „einzige Regierung" und die „einzige Lebensform", in der Menschen, „Mitbürger" und „Landsleute" miteinander leben könnten, gegenübergestellt.[7] Im Umkreis des antiken Stoizismus zog die Frage des Kleanthes die Utopie Zenons in Zweifel: „Wenn die Stadt ein Kunstwerk ist, dafür geschaffen, daß sie bewohnt wird, daß man in ihr Zuflucht findet, sich Recht verschafft oder sich ihm unterwirft, ist dann die Stadt nicht etwas Gutes?"[8] In *De officiis* stellen sich die Stadt und die Welt nun nicht als Gegensätze dar, sondern sie ergänzen sich schrittweise. Diese neue Vorstellung ist keineswegs unpolitisch. Wenn man es genau betrachtet, so hebt sie das politische Problem der Herrschaft auf die ethische Ebene und läßt gleichzeitig eine Möglichkeit zu ihrer Rechtfertigung, und damit einen kritischen Parameter aufscheinen. Mit der Herrschaft ist die römische gemeint. In den ersten 120 Jahren nach dem Sturz der Königsherrschaft, den die Überlieferung am Ende des 6. Jahrhunderts n. Chr. festmacht, kämpfte Rom in einer übervölkerten instabilen und bedrohlichen Umwelt noch um sein Überleben,[9] gegen Sabiner, Äquer, Volsker und gegen die etruskischen Städte Fidenae und Veji beiderseits des Tiber. Im Verlaufe des 3. Jahrhunderts hatte Rom Samniten, Gallier und Etrusker besiegt und seine Oberherrschaft über Italien, dann Sizilien, Sardinien und Korsika ausgedehnt. Am Vorabend des 1. Punischen Krieges war die Halbinsel Italien von der Meerenge von Messina bis nach Pisa bereits von Gemeinwesen mit unterschiedlichem Rechtsstatus, aber unter römischer Hegemonie, überzogen: Verbündete oder *socii, civitates* ohne Wahlrecht, Municipien, in denen das römische Bürgerrecht die administrative Autonomie nicht ausschloß, latinische und Bürgerkolonien. Nach dem Sieg über Pyrrhus und dem zweimaligen Sieg über Karthago war Rom zur am meisten gefürchteten Militärmacht im Mittelmeerraum geworden. Ziel der Schlacht von Zama war, – so empfanden es die Zeitgenossen –, die „Herrschaft über den Erdkreis".[10] Fünfzig Jahre später waren Karthago und Korinth zerstört, und diese Herrschaft erstreckte sich von der iberischen bis zur Balkanhalbinsel, von den Alpen bis nach Nordafrika; und in Kürze sollte sie von dort aus nach Kleinasien übergreifen. Caesar eroberte Gallien und trug sie nach Norden bis zum Ärmelkanal vor. Nach dem Hannibalkrieg war Rom von einem Willen zur Verteidigung besessen, der aber nach und nach von einem ganz bewußten Willen zur Expansion verdrängt wurde. Das Massaker von Numantia im Jahr 133 v. Chr. hatte einzig und allein zum Ziel, ein gefährliches Beispiel von Widerstand mit Stumpf und Stiel auszurotten.[11]

Wie stellte sich nun Roms Rolle als beherrschender Stadtstaat dar? Rom hätte eher „eine Schirmherrschaft über den Erdkreis"[12] als eine wirkliche Herrschaft ausüben sollen. Um die Mitte des 2. Jahrhunderts waren Themen wie Gerechtigkeit, Naturrecht, Beziehungen zwischen Völkern und zwischen Einzelnen an der Tagesordnung. Die größte und lange nachwirkende Beunruhigung verursachte der akademische Philosoph Karneades. Seiner Meinung nach war für den Militarismus und die römische Expansion ausschließlich eine pragmatische Rechtfertigung möglich.[13] Es steht außer Zweifel, daß Karneades mit seinen zwei aufeinanderfolgenden Diskursen über die Gerechtigkeit vor einem ausländischen Publikum eine Probe seines Könnens als Redner ablegen wollte,[14] und zwar in einem spekulativ-rhetorischen Zusammenhang , in dem er letzten Endes eigentlich neutral blieb.[15] Seine kritischen Auslassungen hinterließen freilich einen Nachhall im Bewußtsein der Zuhörer. Die faszinierende Dialektik des Karneades, die, um Plutarch zu zitieren, in der Stadt Aufsehen erregt hatte,[16] erforderte eine Antwort. Es mußte jemand auftreten und von einem anderen philosophischen Ansatz her für die Beherrscher des Erdkreises den „Katechismus" ihrer gesellschaftlichen Aufgaben schreiben.[17] Dieser Katechismus entstand zwischen Panaitios und Cicero. Nicht weniges von dem, was wir in den ersten beiden Büchern von *De officiis* lesen, ist von Panaitios beeinflußt oder geht direkt auf den rhodischen Philosophen zurück.

2. Weltherrschaft und politische Verfassung: Ein Bezug des Polybios auf die Zwölftafeln?

Der Entwurf eines Bildes der Gesellschaft bei Cicero und Panaitios setzt die „außerordentlichen Ereignisse" voraus, die Polybios beschrieb. Polybios war kein gelehrter Historiker; er hatte sich auf den Schauplätzen von Politik und Krieg bewegt. Er betrachtete sich als „den Zeugen einer revolutionären Veränderung in der Geschichte der Menschheit: zum ersten Mal vereinigten sich die verschiedenen Teile der Welt, um ein Ganzes zu bilden".[19] Die „außerordentlichen Ereignisse", die er beschreibt (im wesentlichen vom 2. Punischen Krieg bis zum verhängnisvollen Jahr der Schlacht von Pydna), laufen ausschließlich in eine einzige Richtung zusammen und sind deshalb mit einem Blick zu umfangen. Wie waren die Römer zum „Herrn des Erdkreises und des Mittelmeeres" geworden? Alle Gebiete der bewohnten Welt waren in weniger als 53 Jahren unter eine einzige Herrschaft gefallen: eine Tatsache, die in der Vergangenheit nicht ihresgleichen hatte, weil auch kein „Reich", weder das der Perser noch das der Makedonen oder der Spartaner, dem römischen vergleichbar war. „Mit welchen Machtmitteln, mit welchem politischen System" ist dies alles geschehen?. Um dies zu verstehen, muß sich die Geschichtsschreibung zu einer universellen und organischen Geschichte entwickeln; freilich sind auch politische Überlegungen erforderlich.[20]

Man könne nicht sagen, so bemerkt Polybios, ob die römische Verfassung einer der drei Grundformen, nämlich der Monarchie, der Aristokratie oder der Demokratie zuzuordnen sei, denn diese drei „Bereiche des Staatslebens hatten ... den bestimmenden Einfluß". Die römische Verfassung ist eine Mischform. „Denn wenn man seinen Blick auf die Machtvollkommenheit der Konsuln richtet, erscheint die Staatsform vollkommen monarchisch und königlich, wenn auf die des Senats, wiederum aristokratisch, und wenn man auf die Befugnisse des Volkes sieht, erscheint sie unzweifelhaft demokratisch".[21] Das Zusammenwirken dieser drei Teile der Macht ist allen Situationen angemessen, so „daß man unmöglich ein besseres politisches System finden kann".[22] In Wirklichkeit war das verfassungsmäßige Gleichgewicht nicht so einfach. Polybios selbst scheint sich dessen ab und zu bewußt zu werden. Darf man vielleicht sagen, daß er „trotz aller Vorbehalte, die er als Redner macht", „ein Vorherrschen der ‚aristokratischen' Tendenz" wahrnimmt?[23] Ich bin mir dessen nicht sicher, weil andere Stellen gerade in die entgegengesetzte Richtung weisen. Sicher ist aber, daß das Verfassungsgleichgewicht in Wirklichkeit nicht so unproblematisch war. Die ‚popularen' Züge des Systems sind unbestreitbar;[24] freilich stellt sich der „Rat der Alten", der Senat, als der wahre Schiedsrichter des politischen Lebens dar.[25] Der patrizisch-plebejischen Elite im Senat, die an die Stelle der alten patrizischen Aristokratie getreten war, kommt eine führende Rolle zu. In der Regel stammen die Magistrate aus dieser Gruppe, ebenso wie die Volkstribunen, ein Kollegium von zehn Männern, die mit ihrem Veto jeden magistratischen Akt blockieren konnten.[26] Andererseits berufen allein die Magistrate die Volksversammlung ein, der wiederum jegliche Möglichkeit der Antragstellung fehlt. Die drei Formen der Volksversammlung, Kuriat-, Centuriat- und Tributkomitien, machen das Gesamtbild noch komplizierter.

Die Kuriatkomitien gehen ganz sicher auf die Königszeit zurück. Dreißig Kurien, sakrale Vereinigungen, bildeten die Stimmkörper; die gentilizischen oder ethnischen Tribus der *Tities*, *Ramnes* und *Luceres* setzten sich aus je zehn Kurien zusammen. Es ist umstritten, ob die Plebejer dazugehörten. Die Kuriatkomitien waren an der *inauguratio* des Königs beteiligt. In republikanischer Zeit traten sie (zumindest symbolisch in Gestalt der Liktoren, die die Kurien repräsentierten) aufgrund der *lex de imperio* zusammen, durch welche die einmal gewählten Magistrate die formale Bestätigung ihrer Amtsgewalt erhielten. Die Kuriatkomitien spielten auch, unter Vorsitz des Pontifex Maximus, eine bedeutende Rolle im Bereich des Sakralrechts.

Die wichtigste Versammlung des römischen Volkes sind die Centuriatkomitien, der *maximus comitiatus* der Zwölftafeln. Die Überlieferung verlegt zwar ihren Ursprung in die Zeit des Servius Tullius, aber sie haben sich schrittweise ausgebildet. Die Centuriatkomitien tragen ganz klare timokratische Züge und das Hoplitenheer fand in ihnen seine politische „Form". Die Centurien bildeten den Rahmen für die militärische Aushebung und für die Stimmkörper. Es gab insgesamt 193 Centurien. 170 von ihnen entfielen auf die fünf Zensusklassen der Bevölkerung (80 allein auf die erste Zensusklasse) und fünf auf die Unbewaffneten. Die Kavallerie, die zum Teil oder in Gänze patrizisch war, umfaßte 18 Centurien. Der für jede der fünf Zensusklassen erforderliche Zensus wurde von den antiken Historikern, und nicht nur von ihnen allein, in Geldansätzen berechnet, so z. B. bei Livius (1, 43, 1–9). In die 1. Klasse wurden, nach Livius, die Besitzer von 100000 Assen eingeschrieben. Der Besitz bestimmte die Bewaffnung: Angehörige der 1. Zensusklasse hatten sich mit Bronzehelm und -schild, sowie mit Brustpanzer und Beinschienen, ebenfalls aus Bronze, ferner mit Lanze und Schwert zu bewaffnen. Für die darauffolgenden Klassen reduzierte sich der erforderliche Besitz von 75 000 bis mindestens 11 000 As für die 5. Klasse, und die Bewaffnung wurde leichter. Die beiden untersten Klassen besaßen keine Verteidigungswaffen, sondern lediglich eine Lanze und einen Wurfspieß oder Steinschleudern. Es ist unklar, ob sich die Zensuszahlen auf das Libralas oder auf das um die Mitte des 3. Jahrhunderts v. Chr. reduzierte As beziehen, oder aber auf das Sextantalas (2 Unzen, 1/6 Pfund), das zwischen dem Ende des 3. Jahrhunderts und dem Beginn des 2. Jahrhunderts im Umlauf war. Eine weitere Frage ist, ob das Bemessungskriterium für den Besitz nicht ursprünglich Grundbesitz oder Vieh war. Die hierarchische Ordnung wurde beim Wahlablauf berücksichtigt. Die Centurien der 1. Klasse verfügten daher auch, gemeinsam mit den Rittern, über die absolute Mehrheit, für den Fall, daß sie sich einig waren. Zwischen dem 1. und dem 2. Punischen Krieg (241–219 v. Chr.) gab es eine Reform, deren Tragweite freilich nur schwer zu bestimmen ist: Zehn Centurien wurden aus der 1. Klasse in eine oder mehrere der anderen Klassen umgesetzt. Auf diese Weise stellte man eine gewisse Übereinstimmung zwischen der Centurienordnung und der Einteilung nach lokalen Tribus her.

Die dritte Versammlung, die Tributkomitien, waren anders aufgebaut. Sie basierten auf den Tribus als territorialen Einheiten der *civitas Romana* und die Mitglieder einer jeden Tribus bildeten eine Wahlkörperschaft. Ursprünglich gab es vier städtische und 16 ländliche Tribus, letztere wurden nach und nach immer mehr, und die endgültige

2. Weltherrschaft und politische Verfassung

Zahl belief sich im Jahr 241 v. Chr. auf 35. Bei jeder Erweiterung des Staatsgebietes wurden seit dieser Zeit die neuen Gebiete der einen oder anderen bestehenden Tribus zugewiesen, wobei auch die topographische Kontinuität schließlich vernachlässigt wurde. Ebenso wie die Tributkomitien, versammelte sich auf Veranlassung eines Tribunen das „concilium" der Plebs.

Wir können also von den Kuriatkomitien als den ältesten ausgehen. Die beiden anderen, die Centuriat- und die Tributkomitien, nahmen dieselben grundlegenden Funktionen (Wahl, Gesetzgebung, Rechtsprechung) wahr. In den Centuriatkomitien wurden Konsuln, Prätoren und Zensoren gewählt, in den Tributkomitien die Beamten niederen Ranges, wie kurulische Ädilen und Quästoren. Wie sah es aber mit der wirklichen politischen Beteiligung aus? Das römische Staatsgebiet umfaßte bereits um die Mitte des 3. Jahrhunderts v. Chr. nicht nur Latium, sondern auch Südetrurien, einige Gebiete Samniums und die gesamte Sabina, und erstreckte sich nach Süden bis nach Capua und Cumae in Campanien, und im Osten bis an die Adria. Für eine große Zahl von Bürgern wäre eine Reise nach Rom, um das Wahlrecht auszuüben, mit nicht wenigen Hindernissen verbunden gewesen. Darüberhinaus war gerade an Markttagen, an denen der Zustrom der Wähler am größten gewesen wäre, jede Versammlung untersagt.

Wenn man nur die „Parteien" der politischen Verfassung betrachtet, vernachlässigt man eine andere Erscheinung – oder man verliert sie ganz aus den Augen –, nämlich die Klientel.[27] Es gab dabei die alten Klienten der adeligen Familien, die Freigelassenen, die Bewohner der Kolonien oder Municipien, dann nämlich, wenn die Kolonie mit den Triumvirn, die die Koloniegründung vorgenommen hatten, eine enge Beziehung aufgebaut hatte, oder das Municipium mit denjenigen, die ihm zum Bürgerrecht verholfen hatten. Auch Provinziale konnten demjenigen bei seiner Bewerbung um Ämter eine gewisse Stütze sein, der sie bei der Unterwerfung und Ordnung der Provinz gut behandelt hatte. Schließlich gab es all diejenigen, die ein Kandidat vor Gericht vertreten oder denen er in irgend einer Weise geholfen hatte. An den Tagen, an denen die Wahlkomitien zusammentraten, vollzog er „einen Tauschhandel, mit derselben sicheren Gewißheit, mit der er die Tilgung einer Schuld verlangt hätte".[28] Schließlich ist noch auf einen letzten Punkt hinzuweisen: Nicht nur die Annuität, also die Begrenzung auf ein Jahr, und die Kollegialität der Magistraturen, sondern auch die gegenseitige Kontrolle in der Oberschicht verhinderten, daß die aristokratische Herrschaft in eine Monarchie oder eine Tyrannis umschlug.

Freilich schloß die Perfektion in den Augen des Polybios den Niedergang nicht aus. Er sah das ganze nicht sehr optimistisch, wie überhaupt dem antiken politischen Denken der Optimismus fehlt. Jede Verfassung hat ihren Kreislauf, „sie wandelt sich, geht nieder und kehrt wieder an ihren Ausgangspunkt zurück":

"Wenn man das klar erfaßt hat, wird man sich mit einer Zukunftsvoraussage vielleicht in der Zeit irren, kaum aber über den Punkt in der Kurve des Wachstums, Niedergangs oder des Wechsels, der gerade erreicht ist, sofern man ohne Haß und Mißgunst urteilt. Gerade auch beim römischen Staat wird uns diese Betrachtungsweise in den Stand setzen, seine Entstehung, sein Wachstum und den Scheitelpunkt der Entwicklung zu erkennen, in gleicher Weise aber auch die einmal zu erwartende Wende zum Schlimmen. Denn so sehr wie irgendein anderer Staat wird auch dieser, da er seinen naturgemäßen Ursprung und Aufstieg gehabt hat, naturgemäß auch eine Wende nach der entgegengesetzten Richtung nehmen".[29]

Wann aber hat die römische Verfassung ihren Höhepunkt erreicht, und wo soll man ihren Beginn festmachen? Polybios bezeichnet das Zeitalter des Hannibalkrieges als die „akme": Damals erwies sich die Verfassung als „die beste und vollkommenste", damals, „als die Römer durch die Niederlage bei Cannae am Rande des Abgrundes standen". Den Ausgangspunkt der Entwicklung macht Polybios 30 Jahre nach der Expedition des Xerxes nach Griechenland fest.[30] Wenn dies richtig ist, liegt die Annahme nahe, daß die Mischverfassung, zu der die Römer „nicht durch theoretische Einsicht, sondern unter vielen Schwierigkeiten und Kämpfen" gelangten,[31] ihren historischen Weg mit dem Decemvirat und dessen Sturz begann. Wir haben in der Geschichte des Polybios, die wir von Buch VI an nur in Bruchstücken kennen, leider keine explizite Erwähnung der Zwölftafeln. Freilich macht das Gewicht, das der Autor ganz sicher dem Decemvirat als einem „Wendepunkt" zumißt, es unwahrscheinlich, daß er die Zwölftafeln in seiner „Archäologie" oder in seinen politisch-verfassungsmäßigen Überlegungen völlig vergessen haben könnte: dies kann schon deshalb nicht sein, weil nämlich „Gesetze schreiben" die spezifische Funktion der Decemvirn war.[33] Die Zwölftafeln gehörten in das Bild des Polybios ebenso wie in das, welches Cicero ein Jahrhundert später entwirft.[34] Gewiß, Polybios gibt zu, er habe „einige Einzelheiten" fortgelassen und er ist sich dessen bewußt, daß seine Leser, die in einer Staatsform geboren und aufgewachsen sind, mit deren „Gebräuchen" und „Institutionen" sie vertraut sind, ihn deshalb tadeln werden.[35] Es ist aber vollkommen undenkbar, daß ein Ereignis wie die Zwölftafeln, die im römischen Bewußtsein der Zeit gegenwärtig waren, Polybios als geringfügige Einzelheit erschienen sein werden.

Der „Staat" war nicht das Ergebnis eines Projektes oder eines Entwurfes, der den Weg vorzeichnete oder die Zukunft vorweg nahm, sondern er war nach und nach entstanden. Zumindest bei dieser Vorstellung (aber vermutlich nicht nur bei ihr) stimmten Polybios und Cato überein. Das Alter der Institutionen hinderte nicht daran, sie nach rationalen Gesichtspunkten zu hinterfragen. Man entdeckte, daß die *ratio* ihrer Geschichte innewohnte und sie eher rechtfertigte als in Frage stellte. Cicero ist ein recht treuer Interpret der catonischen Lehre:

„Cato pflegte zu sagen, daß sich die Verfassung unseres Staates vor allen den übrigen deshalb auszeichne, weil in diesen in der Regel Einzelpersönlichkeiten aufgetreten sind, von denen jede einzelne ihren Staat mit ihren Gesetzen und Einrichtungen aufgebaut hat. So war bei den Kretern Minos, bei den Lakedämoniern Lykurg, bei den Athenern, deren Verfassung oftmals verändert wurde, zuerst Theseus, dann Drakon, dann Solon, dann Kleisthenes, dann kamen viele andere, bis zuletzt der gelehrte Demetrios von Phaleron den schon ausgebluteten, am Boden liegenden Staat noch einmal aufgerichtet hat. Unser Staat dagegen hat sich nicht auf das Talent eines einzelnen, sondern vieler Persönlichkeiten gegründet, auch nicht auf ein einziges Menschenleben, sondern auf eine ganze Reihe von Jahrhunderten und Generationen. Denn – pflegte er zu sagen – noch nie ist ein Genie aufgetreten, das so umfassend gewesen wäre, daß ihm überhaupt nichts entging, und selbst wenn man alle bedeutenden Geister in einer Person zusammenfassen würde, könnte sie in dieser zeitlichen Zusammenfassung nicht eine so weitgehende Voraussicht walten lassen, daß sie unter Verzicht auf praktische Erfahrung und auf die Lehren der Vergangenheit alles umfassen würde".

Man muß also bis zu den „Ursprüngen" der städtischen Gemeinschaft zurückgehen. Diese Aufgabe wird im Dialog in *De republica* Scipio Aemilianus zugewiesen. Es geht weniger darum, einen idealen Staat nach dem Vorbild Platos zu definieren, als den römischen Staat in „seinem Entstehen, in seinem Wachstum, in seiner Reife und in seinem festen und starken Gefüge" nachzuzeichnen.[36] Es ist wohl überflüssig darauf hinzuweisen, daß wir hier weit von jeder aufklärerischen Versuchung entfernt sind. Was hervorgehoben wird, ist eher die Kontinuität als der Wandel. Jede revolutionäre Idee wird von einem evolutionären „Historizismus", der keine Brüche zuläßt, außer Kraft gesetzt. Es ist leicht verständlich, wie man ganz richtig bemerkt hat, daß die senatorische Schicht, „also die Gebildeten, weniger Stumpfsinnigen," für die römischen Bürger eine derartige Konzeption entwickelten.[37]

3. Die Zwölftafeln und das „Bild der Frühzeit"

Wir dürfen also vermuten, daß die Bedeutung der Gesetzgebung der Decemvirn einem griechischen Historiker, den die einflußreichsten römischen Adeligen in den zwei Jahrzehnten vor der Mitte des 2. Jahrhunderts v. Chr. als Freund aufgenommen hatten, nicht entgangen war. Gewiß hatten auch ein Annalenschreiber wie L. Cassius Hemina, und wenig später ein Antiquar wie C. Sempronius Tuditanus Gelegenheit, sich damit zu beschäftigen oder wenigstens auf sie hinzuweisen.[38] Wir können nicht sagen, was Panaitios darüber dachte, aber wir kennen Ciceros Ansichten ganz gut.

In dem großen Abschnitt in *De officiis*, von dem wir ausgehen, werden die Zwölftafeln nicht erwähnt. Wir haben eine „stenographisch kurze Beschreibung" der Stadt vor uns, die über das Ästhetisch-Architektonische hinausgeht.[39] Auch die *leges* und die *iura* sind ein Teil dessen, „was den Bürgern einer Stadt untereinander gemeinsam" ist.[40] *Leges* und *iura*: Dieses Begriffspaar hat eine Geschichte, bei der wir hier leider nicht verweilen können. Interessant ist dazu ein weiterer Begriff, nämlich *iudicia*, der sich den beiden genannten zugesellt und das ganze zu einer Trias erweitert. Mit dieser Dreiheit kann man eine Rechtsordnung in ihren grundlegenden Teilen beschreiben. Einen davon stellen eben die Gesetze dar.

Nach einer Definition eines Juristen der augusteischen Zeit ist in Rom das „Gesetz", die *lex publica*, „der allgemeine Befehl des Volkes oder der Plebs aufgrund des Gesetzesantrages eines Magistrats".[41] Diese Definition erfaßt dieses Rechtsinstitut in seiner ausgereiften Phase. Das Gesetz hat sich nicht immer so dargestellt. Seine Ausgestaltung als kollektive Entscheidung (des Volkes in den Centuriat- oder Tributkomitien oder der Plebs im *concilium*) stellt lediglich das Ende eines langen Weges dar.

In der allerältesten Geschichte der Stadt spielte das Volk eine andere Rolle. Wahrscheinlich war das Gesetz nur ein einseitiger Befehl, den der Inhaber des *imperium* vor der Versammlung der Kuriat- oder Centuriatkomitien ausgab, und die Zustimmung der Bürgerschaft trat erst nach (und nicht vor) der Zeit der Decemvirn an die Stelle einer schlichten und einfachen Ratifizierung. Auch das „Allgemeine" des Befehls ist nicht ursprünglich. Im übrigen war nach altem Brauch jedes Gesetz der *auctoritas* des patrizischen Teils des Senats unterworfen. Diese Ratifizierung wandelte sich, bevor sie gänzlich verschwand, in eine zustimmende Meinungsäußerung zum Vorschlag des Magistrats. Vom Standpunkt der Wirksamkeit her war die Gleichwertigkeit zwischen den Beschlüssen des Volkes und denen der Plebs eine mindestens 300 Jahre alte Errungenschaft.[42] Das Gesetz blieb wie andere private, öffentliche oder religiöse Akte in seinem Kern mündlich. Auch als die Schrift aufkam, hatte diese mit dem eigentlichen gesetzgeberischen Akt nichts zu tun. In der *promulgatio* wird das Gesetzgebungsvorhaben schriftlich veröffentlicht; der Gesetzesantrag wird nach Zustimmung in einen für alle sichtbaren Text übertragen. Erst in spätrepublikanischer Zeit erscheint der Text so bedeutsam, daß er die eigentliche Vorstellung vom Gesetz beeinflußt.[43]

Der ordnende Wille des römischen Gemeinwesens fand in den Zwölftafeln seinen vollkommensten Ausdruck. Wir gehen sicher nicht zu weit, wenn wir uns vorstellen, daß Cicero, als er an jener Stelle seines Buches das Wort *leges* niederschrieb, wie auch jene, die beim Lesen darauf stießen, ganz selbstverständlich eine ähnliche Übereinstimmung fühlten.[44] Die Zwölftafeln waren kein Thema zweiten Ranges. Cicero vertritt in *De legibus* die Meinung, nur wenn man sich von ihnen inspirieren lasse sei es möglich, in einem neuen „Codex" die Vorschriften über den göttlichen Kult und die Kulthandlungen der Priester, über die religiösen Zeremonien, die Opfer und die Bestattungsriten zusammenzustellen. Dabei sollte auch der Stil der Zwölftafeln nachgeahmt werden, weil nämlich in einem Gesetzestext die Worte umso wirkungsvoller seien, je altertümlicher sie klängen.[45] Niemand konnte so leicht die Lobrede aus *De oratore* aus dem Gedächtnis verlieren:

„Wer sich mit philologischen Studien in der Art des Aelius Stilo beschäftigt, der findet im gesamten Zivilrecht, in den Büchern der Priester und in den Zwölftafeln das starke und getreue Bild der Vergangenheit. Wir erkennen die weit zurückliegende Altertümlichkeit der Sprache; die juristischen Formeln lassen die Gebräuche und das Leben unserer Vorfahren erkennen. Wer die politische Wissenschaft vorzieht, ... wird diese Wissenschaft insgesamt in den Zwölftafeln zusammengefaßt sehen, da in ihnen die Staatsordnung mit ihren Interessen und Teilen abgebildet ist. Selbst wenn sich jemand der übermächtigen und ehrgeizigen Philosophie widmet, ... wird er im Zivilrecht und in den Gesetzen den Kern all seiner Diskussionen enthalten sehen.... Wir lernen nicht durch endlose und kontroverse Diskussionen, sondern durch die maßgebenden Hinweise der Gesetze unsere Leidenschaften zu besiegen, jedwedes Begehren einzudämmen, unsere Güter zu verteidigen und unsere Gedanken, Blicke und Hände von den Gütern anderer fernzuhalten.... Wenn wir auf die Quellen der Gesetze und ihren wesentlichen Gehalt blicken, dann übertrifft dieses einzige kleine Buch der Zwölftafeln durch das Gewicht seiner Autorität und das Ausmaß seiner praktischen Bedeutung ganze philosophische Bibliotheken".[46]

Ius civile, was wir wörtlich mit „Zivilrecht" übersetzen, deutet als ganzes auf die rechtliche Ordnung der Stadt hin (zumindest, soweit es die Beziehungen zwischen Einzelpersonen angeht). Von den unterschiedlichen Bedeutungen, die diese Bezeichnung annehmen kann, verwenden wir in unseren Ausführungen eben diese. Das Zivilrecht entstand in grauer Vorzeit. Die „Bücher der Priester" und die Zwölftafeln führen uns in archaische Zeit zurück. Dabei wird auf die Priester-Juristen Bezug genommen, die vor der Gesetzgebung der Decemvirn wirkten; und zwischen den Decemvirn und dem Autor Cicero, der darüber handelt, liegen abermals vier Jahrhunderte.

Diesen zeitlichen Abstand sollte man nicht außer acht lassen. Selbstverständlich wußten Cicero und seine Zeitgenossen sehr wohl um den Wandel im Recht, sowohl als gelebte Erfahrung als auch theoretisch. Der zeitliche Abstand, der sie von den Zwölftafeln trennte, wurde weder verschleiert noch geleugnet: Das Gesetz ist der Ausdruck einer „alten Zeit", eines „altertümlichen Zustandes der Sprache". Freilich lebt diese weit zurückliegende Vergangenheit in paradigmatischer Dimension wieder auf. Der Gesetzestext ist nicht nur das Spiegelbild eines verflossenen Lebens, er verliert, wenn man so sagen kann, seinen historischen Wert und nimmt dafür eine symbolische Bedeutung an. Seine Verfügungen kann man, wie in *De legibus*, auch naturrechtlich interpretieren.[47] Man gelangt dann von einer deskriptiv-historischen Ebene auf eine ideologische, bewertende. Man läßt Übertreibungen zu, die sich sogar in einer Hyperbel niederschlagen („ganze Bibliotheken voller philosophischer Schriften" müssen sich vor dem „kleinen Buch" der alten Gesetzgeber beugen). Gerade ein Kenner des Plato, des Aristoteles, des Dikaiarch und des Panaitios konnte wirklich nicht im Ernst annehmen, daß die gesamte Staatswissenschaft in den Zwölftafeln zusammengefaßt war. Aber hatte andererseits nicht die von Karneades hundert Jahre zuvor begonnene und noch nicht abgeschlossene Diskussion über den „Imperialismus" ein neues Thema in das politisch-philosophische Denken eingeführt?[48] Auch allein schon die Feststellung, daß in den Zwölftafeln die „Staatsordnung" mit ihren „Interessen" und ihren „Teilen" nachgezeichnet sei, war eine sichtbare Übertreibung des historischen Tatbestandes. Soweit wir feststellen können, regelten die trockenen Formeln dieses uralten Gesetzes Situationen und Beziehungen der römischen Gesellschaft im 5. Jahrhundert v. Chr.; viele andere setzen diese nur voraus. Die Organisationsstrukturen dieser Gesellschaft erscheinen darin nur teilweise. Man sucht darin vergebens nach einer – ich will gar nicht sagen Beschreibung, – sondern auch nur nach einer Erwähnung – der Volksversammlungen und der Magistraturen, abgesehen (möglicherweise) von der einen oder anderen Vorschrift, die die sozialen und politischen Auseinandersetzungen einer Übergangszeit erforderten. Es kann kein Zufall sein, daß in den uns bekannten Fragmenten niemals der Senat erwähnt wird, der damals (und auch weiterhin) das Lenkungsgremium der politischen Gemeinschaft war. In Wirklichkeit verfolgte Ciceros Emphase offensichtlich einen apologetischen Zweck: Die Apologie des Uralten sollte sich ohne Abschwächungen oder Verschleierungen darstellen.

Zwischen Vergangenheit und Gegenwart verläuft eine ununterbrochene Linie. Die in den Zwölftafeln wurzelnde Rechtsordnung wächst und entwickelt sich mit der Zeit, wie nach einem Bild Catos auch der Staat. Sie entfaltet auch eine erzieherische Kraft, sie lehrt und zwingt dazu, ohne Hinterlist zu handeln, das Eigentum zu achten und die Rechte anderer nicht zu verletzen. Die privatrechtlichen Institutionen und die „Werte", die durch sie ihren Ausdruck finden, sollen in ihren Umrissen festgefügt bleiben. Das Alter trägt dazu bei, sie unangreifbar zu machen. Jedes neue Programm zur Umverteilung der Güter, das die bestehenden Interessen verändern würde, kann als Bedrohung und als Skandal angezeigt werden. Durch die Berufung auf die Überlieferung wird der Versuch gemacht, die Ungleichheiten zu legitimieren und die Konflikte beizulegen. Die Theorie von Recht und Staat enthüllt ohne allzuviele Hintergedanken ihre praktische Absicht.

Dreißig Jahre nach der Entstehung von *De oratore* und ungefähr zwanzig Jahre nach *De officiis* taucht das ideologische Motiv der Zwölftafeln bei Livius wieder auf. Der augusteische Historiker spricht die ersten zehn Tafeln, ihre Diskussion und ihre Annahme an:

„Schließlich schienen die Gesetze in jedem Punkt nach der Meinung des Volkes korrigiert. Über die zehn Tafeln wurde in den Centuriatkomitien abgestimmt und sie wurden bestätigt. Selbst bei der riesigen Menge zusammengehäufter Gesetze sind sie auch heute noch die Quelle des ganzen Staats- und Privatrechts".[49]

Die Worte des Livius spiegeln diejenigen Ciceros wider. Wenn, wie wir sagten, es eine bewußte Vergröberung war, die staatliche Ordnung als Ausfluß der Zwölftafeln anzusehen, so galt dasselbe dafür, sie als „Quellen allen öffentlichen und privaten Rechts" anzusehen. Die Überhöhung des archaischen

3. Die Zwölftafeln und das „Bild der Frühzeit" 49

Rom bildet keinen Gegensatz zur Propaganda des neuen Regimes. Livius verharrt nicht in einer starren Haltung. Seine Zwiespältigkeit ist nicht gefährlich, sondern ist – wenn überhaupt – ein Beitrag zum weisen Spiel der Machthaber. Ihm hätte keiner den Vorwurf gemacht, den ein Vertreter der Prinzipatsideologie an einen seiner hartnäckigsten Gegner richte: Allein ein „von Freiheit toller und maßloser Geist" könne dazu kommen, nichts anderes als das, was „in den Büchern über die alten römischen Institutionen aufgezeichnet und festgesetzt ist", für gültig anzusehen.[50] Livius war in der Lage, das Wechselspiel von Tradition und Erneuerung zu begreifen und wieder ins Gedächtnis zu rufen. Ein Beispiel dafür ist die Rede, die er dem Tribunen Canuleius 445 v. Chr. in den Mund legt und die einige Seiten im vierten Buch einnimmt. Die Geschichte Roms von der Königszeit bis in die Mitte des 5. Jahrhunderts v. Chr. erscheint dort, als würden sich lauter neue Dinge ereignen:

> „In der Regierungszeit des Romulus gab es weder Pontifices noch Auguren: sie waren eine Schöpfung des Numa Pompilius. Es gab in der Stadt weder einen Census, noch die Einteilung in Centurien oder Klassen: diese wurden von Servius Tullius eingerichtet. Es hatte bis dahin noch nie Konsuln gegeben: sie wurden nach der Vertreibung der Könige geschaffen. Es hatte bis dahin weder die Machtfülle noch den Namen des Diktators gegeben: sie gibt es seit der Zeit unserer Vorväter. Es gab keine Volkstribunen, keine Ädilen, und keine Quästoren: Man beschloß, welche einzusetzen. In diesem letzten Dezennium haben wir die Decemvirn benannt, deren Aufgabe es war, die Gesetze aufzuschreiben; wir haben ihnen dann die Regierungsgewalt entzogen. Wer hätte je bezweifelt, daß man in einer Stadt, die ewige Dauer haben, und die sich ungeheuer entwickeln sollte, nicht neue Gewalten und Priester, neue Ordnungen für Familien und einzelne Bürger schaffen würde?"[51]

Nicht nur Livius, sondern auch Augustus wollte zwischen dem Alten und dem Neuen eine Verbindung herstellen. In dieser Frage „verstanden sich der Kaiser und sein Historiker vollkommen", wie Ronald Syme schrieb.[52] Augustus resümiert sein Lebenswerk, das er nun vollendet hatte: „Durch neue, auf meine Veranlassung hin ergangene Gesetze habe ich viele Einrichtungen der Väter, die in unserer Epoche schon zu verschwinden drohten, wieder zum Leben erweckt und selbst für viele Dinge Beispiele zur Befolgung der Nachwelt überliefert".[53] In der in der Sache tiefgreifend innovativen Sittengesetzgebung ist die Wiedereinführung der *exempla maiorum* der beherrschende ideologische Zug. Um seine „Reform" der Familie zu stützen, trug Augustus im Senat eine mehr als einhundert Jahre alte Rede des Q. Caecilius Metellus Macedonicus über „die Einschränkung der Ehelosigkeit" vor. Er machte sie auch dem Volk bekannt und tat so, als sei sie eben erst geschrieben. Er wollte damit zeigen, daß er nicht der erste war, der sich dieses Problems annahm, das bereits den Vorvätern ein Anliegen gewesen war. Bei anderer Gelegenheit verwendete er eine Rede des P. Rutilius Rufus, cos. 105 v. Chr., in derselben Weise als aktuelles Dokument.[54] Gaston Boissier merkte an, daß Augustus vielleicht „Gefahr lief, die Erinnerung an die Vergangenheit zu sehr in Anspruch zu nehmen;

aber es schien ihm wohl so, daß die Gefahr noch größer wäre, wenn er sie vernachlässigt hätte".[55]

4. Juristische und philologisch-antiquarische Forschung

Die Zwölftafeln waren nicht nur Gegenstand historischen oder philosophisch-politischen Nachdenkens; man interpretierte sie von Anfang an im technisch-juristischen Sinne des Wortes. Wie dies geschah, und wie dieses Netz gewoben wurde, werden wir später bei einer eingehenden Untersuchung eher erkennen. Es muß freilich hier festgehalten werden, daß die Zwölftafeln den Dreh- und Angelpunkt des ersten „systematischen" Werkes der römischen Jurisprudenz darstellten. Sextus Aelius, der Konsul des Jahres 198 v. Chr. und Freund des Scipio Africanus, schrieb einen in drei Teile untergliederten Kommentar zu den Zwölftafeln (daher der Titel *Tripertita*): Auf den Text des Gesetzes folgte die *interpretatio* und an diese schlossen sich die prozessualen Muster der *leges actiones* an.[56] Wenn man aufgrund einer Äußerung zum Kaufrecht urteilen darf,[57] so berücksichtigte dieser glänzende Rechtsgelehrte gewiß die heikelsten juristischen Probleme seiner Zeit. Auf jeden Fall stellte er die Zwölftafeln in den Mittelpunkt seiner Untersuchungen. Man kann mit Fug und Recht annehmen, daß die Forschungen des Sextus Aelius auf praktische Zwecke ausgerichtet waren: daneben ist aber auch seine philologisch-antiquarische Absicht unbestreitbar. Die *Tripertita* fügen sich in einen bestimmten historischen Zusammenhang ein. Sie entsprechen dem Bedürfnis einer regierenden Schicht, die sich durch Aneignung der Überlieferung ihre Kultur schafft. Bei allem literarischen Abstand stehen sie den Historien den Fabius Pictor und den Annalen des Ennius vielleicht weniger fern, wenn man ihren geistigen Hintergrund betrachtet.

Nach Sextus Aelius schlug die Jurisprudenz andere Wege ein. Wir müssen unseren Blick auf die Mitte des 1. Jahrhunderts v. Chr. lenken, denn das Interesse richtete sich auf den einzigartigen normativen Text des prätorischen Edikts. Bereits in der Mitte des 2. Jahrhunderts v. Chr. findet das Privatrecht eigenständige literarische Ausdrucksformen, die nicht mehr an das Gesetz der Decemvirn gebunden sind. Wenn wir die Geschichte unter diesem Aspekt betrachten, so verfolgt die zivilrechtliche Abhandlung des Q. Mucius Scaevola, cos. 95 v. Chr., zum *ius civile* eine Linie, die es bereits 40 oder 50 Jahre zuvor gab. Zwar sind die Zwölftafeln dabei nicht der eigentliche Gegenstand, auf sie werden aber die archaischen Institutionen in unterschiedlicher Weise zurückgeführt; sie geraten nicht in Vergessenheit, auch wenn sie nicht mehr aktuell sind.

Mit der Abhandlung des Mucius Scaevola zum *ius civile* setzte sich Servius Sulpicius Rufus ausführlich auseinander. Es ist nicht sicher, ob auch er einen

4. Juristische und philologisch-antiquarische Forschung 51

Kommentar zum Zwölftafelgesetz geschrieben hat, aber in jedem Fall hat er dessen Vokabular genau untersucht.[58] Servius Sulpicius Rufus war gleichaltrig mit Cicero und dessen Gefährte im Studium und im Unglück. Er entstammte einer alten, aber bereits vergessenen patrizischen Familie und wurde im Jahr 51 v. Chr. Konsul. Er war nicht nur ein Theoretiker, der das Recht dialektisch zu behandeln wußte, sondern interessierte sich auch für Grammatik und hatte antiquarische Neigungen, die man als „nach der Art des Varro" bezeichnen könnte.[59] In dem Kreis, dessen Haupt er war, blieb die Grammatik nicht außen vor.[60] Auf derselben Linie lag M. Antistius Labeo in augusteischer Zeit. Die Zwölftafeln sind erneut Gegenstand eines Kommentars (und erst Gaius sollte, eineinhalb Jahrhunderte später, noch einmal diesen philologischen Faden aufnehmen).[61] Vom Kommentar des Labeo sind uns nur einige vereinzelte Nachrichten überliefert.[62] Wir kennen seinen Umfang nicht, aber er war sicher nicht sehr knapp. Man erkennt eine praktische (und lehrhafte) Absicht, was sich aber mit seiner sprachlichen Analyse und dem historischen Bewußtsein erklären läßt. Im übrigen ist die Tatsache, daß Labeo unter anderem ein erfahrener und scharfsinniger Grammatiker war, leicht aus seinen Schriften (oder aus dem, was von seinen Schriften überliefert ist) zu erkennen; diese Neigung war auch seinen antiken Lesern aufgefallen und hatte sie ergötzt.[63] Die sprachliche Untersuchung des archaischen Textes war nicht reine Gelehrsamkeit. Man kann daran hermeneutische Kriterien von allgemeiner Bedeutung festmachen und überprüfen.

Als Beleg möchten wir folgende interessante Überlegung betrachten, die einem anderen Werk Labeos entstammt, den *Libri posteriores*, die nach seinem Tod publiziert wurden. Wir finden sie bei Sextus Pomponius, einem bedeutenden Juristen, dem die Methoden seines großen Vorgängers wohl vertraut waren:
„Labeo schreibt folgendes in den *Posteriores*: ‚Calenus, mein Rechnungsführer soll frei sein, und er soll all sein Gut und dazu die Summe von einhundert haben, wenn es scheint (*videbitur*), daß er die Rechnungsbücher sorgfältig geführt hat. Wir sollten eine solche Sorgfalt verlangen, die dem Herrn, nicht dem Sklaven nützlich gewesen ist. Zu dieser Sorgfalt sollten sich Treu und Glauben (*bona fides*) gesellen, nicht nur bei der Rechnungsführung, sondern auch bei der Erstattung des Restbetrags'. Was das ‚scheinen wird' (*videbitur*), anbelangt, so ist es im Sinne von ‚scheinen könnte' (*videri poterit*) zu verstehen. So haben die Alten auch die Worte der Zwölftafeln ‚wenn das Regenwasser schadet' (*nocet*) in dem Sinne interpretiert von: ‚wenn das Regenwasser schaden könnte' (*si nocere poterit*). Und wenn man fragen würde, wer jene Sorgfalt zu beweisen habe, so wird man das dem Ermessen der Erben überlassen müssen, welche das Vorgehen eines redlichen Mannes als Leitlinie nehmen müssen. Das ist nicht anders als in dem Fall, wo jemand unter der Bedingung, eine bestimmte Summe zu geben, (testamentarisch) freigelassen worden ist, ohne daß der angegeben ist, dem er sie, um frei zu sein, geben müsse; hier wird er auf gleiche Weise frei sein können, als wie wenn geschrieben gestanden hätte ‚wenn er sie dem Erben gegeben habe'."[64]
Es handelt sich, wie aus den ersten Äußerungen deutlich wird, um eine bedingte testamentarische Freilassung und ein mit ihr verknüpftes Legat zugunsten des freigelassenen Sklaven. Die Bedingung, die gestellt ist, und von deren Eintritt es abhängt, ob die

Freilassung (und mithin die Freiheit des Sklaven) wirksam wird, ist folgendermaßen formuliert: *si rationes diligenter tractasse videbitur*. Es ist also sehr wichtig, das *videbitur*, „es scheint", als *videri poterit*, also, „könnte scheinen" zu verstehen. Das *videbitur* hätte ohne jene semantische Einschränkung von der Ebene der Effektivität weg (in der Bedeutung von ‚in Aussicht gestellt') zu der einer objektiven Möglichkeit dazu geführt, daß das zur Bedingung gemachte Ereignis in dem Fall nicht hätte eintreten können, wenn nämlich die Erben die Sorgfalt (und den guten Glauben des Sklaven) bei der Buchführung nicht hätten bestätigen wollen. In dem Moment, in dem man dem *videbitur* die Bedeutung von *videri poterit* gibt, ändert sich alles; es ändert sich in genau dem Sinn, daß man das zur Bedingung gemachte Ereignis als eingetreten betrachtet, wenn die Bestätigung objektiv möglich ist (auch wenn sie nicht tatsächlich erfolgt). Dieses Verständnis des Labeo wird durch eine Erwähnung der alten Interpreten der Zwölftafeln gestützt. Die Verfügung der Decemvirn, die, wie man vermuten darf, die *actio aquae pluviae arcendae* betraf, enthielt die Worte „si aqua pluvia nocet", die so verstanden wurden, als stünde an ihrer Stelle „si aqua pluvia nocere poterit": es genügte schon, daß die Gefahr bestand, und der Schaden mußte nicht eintreten, um die *actio* anzuwenden. Labeo verhält sich mit dem *videbitur* in einem Akt von Privatautonomie ebenso wie die alten Interpreten mit dem *nocet* im Gesetzestext.

Freilich hatte die sprachliche Analyse auch das Ziel, den weit zurückliegenden (und nicht mehr aktuellen) Kern des alten Gesetzes, die „längst vergangenen Worte und Gebräuche" aufzuhellen, die „der Ablauf der Generationen aus der Erinnerung getilgt hat".[65] Dies war eine schwierige Aufgabe, da manchmal der Text der Zwölftafeln, selbst mit seinen unvermeidlichen Modernisierungen, unverständlich blieb. Dies wußten sowohl Sextus Aelius, der Verfasser der *Tripertita*, als auch einer seiner zeitgenössischen Interpreten, nämlich Lucius Acilius. Beide beschäftigten sich unter anderem mit der Vorschrift, die festsetzte:
Mulieres genas ne radunto, neve lessum funeris ergo habento.[66]

Es war also den Frauen verboten, sich während des Leichenbegängnisses die Wangen zu zerkratzen (eine Sitte, die heute noch in gewissen abgelegenen Gebieten mit ländlicher Kultur geübt wird); was aber bedeutete das Verbot *lessum habere*? Das Wort *lessus* war rätselhaft. Lucius Acilius und Sextus Aelius verstanden es als Anspielung auf irgendwelche Trauerkleidung, aber sie konnten ihre Verlegenheit darüber nicht verbergen. Später widerlegte sie L. Aelius Stilo, der das Wort vielmehr als „Schreien" oder „Klagen" interpretierte.[67] Dies war nicht der einzige Fall von Unsicherheit. Eben weil es sich um einen auch in sprachlicher Hinsicht schwierigen Text handelte, wandten gelehrte Philologen wie Aelius Stilo und dessen Schüler Varro niemals ihren Blick von den Zwölftafeln ab und erforschten sie in derselben Art und Weise wie alte internationale Verträge, Weissagungen und religiöse Texte, Bücher der Priester und der Magistrate. Das, was uns von Varros *De lingua latina* überliefert ist, bietet dafür zahlreiche Beweise. Auch wenn man diesen Weg verfolgte, war es möglich, die eigenen Mitbürger „in das Vaterland zurückzuführen", die in ihrer eigenen Stadt wie „Reisende waren und wie Fremde herumirrten".[68]

5. Historische Distanz und ihre Aufhebung

Von der Republik zum Prinzipat sind die Zwölftafeln (wie wir sehen werden) Gegenstand vielfältiger Aufmerksamkeit, die auch politisch-ideologische Überhöhung und rhetorische Übertreibung nicht ausschließt: wenn wir hier einen semiologischen, informationstheoretischen und literaturkritischen Terminus anwenden wollten, würden wir von „Bedeutungszuwachs" sprechen. Und dennoch waren die Zwölftafeln weder damals noch ursprünglich ein sakraler Text. Kein Römer zweifelte daran, daß sich die Gesetze nicht nur in der Zeit, sondern auch im Raum unterschieden. Sie konnten „altern" und „sterben", und durch neue Gesetze ersetzt werden.[69] Die „Formen des Rechtes, der Staatseinrichtungen, der Sitten und Gewohnheiten" scheinen sich „tausendmal verändert" zu haben.[70] Cicero, der die Zwölftafeln mehr als jeder andere schätzte, bezeichnet sie auch als ein „notwendiges ‚carmen'", das man in der Schule lernen müsse, das freilich niemand mehr zu rezitieren pflege,[71] und er zögerte nicht, sie zumindest einmal mit dem alleinigen Ziel zu erwähnen, „eine feierliche Komik zu erzeugen".[72] Auf der anderen Seite schmäht er äußerst streng und ätzend den archaischen Formalismus (eingeschlossen den „Formularismus"), auf den die Zwölftafeln augenscheinlich verweisen.[73] Auf die anti-archaistische Einstellung des Horaz hatte ich bereits zu Beginn dieses Buches hingewiesen. Labeo, der dem Gesetz der Decemvirn eines seiner Bücher widmet (wie Sextus Aelius etwa zwei Jahrhunderte zuvor), mißt zumindest in einem Fall die riesige Entfernung, die das Zwölftafelgesetz vom prätorischen Edikt trennt; er tut es, indem er auf eine Anekdote oder Parabel zurückgreift, deren grotesker Wirkung er sich sicher ist.[74] Labeo vergrub sich in die alten Bücher, aus denen er Handlungsanweisungen für sein politisches Tun entnahm, und er wußte auf dem Gebiet des Privatrechts „viele Dinge zu erneuern".[75] In die Rechtsgelehrsamkeit drang das Bewußtsein vom Wandel und von der Notwendigkeit, diesen zu rechtfertigen ein und wirkte dort sehr lange fort. Die Jurisprudenz muß ihr Verhältnis zur Vergangenheit immer wieder neu definieren. Die Tradition kann standhalten, aber sich auch nicht immer einer kritischen Prüfung entziehen. Salvius Iulianus, ein großer Rechtsgelehrter der Antoninenzeit, verwahrte sich gegen jeden Optimismus mit folgender Bemerkung: „Nicht für alles, was die Väter eingesetzt haben, kann man einen ‚vernünftigen Grund' angeben".[76] Der Versuch dazu wurde jedoch gemacht. Einer seiner Schüler, Sextus Caecilius Africanus, unterzog die Zwölftafeln einer historisch-linguistischen Analyse und stellte damit ihre archaische Ferne wieder her. Auch wenn es sich um eine rein mündliche Analyse handelt, die er im Verlauf einer Diskussion mit dem akademischen Philosophen Favorinus von Arles vorbrachte, ist sie dennoch nicht weniger bedeutend als ein geschriebenes Werk. Africanus meinte, die Gesetze „verbleiben niemals in demselben Zustand, sondern wandeln sich je nach Bedingung und Fall, so wie der Anblick des Himmels und des Meeres".[77] Auch Iuventius Celsus, ein Zeitgenosse Julians, aber älter als dieser, war ein gründlicher Kenner des antiken Rechts. Freilich hinderte ihn das nicht, es jedesmal, wenn es angezeigt erschien, zur Diskussion zu stellen. Aus seiner Sicht war eine rationale Erklärung der maßgeblichen Sachverhalte zwingend.

Ulpian schreibt:

„Nach Celsus besteht folgender Unterschied zwischen der lex Aquilia und dem Zwölftafelgesetz: denn in dem alten Gesetz gibt es, wenn der Sklave mit Wissen seines Herrn einen Diebstahl begangen oder einen anderen Schaden angerichtet hat, eine Noxalklage (*actio noxalis*) namens des Sklaven und der Herr haftet nicht aus eigenem Delikt; aber in der lex Aquilia, sagt Celsus, haftet der Herr im eigenen Namen, nicht namens des Sklaven. Celsus interpretiert den Sinn der beiden Gesetze so, daß die Zwölftafeln gleichsam anstrebten, daß die Sklaven in solchen Fällen ihren Herren nicht gehorchten, die lex Aquilia gleichsam dem Sklaven verziehen habe, der seinem Herren gehorchte, weil er getötet worden wäre, wenn er es nicht getan hätte".[78]

Zwischen Antoninus Pius und Marc Aurel waren die Zwölftafeln abermals Gegenstand eines Kommentars. Er verfolgte einen praktischen juristischen Zweck, aber der Autor setzte sich auch zur Aufgabe, bis zu den „Anfängen Roms" zurückzugehen, weil „das perfekt ist, was in all seinen Teilen feststeht: und der wichtigste Teil von allen Dingen ist der Beginn".[79] Möglicherweise schrieb Gaius diesen Kommentar während eines langen Aufenthaltes in einer Stadt des griechischen Ostens.[80] Wenn dies richtig ist, so hinderte ihn die Provinz mit ihren Problemen nicht daran, eine pädagogische Reise zu den Ursprüngen zu unternehmen. Gewiß wäre er nicht auf allgemeine Zustimmung gestoßen. Aber es mußte noch einige Zeit verstreichen, bevor sich in einem anderen geistigen Klima die „Scheidung von den alten Rechtsinstitutionen" durchsetzte.[81]

Es ist hier der Ort für einige abschließende Beobachtungen. Wenn wir ein Bild gebrauchen dürfen, würde ich folgendes sagen: es scheint, als hätten die römischen Intellektuellen die Zwölftafeln durch ein Fernrohr betrachtet, und dieses einmal umgedreht, und einmal richtig herum gehalten; sie erschienen auf diese Weige vergrößert und nah oder weit entfernt, aber immer erreichbar durch ein einfaches Umdrehen des Fernrohrs. Abgesehen von dieser Metapher, sind die Zwölftafeln immer wieder „Aktualisierungen" unterworfen, die über die immer noch gültigen Vorschriften hinaus ihre Bedeutung betonen. Darüber hinaus besteht die entgegengesetzte Tendenz, sie nämlich philologisch-antiquarisch in ihre Entstehungszeit zurückzuversetzen. Ist dieses Vorgehen schizophren? Es handelt sich sicherlich um widersprüchliche, jedoch nicht um miteinander unvereinbare Haltungen. Das Gefühl für die historische Distanz ist nicht gleichbedeutend mit einem Bruch mit der Vergangenheit. Zwischen Vergangenheit und Gegenwart gibt es keine Barriere und das eine geht ohne Hindernisse in das andere über. Man gesteht der Vergan-

5. Historische Distanz und ihre Aufhebung

genheit in gewisser Hinsicht eine umfassende Funktion zu. Das am weitesten entfernt Liegende ist lediglich der äußerste Punkt einer Evolution (wenn man dies in naturwissenschaftlichen oder historisch-naturwissenschaftlichen Termini ausdrücken will); dieses weit weg Liegende ist ebenso wie alle dazwischen angesiedelten Ereignisse nur das Glied einer Kette, das durch eine Gesamtschau erfaßt werden kann. Es kann daher für das Bewußtsein wiedergewonnen, wieder zeitgerecht werden, und einem pragmatischen Zweck dienen. Die historische Distanz wird gleichzeitig wahrgenommen und aufgehoben. Diese beiden Geisteshaltungen sind nicht nur kompatibel, sie verstärken sich vielmehr gegenseitig. Wir könnten uns auf ästhetische Kategorien zurückziehen, wie Aby Warburg, der damit das Fortdauern von klassischen Elementen und Motiven in der Malerei des 15. Jahrhunderts erklärte,[82] aber lediglich, um eine Lösungsmöglichkeit jenseits dieser Kategorien zu suchen. Ich möchte nicht sagen, daß sich das Bewußtsein der historischen Distanz als ein schlichter „antiquarischer Idealismus" darstellte, und ich würde in seiner Aufhebung auch nicht eine Art von „einfältigem Realismus" sehen, der sich einredet, die Vergangenheit durch Beschwören zurückzuholen. Die kulturelle und psychologische Wirklichkeit, mit der wir uns beschäftigen, ist viel komplexer, und Ausdrücke wie „kumulative Synthese" oder „historisch-naturalistische Evolution" sind für ihre Beschreibung besser geeignet. Dürfen wir auch von Traditionalismus sprechen? Ich meine ja, wenn wir uns über den Gebrauch dieses Wortes im Klaren sind. Der Traditionalismus schließt eine mit Vorurteilen behaftete Kritik oder einen Skeptizismus gegenüber der Tradition aus, oder sollte es zumindest. Man legt die Betonung mehr auf das, was dauerhaft, als auf das, was wandelbar ist; das Alte ist bereits deshalb gut, weil es alt ist, und es kann den Wert eines Modells oder eines Paradigmas erlangen. Wenn man recht hinsieht, so wohnt der Tradition ein unbestreitbar normativer Unterton inne. Freilich schließt der Traditionalismus das Bewußtsein der Distanz oder des Wandels nicht aus; der Traditionalismus bedingt und bestimmt höchstens den Verlauf der Kurve und schafft ihr einen Festpunkt im bereits Geschehenen. Einer traditionalistischen Mentalität fehlt ein „offener Zeithorizont" und eine auf die Zukunft hin ausgerichtete Spannung.[83]

III. BRAUCH UND GESETZ
IN DER ARCHAISCHEN PRAXIS

1. Typologie

Ein Kennzeichen des Rechts in den modernen Industriegesellschaften ist seine Veränderbarkeit, seine schnelle Anpassung an die Gegebenheiten. Das Rechtssystem kann korrigiert werden, es hat keinerlei „sakrale Bindung". Der Wandel erscheint uns normal und sogar wesentlich: das moderne Recht ist in „ständigem Fluß" und ändert sich als ganzes: „es ist gut, wenn es eine nützliche Zielsetzung verfolgt und wenn es dies auch gut macht". Bei den Rechtssystemen der vormodernen Gesellschaften, also bei den traditionellen Systemen, ist dies nicht der Fall. Sie beugen sich nicht ohne Widerstand der Idee des Wandels und der Veränderung. Während das moderne Recht auf die Vorstellung einer „instrumentalistischen Theorie" zurückgeht, hat das vormoderne oder das nicht-moderne Recht seine Legitimation eben in der Überlieferung, der Tradition.

Das heutige soziologische Denken hat, mit Forschern wie Marc Galanter und Lawrence M. Friedman, auf diesen Gegensatz hingewiesen.[1] Auch für Niklas Luhmann ist die Wandelbarkeit des Rechtssystems in den modernen Industriegesellschaften entscheidend. Das Recht, das sich immer autonomer gestaltet, scheint prinzipiell veränderbar zu werden. Es „steht vor zunehmenden Anforderungen, sich immer rascher gesellschaftlichen Veränderungen anzupassen, die sich ihrerseits beschleunigt haben".[2] Die Hauptausrichtung geht nicht mehr auf die Vergangenheit, sondern auf die Zukunft. Man entwirft deshalb Pläne und führt sie aus. Die Unsicherheit der Zukunft, das Fehlen jeglicher Garantien beunruhigt uns zwar, hindert uns aber nicht beim Planen. Wenn also das Recht an und für sich veränderbar ist, so ist der hauptsächliche Weg, auf dem es sich wandelt, die Gesetzgebung; seit dem 19. Jahrhundert wird die Veränderung des Rechts mittels der Gesetzgebung, zum ersten Mal in der Weltgeschichte, „als immanenter Bestandteil des Rechts selbst, als laufende Routineangelegenheit, behandelt". Das Recht, soweit es sich um positives Recht handelt, ist kontingent, es wird „nicht nur durch Entscheidung *gesetzt* (das heißt ausgewählt)", sondern es „*gilt* auch kraft Entscheidung". Die „Positivierung" des Rechts, d. h. die Möglichkeit, es insgesamt zu verändern, hängt mit einer abstrakten Vorstellung von Zeit zusammen. Der Zeitpunkt, in dem das Recht gesetzt wird, ist völlig irrelevant. Die bindende Kraft der Normen hängt in keiner Weise von ihrer Dauer ab. Altes wie neues Recht stehen auf derselben Stufe, zwischen ihnen besteht keinerlei qualitativer Unterschied.³

Das Bild, das sich die heutige Gesellschaft von sich selbst macht, ist für die Kenntnis ihrer Vergangenheit nicht unwichtig. Jeder Historiker weiß, daß zwischen der Gegenwart, in der er lebt, und der Vergangenheit, die er rekonstruieren möchte, eine ganz schwankende Grenze verläuft. Die Typologie, die wir mit ihren Unterscheidungen und Gegensätzen soeben skizziert haben, bietet zwar einen Leitfaden, stellt aber, wie jede Typologie, eine Verengung dar. Es ist besser, die Unterschiede aus der lebendigen historischen Realität abzuleiten, als sie nach einem Schema zu ordnen. Andererseits schließen sich legitimierende Überlieferung und normensetzender Instrumentalismus nicht immer aus. Sie können vielmehr nebeneinander her bestehen, auf unterschiedlichen Ebenen wirksam werden oder sich überschneiden. Die Bedeutung, die man dem Gesetz zubilligt, schwankt in der antiken Welt sowohl zeitlich als auch geographisch.

2. Einige Fragen zum „Gesetz" in den Rechten der Antike

Das Gesetz ist keine Erfindung der Moderne. Wir verwenden den Terminus hier in seiner weitesten Bedeutung: als Ausfluß des rechtsetzenden Willens einer hierzu legitimierten Macht, verbindlich (in gewisser Weise und in gewissem Ausmaß) für eine Gesamtheit von Rechtssubjekten oder von Fallgruppen. Wir müssen zeitlich weit zurückgehen: Der berühmte, auf einer Stele aus Stein eingemeißelte Gesetzestext des Hammurabi, des „Königs der Gerechtigkeit" von Babylon,[4] ist ein mehr als 1000 Jahre älterer Vorläufer der solonischen Gesetze aus dem Anfang des 6. Jahrhunderts v. Chr. Das Gesetz des Hammurabi ist sowohl im präzisen Sinn des Wortes ein juristisches wie auch ein politisch-propagandistisches Dokument. In der 2. Hälfte des 3. Jahrhunderts v. Chr. war also in Mesopotamien eine souveräne, Gesetze erlassende Macht tätig: die hettitischen und ägyptischen Gesetzestexte stammen aus der 2. Hälfte des 2. Jahrtausends. Im archaischen Griechenland waren Gesetzgeber durchaus nicht selten, wenngleich weniger verbreitet als man glaubt.[5] Wir kennen sie nicht nur aus Athen, Theben oder Korinth, sondern auch aus Lokroi, Catania, Syrakus und Rhegion. Kreta, wo in der 1. Hälfte des 5. Jahrhunderts die große Inschrift von Gortyn entstand, galt schon immer als Zentrum der Rechtsgelehrsamkeit. Auch in der römischen Welt finden wir bereits vor den Zwölftafeln und dann bis zu den spätantiken Kodifikationen eine gesetzgebende Macht. Es handelt sich dabei selbstverständlich um jeweils ganz unterschiedliche Erscheinungen, die man nur punktuell und ziemlich willkürlich nebeneinanderstellen kann. Wir werden uns im Folgenden bemühen, sie nach und nach auseinanderzuhalten. Ein ganz allgemeiner Gesichtspunkt allerdings führt uns im Augenblick dazu, eine entscheidende Frage zu stellen: wenn das Gesetz in den antiken Rechten nicht unbekannt war, welche Rolle spielte es eigentlich im Gesamtrahmen juristischer Praxis? Man kann noch besser fragen: a.) Stellte das Gesetz den zentralen Punkt in diesem Gefüge dar? b.) War es Aufgabe des Gesetzes, und wenn ja, in welchem Umfang, die Veränderung oder die Korrektur des „Systems" zu bewirken? c.) Wie war jeweils das Verhältnis von Gesetz und geltendem Recht? Eine (zumindest vorläufige) Beantwortung der beiden letzten Fragen beinhaltet auch eine Antwort auf die zuerst gestellte.

Bekanntlich veränderten die Gesetzgeber in Sumer und in Babylon häufig die Regeln des Rechts, wenn sie neue Kodifikationen vornahmen; sie rechtfertigten ihr Vorgehen dann mit dem Fehlen alter „Gesetze" oder „Gebräuche". Für sie waren die Gesetze unveränderbar und ewig – oder sie sollten es zumindest sein. Es ist eindrucksvoll, wie man in den Kodifikationen, oder besser in den Gesetzessammlungen, die wir unzutreffend als Codices bezeichnen, auf der Unveränderbarkeit bestand. Kennzeichnend sind die Schutzeinrichtungen, mit denen man die Gesetze versah. Zu Beginn des 2. Jahrtausends rühmt Lipit-Ištar, der König von Isin, wie gerecht die von ihm eingeführten Maßnahmen seien: Er belobigt seine Nachfolger, die sie befolgen und verflucht diejenigen, die sein Werk zerstören: „sie sollen keine Erben haben", „die Götter sollen ihre Städte einstürzen lassen" und „die Grundfesten ihrer Reiche sollen schwanken".[6] Auch im Codex des Hammurabi lesen wir Vorkehrungen, die seine Dauer betreffen:

„In Zukunft, auf immer möge ein König, der im Lande regieren wird, die ‚Worte' der Gerechtigkeit, die ich auf meine Stele geschrieben habe, beachten, die ‚Gesetze', die ich erlassen habe, die Entscheidungen, die ich gefällt habe, nicht ändern, meine Aufzeichnungen nicht beseitigen".[7]

Man kann diese Vorstellung von der Dauer der Gesetze mit dem göttlichen Ursprung der gesetzgebenden Kraft in Verbindung bringen.[8] Welche Beziehung hat nun aber das Gesetz zum geltenden Recht? Die genannten uralten Gesetzessammlungen stellen nie das gesamte geltende Recht dar; oft führen sie seit langem befolgte Vorschriften an: „Der Brauch", so könnte man sagen, „ist die Grundlage des sumerisch-akkadischen Rechts".[9] Wir werden noch sehen, daß sich auch in anderen Bereichen und Epochen der antiken Welt die Frage nach dem Verhältnis zwischen Gesetz und Gewohnheitsrecht stellt. In Rom etwa waren viele Vorschriften und Institutionen des Rechts im Gesetz der Decemvirn entweder vorausgesetzt oder sie wurden von ihm rezipiert, und in der Stadt Gortyn geschah dasselbe mehr oder weniger zur selben Zeit. Freilich ist die Perspektive nicht mehr so starr wie bei Gesetzgebern des Vorderen Orients.

3. Zwölftafelgesetz und Schrift

Die römische juristische Überlieferung kreist um das Zwölftafelgesetz. Wie wir sahen, ist es möglich, die Zwölftafeln mit den Augen der römischen oder griechischen Intellektuellen des 2. oder des 1. Jahrhunderts v. Chr. oder ihrer Nachfolger in antoninischer Zeit zu sehen. Das Zwölftafelgesetz lebt jedoch nicht allein im Bewußtsein seiner Interpreten, sondern hat ein ganz eigenes Zeitmaß. Man kann wohl sagen, es sei eines der sichersten Fakten der Geschichte des archaischen Rom. Die Zweifel, die im vorigen und in diesem Jahrhundert an seiner Echtheit aufkamen, sind mittlerweile bedeutungslos und konnten auch mit Hilfe der internen Textkritik überwunden werden. Livius und Dionys von Halikarnaß, Cicero und Diodor berichten über die Zwölftafeln, und die Archäologie erlaubt heute, diese Texte auf viel „konservativere" Art zu lesen als früher. Wir dürfen natürlich nicht übersehen, daß das Werk des Livius eine „erhabene Schöpfung der augusteischen Zeit" ist: „es zeigt uns, wie sich der Autor die früheste Geschichte der Stadt vorzustellen vermochte ..., es ist freilich nur ein indirektes Zeugnis der Geschichte, die sich einige Jahrhundert vorher abspielte, bevor irgend jemand daran dachte, die Ereignisse zu beschreiben".[10] Dionys selbst sah in der „Römischen Archäologie" eine „historische Erzählung", durchwirkt von „Eloquenz" und „philosophischen Spekulationen".[11] Sie ist nicht frei von Anachronismen. Die legendären Ereignisse lassen bisweilen eine Art von Symmetrie oder ästhetische Unveränderlichkeit erkennen, wie z. B., wenn man die Episoden von Verginia und die „Schändung" und den „Tod" der Lukrezia vergleicht, oder wenn man das „Ende der Decemvirn, das dem der Könige gleicht", betrachtet.[12] In dem Bericht steckt jedoch auch ein authentischer Kern: Die Zwölftafeln fügen sich in das Bild der Ständekämpfe des 5. Jahrhunderts ein und sind das Ergebnis einer tiefgreifenden Verfassungsänderung: „Die Staatsverfassung wurde wieder geändert, und die Macht ging von den Konsuln auf die Decemvirn über, wie sie früher einmal von den Königen auf die Konsuln übergegangen war."[13]

Es ist sehr schwierig, eine Geschichte des Konsulats zu schreiben. Es bestehen sogar Zweifel, ob es die oberste doppelte und kollegiale Magistratur der Republik war, wie die literarische Überlieferung bezeugt und wie wir in den Konsularfasten, also der Namensliste der eponymen Beamten, lesen. Wenn dem so gewesen sein sollte, und ich neige dazu, dies anzunehmen, so bestand diese Magistratur bereits länger als ein halbes Jahrhundert und erfuhr dann beträchtliche Unterbrechungen, ehe es zu den patrizisch-plebejischen Abmachungen im Jahr 367 v. Chr. kam. Auf jeden Fall versah man im Jahr 451 v. Chr. die außerordentliche Magistratur der Decemvirn mit gesetzgeberischer Vollmacht. Weniger gesichert ist, ob es im darauffolgenden Jahr ein zweites Decemvirat gegeben hat; ein drittes ist vollkommen unwahrscheinlich. Die ersten Decemvirn wurden (zumindest neun von zehn) aus den Patriziern ausgewählt.[14] Dieser Geburtsadel war mit seinen politischen und religiösen Privilegien, seinen Standesabzeichen und seinen Sitten und Gebräuchen, der direkte Nachfolger der alten Reiterei der etruskischen Könige; er besaß nicht nur den Grund und Boden, sondern vereinigte in seiner Hand auch die Leitung der Staatsgeschäfte und die Rechtspflege. Die Plebs war davon ausgeschlossen und sollte es auch noch für sehr lange Zeit bleiben. Wenn es je eine Epoche gegeben haben sollte, in der „die Plebs nichts war als die Revolution in Permanenz und ihr Recht die Möglichkeit der Selbsthülfe",[15] so war dies das Zeitalter der Zwölftafeln. „Jetzt machten sie aus einer einzigen Stadt zwei".[16] Die Plebs hatte ihre eigenen Magistrate: die Tribunen, die unverletzlich waren, da sie das Sakralrecht schützte, und die Ädilen, die Hüter der Tempel. In dem nach Tribus organisierten *concilium* hatte die Plebs ihre eigene Versammlung. Die Volksabstimmung band die Plebs ebenso wie das Gesetz das gesamte Volk. Plebs und Klientel waren, sozial gesehen, keineswegs identisch. Beide, Plebs und Klientel, haben, auch wenn es Überschneidungen gibt, eine je unterschiedliche Geschichte. Man darf sich die Plebejer nicht einmal als homogene Schicht vorstellen; sie waren vielmehr stark in sich differenziert und vereinigten kleine Landwirte und landlose Bauern, Händler und Handwerker, aber auch Familien von beträchtlicher wirtschaftlicher Potenz. Letztere errangen in den politischen Auseinandersetzungen eine führende Rolle.

Die Plebs unterstützte den Antrag auf ein geschriebenes Recht. Der Gesetzestext enthielt Vorschriften und Institutionen, die für die Plebs gar nicht günstig waren, wie z. B. die Schuldknechtschaft und das Verbot, mit Patriziern eheliche Verbindungen einzugehen.[17] Andere Regelungen haben indes eine klare plebejische Ausrichtung. Dies zeigt sich etwa darin, daß man jedweden bei der Vollstreckung gegen den proletarischen Schuldner dazu berechtigte, das Vorgehen des Gläubigers anzuhalten und diesen zu zwingen, den Grund seiner Forderung darzulegen.[18] Bezeichnend sind darüber hinaus die Regelungen für Bestattungen, für die man den Luxus einschränkte: es waren nicht mehr als 10 Flötenspieler erlaubt und nicht mehr als drei Grabgewänder; es war verboten, das Scheiterhaufenholz mit der Axt zu glätten und reichlich Wein auf das Grab zu gießen, ebenso das von Sklaven ausgeführte Salben der Toten und das Bedecken des Toten mit „langen Kranzgewinden", mit Ausnahme der Kranzgewinde, die jemand selbst „durch eigene Tüchtigkeit" erlangt hatte. Es war ferner verboten, Gold auf den Scheiterhaufen niederzulegen oder ins Grab mitzugeben, es sei denn, wenn jemandes Zähne „mit Gold befestigt sind".[19] In einigen dieser Regelungen erkennt man „eine Antwort der patrizischen Decemvirn auf die gärende Auflehnung gedrückter Schichten" und das Abgehen von einem ‚adeligen Lebensstil' etruskischer Prägung.[20]

Dieser Punkt ist sehr umstritten.[21] Daß es „gesellschaftlich" sich widersprechende Normen gab, darf sicher nicht überraschen. Der Gesetzestext war der

3. Zwölftafelgesetz und Schrift

letzte Ausfluß eines politischen Kompromisses. Der plebejische Gesetzesantrag rechtfertigt sich mehr aus dem Bedürfnis nach geschriebenen Gesetzen als aus dem Inhalt der einzelnen Vorschriften. Die Annahme von Max Weber, wonach „wenigstens im Interesse der Rechtssicherheit nach sozialen Konflikten die systematische Rechtsaufzeichnung vorgenommen" wird,[22] gilt auch für das Zwölftafelgesetz.

Wenn wir von Schrift bei einem Gesetz oder bei einem Buch sprechen, so beziehen wir uns auf etwas für uns ganz Selbstverständliches, das wir uns kaum als problematisch vorstellen können. In den antiken Gesellschaften ist dies anders; für sie stellte die Schrift auch noch lange nach ihrer Erfindung ein Problem dar. Man dachte über ihren Nutzen oder ihren Schaden nach, hielt sie hier für ein Mittel zum Fortschritt und dort für eine Gefahr für die Erziehung, die Bildung und das politische Leben. Im Gefesselten Prometheus des Aischylos können wir die erste der beiden Bedeutungen fassen:

„... ähnlich wie Schatten eines Traumes, lebten sie lange blindlings vor sich hin, sie wußten nichts von Backsteinhäusern mit sonngebrannten Ziegeln noch von der Kunst des Holzbaus; sie hausten eingegraben in Erdhöhlen ohne Sonnenstrahl wie wimmelnde Ameisen. Sie waren nicht fähig, die sicheren und unveränderlichen Anzeichen des nahenden Winters, noch des Blühens im Frühling, noch des Sommers mit seinen reichen Früchten wahrzunehmen; all ihr Handeln war ohne Sinn und Verstand, bis ich ihnen den Aufgang und den schwer deutbaren Untergang der Sterne zeigte. Ich erfand für sie sogar die Zahl, den allerhöchsten Kunstgriff, sowie die Fügung der Schriftzeichen, die Erinnerung von allem, die betriebsame Mutter der Musen".[23]

Hier besteht zwischen Erinnerung und Schrift eine Verbindung; freilich kann sich zwischen beiden auch ein Gegensatz auftun. Dies ist die Betrachtungsweise Platons. „Die Buchstaben", so läßt Platon Sokrates zum ägyptischen König sagen, „entbinden das Gedächtnis, sich zu üben, und sie werden den Seelen der Lernenden vielmehr Vergessen einflößen".[24] Auch Gesetzesanträge können entweder geschrieben oder ungeschrieben sein, und die ungeschriebenen können sogar besser erscheinen. Nach Plutarch war Lykurg, der mythische Urheber der spartanischen Verfassung, dieser Ansicht. Gesetze sollten nicht geschrieben sein, da sie als grundlegende Prinzipien ihren Platz allein im Bewußtsein der Menschen haben sollten; und selbst wenn es sich um zweitrangige oder weniger wichtige Vorschriften handeln sollte, wäre es auch in diesem Falle falsch, sie aufzuschreiben, da nämlich die schriftliche Festlegung eine leichte und kontinuierliche Veränderung verhindere.[25] Das Recht des alten Indien war für einen griechischen Beobachter ein ungeschriebenes, der Erinnerung überantwortetes Recht.[26] Schriftlichkeit und mündliche Überlieferung können aber auch nebeneinander bestehen. Die Athener erlernten die Gesetze des Charondas, indem sie sie sangen,[27] und in einigen anderen Städten vertraute man die mündliche Erinnerung an die Gesetze staatlichen „Erinnerern" (mnēmones) an.[28]

Die geschriebene Gesetzgebung erlaubte eine gewisse Kontrolle bei der Rechtsfindung und Rechtssprechung. Sowohl der öffentliche als auch der private Prozeß sind in der Rechtsorganisation einer Stadt von großer Bedeutung, und die Zwölftafeln berücksichtigen beide. Dieser Aspekt ist der historisch-soziologischen und vergleichenden Forschung nicht entgangen. Weber bemerkt dazu: „Dabei pflegen die Interessenten der Aufzeichnung naturgemäß diejenigen Schichten zu sein, welche bisher unter dem Mangel eindeutig feststehender und allgemein zugänglicher, also zur Kontrolle der Rechtspflege geeigneter Normen am meisten gelitten haben. Insbesondere also bäuerliche und bürgerliche Schichten gegenüber der adeligen oder von Adeligen beherrschten Honoratiorenjustiz".[29] Die antike Geschichtsschreibung hat auf den aristokratischen Charakter der Rechtspflege vor den Zwölftafeln immer wieder hingewiesen.[30] Es ist eine andere Frage, in wieweit die Gesetzgebung ihn wirklich angreifen konnte.

4. Anregung durch griechische Vorbilder

In welchem kulturellen Kontext entstanden die Zwölftafeln? Ein Gesetzestext hat auf jeden Fall nicht seine eigene Erhaltung zum einzigen Zweck, sondern wird – wenigstens in der Regel – dazu abgefaßt, daß er bekannt, also gelesen wird. Allein Caligula fiel es in seinem Wahn ein, – wenn wir Sueton glauben wollen –, ein Gesetz zu erlassen, das in dem Augenblick, in dem es publiziert wurde, nicht mehr lesbar war.[31] Gewiß war die Lese- und Schreibfähigkeit im archaischen Latium nicht weit verbreitet.[32] Eduard Fraenkel wird kaum Recht haben, wenn er das älteste Rom in Bezug auf seine Literalität mit Milet, Ephesus und Athen in eine Reihe stellt und es in Gegensatz setzt zu „der europäisch-mittelalterlichen Lebenswelt, in der Lesen ein Privileg einer kleinen Minderheit war".[33] Auf jeden Fall kann man im 6. und 5. Jahrhundert nicht davon absehen, daß ein geschriebener und öffentlich ausgestellter Text notwendigerweise unter den Bürgern Adressaten hatte, die in der Lage waren, zumindest den Tenor des Textes zu verstehen. Es wäre aber ebenso verkehrt, „sich die Quiriten zur Zeit der Entstehung der Zwölftafeln als einen Haufen von bäurischen Analphabeten" vorzustellen.[34]

Dies ist indes nur die eine Seite des Problems. Wenn wir den Stand der Literalität betrachten, so kann man, etwas übertrieben, Rom auch als „eine bis zum 3. oder sogar dem 2. Jahrhundert barbarische Enklave in einer hellenisierten Welt" bezeichnen.[35] Erst in der 2. Hälfte des 3. Jahrhunderts entstehen die ersten Übersetzungen und Nachahmungen der Epik und des Dramas der Griechen. Und erst am Ende des 3. Jahrhunderts schreibt der Patrizier Fabius Pictor eine römische Geschichte in griechischer Sprache und zwar auch, um die römische Politik gegenüber der Weltöffentlichkeit zu verteidigen. Und es sollte noch bis zum Beginn des 2. Jahrhunderts dauern, bis sich schließlich Ennius, der die „Männer" und die „uralten Gebräuche" feiert,[36] auch zum Verbündeten der Theorien des Euhemeros von Messene machte.[37] Zumindest in den gebildeten Kreisen Roms ist die Kenntnis der griechischen Sprache um diese Zeit verbreitet. Dies zeigt sich unter anderem auch bei Theaterstücken des Livius Andronicus, des Naevius und des Plautus mit griechischen Titeln und Graecismen. Wie bereits erwähnt, bezieht sich dies alles auf die literarische Bildung. In anderen Zusammenhängen gehen die Beziehungen zur griechischen Welt auf viel frühere Zeiten zurück. Zwischen dem 6. und dem 5. Jahrhundert entwickelte sich in Rom und Umgebung eine bemerkenswerte Bautätigkeit. Man baute große Tempel mit Hilfe etruskischer und großgriechischer Handwerker. Die architektonische Ausschmückung des archaischen Tempels im heiligen Bezirk von Sant'Omobono, wahrscheinlich aus dem vorletzten Viertel des 6. Jahrhunderts, läßt klare griechisch-orientalische Einflüsse erkennen. Der der Ceres geweihte Tempel der Plebejer, der das einzige geordnete Archiv Roms werden sollte, wurde zu Beginn des 5. Jahrhunderts von griechischen Künstlern, die auch ihre Namen einritzten, ausgeschmückt.[39] Latium war ein Teil einer kulturellen Koinè, die es mit Kampanien und selbst mit Etrurien über die Staatsgrenzen hinaus verband.[40] Andererseits zeigen die Importkeramik und, soweit wir sie kennen, auch Kulte und Tempel, daß Rom bereits vor dem 5. Jahrhundert der griechischen und besonders der italiotischen Welt nicht fremd gegenüberstand.[41]

Die Gesetzgebung der Decemvirn fügt sich in diesen Rahmen ein. Livius und Dionys berichten von einer einzigen Gesandschaft nach Athen, um „die Gesetze Solons und die Einrichtungen und Regelungen der übrigen griechischen Städte" mit einem Wort, „die ausländischen Gesetze", kennenzulernen,[42] oder auch von zwei Gesandtschaften, einer nach Athen und einer zu den griechischen Städten in Italien, um sich „über die besten Gesetze", die für die Bedürfnisse des römischen Gemeinwesens „geeignetsten Gesetze", zu informieren.[43] Zwar wurde diese Überlieferung später praktisch nicht wieder aufgenommen,[44] aber die Beziehung zwischen den Zwölftafeln und den „Gesetzen Solons" oder den „aus Griechenland mitgebrachten Gesetzen" bleibt bis in die Spätantike ein fortdauerndes Motiv.[45] Nach einer anderen, von der erstgenannten abweichenden Überlieferung, hatten die Decemvirn als „Autor" den Zeitgenossen und Freund des Heraklit, Hermodoros von Ephesus.[46] Zwar scheint diese Überlieferung unwahrscheinlich, aber es ist hier nicht der Ort, näher darauf einzugehen. An sich nicht unwahrscheinlich ist hingegen die Nachricht von einer Gesandtschaft nach Athen, und eine Gesandtschaft nach Großgriechenland ist überhaupt nicht erstaunlich. Über die praktische Möglichkeit einer solchen Reise braucht nicht diskutiert zu werden, jedoch darf man sich fragen, ob sich der politische Horizont der herrschenden römischen Gruppen um die Mitte des 5. Jahrhunderts überhaupt bis nach Attika erstreckte. Ein weiteres Bedenken scheint die Annahme eines Anachronismus zu bestätigen: Nimmt man einmal an, eine Kommission sei tatsächlich im Zeitalter des Perikles in Piräus an Land gegangen, so hätte „das Vorbild der Gesetzessammlung, das man nach Rom mitnehmen sollte, die solonischen Reformen mitsamt den Veränderungen aus eineinhalb Jahrhunderten gesetzgeberischen Tuns" enthalten.[47] Doch damit nicht genug. Die sorgsame, genaue und ins Detail gehende Kritik an der annalistischen und antiquarischen Überlieferung legt eine spätere Erfindung nahe, eine Legende aus der Zeit der Scipionen. Es handelte sich dabei um eine Legende, die eine tatsächliche kulturelle Wirklichkeit umsetzt.[48]

Der griechische Einfluß auf die Zwölftafeln ist ganz sicher. Freilich kann eine eingehende, sehr sorgfältige Untersuchung zeigen, wie illusorisch die Analogie zwischen einzelnen Gesetzen der Decemvirn und Bestimmungen in griechischen Gesetzen, sowohl attischen als auch anderen, ist.[49] Wie besonders Wilamowitz und Norden schon beobachtet haben, ist die stilistische Gegenüberstellung weniger trügerisch. Der Stil der Zwölftafeln ist einzigartig; er findet sich auch in der späteren republikanischen Gesetzgebung nicht wieder.[50] Auch der technische Wortschatz scheint in einigen Fällen Anleihen anzuzeigen.[51] Wie dem auch sei: Selbst die Idee einer Sammlung juristischer Texte ist hellenisch. In Wirklichkeit verklammert eine tiefgehende Verbindung zwei der wichtigsten Gesetzgebungswerke der antiken Welt, nämlich das solonische und das der Decemvirn, die sich beide von den großen Gesetzgebungswerken des Vorderen Orients unterscheiden. Beide sind ausgesprochen „weltlich". Der Gesetzgeber stellt sich nicht als Vermittler zwischen die Gottheit und die Untertanen.[52] Man kann sagen, daß sich die Stadt selbst Regeln auferlegt und im Gesetz ihren Ausdruck findet, und daß das Gesetz die „Epiphanie" der Polis ist.[53] Über all diesem darf man die Unterschiede nicht aus dem Auge verlieren. Solon beendete die herrschende wirtschaftliche und gesellschaftliche Krise, erließ die Schulden, schaffte die daraus entstandene Schuldknechtschaft ab, und stellte ein „Gleichgewicht im Reichtum" her.[54] In den Zwölftafeln findet sich nichts dergleichen. Erst im 4. Jahrhundert begegnen in Rom Maßnahmen, die man mit denen Solons vergleichen kann.

Die ersten Maßnahmen zur Begrenzung der Schulden und des Grundbesitzes finden sich, nach der Überlieferung, in den licinisch-sextischen Gesetzen von 367 v. Chr., die „Land, Geld und Ehrenämter" zum Gegenstand haben und nach einer „außerordentlich harten Auseinandersetzung" erlassen wurden (Liv. 6,35; 6,39–40; 6,42). Im Jahr 326 oder 313 verbot die lex Poetelia (oder Poetilia), in der man „für das Volk praktisch den Beginn einer neuen Freiheit" sah, daß Schuldner ins Gefängnis geworfen würden: „Daß niemand in Fesseln oder in Ketten geschlagen werden könne, zumindest nicht, wenn er nicht irgendein Verbrechen begangen hatte" (Liv. 8,28,1 und 8).

5. Der Mechanismus des Wandels

Das Gesetz als Werk von Menschenhand ist nicht unveränderlich. In den Zwölftafeln suchen wir vergebens Klauseln, die ihre aus der Sicht ihrer Urheber ewige Dauer, wie bei den mesopotamischen Gesetzeswerken, garantiert. Und selbst wenn wir die Zwölftafeln vollständig kennen würden, ist nicht anzunehmen, daß man dergleichen fände. Es fehlt andererseits auch das, was der griechische archaische Gesetzgeber mit einzigartiger Erfindungsgabe verfügte: daß nämlich jedweder, der eine Änderung des geltenden Rechts vorschlagen wollte, dies mit einem Strick um den Hals tun sollte. Wenn die Volksversammlung seinem Vorschlag nicht zustimmte, „sollte er sofort mit dem Strang erwürgt werden".[55] Die Zwölftafeln sehen Mechanismen für Änderungen vor. Man führt das Prinzip auf sie zurück, wonach „was immer das Volk zuletzt gutgeheißen hat, Recht und rechtmäßig sei".[56] Dieses Prinzip ist in den Zeiten des Livius zwar „modern" formuliert; an seinem Ursprung bestehen jedoch keinerlei Zweifel. Eine erste praktische Anwendung dieses Prinzips findet sich kaum fünf Jahre nach den Zwölftafeln in der *lex Canuleia,* die das Verbot der Eheschließung zwischen Patriziern und Plebejern aufhob, das in den Text der Decemvirn noch aufgenommen worden war.[57] Es geht hier, genau betrachtet, weniger um etwas ähnliches wie Volkssouveränität, sondern um ein Verfahren, das man auch so beschreiben könnte: „wenn zwei Gesetze sich widersprechen, ersetzt stets das neue das alte".[58]

Wenn wir Livius glauben wollen, stand diese Regel im 4. Jahrhundert im Mittelpunkt lebhafter Auseinandersetzungen unter den wichtigsten Politikern, die bisweilen auch gleichzeitig Juristen waren. Niemand wollte die Sache an sich bestreiten, jedoch war das Ausmaß der tatsächlichen Anwendung umstritten. Konnte beispielsweise der Wille des Volkes, der sich in einer Wahlversammlung oder in einer Versammlung artikulierte, die für eine Amtseinsetzung zusammentrat,[59] ein Gesetz abschaffen oder davon abweichen? Wenn dem so gewesen sein sollte, welche Vorstellung hatte man dann von einem Gesetz? Daß die Verhältnisse jedoch so waren, ist höchst umstritten. Das Gesetz in seiner Eigenschaft als Einrichtung genereller Art für die Zukunft oder wenigstens als „Präzedenzfall",[60] sollte nicht mit anderen Entscheidungen des in den Komitien versammelten Volkes durcheinandergebracht werden, und eben das Volk sollte das Gesetz auch befolgen, zumindest solange, bis ein anderes Gesetz an seine Stelle trat: eine Wahl oder eine Amtseinsetzung standen auf einem anderen Blatt, und sie konnten die normative Kraft eines Gesetzes nicht erreichen.

Ein aufsehenerregender Zwischenfall ereignete sich im Jahr der Zensur des Appius Claudius Caecus (310 v. Chr.): Obwohl die *lex Aemilia* von 434 die Dauer der Zensur auf 18 Monate beschränkt hatte, bestand er darauf, sie für einen Zeitraum von fünf Jah-

III. Brauch und Gesetz in der archaischen Praxis

ren auszuüben, also für die gesamte Zeit zwischen einer Zensur und der nächsten. Seiner Meinung nach betraf die *lex Aemilia* die Zensoren des Jahres, in dem das Gesetz erlassen wurde, wohingegen seine eigene Ernennung einen neuen Beschluß im Sinne der Zwölftafeln darstellte (Liv. 9,33,8–9). Für den Volkstribunen Publius Sempronius war diese Überlegung unannehmbar und nur ein Mittel zum politischen Handeln eines zu ehrgeizigen Patriziers: Der letzte Volksentscheid im Sinne der Zwölftafeln war in Wirklichkeit die *lex Aemilia* gewesen, ein Gesetz, das alle Zensoren bislang beachtet hatten, auch der Kollege des Appius, Gaius Plautius, der sein Amt niedergelegt hatte (Liv. 9,33,4–7; 9,34,6–11 und 16–26). Die Betrachtungsweise des Appius steht in Übereinstimmung mit der des Interrex Fabius Ambustus 45 Jahre zuvor bei der Wahl zweier patrizischer Konsuln, nämlich des C. Sulpicius Peticus und des M. Valerius Publicola, die im Widerspruch zu den licinisch-sextischen Gesetzen von 367 v. Chr. stand: „in duodecim tabulis legem esse ut, quodcumque postremum populus iussisset, id ius ratumque esset; iussum populi et suffragia esse" (Liv. 7,17,12). Sowohl Appius Claudius Caecus als auch Publius Sempronius (wenn wir ihn mit P. Sempronius Sophus, cos. 304 v. Chr., identifizieren),[61] gehörten zu den berühmtesten Juristen ihrer Zeit.

Ein Gesetz fällt, wenn man so sagen darf, nie in ein rechtliches Loch. Sofern ihm nicht ein bereits gültiges Gesetzesrecht vorangeht, steht es bestimmt in Zusammenhang mit einem Geflecht von Gewohnheitsrecht. Bildet nun dieses Gewohnheitsrecht ein Hindernis für die normative Kraft eines Gesetzes, und wenn ja, in welchem Ausmaß? Am wichtigsten in der juristischen Praxis der mittleren Republik und später ist das Vorhandensein von sogenannten „imperfekten" Gesetzen oder von Gesetzen, die einer Zwischengruppe zwischen „imperfekten" und „perfekten" Gesetzen angehören. Diese, die ich einheitlich als „nicht-perfekte" Gesetze bezeichne, verboten zwar bestimmte Rechtsgeschäfte, die aus der Sicht des „Zivilrechts" zulässig und gültig waren, machten sie aber nicht wirkungslos (wie es die „perfekten" Gesetze vorsahen), sondern beschränkten sich, wenn es notwendig war darauf, eine „Strafe" für denjenigen festzusetzen, der sie übertrat.

Die Klassifizierung der Gesetze ist lückenhaft im Eingangskapitel eines kleinen späten Schulwerkchens, der *Epitome Ulpiani*, 1–2 erhalten; Andeutungen finden sich jedoch auch anderswo:[62] „... prohibet, exceptis quibusdam ⟨personis⟩ [cognatis], et si plus donatum sit, non rescindit. Minus quam perfecta lex est, quae vetat aliquid fieri, et si factum sit, non rescindit, sed poenam iniungit ei, qui contra legem fecit; qualis est lex Furia testamentaria, quae plus quam mille assium legatum mortisve causa prohibet capere praeter exceptas personas, et adversus eum, qui plus ceperit, quadrupli poenam constituit". Der Hinweis in den ersten fehlenden Zeilen auf die *lex Cincia* von 204 v. Chr. als einer *lex imperfecta*, ist evident. Neben der *lex Furia testamentaria*, die in die Jahre zwischen 204 und 169 v. Chr. zu datieren ist, gehören folgende Gesetze zu den *minus quam perfectae*: die *lex Laetoria (Plaetoria)* zum Schutz der unter fünfundzwanzig Jahre alten Personen, aus dem 1. Jahrzehnt des 2. Jahrhunderts v. Chr.; die *lex Voconia* von 169 v. Chr., die Einschränkungen der Legate verfügte; die *lex Marcia*, die den Schuldnern die Rückerstattung von Zinsen, die sie zuviel gezahlt hatten, sicherstellte; die *lex Furia de sponsu* mit der Verfügung, die den Gläubiger zwang, gegen jeden Bürgen nur für seinen Teil vorzugehen. Die beiden letztgenannten Gesetze sind schwer zu datieren: man schwankt für das erste zwischen dem 2. und dem Beginn des 1. Jahrhunderts, für das andere zwischen dem 3. Jahrhundert und der Zeit um 100 v. Chr.

5. Der Mechanismus des Wandels

Die Erscheinung der „nicht-perfekten Gesetze" bedarf einer Erklärung. Man hat versucht, dies auf wenigstens vier verschiedene Arten zu tun: Nach einer auf die ersten Jahrzehnte unseres Jahrhunderts zurückgehenden Denkrichtung spiegeln die „nicht perfekten" Gesetze eine tiefliegende Schicht der Wirklichkeit wider: Das Herkommen ist ewig und unumgänglich: „Das Gesetz ist meistens nichts anderes als ein Schutzwall, den man gegen den Mißbrauch des Rechts im engeren Sinn des Wortes errichtet, wobei man das letztere in Kraft läßt".[63] Ich kann nicht sagen, bis zu welchem Punkt diese Auffassung eine Variante oder eine Alternative in einer anderen, in jüngster Zeit vorgetragenen Meinung hat, die die „originäre Souveränität des *ius*" und seine „Widerstandskraft und Unveränderlichkeit" gegenüber dem Gesetz betont, aber sie nicht „mit der Übermacht einer älteren Rechtsordnung" erklärt, die durch Gesetzgebungsakte nicht veränderbar wäre, sondern mit der „ursprünglichen Unvereinbarkeit" des *ius* und der *lex* als zwei unterschiedlicher „Begriffssphären".[64] Schließlich gibt es noch eine dritte Ansicht, die man mit „pragmatisch" bezeichnen könnte. Das Herkommen ist nicht ewig und unumgänglich; die „nicht perfekten" Gesetze zeigen nur die Unmöglichkeit, oder die technische Schwierigkeit, gewisse formale Rechtsgeschäfte für nichtig zu erklären. Sie sind aber andererseits auch nicht Gesetze, die man nicht anwenden könnte; man bedient sich bei ihrer Anwendung jedoch anderer technischer Mittel als der Ungültigkeits- (oder Nichtigkeits-)erklärung.[65] Man hat schließlich noch behauptet, das Gesetz könne das Gewohnheitsrecht verändern. Es ist dazu zwar in der Lage, läßt dies aber nicht erkennen. Man schreibt dem Gesetz, auch wenn es Neuerungen bringt, immer als einziges Ziel zu, Recht zu „erklären", nicht Recht zu setzen. Das Recht ist „unteilbar in der Zeit". Wenn dem so ist, so führt eine ganz und gar praktische Überlegung dazu, die „perfekten Gesetze" zu meiden, welche die bei Beziehungen zwischen Privatpersonen bereits erworbenen Rechte in Frage stellen würden. Allein die „nicht perfekten" Gesetze sind dazu geeignet, das Chaos zu verhindern. Man kann sie mittelbar auf zukünftige Situationen anwenden, ohne die „zeitliche Unteilbarkeit des *ius*" anzutasten.[66]

Das Auseinandergehen der Meinungen ist in diesem Fall ganz besonders ein Anzeichen für die Komplexität des Problems. Ein Punkt ist meines Erachtens trotz aller Unsicherheiten sicher: Es ist nicht möglich, ein verfassungsrechtliches Hindernis für die Fähigkeit eines Gesetzes, zu verändern oder außer Kraft zu setzen, herauszufinden, und zwar nicht nur im Hinblick auf andere Gesetze, sondern auch bezüglich des Herkommens. Die beiden Klauseln, die normalerweise in einen Gesetzestext eingefügt werden, um seine Wirksamkeit einzuschränken, kann man nicht in diesem Sinne interpretieren.[67]

Ganz anders sieht die Sache aus, wenn wir unseren Blick weniger auf die Dynamik der Institutionen als auf ihre Geisteshaltung richten: Das Herkommen schien in bestimmten Gebieten und Zeitabschnitten der Antike unabweisbar und ewig. Galt dies auch für das archaische Rom? Wenn wir dies annehmen, müssen wir zugestehen, daß eben die Zwölftafeln dazu beitrugen, eine neue Vorstellung einzuführen. Seit den Zwölftafeln ist die ewige Dauer des Herkommens nicht eine „Wahrheit", die sich sozusagen in den Falten des kollektiven Bewußtseins eingenistet hat, sondern ein Gut, dem man sich politisch und ideologisch widersetzen, oder das man verteidigen kann.

6. Die „sinnlich faßbare Wirklichkeit" der Formen: Die Privatautonomie und der Prozeß

Die Zwölftafeln standen den Römern nicht lange greifbar vor Augen. Höchstwahrscheinlich gingen sie im Galliersturm zu Beginn des 4. Jahrhunderts verloren oder sie verbrannten und wurden nicht wieder aufgestellt.[68] Niemand vermag sicher zu sagen, aus welchem Material sie bestanden.[69] Die Erinnerung an sie wurde zum einen mündlich von einer Generation zur anderen weitergegeben, und zum anderen, wie man annehmen darf, mittels einer schriftlichen Überlieferung in Archivdokumenten, die man nachprüfen konnte. Unser Wissen davon ist zwar fragmentarisch, aber nicht gering. Es entstammt verstreuten Zitaten in der gesamten lateinischen Literatur, in den Juristen wie den Grammatikern, den Rednern wie den Historikern und Antiquaren. Wie alle Texte, die den langen und gefahrvollen Weg der Überlieferung hinter sich haben, und die nicht nur in einer einzigen inschriftlichen Fassung zu lesen sind, ist auch der auf uns gekommene Text der Zwölftafeln nicht mehr – oder nur zu Teilen – der Originaltext. Die Sprache der Zwölftafeln steht dem Latein fern, das wir auf dem beschädigten, ins 2. Viertel des 6. Jahrhunderts datierbaren Cippus auf dem Forum[70] oder auch auf den zwei Zeilen der Inschrift von Satricum lesen, die ins letzte Jahrzehnt des 6. Jahrhunderts gehört – selbst wenn wir bei ihr von den faliskischen und osko-sabellischen Dialekteinflüssen einmal absehen.[71] Das Latein der Zwölftafeln unterscheidet sich aber auch von dem in Texten wie der mehr als zwei Jahrhunderte späteren Inschrift aus Spoleto, die Unregelmäßigkeiten enthält.[72] Bei den Zwölftafeln haben wir es mit einer moderneren Sprache zu tun, und auch im Inhaltlichen kann man Modernisierungen nicht ausschließen. Antike Kommentatoren und Interpreten schreiben den Zwölftafeln bisweilen Regelungen und Rechtsinstitutionen zu, die viel später entstanden sind, und auf die sich im Gesetz selbst nur Andeutungen finden.[73] In anderen Fällen gibt es für eine Vorschrift unterschiedliche Versionen, ohne daß man die Unterschiede als signifikant bezeichnen könnte.[74]

Das Studium der Zwölftafeln in der Neuzeit hat seine Geschichte. Sie beginnt mit Gothofredus und Vico.[75] Und dennoch sind wir „noch heute von einer kritischen *Palingenesia* weit entfernt", und die Geschichte der literarischen Überlieferung ist noch nicht geschrieben.[76] Es ist nicht leicht, in der Reihenfolge der Anordnung der Fragmente, in der man sie auch zu zitieren pflegt, eine Ordnung zu erkennen. Diese Reihenfolge wurde vor mehr als einem Jahrhundert festgelegt,[77] basiert aber auf willkürlichen Voraussetzungen, und wird eigentlich nur aus wissenschaftlicher Konvention beibehalten.

Im archaischen Rom stellen die Zwölftafeln gleichsam bereits eine reife Frucht dar. Sie setzen das Juristische als autonome Funktion voraus (um die Terminologie von Louis Gernet zu gebrauchen), „nicht nur allein eine soziale Funktion, sozusagen im äußerlichen Sinne des Wortes, sondern auch eine psychologische; ein System von Vorstellungen, von Denkweisen und Glaubensüberzeugungen, die sich um eine spezifische Kenntnis des Rechts herum ordnen".[78] Die Rechtsakte zur Übertragung einer Sache aus einem Gewaltbereich in einen anderen oder zur Schaffung einer verpflichtenden Bindung *(mancipium* oder *mancipatio* und *nexum),* wurden zu festen verbalen oder gestischen Gefügen, noch bevor sie in den Gesetzestext aufgenommen wurden oder man sich dabei auf sie bezog. Beim *mancipium* spricht der Erwerber, der den Kaufgegenstand (oder einen Teil von ihm, oder auch nur ein Symbol dafür) mit der Hand greift, bestimmte Formeln in Anwesenheit des Veräußerers, der fünf Zeugen und eines weiteren römischen Bürgers, der die Aufgabe hat, auf der Waage ein Stück Kupfer, das den Preis darstellt, abzuwiegen.[79] Die Zeremonie des Abwiegens wurde schließlich anachronistisch und hatte nur noch symbolischen Wert. Bis dahin ist jedoch ein langer Weg, da Rom erst seit dem Ende des 4. Jahrhunderts v. Chr. ein Münzsystem nach griechischem Vorbild besaß.[80] Das *mancipium* vollzieht einen Austausch zwischen der Sache und dem Preis, reduziert diesen Austausch aber nicht auf seinen ökonomischen Gehalt. Der Veräußerer bleibt im Dunkeln, während der Erwerber der wirklich Handelnde in diesem Schauspiel ist, das sich in einem gesellschaftlichen Szenario abspielt. *Mancipare* bedeutet erst später „übertragen"; in älterer Zeit entspricht es einem *manu capere,* „mit der Hand greifen". Der Erwerber „greift" eine Sache mit der Hand und erklärt sie zu der seinen mit den Worten: „Ich erkläre, daß dieser Sklave nach dem Recht der Quiriten mir gehört",[81] und dies in Gegenwart eines anderen, der schweigend dem Vorgang beiwohnt, und der dieser Sache in Wirklichkeit entsagt. Dieser Augenblick des Verlustes einer Sache, der ökonomisch ebenso bedeutsam ist wie der Erwerb, hat für die juristische Struktur des Vorgangs keinerlei Bedeutung. Wir müssen kurz die „Vindikationsformel" betrachten, die der Erwerber ausspricht. Wir finden sie als feste Spruchformel auch anderswo, so in der *legis actio sacramento in rem* und in der *in iure cessio:* dabei handelt es sich bei dem ersteren um ein Prozeßverfahren, im zweiten um ein Übertragungsgeschäft, nach dem Vorbild des ersteren einen Scheinprozeß.[82] Was ist die tiefere Bedeutung dieser Formel? Sie ist sozusagen sofort wirksam und absolut. Man beachte, daß wie beim Prozeßverfahren die Rechtsbehauptung keinerlei Rückgriff in die Vergangenheit erfordert. Sie scheint sich „eben in diesem Augenblick in Form von Gesten und Formeln" darzustellen; so bezieht sich im Übertragungsgeschäft *(mancipium* oder *in iure cessio)* das *meum esse,* wenn man es wörtlich nimmt, nicht auf „seine Urheber und seine Titel". Es ist in Wirklichkeit eine Neuschöpfung des Rechts, nicht eine Bestätigung.[83] Man könnte von einem „performativen" Gebrauch der Sprache in einem rationalen Kontext sprechen.[84] Freilich verweist dies alles in eine Zeit, in der Spruchformeln und Gesten eine andere Bedeutung hatten. Von der magischen oder magisch-religiösen Kraft, die sie einst ausdrückten, sind nur noch Spuren enthalten: „ein als solcher anerkannter und akzeptierter Symbolismus ist ein überlegter Symbolismus". Das Wort bewahrt die Erinnerung an seine schöpferische Kraft, ist aber verweltlicht. Diese „Laizisierung des Wortes" vermittels des Rechts hat auf einer anderen Ebene dieselbe Funktion wie die Philosophie im ionischen Naturalismus und im Eleatismus.[85]

Wahrscheinlich stand auch das *nexum* in einem magischen Zusammenhang. Seine Geschichte ist indes ebenso unklar, wie die der archaischen Obligationen. Irgendwie scheint sich der Schuldner selbst oder eine von ihm abhängige Person in die Gewalt des Gläubigers begeben zu haben, wodurch eine reale oder symbolische Abhängigkeit entstand. Vielleicht war das *nexum* ebenso ein Akt „mit Kupfer und Waage" wie das *mancipium,* und erforderte bestimmte Spruchformeln.[86] Der riesige Unterschied, der das *nexum* von der *sponsio* trennt, liegt jedoch auf der Hand. Dieses Rechtsgeschäft gibt seine älteste Geschichte jedoch nicht so einfach preis, wenngleich seine religiösen Vorläufer und seine Verbindung zu anderen Rechtsinstituten, wie den *sponsalia* und der internationalen *sponsio,* erkennbar sind. Auch der Vergleich mit der griechischen *engyē* gibt einige Hinweise. Eine Abweichung von der *sponsio* besteht darin, daß die Bestätigung oder die Kontrolle durch die Gemeinschaft in Form der Zeugen fehlt. Die Gemeinschaft ist auch nicht in anderer Form zugegen, wie bei der *adrogatio* oder im *testamentum calatis comitiis,* die vor den versammelten Kurien stattfinden;[87] die Gemeinschaft spielt nicht einmal indirekt eine Rolle, etwa durch eine Ratifizierung durch die Magistrate, wie z. B. bei der *in iure cessio* oder der „Freilassung" eines Sklaven. In der *sponsio* scheint sich die Kontrolle durch die Gemeinschaft eben in der Form als solcher zu erschöpfen, also in der Spruchformel, die die Beteiligten aussprechen. Dies ist zumindest das Ergebnis, zu dem Henri Lévy-Bruhl gelangte. Muß man aber nicht annehmen, die *sponsio* habe in ihrer älteren Form kollektives Verantwortungsgefühl, eine traditionelle oder familiäre oder andere Solidarität ins Spiel gebracht, die später vom Stadtrecht überwunden waren?[88] Wie dem auch sei: die *sponsio* stellt sich zur Zeit der Zwölftafeln als ein sehr einfacher mündlicher Vertrag dar: sie besteht aus einem wörtlich festgelegten und feierlichen Austausch von Frage und Antwort zwischen dem zukünftigen Gläubiger, der fragt, und dem Schuldner, der ein Versprechen abgibt. Die

6. Die „sinnlich faßbare Wirklichkeit" der Formen

sponsio, oder besser gesagt, die *stipulatio,* sollte die Form für die Zukunft werden.[89] Sie überdauerte auch unter veränderten historischen Verhältnissen die älteste Zeit, während die Entwicklung des *nexum* gegen Ende des 4. Jahrhunderts v. Chr. zu einem Abschluß kommt.

Die Untersuchung dieser Vorgänge läßt etwas sehr Wichtiges erkennen: Das Recht, und dies ist eine tiefgreifende Neuerung, taucht als abstrakter und positiver Gedanke auf, als rationales Gedankengebäude, wenn auch noch nicht logisch durchdrungen, zumindest in dem Sinne, wie man „logisch" seit Aristoteles versteht. Dem Recht wohnt eine formale Eigenschaft inne, und der juristische Formalismus ist, wenn man so sagen darf, ein laizistischer Begriff. Es handelt sich dabei freilich um einen sehr komplexen Begriff, der einige Unterscheidungen verlangt. Versuchen wir, folgende Anweisung der Zwölftafeln zu verstehen:

> Cum nexum faciet mancipiumque, uti lingua nuncupassit, ita ius esto.
> Wenn jemand eine Verbindlichkeit *(nexum)* eingeht oder etwas manzipiert, soll es so rechtens sein, wie er mündlich bedungen hat.[90]

Man kann leicht erkennen, daß in den beiden Rechtsgeschäften des *nexum* und des *mancipium* die Form eine allumfassende Bedeutung hat, und daß der Inhalt (gewollt oder beabsichtigt), keine Rolle spielt. Die Gültigkeit oder Nichtigkeit beider Geschäfte hängt ausschließlich von der Form ab und es gibt keine Alternative zwischen Gültigkeit und Ungültigkeit.[91]

Das ist die strengste und rigoroseste Stufe des Formalismus. Die rechtlich relevanten Merkmale, so könnten wir mit Weber sagen, gewinnen hier einen „sinnlich anschaulichen Charakter". Was zählt, ist „das Haften an diesen äußerlichen Merkmalen: z. B. daß ein bestimmtes Wort gesprochen, eine Unterschrift gegeben, eine bestimmte, ein für allemal in ihrer Bedeutung feststehende symbolische Handlung vorgenommen ist". Ein zweites ist der Formalismus in der Auslegung: „die rechtlich relevanten Merkmale werden durch logische Sinndeutung erschlossen und danach feste Rechtsbegriffe in Gestalt streng abstrakter Regeln gebildet und angewendet".[92] Beide Arten von Formalismus bestehen nebeneinander her, und zwar deshalb, weil die erstere die Zwölftafeln weit überdauert und erst sehr viel später langsam abnimmt. Der Formalismus bei der Auslegung ist ein Kennzeichen eines entwickelten Rechtsdenkens, das sich nicht auf die fachliche Erfindung und Kombination von Formen und Formeln beschränkt, sondern die Bedeutung hinter den Worten sucht. Dieses Denken kann sich auch sehr feiner logischer Operationen bedienen und sich von einem rein kasuistischen Vorgehen freimachen. Es hebt die Autonomie, die die „juristische Funktion" bereits erreicht hat, auf eine höhere Ebene.

Zwischen einzelnen grundlegenden Rechtsakten, die dazu dienen, die eigenen Interessen zu verfolgen, und den Arten des rechtlichen Vorgehens besteht bekanntlich eine äußerst subtile Beziehung. Die Zwölftafeln widmen dem Prozeß viel Raum. Der Prozeß spielt in allen Rechtsverhältnissen eine wichtige Rolle. Hier enthüllt das Recht seine ausdrucksvollsten Seiten. Hier finden die gegnerischen Positionen im Streitfall ihren Ausdruck, hier wird Recht und Unrecht unterschieden, werden Streitfälle entschieden und Straftaten geahndet. Das Urteil als Ausdruck der kollektiven Souveränität ist in nicht geringerem Umfang als das Gesetz ein Kennzeichen bei der Stadtwerdung. Für das archaische Rom stellt sich der Privatprozeß als ein Bündel von entweder der Erkenntnis oder der Vollstreckung dienenden *legis actiones* dar. Diese Bezeichnung gibt uns, wenn wir sie richtig verstehen, wichtige Hinweise. Die Bedeutung von *legis actio* war mehr als ein halbes Jahrtausend nach dem Zeitalter der Decemvirn umstritten. Nach einer wohl seit langem allgemein anerkannten Vorstellung sah man die Verbindung mit der „lex publica" im doppelten Sinne als erwiesen an: die *legis actiones* hießen so, weil sie entweder „von Gesetzen eingeführt" oder „den Worten der Gesetze nachgebildet," und damit „unveränderlich" waren.[93] In noch weiter zurückliegender Zeit scheint dies anders gewesen zu sein. *Lege agere* bedeutet „vermittels eines verbalen oder rituellen Gefüges handeln", und dasselbe meint *legis actio*. Unter den verschiedenen Bedeutungen von *lex* ist eine genau „Ritus" oder „Formel".

Die *lex horrendi carminis,* die die antike Geschichtsschreibung dem König Tullus Hostilius zuschreibt, kann man als „feierliche Spruchformel" bezeichnen. Sie übertrug speziellen Beamten die Befugnis, außer bei Berufung an das Volk, bei Hochverrat Recht zu sprechen. „Duumviri perduellionem iudicent; si a duumviris provocarit, provocatione certato; si vincent, caput obnubito; infelici arbori reste suspendito; verberato vel intra pomerium vel extra pomerium".[94] Die Frage, ob es sich um ein historisches Datum oder eher um „ein relativ junges Produkt der Phantasie oder der annalistischen Kontamination" handle,[95] ist hier kaum von Belang. *Lex* steht für „Ritus" in der *rogatio* von 217 v. Chr. über die Zeremonien beim *ver sacrum,* das schließlich erst 21 Jahre später, nämlich im Jahr 195 v. Chr. stattfinden sollte, und 194 v. Chr. wiederholt wurde. Der Text, bei dem allein das „Gerüst" authentisch zu sein scheint,[96] findet sich bei Livius 22,10,2–6. Der Terminus *lex* findet sich im folgenden Satz: „Qui faciet, quando volet quaque lege volet facito; quo modo faxit probe factum esto".

Der Prozeß, wie auch die Akte privater Autonomie, erfordern also in archaischer Zeit das Zitieren von Spruchformeln und das Ausführen bestimmter Handlungen und Gesten. Die Prozeßparteien müssen anwesend sein. Zumindest im Normalfall leitet der Magistrat den Prozeß. In den Klagen des Erkenntnisverfahrens erfolgt der Austausch von Spruchformeln vor Zeugen, daher auch die Bezeichnung *litis contestatio*.[97] Mit der *litis contestatio* kommt der erste Teil des Prozesses zum Abschluß. Darauf folgt ein zweiter Teil, in dem ein privater Richter *(iudex)* die Stelle des Magistrats einnimmt. Dieser Richter (ein Einzelrichter oder eine Richterbank) fällt das Urteil.

Auch im Prozeß stoßen widersprüchliche Aspekte aufeinander. Das Eingreifen der staatlichen Gewalt hat die ritualisierte Selbstverteidigung nicht

6. Die „sinnlich faßbare Wirklichkeit" der Formen

vollständig abgeschafft; es bestehen ältere Formen neben anderen, moderneren. Wer einen Prozeß anstrengen will, muß den Beklagten „vor Gericht rufen". Er befielt ihm, vor dem Magistrat zu erscheinen. Er übt hierbei auch Zwang aus, wenngleich nach ganz streng festgelegten Regeln:

Si in ius vocat, ni it, antestamino; igitur em capito. Si calvitur pedemve struit, manum endo iacito. Si morbus aevitasve [vitium] escit, [qui in ius vocabit,] iumentum dato. Si nolet, arceram ne sternito.
Wenn er (der Kläger) vor Gericht lädt, und wenn er nicht geht, soll er Zeugen anrufen. Danach soll er ihn ergreifen. Wenn er Ausflüchte macht oder sich sträubt, soll er (der Kläger) Hand an ihn legen. Wenn Krankheit oder Alter hindert, soll er ein „Fuhrwerk" geben. Wenn er (der Beklagte) das nicht will, braucht er einen Wagen mit Verdeck nicht zu stellen.[98]

Der richtlicher Bescheid, der gegen den Schuldner, der nicht zahlt, gegeben wird, legitimiert den Gläubiger zu einer Vollstreckung, der *manus iniectio,* die bis zur Tötung des Schuldners oder seines Verkaufes als Sklave ins Ausland gehen kann.

Aeris confessi rebusque iure iudicatis triginta dies iusti sunto. Post deinde manus iniectio esto. In ius ducito. Ni iudicatum facit, aut quis endo eo in iure vindicit, secum ducito, vincito aut nervo aut compedibus. Quindecim pondo ne minore aut si volet maiore vincito. Si volet suo vivito. Ni suo vivit, [qui eum vinctum habebit,] libras farris endo dies dato. Si volet, plus dato.
Tertiis nundinis partis secanto. Si plus minusve secuerunt, se fraude esto.
Nachdem die Schuld anerkannt oder gerichtlich zugesprochen wurde, sollen 30 Tage (Erfüllungsfrist) rechtens sein. Danach soll die „Handauflegung" gestattet sein. Er soll (den Schuldner) vor Gericht führen. Wenn (der Schuldner) das Urteil nicht erfüllt und niemand vor Gericht für ihn bürgt, soll er ihn (den Gläubiger) mit sich führen; er soll ihn mit einem Strick oder mit Fußfesseln fesseln. Er soll ihn mit nicht weniger als 15 Pfund Gewicht – wenn er will, mit schwereren, fesseln. Wenn (der Schuldner) will, soll er sich selbst verpflegen. Wenn er sich nicht selbst verpflegt, soll er ihm täglich ein Pfund Spelt geben. Wenn er will, soll er mehr geben.
Am dritten Markttag sollen (die Gläubiger) die Teile von ihm schneiden. Wenn sie zu viel oder zu wenig abgeschnitten haben, soll dies ohne Nachteil sein.[99]

Im Decemviralrecht finden sich nebeneinander zwei Vorgehensweisen, die sich in ihrer Struktur und der in ihnen zutage tretenden Mentalität tiefgehend unterscheiden, nämlich die *legis actio sacramento* und die *legis actio per iudicis arbitrive postulationem.* Das erste Verfahren, faßbar in zwei unterschiedlichen Spielarten, und zwar für Sachen (Erb- oder Familienverhältnisse) und für Schuldverhältnisse, wird nach dem *sacramentum* benannt.[100] In seiner jüngeren Version ist das *sacramentum* eine Wette. Die Parteien fordern sich vor dem Magistrat dazu heraus, im Fall, daß sie unterliegen, dem Ärarium eine bestimmte Summe zu zahlen. Was bedeutete dies aber ursprünglich? Die Nähe zum „Schwur", die das Wort belegt, ist für sich genommen noch nicht erhellend.[101] Es ist jedenfalls möglich, daß das *sacramentum* vor den Zwölftafeln nicht die Funktion hatte, den Prozeß in eine entscheidende Phase zu bringen, sondern dazu, unmittelbar den Streit beizulegen, in dem es ein Beweismittel bereitstellte, „entsprechend der Vorstellung eines „Sakralrechts".[102] Wenn dem so ist, bewahrt die *legis actio sacramento* wenigstens die Erinnerung an eine magisch-religiöse Bedeutung. Davon findet sich in der zweiten *legis actio*, deren Kernstück die „Forderung nach einem Geschworenen oder einem Schiedsmann" ist, überhaupt nichts. Man braucht sie, um eine Leistungsklage wirksam werden zu lassen oder wenn mehrere Miterben (später auch mehrere Miteigentümer) beabsichtigen, die Erbschaft oder die gemeinsame Sache aufzuteilen. In diesem Falle besteht überhaupt keine Gefahr einer „Prozeßstrafe", und die Vorstellung, die dahintersteht, ist ausschließlich „weltlich".[103]

Nicht auf die Zwölftafeln geht die *legis actio per condictionem* (Gai. 4,19–20) zurück. Sie wurde zwischen dem 3. und dem 2. Jahrhundert eingeführt, und zwar durch eine *lex Silia*, Schulden betreffend, die aus festen Geldsummen bestanden. Sie erfuhr eine Ergänzung durch eine *lex Calpurnia* über Schulden bei individuell oder quantitativ bestimmten vertretbaren Sachen.

Der Prozeß zur Zeit der Zwölftafeln bleibt jedenfalls immer ganz streng formalistisch, gleichgültig ob er kompliziert oder glatt abläuft. Man bediente sich fester Spruchformeln und Gesten. Ein besonders bezeichnendes Beispiel hierfür ist die *manus iniectio*.[104] Dasselbe gilt für die *legis actio sacramento*. Wer sein Herrschaftsrecht über eine Sache behauptete, legte seine Hand auf sie,[105] und vollzog dann die rituelle Geste, sie mit einem Stab, dem Abbild der Lanze, zu berühren. Man darf einen anderen Aspekt nicht vergessen. Die staatliche Gewalt erscheint manchmal zweitrangig gegenüber dem Tun des Einzelnen. Dies wird sowohl aus dem „vor Gericht rufen" als auch aus der *manus iniectio* deutlich. Noch deutlicher wird es aus der *pignoris capio*, einer anderen Art des Vollstreckungsverfahrens, die in gewissen öffentlich oder religiös begründeten Schuldverhältnissen angewendet wurde.[106] Der Gläubiger bemächtigt sich selbst, ohne ein Mitwirken oder der Teilnahme eines staatlichen Organs, einer Sache, die dem Schuldner gehört, entweder, um ihn zur Erfüllung zu bewegen oder um damit am Ende seine Forderung zu befriedigen. In der *pignoris capio* wird unbestreitbar eine Selbstjustiz unter dem Deckmantel einer herkömmlichen rechtlichen Form sichtbar.

7. Das Zwölftafelgesetz – ein Codex für eine bäuerliche Gesellschaft?

Die Zwölftafeln spiegeln eine durch und durch bäuerliche Gesellschaft wider. Die Familie ist nach wie vor patriarchalisch und agnatisch.

Unter *cognatio* versteht man die Verwandtschaft zwischen Menschen, die voneinander oder wenigstens von einem gemeinsamen Vorfahren abstammen. Sie basiert auf natürlichen Grundlagen (Gai. 1,156 und 158). Die *agnatio* kann man hingegen als eine *species* im Vergleich zur *cognatio,* die ein *genus* darstellt (D. 38,10,10,4), bezeichnen. Bei der *agnatio* spielten Gewaltverhältnisse eine Rolle. *Adgnati* sind alle Abkömmlinge in männlicher Linie, die der Gewalt desselben Familienoberhauptes unterworfen waren, oder es wären, wenn dieser noch lebte. Unter diese Definition fallen auch die *sui*, also diejenigen, die der *patria potestas* oder der *manus* unmittelbar unterstellt sind und automatisch *sui iuris,* also beim Ableben des Familienoberhaupts, „Herrn ihrer selbst" werden.

In der Familie hat der Vater die Stellung eines Königs, so könnte man mit einem Bild des Aristoteles sagen, das freilich nur in gewissem Umfang auf römische Verhältnisse übertragbar ist.[107] Der Vater ist zugleich Priester und Richter; das Recht über „Leben und Tod", das er über die Kinder ausüben kann, behält lange Zeit wenigstens seinen symbolischen Wert und wird erst sehr spät grundsätzlich verneint.[108] Die *patria potestas* ist eine singuläre Einrichtung, die anderswo kaum eine Entsprechung hat,[109] und die griechischen Autoren sprechen darüber mit gewisser Verwunderung.[110] Allein der *pater familias* ist Eigentümer, hat ein Patrimonium, wird Inhaber von Rechten, kann einen Erben einsetzen, kann Partei in einem Prozeß sein und die Schulden verantworten, die er übernimmt.

Die ethischen Anforderungen, in deren Mittelpunkt der Vater steht, begründen sich im Herkommen. „Die Vorväter", so bemerkt Cato, „setzten den Namen des Vaters an die erste Stelle und direkt danach den des Patrons". Die Pflicht des Patrons, „seinen Schutzbefohlenen nicht zu betrügen", war im Zwölftafelgesetz festgelegt, und es folgte als zweite Pflicht, die „Mündel zu schützen", die seiner Vormundschaft anvertraut waren. Über diesen Verhaltenskodex diskutierten zu Gellius' Zeiten die Gelehrten, die die antiken Rechtsinstitutionen gut kannten. Es konnten zwar über die Stellung des „Fremden, des Gastes", im Vergleich zum Klienten Zweifel bestehen (nach Masurius Sabinus sollte der Klient nach dem Fremden kommen), über die Stellung des Vaters hingegen gab es keinerlei Zweifel. Er nahm den höchsten Platz auf der Rangleiter ein.[111] Das Modell Ciceros im *Cato maior* entfernt sich nicht von dieser Tradition:

> Appius Claudius regierte vier kräftige Söhne und fünf Töchter, dazu eine große Hausgemeinschaft und eine ausgedehnte Klientel, und dabei war er blind und betagt... er übte über die Seinen nicht nur seine Autorität aus, sondern eine echte Herrschaft: die Sklaven fürchteten ihn, die Kinder achteten ihn, und alle liebten ihn; in seinem Haus waren die Sitten und Gebräuche und die Lebensregeln der Vorväter geachtet.[112]

Dieses Bild des Vaters unterscheidet sich nicht sehr von dem, das rund 1900 Jahre später Soziologen vor Augen haben und das sich langsam verliert. Tocqueville schreibt in seiner *Démocratie en Amérique:* „Solange die Menschen in der Erinnerung dessen, was war lebten, mehr als in der Sorge um das was ist, ist der Vater das natürliche und notwendige Band zwischen dem Vergangenen und Gegenwärtigen, das Glied, in dem diese beiden Ketten enden und sich schließen. In den Aristokratien ist der Vater mithin nicht nur das politische Haupt der Familie; er ist in ihr auch der Träger der Überlieferung, der Vermittler des Brauchtums, der Richter über die Sitten. Man hört auf ihn mit Ehrerbietung; man nähert sich ihm nur mit Ehrfurcht und die ihm entgegengebrachte Liebe wird stets durch die Furcht gedämpft".[113] Tocqueville brachte Gedanken und Bewußtseinslagen zum Ausdruck, die im europäischen Denken lange Zeit lebendig gewesen waren und es zu seiner Zeit noch immer waren. Er verglich sie mit den Werten einer neuen und beunruhigenden Gesellschaft. Die Wurzeln dieser Überlegungen reichen bis in die Antike zurück. Die Struktur des Familienclans bestimmt die sich daraus ergebenden Formen des Zusammenlebens, in denen gentilizische Elemente weiterhin von Bedeutung sind.

Uti legassit suae rei, ita ius esto. Si intestato moritur, cui suus heres nec escit, adgnatus proximus familiam habeto. Si adgnatus nec escit, gentiles familiam ⟨habento⟩.
Wie er (der Erblasser) in Hinsicht auf sein Vermögen letztwillig verfügt hat, so soll es rechtens sein. Wenn er, der keinen „eigenen" Erben hat, ohne Testament stirbt, so soll der nächste Agnat den Nachlaß haben. Wenn kein Agnat vorhanden ist, sollen die Gentilen den Nachlaß haben.[114]

Es ist übrigens bezeichnend, daß sich der Zusammenhalt in der Familie gewöhnlich auch über den Tod seines Oberhauptes hinaus erhält. Hieraus erklärt sich das „Konsortium" der gemeinsam erbenden Brüder und die Unteilbarkeit des Patrimoniums.[115] Freilich ist nicht ausgeschlossen, das Patrimonium aufzuteilen, und die Zwölftafeln führten dazu eine entsprechende Klage ein.[116]

Die Gewalt über, oder, wie wir mit modernerer Terminologie sagen würden, das Eigentum an Sachen, stellt sich gemäß den zwei grundlegenden Kategorien, in denen die Sachen unterschieden werden, unterschiedlich dar. Das wichtigste sind die *res mancipi:* der Grund und Boden, die Sklaven und Zug- und Saumtiere (Ochsen, Pferden, Esel, Maultiere), und schließlich die Servituten des Durchgangsrechts und des Rechtes, Wasser durchzuleiten, die noch völlig materialistisch aufgefaßt werden. Man bezeichnet die Gewalt über diese Dinge und den Akt, der dazu erforderlich ist, sie zu erwerben, mit *mancipium. Res nec mancipi* bezeichnet alle übrigen Sachen.[117] Der Grund und Boden nimmt im Recht eine bevorzugte Stellung ein. Sein Erwerb durch Ersitzung erfordert zwei Jahre, während für „alle übrigen Sachen" ein Jahr genügt.[118] Eine Reihe von Vorschriften behandeln die Beziehungen zwischen Grundstücken. Es gibt eine Grenzregulierungsklage.[119] Der Baum, der „infolge des Windes in eines anderen Grundstück gedrückt ist", kann vom Grundstück des anderen entfernt werden; wenn Früchte auf ein fremdes Grundstück gefallen sind, darf man sie sammeln.[120] Es ist nicht statthaft, Kanäle und Gräben auf dem eigenen Grundstück so anzulegen, daß das Regenwasser sich auf das Grundstück des Nachbarn ergießt, oder den „Balken wieder loszumachen",

7. Das Zwölftafelgesetz – ein Codex für eine bäuerliche Gesellschaft

den sich ein anderer Grundbesitzer genommen hat, um ein Gebäude oder einen Weingarten abzustützen.[121]

Paul F. Girard erblickte in den Zwölftafeln einen „Codex der Bauern", und Mommsen stimmte ihm darin zu.[122] Diese Beurteilung wird weitestgehend geteilt, wenngleich es in den letzten Jahren Versuche gab, sie zu modifizieren. Die Zwölftafeln sind „die Gesetzgebung einer mediterranen Polis lateinischer Sprache, einer Civitas also, deren Wirtschaft zwar wie für damalige Verhältnisse selbstverständlich agrarisch bestimmt war, die aber doch schon längst andere Formen der Bildung von Vermögen kennengelernt hatte": dies zeigt etwa die „bevorrechtigte Regelung des Ausländerprozesses", die auf ausgeprägte Handelsinteressen verweist und die eingehende Reform des Kreditverfahrens, Anzeichen einer weitgehenden Anwendung des Darlehens.[123] Diese neue Interpretation hat den Vorzug, nicht in einem zu einfachen Schema gefangen zu sein. Alles in allem scheint jedoch die Schuldknechtschaft ein äußerst sperriges Hindernis auf diesem Weg zu sein. Dazu kommt noch die Einrichtung der vollstreckenden *manus iniectio*. Man kann natürlich auch den (im übrigen nicht den ersten) Versuch machen, die *manus iniectio* von ihren barbarischen Zügen zu befreien, und in der Aufteilung des Körpers des Schuldners lediglich ein makabres Symbol sehen; freilich bleibt sie immer in einer Vorstellung vom Kredit als außergewöhnlicher und außerordentlicher Einrichtung verhaftet.

Selbst wenn man nun der Meinung ist, daß das „Obligationensystem" in den Zwölftafeln weniger streng sei, als man bisher glaubte, so muß man aber doch auf anderen Gebieten einen „Primitivismus" im Rechtswesen feststellen. Die Strafregelungen wie diejenigen für die Prozeßordnung, haben insgesamt im Gefüge der Zwölftafeln ein Übergewicht, und sie öffnen dem, der sie von Ferne betrachtet, kleine Einblicke. Die historische und kulturelle Dimension der Zwölftafeln ist darin ganz besonders evident. Grundlegend ist die Vorstellung einer privaten Rache des Geschädigten. In einigen Straftaten und in den dafür festgesetzten Strafen erkennt man den Aberglauben und die Ängste einer archaischen Welt. Sicher, der Staat ist durch seine „obersten Komitien", d. h. die Centuriatkomitien, Richter über Leben und Tod eines Bürgers.[124] Auf diese Weise setzt oder bestätigt man der Rechtsprechung der Oberbeamten eine Grenze. Andererseits verhindert man so auch die Aktivitäten von außerordentlichen plebejischen Gerichtshöfen. Eine weitere und schwierige Frage, zu der es unterschiedliche Ansichten gibt, ist es festzustellen, ob und wann ein Verurteilter oder von einem Beamten Verhörter oder seiner *coercitio* unterworfener Bürger die *provocatio ad populum*, die Berufung an das Volk, vornehmen konnte.

Ohne Vorläufer in der Königszeit auszuschließen (Cic. *De re publ.* 2,31,54; *Tusc.* 4,1,1; Liv. 1,26,6–8; Dionys. 3,22,6; Sen. *Ep.* 108,31), werden in der Überlieferung drei Gesetze über die *provocatio* erwähnt; 1. eine *lex Valeria* von 509 v. Chr. Sie bestimmte, daß „kein Magistrat einen römischen Bürger töten oder auspeitschen ließ, ohne Berufung an das Volk" (Cic. *De re publ.* 2,31,53; Liv. 2,8,2; Dionys. 5,19,4 und 70,2; Val. Max. 4,1,1; Plut. *Publ.* 11,3; Pomp. D. 1,2,2,16 und 23); 2. eine *lex Valeria Horatia* von 449, also unmittelbar nach dem Sturz der Decemvirn: sie untersagte die Schaffung von Magistraturen, die nicht der *provocatio* unterlagen (Cic. *De re publ.* 2,31,54; Liv. 3,55,4–5); 3. eine *lex Valeria* von 300, die das Verbot der ersten *lex Valeria* bestätigte, indem sie das Verhalten des Magistrats, der es übertrat, als „irregulär und verwerflich", *improbe factum*, beurteilte (Liv. 10,9,3 und 5). Allein das letztgenannte Gesetz ist sicher historisch. Eine neue Bestätigung der *provocatio* und eine Ausdehnung zugunsten der Bürger außerhalb Roms und beim Militär, geschah durch die *leges Porciae*, die ins 2. Jahrhundert v. Chr. datiert werden können; die beiden ersten höchstwahrscheinlich ins 1. Jahrzehnt.

In welchem Rahmen spielte sich eine öffentliche Bestrafung ab? Sie fand zweifellos Anwendung im Fall von Hochverrat, bei Angriffen auf die Bürgerfreiheit (der nicht leicht zu definierende Begriff dafür ist *perduellio*) und mit aller Wahrscheinlichkeit bei gewissen sehr schwerwiegenden sakralen Delikten. In diesen Fällen ist es nicht ein Einzelner, der direkt vom Verbrechen betroffen ist, sondern die ganze Gemeinschaft. Bei Mord hingegen trifft es den Einzelnen und das staatliche Eingreifen erscheint lediglich indirekt. Der vorsätzliche Mörder ist der Rache des Familienclans des Ermordeten ausgesetzt. Die öffentliche Hand muß die Schuld feststellen, wenn der Verbrecher nicht in flagranti ertappt wurde oder geständig ist.[125] Diesem Verfahren war indes keine lange Lebensdauer beschieden. Andererseits liegt es in der Natur der Sache, daß man sich der Rache und der Todesstrafe durch die Flucht ins Exil entzog. Freilich unterlag der Flüchtende durch ein Dekret des Magistrats dem „Verbot von Wasser und Feuer" und war gezwungen, außerhalb des römischen Staatsgebietes zu leben. Dieses Verfahren war vielleicht zur Zeit der Decemvirn bereits üblich.

Man durfte nicht nur den Mörder töten, sondern auch den Dieb, wenn man ihn nachts ertappte oder wenn er sich, am hellichten Tage, mit Waffen verteidigte. Zumindest im letztgenannten Fall mußte man mit lauter Stimme schreien *(endoplorato)*. Dies stellte die Anwesenheit von Zeugen sicher und legitimierte das Tun des Bestohlenen.[126] Das Verfahren bei Diebstahl ist vielschichtig, besonders wenn der Dieb nicht auf frischer Tat gefaßt wurde,[127] das gleiche gilt für schwerste bis leichte Körperverletzung.[128] Ist die Verletzung besonders schwer, ist „Talion" vorgesehen, die durch Vertrag zwischen dem Angegriffenen und dem Angreifer abgewendet werden kann.[129] Das archaische Prinzip der Talion besteht also weiter neben einer Reihe von Geldstrafen, die sicher jünger sind.

Einige Arten von Verbrechen sind eng mit dem bäuerlichen Leben verknüpft. Hier erkennt man hinter dem Gesetzestext eher eine gesellschaftliche und psychologische Wirklichkeit. Wenn einer nachts die Ernte abschneidet oder ein bebautes Feld durch Abweiden vernichtet, wird er durch Erhängen bestraft, was einem Opfer zu Ehren der Göttin Ceres entspricht;¹³⁰ das Haus eines anderen oder Getreidegarben anzuzünden, zog rigorose Gegenmaßnahmen nach sich: der Schuldige wird zuerst ausgepeitscht und dann bei lebendigem Leibe verbrannt.¹³¹ Hat jemand heimlich fremde Bäume gefällt, so wird dies mit einer Geldbuße bestraft.¹³² Man bezweifelte den Glauben an die Wirksamkeit magischer Künste und Formeln nicht. Es ist nicht nur denkbar, daß eine Person durch Verwünschung Schaden erleidet,¹³³ sondern es ist auch möglich, daß man Ähren am Reifen hindert oder bewirkt, daß sie leer bleiben, oder daß man sie vom Grundstück eines anderen auf sein eigenes herüberzieht.¹³⁴ All diese Taten wurden mit Strafen belegt, die uns unbekannt sind; es könnte sogar die Todesstrafe gewesen sein. In anderen Fällen konnte der Rückgriff auf die magische Kraft von Worten oder von Riten, die einst eine ähnliche Wirkung hatten, als Strafmaßnahme für rechtens erachtet werden. Dies ist der Fall bei der *obvagulatio*. Wenn jemand das Zeugnis verweigerte, der bei einem Libralakt (oder bei der Einleitung einer gerichtlichen Auseinandersetzung) zugegen gewesen war, dann konnte derjenige, dem das Zeugnis fehlte, sich vor das Haus des sich verweigernden Zeugen begeben und drei Tage lang Verfluchungen oder Verleumdungen ausrufen.¹³⁵

Betrachtet man die Strafen in den Zwölftafeln, so tritt ihr Primitivismus deutlich hervor. Aber recht gesehen, haben Verbrechen und Vergehen oft ein archaisches Umfeld, und dies gilt auch für Strafen. Wichtig ist aber, daß man sie genau beschreibt, und daß die Strafen vorher festgelegt sind, wenngleich dies für die Art ihrer Ausführung nicht immer der Fall ist. Wie Emile Durckheim bemerkte, ist es im Strafrecht nicht selten, daß die Gesellschaft sehr gut weiß, „daß sie es mit einem Verbrechen zu tun hat", daß aber die Strafe darauf noch nicht „festgesetzt" ist. Man findet dies im *Pentateuch* wie auch noch im 16. Jahrhundert.¹³⁶ Erstaunlicherweise scheinen sich die Zwölftafeln in eine andere Richtung zu bewegen; sie lassen eine „moderne" Vorstellung in einem archaischen Kontext aufscheinen.

Es ist nicht angemessen, die Zwölftafeln als Gesetzesbuch zu sehen. Sie übertragen nicht die gesamte bürgerliche Ordnung oder einen bestimmten Sektor in geschriebene Regeln. Nur ihre Reduktion auf eine symbolische Bedeutung konnte sie in der späten Republik und in augusteischer Zeit mit dieser Bedeutung belegen. Man sollte auch ihre innovative Kraft nicht überschätzen. Befehle und Verbote, Regeln zum Verhalten und zum Verfahren, setzen als Vorverständnis oder Voraussetzung die grundlegenden privatrechtlichen Institutionen voraus: man sanktioniert das Vorgehen des *pater familias,* der den Sohn drei Mal verkauft oder man betont sein Recht über Leben und Tod, ohne der *patria potestas* Fesseln anzulegen. Man erkennt das *nexum* oder das *mancipium* oder das Testament an, sagt aber nichts über die Verhältnisse im einzelnen, die diese Rechtsgeschäfte in Gang setzen, ja nicht einmal diese Rechtsgeschäfte selbst werden, wie es scheint, in ihren Auswirkungen beschrieben.

Man könnte diese Beispiele beliebig vermehren. Vor dem Gesetz und noch gleichzeitig mit ihm, besteht das Herkommen im weiten Sinne des Wortes fort. Das in den *mores* wurzelnde Recht ist noch mehr als das Gesetzesrecht zu Zeiten der Zwölftafeln und auch noch später das Kennzeichen der römischen Rechtspraxis. Bekanntlich hat das Gesetz die Eigenschaft zu verändern; es macht davon aber nur sehr vorsichtig Gebrauch. Man könnte sagen, das Gesetz verzichtet im Hinblick auf die Überlieferung als „Wert" auf die Kraft, die ihm eignet. In anderen Kulturen und mehr oder weniger in denselben Jahrzehnten, in denen sich in Rom die Zwölftafeln ausbildeten, findet man ein nicht unähnliches Verhältnis zwischen Herkommen und Gesetz. Das Recht von Gortyn geht auf eine mündliche Überlieferung zurück, die auf die ältesten Phasen des Gemeinschaftslebens verweisen.[137] Über die Aktivitäten des Philosophen und Gesetzgebers Protagoras, der im Auftrag des Perikles in der panhellenischen Kolonie von Thurii tätig war,[138] wissen wir praktisch nichts. Man muß aber annehmen, daß er sich mit den vorhandenen *nomoi* arrangierte. Ganz sicher kannte Protagoras die innovative Kraft des Gesetzes, aber er wußte sie in einem bestimmten historisch-sozialen Kontext zu handhaben.

IV. PRIESTER UND DEUTER

1. Das Geheimnis der Priester

„Die ägyptischen Priester, die Chaldäer und Magier hatten die Regierungsgewalt inne und waren von hohen Ehren umgeben, weil sie sich durch ihr Wissen vor den anderen Menschen hervortaten", schrieb Polybios.[1] Hundert Jahre später beschrieb Diodor von Agyrion die hierarchische Organisationsstruktur der indischen Gesellschaft, die der Ethnograph Megasthenes zu Beginn des 3. Jahrhunderts v. Chr. hatte direkt beobachten können.

„Die Gesamtheit der Inder wird in sieben Kasten unterteilt: Die erste bilden die Philosophen. Sie ist im Vergleich zu den anderen Kasten am kleinsten und steht von der Würde ihres Ranges her an erster Stelle. Die Philosophen sind frei von jeder Amtsverpflichtung und daher weder die Herren noch die Sklaven der anderen. Die einzelnen Privatleute wenden sich an die Philosophen, sei es wegen der eigenen Opfer während ihrer Lebenszeit, sei es wegen der Opfer für die Toten. Die Philosophen sind in der Tat Lieblinge der Götter; sie sind in Dingen der Unterwelt sehr erfahren und empfangen als Gegengabe dafür Geschenke und Ehrenbezeigungen. Auch auf andere Weise sind sie der Gemeinschaft der Inder von Vorteil. Zu Beginn jeden Jahres lädt man sie zu einer großen Synode und sie sagen der versammelten Menge Trockenheit und Regen, günstige Winde und Epidemien und andere für die Zuhörer interessante Dinge voraus. Die gemeinen Menschen und der König können so, da sie die kommenden Ereignisse im Voraus erfahren haben, von Fall zu Fall die nötigen Vorkehrungen treffen und das Erforderliche vorbereiten. Der Philosoph, der sich in seinen Vorhersagen getäuscht hat, fällt, als einzige Strafe, in Ungnade und verharrt für den Rest seines Lebens in Schweigen".[2]

Auch im alten China kam den Astronomen, Astrologen und Meteorologen eine wichtige Funktion zu, und die Priester-Astronomen in den Maya-Städten übten ihre Macht über die Kenntnis des Kalenders aus.[3] In der römischen Welt haben wir die Pontifices, die neben den anderen höheren Priestern, wie dem *rex sacrorum* und den *flamines*, den Auguren, Fetialen, den *duoviri* (später *decemviri* und *quindecimviri*) für die *sacra*, usw. zuständig waren. Der Götterkult, die Art und Weise, wie man die Manen besänftigte sowie die Sühne-Riten, die letzten Ehren für die Toten, mit einem Wort, jedwede private oder öffentliche religiöse Zeremonie unterstand ihrer Aufsicht.[4] Im *pontifex maximus*, dem Vorsteher des Priesterkollegiums, sah man den „Richter und Schiedsrichter der göttlichen und menschlichen Dinge". Diese Vorrangstellung gilt unabhängig von der Hierarchie, in der der *rex sacrorum* den ersten und der *pontifex maximus* den fünften Platz einnimmt;[5] sie ist das Ergebnis einer langen Geschichte in der Königszeit und den Anfängen der Republik.[6]

Die Beziehungen zwischen den einzelnen Priesterschaften sind komplex. In der Republik „inauguriert", d.h. weiht der *pontifex maximus* den *rex sacrorum* und die höheren *flamines*, er „greift", d.h. erschafft die Vestalinnen (und vielleicht die *flamines maiores*),[7] über die er eine Disziplinargewalt ausübt.

Wahrscheinlich waren die Pontifices nicht die „Baumeister" des Gemeinwesens, und ihre Namen sind nicht „von dem wichtigen Geschäft, dem Bau und dem Abbrechen der Tiberbrücken herzuleiten", wie noch Mommsen meinte;[8] es ist jedoch nicht ohne Bedeutung, daß man dies in der Antike glaubte.[9] Jedenfalls ist sicher, daß sie „das Geheimnis der Maße und Zahlen verstanden, woher ihnen auch die Pflicht zukam, den Staatskalender zu führen, dem Volk Neu- und Vollmond und die Festtage abzurufen und dafür zu sorgen, daß jede gottesdienstliche wie jede Gerichtshandlung am rechten Tage vor sich gehe".[10] Sie waren auch die Hüter der „Geschichte" der Stadt und zeichneten jedesmal die wichtigsten Ereignisse auf: Hungersnöte und Mond- und Sonnenfinsternisse.[11]

Die Priester handeln nicht wie Menschen, die mit charismatischen Gaben ausgestattet sind, also wie Magier, Weissager oder Propheten; sie sind vielmehr Experten und Techniker. Sie sind die ersten Juristen im menschlichen und göttlichen Bereich. Zwischen beiden Sphären bestehen engste Beziehungen. Die Gerichtshöfe waren vom Kalender mit seinen komplizierten Verflechtungen zwischen *dies fasti* und *nefasti* abhängig. Die *conventio in manum*, das *testamentum calatis comitiis* und die *adrogatio* sind alles wichtige Institutionen des archaischen Rechts. Mit der *conventio in manum*, die mit der Ehe verbunden war (wenn diese nicht sogar auf ihr beruhte), trat die Frau aus ihrer agnatischen Familie aus und unterstellte sich „als Tochter" der *manus*, der Gewalt, des Ehegatten oder dessen *paterfamilias*. Man unterscheidet drei Formen der *conventio in manum*. Zwei von ihnen, die *coemptio* und der *usus*, gehören ausschließlich in den Bereich des „Privatrechts".[12] Bei der dritten Form, der *confarreatio*, gingen die Verlobten „mittels Wasser und Feuer" und des „mit Salz vermischten Spelt" eine Verbindung ein. Der Spelt war das „geheiligtste und älteste Nahrungsmittel" und jedes Opfer nahm damit seinen Anfang. Die Verlobten saßen mit verhülltem Haupt auf zusammengerückten und mit einem Schafsfell bedeckten Schemeln. Selbstverständlich wurden rituelle Worte gesprochen. Die Zeremonie, die zu den feierlichsten im reichhaltigen römischen Repertoire zählt, fand in Anwesenheit von zehn Zeugen statt, und die Vermutung liegt nahe, daß die höchsten Priester dabei zugegen waren.[13] Andere juristische Akte, wie das *testamentum calatis comitiis* oder die *adrogatio*, hatten „weltlichen" Charakter, waren jedoch unter religiösem Aspekt nicht unwichtig, weil sie die Zukunft der Familienkulte festlegten. Es ist daher verständlich, daß sich die Pontifices daran beteiligten. Wie beim *testamentum calatis comitiis* führte auch bei der *adrogatio* der *pontifex maximus*

1. Das Geheimnis der Priester

bei der Versammlung der Kurien den Vorsitz. Diese spezielle Form der Adoption galt für Freie und nicht gewaltunterworfene Personen, die sich freiwillig unter die Gewalt eines anderen stellten. Der *pontifex maximus* richtete dabei folgende Worte an die Versammlung der Kurien:

„Erklärt und beschließt, daß [nach Euerem Willen] nach Recht und Gesetz Lucius Valerius so der Sohn von Lucius Titius sein soll, wie wenn er als Sohn dieses Vaters und dieser Mutter geboren wäre, und daß dieser über ihn das Recht über Leben und Tod haben soll, so wie sie der Vater über den Sohn hat. Ich bitte Euch, Quiriten, dies, so wie ich es gesagt habe, zu entscheiden".[14]

Die Pontifices kümmerten sich aber nicht nur dort, wo in irgendeiner Weise das Handeln der Menschen die göttliche Sphäre berührte, sondern sie griffen auch als Deuter und Ratgeber in alle Gebiete und Winkel des juristischen Lebens ein. Man konnte auch anderen Priestern Rechtsfragen stellen, die Pontifices jedoch besaßen das Monopol für das Privatrecht, das Recht, von dem Ulpian sagt, daß es „die Interessen des Einzelnen betrifft",[15] – und sie bewahrten es als Geheimnis in ihren Archiven.[16] Die einzig faßbare Äußerung ist der Bescheid, der mit orakelhafter Kürze formuliert wird. Die Bürger greifen auf diese Bescheide zurück, wenn sie ein Geschäft abschließen müssen (z. B. Übertragung von Grund und Boden, Einsetzung eines Erben) oder wenn sie sich in eine gerichtliche Auseinandersetzung hineinwagen. Nicht weniger als religiöse Riten erfordern die Akte privater autonomer Entscheidungen die Anwendung von „Formen" und gesicherten Formeln, von verbalen und gestischen Handlungen. Der „religiöse Skrupel" stellt sich in einer „feierlichen Inszenierung" dar.[17] Bei einem Opfer oder einem Trankopfer konnte ein Fehler bei einem Wort oder einer Geste eine bis zu dreißigmalige Wiederholung erfordern.[18] Auf juristischem Gebiet hätte ein ähnlicher Fehler dazu geführt, daß das erwünschte Ergebnis nicht zustande kommt oder er hätte das Recht in Unrecht verkehrt.[19] Um sich zwischen den Abertausenden von Hinterhalten zu bewegen, brauchte man die Hilfe der Experten.

Die Responsa der Priester – wie später die der weltlichen Juristen – bestimmten und lenkten das Rechtswesen. „Unter diesem priesterlichen Einfluß hätte nun die Justiz trotz der Kodifikation der XII Tafeln an sich leicht einen Charakter annehmen können ähnlich demjenigen, welchen die konsultierende Tätigkeit etwa des islâmischen Muftî für das muhammedanische Recht erzeugte: sakral gebunden und irrational".[20] Dem war aber nicht so. Welches auch immer die Gründe gewesen sein mögen: das Recht nahm in Rom einen anderen Gang und seit damals jene formalen Kennzeichen an, die es während seiner gesamten langen Geschichte kennzeichnen sollten. Der juristische Technizismus der priesterlichen *interpretatio* ist die andere Seite des Formalismus, der einzig dasteht. Weder in der islamischen noch auch in der jüdischen Kultur gibt es etwas Vergleichbares zu den römischen Priester-Juristen mit ihren Bescheiden. Und auch die in Athen im 4. Jahrhundert tätigen „Exegeten" haben mit den römischen Pontifices lediglich einige wenige Züge gemein.[21]

Die Pontifices bilden ein Kollektiv patrizischer Tradition und Zusammensetzung (die Plebejer wurden erst 300 v. Chr. zugelassen). Häufig sind dieselben Personen zugleich *pontifices* und Magistrate. Nach Cicero verdankte man dies der „göttlichen" Eingebung der Vorfahren, denn so „sei es Sache der bedeutendsten und angesehensten Bürger, durch eine gute Staatsführung den Kult und durch eine weise Handhabung des Kultes den Staat zu bewahren".[22] Auch der Jurisprudenz in der Hand der Pontifices ist ein kollektiver Zug eigen; „der einzelne tritt zurück hinter der Gruppe, der er angehört und als deren Repräsentant er sich fühlt".[23] Dennoch kann man, auch wenn man in frühere Zeiten zurückgeht, einige Personen individualisieren. Caius Papirius ist sowohl eine legendäre als auch eine historische Gestalt. Er soll nach der Vertreibung der Könige erneut die Sakralgesetze des Numa veröffentlicht haben.[24] P. Sempronius Sophus nimmt (um 300 v. Chr.) etwas deutlicher Gestalt an.[25] Fünfzig Jahre später verkündete ein anderer Plebejer, Tiberius Coruncanius aus Tusculum, seine Responsa öffentlich und brach damit die herkömmliche Verschwiegenheit des Kollegiums.[26]

2. Eine „Zeichensprache"

Erst gegen Ende des 4. Jahrhunderts v. Chr. begegnet eine Rechtsgelehrsamkeit außerhalb des Priesterkollegiums. Es dauerte aber noch mindestens bis zum Beginn des 2. vorchristlichen Jahrhunderts, bis sich ein „systematisches" Rechtsgebäude in mannigfacher literarischer Gestalt zu entwickeln begann. Im Privatrecht, das stets für das römische Rechtsdenken, wenn auch nicht das ausschließliche, so doch das kongeniale Forschungsgebiet war, gelangte man seither zu den großartigen Abstraktionen wie „Person", „Sache", „Eigentum" und „Obligation". Nach rund zweitausend Jahren sind diese Begriffe für die kapitalistische Wirtschaft im Westen immer noch ebenso nützlich wie „kalkulierbare technische Hilfen".

Aus verschiedenen Gründen sollten wir nun die archaische Zeit verlassen und uns sofort auf das spätrepublikanische und „klassische" Recht konzentrieren. Gute Gründe sprechen aber gegen diese Entscheidung. Bekanntlich stammen juristischer Formalismus und Technizismus aus sehr früher Zeit. Der sorgfältige Umgang mit Wörtern, auf den Jhering besonders aufmerksam machte, kommt nicht von Ungefähr, er ist Voraussetzung für eine wissenschaftliche Sprache.[27]

Die archaischen Institutionen sind nicht etwas Naturgegebenes. Dies wird einem umso deutlicher bewußt, je mehr man sich damit beschäftigt. „Das Archaische ist nicht etwas Einfacheres als das Moderne; es ist in Wirklichkeit nur anders strukturiert". Louis Gernet formuliert mit diesen Worten, daß man von der naiven Art und Weise die Dinge zu sehen, Abschied nehmen muß; er greift in diesem Zusammenhang die anthropologische Lehre von Marcel Mauss wieder auf.[28] Man sollte sich dessen jedesmal erinnern, wenn man in das Gebiet des alleraltesten römischen Rechts eindringt, das so voller Hinterhälte ist. Die Hauptschwierigkeit liegt in seinem Formalismus. Wir erwähnten dies bereits, wollen es aber nun aus einem anderen Blickwinkel betrachten.

Das „Streben, ... das Unsichtbare (hinter den Formen) sichtbar zu machen", durchzieht, so könnte man mit Jhering sagen, die gesamte römische Welt. Die „Liebe zu der Form" beherrscht bekanntlich das private, öffentliche und religiöse Leben. Bestimmte Formen regelten „den religiösen Cultus, das Opfer, das Gebet, das Gelübde, die Auspicien, kurz jede Berührung mit den Göttern" und damit auch die Tätigkeit „in der Volksversammlung, wie in der Curie, im Krieg wie im Frieden". Der Hang zum Formalismus ist überall erkennbar. An der Kleidung erkannte man „den Freien und Sklaven, den Mündigen und Unmündigen, den patricischen und plebejischen Senator, den Ritter und gewöhnlichen Bürger, den Magistrat in Rom und auf dem Marsch, den Bewerber um ein Amt, den in Anklagestand Versetzten, den Exilierten, kurz die Tracht verkündete Rang, Stand, rechtliche Stellung."[29]

In dieses Bild fügt sich nun auch der juristische Formalismus ein. Seine Strenge ist nicht ohne Sinn. Der Formalismus trug dazu bei, die Frage der Gewißheit der Beziehungen in einer relativ kleinen, eher nach innen als nach außen orientierten Gemeinschaft zu beantworten, die keine entwickelten Organisations- und Kontrollmechanismen kannte und auch noch kein Bedürfnis danach verspürte. Es braucht nicht darauf hingewiesen zu werden, daß es sich häufig um Beziehungen zwischen Nicht-Gleichen handelte, und daß der juristische Formalismus die Ungleichheit nicht beseitigte, wenngleich er ihn überdecken konnte.

Darüberhinaus ist der Formalismus nicht allein in sich, sondern vor allem für den modernen Betrachter schwierig. Jhering hat diese Schwierigkeit mit dem ihm eignen Scharfsinn erfaßt. Er schreibt: Der Formalismus ist eine „bewußte und berechnete juristische Schöpfung, eine tief durchdachte Zeichensprache". Es ist mühsam, sich dies zu vergegenwärtigen und den Scharfsinn der antiken Juristen einem „scheinbar so unfruchtbaren und dürren Gegenstand" gegenüber zu verstehen, weil uns nämlich „mit der Sache auch der Sinn und das Verständnis für jenen untergegangenen Zweig der juristischen Kunst abhanden gekommen ist".[30]

Ist nun nicht der kontinuierliche Versuch, das Andersartige zu erfassen, gerade eine Eigenart von Historikern wie auch von Anthropologen? Die Formen waren Teil einer schwer verständlichen und nur für Eingeweihte bestimmten Kultur. Nur sehr fähige Deuter, wie die Priester-Juristen oder die ersten weltlichen Juristen konnten diese Formen ausarbeiten und handhaben.

Die *in iure cessio* bestand sichtlich aus einer fiktiven Abtretung des zu erwerbenden Gutes und sie wurde vor einem Beamten feierlich vollzogen. Die *in iure cessio* wurde aber in vielerlei Fällen angewendet, auch außerhalb von Eigentums- und Sachenrecht: sie diente dazu, ein Teilhaber-Verhältnis zu konstituieren, man verwendete sie für Adoptionen, um eine angefallene oder erworbene Erbschaft abzutreten oder bei Abtretung der Vormundschaft, der *tutela*. Richten wir nochmals unser Augenmerk auf die *mancipatio*. Im Laufe der Zeit wandelte sie sich zu einem symbolischen „Verkauf", da der Preis nicht mehr im Augenblick des Vorganges gezahlt wurde; sie wurde aber auch zu einem abstrakten Rechtsgeschäft, das man anwendete, um eine Schenkung zu machen oder eine Mitgift zu bestellen, um für eine Schuld zu haften, um eine Sache zur Bewachung zu übergeben, um die Gewalt über die Ehefrau zu bekommen, und schließlich um im Angesicht des Todes über sein eigenes Vermögen zu verfügen. Wie Fritz Schulz feststellte, war die *mancipatio* in der Tat „biegsam und anpassungsfähig".[31] Unter den verschiedenen Anwendungsmöglichkeiten der *mancipatio* ist die zuletzt genannte am wichtigsten. Das Manzipationstestament, das *testamentum per aes et libram*, ist eine der kompliziertesten Schöpfungen archaischen Denkens. In seiner jüngeren Form nimmt der Erwerber nicht mehr die „Stelle des Erben" ein, er ist tatsächlich nur ein Vermittler. Dies ergibt sich deutlich aus den Worten, die er an den Veräußerer-Erblasser richtet:

„Ich erkläre, daß dein Vermögen mir zur Verwahrung vertraut ist, und es soll mir mit diesem Kupferstück und mit dieser Bronzewaage gekauft sein, damit du nach dem Recht des römischen Volkes ein gültiges Testament errichten kannst".

Darauf schweigt der Veräußerer nicht, so wie bei der eigentlichen *mancipatio*, sondern spricht seinerseits, und ruft die Bürger, die bei dem Akt zugegen sind, auf den Plan:

„So wie es auf diesen Wachstafeln geschrieben ist, gebe ich, vermache ich, so erkläre ich vor Zeugen, und so, Quiriten, sollt ihr mir Zeugnis leisten".

Bevor das Manzipationstestament diese Form annahm, bedeutete es ohne Zweifel die tatsächliche Veräußerung der Habe, und die Formel, die der Erwerber-Erbe zu sprechen hatte, muß wohl anders gelautet haben.[32]

Die Tendenz, eine Einheit von mündlichen oder schriftlichen Worten strengstens den Buchstaben nach zu interpretieren, ist ein weiterer Aspekt des archaischen Formalismus. Es gibt „das Bestreben nach einer Deckung durch das Gesetz".[33] Freilich besteht diese Genauigkeit in bestimmten Fällen nur oberflächlich, sie ist nicht der Kern. Wenn Juristen sich „subjektiv nur als Mundstück schon – sei es auch eventuell latent – geltender Normen" betrachten, so schließt dies – objektiv gesehen – die Suche nach einem neuen Ergebnis nicht aus.[34] Dies läßt sich am Beispiel der *emancipatio* zeigen. Als Ausgangspunkt dient eine Bestimmung in den Zwölftafeln. Sie besagt, daß dreimaliger

Verkauf des Sohnes durch den Vater dessen Gewalt beendet.³⁵ Es ist sehr wahrscheinlich, daß dieses Gesetz der Decemvirn ein mißbräuchliches väterliches Verhalten bestrafte. Die juristische Phantasie der Pontifices biegt jedoch diese Bestimmung in eine andere Richtung um. Sie konstruiert einen komplizierten Mechanismus, der den Sohn gezielt (und nicht als ungewollte Konsequenz ungesetzlichen Betragens) von der väterlichen Gewalt befreien will. Hierzu bedarf es sieben formaler Akte: Der Vater manzipiert den Sohn dreimal einem Außenstehenden, der das Spiel mitmacht. Jedem der beiden ersten „Verkäufe" folgt eine „Freilassung" des Erwerbers. Der Sohn fällt so durch die Freilassung des außenstehenden Erwerbers zweimal wieder in die *patria potestas* zurück. Erst mit dem dritten „Verkauf" erlischt nach der Bestimmung der Zwölftafeln die *patria potestas*; der Sohn befindet sich mittlerweile in der Gewalt des außenstehenden Erwerbers. Dieser läßt ihn nun nicht abermals frei, sondern manzipiert ihn an den Vater, der den Sohn in seine Gewalt übernimmt, die selbstverständlich nicht mehr die nunmehr erloschene *patria potestas*, sondern das *mancipium* ist, die eigentliche Gewalt über Sachen und Personen. Mit der dritten und letzten „Freilassung", die der Vater als Inhaber des *mancipium* schließlich vornehmen kann (und die zu den zwei vorausgegangenen Freilassungen und den vier „Verkäufen" kommt), ist der Sohn ihm nicht mehr gewaltunterworfen, auch nicht in dieser neuen Form. Zwischen Vater und Sohn besteht lediglich ein Patronatsverhältnis, ähnlich dem, in dem sich ein freigelassener Sklave befindet.³⁶

Die Komplexität der *emancipatio* ist nicht willkürlich. Der Interpret setzt dabei die juristischen Mittel ein, über die er angesichts eines bestimmten Zieles verfügt. Mehr als anderswo, bilden Formalismus und Technizismus hier einen unauflösbaren Knoten, sind zwei Seiten einer einzigen Wirklichkeit. Man wendet die Technik auf Formen an. Ihre Entfaltung geschieht anhand von feststehenden Einheiten, die Archetypen darstellen. In unserem Falle könnte gelten, was man oft für die Natur behauptet: ihre schöpferische Vielfalt ist unermeßlich, diese aber wird hervorgebracht durch die ständige Ausbildung und Umbildung einer kleinen Anzahl von Grundformen. Das Leitprinzip dieser Technik ist das Gesetz der Sparsamkeit.³⁷ Streng gesehen, handelt es sich dabei nicht um ein logisches Vorgehen (abgesehen von dem, was in der Sprache selbst implizit an Logik enthalten ist). Es handelt sich vielmehr um ein Vorgehen, bei dem Sachverhalte erst ermittelt und dann wieder in neue Zusammenhänge eingepaßt werden. In gewisser Hinsicht scheinen die juristischen Formen eine Tatsache für sich zu sein. Zwischen ihnen und der archaischen Gesellschaft in ihrer ihr eigenen Wirtschaftsstruktur besteht kein unmittelbar erkennbarer Zusammenhang. Und dennoch kann man mit Formen praktische Bedürfnisse befriedigen: den Warenaustausch, den Zusammenhalt innerhalb der Familie oder das Entstehen neuer Familiengruppen, die Verlagerung von Arbeitskraft, den Kredit.

Der Formalismus steht nicht in Widerspruch zum Geist der Tradition, er trägt vielmehr dazu bei, diese zu nähren. Sicherlich können Formen im Laufe ihrer Entwicklung unverständlich, praktisch nutzlos werden und schließlich nur noch vor sich hinvegetieren. Die Erfahrung zeigt, daß dies häufig der Fall ist. Nicht selten aber behalten sie trotzdem noch einen „pädagogischen Wert", sie vermitteln, wie Jhering bemerkt, das Gefühl für „die Continuität der historischen Entwicklung".[38]

V. DIE ÜBERWINDUNG DES FORMALISMUS

1. Bauern und Händler

Das Mittelmeer nimmt unter den Meeren, die Europa umgeben, einen besonderen Platz ein. Es trennt und verbindet drei Kontinente, und „dies hat ihm nicht nur eine unvergleichliche strategische und wirtschaftliche Bedeutung verschafft, sondern es zu einer eigenen Welt gemacht".[1] Dies gilt für die Antike ebenso wie für das Mittelalter und die Neuzeit. „Während des Herbstes des Mittelalters", schreibt Fernand Braudel, „bildeten das Mittelmeergebiet ganz allgemein und Italien im besonderen die einzigen ‚geschützten' Wirtschaften". Die italienischen Städte „nahmen" die reichsten Handelsströme Europas „in Beschlag". Erst nach der Eroberung Amerikas und dem Aufblühen des Transatlantikhandels verschob sich im 16. Jahrhundert das Zentrum des Handels.[2]

In der Antike ist das Mittelmeergebiet identisch mit den Grenzen der klassischen Welt. „Ich bin davon überzeugt, daß die Erde sehr groß ist", sagt Sokrates zu seinen griechischen Freunden, „und daß wir, vom Phasis bis an die Säulen des Herakles, nur an einem sehr kleinen Teil, so wie Ameisen oder Frösche um einen Sumpf, um das Meer herum wohnen".[3] Eineinhalb Jahrtausende vor Sokrates stand die minoische Kultur im östlichen Mittelmeerraum in Blüte: Ganz sicher war Kreta eine Seemacht, aber es ist wohl übertrieben, es „als die erste Seemacht überhaupt" zu bezeichnen.[4] Während des Neuen Reiches in der zweiten Hälfte des 2. Jahrtausends errangen ägyptische Schiffe im Mittelmeer eine führende Stellung, die dann die Phönizier von ihnen übernahmen. Diese gelangten nach Syrien, zu den Inseln der Ägäis, nach Kilikien, Ionien und vielleicht sogar nach Griechenland selbst. In die syrischen Häfen strömten nicht nur Ladungen von Holz und anderen Produkten aus dem Landesinneren, sondern auch Waren, die auf Karawanenstraßen aus Mesopotamien und dem Persischen Golf herantransportiert wurden.[5] Die Griechen „mußten sich nur an den Gestaden, an denen sie für immer bleiben sollten, niederlassen, um zu Seeleuten zu werden".[6]

Die Worte des Sokrates aus dem platonischen Dialog könnte man in gewissem Maß auch für Rom anwenden. Italien hatte seit alters her Beziehungen zum Meer, doch Rom hat das Meer erst sehr spät entdeckt. Man könnte mit einem Bild von Gustave Glotz sagen, daß das Ruder für die Römer nicht von Anfang an „ebenso notwendig war wie der Pflug und der Hirtenstab". Auf jeden Fall haben sich die Römer von „Feinden des Wassers" zu „Freunden des

Wassers" entwickeln müssen.[7] Unter diesem Gesichtspunkt ist der erste Karthagervertrag, dem noch zwei weitere folgten, ein beunruhigendes Dokument. Man konnte ihn noch zu Zeiten des Polybios auf einer oder mehreren Bronzetafeln im Ärarium der Ädilen beim Tempel des Kapitolinischen Jupiter lesen.[8] Er war in archaischem Latein verfaßt, bei dem auch die „Kundigsten" Verständnisschwierigkeiten hatten. Polybios, der verspricht, ihn „in möglichst genauer Übersetzung zu geben", datiert ihn ans Ende des 6. Jahrhunderts v. Chr.,[9] eine Zeitangabe, die nach endlosen Diskussionen heute vertrauenswürdig erscheint. Man könnte ihn allenfalls noch weiter vor den Beginn der Republik zurückdatieren, und das Zeitalter der Tarquinier bietet sich als bestes Datum an.[10] Zwischen 6. und 5. Jahrhundert stand Karthago auf dem Höhepunkt seiner Seeherrschaft und unterhielt Handelsbeziehungen und Allianzen mit den etruskischen Städten.[11] Wahrscheinlich gibt der Vertrag eher die punischen als die römischen Handels- (und Militär-)Interessen wieder,[12] und ebenso eher die der mit Rom verbündeten Städte als die römischen selbst.[13] Auf jeden Fall aber ist Rom direkt davon betroffen:

„Unter folgenden Bedingungen soll Freundschaft bestehen zwischen den Römern und den Bundesgenossen der Römer und den Karthagern und den Bundesgenossen der Karthager. Weder die Römer noch die Bundesgenossen der Römer sollen über das Schöne Vorgebirge hinausfahren, es sei denn, daß sie durch Sturm oder Feinde dazu gezwungen werden. Wenn aber einer durch höhere Gewalt verschlagen und zu landen genötigt ist, soll es ihm nicht gestattet sein, etwas zu kaufen oder zu nehmen, außer was zur Ausbesserung des Schiffes oder zu Opfern nötig ist. ⟨Innerhalb von fünf Tagen soll er wieder auslaufen.⟩ Die aber, die des Handels wegen kommen, sollen kein Geschäft rechtskräftig abschließen dürfen, es sei denn im Beisein eines Herolds (κῆρυξ) oder eines Schreibers (γραμματεύς). Was aber in deren Gegenwart verkauft wird, dafür soll die Schuld dem Verkäufer vom Staat verbürgt sein; bei allem, was entweder in Afrika oder auf Sardinien verkauft wird. Wenn ein Römer nach Sizilien kommt, soweit es unter der Hoheit der Karthager steht, soll er in allem Gleichberechtigung genießen. Die Karthager aber sollen sich keine Übergriffe zuschulden kommen lassen gegen die Bevölkerung von Ardea, Antium, „der Stadt der Laurentes", Circei, Tarracina, noch sonst gegen irgendeines der Völker Latiums, soweit sie den Römern untertänig sind. Wenn aber irgendwelche keine Untertanen sind, sollen sie sich von deren Städten fernhalten. Wenn sie aber eine einnehmen, sollen sie diese den Römern unversehrt übergeben. Einen festen Platz sollen sie nicht in Latium bauen. Und wenn sie als Feinde in das Land kommen, sollen sie nicht in dem Lande übernachten".[14]

Es dauerte noch bis zum 3. oder eher noch bis zum 2. Jahrhundert, also bis zur Eroberung Italiens, den ersten Herrschaften über Provinzen und dem Ende des Hannibalkrieges, bis Rom sich als große Handelsmacht im Mittelmeer durchsetzte. Und noch einmal wandelte sich der gesteckte Rahmen: Mit dem zweiten Sieg über die Karthager erhielten der Handel und die unternehmerischen Aktivitäten, begünstigt durch die Massen von Arbeitskräften, die Ausbeutung der Bergwerke, das ständige Anwachsen der Geldquellen und den Geldumlauf, neuen Aufschwung. Wenn man von unternehmerischen und

Handelsaktivitäten spricht, sollte man freilich die Grenzen der antiken Wirtschaft als ganze nicht aus dem Auge verlieren. Ein Hauptkennzeichen ist die punktuelle kleinräumige Selbstversorgung, auf die besonders Moses I. Finley und Arnold H. M. Jones hingewiesen haben.[15] Peter A. Brunt ist nicht der einzige, der vor der Gefahr von Modernismen warnt: „Bei jedwedem antiken Volk, dessen Wirtschaft man untersuchen will, muß man sich zunächst von allen Vorverständnissen freimachen, die unserer Zeit eigen sind, angefangen von intensiven Handelsbeziehungen und einer Großindustrie, die auf immer größeren Kapitalinvestitionen und einem immer schnelleren technischen Fortschritt beruht". Normalerweise wickelte sich der Handel innerhalb eines begrenzten Gebietes ab, „über das er nur hinausging für den Austausch von Luxusgütern oder Gütern des nicht-alltäglichen Gebrauchs oder auch noch für Grundstoffe wie Eisen und Salz, die in dem entsprechenden Gebiet nicht vorkamen".[16]

Grundlage der antiken Wirtschaft ist die Landwirtschaft. Sie bestimmt in Rom den Wortschatz (um nur ein Beispiel zu nennen: die Reichen bezeichnen sich als *locupletes*, ein Wort, das auf den Grundbesitz anspielt), die Gebräuche, das religiöse Leben und die Grundzüge der staatlichen Ordnung.[17] Unter den „Berufen", die eines freien Mannes würdig sind, steht die Landwirtschaft stets an erster Stelle. Die senatorische Mentalität hat diese Wertordnung nie aufgegeben.[18] Man erblickte im Bauern, nicht im Kaufmann, ein sittliches Vorbild: „Wer die Felder bestellt, hat mit der Erde einen Vertrag, und sie versagt nie den Gehorsam und gibt nie ohne Zins zurück, was sie empfangen hat, zuweilen mit geringerem, gewöhnlich aber mit größerem Ertrag".[19] Der *bonus agricola* ist auch ein tüchtiger Soldat, und die Antike sah in ihm den *vir bonus*.[20] Zwar ist der Anachronismus offensichtlich, aber er wird mit Vorbedacht hingenommen, und das in einer Wirtschaft, die von der Krise des kleinen Grundbesitzes, von der Ausdehnung der Latifundien und der Sklavenarbeit, der Ablösung der sprichwörtlichen Sparsamkeit durch den Luxus gekennzeichnet ist. Waren es aber nicht der „Handel" und der „Drang zur Seefahrt", die dazu führten, Karthago und Korinth „nach und nach zu schwächen und zu überwinden?"

„Es haftet aber auch den Seestädten eine Verderbnis der Sitten an: sie sind sofort mit neuen Sprachen und Gebräuchen vertraut und es werden nicht nur Waren sondern auch fremde Sitten importiert, was zur Folge hat, daß die überkommenen Einrichtungen sich in keinem Punkt rein erhalten können. Vollends sind die Einwohner solcher Städte mit ihren Wohnsitzen nicht verwurzelt, sondern flüchtige Hoffnungen und Erwägungen entführen sie weit weg von ihrer Heimat und, selbst wenn sie körperlich dableiben, so sind sie doch mit ihrem Geist auf Irrfahrten in der Fremde".[21]

Der Kaufmann ist zweifellos „ein tüchtiger und auf Erwerb bedachter Mann", jedoch sind sein Leben und sein Hab und Gut einer ständigen Gefahr ausgesetzt.[22] Man verachtete den Großhandel nicht; dessen eigentliches Ziel war jedoch der Erwerb von Grundbesitz.[23]

Im Vergleich zur archaischen Zeit und dem im 4. Jahrhundert errungenen Gleichgewicht zeigt die römische Gesellschaft nun ein anderes Gesicht. Es kündigt sich ein Gesellschaftssystem an, das über einen langen Zeitraum, und zwar praktisch bis zum 2. Jahrhundert der Kaiserzeit, stabil blieb – ungeachtet der Veränderungen, die sich in ihm vollzogen, wie die Ausweitung der Grenzen und der Wandel der politischen Formen.[24] Die sozialen Konflikte hatten nicht etwa eine demokratische Ordnung hervorgebracht, wie in Athen nach Kleisthenes.

An der Spitze der sozialen Pyramide steht die *nobilitas*, der Amtsadel, der aus dem patrizisch-plebejischen Ausgleich hervorgegangen war. Er bildet die oberste Ebene der Senatorenschicht. Die Zugehörigkeit zur *nobilitas* ist erblich. Ihre Struktur ist nicht einfach zu beschreiben: lediglich die eigentliche Bedeutung der Bezeichnung (*nobilis* von *nosco*, d. h. „bedeutend, angesehen") steht außer Frage. Die Patrizier gehörten der *nobilitas* automatisch an. Der erste Vertreter einer nichtpatrizischen Familie, der ein öffentliches Amt bekleidete, war ein *homo novus*, und blieb dies auch während seiner ganzen Laufbahn. Sofern er ein kurulisches Amt erlangte, „nobilitierte" er sich selbst und seine Familie auf ewige Zeiten. Trifft dies auch am Ende des 2. Jahrhunderts v. Chr. und danach zu? Die kurulische Ädilität genügt nun nicht mehr, und die Prätur beginnt ihre alte Bedeutung einzubüßen. Lediglich der Konsulat bleibt als Qualifikation für die Nobilität eine unbestrittene Voraussetzung.

Gewöhnlich unterscheidet man ordentliche und außerordentliche Magistraturen. Die ersteren dienen zur Lenkung des Staates unter normalen Verhältnissen, sie sind auf ein Jahr begrenzt oder zumindest auf einen festgesetzten Zeitraum; die außerordentlichen Magistraturen sind nicht durchgängig besetzt, sie werden für Eventualfälle gebraucht und es gab sie im Laufe der Geschichte bisweilen nur ein einziges Mal. Zur ersten Gruppe zählen der Konsulat, die Zensur (die nicht permanent ist und in der Regel alle fünf Jahre besetzt wird), die Prätur, die Ädilität, der Volkstribunat und die Quästur; zur zweiten Gruppe rechnet man die Diktatur und den *magister equitum* (den „Kommandanten der Kavallerie"), die *tribuni militum* mit konsularer Amtsgewalt, usw. Alle haben Anrecht auf die *sella curulis*, und infolgedessen werden alle erwähnten Magistraturen, auch die Quästur, die plebejische Ädilität und der Volkstribunat als kurulisch bezeichnet.[25]

Die *nobilitas* umfaßt je nach Reichtum und Ansehen verschiedene Stufen; ihre wirtschaftliche Grundlage ist jedoch selbstverständlich der Grundbesitz. Bei nur oberflächlicher Betrachtung würde man dies von einer anderen Gruppe der herrschenden Schicht nicht sagen, die neben der senatorischen entstand und ihre Macht nicht dem „Glanz" öffentlicher Ämter verdankt. Auch Geschäftsleute, Bankiers, Unternehmer und Steuerpächter sind (im allgemeinen) Großgrundbesitzer oder streben zumindest danach, es zu werden; sie sehen im Grundbesitz das Ziel all ihrer Investitionen. Die institutionelle Definition dieser Schicht als *ordo equester* gehört der späten Republik an. Dies bedeutet vor allem eine Festlegung des Mindestzensus (den es zugegebenermaßen auch für Senatoren gab²⁶): er liegt bei 400 000 Sesterzen, also zehnmal soviel, wie die 100 000 As, die man brauchte, um in die erste Klasse der Centurienordnung zu gelangen.²⁷ Ein vergleichbares Vermögen war Voraussetzung für den Dienst in der Reiterei, zu der übrigens nur „die Besten" zugelassen wurden. Die formale Voraussetzung besteht in der Eintragung in eine der 18 Reitercenturien durch den Zensor; aus diesen Centurien sind die Senatoren nunmehr ausgeschlossen. Wie die Bezeichnung *nobilis*, so wird auch *equester* erblich und birgt zahlreiche hierarchische Unterschiede in sich. *Nobiles* und Ritter haben bestimmte gemeinsame Eigenschaften: Privilegien und Gewohnheiten bedingen zwar, daß sie keine homogene Gruppe bilden, aber dies darf nicht die „im wesentlichen bestehende Homogenität der besitzenden Klasse" in Vergessenheit geraten lassen.²⁸

Bei den Unterschichten nimmt die Zahl der Sklaven nach dem 2. Punischen Krieg beträchtlich zu. Die Plebs besteht zunehmend weniger aus kleinen Händlern, Handwerkern und Bauern, die noch ihren eigenen Boden bestellen. Sie ist eine proletarisierte Masse, die von Besitzlosen und verarmten Bauern Zulauf erhält. Diese strömten in die Hauptstadt, „um sich dort von Spenden und Gelegenheitsarbeiten zu ernähren", und um Politiker zu unterstützen, die bereit sind, ihr zu helfen. Die Spannungen und Konflikte sind, wie die Sklavenrevolten einerseits und die „popularen" Bewegungen andererseits belegen, sehr stark, auch wenn sie „das System der Gesellschaft" weder „sprengen" können noch wollen.²⁹

2. Das Handelsrecht

In diesem Umfeld entsteht das römische Handelsrecht. In welchem Sinne darf man diesen Begriff überhaupt gebrauchen? Nach einer alten, noch immer tauglichen Definition von Levin Goldschmidt ist das Handelsrecht ein spezieller Zweig der Rechtsordnung: es fehlt dort, wo „der Handel, als vermittelter Verkehr, den gleichen Rechtssätzen unterläge, welchen der Güteraustausch überhaupt unterworfen ist".³⁰

Nun kann man in Rom, und noch mehr in Griechenland, ganz sicher Vorschriften und Einrichtungen für den Handel und insbesondere für den Seehandel ausmachen: Das vielleicht augenfälligste Beispiel bilden im Athen des 4. Jahrhunderts die *dikai emporikai*, die „Handelsklagen", die den Vorteil eines sehr raschen Verfahrens hatten.³¹ Dennoch hat sich weder in der griechischen noch in der römischen Welt (mit einer in rigorosem Technizismus erzogenen Jurisprudenz), ein Handelsrecht als selbständiger Zweig der Rechtsordnung etabliert: es gibt nicht, wie im Mittelalter, ein *ius mercatorum*, und man beschreibt den Handel nicht, wie in der modernen Gesetzgebung, in seinem Verhältnis zum Zivilrecht.[32] Sollte man deshalb für das antike Recht besser nicht von Handelsrecht sprechen? Dies wäre eine zwar einfache, aber auch unangemessen simplifizierende Entscheidung. In Wirklichkeit wirkt ab einem bestimmten Punkt jeder terminologische Zwang lähmend. Nachdem wir den Unterschied zwischen mittelalterlicher und moderner einerseits und antiker Rechtspraxis andererseits festgestellt haben, hindert uns nichts, die Bezeichnung „Handelsrecht" in einer sehr weiten Bedeutung zu verwenden, und sie dadurch für unsere Zielsetzung nutzbar zu machen. Danach können wir unter „römischem Handelsrecht" ein Bündel von Gesetzen verstehen, das für die Bedürfnisse des Geschäftsverkehrs im Mittelmeerraum geschaffen wurde. Man wendet es nicht nur auf Kaufleute an, sondern es wurde überwiegend von ihnen selbst gebraucht; es stand Bürgern und Fremden gleichermaßen offen und war frei von den formalistischen Fesseln des Zivilrechts. Das Handelsrecht steht dem *ius civile* als *ius gentium* gegenüber (wenngleich unter anderem Blickwinkel betrachtet, das *ius gentium* im *ius civile* inbegriffen ist). Die Bezeichnung *ius gentium* verschleiert jedoch die praktisch-empirische Herkunft dieses Bündels von Vorschriften, das wir beschreiben, und alles spricht, zumindest im Augenblick, dafür, sie zu vermeiden. Die Bezeichnung *ius gentium* würde von unserer Fragestellung ablenken und uns zwingen, die Analyse der Praxis zugunsten theoretischer Überlegungen zu verschieben, und dies in wenigstens drei grundlegenden Richtungen: Zunächst in juristisch-komparatistischem Sinne: das *ius gentium* würde alle diejenigen Institute umfassen, die allen Völkern gemeinsam sind. In zweiter Linie in juristisch-systematischem Sinn, denn es besteht die Neigung, dem *ius gentium* alle ursprünglich dem *ius civile* zugehörigen Rechtsinstitute zuzuschreiben, die man über ihr „bürgerliches" Umfeld hinaus anwendet. Und schließlich in philosophisch-spekulativem Sinn, wenn man das *ius gentium* mit dem *ius naturale* gleichsetzt oder es zum *ius naturale* in eine hierarchische Beziehung setzt.

Bei vergleichender Betrachtung spielen die *potestas* über Sklaven eine Rolle, die „gleichermaßen bei allen Völkern anzutreffen ist", sowie die *tutela* über die Unmündigen, die sich in den „Rechten jeder Stadt" finden (Gai, 1,52; 1,189). Dasselbe gilt für die Wegnahme von Feindesgut, die *alluvio* oder die *traditio* als Möglichkeiten des Grundstückserwerbs (Gai. 2,69; 4,16; D. 41,1,5,7=Inst. 2,1,17; D. 41,1,9,3=Inst. 2,1,40; Paul. Vat. 47 a), ferner die *numeratio pecuniae* (Gai. 3,132), der Tausch (Marcian. D. 48,22,15=B. 60,54,15), die Zurückforderung von Sachen (Marcian D. 25,2,25), die Nutzung des Ufers und die Überlassung eines widerruflichen Besitzverhältnisses (Paul. D. 18,1,51; Ulp. D. 43,26,1,1), das Verbot des Inzests (Paul. D. 23,2,68). Auf Fremde ausgedehnt wurden die *stipulatio* und die *acceptilatio* (Gai. 3,93; Ulp. D. 46,4,8,4; Inst. 3,29,1); das *depositum* und das *commodatum* fanden in die *conventiones iuris gentium* (Ulp. D. 2,14,7 pr. -1; frgm. Vind. 2,2) Aufnahme. Mit den Beziehungen zwischen *ius gentium* und *ius naturale* werden wir uns im vorletzten Kapitel befassen.

Zweifellos ist das Entstehen des Handelsrechts (in dem Sinne, in dem wir den Begriff verwenden) eine „der wichtigsten Erscheinungen für den antiken

Rechtshistoriker". Louis Gernet hat im Zusammenhang mit dem griechischen und mit dem athenischen Recht im 4. Jahrhundert v. Chr. besonders eindringlich darauf hingewiesen,[33] und es gilt nun, seinen Ansatz zu verfolgen. Unter bestimmten Aspekten ist das Handelsrecht eine Hilfskonstruktion; es steht nicht auf derselben Ebene wie das Zivilrecht. Das *ius civile* lehnt sich eng an die Stadt an, ist eines ihrer konstitutiven Elemente. Darüberhinaus ist es an den Bürger gebunden, denn nur er kann es genießen: der archaische Ausdruck *ius Quiritium*, „Recht der Quiriten", ist in dieser Hinsicht sehr vielsagend.[34] Der Fremde, der *hostis*, in der ursprünglichen Bedeutung des Wortes, ist davon ausgeschlossen. Er entbehrt eines rechtlichen Schutzes, zumindest sofern er nicht auf einen internationalen Vertrag zurückgreifen kann (der bei Polybios erwähnte Vertrag ist ein Beispiel dafür), auf ein Hospitium- und Freundschaftsverhältnis, auf ein Patronatsverhältnis oder auf ein „fiktives Bürgerrecht". Es kann auch sein, daß ihm das *commercium* zuerkannt ist, also die Möglichkeit, privatrechtliche Akte der Eigentumsübertragung vorzunehmen (so war z. B. das *conubium*, das den Latinern zusammen mit dem *commercium* zustand, die Fähigkeit, eine rechtsgültige Ehe einzugehen). Dem *ius civile* eignet in seinen tiefsten Wurzeln etwas Archaisches und Gewohnheitsrechtliches. Die Gesetze tragen zwar zur Ausformung des *ius civile* bei, aber seine Ursprünge verlieren sich im Dunkel der Zeit, und ein konstitutiver Akt läßt sich nirgends fassen. Mit dem Handelsrecht ist dies anders. Es ist für die Stadt etwas Fremdes, und wird von ihr nur geduldet. Weder Gesetz noch Gewohnheit berühren es (sofern wir unter Gewohnheit etwas verstehen, das sehr weit zurückreichende und traditionelle Elemente enthält). Viel mehr setzt sich das Handelsrecht in der nüchternen und schnellebigen Praxis des Warenaustausches und der Geschäfte aus einer Vielzahl von Verfahren zusammen. Es besitzt gegenüber den „abgeschlossenen Welten" der einzelnen Stadtrechte einen universellen Anspruch. Man könnte es als eine Art internationales Recht beschreiben, darf es allerdings weder mit dem internationalen öffentlichen noch mit dem internationalen Privatrecht im modernen Sinne verwechseln.

Das internationale Privatrecht, so wie wir es verstehen, enthält keine „materiellen", direkt anwendbaren, sondern „instrumentale" Vorschriften, die auf ausländische Rechtsordnungen zur Lösung bestimmter Fakten hinführen, und (wenn überhaupt) den Umfang der Anwendung der eigenen Rechtsordnung abgrenzen wollen.

3. Die Spielregeln

Das grundlegende Problem besteht also im Rechtsschutz für den Fremden. Dieser hängt nun nicht mehr von besonderen Umständen und Institutionen ab, sondern ist im Prinzip sichergestellt. Der Handel „hat überall das bestimmte Streben, alle Formen abzustreifen".[35] Der Formalismus hatte eine neue Dimension in die archaische Welt eingeführt, auch seine Krise ist ein Anzeichen für einen epochalen Wandel. Weder die alten Zivilrechtsgeschäfte (wie das *mancipium,* die *in iure cessio* oder die *sponsio*), noch die alten Verfahren konnten die Schwierigkeiten lösen, die sich in der Praxis nun zum ersten Mal stellten. Man verzichtet jetzt zwar nicht auf diese Rechtsgeschäfte und Institutionen, aber man reichert den Schatz juristischer Formen mit neuen Institutionen an. Auch die Rechtsgeschäfte im Handelsrecht, wie Kauf, Gesellschaft, Miete mit Einschluß von Pacht, Dienst- und Werkvertrag und Auftrag, sind, wie schon die archaischen „Formen", das Ergebnis eines positiven Denkens. Sie sind im Vergleich zu diesen Formen jedoch wesensmäßig anders; das Wort ist nun lediglich das Instrument und das Vehikel des Willens, nicht ein absoluter Tatbestand.[36] Das Handelsrecht liegt auf einer anderen Ebene: „in keinem anderen Bereich wird deutlicher – und das auf eine sozusagen noch laizistische Art und Weise –, wie abstrakt die Vorstellung von den Rechtsverhältnissen ist und wie unpersönlich das durch sie disponierte Spiel".[37] Die Abstraktion, die das Handelsrecht einführt, hat nichts mit der „sinnlich faßbaren Evidenz" archaischer Formen zu tun. Die Abstraktion ist nunmehr das Typische des Verhältnisses, und dieses Typische ergibt sich allein aus dessen praktisch-ökonomischer Funktion.

Dies wird klarer, wenn wir uns die neuen Vertragstypen näher ansehen. Über die Miete *(locatio conductio)* und den Auftrag *(mandatum)* braucht man nicht viele Worte zu verlieren. Beide zählen zu den Konsensualverträgen. In der *locatio conductio* verpflichtet sich die eine Partei, der *locator,* eine Sache einer anderen Partei, dem *conductor,* zur Verfügung zu stellen; der *conductor* verpflichtet sich seinerseits dazu, sie zurückzugeben, nachdem er sich ihrer eine Zeitlang bedient oder sie bearbeitet oder transportiert hat. Je nach Auffassung bekommt dabei entweder der *locator* oder der *conductor* eine Geldsumme, die *merces.*[38] Auch der Schiffstransport zur See oder auf Flüssen ist somit davon betroffen, und zwar in doppelter Weise: entweder als Vermietung der Ladung oder als Vermietung des Schiffes. Wir werden hierauf noch zurückkommen. Beim Auftrag *(mandatum)* besteht die Verpflichtung der einen der betroffenen Parteien, des Beauftragten, darin, etwas unentgeltlich im Interesse oder im Auftrag der anderen Partei, des Auftraggebers oder eines Dritten zu tun (z. B. einen Rechtsakt zu vollziehen).

Zur *societas* und zur *emptio venditio* bedarf es einer ausführlicheren Erörterung. Betrachten wir zunächst die *societas.* Dem archaischen Recht war das Problem der gemeinschaftlichen Zusammenarbeit zwischen Personen bekannt. Als geeignete Lösung bot sich die Gemeinschaft von Brüdern als Miterben an und, in deren Nachahmung und mit Hilfe eines formalen Rechtsaktes, der Zusammenschluß, der sich zwischen nicht zur Verwandtschaft gehörenden Personen bilden konnte. In der Gemeinschaft von Brüdern haben wir es mit einer komplexen, einheitlichen und ungeschiedenen Realität zu tun.

3. Die Spielregeln 97

Die Vermögenslage der Brüder, die zuvor der Gewalt des *pater familias* unterworfen waren und deshalb als *fratres sui* bezeichnet werden, ist von ihrer Stellung innerhalb der Familie nicht zu trennen. Dies rechtfertigt auch die Mitberechtigung am Vermögen und die Bindung aller durch das Handeln eines jeden einzelnen. Die Gesellschaft, die „durch einfachen Konsens eingegangen wird", ist etwas anderes.[39] Ihre Mitglieder können auch, wie beim Konsortium der Frühzeit, all ihr Hab und Gut zusammentun oder bestimmte Ziele verfolgen, wie z. B. die Ausübung einer wirtschaftlichen Betätigung oder eines einzelnen Handelszweiges. Gewiß ist das personale Element, die Treue der Personen untereinander, für das Recht nicht irrelevant. Die gegenseitige Bindung ergibt sich aber aus einer frei ausgesprochenen Willenserklärung, nicht aus dem Status als (echtem oder fiktivem) Familienmitglied.

Zwischen der für die häusliche Genossenschaft kennzeichnenden *fraternitas* und dem zur Herstellung der neuen *societas* geeigneten *consensus* tut sich eine riesige Kluft auf: diese Kluft spiegelt auf formaljuristischer Ebene die Entfernung wider zwischen einer historischen Wirklichkeit, in der der Einzelne als Mitglied einer Gruppe von Belang, und einer anderen historischen Wirklichkeit, in der der einzelne in seiner anerkannten Individualität von Bedeutung ist.

Die Zusammenarbeit von Personen bei der *emptio venditio* ist nicht etwa gemeinschaftlich geprägt, sondern beruht auf Austausch. Man kann auch das Zusammenspiel von Worten und Gesten beim *mancipium* als einen wirklichen oder symbolischen Kauf bezeichnen insofern, als damit ein Austausch von Sache und Preis abgewickelt wird. Die *emptio venditio* ist jedoch etwas anderes. Zwar ist auch hier der Warenaustausch das eigentliche Ziel, er ist jedoch nicht seine unmittelbare Folge; als unmittelbare Folge aus der *emptio venditio* resultiert eine Verpflichtung, die die Vertragspartner bindet. Sache und Kaufpreis gehen nicht sofort von der einen auf die andere Partei über; mit einem Wort: mit dem Abschluß einer *emptio venditio* „ändert sich in der sichtbaren Welt nichts".[41] Andererseits bedarf es auch keiner Riten; von Bedeutung ist hingegen der wie auch immer zum Ausdruck gebrachte Wille. Der Konsens allein erzeugt die gegenseitigen Verpflichtungen zwischen Verkäufer und Käufer, die Ware zu übergeben und den Kaufpreis zu entrichten, und so – zeitlich nach Abschluß des Vertrages –, den Austausch zu vollziehen. Wie bei anderen Konsensualkontrakten, unterliegt auch hier die Verpflichtung der *bona fides*, der Überzeugung, daß die Spielregeln loyal eingehalten werden müssen; und die *bona fides* ist es, die den Rechtsschutz für das Geschäft bestimmt und rechtfertigt.

Die Originalität des römischen Kaufs und die Vorstellung des ihm zugrunde liegenden Konsenses ist unbestreitbar. Diese Vorstellung ist weder im griechischen, noch im babylonischen, ägyptischen, jüdischen oder germanischen Recht vorhanden.[42] Verglichen mit dem griechischen Kauf als nächstliegendem Vergleichsobjekt, sieht der römische Kauf anders aus. Die ōnē kai prasis (wie sie Theophrast im 4./3. Jahrhundert nennt) ist vom Begriff des „cash sale" bestimmt. Es liegt ihr, wie man auch sagen könnte, das Prinzip des Ersetzens zugrunde: der Preis muß also die Ware im Vermögen des Käufers ersetzen und das Umgekehrte muß im Vermögen des Käufers ablaufen. Um diesen Augenblick festzusetzen, bevorzugt man „bei den beiden Vorgängen den schnellsten Weg, d. h. die Zahlung des Preises"; sollte die zu veräußernde Sache auf irgend eine Weise bereits in die Hand des zukünftigen Käufers gelangt sein, kann der Verkäufer auf sie solange mit Erfolg sein Recht geltend machen, bis der Preis an ihn entrichtet ist.[43] In der sichtbaren Welt verändert sich mithin also doch etwas. Jede Abmachung hat angesichts dieser Verschiebung aus einem Vermögen in ein anderes nur eine vorläufige Bedeutung, die irgendwie mit dem komplexen Ablauf der ōnē kai prasis zu tun hat. Zwischen Verkäufer und Käufer entsteht keinerlei bindende Beziehung. Diese kann nur durch Rückgriff auf zusätzliche und äußerliche Akte entstehen.[44] Freilich trifft dies nicht immer zu. Einen verbindlichen Kauf kann man vielleicht auch im griechischen Bereich erkennen, und zwar in einer Rechtspraxis, die „scheinbar eine völlig ‚negative Erfahrung' gibt". Es ist das Verdienst Gernets, diese aus den verstreuten Hinweisen herausgearbeitet zu haben. In diesem Zusammenhang sind drei Gesichtspunkte von Bedeutung: Erstens sind die gegenseitigen Verpflichtungen sowohl des Verkäufers als auch des Käufers jeweils von der jeweiligen Erfüllung oder wenigstens dem Beginn der Erfüllung abhängig: Keine der beiden Parteien könnte Anspruch darauf erheben, daß die andere ihrer Verpflichtung nachkäme, bevor sie nicht selbst die ihrige erfüllt hatte; zweitens gibt es bei diesem Rechtsgeschäft ein Regulativ, die *pistis*, also das „Vertrauen", und drittens kommt dem geschriebenen Wort eine entscheidende Bedeutung zu, und dies wiederum dient dem Vertrauen als Stütze. Von welcher Seite aus auch immer wir den griechischen Kauf betrachten, so ist er, sofern er sich nicht in einem Bargeschäft erschöpft, ein „Vorgang in verschiedenen Zeiten", „ein Gesamtes, das von der Dauer ausgeht". Für die *emptio venditio* trifft dies nicht zu: „Sie vollzieht sich in einem einzigen Augenblick und kraft des Konsenses".[45]

Es ist nicht willkürlich, wenn man bei einem Vergleich die hervorstechenden und bisweilen widersprüchlichen Züge des griechischen und des römischen Kaufs herausarbeitet, auch wenn man sich in der griechischen Rechtserfahrung vergeblich auf die Suche nach der fachlich-definitorischen Leistung begäbe, die aus dem römischen Recht „wenn auch nicht eine Wissenschaft im modernen Sinne des Wortes, so aber doch eine gedankliche Konstruktion" macht. Jedem Recht wohnt stets als „Unterscheidungsmerkmal" eine „Konzeptualisierung" inne, wenngleich „nicht ganz bewußt und systematisch".[46]

Die Originalität des römischen Kaufs ist jedoch nur relativ. Sie wird in einem geographischen und kulturellen Umfeld verständlich, in dem allgemein-

3. Die Spielregeln

verbindliche „Werte" wirken.[47] Einer dieser Werte ist die *pistis*, die Aristoteles theoretisch begründet hat. In der Nikomachischen Ethik sind zwei ganze Bücher (Buch 8 und Buch 9) der *philia*, oder wie wir sagen würden, der „Freundschaft" gewidmet. Freundschaft kann auf dem Nutzen basieren oder durch gegenseitiges Gefallen bestimmt sein. Die seltenste und dauerhafteste Form der Freundschaft findet sich nur unter sittlich hochstehenden Männern, deren Liebe im Wesentlichen auf das Gute hin ausgerichtet ist. Uns interessiert im Moment die vom Nutzen bestimmte Freundschaft, in deren Umkreis die *pistis* von Bedeutung ist. Man unterscheidet zwei Arten: eine moralische und eine gesetzliche.

Zu gegenseitigen Vorwürfen kommt es vor allem, wenn die Partner ihre Beziehung nicht im Sinne derselben Freundschaftsart beginnen und lösen. Satzungsfreundschaft ist die auf (genaue) Festlegungen gegründete. Und zwar gibt es da einen ganz geschäftsmäßigen Typus, ein Markten „aus der Hand in die Hand", und einen großzügigeren Typus mit längeren Terminen, doch nicht ohne ein Übereinkommen bezüglich Leistung und Gegenleistung. Bei diesem Typus ist die Verbindlichkeit durchaus klar umrissen und nicht zweifelhaft, doch ist durch die Möglichkeit einer Terminverlängerung ein freundschaftliches Element gegeben. Daher ist mancherorts keine Rechtsentscheidung für solche Fälle vorgesehen. Man ist vielmehr der Meinung: wer auf Treu und Glauben (κατὰ πίστιν) eine Geschäftsbeziehung eingegangen ist, müsse sich dann auch damit abfinden".[48]

Wie die *pistis*, so gehört auch die *fides bona* semantisch in das Umfeld des „Vertrauens". Bei allen Verträgen im Handelsrecht, und nicht nur beim Kauf, bildet „Treu und Glauben" die Norm, die die Bindung begründet und die Verantwortung bemißt. „Treu und Glauben" ist kein völlig neuer juristischer Wert, gewinnt nun aber große Bedeutung. Im „Treu und Glauben" kann ein entwickeltes juristisches Denken das gemeinsame Element unterschiedlicher Rechtsinstitute, auch der Zivilrechtstradition selbst, wahrnehmen. Wie Scaevola bemerkte, „liege große Bedeutung in all den Schiedssprüchen, bei denen hinzugefügt würde *ex fide bona*, nach Treu und Glauben". „Treu und Glauben" hat eine sehr weite Geltung bei Vormundschaften, bei Gesellschaften, bei Überlassungen auf Vertrauen, bei Aufträgen, bei Kauf und Verkauf, Mieten und Vermieten – Akten auf denen die Lebensgemeinschaft beruhe".[49] Das Ethos der *fides bona* umfaßt nicht nur „... die allgemeinmenschliche Rechtschaffenheit und Verläßlichkeit, welche vor allem die Einhaltung formloser Zusagen gebietet"; hier findet sich auch noch ein Widerhall der archaischen *fides*.[50] Diese Wertvorstellung verteidigte man gegen jeglichen rationalistischen Zweifel und hob sie mit ganz fester ideologischer Zielsetzung hervor.

„Das römische Volk beachtete und befleißigte sich aller Arten von Tugenden und erhob sich dadurch von bescheidenen Ursprüngen zu einer solchen Größe. Verglichen mit allen Tugenden hat es jedoch im höchsten Maß in privaten und öffentlichen Angelegenheiten die *fides* beachtet, die es für heilig hielt. So übergab man den Feinden die Konsuln, d. h. die besten Männer, um die *fides* in staatlichen Angelegenheiten hochzuhalten, und so betonte man, daß einem der Klient, den man in seine *fides* aufgenommen hatte, lieber zu sein hatte als die Verwandten, und daß man ihn auch gegen Blutsverwandte verteidigen müsse; keine Verfehlung hielt man für schlimmer, als wenn man dem Klienten die Unterstützung verweigerte. Unsere Vorfahren heiligten diese *fides*, nicht nur in den zwischenmenschlichen Beziehungen, sondern auch bei Verträgen, und am meisten bei der Handhabung der Darlehen. Sie glaubten, daß dieses Hilfsmittel bei vorübergehender Not, auf das man im täglichen Leben zurückzugreifen pflegte, zusammengebrochen wäre, hätte man der Treulosigkeit der Schuldner ohne eine schwere Bestrafung freies Spiel gelassen".[51]

Aristoteles hatte angemerkt, daß in einigen Staaten „diejenigen, die auf Treu und Glauben eine Geschäftsbeziehung eingegangen sind," keinerlei Möglichkeiten besäßen, sie gerichtlich durchzusetzen. In Rom war dies anders. Die Kontrakte des Handelsrechts blieben nicht ohne Schutz, sondern erhielten ihn durch die Einführung des *praetor peregrinus*, des Fremdenprätors. Vielleicht hatte man auch vorher Mittel und Wege gefunden, sie durch Schiedsverträge und Schiedssprüche oder durch die Rechtsprechung des Stadtprätors zu schützen; die Einrichtung des *praetor peregrinus* kennzeichnet jedoch den Beginn einer neuen Phase. Wir müssen ein wenig bei diesem Punkt verharren. Die *iurisdictio,* also die Handhabung der Gerichtsbarkeit, war schon immer Teil des *imperium,* der Vollmacht der obersten Magistratur gewesen. Die Konsuln übten sie als Oberbeamte aus. Erst mit dem patrizisch-plebejischen Ausgleich in der Mitte des 4. Jahrhunderts vertraute man sie dem *collega minor* der Konsuln, also dem Prätor an. Dieses für die Verfassung so wichtige Ereignis hatte weiter keine Folgen. Der Prozeß erfuhr keinerlei Veränderung, sondern spielte sich weiterhin ganz normal in Form der *legis actiones* ab. Dies galt nicht in der gleichen Weise für den *praetor peregrinus*, dessen Aufgabe in der Pflege des Rechts zwischen Römern und Fremden und zwischen Fremden untereinander bestand. Das Amt des *praetor peregrinus* wurde zur Zeit des ersten, und vierzig Jahre vor Ende des zweiten Punischen Krieges und des endgültigen Sieges über Karthago eingerichtet. Seine Rechtsprechung bestimmte auch ein neues Vorgehen, oder konsolidierte es zumindest. Der Prozeß vor seinem Gerichtshof spielte sich nicht in der formalistischen archaischen Form ab; es handelt sich vielmehr um einen neuen Prozeß, der später als „Formularprozeß" bezeichnet wurde, und der dann auch den alten Prozeß vor dem Gerichtshof des *praetor urbanus,* wie man jetzt den anderen, ursprünglich einzigen Prätor nannte, ersetzte.[52] Er bewahrt zwar die Unterscheidung in zwei Stufen *(in iure* und *apud iudicem),* unterliegt aber nicht den strengen Formularen der *legis actiones.* Sein Instrument ist die *formula* oder das *iudicium,* der sich die Parteien mit der *litis contestatio* unterwerfen.[53] Der Magistrat faßt nach einer freien Debatte, die die Parteien vor ihm geführt haben, in der „Prozeßformel" in genauen Termini den Rechtsstreit zusammen; auf diese Weise stattet er den Richter mit dem Schema oder dem Streitprogramm für die Entscheidung aus. Der vom Peregrinenprätor ernannte Richter ist in der Würdigung weitgehend frei. Wenn man nicht die Natur der unter Schutz gestellten Verhältnisse aus dem Auge verliert, ist der Grund dafür nicht schwer zu erkennen. „Die Elastizität der Würdigung durch den Richter spiegelt auf dem Gebiet des Prozesses die Elastizität des Inhalts des zugrunde liegenden Rechtsgeschäfts wider".[54]

Zwischen der Einführung des *praetor peregrinus* und der Ausbildung des Handelsrechtes (oder wie wir nun sagen können, des *ius gentium* in seinem praktisch-empirischen Kern), besteht also ein unbestreitbarer Zusammenhang. Wie weit aber hängt das zweite mit dem ersten zusammen? Zwischen dem einen und dem anderen ist eine Kausalverbindung im echten Sinne des Wortes entstanden. Emilio Betti schreibt, der *praetor peregrinus* „sorgte vor allem dafür, die Handelsgewohnheiten, die sich im Warenaustausch auf den Märkten Roms ausgebildet hatte, mit rechtlicher Anerkennung auszustatten". In dem von ihm auf Grund seines *imperium* eingerichteten Verfahren fanden die formfreien Rechtsgeschäfte ihren rechtlich verbindlichen Wert anerkannt. Das *ius gentium* „ist aus dem *ius dicere* der römischen Prätoren entstanden". Seine „unmittelbare Quelle" ist die *iuris dictio*, seine „mittelbare" sind die Sitten und Gebräuche im Handel. Erst nach einer gewissen prätorischen Praxis wird das *ius gentium* ins *ius civile* überführt.[55]

Ich muß zugeben, daß ich dem nicht beistimmen kann. Der von Betti und anderen gewählte Standpunkt ist in höchstem Maße „modernistisch", und leidet, so möchte ich sagen, unter dem Laster allzugroßer Staatsbezogenheit. Da man sich das Recht immer auf ein staatliches Organ hin, das das Recht schafft, bezogen vorstellt, will man dieses staatliche Organ im *praetor peregrinus* erkennen. In Wirklichkeit muß man annehmen, daß die römischen und ausländischen Händler, die in Ephesus oder Rhodos, in Rom oder in Alexandria einen Kauf abschlossen, diese Bindungen anerkannten, unabhängig vom Schutz durch einen Magistrat. Dies gilt auch für die übrigen Verträge des *ius gentium*. Wenn der Prätor in sein Edikt die Urteile nach Treu und Glauben einführt (die die Verträge angehen), so ist er sich bewußt, daß er sich auf eine Praxis bezieht, die schon vorher zumindest in gewissem Ausmaß als rechtlich aufgefaßt wird; er bestätigt sie, aber er erschafft sie nicht neu. Andererseits beruhte diese Praxis bekanntlich auf weitverbreiteten Wertvorstellungen. Es muß abermals hervorgehoben werden, daß der romzentrische Standpunkt, so nützlich er für das Verständnis des *ius gentium* sein kann, uns nicht seine gesamte Komplexität vermittelt. Dem *ius gentium* eignet eine mediterrane, nicht eine städtische oder „lokale" Dimension, und es steht vor dem Hintergrund der hellenistischen Kultur.

4. Der Prätor und das Edikt

Um einen Verkauf, eine *locatio* oder einen anderen Konsensualvertrag abzuschließen, brauchte nicht einmal einer der Beteiligten ein Ausländer zu sein. Diese, aus den Erfordernissen des Warenaustausches erwachsenen Rechtsgeschäfte standen auch römischen Bürgern offen, sie gewannen Zugang zum neuen Verfahren. Dieses wurde nun auch beim Gericht des *praetor urbanus* zugelassen, wo es in besonderen Fällen bereits vorher schon zur Anwendung gelangt war. Das neue Verfahren basierte bekanntlich auf der „Formel" (wir werden dies gleich noch deutlicher sehen), und es bestand neben dem älteren Legisaktionenverfahren weiter, allerdings mit der Tendenz, dieses nach und nach zu ersetzen. Den Beginn dieses langen historischen Prozesses kennen wir nicht, und die in der Mitte liegenden Phasen sind unklar. Eine *lex Iulia* aus augusteischer Zeit schaffte den alten Prozeß fast ganz ab. Aber schon mehr als ein Jahrhundert früher hatte ein Gesetz ungewissen Inhalts, die *lex Aebutia*, ganz sicher den Gebrauch der *legis actiones* eingeschränkt und die Verwendung der neuen Prozeßverfahren generalisiert.[56]

Die *lex Aebutia* ist schwer zu datieren, aber höchstwahrscheinlich gehört sie ins 2. Jahrhundert v. Chr. Ihre Bedeutung ist umstritten. Nach Moriz Wlassak legalisierte sie das *agere per formulas*. Heute beurteilt man sie anders: Die *lex Aebutia* regelte lediglich die *condictio* im Formularprozeß, oder besser gesagt, die *actio certae creditae pecuniae*, und setzte damit der entsprechenden *legis actio* ein Ende.[57] Es ist keinesfalls gesichert, daß dies ihr gesamter Inhalt war, und man kann annehmen, daß die *lex Aebutia* gleichzeitig das „Verbot des *lege agere* (und damit die Pflicht des Prätors, dieses *lege agere* zu verhindern) festgelegt hat, nachdem schon *per formulam de eadem re* verfahren worden war".[58]

In archaischer Zeit und bis weit ins 3. Jahrhundert v. Chr. hinein richtete sich die Rechtsprechung der Magistrate oder der Prätoren nach den streng formalistischen Kriterien, die alle Bereiche des Rechts beherrschten. Nun begannen diese Kriterien langsam zu schwinden. Die juristische Praxis zerstörte zwar einerseits die alte Ordnung, schuf aber gleichzeitig eine neue. Sowohl dem *praetor urbanus* als auch dem *praetor peregrinus* gestand man eine normative Funktion zu. In gewissem Sinne, aber wirklich nur in gewissem Sinne, war er Gesetzgeber. Unser schwierigstes Problem ergibt sich genau aus diesem Sachverhalt. Unter *iurisdictio* versteht man in seiner wichtigsten dynamischen Bedeutung den Vorgang, der das anwendbare Recht in der Entscheidung eines konkreten Streitfalles bestimmt, in dem der Richter das Urteil fällt. Inwieweit kann nun der Inhaber der *iurisdictio* auch einen Kanon abstrakter Regeln formulieren, die man als *ius honorarium* oder als „prätorisches" Recht bezeichnet?

Die Antwort auf diese Frage ist schwierig, und man kann sie nicht mit wenigen Worten geben. Jeder römische Magistrat konnte Edikte, d. h. Anweisungen, Aufrufe oder Ankündigungen unterschiedlichen Inhalts, unterschiedlicher Wirkungsweise und unterschiedlicher Geltungsdauer erlassen. In erster Linie nahmen die Konsuln bei der Ausübung der militärischen oder zivilen Gewalt diese Befugnis wahr: sei es, um die Komitien einzuberufen, den Senat zu versammeln, eine Aushebung anzuordnen, oder bei anderen Gelegenheiten. Sie richteten sich dabei nach einer *vetus forma perpetua*.[59] Beim Edikt des Zensors, einem tralatizischen Edikt, fielen die Neuerungen besonders auf.[60] Auch der *praetor urbanus* besaß ein *ius edicendi*, und dasselbe galt auch für den *praetor peregrinus* sowie für die kurulischen Ädilen in ihrem Aufgabenbereich, Streitigkeiten im Marktwesen zu schlichten, und nicht zuletzt für die Provinzstatthalter und deren Quästoren. Dieses *ius edicendi* (und hierbei beziehen wir uns in erster Linie auf den *praetor urbanus*, weil seinem Edikt eine gewisse paradigmatische Bedeutung zukommt), erschöpfte sich nicht in gelegentlichem Tätigwerden, sondern hatte einen dauerhaften und höchst bemerkenswerten Erfolg.

Der Prätor legte zu Beginn seines Amtsjahres die Leitlinien seiner Rechtsprechung fest. Er gab die verschiedenen Grundsätze bekannt, nach denen er den Parteien, die sich in einem Rechtsstreit an ihn wandten (hier sei an die Unterteilung des Prozesses in zwei Phasen erinnert), einen Richter bestellen würde; dabei listete er die Arten von Rechtsbehelfen auf, die er in seiner Amtszeit anzuwenden gedachte. Prozeßformeln, Einreden und andere Rechtsmittel fanden im Edikt ihren Platz. Der Prätor verkündete dem Volk sein Edikt mündlich, wobei er wenigstens die großen Linien und die Neuerungen aufzeigte. Dies ist nicht weiter erstaunlich. In der Antike war der Rückgriff auf das gesprochene Wort viel verbreiteter als wir gemeinhin annehmen. Die Rede wendete sich an eine Zuhörerschaft mit völlig unterschiedlichen Problemen, von sehr geringfügigen bis zu äußerst schwerwiegenden; der geschriebene Text spielte oft eine sekundäre Rolle, er war, mit einem gewagten Bild von T. P. Wiseman, „sozusagen die Partitur einer musikalischen Aufführung". Bei der Amtsübernahme bestieg der Prätor die Tribüne und verkündigte die Grundsätze, die er bei seiner Amtsführung befolgen werde, er sprach auch von sich selbst und von seinen Vorfahren, „gemäß alter Sitte".[61] Ganz bezeichnend ist, wie in einem einzigen Diskurs Dinge miteinander verknüpft werden, die nach unserem Gefühl sauber getrennt werden müssen. In Rom stellt sich die Politik nicht selten als Theater dar, und der direkte Kontakt mit der Menge ist der unmittelbarste und einfachste Weg, bekannt zu werden.[62] Das Edikt diente auch als Propagandainstrument und wurde, wie man sagen könnte, von den Bürgern als eine Art von symbolischem Szenario verstanden, in dem die *exempla* die Stelle eines nicht existierenden „staatsrechtlichen Systems" (wie Matthias Gelzer sich ausdrückte), einnahmen.[63]

Die schriftliche Publikation des Ediktprogrammes geschah auf dem Forum auf geweißten Holztafeln *(album)* und in schwarzen und roten Buchstaben,

„damit man es leicht und richtig lesen könne".⁶⁴ Wer immer ein gerichtliches Vorgehen plante, konnte den Gegner dorthin führen und ihm die Formel zeigen, die er gegen ihn beantragen würde.⁶⁵ Aber auch nach der Publikation war es nicht sicher, daß das Edikt wirklich angewendet wurde. Zunächst konnte der Magistrat das vorgesehene Verfahren nicht gewähren oder einen anderen Rechtsbehelf nach Würdigung der Umstände zulassen;⁶⁶ oder aber er konnte mit einem Dekret seinen Rechtsschutz in solchen Fällen gewähren, die nicht durch das Edikt geregelt waren. Es handelt sich hierbei um eine Freiheit oder einen Ermessensspielraum, die mit der korrekten Anwendung der *iurisdictio* vereinbar waren. Die Anwendung der *iurisdictio* war freilich nicht immer korrekt. Das Verhalten des Verres in Sizilien liefert hierfür ein aufsehenerregendes Beispiel. Tatsächlich zwang nichts, nicht einmal die *fides* und die *dignitas*, den Beamten, sein Edikt zu befolgen. Erst 67 v. Chr. wurde die Verpflichtung des Prätors, sein Edikt zu befolgen, gesetzlich festgelegt.⁶⁷ Andererseits kamen Übertretungen immer wieder vor, und waren vielleicht nicht einmal selten. Die Rechtsprechung des Prätors war „vielerlei unterschiedlichen Verdächtigungen und Anfeindungen"⁶⁸ ausgesetzt, und noch mehr traf dies für die Rechtsprechung in den Provinzen zu. Das Edikt sah auch den Fall vor, daß ein unehrenhafter Rechtsprechungsmagistrat die Einleitung eines Verfahrens verweigert.⁶⁹

Die Geltungszeit des Edikts belief sich, so wie auch die Amtsdauer des Prätors, auf ein Jahr. Mit dem Ende der Amtszeit verlor das Edikt formal seine Gültigkeit und wurde durch das Edikt des nachfolgenden Prätors ersetzt. So gab es zwar jährlich ein neues Edikt, aber die prätorischen Rechtsschutzverheißungen gingen oft von einem Edikt ins nächste über, und sie galten oft viel länger als der Text, in dem sie ursprünglich standen. In einigen Fällen kann man sie bis zu ihrem Ursprung zurückverfolgen, bis zu dem Moment, in dem sie zum ersten Mal erlassen wurden.⁷⁰ Das Edikt läßt auf diese Weise für den aufmerksamen Betrachter seine Dynamik und sein Wechselspiel von Bewahrung und Erneuerung erkennen. Seine endgültige Fassung erhielt es erst in hadrianischer Zeit, als der Kaiser Salvius Iulianus mit der Aufgabe betraute, es neu zu redigieren.

Moriz Wlassak schrieb gegen Ende des vorigen Jahrhunderts: „Die Auffindung eines echten Exemplars des praetorischen Albums ... würde ohne Zweifel unsere Kenntniss des römischen Rechts sehr wesentlich bereichern und das manche Parthieen unserer Quellen verhüllende Dunkel mit einem Schlage beseitigen".⁷¹ Wlassaks Worte waren damals weniger leicht verständlich, als es heute scheint, sie sind aber immer noch aktuell. Wir haben keinerlei direkte Kenntnis des Edikts, weder in der Redaktion des Salvius Iulianus, noch in einer der früheren Fassungen, die Gelehrte und Antiquare wie Aulus Gellius noch in der Bibliothek des Trajantempels hatte einsehen können.⁷² Das Edikt Julians ist direkt nicht faßbar, aber es wurde methodisch ähnlich wie die Zwölftafeln, aber in noch mühevollerer Kleinarbeit, wiedergewonnen. Das Material entstammt (fast immer) der literarischen Überlieferung, und hier größtenteils den Rechtskommentaren, die ihrerseits fast ausschließlich aus der Kompilation Justinians bekannt sind. Man begann die Arbeit der Wiedergewinnung des Textes bereits im späten 16. Jahrhundert.[73] Nach dem wichtigen Versuch von Adolf F. Rudorff aus dem Jahr 1869 haben wir der philologischen Strenge Otto Lenels eine Wiederherstellung des Textes zu verdanken, die heute noch – zumindest in ihrem wesentlichen Inhalt – als endgültig zu betrachten ist.[74] Lenel hat sich vor dem lähmenden Skeptizismus Wlassaks ebenso wie vor dem überschwenglichen Optimismus Rudorffs zu hüten gewußt. Einerseits sei, so bemerkte er, jede Aussage unzulässig, die nicht durch Quellen gestützt sei, andererseits könne man den von Wlassak befürchteten circulus vitiosus vermeiden: die Formeln können bisweilen mit absoluter Sicherheit wiederhergestellt werden und in den Fällen, in denen ihre Rekonstruktion lediglich Konjektur ist, ist klar, daß Hypothesen eben den Wert von Hypothesen haben, wie bei jeder anderen wissenschaftlichen Forschung auch.[75]

Das Edikt stellt sich nicht als „systematisches Ganzes" dar,[76] es ist weder im modernen noch im antiken Sinn des Wortes ein „Codex". Seine „Ordnung" kann auch (wie es Mommsen vorkam), eher als ‚Unordnung' erscheinen.[77] In Wirklichkeit entbehrt das Edikt „einer theoretisch orientierten Darstellungsfolge" und auch seine Redaktion durch Salvius Iulianus scheint eher „praktischen Gesichtspunkten verpflichtet".[78] Dies ist ein sicheres Anzeichen für die Art, in der es sukzessive, sozusagen durch Anlagerung entstand. Der unorganische Charakter des Edikts schien auch in den Augen derjenigen unvermeidbar, die hie und da Kritik daran übten. Die Absicht, das Edikt nach einem logischen Aufbau anzuordnen, wäre auch für seinen letzten Überarbeiter Zeitverschwendung, lediglich eine Schulübung gewesen. Es erhielt jetzt seine letzte Fassung, die nichts Entscheidendes änderte.[79]

In jedem Fall lassen sich fünf große Gebiete unterscheiden, in die die Materie aufgeteilt wurde. Sie betreffen die Einleitung des Prozesses und das Vorgehen vor dem Gerichtsmagistrat, die ordentlichen Rechtshilfen, die eilbedürftigen Rechtshilfen, die Exekution des Urteilsspruches und die Nichtigkeitsbeschwerde gegen nicht zahlungsfähige Schuldner, schließlich die Interdikte, die Prozeßexzeptionen und die prätorischen Stipulationen. Die Grenzen zwischen dem einen und dem anderen Bereich sind fließend, und man muß die Details vernachlässigen, wenn man das Ganze erkennen will.

Die fünf „Teile" des Edikts beinhalten nach dem „System" Lenels jeweils die Titel I–XIII, XIV–XXIV, XXV–XXXV, XXXVI–XLII, XLIII–XLV. Im ersten Teil werden die *vadimonia* (I § 6, VII) und die *in integrum restitutiones* (X) behandelt. Man bediente sich des *vadimonium*, wenn die Verhandlung vor dem Magistrat nicht in einer einzigen Gerichtssitzung erledigt werden konnte. In diesem Fall ermächtigte der Prätor den Kläger, dem Beklagten vermittels des *vadimonium* das Versprechen abzunehmen, zu einem festgesetzten Termin wieder vor Gericht zu erscheinen (Gai. 4,184). Die Einrichtung des *vadimonium* entwickelte sich über dieses Umfeld hinaus und nahm den Platz der *in ius vocatio* ein. Wie es uns die Dokumente aus der Praxis nach weitgehend akzeptierter Lesart darstellen, ist das *vadimonium* die Einladung, sich für den ersten Teil des Prozesses an einem bestimmten Tag zu festgelegter Stunde und an einem vereinbarten Ort einzufinden. Der Kläger richtet es an den Beklagten, der mit einer *stipulatio* eine *summa vadimonii* als Strafe für den Fall des Nichterscheinens verspricht.[80]

Unter bestimmten Umständen setzte der Prätor mit dem Erlaß einer *in integrum restitutio* jemanden wieder in seinen vorhergehenden Rechtszustand ein. Dies war der Fall, wenn ein Rechtsgeschäft mit jemanden abgeschlossen worden war, der unter fünfundzwanzig Jahre alt war (§ 41), oder wenn eine der Parteien von der anderen erpreßt wurde (§ 39). Die Kriegsgefangenschaft oder die Abwesenheit aus öffentlichem Interesse konnten die Durchsetzung eines Rechtes verhindern und die Wiedereinsetzung in den früheren Stand rechtfertigen (§ 44). Die *in integrum restitutio* hob in einigen Fällen die Wirkungen der *litis contestatio* auf, und stellte das Rechtsverhältnis, das bestritten worden war, wieder her (§ 45).

Im letzten Teil des Ediktprogramms stehen die *interdicta* an erster Stelle (XLIII). Es handelt sich dabei um Maßnahmen administrativer Art durch den Prätor, die die Vorführung von Sachen oder von Personen, oder die Rückgabe von Sachen und die Zerstörung von Bauwerken, oder aber die Unterlassung bestimmter Handlungen anordnen. Man unterscheidet dabei exhibitorische, restitutive und prohibitive Interdikte (Gai. 4,140 und 142). Der Schutz des Besitzes, d. h. der tatsächlichen Gewalt, in der jemand eine Sache hat, geschieht durch *interdicta* (Gai. 4,143–56). Eine ausführliche Beschreibung findet sich bei Paulus (D. 43,1,2, L. 745). Die *exceptiones* (wir werden einigen davon auf den folgenden Seiten begegnen), sind Klauseln, die in die Prozeßformel eingefügt werden (XLIV). Sie fassen die Einwände des Beklagten zusammen, die die Zustimmung des Prätors gefunden hatten. Der Richter muß dann die Umstände, die die *exceptiones* hervorheben, würdigen und den Beklagten freisprechen, wenn er sie bestätigt findet. Die erzwingbaren Rechtsgeschäfte schließlich, die als *stipulationes praetoriae* bezeichnet werden, umreißen eine Art konsensualer Selbstverteidigung, die der Prätor kraft seines *imperium* regelt (XLV). Sie stellen eine Art Kaution dar. Der Prätor kann ihren Abschluß auf verschiedene Art und Weise erzwingen, z. B. mit einer *denegatio actionis* oder wenn er der gegnerischen Partei eine *missio in possessionem* gewährt. In diesem Zusammenhang ist die *cautio damni infecti* lehrreich, also das feierliche Versprechen, einen eventuell entstandenen Schaden wieder gutzumachen, das der Eigentümer eines Grundstücks dem Eigentümer des Nachbargrundstücks leisten muß, wenn der Zustand seines Grundstückes oder die Errichtung eines neuen Bauwerkes eine Gefahr darstellen (§ 292). Die Weigerung, die *cautio* zu leisten, führt zur *missio in possessionem* zugunsten des anderen Eigentümers (XXIX § 175).

Wie bereits erwähnt, fehlt dem Edikt eine strenge Aufteilung des Inhalts. Die Strafklagen, die nach dem Titel XXXI, *De liberali causa*, folgen, hätte man nach dem Titel XXIII, *De furtis*, erwartet; die *missiones in possessionem* sind aber nicht alle im Titel XXXVIII, *Quibus ex causis in possessionem eatur*, zusammengefaßt. Man könnte leicht weitere Beispiele anführen.

5. *Ius honorarium*

In den beiden letzten Jahrhunderten der Republik, und in einigen Fällen auch noch später, ist das Edikt ein äußerst wirkungsvolles Mittel, um Normen zu schaffen.[81] Es hat ein doppeltes Antlitz: Der Prätor faßt darin alle Mittel des Rechtsschutzes zusammen, die auf der Grundlage des herkömmlichen Rechts der Bürger miteinander konkurrieren oder die die neuen Praktiken des Handels betreffen; doch ist dies nicht alles. Die veralteten Rechtsinstitute gelten ihm als nicht mehr anwendbar und er überläßt sie ihrem Schicksal. Ein gutes Beispiel ist das Delikt der *iniuria*. Die alte, in den Zwölftafeln vorgesehene Klage, die sich auf eine Strafe von 25 As belief, war nun außer Gebrauch gekommen; man ersetzte sie durch eine Klage vor Rekuperatoren, wobei dem Richter die Festsetzung der Strafsumme eingeräumt wurde.[82] Man schützte Interessen, die zum ersten Mal auftauchten, und definierte sie rechtlich allein im Edikt: man denke nur an die Regelungen über arglistige Schädigung oder Zwang bei der Ausübung der Privatautonomie, an die formlosen Vereinbarungen *(pacta)*, die Leihe, die Verwahrung, an die Geschäftsführung für Dritte. Jede dieser Rechtsfiguren hat, so könnte man sagen, eine Geschichte. Zwischen den beiden Verträgen, der Verwahrung und der Leihe, besteht eine bemerkenswerte Ähnlichkeit: der erste hat zum Inhalt, daß jemandem eine Sache zur unentgeltlichen Verwahrung anvertraut wird, und zwar mit der Verpflichtung für den Verwahrer, sie auf Verlangen wieder zurückzugeben; der zweite bedeutet die kostenlose Überlassung einer Sache für einen festgesetzten Gebrauch; danach muß sie dem Verleiher unversehrt zurückgegeben werden. Verwahrung und Leihe wurden zunächst durch eine *actio in factum* und später durch eine auf „Treu und Glauben" gestützte Klage geschützt; Ähnliches gilt für die Geschäftsführung für Dritte. Die *actio in factum* ist vielleicht das bezeichnendste prätorische Mittel: die Formel, der keine Vorschrift des *ius civile* zugrundeliegt, bezieht sich schlicht und einfach auf das *factum*, die „Tatsache"; und die Tatsache wird, sofern sie vom Prätor als schutzwürdig anerkannt wird, rechtlich erheblich. Um sie zu gewähren, bedient sich der Prätor einer besonderen Klausel, eines „Edikts" im engen Sinne des Wortes. Auf diese Klausel greift er zurück, wenn die Klage ihre Grundlage in seinem *imperium* findet. Wir können die *actio in factum* bei der Verwahrung nebst ihrer einleitenden Klausel mit der auf „Treu und Glauben" gestützten Klage vergleichen, die sich ihr anschließt:

„Wenn die Verwahrung weder wegen Aufruhr, Brand oder Hauseinsturz oder Schiffbruch erfolgte, gewähre ich eine Klage auf den Wert der Sache; für jene Sachen hingegen, die oben erfaßt sind, gewähre ich gegen ihn selbst eine Klage auf den doppelten Wert der Sache; gegen den Erben gewähre ich eine Klage auf den einfachen Wert der Sache, wenn der Erblasser, auf den doppelten Wert, wenn der Erbe selbst arglistig gehandelt haben soll.

Wenn der Kläger dem Beklagten einen silbernen Tisch in Verwahrung gegeben hat, um den es in dieser Klage geht, und dieser aus Arglist des Beklagten nicht zurückgegeben wurde, soll der Richter den Beklagten dazu verurteilen, dem Kläger soviel zu zahlen, wie die Sache wert ist. Wenn es sich nicht erweist, soll der Richter freisprechen.

Nachdem der Kläger dem Beklagten einen silbernen Tisch in Verwahrung gegeben hat – um den es in dieser Klage geht –, soll der Richter den Beklagten dazu verurteilen, dem Beklagten zu geben oder zu leisten, was nach gutem Glauben zu geben oder zu leisten ist. Wenn es sich nicht erweist, soll der Richter freisprechen".[83]

Auch dort, wo sie nicht innovativ ist, hat die Tätigkeit des Prätors ihre Bedeutung. Die Zugehörigkeit einer Sache zu einer Person als *mancipium* oder *dominium* genießt schon immer rechtlichen Schutz. Bekanntlich bediente man sich zu diesem Zweck einer entsprechenden *legis actio*. Nun gesellte sich dieser Klage, die es – man beachte – bis in augusteische Zeit gab, die *formula petitoria* zu, die sie schließlich ersetzte. Es ändert sich lediglich das Aussehen des Prozesses, die Interessen, um die es geht, bleiben die gleichen.

„Wenn es sich erweist, daß die fragliche Sache, um die prozessiert wird, dem Kläger gemäß quiritischem Recht gehört, und wenn sie dem Kläger nach dem Schiedsspruch des Richters nicht zurückgegeben wird, soll der Richter den Beklagten zu dem Geldbetrag an den Kläger verurteilen, der dem Wert der Sache zum Zeitpunkt des Urteils entsprechen wird. Wenn es sich nicht erweist, soll der Richter freisprechen".[84]

Die *bonae fidei iudicia*, die auf „Treu und Glauben" gestützten Klagen, sind ein Kapitel für sich, das zu den schwierigsten und am wenigsten eindeutigen zählt. Sie umfassen die Konsensualverträge, nämlich den Kauf, die Gesellschaft, die Miete *(locatio-conductio)* und den Auftrag:[85] bevor sie unter den Schutz des Prätors gelangten, kann man eine andere Art von Schutz kaum ausmachen. Dennoch waren die Rechtsverhältnisse, auf die das Edikt zielte, bereits vorher in der juristischen Praxis vorhanden, und sie gewinnen erst jetzt, gleichsam als Reflex, ihre Konturen.

Zwischen zivilen und prätorischen Rechtsinstituten kann man echte Parallelen feststellen. Um diese besser sichtbar zu machen, spricht man in der modernen Forschung von prätorischem Eigentum und prätorischen Obligationen und von prätorischer Erbschaft neben ziviler Erbschaft, zivilem Eigentum und zivilen Obligationen. Die antike Terminologie unterscheidet sich hiervon und sie scheint sich nicht immer in strengen Bahnen zu halten. Das prätorische Eigentum, das *in bonis habere*, veranlaßt uns, den Kauf noch einmal zu untersuchen. Bekanntlich war der Verkäufer nicht verpflichtet, dem Käufer das Eigentum an der Sache zu beschaffen, sondern nur den Besitz an der Sache einzuräumen und ihm den ungestörten Genuß zu gewähren. Es genügte eine formlose Übergabe *(traditio)*.[86] Der Käufer aber, der mittels einer einfachen *traditio* eine *res mancipi* empfangen hatte, wurde nicht deren Eigentümer (hierzu mußte er die *usucapio*, die Ersitzung, abwarten[87]); daher war er der Eigentumsklage *(rei vindicatio)* des Verkäufers ausgesetzt, dem ja weiterhin das Eigentum an der Sache zustand. Deshalb ist im Edikt eine *exceptio* vorgesehen,

5. Ius honorarium

eine Einrede, die diese *rei vindicatio* entkräften sollte.[88] Die Besitzverhältnisse des Käufers finden also einen Schutz, der sie dem zivilen Eigentum gleichsetzt. Der Käufer kann auch die Herausgabe der Sache von einem Dritten, in dessen Besitz sie gelangt ist, verlangen. Hierzu diente die *actio Publiciana*, die der *rei vindicatio* nachgebildet war.[89] Bei der publicianischen Klage handelt es sich um eine „fiktive Klage", weil in der Formel fingiert wird, daß seitens des Käufers eine *usucapio* stattgefunden habe.[90] Wie bei den *actiones in factum*, so stellt sich in den *actiones ficticiae* das Vorgehen des Prätors besonders deutlich dar.

Bei den Obligationen stellt man denselben Gegensatz fest. Die Schuldverhältnisse im prätorischen Recht, die sich aus Verträgen oder widerrechtlichen Handlungen ergeben können, sind denen des Privatrechts nachgebildet: man erkennt darin eher ein *actione teneri*, eine „Verpflichtung, die sich aus einem Prozeßschema ergibt", als eine *obligatio*.[91] Noch komplexer sind vielleicht die Erbschaftsverhältnisse. Hier wäre eine analytische Beschreibung nicht angebracht. Man kann lediglich feststellen, daß der Prätor unter der Bezeichnung *bonorum possessio* ein neues Erbfolgesystem einführt. Dieses berücksichtigt die Blutsbande und nicht nur die Gewaltverhältnisse (also die aus der Gewalt entlassenen Söhne, und auch nicht nur die Söhne, die in der Gewalt des Verstorbenen standen, somit also allgemein die Verwandten und nicht nur die Verwandten in männlicher Linie); es bezieht zudem die gegenseitigen Vermögensansprüche der Ehegatten mit ein. Auch die Formalitäten des Testaments nach dem *ius civile* werden vom prätorischen Recht eingeschränkt: um einem Testament Gültigkeit zu verleihen, genügte es, daß sieben Zeugen sich die Tafeln mit dem Testament vorlegen lassen und ihre Siegel darauf setzten.

Genau besehen, spiegelt das Edikt die gesamte Rechtsordnung auf dem Gebiet des Privatrechts wider. Es ist deshalb nicht übertrieben oder überzogen, es als „die lebendige Stimme des Zivilrechts" anzusprechen.[92] Gleichwohl stellen die Vorschriften prätorischen Ursprungs als *ius honorarium* oder *praetorium* einen eigenen rechtlichen Komplex dar. In diesem Zusammenhang ist das Handeln des Magistrats zugleich – und zwar in einem sehr eigenen Sinne, so möchte ich sagen – ein Zweckprogramm und ein Konditionalprogramm.[93] Der Gerichtsmagistrat gibt sich insofern als Gesetzgeber, als er seine Wahl trifft und seine Ziele unter den möglichen Zielen bestimmt; er überträgt sie in typische Schemata und allgemeine Formulierungen; als Herr über den Prozeß aber versucht er, sich an die Bedingungen zu halten, die die von ihm selber getroffenen Entscheidungen seiner eigenen Tätigkeit auferlegen. In beiden Momenten wird, wie wir sahen, ein fachlicher Rigorismus deutlich. Worauf geht dieses nun zurück? Es ist sicher nicht ausgeschlossen, daß der Magistrat selbst ein Fachmann ist; viel öfter freilich hält er sich einen Kreis von Fachleuten, oder die Fachleute haben andere Möglichkeiten, ihren maßgeblichen Einfluß geltend zu machen. Dies ist ein ganz entscheidender Punkt und wir müssen uns ihm im nächsten Kapitel noch einmal zuwenden.

Nach antikem Verständnis unterliegt das Verhältnis von *ius honorarium* oder *praetorium* und *ius civile* einem Wandel, je nachdem, welches Gewicht man dem Terminus *ius civile* zumißt. Das *ius honorarium* gesellt sich als neues Feld zum „Recht der Bürger", zum *ius civile* im weiteren Sinne;[94] es stellt sich aber auch in Gegensatz zum *ius civile,* sofern dieser Begriff die spezielle Bedeutung von „überliefertes *ius civile* " annimmt, also dem Komplex von Normen, der sich aus Gewohnheitsrecht oder Gesetzen sowie aus der beharrlichen Arbeit seiner Interpreten bildete.[95] Der hier beschriebene Gegensatz ist in unserer Untersuchung bereits deutlich geworden, muß aber noch vertieft werden. Das *ius honorarium* erfüllt im Vergleich zum *ius civile* eine praktische Funktion, indem es dieses entweder fortbildet, ergänzt oder berichtigt.[96] Allerdings ist es nicht, wie das *ius civile,* unmittelbar und automatisch wirksam, es schafft keine dauerhaften rechtlichen Beziehungen, sondern lediglich „zeitlich begrenzte Hilfsmittel für die gerichtliche Verteidigung für tatsächliche Situationen", denen juristische Bedeutung zukommt. Mit anderen Worten, „es ist ein Komplex von Maximen, die die rechtliche Praxis lenken sollen, es soll aber nicht unmittelbar Rechtsbeziehungen zwischen Privatpersonen regeln".[97]

Diese Bemerkungen geben die Erscheinung des *ius honorarium* als solches nicht vollständig wieder, sie erfassen aber deren charakteristischste Seite. Sie geben es schon deswegen nicht vollständig wieder, weil die Vorschriften des prätorischen Edikts zeitlich begrenzt sind. Dies sind sie nur unter einem formalen Gesichtspunkt; auf einer anderen Ebene sind sie bekanntlich von unterschiedlich langer Dauer, und dies wirkt sich auf die aus ihnen entstandenen Rechtsverhältnisse aus. Wir sollten noch hinzufügen, daß sich das *ius honorarium* an einer „instrumentellen" Vorstellung des Rechts orientiert: Die Überlieferung erlangt dabei nicht dieselbe legitimierende Tragweite wie im Zivilrecht.[98]

Ius honorarium und juristisch-verfassungsmäßige Struktur des republikanischen Gemeinwesens hängen eng miteinander zusammen. Die normensetzende Funktion des Prätors erschöpft sich in der historischen Realität der Kaiserzeit und wird sinnlos. Franz Wieacker meinte, sie erkläre sich in einem Staate, der nicht wie der moderne oder der spätantike das Monopol des Gesetzes kenne oder wie der moderne Staat die Gewaltenteilung, sondern in dem im Gegenteil die öffentliche Verwaltung eine „Honoratiorenverwaltung" gewesen sei. Zwischen dem Prätor als normenerzeugendem Organ und den Bürgern stellt sich nicht ein formal-staatliches Verhältnis her; sein Handeln ist vielmehr autoritär; es verwandelt sich aus der alltäglichen und aktuellen Praxis zu einem bindenden Text.[99]

VI. EIN ARISTOKRATISCHER BERUF

1. Der Laie als Rechtsgelehrter

Seit dem Ende des 4. Jahrhunderts v. Chr. hatte sich in Rom ein von Laien betriebener Zweig der Rechtsgelehrsamkeit herausgebildet. Die ersten Beispiele hierfür sind Appius Claudius Caecus und sein Sekretär Cn. Flavius, der später Ädil wurde. Gemäß der Überlieferung beginnt mit ihnen eine juristische Literatur: Appius Claudius wird eine Monographie mit dem Titel *De usurpationibus* zugeschrieben, von der wir praktisch nichts wissen. Cn. Flavius stellt in einem Buch die „Klage"-Formeln zusammen und veröffentlichte den Kalender.[1] Diese beiden Unternehmungen des Flavius sind sicherlich von Appius Claudius beeinflußt, und ihre propagandistische Bedeutung ist nicht zu übersehen. Sie paßt zur demagogischen Neigung des Appius und fällt in eine Zeit (die wenig mehr als ein Jahrzehnt umfaßt), in der sich bedeutende Ereignisse abspielen: die Reform der Zensur im Jahr 312 v. Chr., die 304 rückgängig gemacht wurde, die die „Menschen niedrigster Herkunft auf alle Tribus verteilte";[2] die Zulassung von Söhnen auch von Freigelassenen zum Senat, was allem Herkommen widersprach;[3] die *lex Valeria* über die Berufung an das Volk. Das Plebiszit des Ogulnius, das auch den Plebejern die Tür zum Kollegium der Pontifices und der Auguren öffnete, ist ebenfalls eine „populare" Maßnahme, weist aber politisch in eine andere Richtung als die des Appius Claudius.[5]

Priesteramt und juristische Betätigung werden nun zwei unterschiedliche Dinge: sie können von derselben Person wahrgenommen werden, ohne ineinander überzugehen. Wenn zuvor allein ein Pontifex Rechtsgelehrter sein konnte, so kehrt sich jetzt sozusagen das Verhältnis um: die Sachkenntnis im Recht wird nun eine wichtige Qualifikation auch für das priesterliche Amt.[6] Die von Laien betriebene Rechtsgelehrsamkeit ist wie die priesterliche (deren Nachfolgerin sie ist, obwohl sie in offener Polemik mit ihr entstand) aristokratisch, sie ist eine Jurisprudenz von *nobiles* oder wenigstens von Senatoren. Die Juristen sind „Honoratioren" im Sinne Webers oder „gentiluomini" in der Bedeutung, die Machiavelli diesem Begriff gab.[7]

„Honoratioren' sollen solche Personen heißen, welche kraft ihrer ökonomischen Lage imstande sind, kontinuierlich nebenberuflich in einem Verband leitend und verwaltend ohne Entgelt oder gegen nominalen oder Ehren-Entgelt tätig zu sein, und welche eine, gleichviel worauf beruhende, soziale Schätzung derart genießen, daß sie die Chance haben, ... die Aemter inne zu haben. Unbedingte Voraussetzung der Honoratiorenstellung in dieser primären Bedeutung: für die Politik leben zu können, ohne von ihr leben zu müssen, ist ein spezifischer Grad von ‚Abkömmlichkeit' aus den eigenen privaten Geschäften. Diesen besitzen in Höchstmaß: Rentner aller Art: Grund-, Sklaven-, Vieh-, Haus-, Wertpapier-Rentner".[8]

Wir sollten diesen Punkt beachten. „Zur Ausbildung der Tugend und zur Besorgung der Staatsgeschäfte", so hatte Aristoteles bemerkt, „bedarf es der Befreiung von der Last der täglichen Arbeit".[9] Dieser Grundsatz gilt auch für eine in Rom so wichtige öffentliche Betätigung wie die Jurisprudenz. Genau besehen ist der Unterschied zu den griechischen „pragmatikoi" enorm: „Es bieten sich Leute von geringem Stande für einen Hungerlohn den Rednern in den Prozessen als Gehilfen in Rechtsfragen an".[10] Selbstverständlich hatten nicht alle adeligen Familien Juristen in ihren Reihen. Auf diese Familien konnte man „das Wissen vieler verschiedener Männer" aufpropfen, „so wie man auf einen Baum verschiedene Arten von Früchten aufpropft";[11] allein bei den Mucii war, wie es scheint, seit dem Ende des 3. Jahrhunderts v. Chr. das Recht quasi „ein Familienerbgut".[12] Ähnliches gilt vielleicht für die Aelii, viel weniger für die Licinii; andere Wege wiederum verfolgten die Cornelii Scipiones (wenn man von P. Scipio Nasica *Corculum*, cos. 162 und 155 v. Chr., absieht), die Caecilii Metelli, die Laelii und die Fulvii, die Valerii, die Aemilii, usw.[13]

Die Jurisprudenz erweist sich also als aristokratischer Beruf. Er schloß jeden Dilettantismus aus. Die Bezeichnung „Beruf" bedarf jedoch der Erläuterung. Darf man sie überhaupt verwenden? Ich glaube, man muß Fritz Schulz beistimmen, daß „bei der soziologischen Analyse der Antike der Begriff der nicht (oder nicht notwendig) ökonomischen Berufstätigkeit gar nicht zu entbehren" ist.[14] Als aristokratischer Beruf steht die Jurisprudenz der Redekunst nahe, mit der sie nicht selten in Verbindung gebracht wird. Wie die Redekunst, kann sie eine politische Karriere eröffnen; aber anders als bei der Redekunst kann sie auch (wie für L. Licinius Crassus in Ciceros Dialog) ein würdevolles Refugium am Ende der politischen Laufbahn werden.

„Um dem Alter aber den Zuspruch von Menschen und ehrenvolle Auszeichnung zu sichern, kann es wohl eine vornehmere Zuflucht geben als die Auslegung des Rechts? Ich wenigstens habe mir schon von Jugend an den Rückhalt geschaffen, nicht allein für die Verwendung bei Gerichtsverfahren, sondern auch zur Zierde und Ehre des Alters, damit ich, wenn mich meine Kräfte zu verlassen anfingen, und diese Zeit nähert sich vielleicht schon, mein Haus vor Einsamkeit bewahrte. Denn es gibt nichts Ehrenvolleres für einen Greis, der Ehrenstellen und Ämter im Dienst des Staates verwaltet hat, als daß er mit vollem Recht von sich sagen kann, was bei Ennius jener pythische Apollo sagt, man sei derjenige, ‚bei dem sich', wenn auch nicht ‚Völker und Könige', so doch sämtliche Mitbürger ‚Rat zu holen suchen, wenn sie im Zweifel über ihr Geschick sind, doch meine Kunst führt sie vom Zweifel zur Gewißheit und entläßt sie wissend, daß ihr Weg nicht in die Irre führt'".[15]

Die republikanischen Juristen widmeten sich nicht nur den Aufgaben ihres Berufes, oder sie beschäftigten sich keineswegs mit nichts anderem als Bücher-

zu schreiben. Sie waren in erster Linie Politiker, die mit anderen militärischen und zivilen Tätigkeiten befaßt waren. In diesen drückte sich die *virtus* viel eher aus als in der Rechtsgelehrsamkeit. *Virtus* hat zusammen mit anderen entsprechenden Begriffen aus unterschiedlichen sprachlichen Bereichen über lange Zeit hinweg in der Kultur des Adels in Europa seine Bedeutung bewahrt.[16] Heute hat der Begriff „Tugend" jegliche Attraktivität verloren und ist sozusagen „abschätzig" und „unerträglich" geworden,[17] und wir gebrauchen ihn fast nur noch ironisch;[18] die dahinter stehende Vorstellung ist jedoch antik und gehört nicht ausschließlich dem Bereich der Moral an. Man kann bis zur *aretē* Homers zurückgehen, die „Kraft" und „Mut" als typische Werte einer Kriegerkultur ausdrückte. In der Vorstellungswelt der Republik hat *virtus* einen ausgeprägt aristokratischen Inhalt. Sie konzentriert, „akkumuliert", sich vorzugsweise in der Familie. Die *virtus* als Eigenschaft zunächst des Einzelnen, erstreckt sich auf das „Geschlecht", auf die Gruppe, deren Mitglied der Einzelne ist; ein Band, das man niemals zerschneiden möchte, vereint denjenigen, der handelt und große Taten vollbringt, mit seinen nächsten oder entferntesten Vorgängern.[19] Die *virtus* findet ihr Gegenstück in der *nobilitas*. Erst die Polemik der *homines novi*, zumindest seit Marius, trennt die beiden Begriffe oder bringt sie auch wieder auf eine andere Art und Weise zusammen. Sie gibt der *virtus* gegenüber der *nobilitas* den Vorzug und belegt den zuletzt genannten Begriff negativ.[20] Die *virtus* verbirgt der Mensch nicht in seinem Inneren, für sie sind die äußeren Formen des zielgerichteten und verantwortlichen Handels wichtig. Es wohnt ihr nicht mehr nur eine „heroische" oder „ritterliche" Bedeutung inne, sondern sie stellt in ihren unterschiedlichen Ausprägungen ein grundlegendes politisches Konzept dar; aber auch die griechische *aretē* war ja schon in den Gedichten Homers komplexer geworden, weit vor den beunruhigenden Tragödien des Euripides und den Reflexionen des Sokrates; aber sie blieb, in all ihren verschiedenen Ausprägungen, eine zutiefst politische Tugend. Ihr Feld ist das Handeln,[21] und die Staatsgeschäfte sind die geeignetste Form, ihr Ausdruck zu verleihen.

Die Juristen der republikanischen Zeit widmeten nicht ihre gesamte Zeit dem Recht. Das früheste Beispiel ist der alte Appius Claudius. Sein Name ist mit dem Sieg über die Sabiner und die Etrusker, mit der Errichtung der ersten römischen Wasserleitung und der Pflasterung der großen Straße von Rom nach Capua verknüpft, und erst in zweiter Linie mit seiner Zuständigkeit als Herausgeber oder Anreger von Formeln für Verhandlungen und Prozesse. Probleme des Staates und fachliche (und praktische) Fragen eines Mustergutes haben Cato viel mehr beschäftigt als die juristischen Probleme seiner Mitbürger. Im übrigen haben viele Juristen der republikanischen Zeit, zumindest bis in die sechziger und fünfziger Jahre des 1. Jahrhunderts v. Chr., wichtige politische Ämter bekleidet. Manius Manilius begann während seines Konsulates im Jahr 149 v. Chr. mit der Belagerung Karthagos (Scipio Aemilianus war zu jener Zeit Tribun der 4. Legion).[22] Die militärische Strenge des P. Licinius Crassus Mucianus war sprichwörtlich: einen Vorfall aus dem Feldzug in Asia gegen Aristonikos erzählte man sich noch in der Antoninenzeit, und er diente als „Exempel" in den ethisch-philosophischen Diskussionen um die Frage, ob man, wenn einem ein Amt übertragen wurde, immer seine Pflicht erfüllen solle oder ob man im Gegenteil anders handeln solle, wenn es dem, der es einem übertragen hatte, so gefiele.[23] Wir stellen uns gewöhnlich P. Rutilius Rufus bei der Abfassung programmatischer Edikte und der Erteilung von Bescheiden vor; er übertrug aber auch die Methoden der Gladiatorenschulen auf die Ausbildung der Legionen;[24] wir werden nie erfahren, ob es ihn beim Anblick der ausgehungerten und zu Skeletten abgemagerten Überlebenden des Blutbades von Numantia schauderte oder nicht.[25] Man hätte seiner Autobiographie vielleicht etwas entnehmen können, aber diese ist verloren. Servius Sulpicius Rufus verspürte gewiß nie irgendwelche Begeisterung für den Krieg. Er war ein friedfertiger Mensch und gezwungen, sich im entscheidenden Waffengang zwischen Caesar und Pompeius durchzulavieren, daß man auch von ihm sagen könnte: „er meinte, in solch entsetzlichen Zeiten könne das Recht sich auch ohne jegliche Gewalt behaupten".[26] Als er während einer gefährlichen Gesandtschaft verstarb, beschloß der Senat für ihn eine Statue, und dies nicht wegen seines Ruhmes als Rechtsgelehrter: es handelte sich um eine Bronzestatue (keine Reiterstatue), die noch in hadrianischer Zeit zu sehen war: Sie stand für den Charakter eines Mannes, der die „Einfachheit der Vorfahren" schätzte und die *insolentia* seiner Zeit tief verachtete.[27]

In der späten Republik wies man, mit deutlicher ideologischer Absicht, auf die Verbindung zwischen Staatsdienst und Jurisprudenz hin. Maßgebend als Fachmann auf einem wichtigen Gebiet des Gemeinschaftslebens ist es der Rechtsgelehrte auch als Staatsmann. Beide Aspekte bleiben aber getrennt, sie werden nicht vermischt, denn der Rechtsgelehrte handelt stets als Privatmann, und seine Tätigkeit ist unabhängig von den jeweils ausgeübten Ämtern; beide Aspekte stehen jedoch in engem Zusammenhang. In der politischen Terminologie verbinden sich *honos* und *gratia*, *auctoritas* und *dignitas* mühelos mit *interpretatio* und *cognitio iuris civilis*, ebenso wie mit *eloquentia*. Die Feststellung, daß jemand „sehr reich, adelig, eloquent, ein bedeutender Jurist und Pontifex Maximus" sei, kennzeichnet zwischen dem 2. und 1. Jahrhundert v. Chr. die fünf wichtigsten Eigenschaften des Bürgers.[28] Es kann die eine oder andere von ihnen fehlen und andere können hinzutreten: das Amt des Pontifex Maximus gehörte nicht immer zu diesem Bild, eine adelige Herkunft traf für *homines novi* nicht zu. Das Modell bleibt indes in seinen Umrissen unverändert. Auch das legendenumwobene Bild Catos des Censors ist danach ausgelegt:

„Er hatte das bürgerliche Recht studiert; hielt er deswegen etwa keine Plädoyers? Er konnte reden; kümmerte er sich deshalb nicht um die Rechtswissenschaft? Auf beiden

1. Der Laie als Rechtsgelehrter

Fachgebieten hat er sich betätigt und hervorgetan. War er nun etwa wegen des Ansehens, das er sich durch seine Verdienste um Privatpersonen erworben hatte, in der Politik untätig? Keiner war vor dem Volk einflußreicher, keiner ein besserer Senator als er, und dabei war er zweifellos zugleich ein vorzüglicher Feldherr. Schließlich gab es in dieser Stadt zu seiner Zeit nichts, was man wissen oder lernen konnte, das er nicht untersucht und studiert, vor allem aber auch schriftlich behandelt hatte."[29]

Die Darstellung Ciceros hält sich in Stil und Form an das Genos der *laudationes*. Ins letzte Viertel des 3. Jahrhunderts v. Chr. gehört ein berühmtes Dokument, die Leichenrede des Q. Caecilius Metellus für seinen Vater Lucius, cos. 251 und 247 v. Chr.: „sein Wunsch sei gewesen, der erste Krieger, der beste Redner, der tapferste Feldherr zu sein; er wollte, daß unter seiner Leitung die wichtigsten Taten vollbracht würden; er habe die obersten Magistraturen ausüben, die größte Weisheit, und als Senator die höchste Würde erstreben, ein großes Vermögen auf rechte Weise sammeln, viele Kinder hinterlassen und der Angesehenste im Staate sein wollen".[30] Man kann annehmen, daß, wenn Metellus, so wie Cato, auch als Rechtsgelehrter tätig gewesen wäre, dieser Punkt nicht mit Stillschweigen übergangen worden wäre.

In den „Wirrnissen" der caesarischen Zeit schien der Niedergang der Magistraturen auch auf die Rechtswissenschaft einen Schatten zu werfen und sie in eine unheilbare Krise zu ziehen. In den Augen Ciceros ist Servius Sulpicius Rufus fast der letzte Jurist, der diesen Namen verdient.[31] In Wirklichkeit vollzog sich ein Wandel. Gegen Ende der Republik nimmt die effektive und ideologische Bindung zwischen Jurisprudenz und Staatsdienst ab, oder sie nimmt andere Formen an. Die Juristen aus dem Ritterstand, die wir zwischen den sechziger und vierziger Jahren des 1. Jahrhunderts v. Chr. vor uns haben, halten sich von politischen Karrieren fern (so z. B. Aulus Ofilius und C. Trebatius Testa, beide Gefolgsleute oder Freunde Caesars); oder sie verzichteten, nachdem sie in den Senatorenstand eingetreten waren darauf, die Stufenleiter der *honores* bis zur letzten Stufe zu durchlaufen, wie etwa Aulus Cascellius und C. Aquilius Gallus. Eine oder zwei Generationen später gelangte M. Antistius Labeo, der sich nicht einer gehobenen sozialen Stellung, sondern nur einer unbeugsamen aristokratischen Haltung rühmen konnte, nicht über die Prätur hinaus, und widmete sich vor allem seinen Studien.

Wie kann man den „Typ" des Rechtsgelehrten in der späten Republik beschreiben? „Doch wenn es um die Frage ginge, wer zu Recht den Titel eines Rechtsgelehrten trägt", erläutert der Redner Antonius in Ciceros Dialog, „so würde ich ihn als den Mann bezeichnen, der die Gesetze und Gepflogenheiten, an die sich die Privatpersonen im Leben der Gemeinschaft halten, kennt, um Gutachten, Klageformulare und Formeln für den Abschluß von Rechtsgeschäften zu erteilen".[32] Man sieht, daß es sich noch um die Funktionen des Pontifex der Frühzeit handelt; da sie aber frei, ohne priesterliche oder sakrale Bindungen ausgeführt werden, haben sie eine neue „öffentliche" Bedeutung

VI. Ein aristokratischer Beruf

erlangt. Beim Entwurf von Klageformularen und Formeln für den Abschluß von Rechtsgeschäften wird das *cavere* und *agere* zusammengefaßt. Das *respondere*, also die (kostenlose) fachliche Lösung einer juristischen Anfrage, bleibt die wichtigste Aufgabe. Der Rechtsgelehrte, der *iuris consultus*, verdankt seinen Namen dem *consuli*, dem „um einen Rat gefragt werden"; andere Termini, wie *iuris peritus* oder *iuris prudens*, spielen dabei lediglich auf seine Kompetenz in einer bestimmten Disziplin an.

In der hellenistisch-römischen Welt war der Rat, und zwar jedweder passende Rat, für denjenigen, dem er zuteil wurde, ein „göttliches Gut",[33] und es war ein „Zeichen der Auszeichnung" für den, der ihn geben konnte.[34] Der Rat des Rechtsgelehrten ist fachlicher Natur, er unterscheidet sich vom politischen oder lediglich praktischen oder persönlichen Ratschlag, denn er gründet sich auf das Wissen eines Spezialisten; man kann ihn, wenn überhaupt, in die Nähe des Ratschlages eines Arztes bringen. Er kann sich an unterschiedliche Adressaten richten: an jedweden von seinen eigenen Belangen betroffenen Bürger, an einen Magistrat, an einen Richter, der mit einem neuen schwierigen Fall befaßt ist. Dem Rechtsgelehrten kommt eine vermittelnde Rolle zwischen dem Recht, das mit seinen Schichtungen und Komplikationen, mit seinen vielfältigen Quellen alles andere als ein offenes Buch ist, und seinen Nutzern und Anwendern zu. Andererseits entwickelt er die dem Recht innewohnenden Möglichkeiten weiter, er ist zugleich dessen Interpret und Schöpfer. Wir haben es dabei nicht allein mit der Kompetenz aufgrund des juristischen Ratschlags, sondern daneben auch mit der *auctoritas* dessen, der ihn gibt, zu tun. Die *auctoritas* ist ein wichtiger Sachverhalt. Man kann sogar sagen, daß die *auctoritas* in der Praxis des Respondierens wichtiger ist als das Talent.[35] Prestige ohne Talent ist nicht vorstellbar, aber neben dem Talent bedarf es weiterer Dinge, die das Prestige bestimmen: familiäre und soziale Herkunft, militärische Verdienste und solche im Staatsdienst, ferner fortgeschrittenes Alter.

Der Rechtsgelehrte wirkt im Rahmen der Stadt. Metaphorisch konnte man sein Haus sogar als ein Orakel rühmen.[36] Ob nun dieses Haus prächtig war, wie bei Aquilius Gallus auf dem Viminal oder schlicht wie beim alten Manilius im eleganten Stadtviertel der Carenae zu Füßen des Esquilin,[37] hing von den Umständen ab. P. Cornelius Scipio Nasica Corculum, ein etwas älterer Zeitgenosse des Manilius, bewohnte ein aus öffentlichen Geldern finanziertes Haus an der via Sacra.[38] Der Rechtsgelehrte saß in seinem Hause auf einem prächtigen „antiken" Sessel und schenkte dort seinen Besuchern Gehör.[39] Die bevorzugten Orte, an denen der Rechtsgelehrte seiner Tätigkeit nachgeht, sind das Haus und das Forum; hier finden sich seine Kunden und seine Schüler ein. Das *respondere* und *docere* geschieht gleichzeitig, und das Respondieren ist ebenso ein didaktischer Vorgang. Man mußte dem Rechtsgelehrten nur zuhören. „Diejenigen, die lehren wollten, brauchten dieser Aufgabe nicht extra Zeit zu widmen, sie befriedigten gleichzeitig jene, die lernen wollten und jene, die sie um Rat angingen".[40] Dies trifft für die späte Republik und die Zeit danach zu, zumindest solange, bis eine andere Berufsgruppe, kosmopolitisch und bürokratisch orientiert, die Stelle der in der Stadt wirkenden und „freien" Rechtsgelehrten einnimmt, und die Beratung, die nunmehr von einem akademisch gewordenen Unterricht getrennt stattfindet, ihren Charakter wandelt; sie entfaltet sich jetzt in einem mediterranen und reichsweiten Umfang zwischen bisweilen weit voneinander entfernten Gesprächsteilnehmern.

Das Respondieren ist andererseits auch ein wirksames propagandistisches Instrument. Im Wahlkampf konnte der Rechtsgelehrte etwas mehr tun als die Hände seiner Mitbürger zu schütteln und allen zuzulächeln; er konnte ihnen seine Kompetenz antragen. Dies trug dazu bei, berühmt zu werden oder einen bereits erworbenen Ruhm zu festigen. Es gibt darüber endlose Anekdoten und der Bericht des Antonius in Ciceros *De oratore* illustriert dies gut:

„Ich habe die folgende Geschichte oft gehört: Als Publius Crassus sich um die Ädilität bewarb und Servius Galba, der älter und ein Konsular war, ihn begleitete ... kam ein Mann vom Lande zu Crassus, um sich Rat zu holen. Er nahm Crassus beiseite, trug ihm seinen Fall vor und erhielt von ihm einen Bescheid, der mehr der Wahrheit angemessen als seinen Interessen dienlich war. Als Galba ihn betrübt sah, rief er ihn beim Namen und fragte ihn nach dem Anliegen, das er Crassus vorgetragen hatte. Als er ihn angehört und die Betroffenheit des Mannes wahrgenommen hatte, sagte er: ‚Crassus war sichtlich aufgeregt und anderweitig in Anspruch genommen, als er dir antwortete'. Dann nahm er Crassus selbst bei der Hand und sprach: ‚Was fällt dir ein, so ein Gutachten zu erteilen?' Darauf erklärte Crassus im Bewußtsein seiner gründlichen Sachkenntnis mit Bestimmtheit, daß der Fall so liege, wie sein Bescheid gelautet habe, und daß kein Zweifel möglich sei. Doch Galba führte unter den verschiedensten ausgiebigen Scherzreden viele Parallelbeispiele an und brachte viele Argumente vor, die für die Billigkeit und gegen die rechtliche Strenge sprachen. Da habe Crassus, weil er in der Auseinandersetzung nicht mithalten konnte – er zählte zwar zu den gewandten Rednern, doch war er Galba keineswegs gewachsen –, seine Zuflucht zu maßgeblichen Vertretern seines Fachs genommen und nachgewiesen, daß das, was er sagte, in den Büchern seines Bruders Publius Mucius und in den Kommentaren des Sextus Aelius stand; und trotzdem habe er zugeben müssen, er finde die Erörterung Galbas plausibel und beinahe wahr".[41]

2. Recht, Philosophie und *artes liberales*

Die Juristen schrieben zwar Bücher, daneben mußten sie solche aber auch lesen, und sie lasen selbstverständlich nicht nur die Werke ihrer Zunftgenossen. Trebatius Testa, der neugierig in Ciceros Bibliothek herumstöberte, entdeckte die *Topica* des Aristoteles und nötigte seinen Freund, sie ihm zu erläutern.[42] Über die Interessen des Trebatius wissen wir nicht sehr viel;[43] die Juristen jedoch, die sich hundert Jahre zuvor um Panaitios geschart hatten, wie zum Beispiel Manius Manilius oder Q. Aelius Tubero der Ältere, waren zweifellos Gelehrte,⁴⁴ und Servius Sulpicius Rufus war ein außerordentlich gebildeter Mann. Sein intellektueller Werdegang ist (zugegebenermaßen) relativ einfach nachzuzeichnen:

> „Ich studierte mit Leidenschaft und schrieb, las und deklamierte fast täglich; freilich beschränkten sich meine Interessen nicht auf diese für einen Redner wichtigen Übungen... Mit Hingabe widmete ich mich auch dem Studium des *ius civile*... Ich dachte Tag und Nacht über alle Wissensgebiete nach... Ich übte mich auf verschiedenen Gebieten und insbesondere in der Dialektik..."

Dieses Stück Autobiographie, das die Jahre zwischen dem Bundesgenossenkrieg und der Rückkehr Sullas nach Italien aus dem Mithridateskrieg wieder ins Gedächtnis zurückruft, stammt von Cicero, nicht von Servius selbst,⁴⁵ gilt aber auch für ihn. Servius widmete sich damals vor allem seiner Ausbildung als Redner: er begab sich deshalb nach Rhodos zu Apollonius Molo, der dort eine Schule für Redner betrieb.⁴⁶ Freilich interessierten ihn neben der Redekunst auch alle anderen „freien Künste", und er bildete damals jene weitgefächerte Bildung aus, auf die Cicero in seinen Briefen und in seiner 9. Philippischen Rede hinweist.⁴⁷

Auch die Bildung des M. Antistius Labeo (in augusteischer Zeit) war vielfältig. Gewiß, er war kein Redner und hielt es dabei mit seinem Lehrer Trebatius; er unterschied sich dadurch jedoch von Servius und von seinen entfernteren Vorgängern und unter den zeitlich näherstehenden Vorgängern von Q. Aelius Tubero dem Jüngeren, der mindestens einmal als Advokat aufgetreten war.⁴⁸ Zwar war das Recht sein hauptsächlicher Studiengegenstand, aber die anderen „freien Künste" nahmen einen wichtigen Platz ein. Er vertiefte sich in Grammatik und Dialektik, untersuchte die „älteste und entlegenste Literatur", „er wurde zum gründlichen Kenner lateinischer Wörter und der Regeln, nach denen sie gebildet wurden", und er verband die Sprachforschung mit der juristischen Forschung zu einer unauflöslichen Einheit.⁴⁹ Er war Antiquar und in gewissem Sinn auch „Archäologe".⁵⁰

Grammatik, Dialektik und Rhetorik (für die Hermagoras von Temnos seit der Mitte des 2. Jahrhunderts v. Chr. systematische Regeln aufgestellt hatte) gehörten zur Ausbildung eines jeden gebildeten Menschen. Hierzu mochten Handbücher und Nachschlagewerke genügen. Aber warum sollten ausgerechnet die Juristen, – oder zumindest solche wie Labeo und Servius –, nicht auch die Philosophen lesen, wie dies ja auch die anderen römischen Gelehrten taten? „Die Götter haben den Menschen nichts Größeres oder Besseres zum Geschenk gemacht", als die Philosophie, bemerkt Varro platonisch in dem Dialog, der seinen Namen trägt. Man las die Philosophen in Griechisch und bemühte sich, sie ins Lateinische zu übersetzen. Dies war jedesmal dann notwendig und angezeigt, wenn man philosophische Themen diskutierte, auch wenn bezweifelt wurde, daß es nützlich sei, die Philosophie, diese erhabene griechische „Wissenschaft", systematisch ins Lateinische zu übertragen. Einige hielten es für vergebliche Mühe und meinten, daß es besser wäre, direkt zu den „Quellen" zurückzugehen. Varro sagt, er habe das Studium der Philosophie nur für sich selbst betrieben; es war nicht seine Absicht, sie „populär" oder „öffentlich" zu machen. Er fügte gleichwohl hinzu, daß „viele Dinge sehr tief mit der Philosophie zusammenhingen" und eine Menge „Dialektik" konnte man schließlich in seinen *Saturae Menippeae* wiederfinden.[51]

Auch wenn wir keine Belege und Hinweise hätten, müßten wir ein gewisses Interesse bei den Juristen, oder zumindest bei einigen von ihnen, für die Philosophie unterstellen. Es ist natürlich nicht ausgeschlossen, daß sie sich der Philosophie nur aus Vergnügen widmeten, so wie man sich aus diesem Grund auch mit Astronomie oder mit Aberglauben und volkstümlichen Kulten beschäftigen konnte.[52] Möglicherweise taten sie es aber auch nur, um ihrem Leben einen Halt zu geben, und sie betrachteten sie als etwas ganz Eigenes, das sie bei ihrer juristischen Arbeit vergaßen. Ist dies vorstellbar? Oder muß man nicht vielmehr jedesmal die Frage stellen, ob eine „tief sitzende Philosophie" sich nicht auch in ihren Schriften ausdrücke? Wir können hier jetzt nicht versuchen, auf diese Frage eine Antwort zu finden. Ich möchte mich vielmehr einem anderen Problem zuwenden. Das *ius civile* war, als Kunst oder als Wissenschaft, als praktisch-theoretische Betätigung oder als kognitive Tätigkeit im eigentlichen Sinne, Teil eines enzyklopädischen und umfassenden Wissens. In gewisser Weise traf dies auch für die Generation des Sextus Aelius und des Cato zu. In den folgenden Jahren, in denen sich die juristische Methode wandelte und verfeinerte, fand dieses enzyklopädische Wissen immer stärker seinen Ausdruck in der koinè der griechisch-römischen Kultur. Ciceros ‚De oratore' vermittelt uns durch den Mund seiner Hauptperson eine klare Vorstellung:

„Nicht nur in diesem einen Fall der Redekunst, sondern auch in mehreren anderen ist der Umfang des Faches durch Aufteilung und Abtrennung verringert worden. Oder meinst du etwa . . . es habe zu Lebzeiten des großen Hippocrates von Cos Ärzte gegeben, die Krankheiten, und andere, die Wunden, und wieder andere, die Augen heilten? Und sollten etwa die Geometrie, wie sie Euclid und Archimedes, die Musik, wie sie Damon und Aristoxenus betrieben, selbst die Literatur, wie sie von Aristophanes oder Callimachus behandelt wurde, so zersplittert gewesen sein, daß niemand das gesamte Fach beherrschte und jeder sich ein anderes Gebiet, auf dem er arbeitete, vorbehielt? Was mich betrifft, so habe ich von meinem Vater und von meinem Schwiegervater oft gehört, auch unsere Landsleute, die sich auszeichnen und mit ihrer Weisheit Ruhm erwerben wollten, hätten in der Regel alles beherrscht, was man damals in Rom wußte. Dabei dachten sie an Sextus Aelius; Manius Manilius habe ich selbst noch auf dem Forum auf und ab spazieren sehen – das war ein Zeichen dafür, daß derjenige, der das tat, allen seinen Mitbürgern seinen Rat zur Verfügung stellte. Zu ihnen ging man meist, wenn sie in der erwähnten Weise einherspazierten oder wenn sie zuhause in ihrem Sessel saßen, nicht nur um sich in Rechtsfragen an sie zu wenden, sondern auch bei der Verheiratung der Tochter, beim Kauf eines Grundstücks, der Bestellung eines Ackers, ja überhaupt bei allen Pflichten und Geschäften. So zeigte sich die Weisheit des alten Publius Crassus, so die des Tiberius Coruncanius, des klugen und umsichtigen Scipio, des

Urgroßvaters meines Schwiegersohnes; sie alle waren Pontifices Maximi, so daß man sich in allen göttlichen und menschlichen Belangen an sie wenden konnte. Zugleich erwiesen sie sich als verläßliche Ratgeber im Senat, in den Volksversammlungen und bei Prozessen ihrer Freunde sowohl im Frieden als auch im Krieg".[53]

Die Bedeutung der Einheit des Wissens, und was es hieß, einen seiner Zweige zu bevorzugen oder von den anderen abzutrennen, waren in der spätrepublikanischen Diskussion über den Wert der Kultur sehr aktuelle Fragen. Zweifellos ist die Jurisprudenz ein Fach für Spezialisten; die „Spezialisierung" bedeutet aber nicht Isolierung; sie bestimmt sich in einem vielschichtigen Bild, in dem humanistische und fachlich-rationalistische Ausprägungen nebeneinander leben. Dennoch hebt die Differenzierung der Kompetenzen und der Rollen das Problem ihrer Beziehungen zueinander nicht auf, und dieses Problem taucht immer wieder auf, wo sich dieser Technizismus in der juristischen Diskussion besonders ausprägt.[54]

3. Der Jurist als Orakel

Wie schon gesagt, kann ein Rückgriff auf Anekdoten ab und zu angezeigt sein, um ein Lebensgefühl zu beschreiben. Wir müssen dabei freilich unterschiedliche Ebenen auseinanderhalten. Ich möchte dies an einem Beispiel erläutern: Aus dem ‚Leben der Philosophen' des Diogenes Laertius erfahren wir, daß Demophon, der Majordomus Alexanders, sich statt in der Sonne, im Schatten erwärmte, und daß Andron von Argos auch in die libysche Wüste reiste, ohne zu trinken. Diese Nachrichten sind für uns völlig unwichtig oder sie sind nur insofern von Bedeutung, als sie den zweiten Tropos in dem „Grundriß der Lehre Pyrrhons" des Skeptikers Ainesidemus über die Idiosynkrasien der Menschen erläutern.[55] Aber kann man behaupten, dasselbe gelte auch für das öffentliche und beispielhafte Betragen des Q. Mucius Scaevola im Dialog mit Servius? Wir erfahren davon durch Sextus Pomponius in seinem *Enchiridion*, dessen Quelle unbekannt ist:

„Servius Sulpicius nahm als Gerichtsredner den ersten, oder hinter Marcus Tullius zumindest den zweiten Rang ein. Er soll, so wird berichtet, einst zu Quintus Mucius gegangen sein, um ihn über eine Angelegenheit eines seiner Freunde um Rat zu fragen. Da er das rechtliche Gutachten des Mucius nicht recht verstanden hatte, habe er ihn abermals gefragt; aber obwohl Mucius ihm wieder geantwortet habe, habe er dies immer noch nicht verstanden. Mucius habe ihm deshalb harte Vorwürfe gemacht; er meinte, es sei eine Schande für einen Patrizier, *nobilis* und Gerichtsredner, das Recht, mit dem er sich beschäftige, so wenig zu kennen".[56]

Verweilen wir ein wenig bei diesem Bericht, um festzustellen, in wieweit er eine über das Anekdotische hinausgehende Wirklichkeit birgt. Vor allem sollten wir uns fragen, ob wir einen wirklichen Vorfall oder eine erfundene Geschichte vor uns haben. Beides ist möglich. Q. Mucius Scaevola starb

82 v. Chr.; damals war Servius etwa 25 Jahre alt. Wir haben uns demnach einen Mann in den Zwanzigern, vor einem betagten und hochangesehenen Juristen vorzustellen. Offensichtlich war Servius bereits in der Lage, seine Gefechte vor Gericht auszutragen. Ciceros erste Plädoyers stammen aus dem Jahr 81 v. Chr., als er 25 Jahre alt war;[57] andere Redner, wie L. Licinius Crassus oder Q. Hortensius Hortalus, waren bereits mit etwa 19 Jahren aktiv.[58] Betrachtet man diese Umstände, dann kann der von Pomponius berichtete Vorfall also tatsächlich geschehen sein. Aber auch wenn er sich nie ereignet hätte und eine Erfindung wäre, hätte er für uns Gewicht, da uns sein symbolischer Wert mehr interessiert als seine faktische Wahrheit. Im Grunde sind die handelnden Personen hier nicht als solche in ihrer physischen Existenz, sondern in ihrem typologischen Profil relevant. Ein Redner wendet sich an einen Juristen um Rat, versteht aber zweimal nicht den Bescheid, den der Jurist erteilt. Dies ist bezeichnend. Auch wenn wir uns vorstellten, Servius hätte keinerlei Ahnung vom Recht gehabt, wäre seine Taubheit in unserem Fall überraschend. Wir wundern uns nicht mehr so sehr, wenn wir darin seine Reaktion (beabsichtigt oder nicht) auf ein „orakelhaftes" Gebahren sehen. Quintus Mucius war ein Jurist, der der priesterlichen Tradition schon sehr fern stand, aber sie irgendwie auch fortsetzte. Die fachlich argumentative Bedeutung des Bescheides sollte verborgen bleiben, und nur der Bescheid in seiner nackten und bloßen Formulierung zu Tage treten. Aber war andererseits „Bescheid-geben wie ein Jurist", also bekräftigend, nicht geradezu ein Sprichwort?[59] Wenn dem so ist, dann hat die Anekdote eine tiefe Bedeutung, die weit über den banalen Vorfall hinausgeht. Mir scheint noch ein weiterer Aspekt von Bedeutung: Der Vorwurf, den Mucius dem Servius macht, – ein Redner, ein *nobilis*, müsse das Recht kennen, – stimmt mit einer Auffassung überein, nach der Recht und Redekunst eng verbunden sind. Wir sind im Lauf unserer Untersuchung bereits auf diese Auffassung gestoßen, und die Anekdote des Pomponius bestätigt sie noch einmal.

4. Bewahrung und Neuschaffung von Formeln

„In gewissem Sinne definiert sich die frühe römische Hocharistokratie, der Patriziat, durch seine religiösen und politischen Privilegien, die an das Monopol auf gewisse Praktiken (das *imperium*, die Auspizien, die Formeln) gebunden sind und die, zumindest teilweise, in den kulturellen Bereich hineinreichen: es ist eine Aristokratie des Wortes und nicht nur eine des Landbesitzes und des Krieges", sagte einmal Claude Nicolet.[60] Man kann diese Beobachtung mit den entsprechenden Anpassungen auf den „erweiterten Patriciat", den Adel, ausdehnen.[61]

Abermals kann uns eine Anekdote zu Hilfe kommen. Sie erinnert an eine

Episode, deren Hauptfigur ein berühmter Mann, nämlich P. Cornelius Scipio Aemilianus, eine dominierende Figur auf der politischen Bühne seiner Zeit, ist.

„Als Censor beging er am Ende seiner Amtszeit feierlich das Ritual des Sühneopfers, und der *scriba* sprach ihm aus den Akten die feierliche Gebetsformel vor, mit der die unsterblichen Götter inständig gebeten wurden, das Glück des römischen Volkes zu mehren und zu vergrößern. ‚Es ist schon groß genug' sagte er, ‚daher bitte ich die Götter, daß sie es für immer so erhalten mögen'. Dann ließ er unverzüglich die Formel in den Akten so umändern".

Diese vor Moral triefende Geschichte findet sich bei Valerius Maximus in seinen „Denkwürdigen Taten und Aussprüchen".[62] Es geht von ihr etwas Prophetisches aus, das in der Vergangenheit dazu beigetragen hat, die „tragische Gestalt" des Aemilianus zu charakterisieren.[63] Die Genauigkeit des Vokabulars und die Fachkenntnis, die „minutiöse Genauigkeit der Inszenierung" in der Geschichte schaffen, sagte man, eine günstige Atmosphäre. Dennoch ist die Authentizität der Episode, die auf den ersten Blick sicher scheint, sehr umstritten, und man müßte vielleicht das Problem noch einmal aufgreifen.[64] Doch soll uns jetzt die historische Wahrheit des Berichtes nicht kümmern; uns interessieren, wie im Fall des Dialogs zwischen Q. Mucius Scaevola und Servius, seine formalen Aspekte: die Verwendung einer feierlichen, mit der Zeit gewachsenen Formel in einem Kontext von Verfassung und Religion, das autoritative Eingreifen, um die Formel zu verändern, und die Aufnahme der neuen Formel in die Akten. Ein überliefertes feierliches Gebet zu verändern, war nichts Alltägliches und nicht jedweder war dazu befugt. Einige Teile des Gebetes waren geradezu unantastbar: die Anrede, mit der die Gottheit angerufen wurde, das oder die dazugehörigen Epitheta, die Bestimmung des Opfers, und so fort. Andere Teile waren dies weniger, wie die Verschiedenartigkeit der Klauseln beim *votum*, jenem einzigartigen einseitigen Versprechen, zeigt.[65] In unserem Fall geschieht jedoch etwas mehr, als einfach eine Formel zu konkreten Umständen anzupassen: man führt eine Variante ein, die der Text der Zukunft sein soll.

Das Gebet des Zensors nimmt in unseren Augen eine Bedeutung an, die über seine Grenzen hinausweist. Es steht sozusagen als Allegorie für ein praktisches Handeln, das sich übrigens auch in anderen Bereichen des Lebens, insbesondere im Recht zeigt. Der Rechtsgelehrte ist aus Berufung zugleich Wächter, Urheber und Anwender von Formeln, er bedarf keines staatlichen Angestellten, um sie auszusprechen, weil er es nämlich selbst ist, der sie bestimmt; er kann sowohl die bereits in Gebrauch befindlichen den neuen Gegebenheiten anpassen, als auch weitere ersinnen.

Wie wir sahen, war dies die Aufgabe der alten Priester-Juristen. Man verzichtete auch später, zumindest bis in die frühe Kaiserzeit, nicht darauf, selbst wenn man nach der Überwindung des primitiven Formalismus neue Wege einschlug. Sextus Aelius und Cato der Zensor, sowie einige Generationen später Manilius, waren Urheber von Formeln. Q. Mucius Scaevola ging etwa in dieselbe Richtung. Er „komponierte" als Pontifex Maximus den Eid, der Teil des Ritus der *adrogatio* wurde; die *cautio Muciana* ist ein eigenes formales Rechtsgeschäft aus dem Bereich der Garantieleistung, das seinen Namen trägt. In einem berühmten Prozeß, der Ende der neunziger Jahre des ersten Jahrhunderts v. Chr. viel Aufsehen erregte, trat er als der getreueste und strengste Interpret der „alten Formeln" beim Testament auf.[66] Die private Autonomie erforderte fachliche Erfindungsgabe und führte zur Suche nach neuen Möglichkeiten für den Schutz der jeweiligen Interessen. Mindestens vier der angesehensten Juristen, die während eines Abschnittes ihres Lebens sogar Zeitgenossen waren, stimmten darin überein, für einen bestimmten praktischen Zweck eine komplizierte Kombination testamentarischer Klauseln vorzusehen.

„Jemand hatte von seinem Sohn zwei unmündige Enkel, von denen einer in seiner Gewalt war, der andere aber nicht. Er wollte beide zu Erben auf gleiche Teile; und überdies wollte er, wenn einer von ihnen unmündig sterben würde, dessen Teil auf den anderen übertragen. Er setzte, der Empfehlung des Labeo, Cascellius und Trebatius folgend, nur den, der in seiner Gewalt stand, als Erben ein: dem anderen setzte er die Hälfte der Erbschaft als Vermächtnis aus, das ihm der Erbe bei Eintritt der Mündigkeit zu überlassen hatte. Für den Fall aber, daß der in seiner Gewalt stehende Enkel – der eingesetzte Erbe – unmündig sterben würde, setzte er für ihn den andern als Ersatzerben ein".[67]

Wie man sich leicht vorstellen kann, bot der neue Prozeß, der die archaische Prozedur der *legis actiones* ersetzte, einen Spielraum für den Hang der Jurisprudenz zum „Formular". Bei dem neuen Prozeß spielte die *formula* bekanntlich die wichtigste Rolle. Die Juristen arbeiteten an diesem „komplexen geschichtlichen Vorgang", d. h. der Erschaffung von Formeln im technischen Sinne,[68] einmal als Berater der einzelnen Parteien in einem Rechtsstreit, zum anderen als Berater des Gerichtsmagistrats. Werfen wir einen Blick auf die zuerst genannte Rolle:

„Auf einem gewissen Teil des Hauses von Caius Seius lag eine Dienstbarkeit zugunsten des Hauses von Annius. Sie hatte zum Inhalt, daß Gaius Seius auf demselben nichts anlegen durfte. Seius pflanzte aber dort ein Wäldchen an, in dem er Wasserbassins und Gefäße aufstellte. Alle Rechtsgelehrten gaben Annius den Rat, gegen Seius zu klagen, daß dieser auf jener Stelle dergleichen gegen seinen Willen nicht anlegen dürfe".[69]

Anderswo ist eine Unterscheidung nicht leicht. Welche Rolle spielte Aulus Cascellius? Eine Formel trägt seinen Namen, und dies ist ein Zeichen (nicht das einzige) seines „beharrlichen Empirismus".[70] Das *iudicium Cascellianum* ist Teil des sehr schwierigen Zusammenspiels beim Schutz des Besitzes: derjenige, der beim den Besitz eines Grundstücks Störungen und Unannehmlichkeiten erlitten hat, und zulassen muß, daß der Prätor es provisorisch seinem

Prozeßgegner übergeben hat, kann, wenn eine Restitution nicht erfolgt, eine Entschädigung verlangen.[71] In seiner Eigenschaft als Jurist schuf Aquilius Gallus die Formel der *actio de dolo* und er war es wahrscheinlich auch, der die *exceptio doli* einführte.[72] *Praetor peregrinus* scheint er nicht gewesen zu sein, und *praetor urbanus* war er ganz sicher nie.[73] Freilich wissen wir nicht, wann und wem er seine Ratschläge erteilte.

Wenn die Prozeßformeln einmal ins prätorische Edikt aufgenommen waren, wurden sie zu Typen, zu Rechtsbehelfen, deren sich jeder Bürger bedienen konnte, wenn er mußte. Jedoch konnte ihre Anwendung in der Praxis Unsicherheiten beinhalten. Die Beziehung zwischen den Schemata und der praktischen Wirklichkeit (eine unerschöpfliche Quelle der „exemplarischen" Kasuistik, die Beispiele lieferte), war nie ganz einfach: in ihrem Schnittpunkt wird erneut die unschätzbare Arbeit der Jurisprudenz ersichtlich. Wie weit ging etwa die Berufung auf den „guten Glauben" in der Formel der *actio empti*? Cicero bezeugt einen juristischen Fortschritt von ungeheuerer Tragweite:

„Im Immobilienrecht gilt bei uns nach *ius civile*, daß beim Verkauf von Grundstücken die Mängel bezeichnet werden müssen, soweit sie dem Käufer bekannt sind. Nach dem Zwölftafelgesetz genügte es, zu leisten, was ausdrücklich genannt worden war; den Verkäufer, der falsche Angaben gemacht hatte, traf die Strafe auf den doppelten Wert (der Sache); die Rechtsgelehrten haben auch für das Verschweigen eine Strafe eingeführt. Denn, wie sie entschieden, müsse der Verkäufer für jedweden Mangel eines Grundstücks, sofern er ihm bekannt war, er ihn aber nicht namentlich bezeichnet hatte, einstehen".[74]

5. Mißtrauen gegenüber dem Gesetz

Eine zusammenfassende Darstellung der Rechtsordnung der späten Republik trennt und verbindet in dem (bereits behandelten) binomischen Satz[75] *leges* und *iura*, also einerseits Normen, die sich die Stadt durch ihre verfassungsmäßigen Organe selbst gegeben hat, und andererseits Gewohnheitsrecht im weitesten Sinne des Wortes. In welcher Beziehung stehen nun die beiden Begriffe zueinander, und welche Stellung nimmt ihnen gegenüber die Rechtswissenschaft ein?

Im ersten Teil dieser Frage verbirgt sich ein altes Problem, das uns (wenn wir nach der ersten theoretischen Untersuchung suchen wollen) auf das klassische griechische Denken zurückführt. Ausgangspunkt ist das Gesetz als Ausdruck einer souveränen Macht. Die Sophistik hatte dies unterschiedlich und bisweilen strittig interpretiert. Nach Protagoras ist es so, daß beim Gerechten und beim Ungerechten „nichts von Natur aus ist und ein eigenes Wesen hat, sondern daß die gemeinsame Meinung dann wahr wird, wenn man sie eben hat und solange man sie hat". Wie das Schöne und das Schlechte, das

Fromme und das Unfromme, so ist auch das Gerechte und das Ungerechte „für eine jede Polis genau so, wie sie es ansieht und daher für sich in den Gesetzen festlegt; und in diesen Dingen ist kein einzelner Bürger weiser als der andere noch eine Polis als die andere".[76] Die Gesetze, „ausgedacht von trefflichen alten Gesetzgebern",[77] sind relativ und neutral, sie rechtfertigen sich durch sich selbst, allein dadurch, daß sie Schöpfungen von Menschenhand darstellen. Hier fehlt offensichtlich jedwede naturrechtliche Anbindung; allerhöchstens gibt es, wenn man so sagen will, eine Art „contrat social".[78] Der *nomos*, der sich zur Universalität des ungeschriebenen Gesetzes erhebt, ist vielleicht eine Erfindung des Protagoras, wird aber selbst wieder auf die Ebene des Mythos zurückverlegt und spielt in der politischen Theorie keine Rolle.[79] Die Haltung des Hippias zu dieser Frage ist unklarer. Es ist schwer zu sagen, welche Bedeutung für ihn die *agraphoi nomoi* hatten, und wie sich *nomos* und *physis* zueinander verhielten. Freilich ist der ständige Wandel, dem die Gesetze im Leben eines Staatswesens unterliegen für Hippias ein Anlaß, die Frage nicht allzu ernst zu nehmen.[80]

Der von der Sophistik beeinflußte politische Realismus verzichtet nun keinesfalls darauf, eine Vorstellung vom Recht und von der natürlichen Gerechtigkeit zu entwickeln. „Die Natur selbst", so sagt Kallikles, „beweist, daß es gerecht ist, daß der Stärkere über dem Schwächeren und der Tüchtigere über dem weniger Tüchtigen steht". Dieses Prinzip läßt sich nicht nur bei den Menschen nachweisen und „in den Beziehungen zwischen Staaten und Völkern", sondern auch „bei anderen Lebewesen". Die Ethik des Individuums und die der Gesellschaft müssen sich ihren Führer suchen, indem sie sich von den Behinderungen durch die Gesetze freimachen, die sich die „Schwachen" und die „Mehrheit" zu ihrem Vorteil erschaffen".[81]

Platos Utopie steht zum Realismus der Sophistik in Gegensatz, aber auch in einem unterschwelligen Dialog. Aus der Sicht Platos muß sich in den positiven Gesetzen die rationale Weltordnung widerspiegeln. Diese Ordnung, und nicht das Übereinkommen, stellt ihr eigentliches Fundament dar. Der Mensch und die Polis fügen sich in die rationale Ordnung der Welt ein, und die Gesetze übersetzen diese in alltägliche Pflichten. In welcher Beziehung steht nun der Philosoph-Gesetzgeber zu den Gesetzen? Plato hatte in seinem *Staat* geschrieben, daß man die Lenkung des Staatswesens einem anvertrauen müsse, der „Kenntnisse liebt, welche ihm etwas offenbaren von jenem Sein, das immer ist und nicht durch Entstehen und Vergehen unstet gemacht wird".[82] Wer jedoch diese Kenntnis besitze und sie in die „königliche Kunst" umsetze (die Gesetzgebung gehört zu dieser „königlichen Kunst"), müsse dieser dann noch auf die Gesetze zurückgreifen, um zu regieren? Diese beunruhigende Frage stellt sich der *Politikos*. „Das Gesetz kann nie das für alle Zuträglichste und Gerechteste genau umfassen und so das für alle wirklich Beste empfehlen". Die Strenge der Gesetze und die „endlose unruhige Veränderlichkeit aller menschlichen Dinge" veranlaßten den Politiker-Philosophen, sich eher letzterem anzugleichen. Das Abstrakte der Gesetzgebung dürfe niemals auf das Konkrete des praktischen Lebens Zwang ausüben.[83] „Aber warum ist es nun notwendig, Gesetze zu geben, wenngleich das Gesetz nicht das Gerechteste ist?".[84] Dies ist aus praktischen Gründen erforderlich: „In Staaten wächst nicht, so wie es in Bienenschwärmen natürlich ist, ein König heran, der sich gleich nach Leib und Seele als überlegen hervorhebt; so müssen wir uns also zusammentun, um Statuten aufzustellen und dabei der Spur der wahrhaftigsten Verfassung nachzugehen".[85]

Die von Menschen geschaffenen Gesetze sind veränderlich; sie müssen dies auch sein, um sich laufend der Rationalität, den kosmischen Zusammenhängen anzupassen, deren einziger Interpret der Gesetzgeber-Philosoph ist. In dieser Hinsicht verhält er sich verständlicherweise wie der Arzt, der, wenn es ihm angezeigt scheint, nicht zögert, seine Therapie zu ändern.[86] Wenn nun die Gesetze veränderlich sind, stehen wir vor einem neuen Problem. Plato stellt sich ihm in seinem letzten Dialog. Welche Bedeutung haben „die uns aus fernen Zeiten überkommenen Gewohnheiten" bei diesem Fortdauern und diesem Wandel der Gesetzgebung? Sie stehen auf einer mittleren Position (mittel, weil zentral) zwischen den bereits schriftlich aufgezeichneten und den noch aufzuzeichnenden Gesetzen. „Wenn sie richtig festgestellt und zur Gewohnheit geworden sind, umhüllen sie die geschriebenen Gesetze und bilden einen schützenden Halt"; wenn sie jedoch „die rechten Schranken" überschreiten, bewirken sie, daß das ganze politische Gefüge einstürzt.[87] Hier zeigt das Gewohnheitsrecht, in seinen unterschiedlichen Ausprägungen, sein doppeltes Antlitz. Einerseits spielt es eine grundlegende Rolle, andererseits unterliegt es der Kritik und Beurteilung nach einem übergeordneten Maßstab.[88]

In Platos Sichtweise ist also die Rechtsordnung korrigierbar; freilich schließt ihre erklärte Veränderbarkeit einen wachen Sinn für die Überlieferung nicht aus. Diese Bindung läßt sich auch anderswo aufspüren. Aristoteles unterzieht in seiner *Politeia* die Konzeption des Gesetzgeber-Philosophen einer detaillierten und radikalen Kritik. Beherrschend ist eine legalistische Vorstellung, und das Gesetz wird auf seine empirische Dimension reduziert. Wie gesagt wurde, empfängt der *nomos* seine volle Rehabilitation auf einer theoretischen Grundlage, die „sich von der Platos unterscheidet".[89] „Es ist vorzuziehen", schreibt Aristoteles, „wenn das Gesetz regiert und nicht irgend ein einzelner Staatsbürger": folgerichtig müssen sich die Regierenden dem Gesetz unterwerfen und seine Wächter werden. Das Gesetz ist „Ordnung", *taxis*, es ist „Vernunft ohne Leidenschaft". Nur im Gesetz findet sich das *meson*, das „Unparteiische". Alle diejenigen Fälle, in denen das „Gesetz keine Bestimmungen treffen zu können scheint, dürfte auch ein Mensch nicht zu durchschauen vermögen". Das Gesetz überläßt es den Regierenden, ein Gesetz zu verbessern oder zu ändern, wenn dieses erforderlich ist, und erlegt ihnen auf, das übrige „nach gerechtester Einsicht zu entscheiden und zu verwalten".[90] In einem Staat gibt es, so stellt Aristoteles fest, nicht nur „geschriebene Gesetze", sondern auch „Gesetze, die auf Gewohnheit beruhen", und diese sind „noch entscheidender und beziehen sich auf noch entscheidendere Dinge als die geschriebenen Gesetze". Es besteht die Neigung, die „auf Gewohnheit beruhenden Gesetze" mit den „ungeschriebenen Gesetzen", den *nomoi agraphoi*, gleichzusetzen.[91]

Die Sichtweisen Platos und Aristoteles' sind für das rechtsphilosophische Denken im spätrepublikanischen Rom ein grundlegender Bezugspunkt. Ein bedeutendes Zeugnis dieses Denkens bieten, in rhetorischem Gewand, einige Seiten aus *De inventione* von Cicero. Hier wirkt ein anderer Geist. Cicero beschreibt die „Zustände einer Rechtssache", und insbesondere die *constitutio generalis*: dort, „wo zwischen einem Faktum und dem Wort, das es beschreibt, Übereinstimmung erzielt, und jegliche Auseinandersetzung über das Verfahren ausgeschlossen ist, stellt man Nachforschungen über die Tragweite, über die Art und Weise der Rechtssache selbst an". Für die *constitutio generalis* sind im Prinzip zwei Arten möglich, und zwar sind diese entweder *negotialis* oder *iuridicialis*. Im ersten Fall dreht sich die Diskussion um einen Streitpunkt aus dem „bürgerlichen Recht".[92] Deshalb muß man, wenn man die Anweisungen festlegt, die ihn regeln sollen, festlegen, in welchen Teilen sich das Recht unterscheidet.

„Sein Ursprung scheint naturrechtlicher Art zu sein. Einige Bestandteile, aus denen sich das Recht zusammensetzt, gehen aus Gründen der Nützlichkeit, die uns bisweilen offensichtlich, bisweilen aber auch unklar sind, in die Gewohnheit ein. Später wurde einiges, was die Gewohnheit empfahl oder was nützlich schien, durch Gesetze sanktioniert. Es gebe aber auch im Naturrecht, das uns nicht eine subjektive Meinung, sondern ein angeborener Drang nahelegt, wie das bei Religion, Frömmigkeit, Dankbarkeit, Verteidigung des eigenen Rechts, Gehorsam, Wahrheit.... Auf für Gewohnheit gegründetes Recht hält man dasjenige Recht, das aufgrund seines Alters auch ohne Gesetz, nach Meinung aller in Kraft ist. Im Gewohnheitsrecht können sich einige Normen dank ihrer Dauer ihrer selbst sicher sein".[93]

Diese Überlegung wird noch einmal in anderem Zusammenhang mit leichten Variationen aufgenommen:

„Die Gerechtigkeit ist die Geisteshaltung, die jedem zum Wohl der Allgemeinheit seine Würde bewahrt. Ihr Ursprung liegt in der Natur. Dann entstanden Normen, die aufgrund ihrer Nützlichkeit zur Gewohnheit wurden; in der Folgezeit sanktionierten Gesetzesfurcht und -bindung sowohl das, was aus der Natur hergeleitet als auch was durch Gewohnheit bestätigt worden war. Naturrecht ist nicht subjektive Meinung sondern der angeborene Trieb ... Gewohnheitsrecht ist entweder das, was die Natur klein hervorbringt und was der Gebrauch genährt und vergrößert hat, ... oder was die lange Zeitdauer und die allgemeine Zustimmung in Gewohnheit überführt haben ... Das Gesetzesrecht ist jenes, das in einem geschriebenen Text enthalten ist und das für das Volk öffentlich ausgestellt ist, damit es befolgt werde".[94]

VI. Ein aristokratischer Beruf

Genau genommen, erscheint in diesem Zitat das Gesetz in seiner innovativen Tendenz stark eingeschränkt. Es kann ein bereits bestehendes Gewohnheitsrecht bestätigen oder sich über dieses hinaus fortbewegen, wenn Nützlichkeitsgründe dies erfordern; in diesem Fall aber braucht die *utilitas* eine naturrechtliche Grundlage und ist nicht darauf beschränkt, sich pragmatisch an den vielfältigen und widersprüchlichen Erfordernissen des Gemeinschaftslebens zu messen. In Ciceros Denken entsprechen die Gewohnheit und das Gesetz, und im Grund auch das Naturrecht, nicht der mehrdeutigen Dynamik des platonischen Textes, noch erscheinen sie (sozusagen), wie im Text des Aristoteles, jede in ihrem Bereich unabhängig. Freilich kann man es nicht dabei bewenden lassen, das Gleichgewicht und die Einheitlichkeit des Systems hervorzuheben.[95] Naturrecht und Gewohnheit bilden zwei einander berührende oder sich überschneidende Kreise, und das Gesetz bleibt schließlich in beiden eingeschlossen. Einfacher gesagt, Cicero reduziert und entwertet das Gesetz als Möglichkeit der Rechtsentwicklung, wobei er in einem beschreibenden Diskurs eine politische Ideologie verbirgt.[96]

Diese Ansicht stand in spätrepublikanischer Zeit nicht allein. Um sich dies zu vergegenwärtigen, müssen wir den Blick auf die Gruppe der Juristen richten, und uns mit der zweiten Seite der Frage befassen, die ich zu Beginn dieses Abschnittes stellte. Wie sieht die Jurisprudenz das Instrument des Gesetzes? Eine klassische juristische Schrift, der Kommentar des Sextus Pomponius zu Q. Mucius Scaevola, zeigt uns den Weg. In einem der letzten Bücher ist von der Kriegsgefangenschaft und vom „Postliminium" die Rede, und es wird ein berühmter, schwer datierbarer Fall erwähnt, über den Quintus Mucius und seine Zeitgenossen nachgedacht hatten:

„Das Rückkehrrecht, *postliminium*, findet sowohl im Krieg als im Frieden Anwendung. Im Krieg, wenn die Feinde einen der Unsrigen gefangen und in ihr Lager hineingebracht haben: Denn wenn dieser aus dem Krieg wieder zurückkommt, so hat er das Rückkehrrecht, er wird also so in alle seine Rechte wieder eingesetzt, als ob er vom Feinde nicht gefangen genommen worden wäre. Bis er in das Lager der Feinde hineingebracht wird, bleibt er Bürger; für zurückgekehrt aber wird er erachtet, wenn er entweder zu unseren Verbündeten gelangt oder sich wieder innerhalb unseres Lagers befindet. Auch im Frieden gilt das Rückkehrrecht. Denn wenn wir mit einem Volk weder ein Bündnis noch Gastrecht, noch einen auf Freundschaft beruhenden Vertrag geschlossen haben, so sind diese zwar keine Feinde, was aber von dem Unsrigen in ihre Hände fällt, wird ihr Eigentum und ein freier Mensch aus unserer Mitte, der von ihnen gefangen wird, wird ihr Sklave. Und eben so verhält es sich, wenn etwas von ihnen in unsere Hände fällt. Auch in diesem Falle findet das Rückkehrrecht Anwendung. Wenn aber ein Gefangener von uns durch Manumission freigelassen wurde und zu den seinigen gelangt ist, so wird derselbe lediglich dann als durch das Rückkehrrecht für zurückgekehrt erachtet, wenn er lieber bei ihnen, denn als Bürger in unserem Staate bleiben will. … Und deshalb schien bei einem Dolmetscher, einem gewissen Menander, welcher nachher, als er von Rom freigelassen worden war, zu den Seinigen zurückgeschickt wurde, das Gesetz unnötig, welches für ihn erlassen worden war, damit er römischer Bürger bliebe. Denn wenn er bei den Seinigen bleiben wollte, dann hörte er auf, römischer Bürger zu sein, und wenn er willens war, zurückzukehren, dann blieb er römischer Bürger; und daher war das Gesetz überflüssig".[97]

Bei dem Gesetz, von dem am Ende der Quellenstelle die Rede ist, handelt es sich nicht um einen Volksbeschluß allgemeiner Art. Es betrifft ein einzelnes Individuum: genaugenommen handelt es sich um ein *privilegium*.[98] Wenn wir unsere moderne Ausdrucksweise auf eine antike Einrichtung übertragen, so könnten wir es als ein „Einzelfallgesetz" bezeichnen. Dies hindert uns jedoch nicht, die weiterreichende Vorstellung aufzugreifen, die der Diskurs des Pomponius (und des Quintus Mucius) enthält. Jedwedes Gesetz ist überflüssig, wenn die Jurisprudenz von sich aus die Lösung für ein praktisches Problem vorschlagen kann; es ist aber notwendig, wenn das praktische Problem anderweitig nicht zu lösen ist.[99] Wenn dem so ist, tritt die Jurisprudenz an die erste Stelle, während dem Gesetz lediglich eine komplementäre, über den Normalfall hinausgehende Rolle zukommt. Wir befinden uns erneut vor einer bewußten Reduktion der Reichweite des Gesetzes, und der Einklang mit der Sichtweise Ciceros scheint trotz der Unterschiede in Gehalt und Thema unbestreitbar. Die Gruppe der aristokratischen Juristen betont ihre Vorrechte, so wäre ich versucht zu sagen, bis an die Grenzen des Möglichen.

Das Mißtrauen gegenüber dem Gesetz findet seine Entsprechung in der Wirklichkeit. Wie können wir dies belegen? Für die Menschen, welche sie befolgen sollen, stellen sie eine „unendliche Menge" dar.[100] Das ist auch so. Freilich beruht dies alles auf einer Sinnestäuschung. Die Zahl der Gesetze erschien auch wegen der Schwierigkeit, sie zu überblicken, riesig. Es war nicht leicht, sie zu kennen, weil die Art und Weise ihrer Publikation unklar war, und es keine Gesetzessammlung gab.[101] Lediglich die Gesetze von besonderer Bedeutung wurden öffentlich und dauerhaft angeschlagen. Schulz hat darauf hingewiesen, wie „sparsam die Römer die lex als Rechtsquelle verwendet haben". Man verwendet sie beim „Abschluß von Staatsverträgen, bei der Ordnung von Provinzen und Gemeinden, bei der Regelung verfassungs- und verwaltungsrechtlicher Einzelfragen". Das Strafrecht (oder die Bestimmungen, die wir als solches bezeichnen) und das Privatrecht werden aber von der Gesetzgebung kaum berührt; das Strafrecht lediglich durch den Prozeß. Im Bereich des Privatrechts bedient man sich des Instruments der Gesetzgebung nur dann, „wenn es sich um die Beseitigung sozialer Mißstände handelt". Die *leges Cincia*, *Laetoria* oder *Voconia* verfolgen dieses Ziel. Man bringt das Instrument der Gesetzgebung auch dann zur Anwendung, „wenn die Normen so positiv sind (insbesondere mit bestimmten Zahlen operieren), daß sie nur durch staatliche Satzung geschaffen werden können (wie *lex Aquilia*, *Falcidia* oder die Gesetze für Bürgschaften)": oder wenn „die privatrechtlichen Normen in Verbindung mit organisationsrechtlichen auftreten (so die *lex Atilia* und die *lex Cornelia de iniuriis*". Es bleiben die „großen zentralen Gebiete des Privatrechts dagegen, wie das Vertragsrecht, das Eigentums- und Pfandrecht, das Ehe- und Kinderrecht sowie das Erbrecht" außen vor.[102] In bestimmten Perioden, wie etwa zur Zeit Sullas oder in augusteischer Zeit, konzentrieren sich die Gesetze in ganz ungewöhnlicher Weise; dies ist nicht ganz ohne Bedeutung. Sie gewinnen indes nur selten programmatische Tragweite oder entsprechen einem bestimmten Konzept; vielmehr sind sie häufig episodenhaft und unzusammenhängend. Dieser gesetzgeberische „Impressionismus" ist das Symptom dafür, daß das Recht sein Zentrum anderswo hat.

Der Plan für eine Kodifizierung taucht jedoch trotz allem nicht auf, und falls er einigen Trägern der Macht doch einmal durch den Kopf geht, wird er sofort fallen gelassen. Als Pompeius Konsul war, wollte er, „daß die Gesetze in Büchern zusammengeführt würden", aber die Kritik entmutigte ihn wieder.[103] Auch Caesar hatte ähnliche Vorstellungen. Er dachte nicht nur darüber nach, das Reich zu erweitern, die Hauptstadt zu verschönern, Sümpfe auszutrocknen und Straßen zu bauen sowie neue griechische und lateinische Bibliotheken zu eröffnen, er dachte auch darüber nach, das „bürgerliche Recht auf ein vernünftiges Maß zu bringen und aus der ungeheuren, unübersehbaren Menge von Gesetzen das Beste und Notwendigste in einigen wenigen Büchern zusammenfassen".[104] Möglicherweise hätten der eine oder andere Jurist (zum Beispiel Aulus Ofilius) für dieses Vorhaben ihre fachliche Unterstützung gegeben,[105] aber Caesar wurde ermordet, bevor er es in die Tat umsetzte.

6. Die Überlieferung des *ius civile*

Eine von Experten kontrollierte juristische Überlieferung bildet also den Mittelpunkt des republikanischen und klassischen Rechts. Diese Überlieferung setzt sich im Wesentlichen aus einem Korpus von „Meinungen" und Regeln zusammen, die durch rationales Vorgehen entwickelt und eingehend geprüft wurden. Sie betreffen insbesondere das Privatrecht. Die Überlieferung ist der ständige Bezugspunkt für jedweden gesetzgeberischen Akt. An ihr wird auch die Praxis gemessen – oder sollte es zumindest; freilich besteht leicht die Gefahr, daß sich die Praxis, sofern sie sich an weit von Rom entfernten Plätzen abspielt, der Lenkung der Rechtsgelehrsamkeit entzieht und eine andere Richtung einschlägt.

Die juristische Überlieferung bildet sozusagen das Geflecht, in dem sich jeweils die Institutionen und die Normen wieder neu ordnen. Das Recht hat sich in Rom soweit entfaltet, daß es sich als Literatur darstellt. Das Werk des Q. Mucius Scaevola *De iure civili* in 18 Büchern war ein Ergebnis der Überlieferung des *ius civile* und andererseits Ausgangspunkt ihrer Weiterentwicklung. Als Scaevola mit der Abfassung des Werkes begann, gab es seit wenigstens einem Jahrhundert die Jurisprudenz als wissenschaftlich-literarische

Betätigung, und nicht nur als schlichtes, mehr oder weniger geheimes Archiv von Formeln und Verfahren für Rechtsgeschäfte, von Entscheidungen und Gutachten. Man kann bis auf Sextus Aelius und seinen Kommentar zu den Zwölftafeln und, einige Jahrhunderte später, auf die Werke des P. Mucius Scaevola, Manius Manilius und M. Iunius Brutus zurückgehen.

Das „System" des Mucius ist in seinen Grundlinien vor allem den *Libri XXXIX ad Quintum Mucium* des Pomponius zu entnehmen. Am Anfang wurde das Testament in seinen unterschiedlichen Formen behandelt, die Legate und die Intestaterbfolge. Man kann nicht feststellen, was direkt darauf folgte; so wissen wir also nicht, ob und wo Scaevola die Grunddienstbarkeiten abhandelte. Der Aufbau des Werkes setzte sich nach Lücken, die wir nicht schließen können, fort mit der *lex Aquilia* und den *statuliberi*, ferner mit dem Besitz und dem Nießbrauch, dem Kauf und vielleicht einem Abschnitt *de aqua*, dem Gemeineigentum und der Gesellschaft, einem Abschnitt *de captivis et postliminio* und schließlich einem *de furtis*. „Man hat den Eindruck", schreibt Lenel, „daß Mucius auf die allgemeine Anordnung der Materien keinen großen Wert legte, und daß sein systematischer Sinn nur innerhalb der Erörterung dieser Materien selbst hervortrat".[106]

Die antiken Leser des Q. Mucius Scaevola haben auf die in seinem Werk mehr oder weniger verbreitete Verwendung der *diairesis*, der Unterscheidung nach *genera* und *species*, hingewiesen. Vielleicht war dieses Vorgehen nicht ganz neu. Mag sein, daß Manius Manilius es einige Generationen zuvor angewendet hatte; jetzt allerdings gewinnt es eine andere Tragweite. Quintus Mucius ist auch der Verfasser eines *Liber singularis horōn*: der griechische Titel, den man ohne Mühe in Latein mit *definitiones* hätte wiedergeben können, läßt eine bewußte Wahl erkennen. Die Verwendung von *divisio* und *definitio* ist auf jeden Fall nur eine Seite des Werkes des Mucius. Wir sind heute manchmal geneigt, die logisch-definitorische Verwendung von Begriffen bei den römischen Juristen überzubewerten. Dies ist ein Erbe des rationalistischen Rechtsdenkens, das die institutionellen Schriften den sogenannten problematischen vorzog, da man in den ersteren konstruktive Linien erkennen konnte, die in den letztgenannten fehlen. Wie dem auch sei, es ist hier festzuhalten, daß in einer Gesellschaft, die von „Honoratioren" geleitet wird, die Wahrung des überlieferten Rechtswissens nicht weniger wichtig ist als seine dialektische Durchdringung. Savigny hat dies sehr wohl gesehen. Er schrieb, daß bei den römischen Juristen nicht allein „die sichere Kenntniß der leitenden Grundsätze" zählen, von der „alle Sicherheit und Wirksamkeit" bei der Interpretation und Anwendung des Rechts abhänge; vielmehr ist ein weiterer Aspekt entscheidend: die Fähigkeit, das Neue mit dem Alten, also die Neuschöpfung mit den alten Rechtsformen, zu verknüpfen.[107] Gerade Quintus Mucius ist dafür ein bekanntes Beispiel. Er ermittelte die „genera" der Vormundschaft und des Besitzes[108] und vermutlich weiterer Erscheinungen des Privatrechts. Am meisten fällt bei ihm aber auf, wie er „die Rechtsinstitute bei ihren Ursprüngen" faßt, „um ihre Entwicklungen zu verfolgen".[109] Bei seinen Forschungen zum

Testament ging er bis auf das *testamentum calatis comitiis* zurück, das mittlerweile außer Gebrauch war.[110] Dasselbe gilt für den Gesellschaftsvertrag, dessen innovative Bedeutung gegenüber der formalistischen archaischen Form wir oben sahen. Quintus Mucius bringt diese neue Institution mit der uralten der gemeinsam erbenden Brüder in Zusammenhang, die zu seiner Zeit schon bedeutungslos war, und führt beide Formen in einem generellen Oberbegriff von *societas* zusammen. Dies geht mit hoher Wahrscheinlichkeit aus zwei Texten hervor: der erste stammt aus dem Kommentar des Pomponius zu Mucius Scaevola, der zweite aus dem berühmten Handbuch des Gaius, der in dieser Sache sicherlich älteres Gedankengut aufnahm:

„Wenn beim Abschluß irgendeines beliebigen Geschäftes, – gutgläubig oder nicht –, ein Irrtum geschieht, so daß zum Beispiel der Käufer oder Pächter etwas anderes gemeint hat als der, welcher mit ihnen kontrahiert, ist das ganze Geschäft ungültig. Dasselbe gilt, wenn man eine Gesellschaft eingeht, so daß, wenn die Parteien, da jede etwas anderes meint, verschiedener Ansicht sind, diese Gesellschaft ungültig ist, da sie auf Übereinstimmung gründet".[111]

„Die Art der Gesellschaft, von der wir sprechen, also diejenige, die man durch bloßen Konsens abschließt, ist Bestandteil des *ius gentium*, und besteht daher für alle Menschen aufgrund der natürlichen Vernunft. Dem römischen Bürger hingegen ist eine andere Form von *societas* vorbehalten. Einst bestand nämlich nach dem Tod des Vaters unter seinen unmittelbaren Erben eine gleichzeitig gesetzmäßige und natürliche Gemeinschaft, die man als *ercto non cito* bezeichnete, das heißt, „ungeteilte Herrschaft"... Auch andere Personen, die eine derartige Gesellschaft haben wollten, konnten dies mit einem entsprechenden formalen Akt vor dem Prätor".[112]

Es ist also nicht so, daß die *diairesis* der Rechtsfiguren die Tatsache, daß sie mit der Zeit entstanden sind, aus der Welt schafft oder sie verbirgt. Dieser Ansatz, auf den wir bei anderen Gelegenheiten trafen, ist das charakteristische Kennzeichen einer aristokratischen Kultur.

7. Das Edikt – ein ebenso brüchiger wie dauerhafter Text

Nicht das Gesetz, sondern das prätorische Edikt kommt der Mentalität der Juristen am meisten entgegen.[113] Warum? Diese Tatsache bedarf der Erklärung. Nach der von Hadrian angeordneten Revision des Edikts durch Julian haben wir einen endgültigen Text des prätorischen Edikts. Sein Inhalt, der im Lauf der Zeit zusammengestellt worden war oder sich konsolidiert hatte, ist jetzt festgeschrieben und streng gegliedert, auch wenn der Prätor ihn weiterhin jährlich verkündet. Dies war vorher nicht so gewesen. Das Edikt, das die Juristen der ausgehenden Republik und in gewisser Hinsicht noch in augusteischer Zeit vor sich hatten, war nicht das Edikt des Pomponius, des Gaius, des Paulus oder des Ulpian. Gewiß, seine Kernpunkte standen ebenso fest wie seine „systematische" Anlage: wenn dies nicht so gewesen wäre,

7. Das Edikt – ein ebenso brüchiger wie dauerhafter Text

könnten wir uns die Kommentare, die schon Servius Sulpicius Rufus und sein Schüler Aulus Ofilius verfaßt hatten, nicht erklären, ebenso wenig könnten wir uns den Rückgriff der mit dem *ius edicendi* ausgestatteten Provinzstatthalter auf die „hauptstädtischen Edikte" vorstellen.[114] Freilich waren viele Vorschriften neueren oder neuesten Ursprungs; korrigierende oder innovative Zusätze waren nicht selten, so daß das Edikt, obwohl es in festgelegten Geleisen verlief, als ein in ständiger Entwicklung befindlicher Text erschien.

Dies belegt der verschlungene Weg der *bonorum possessio*, und man könnte zahlreiche weitere Beispiele anführen. Um 70 v. Chr. hatte die *bonorum possessio* noch ein anderes Aussehen als später. Bereits in augusteischer Zeit weicht sie in einigen entscheidenden Zügen davon ab. Wir können, wenn auch nur in Bruchstücken, die entsprechenden Klauseln zur Zeit der Prätur des Verres rekonstruieren,[115] und sie mit denen im julianischen Edikt vergleichen, und zwar in der Form, wie wir es aus den großen klassischen Kommentaren herausarbeiten können.[116] Zunächst stellen sie die *bonorum possessio secundum tabulas*, also „gemäß dem Testament" dar, sowie jene *sine tabulis*, also „bei Fehlen eines Testaments"; wobei es für die letztere eine Rangfolge der Adressaten gibt, die auch erweitert werden kann, und die dann mit der der Zivilerben (*sui*, dann Agnaten und schließlich Gentilen) übereinstimmt. Die *bonorum possessio contra tabulas*, also „gegen das Testament" steht nicht neben den beiden anderen, sondern bildet sich erst einige Jahrzehnte später aus.[117]

Der Erwerb des Erbschaftsvermögens, den die *bonorum possessio* einräumt, ist nicht endgültig, sondern provisorisch und zwar in dem Sinne, daß die prätorischen Erbschaftsbesitzer nicht die zivilen Erben verdrängen können. Dies wird erst später anders; eine Neuregelung wird durch Antoninus Pius eingeführt.[118]

Mehr noch als die inhaltliche Umwandlung des Edikttextes ist für uns nun die Tatsache von Interesse, daß er sozusagen einer öffentlichen Beurteilung ausgesetzt wurde. Was Cicero über die die *bonorum possessio* betreffenden Klauseln bemerkt, ist für uns sehr wichtig:

„Seit das prätorische Recht besteht, gilt bei uns stets dieser Rechtssatz: wenn keine Testamentsurkunde vorgelegt wird, dann soll ein jeder in der Reihenfolge den Besitz erhalten, wie er bei jemandem, der ohne Testament verstorben ist, zur Erbschaft berufen wäre. Warum dies das gerechteste Verfahren ist, läßt sich leicht erklären, doch bei einer so gewöhnlichen Sache genügt es zu zeigen, daß früher alle Prätoren so entschieden haben und daß dies das alte tralatizische Edikt ist".[119]

Wie man sieht, artikuliert sich das Urteil auf zwei Ebenen: man hebt einerseits die Billigkeit der Norm hervor, andererseits ihre Dauer. Diese beiden Aspekte sind innig vereint, und eben die lange Dauer wird als sicheres Anzeichen der *aequitas* aufgefaßt. Was aber bedeutet die zeitliche Dauer für eine prätorische Norm? Bekanntlich hat das Edikt keine unbeschränkte Gültigkeit, sondern es gilt nur für ein Jahr. Auch unter diesem Gesichtspunkt ist es vom Gesetz meilenweit entfernt. Das höchste, was man zugestehen konnte (wie die Zeitgenossen, bisweilen sichtbar gequält, bemerken) ist, daß es sich um eine *lex annua* handelt.[120] Anders gesagt, trägt das Edikt von dem Augenblick an, in dem es erlassen wird, die Zeichen seines nahen Endes in sich. Zwar kann es von dem darauffolgenden Magistrat wiederaufgenommen werden und von neuem das Licht der Welt erblicken, aber per se ist es ein ephemerer Text, vorläufig wie die geweißten Tafeln, auf denen es aufgezeichnet wird. Freilich hat das Edikt die Tendenz zur Verfestigung; es bewegt sich zwischen den beiden Polen einer zeitlichen Begrenztheit oder formalen Zeitweiligkeit einerseits und einer erheblichen tatsächlichen Kontinuität andererseits. Wir müssen uns nun folgendes fragen: Wie ist es möglich, daß das Edikt, das ja nur für den begrenzten Zeitraum eines Jahres gilt, seinen Inhalt in das neue, folgende Edikt hinüberbringt, so daß dieser Inhalt auf einer, sagen wir, „gewohnheitsmäßigen" Ebene eine eigene (andere und dauerhafte) Rechtlichkeit gewinnt,[121] und dies vor und jenseits des formalen Aktes, mit dem der Prätor ihn übernimmt und veröffentlicht? Betrachtet man aufmerksam diese höchst bemerkenswerte Erscheinung, in der ein solcher Mechanismus seine ihm innewohnende Bewegung enthüllt, so wird man bald feststellen, daß die Dauerhaftigkeit der prätorischen Normen von der Wichtigkeit (ich hätte fast gesagt, von dem Ansehen) abhängt, die sie eben durch ihre praktische Anwendung gewonnen hat.

Nicht ein allgemeines gesellschaftliches Bewußtsein richtet über diese Wichtigkeit (oder tut es zumindest fast nie); in erster Linie ist es vielmehr die Jurisprudenz, der Kreis der Fachleute, die die gesetzgeberische Tätigkeit der regierenden Klasse mit ihrem unentbehrlichen fachlichen Rat unterstützt, für sie die verschiedenen Alternativen vorbereitet und deren Lösungen zustimmt oder ablehnt. Rechtsgelehrsamkeit und prätorische normative Arbeit sind eng verbunden. Wir stellten dies bereits fest, als wir die Prozeß-„Formeln" und den Beitrag, den die Juristen zu ihrer Entwicklung geleistet haben, untersuchten.[122] Dies ist jedoch nicht alles. Prätorische normative Arbeit und Jurisprudenz erhellen sich gegenseitig; sie sind die beiden grundlegenden und sich entsprechenden Aspekte des römischen Rechts in seiner „klassischen" Form.

In dem Maß, in dem sich die prätorischen Normen verfestigten, begann man über sie nachzudenken und es bildete sich eine Literatur heraus. Ihre Aufgabe war vor allem, sie mit Hilfe einer juristisch-sprachlichen Analyse zu erklären, ihren Inhalt herauszuarbeiten und ihren Anwendungsbereich (ob ausgedehnt oder eingeengt) festzulegen. Es handelt sich dabei um gängige fachliche Vorgehensweisen, die auch deshalb nicht aus dem Rahmen fallen, weil sie sich auf das Edikt beziehen. Bekanntlich ist jedoch die Konsistenz der prätorischen Normen immer nur relativ: sie sind veränderbar und können verbessert werden, und in jedem Fall muß ihre einmal erreichte Stabilität anerkannt und bestätigt werden. Das Edikt „bindet nicht die Hände" wie das Ge-

7. Das Edikt – ein ebenso brüchiger wie dauerhafter Text   135

setz.¹²³ Seine Eigenschaft als in Entstehung begriffener Text verdammt es geradezu zu einer ständigen kritischen Überprüfung, die jeweils die logische Richtigkeit oder die Überstimmung mit als grundlegend anerkannten Werten nachweist. Zumindest zum ersten Aspekt ist das Zeugnis Ulpians über die Überflüssigkeit einer besonderen Bestimmung bezüglich des verleumderischen oder „diffamatorischen" Handelns aufschlußreich:

„Labeo sagt, dieses Edikt sei überflüssig, weil man auf der Grundlage des allgemeinen Edikts wegen „iniuria" klagen könne. Doch meint Labeo selbst (und so verhält es sich in der Tat), daß der Prätor diesen Punkt im Auge hatte und sich darüber auch speziell äußern wollte; denn das, was bemerkenswert ist, wird, wenn es nicht besonders festgehalten wird, vernachlässigt".¹²⁴

Die Kritik am Edikt (und ich denke, es ist zulässig, diesen Ausdruck zu gebrauchen), ist einer der Wege, durch die die Jurisprudenz eine normative Quelle ersten Ranges kontrolliert: die Experten, die mit ihren Beiträgen an seiner Entwicklung mitwirken, halten sich auch für geeignet, den so zustande gekommenen Text zu werten und zu kritisieren. Es wäre ein Irrtum anzunehmen, die Kritik am Text des Edikts sei eine rein fachliche Angelegenheit. Hinter der Fachkenntnis stehen Interessen und Überzeugungen von weit größerer Tragweite. Zwar ist die Prätur eines der Organe, das die Normen schafft und ihre Anwendung sicherstellt, aber die Normen des Edikts sind, wenn man sie unter dem Aspekt ihrer Geltungsdauer betrachtet, episodenhaft und vorläufig. Man muß sie mit der *utilitas*, der *ratio* oder der *aequitas* (Begriffen, die sich nicht immer widersprechen) konfrontieren, damit sie zum ständigen Maßstab des Handelns werden, eine eigene „Zeitlichkeit" bekommen und sich miteinander über jede „historische Zufälligkeit" hinweg verbinden können.¹²⁵ Es ist vor allem Aufgabe der Juristen, die *utilitas*, die *ratio* oder die *aequitas* der Normen zu klären, so daß sie zusammen logisch und überzeugend sind; die Juristen tragen dazu bei, um deren Wirksamkeit zu beweisen. Wenn irgendwo, so begreift die Wissenschaft vom Recht hier in der Tat die Rechtspolitik mit ein.

Aufgabe der Jurisprudenz ist es auch, immer wenn notwendig, die Voraussetzungen der Anwendbarkeit von Normen des Edikts zu definieren. Dies wird deutlich, wenn man Ulpians Ausführungen über die *actio de dolo* im Buch XI des Kommentars zum Edikt wieder durchgeht. Ulpians Untersuchung geht aus von der Bestimmung des Prätors, deren Wortlaut er wiederholt; er greift auch einen Faden wieder auf, der bis zu Servius zurückreicht, also zu einem Punkt, der nicht weit von der Entstehungszeit der *actio de dolo* entfernt war.

„Durch dieses Edikt kommt der Prätor gegen unzuverlässige und arglistige Menschen, welche anderen durch eine gewisse Schlauheit geschadet haben, zu Hilfe; er tut dies, damit nicht entweder jenen ihre Bosheit Vorteil bringt, oder diesen ihre Einfalt zum Nachteil gereicht. Die Worte des Edikts sind folgende: ‚Rücksichtlich dessen, was als aus Arglist geschehen angeführt wird, werde ich, wenn dafür eine andere Klage nicht vorhanden sein sollte, und die Veranlassung mir als wohlbegründet erscheint, das Verfahren vor dem Richter zulassen'. Die Arglist hat Servius so erklärt: Sie sei ein Kunstgriff zur Täuschung anderer, durch welchen etwas anderes vorgegeben und etwas anderes getan wird. Labeo aber sagt dagegen, es könne auch ohne Vorspiegelung so gehandelt werden, daß jemand hintergangen wird; und man kann ohne Arglist etwas anderes vorspiegeln und etwas anderes tun... Deshalb bestimmt er Arglist folgendermaßen: Sie sei jede zur Hintergehung, Übertölpelung und Täuschung eines anderen in Anwendung gebrachte List, Trug oder Ränkespiel. Labeos Erklärung ist die richtige. Der Prätor hat sich aber nicht damit begnügt, den Ausdruck *dolus*, List, anzuwenden, sondern den Zusatz ,arg' (*malus*) gebraucht, weil die Alten auch von einem *dolus bonus* (löbliche List) sprachen, und dies als Ausdruck für eine besondere Gewandtheit verstanden, hauptsächlich in dem Falle, wenn jemand gegen einen Feind oder Straßenräuber listig verfährt. Der Prätor sagt: ,Wenn wegen dieser Tatbestände eine andere Klage nicht zugelassen sein sollte'; mit Recht verspricht der Prätor erst für den Fall diese Klage, wenn eine andere nicht statthaft ist, weil eine infamierende Klage nicht leichthin vom Prätor zugelassen werden durfte, wenn noch eine zivilrechtliche Klage oder eine des prätorischen Rechts vorhanden war. Auch Pedius schreibt im achten Buch, wenn selbst nur ein Interdikt, dessen man sich bedienen, oder eine Einrede, durch welche man sich schützen könne, vorhanden sei, so falle die Anwendung dieses Ediktes weg. Hiermit stimmt Pomponius im achtundzwanzigsten Buche überein und setzt noch hinzu: wenn jemand sich auf eine Stipulation stützen könne, beispielsweise, wenn über die Arglist eine Stipulation abgeschlossen worden sei. Derselbe Pomponius sagt, das gelte auch, wenn gegen uns eine Klage nicht gegeben werden dürfe, z. B. wenn aus Arglist eine so schändliche Stipulation abgeschlossen worden sei, daß niemandem aus derselben eine Klage gewährt würde, so sei es nicht nötig, mich um die Klage *de dolo* zu bemühen, da ja in diesem Fall kein Magistrat gegen mich eine Klage gewähren würde. Ebenfalls führt Pomponius an, Labeo sei der Meinung, daß auch wenn jemand durch einen entsprechenden Erlaß eines Magistrats Wiedereinsetzung in den vorigen Stand erlangen könne, ihm diese Klage nicht zustehe; und wenn eine andere Klage verjährt sei, so dürfe diese nicht zustehen, sich selbst müsse derjenige es zuschreiben, der zu klagen versäumt habe, es sei denn, daß die Arglist auch darauf gerichtet war, die Frist verstreichen zu lasssen."[126]

In der Ediktsklausel, in der der Prätor die Klage wegen Arglist zusagte, machte er die Gewährung nicht von der persönlichen oder gesellschaftlichen Stellung der Parteien abhängig. Labeo aber behauptet eine solche Abhängigkeit, wie wir wiederum von Ulpian erfahren.

„Mit Recht hat sich der Prätor mit einer entsprechenden Klausel die Untersuchung der Sache vorbehalten, denn diese Klage ist keineswegs in jedem Fall zu gewähren. Sie darf – als erstes – nicht gewährt werden, wenn die Summe gering ist. Gewissen Personen wird sie gar nicht gewährt, – wie auch Labeo meint, – zum Beispiel Kindern oder Freigelassenen gegen Eltern oder Freilasser, da sie Infamie nach sich zieht. Aber sie darf auch nicht einem Menschen niedriger Stellung gegen denjenigen, der sich durch seine Würde auszeichnet, zum Beispiel einem Plebejer gegen einen gewesenen Konsul von anerkanntem Ansehen, oder einem ausschweifenden Menschen oder einem Verschwender oder einem sonstigen verworfenen Menschen gegen einen Menschen von besserem Lebenswandel gestattet werden".[127]

Der Anwendungsspielraum der prätorischen Norm bemißt sich nach politischen und sozialen Kriterien. Man kann sagen, daß die Schichtenfolge der Sozialordnung in positive oder negative juristische Privilegierung übertragen wird. Die Zielrichtung des Labeo und des Ulpian erklärt sich aus dem infamierenden Charakter der Klage wegen Arglist. In einigen Klagen, so auch in der *actio de dolo*, bedeutete die Verurteilung *infamia* für den Verurteilten. Diese *infamia* brachte zwar auch gewisse Einschränkungen der juristischen Möglichkeiten mit sich; noch wichtiger aber waren ihre politischen Konsequenzen. Die *infamia* bedeutete den Verlust der *dignitas*, des Sozialprestiges, und dies stellte ein Hindernis für die politische Karriere dar oder war mit deren Scheitern gleichbedeutend. Es ist scharfsinnig bemerkt worden, daß die Angehörigen der obersten sozialen Schichten gute Gründe hatten, die *infamia* zu fürchten, „denn sie hatten eine *dignitas* zu verlieren".[128]

VII. DAS RESPONSUM

1. Die Respondierpraxis und der Prozeß

Wie bereits erwähnt, ist das Responsum das Gutachten, das ein juristisches Anliegen fachlich löst. Es stellt sich entweder als praktischer Vorgang oder als literarische Form dar. Das Responsum ist richtungweisend für das Verhalten von Privatpersonen, das normative Handeln der Magistrate und die Urteile der Richter. Das Verhältnis zwischen Responsum und Urteil, zwischen *respondere* und *iudicare,* ist am Ende der Republik von ebenso großer Bedeutung wie in archaischer Zeit. Wir werden aus einer Bemerkung des Gaius gleich sehen, daß sich ein Reformkaiser wie Hadrian mit Responsa beschäftigt, und dies noch zu einer Zeit, als das *respondere* längst der Kontrolle der Regierung unterliegt. Richten wir aber jetzt unsere Aufmerksamkeit auf die ausgehende Republik.

Den Einfluß der „Meinungen" der Juristen auf die Entscheidungen der Gerichtshöfe kann man an einem berühmten Prozeß ermessen. Die Worte, die Cicero an seinen Gegner richtet, lassen die römische Jurisprudenz als praktisch-theoretische Tätigkeit in hellem Licht erscheinen.

„Und dieser Punkt hat mich in deinem ganzen Plädoyer am meisten in Erstaunen versetzt: daß du sagtest, man solle sich nicht nach der Meinung der Rechtskundigen richten ... So wundere ich mich nicht nur, daß du dich in diesem Prozeß zur Unzeit und ohne Rücksicht auf den Vorteil deiner Sache hierauf berufen hast, sondern es kommt mir immer wieder sonderbar vor, daß allenthalben vor den Gerichten, und zwar mitunter von klugen Leuten, geltend gemacht wird, man solle nicht auf die Rechtsgelehrten hören und das „Zivilrecht" dürfe nicht in jeder Sache den Ausschlag geben. Denn wer dies vorbringt, kann meinen, daß die Rechtsgutachter etwas nicht richtig beurteilen; dann dürfen sie aber nicht sagen, daß man den Rechtskundigen, sondern daß man törichten Menschen den Gehorsam verweigern solle. Wenn sie jedoch zugestehen, daß die Rechtskundigen richtig Bescheid geben, und gleichwohl behaupten, man müsse anders urteilen, dann behaupten sie, man müsse schlecht urteilen. Denn es ist undenkbar, daß man eine Rechtsfrage anders entscheiden als gutachtlich beurteilen *(respondere)* solle, und daß jemand als rechtskundig gilt, der etwas für Recht befindet, was nicht Grundlage der Entscheidung sein darf. Man könnte freilich einwenden, daß bisweilen entgegen dem Gutachten der Rechtskundigen entschieden wurde. Aber erstens: Wurde zu Recht oder zu Unrecht entschieden? Wenn zu Recht, so war das Rechtens, was die Entscheidung festsetzte; wenn nicht, so besteht kein Zweifel, ob die Richter oder die Rechtskundigen Tadel verdienen. Zweitens: die Entscheidung einer umstrittenen Rechtsfrage kommt nicht so sehr gegen die Rechtskundigen zustande, etwa wenn man sich anders ausgesprochen hat, als Mucius für richtig befand, wie ihrer Empfehlung gemäß, wenn man zum Beispiel so entschieden hat, wie Manilius wollte. Denn auch Crassus selbst legte es in seinem Plädoyer vor den Centumviri nicht darauf an, den Rechtskundigen zu widersprechen, sondern er zeigte, daß die von Scaevola verfochtene Auffassung nicht Rechtens sei, und er brachte hierfür nicht allein Gründe vor, sondern berief sich auch auf die Meinung seines Schwiegervaters Quintus Mucius und vieler anderer angesehener Experten".[1]

Die Bezeichnung „Zivilrecht" bedeutet hier nicht wie sonst das Recht der Stadt als Ganzes oder nur seinen privatrechtlichen Aspekt, sondern bezeichnet ein Gesamt von regulativen Meinungen, Maximen und Kriterien, die durch die Interpretation festgelegt sind. So verstanden, unterliegt das Zivilrecht vor Gericht einer ständigen Überprüfung. Man konnte sich nicht einfach von Anweisungen entfernen, die Rechtsgelehrte einmal festgelegt hatten; man hatte aber zwischen sich widersprechenden Hinweisen die Auswahl. Es ist bemerkenswert, daß die Responsa, oder allgemeiner, die „Interpretation" oder die „Autorität" der Juristen, nicht nur in den Aufzählungen der Rechtsquellen bei den Rednern, sondern auch in den spezifisch juristischen Zusammenstellungen neben die Gesetze und die übrigen normativen Akte gestellt werden. Dies läßt sich über einen langen Zeitraum hinweg beobachten. Cicero hatte in seinen *Topica* geschrieben:

„Je nachdem, ob sie für eine Aufzählung oder eine Analyse dienen, unterscheiden sich die Definitionen. Eine Definition im ersten genannten Sinne liegt vor, wenn der in Frage stehende Gegenstand praktisch in seine Einzelteile zerlegt wird. Dies ist der Fall, wenn wir sagen, das *ius civile* sei ein Gesamt von Gesetzen, Senatsbeschlüssen, richterlichen Entscheidungen, der Autorität der Rechtsgelehrten, den Edikten der Magistrate, dem Herkommen und dem Prinzip der Billigkeit".[2]

Die Zusammenstellungen des Pomponius, des Gaius und des Papinian gehören einer anderen Epoche an und schließen in die Quellen auch die kaiserlichen Konstitutionen ein. Sie sind anders als Ciceros Aufzählung, die zwei oder zweieinhalb Jahrhunderte älter ist, und sie unterscheiden sich auch untereinander. Alle aber sind sich in dem Punkt, der uns hier im Augenblick interessiert, einig:

„So kommt in unserem Staat entweder das ‚legitime' Recht, also das durch Gesetz konstituierte Recht in Anwendung oder das ‚Zivilrecht' im eigentlichen Sinne, welches ungeschrieben allein in der Auslegung der Rechtsgelehrten beruht oder die *legis actiones*, welche die ‚Form' des Prozessierens umfassen oder das Plebiszit ... oder das Edikt der Magistrate, aus dem das Amtsrecht seinen Ursprung nimmt oder der Senatsbeschluß ... oder die kaiserliche Konstitution ..."[3]

„Die Rechtsvorschriften des römischen Volkes bestehen aber aus Gesetzen, Volksbeschlüssen, Senatsbeschlüssen, kaiserlichen Konstitutionen, den Edikten derer, die das Recht haben, Edikte zu erlassen, und aus den Responsa der Rechtsgelehrten ... Die Responsa sind die Ansichten und Meinungen derjenigen, denen gestattet ist, Recht zu setzen. Wenn die Meinungen aller übereinstimmen, so hat das, was sie sagen, Gesetzeskraft. Wenn sie aber uneinig sind, so hat der Richter unter den vorgeschlagenen Meinungen die Wahl. Dies wurde durch ein Reskript des verstorbenen Hadrian beschieden".[4]

"Das Zivilrecht ist dasjenige, welches seinen Ursprung aus Gesetzen, Plebisziten, Senatsbeschlüssen, Verordnungen der Kaiser und der Autorität der Rechtsgelehrten genommen hat. Das prätorische Recht ist dasjenige, welches die Prätoren, um dem Zivilrecht zu Hilfe zu kommen, um es zu ergänzen oder zu verbessern, eingeführt haben".[5]

2. Mündlichkeit und schriftliche Form

Das entscheidende Kennzeichen des Responsum war seine Mündlichkeit. Wir müssen kurz auf diesen Punkt eingehen. Für uns stellt sich das Recht selbstverständlich als Text dar. Es ist in Codices und Gesetzessammlungen, in Repertorien, auf einem elektronischen Datenträger und in allem, was wir als „Literatur" bezeichnen, gespeichert. Diese Art des juristischen Denkens ist uns so vertraut, daß wir uns kaum etwas anderes vorstellen können. Der „klassischen" Welt, einschließlich der der römischen Republik, ist selbstverständlich das Recht in der Ausformung von Texten bekannt. Man würde also dieser Welt in Bezug auf das Recht die Merkmale einer Schriftkultur nicht absprechen wollen, auch wenn das Gesetz und das Programm des Prätors nicht als Texte entstehen, so werden sie im Laufe ihrer Entwicklung dazu; die Bücher der Juristen sind Texte, die oft über weite Entfernung im Umlauf sind, in Bibliotheken gesammelt werden, und sich über Jahrhunderte überliefern. Auch auf sie kann man den Vergleich des Pseudo-Plutarch anwenden, nach dem diese Bücher dieselbe Bedeutung haben, wie landwirtschaftliche Geräte für den Bauern; sie werden genauso zusammengehalten, und über sie dringen wir mit unserem Wissen zu ihren Quellen vor.[6]

Allerdings gelangt das Recht in republikanischer Zeit nicht zu einer legislativen oder kodifikatorischen Vereinheitlichung. Die Rechtsgelehrsamkeit bringt es zwar zu höchst bedeutsamen literarischen Äußerungen, lebt und wirkt aber in einer anderen Sphäre. Sie ist nur mündlich formulierter Rat, wenn nicht gar eine Art orakelhaftes Wissen; das Recht bedeutet die Weitergabe eines Corpus nicht in schriftlicher Form erstarrter Lehrmeinungen an Schüler, bedeutet Gespräch, Diskussion und Dialog, schließlich Meinungsaustausch im Wettstreit oder in agonistischer Form in der Öffentlichkeit. Wir können sagen, daß sich hier ein Zug besonders rein zeigt, der die antike Kultur kennzeichnet. Daneben enthält die Rechtsgelehrsamkeit in ihrer literarischen Form offenbare oder verborgene Spuren einer in Bewegung befindlichen Wissenschaft. Es schließt sich nicht in Dogmen ein, hält sich hartnäckig von der Überheblichkeit der großen konzeptionellen Gedankengebäude fern, läßt sich nicht von einem System unterwerfen oder verführen, auch wenn es natürlich – in beschränktem Umfang und eher provisorisch – nicht auf Generalisierungen verzichtet. Es arbeitet gleichzeitig zusammenfassend und selektiv, experimentell und traditionsverbunden.

2. Mündlichkeit und schriftliche Form

Das juristische Responsum ist also, ebenso wie das religiöse, grundsätzlich ein mündlicher Akt: so vertrauten etwa die Auguren ihre Responsa dem Gedächtnis der Mitbürger an und weniger den Büchern.[7] Freilich konnte es sich als unerläßlich erweisen, sie in einem Dokument festzuhalten. Wenn es eine juristische Streitfrage erforderte oder wenn man das Responsum an einen Richter mitzuteilen hatte, gab es zwei Möglichkeiten: entweder „schrieb" der Jurist selbst an den Richter oder der ratsuchende Privatmann stellte durch Zeugen sicher, daß der authentische Charakter bewiesen werden konnte. Erst als in der Kaiserzeit das *respondere* der „Ermächtigung" durch den Kaiser unterworfen wurde, erteilten die Juristen durch ihr Siegel bestätigte *responsa signata*.[8]

Das Responsum bedurfte im Augenblick seiner Erteilung keiner Begründung. Wenn hingegen der Fall und das Responsum selbst fachlich zur Diskussion standen, wurden sowohl rationale als auch autoritative Argumente und Begründungen erforderlich. Die *consultatio* konnte eine *disputatio* nach sich ziehen, und zwar aus mehreren Gründen: die Wißbegierde oder die Verwunderung eines Zuhörers, die Notwendigkeit, einem (wirklichen oder hypothetischen) Gegner zu entgegnen, das dialektische Spiel des Prozesses, in dessen Rahmen der Rechtsgelehrte die Rolle des „Ratgebers" spielte.[9] Unter diesen Umständen hinderte nichts, auf der Suche nach analogen Fällen und vorhergehenden Entscheidungen von Rechtsgelehrten, auch zeitlich weit zurückzugehen.[10]

Aus dieser beratenden Tätigkeit ergibt sich eine Literatur, aber das eine geht nicht unmittelbar in das andere über. Bisweilen geschieht die Überlieferung der Responsa nur mündlich. Die Responsa des Tiberius Coruncanius galten noch in hadrianischer Zeit als „erinnerungswürdig";[11] Tiberius Coruncanius hat jedoch keine Bücher geschrieben, und wenn er welche geschrieben haben sollte, sind keine Spuren davon erhalten. Möglicherweise hat C. Aquilius Gallus zweihundert Jahre später seine zahlreichen Entscheidungen als Rat erteilender Jurist nicht der Schriftlichkeit anvertraut, aber sie sind nicht verloren gegangen.[12] In schriftlicher Form konnte das Responsum wenigstens einige Merkmale seiner ursprünglichen mündlichen Form bewahren. In den juristischen Schriften des Cato (wobei unsicher ist, ob Cato der Zensor oder sein Sohn gemeint ist) oder des M. Iunius Brutus (oder den Schriften, die ihm zugeschrieben werden) sind die Namen der Ratsuchenden nicht überall gestrichen. Es gibt Leute, die sich daran stören und nicht an Kritik sparen. Der Redner Antonius erklärt in der von Cicero erfundenen Diskussion die Beibehaltung der Namen damit, daß „wir annehmen sollten, es sei auf die beteiligten Personen und nicht auf den sachlichen Kern der betreffenden Anfrage angekommen", dadurch würden wir entmutigt, das Recht zu begreifen oder es zu erlernen, da die Zahl der Menschen unendlich ist, und allein die Fakten auf allgemeine Grundzüge zurückzuführen wären".[13] Genau besehen, ist dies lediglich eine geistvolle Unterstellung, die die Polemik gegen die Juristen farbiger machen sollte (eben weil das Recht als artifiziell, schwierig und undurchschaubar erscheinen mochte), und sich gegen ihre „gähnende schläfrige Weisheit" wendete.[14] Wenn es einen Grund dafür gegeben haben sollte, aus dem man die Namen der Ratsuchenden nicht aus den Büchern der Responsa strich, dann bestand dieser eher darin, daß man den vorgefallenen Fall getreu wiedergeben wollte, und nicht in einer falschen Betrachtung der *quaestio* und ihrer Motive.

Selbstverständlich konnte das Responsum in seiner literarischen Form einen vollkommenen wissenschaftlichen Ausdruck finden. Die glänzende „servianische" Anthologie des Alfenus Varus[15] war, soweit wir sehen oder ahnen können, vom alten Stil der Bücher des Cato oder Brutus völlig abgegangen. Freilich setzte diese Anthologie, wie auch eine andere von Aufidius Namusa, eine intensive Arbeit an Erinnerung, Sammlung und tagebuchartiger Aufzeichnung voraus. Man verwendete für sie, zum ersten Mal, den Namen *Digesta*. Wir kennen sie durch die Kompilation aus justinianischer Zeit; die kaiserlichen Kommissare hatten jedoch nicht das ursprüngliche Werk in 40 Büchern in Händen, sondern Auszüge daraus, einen von Iulius Paulus und einen weiteren, anonymen, aus späterer Zeit.[16]

Alfenus hatte die Responsa seines Lehrers Servius Sulpicius Rufus gesammelt, oder zumindest diejenigen, die aus der Schule des Servius kamen oder die man dort diskutiert hatte. Trotz der Unsicherheiten einer verkürzenden und entstellenden Überlieferung des Textes ist die Handschrift des Alfenus noch erkennbar, und zwar in der zutreffenden Beschreibung, der plastischen Darstellung, und im Reichtum der lebensnahen Einzelheiten. Die fachliche Darstellung mit ihrer Strenge, ihren Kategorien und Hypothesen, entwickelt sich aus einer lebendigen und an Details reichen Darstellung, in die archaische Elemente und Anklänge an die Alltagssprache einfließen. Es ist ein Stil, den man in der späteren Literatur nicht wieder antrifft.

3. Methodische Umrisse

Es ist nicht häufig, daß ein juristischer Text einen nächtlichen Vorfall mit demselben Realismus beschreibt wie ein Roman oder eine Komödie. Im Werk des Alfenus findet sich nun etwas Derartiges. In einer Welt, in der es kaum künstliche Beleuchtung gibt, birgt jeder Winkel Hinterhälte und Überraschungen. „Weder hatten wir eine einzige Fackel zum Geleit, die uns beim Herumtappen den Weg hätte weisen können", – so sagt der Held im *Satyricon* –, „noch ließ das Schweigen der Nacht, die schon halb verstrichen war, erwarten, daß uns noch Leute mit einem Licht begegnen würden".[17] Der Vagabund, von dem Alfenus berichtet, hilft sich auf seine Art – mit traurigem Ausgang:

3. Methodische Umrisse

„Ein Schankwirt hatte in einem Gäßchen bei Nacht auf einen Stein eine Laterne gestellt; ein Passant nahm sie an sich; der Schankwirt holte ihn ein, forderte die Laterne zurück und hielt ihn fest, als er davonlaufen wollte; dieser fing an, den Schankwirt mit einer Peitsche, die er in Händen hatte, zu schlagen, damit er ihn losließe. Hieraus entstand eine Prügelei, worin der Wirt dem, der die Laterne weggenommen hatte, ein Auge ausschlug. Der Wirt fragte nun an, ob er etwa den Schaden widerrechtlich verursacht habe, da er zuerst mit der Peitsche geschlagen worden sei? Ich habe geantwortet, daß nur dann, wenn er das Auge absichtlich ausgeschlagen habe, anzunehmen sei, daß er jenem widerrechtlich geschadet habe, denn das Verschulden treffe denjenigen, der zuerst mit der Peitsche geschlagen habe. Wäre er hingegen von jenem nicht zuerst geschlagen worden, sondern erst mit ihm in ein Handgemenge geraten, als er ihm die Laterne entreißen wollte, treffe wohl den Schankwirt das Verschulden".[18]

Auf den ersten Blick sieht es so aus, als handle es sich um die Schädigung, deren Regulierung von der *lex Aquilia*, deren Datierung zwar unsicher ist, die aber ins 3. Jahrhundert v. Chr. gehört, vorgesehen war. Die *lex Aquilia* bestimmte unter anderem nach verschiedenen Kriterien die Haftung dessen, der Sklaven oder Tiere getötet oder verletzt, oder unbelebte Sachen zerstört oder beschädigt hatte. Die Schadensregulierung gemäß der aquilischen Haftung setzt voraus, daß die Person, an der das Delikt begangen wurde, Sklave war. Davon ist in unserem Text, genau genommen, keine Rede. Die einfachste, aber auch etwas willkürliche Interpretation besteht darin, dies vorauszusetzen. Es ist gewiß sehr unwahrscheinlich, daß Alfenus oder Servius, oder beide, dort an eine Anwendung analog zur *lex Aquilia* dachten, wo das Opfer eine freie Person war.[19] Daneben ist jedoch eine andere Lesart nicht ausgeschlossen: Man könnte annehmen, daß die Ausführungen sich eher auf das Delikt der „iniuria" (bezogen auf Körperverletzung) und die sich daraus ergebende Klage bezog, als auf das *damnum iniuria datum*. Diese Ansicht hatte seinerzeit Paul Huvelin vorgeschlagen,[20] sie hat aber in der Folgezeit wenig Zustimmung gefunden.[21] Wir können jetzt nicht näher darauf eingehen. Was uns hier interessiert, ist die methodisch-stilistische Seite des Responsum. Das Responsum gehört in den Zusammenhang einer dreiteiligen Struktur, es folgt auf die Beschreibung des Falles und die Formulierung der Anfrage. Seine Unterteilung der zwei Hypothesen hinsichtlich der Suche nach der Schuld, und die Alternative, die sich dazu stellt, bezeichnet bereits eines seiner Charakteristika. Der Fall wird zum Problem, und seine Diskussion führt dazu, die Lösungsmöglichkeiten zu vermehren.

Dies wird aus einem anderen Text des Alfenus, der zu den bekanntesten in der lateinischen Rechtsliteratur zählt, noch deutlicher sichtbar.

„Zwei Maultiere zogen zwei vollbeladene Wagen den Weg zum Kapitolinischen Hügels hinauf. Die Maultiertreiber des vorderen Wagens bemühten sich, von hinten diesen Wagen zu schieben, damit die Maultiere ihn leichter ziehen konnten. Plötzlich begann dieser Wagen rückwärts zu rollen. Die Maultiertreiber, die sich zwischen den beiden Wagen befanden, sprangen zur Seite und der hintere Wagen, angestoßen von dem vorderen, rollte zurück und überfuhr einen Sklaven. Der Eigentümer des Sklaven fragte an, gegen wen er klagen sollte? Ich habe den Bescheid gegeben, die Rechtslage hänge von den Umständen des konkreten Falles ab. Wenn die Maultiertreiber, die den vorderen Wagen gestützt hatten, von sich aus beiseite gesprungen seien, so daß die Maultiere den Wagen nicht mehr halten konnten, und von der Last zurückgezogen worden seien, so bestehe gegen den Eigentümer der Maultiere kein Anspruch; gegen die Leute aber, die den zurückrollenden Wagen gestützt hätten, könne nach Maßgabe der *lex Aquilia* vorgegangen werden. Denn nicht in geringerem Maße füge derjenige Schaden zu, der das, was er hält, aus freien Stücken losläßt, so daß jemand davon getroffen wird; wer z. B. einen Esel, den er antreibt, nicht anhält, kann ebenso widerrechtlich einen Schaden zufügen, wie derjenige, der mit einem Spieß oder etwas anderem nach einer anderen Person wirft. Wenn hingegen die Maultiere, weil sie gescheut hätten, und die Maultiertreiber, aus Furcht, zerquetscht zu werden, den Wagen hätten fahren lassen, dann gäbe es keine Klage gegen die Leute, wohl aber gegen den Eigentümer der Maultiere. Wenn aber weder die Maultiere noch die Leute verantwortlich seien, sondern die Maultiere den Wagen nicht hätten halten können oder bei diesem Bemühen gestürzt seien, und deshalb der Wagen rückwärts gerollt sei, die Maultiertreiber aber unter seinem Druck das Gewicht nicht mehr hätten halten können, dann bestehe weder gegen den Eigentümer der Maultiere noch gegen die Maultiertreiber ein Anspruch. Es steht außer Zweifel, daß gegen den Eigentümer der Maultiere des zweiten Wagens kein Anspruch bestehe, da die Tiere nämlich nicht freiwillig, sondern weil sie angestoßen wurden, zurückgewichen seien".[22]

Der Gegenstand ist wiederum das *damnum iniuria datum* und die entsprechende Klage. Es werden drei Versionen des Vorfalls berücksichtigt und für jede ist die juristische Lösung anders. Die Anwendung der Analogie bei der ersten Annahme vervollständigt das Bild. Wenn es eine Stelle gibt, in der man den dialektischen Juristen, während er seine rationalen Ausführungen entwickelt, genau beim Werk beobachten kann, dann hier. Die Dialektik ist eine Kunst, die Servius sehr gut beherrschte. Sie „lehrt, einen ganzen Gegenstand in Teile aufzuteilen, und das Verborgene durch Definition aufzuklären, das Unklare durch die Interpretation zu erläutern; sie lehrt auch die Doppelbödigkeit zu erkennen und sie zu berücksichtigen, außerdem, ein Kriterium zu gewinnen, nach dem Richtig und Falsch beurteilt werden und zu bestimmen, welche Folgen sich aus bestimmten Voraussetzungen ergeben, und welche nicht".[23]

Die Rechtsfälle, auf die wir bisher gestoßen sind, sind sozusagen „städtische", und die Stadt mit ihren Hügeln und dem Gewirr der Straßen bilden ihr Szenario. Das Szenario der Kasuistik kann jedoch auch anders aussehen. Jene, die z. B. mit dem Seehandel im Zusammenhang steht, bewegt sich auf einer anderen Ebene. Die Textstelle, mit der wir uns nun befassen werden, ist dieser Art. Die Stelle ist schwierig: sie geht vom „Fall" aus, entfernt sich davon und kommt dann wieder auf ihn zurück; sie stellt Unterschiede und Ähnlichkeiten fest. Im Mittelpunkt stehen zwei Rechtsgeschäfte, denen wir im Laufe dieser Arbeit bereits begegnet sind: die *locatio-conductio* und das *depositum*.[24] Sie werden nun einer subtilen vergleichenden Betrachtung unterzogen.

„Mehrere Kaufleute hatten auf dem Schiff des Saufeius Getreide zusammengeschüttet; Saufeius hatte einem von ihnen von dem gemeinsamen Haufen das Getreide zurückgegeben, und das Schiff ging unter; man fragte an, ob die Übrigen, je nach ihren Anteilen am Getreide, gegen den Schiffer wegen ‚unterschlagener Ladung' klagen könnten? Der Bescheid lautete: Es gibt zwei Arten des Werkvertrages. Entweder werde dieselbe Sache zurückgegeben (so z. B. wenn einem Wäscher Kleider zur Reinigung übergeben werden), oder etwas von derselben Gattung (etwa, wenn einem Goldschmied eingeschmolzenes Silber zur Anfertigung von Gefäßen oder Gold zur Anfertigung von Ringen gegeben wird). Im ersten Fall bleibe die Sache dem Eigentümer, im zweiten aber entsteht ein Darlehensverhältnis. Dieselbe Rechtslage gilt beim Verwahrungsvertrag *(depositum);* denn wenn jemand gemünztes Geld so hinterlegt, daß er es weder verschlossen noch versiegelt übergibt, sondern zugezählt hat, dann schulde der Verwahrer nur die Zahlung derselben Summe Geldes. Daraus ergibt sich, daß in unserem Fall das Getreide Eigentum des Saufeius geworden sei, und zu Recht ausgefolgert wurde. Wäre hingegen das Getreide jedes einzelnen abgesondert in Verschläge, Säcke oder Fässer geschüttet gewesen, so daß unterschieden werden konnte, wem welches Getreide gehörte, dann hätte man keinen Austausch vornehmen können sondern dann könne jener vindizieren, dem der Weizen gehörte, den der Schiffer ausgefolgert hatte. Daher lehne Servius die Klage wegen „unterschlagener Ladung" ab. Denn es könne weder dann, wenn die dem Schiffer übergebenen Waren von der Art seien, daß sie sofort in sein Eigentum übergingen, und der Kaufmann ein Forderungsrecht erwerbe, von einer unterschlagenen Ladung gesprochen werden, weil sie ja dem Schiffer gehörte; noch dann, wenn dieselbe Sache, die übergeben worden ist, ausgefolgert werden müsse. Denn dann habe der Besteller die Diebstahlsklage, und daher sei eine Klage wegen „unterschlagener Ladung" überflüssig. Doch wenn eine Sache so übergeben wurde, daß die Leistung in einer gleichartigen Sache erfolgen kann, dann hafte der Unternehmer nur für *culpa* (denn bei Verträgen, die im beiderseitigen Interesse abgeschlossen werden, muß für *culpa* gehaftet werden) und dies liege keinesfalls vor, wenn er an jemanden von dem Getreide etwas zurückgegeben hat, denn einem müßte er notwendigerweise als erstem zurückgeben, wenngleich er diesen damit besser stellte als die anderen."[25]

Man merkt die gleichermaßen praktische wie belehrende Absicht. Hieraus erklärt sich eine Argumentationsweise, die sich weit über das unmittelbare Bedürfnis hinaus einen Fall zu lösen, entwickelt. Der Rechtsgelehrte stellt seine Überlegungen in der Öffentlichkeit an, und wir müssen ihn uns von Schülern umgeben vorstellen, die seinen Worten lauschen. Es handelte sich nicht immer um einen Monolog. Das Responsum als literarische Form faßt einen Vorgang zusammen, in dem andere Stimmen mitsprechen konnten, und manchmal entdeckt man noch Spuren davon.[26] Der belehrende Ansatz begegnet auch anderswo.

„Es lag folgender Fall vor: Einige der Richter, die in derselben ‚Sache' bestellt waren, wurden beurlaubt, nachdem sie den Rechtsfall angehört hatten, und andere waren an deren statt gewählt worden. Es entstand nun die Frage, ob eine Auswechslung einzelner Richter das Verfahren zu einem anderen mache oder die ‚Sache' dieselbe bleibe? Ich habe geantwortet: nicht nur wenn der eine oder der andere der Richter, sondern auch wenn alle Richter ausgetauscht worden wären, blieben dennoch die ‚Sache' als auch das Verfahren ganz dasselbe wie zuvor. Nicht nur hier trete der Fall ein, daß bei einer Veränderung der Teile die ‚Sache' doch als dieselbe erachtet würde. Denn so hat man stets die Legion für dieselbe angesehen, wenngleich viele ihrer Soldaten gefallen und andere an ihre Stelle getreten waren; und so wird auch das Volk von heute als dasselbe angesehen, welches es vor hundert Jahren gewesen ist, wennschon niemand aus dieser Zeit heute noch lebt; und so wird ein Schiff, wenngleich es auch noch so oft ausgebessert worden ist, daß keine Planke daran ist, die nicht neu wäre, stets als dasselbe erscheinen. Denn wenn jemand glaubte, daß eine Sache durch Veränderung ihrer Teile zu einer anderen würde, so folgte daraus, daß wir selbst nach dieser Überlegung nicht dieselben wären, wie vor einem Jahr, weil wir, wie die Philosophen sagen, aus unendlich kleinen Teilchen bestehen, die täglich unseren Körper verlassen, während andere von außen her deren Stelle einnehmen. Solange folglich die Gestalt einer Sache als dieselbe fortbesteht, so muß auch die Sache selbst für dieselbe gehalten werden".[27]

Der Analogieschluß wird hier mit der „Reduktion auf das Absurde" und einer philosophischen Anspielung epikuräischer Prägung kombiniert.[28] Die Auswahl der zur Verfügung stehenden Argumente war offensichtlich noch größer (wir werden im Folgenden auf diesen Punkt noch zurückkommen), aber man ordnete sie nicht hierarchisch. Sie waren nicht an einer bestimmten Stelle eingepaßt und blieben verschieden verwendbar. Ihr Synkretismus beruht „nicht auf wissenschaftlicher Naivität oder doch unzureichender wissenschaftlicher Kultur"; was zählt, ist am Ende der einheitliche praktisch-funktionale Gehalt des juristischen Diskurses, der ihm seinen inneren Zusammenhang sichert.[29]

VIII. DER JURIST UND DER KAISER

1. Die Diplomatie der Macht

Die Jurisprudenz, die man als „klassisch" bezeichnet, beginnt mit dem Prinzipat des Augustus und reicht über die Severerzeit hinaus. Die Bezeichnung „klassisch" bedeutet heute, im Gegensatz zu früher, kein Werturteil mehr. Für Savigny im 19. Jahrhundert war die „klassische Zeit" der Beginn des 3. Jahrhunderts, als die Rechtswissenschaft mit Papinian, Paulus und Ulpian, wie er meinte, ihren Höhepunkt erreichte, auch wenn man bis in die „freie Republik" zurückgehen mußte, um die langsame und stufenweise Ausbildung der Lehrmeinungen und Methoden zu erfassen.[1] In Wahrheit ist der Verlauf nicht so gradlinig und einfach, und eine komplexere, evolutionären Tendenzen weniger zugeneigte Sicht macht es schwerer, wenn nicht gar nutzlos, einem Zeitabschnitt den Vorzug vor anderen zu geben.

Die Aufrichtung eines neuen Regimes bedeutete für die Rechtswissenschaft keine plötzliche Umstellung, auch wenn sie gewiß deren Anfang darstellte. Die Juristen behalten zum erheblichen Teil und noch für lange Zeit die Zügel des Rechts in Händen und sie halten weiterhin, auch unter gewandelten Verhältnissen, sein Räderwerk in Gang. Sie bleiben die „Wahrer" und die für die „Norm Verantwortlichen", und zwar „nicht, weil sie offiziell mit ihrer (sc. der Norm) Erhaltung und Anwendung betraut sind, sondern weil sie von ihrer Kompetenz und Autorität her im Stande sind, sie zu formulieren".[2] Diese Autorität gewinnt jedoch eine andere Form: der Jurist aristokratischer Herkunft der Republik überläßt nach und nach dem hauptamtlichen Juristen und „Ratgeber" des Kaisers seinen Platz. Es ändert sich auch der Schauplatz, auf dem die Jurisprudenz wirkt: es sind nicht mehr die Stadt Rom und Italien, sondern die gesamte zivilisierte Welt. Das römische Bürgerrecht dehnte man zwar erst in der Regierungszeit des Antoninus Caracalla, im 2. Jahrzehnt des 3. Jahrhunderts, auf alle (oder fast alle) Bewohner des Reiches aus. Aber bereits vor dieser Maßnahme war dem kleinasiatischen Sophisten Aelius Aristides in seiner „Lobrede auf Rom" die gesamte bewohnte Welt wie eine einzige Stadt erschienen.[3]

Mit Augustus wird ein neues Blatt in der Geschichte aufgeschlagen. Die lange Krise der Republik mit den Unruhen der Gracchenzeit und zwei Bürgerkriegen (zunächst zwischen Marius und Sulla, später zwischen Pompeius und Caesar) klingt nun aus. An der Spitze des Staates etabliert sich eine neue herrschende Schicht, und die Macht konzentriert sich in den Händen eines einzelnen Mannes. Das Insistieren auf der „wirklichen Macht" des Prinzipats war und ist notwendig gegenüber einer Interpretation, die man als „formalistisch" bezeichnen könnte. Aber trotz ihres Formalismus, oder gerade deswegen, ist die Lektion Mommsens immer noch von Bedeutung. „Die Macht" so lehrt er, „ist nicht die einzige politische Wirklichkeit".[4] Das Problem des Prinzipats liegt im Spannungsverhältnis zwischen Macht und Verfassung und zwischen dem institutionellen und dem ideologischen Moment.[5] Das Gespür der Zeitgenossen mit ihren unterschiedlichen Haltungen hilft uns, diesem Problem näher zu kommen.

Der Kaiser befehligt das Heer, regiert oder kontrolliert die Provinzen, pflegt die Beziehungen zu den Vasallenreichen und den ausländischen Staaten und verfügt über die Finanzen. Er kann auf die „emotionale Anhänglichkeit und die religiöse Devotion der Millionen" zählen;[6] gleichzeitig aber liegt ihm auch an seiner Selbstdarstellung als „Bürger" und als Hüter der Tradition. Man kann in ihm ebenso den „Vater des Vaterlandes" wie den Retter oder den Wohltäter der Menschheit sehen.[7] In der Antike erscheint immer wieder, unendlich überhöht, das Leitbild der patriarchalischen Monarchie und des homerischen Königtums.[8] Der Stadtstaat als politische Form verliert an Boden. Die dem Kaiser übertragene *potestas* verbindet nichts Substantielles mehr mit den alten Magistraturen und, obwohl sie sich in Wirklichkeit als absolut darstellt, wird sie dennoch weiterhin nach den Schemata der alten Ordnung definiert und in einzelne Gewalten unterteilt, aus denen die prokonsularische und die tribunizische herausragen. Auch der Terminus *auctoritas* verschwindet nicht aus dem politischen Vokabular, sondern will, auf einer anderen Ebene als die *potestas*, den Vorrang des Kaisers vor allen anderen Inhabern eines öffentlichen Amtes ausdrücken.[9]

Nach republikanischem Vorbild gab Augustus der senatorischen Führungsschicht bei der Ausübung der juristischen Tätigkeit den Vorrang. Es erschien ihm auch unter diesem Gesichtspunkt nützlich, den Senatoren mit Respekt zu begegnen, und dieses Verhalten paßt ins allgemeine Bild. Diejenigen *nobiles*, die nicht in den Bürgerkriegen auf den Schlachtfeldern geblieben oder den Proskriptionen zum Opfer gefallen waren, stiegen „umso höher an Reichtum und Ehren, je willfähriger sie sich zeigten". Das neue Regime schien die Gefahren der Vergangenheit einzudämmen und ein sicheres Dasein gewähren zu können.[10] Im übrigen waren „Sicherheit und Ordnung" nicht nur in Rom und Italien, sondern auch in den Provinzen ein in allen sozialen Schichten verbreitetes Schlagwort. Die Anziehungskraft der alten *libertas* war ungebrochen, und sie fand auch unter Juristen ihre unbeirrbaren Anhänger. Ein berühmtes Beispiel hierfür ist M. Antistius Labeo. Seine auf der Linie eines verbissenen Traditionalismus gegen die Regierung gerichtete Polemik mußte sich gegen die subtile Diplomatie der Macht richten.[11] Augustus war im Grunde noch weniger revolutionär als Caesar – wenn man die Pläne des Diktators kurz vor seinem Tod betrachtet.¹² In Einklang mit der aristokratischen Tradition hat die augusteische Regierung keine Anregung zu einer Kodifizierung realisiert. Die Vorstellung einer Kodifizierung war der römischen Rechtskultur – einer auf Solidarität beruhenden Kultur mit einer Honoratiorenverwaltung – sowieso fremd; sie konnte erst im bürokratischen und schulmäßigen Umfeld der Spätantike verwirklicht werden.

Wie erwähnt, definierte man die Vorrangstellung des Kaisers als *auctoritas*. Man mußte nun zwischen dieser und der *auctoritas* der Juristen eine gemeinsame Berührungsfläche finden. Diesem Ziel diente die von Augustus eingeführte „Erlaubnis", Responsa zu erteilen: man respektierte die beratende Tätigkeit der Juristen, unterstellte sie aber der Kontrolle des Kaisers. Nur einige Juristen besaßen das Privileg, in seinem Namen zu respondieren, andere hingegen nicht.¹³ Die Wirksamkeit der Responsa erwies sich bekanntlich vor allem in Auseinandersetzungen vor Gericht. Betrachtet man diese delikate Beziehung zwischen Jurisprudenz und Prozeß, zwischen fachlich einwandfrei formulierter juristischer Meinungsäußerung und Urteil, versteht man die Bedeutung des Eingreifens des Augustus. Man hinderte niemanden daran, seine Meinung zu äußern oder juristische Bücher zu verfassen (und es wurden in der Tat auch von nicht mit kaiserlichem Privileg ausgestatteten Juristen ausschlaggebende Meinungen vorgebracht und bemerkenswerte Bücher geschrieben); freilich erlangten nur die Responsa der „autorisierten" Juristen unmittelbare praktische Wirkung. Sie stellten nun die Responsa im eigentlichen Sinne des Wortes dar, sie bildeten eine der Formen der Normengebung im römischen Gemeinwesen, und sie leiteten und banden die Gerichtshöfe bei ihren Entscheidungen. Hadrian ließ lediglich eine bereits bestehende Praxis sanktionieren.¹⁴

2. Diskussionen im kaiserlichen Rat

Die Kunst der Fachberatung ist alt. Der Rechtsgelehrte übt sie nicht nur durch die Praxis des Responsum aus, sondern auch dadurch, daß er bei verschiedenen Gelegenheiten eine kontinuierliche Rolle als „Berater" übernimmt. In der Republik begegnet er an der Seite des Prätors oder anderer Magistrate, des Richters oder der Redner bei großen Debatten vor Gericht. Man braucht sich also nicht zu wundern, daß auch der Kaiser bei Bedarf auf Rechtsgelehrte zurückgreift. Augustus etwa befragte den damals schon alten Trebatius Testa und andere Experten zu einer schwierigen Frage des Erbrechts.

„Vor der Zeit des Augustus hat es bekanntlich das Rechtsinstitut des Kodizills mit Sicherheit nicht gegeben; vielmehr hat als erster Lucius Lentulus, mit dem auch die Fideikommisse beginnen, die Kodizille eingeführt. Denn als er in Africa im Sterben lag, schrieb er Kodizille, die im Testament bestätigt waren, in denen er Augustus mittels eines Fideikommiß bat, etwas Bestimmtes zu tun. Da nun der vergöttlichte Kaiser Augustus seinen Willen erfüllte, folgten nach und nach die übrigen dem Vorbild des Princeps und führten die Fideikommisse aus; auch die Tochter des Lentulus erfüllte die Vermächtnisse, die sie rechtlich nicht schuldete. Augustus soll dann die Rechtsgelehrten, unter ihnen auch Trebatius, der damals das größte Ansehen genoß, zusammengerufen und gefragt haben, ob man das anerkennen könne und ob die Verwendung von Kodizillen nicht im Widerspruch zu den Grundsätzen des Rechts stehe. Und Trebatius habe dem Augustus zugeraten, indem er darauf hinwies, es sei für die Bürger wegen der weiten und langdauernden Reisen (die schon in alter Zeit üblich waren) sehr nützlich und notwendig, dort wenigstens ein Kodizill verfassen zu können, wo man ein Testament nicht errichten kann...".[15]

Bei den *codicilli* (der Ausdruck wird im Plural gebraucht) handelt es sich um ein schriftliches Dokument, dem alle Formalitäten des Testaments fehlen, das aber alle Verfügungen des letzten Willens, außer der Einsetzung eines Erben, enthalten kann. Man bezeichnet die *codicilli* als *testamento confirmati*, wenn sie der Erblasser vor oder nach ihrer Redaktion in seinem Testament ratifiziert. Die *codicilli* enthalten im allgemeinen fideikommissarische Verfügungen; nur in jenen, die durch ein späteres Testament bestätigt wurden, konnten Legate errichtet werden. Zwischen Legat und Fideikommiß besteht ein grundlegender Unterschied. Das Legat, dessen Aussehen genauestens definiert ist, ist ein Vermächtnis, das zugunsten einer anderen Person auf dem Erben lastet.[16] Das Fideikommiß hingegen ist eine Verfügung eines letzten Willens in Form einer Bitte. Bis zu dem Zeitpunkt, in dem man ihm rechtlich bindenden Charakter zuerkannte, war seine Ausführung der Loyalität des mit dem Fideikommiß Beschwerten anvertraut, und dieser konnte jeder sein, der etwas aus dem Nachlaß erhielt (nicht nur der testamentarisch berufene Erbe).

In republikanischer Zeit hätte man die Frage der Verpflichtung bei der Erfüllung der Fideikommisse anders gelöst. Ein Rechtsgelehrter hätte eine *actio in factum* zusammengestellt, „der Praetor hätte sie gebilligt und sie sofort oder nach einer Bewährungsfrist in sein Edikt aufgenommen". Nun aber wird eine Weiterentwicklung des Edikts bewußt vermieden.[17] Der normative Wille des Kaisers gewinnt an Bedeutung und findet vor allem in einem vorbildhaften Verhalten seinen Ausdruck; man greift auf ein neues Vorgehen zurück, das man den Konsuln anvertraut.[18] Augustus allerdings sucht um eine Meinungsäußerung eines Expertenkollegiums nach. Wir haben hier das erste Anzeichen einer Zusammenarbeit vor uns, die zu einer Dauereinrichtung werden sollte. Nach und nach wählen die Kaiser ihre *amici* auch unter den Juristen, sie berufen sie in ihr *consilium*, wo es zumindest seit dem ausgehenden 2. Jahrhundert bezahlte und feste Posten gibt.[19] Die kaiserliche Gesetzgebung zwischen Trajan und Mark Aurel beruht auf dem Zusammenwirken mit den großen senatorischen oder ritterlichen Rechtsgelehrten aus Italien oder auch aus den Provinzen: von L. Neratius Priscus und P. Iuventius Celsus bis zu Salvius

2. Diskussionen im kaiserlichen Rat 151

Iulianus, Ulpius Marcellus und Volusius Maecianus. Erst in der Severerzeit wird die Jurisprudenz völlig bürokratisch und kosmopolitisch. Es ist ganz selbstverständlich, daß sie dem Kaiser seine *consiliarii* stellt, und daß ihm diese „zur Seite stehen und die übertragene Ehrenstelle keine Beschränkung an Zeit und Ort hat".[20]

In der juristischen Literatur werden immer wieder die Diskussionen im *consilium* des Kaisers erwähnt, und wir können uns daher eine Vorstellung von ihnen machen. Ein Hauptzeuge ist Ulpius Marcellus. Wir verdanken ihm die „Mitschrift" einer Sitzung vor Gericht in Anwesenheit des Mark Aurel. Der Fall liegt ziemlich einfach. Ein Erblasser hatte sein Testament geöffnet und die Namen der Erben gestrichen; nicht hingegen die Namen der Vermächtnisnehmer. Es bestand kein Zweifel daran, daß das zu vererbende Vermögen dem Fiskus zufiel. Was aber sollte mit den Legaten geschehen? Einige waren der Meinung, daß die Unwirksamkeit der Erbeinsetzung (wenn ein solcher fehlte, war nach römischer Auffassung ein Testament nicht vorstellbar) sich auch auf jegliche andere testamentarische Verfügung erstreckte. Marcellus vertrat eine andere, viel weniger formalistische Ansicht, und seine Meinung gewann die Oberhand. Er erwähnt sie in seinem Bericht, der auch den Spruch, mit dem der Rechtsstreit entschieden wurde, ferner die Meinungsäußerungen der Rechtsanwälte untereinander und mit dem Kaiser, referiert:

„Da Valerius Nepos seinen Willen änderte, hat er das Testament entsiegelt und die Namen der Erben ausgestrichen; ich meine, daß seine Erbschaft nach einer Verordnung meines verstorbenen Vaters nicht denen zukommt, die in dem Testament genannt sind". Zu den Advokaten des Fiskus sagte der Kaiser Antoninus: „Ihr habt eure Richter". Vibius Zeno sagte: „Ich bitte dich, Herr und Kaiser, höre mich geduldig an: Was wirst du bezüglich der Legate bestimmen?" Der Kaiser Antoninus sagte: „Meinst du, daß derjenige, der die Namen der Erben ausstrich, die Gültigkeit des Testamentes wollte?" Cornelius Priscianus, der Advokat des Leo, sagte: „Er hat nur die Namen der Erben gestrichen". Calpurnius Longinus, der Advokat des Fiskus sagte: „Ein Testament, das keine Erben hat, kann nicht gültig sein". Priscianus sagte: „Er gab einigen Sklaven die Freiheit, und hat Vermächtnisse ausgesetzt". Der Kaiser Antoninus ließ alle abtreten, überlegte den Fall, ließ sie dann wiederkommen und sprach: „Der vorliegende Fall fordert wohl eine mildere Auslegung. Wir sind daher der Meinung, Nepos habe nur das, was er ausstrich, ungültig machen wollen".[21]

Die Mitarbeit der Juristen war wertvoll und sie blieb auch nicht geheim oder anonym. Sie fand einen fortwährenden literarischen Niederschlag. Es war nicht erforderlich, sie in offiziellen Dokumenten zu verschweigen; diese setzten sie vielmehr in ein helles Licht. Dies zeigt ein Reskript (höchstwahrscheinlich ein Brief) des Mark Aurel und des Lucius Verus. Der Fall betrifft wiederum ein heikles Problem des Erbrechts, und man gelangte abermals nach manchen Zweifeln zu einer Lösung:

„Wir haben erfahren, daß von den Juristen zuweilen in Zweifel gezogen worden ist, ob der Enkel des Patrons entgegen dem Testament des großväterlichen Freigelassenen den ‚Besitz des Erbes' fordern könne, wenn der Großvater und Patron im Alter von über fünfundzwanzig Jahren diesen Freigelassenen eines Kapitalverbrechens angeklagt habe. Uns ist bekannt, daß Proculus, ein Jurist von erheblicher Autorität, der Ansicht gewesen ist, daß dem Enkel in diesem Falle der ‚Besitz des Erbes' nicht gewährt werden dürfe. Auch wir sind seiner Ansicht gefolgt, als wir unsere Antwort auf den *libellus* der Caesidia Longina erteilten. Aber auch der Senator Volusius Maecianus, unser Freund, ein noch über das hergebrachte und sichere Wissen hinaus gewissenhafter und sorgfältiger Interpret des *ius civile*, hatte vor uns mit Rücksicht auf unser Reskript erklärt, er habe ebenfalls geglaubt, nicht anders entscheiden zu dürfen. Nachdem wir uns jedoch unter Hinzuziehung des Maecianus selbst und anderer unserer rechtskundigen Freunde ausführlicher mit dem Problem beschäftigt haben, neigten wir eher zu der Ansicht, daß der Enkel weder durch die Worte noch durch den Sinn des Gesetzes oder des prätorischen Edikts von dem Nachlaß des ‚großväterlichen' Freigelassenen ausgeschlossen würde; und dies war ebenfalls die Meinung mehrerer Rechtsgelehrter, darunter auch unseres Freundes, des Senators Salvius Iulianus".[22]

Maecianus und Iulianus erscheinen als direkte Gesprächspartner der Kaiser. Auch Marcellus war Mitglied des *consilium*, und er war wahrscheinlich unter den neben Maecianus allgemein erwähnten Juristen. Proculus hingegen war bereits seit über hundert Jahren tot, und dennoch führte man seine Meinung immer noch als Zeugnis an. Die neue legislative Richtung bezog sich im Formular weitgehend auf ältere Lehren.

Die Berufung auf kaiserliche Konstitutionen nimmt in den Schriften der Juristen seit dem 2. Jahrhundert immer mehr zu. Werke, die diese ausschließlich sammeln oder untersuchen, sind hingegen rar. Es ist zweifelhaft, ob die *Decreta Frontiana* des Titius Aristo dieses Ziel verfolgten.[23] Auf Papirius Iustus, einen Beamten und Juristen, geht eine umfangreiche Sammlung der Reskripte des Mark Aurel und des Lucius Verus (oder nur des Mark Aurel) zurück. Von großer Bedeutung sind die *Libri decretorum*, die unter dem Namen des Iulius Paulus laufen. Ob sie nun Paulus selbst zusammengestellt hat, oder ob es sich dabei um eine spätere Zusammenfassung seiner *Libri imperialium sententiarum* (6 Bücher, verglichen mit den drei der *Decreta*) handelt, können wir getrost vernachlässigen. Wie auch immer wir uns entscheiden, es besteht kein Zweifel darüber, daß Paulus selbst zu uns spricht, und nicht der eventuelle Epitomator in den *Libri decretorum*, wie wir sie heute vor uns haben, oder wie sie die Kommissare Justinians, die sie überliefert haben, vor sich hatten. Uns interessiert hier das 2. Buch. Es geht dabei um ein Testament, das im Mittelpunkt eines juristisch in jeder Beziehung verwickelten Vorfalls steht. Es lohnt sich, ihn durchzugehen, jedoch dürfen wir dabei die allgemeine Linie der Ausführungen nicht aus dem Auge verlieren. Es geht um folgendes: a) es findet ein erster Rechtsstreit vor dem Gerichtshof des Statthalters der Provinz statt; b) die unterlegene Partei legt Berufung gegen den Urteilsspruch des Statthalters an den Kaiser ein; c) der Urteilsspruch, der den Prozeß in zweiter und letzter Instanz beschließt, modifiziert die erste Entscheidung zugunsten des Appellierenden.

3. Der Kaiser als Gesetzgeber, die Edikte und die Senatsbeschlüsse

„Fabius Antoninus hinterläßt einen unmündigen Sohn, Antoninus, und eine Tochter, Honorata. Er enterbt sie und setzt als Erben deren Mutter, Iunia Valeriana, ein; er belastet sie mit einem Vermächtnis von 300(000) und von einigen anderen Dingen zugunsten der Tochter Honorata. Er verfügt schließlich, daß seinem Sohn Antoninus der gesamte Rest des Vermögens übertragen wird, sobald er das 20. Lebensjahr erreicht hat; sollte jener sterben, bevor er 20 Jahre alt ist, verfügt er, daß dieses Erbschaftsvermögen an Honorata übergeht. Die Mutter stirbt ohne Testament und hinterläßt die beiden Kinder, Antoninus und Honorata, als gesetzliche Erben. Sodann stirbt der Sohn Antoninus, der das Alter von 19 Jahren erreicht und vor dem 20. Geburtstag gestorben ist, ohne es zu vollenden, und hinterläßt als eine Erbin seine Tochter Fabia Valeriana, von der ihre Tante Honorata die Erfüllung des Fideikommiß und die Herausgabe des Erbschaftsanteils gemäß dem Testament ihres Vaters, Fabius Antoninus, fordert. Vor dem Gericht des Provinzialstatthalters erhält sie Recht. Die Vormünder der Tochter des Antoninus, Valeriana, führen deren Armut ins Feld und „zitieren" eine Konstitution Hadrians, in der dieser festgesetzt hatte, daß, in Bezug auf die *munera* in den Municipien, ein angebrochenes Lebensjahr als vollendet gilt. Der Kaiser hat, aus Gründen der Billigkeit und der Worte des Testaments „wenn er das 20. Lebensjahr erreicht haben wird", ein Urteil gegen die Klägerin ausgesprochen. Und dies, obwohl er sagte, daß ihm bekannt sei, daß Mark Aurel jemanden nicht von der Bürde der Vormundschaft befreit hatte, der das 70. Lebensjahr nur begonnen hatte. Ich habe meinerseits Argumente aus der *lex Aelia Sentia* und noch aus weiteren Gesetzen beigebracht".[24]

Diese neue Entscheidung fügt sich in eine Linie ein, die von der kaiserlichen Gesetzgebung häufig verfolgt wird. Wir werden sie noch an weiteren Beispielen wahrnehmen. Darüber hinaus ist das direkte Eingreifen des Paulus in die Diskussion im *consilium* des Septimius Severus ein nicht zu vernachlässigender Gesichtspunkt. Wir vermögen nicht sicher festzustellen, ob sein Eingreifen im Sinne der Entscheidung von Vorteil war oder sie nur (ohne Ergebnis) behindert hat. Es ist jedenfalls bemerkenswert, daß noch in severischer Zeit die Juristen den Kaiser quasi gleichberechtigt „beraten". Von diesem Zeitpunkt an wurden sie durch ihre anonyme Teilnahme allerdings lediglich zu einem gefügigen Instrument des kaiserlichen Willens.

3. Der Kaiser als Gesetzgeber, die Edikte und die Senatsbeschlüsse

Der Kaiser vollzieht also Akte von normativer Wirkung. Über die genaue Bedeutung dieser Aussage müssen wir uns klar werden. Es ist auf jeden Fall sicher, daß der Kaiser sich nicht darauf beschränkt, die gewohnten Formen der Ausbildung des Rechts unter Kontrolle zu bringen. Seitdem es den Kaiser in der römischen Staatsordnung gibt, kann er als „Gesetzgeber" tätig werden, eine Ordnung erschaffen oder einen Beitrag dazu leisten. Die Komplexität, die die Rechtsordnung während ihrer gesamten langen Geschichte auszeichnet, wird nicht geringer, sondern sie wird jetzt noch viel verwickelter wegen der ständigen Überlagerung und Verknüpfung der Quellen, aus der sie gespeist wird. Die Organe, die neuen Normen setzen können, ändern sich freilich in bemerkenswertem Maß. Den ersten Platz nimmt immer noch die Jurisprudenz mit ihrer doppelten Funktion, nämlich zu interpretieren und Recht zu setzen, ein; die rechtsetzende Tätigkeit der Prätoren kommt hingegen sofort nach dem Ende der Republik zum Erliegen. Die Volksversammlungen leisten in augusteischer Zeit intensive gesetzgeberische Arbeit. Ganze Gebiete, wie Ehe und Familie oder die *iudicia privata* und *publica*, erhalten bis ins kleinste gehende Reglementierungen. Die Reform der Sitten und der Familie folgt einem genau vorgegebenen Entwurf, erregt lebhaften Widerspruch, setzt sich aber im Laufe von 40 Jahren durch. Die Freilassung von Sklaven und die Freiheit, sich zu Vereinigungen zusammenzuschließen, wird beschränkt, es wird eine Erbschaftssteuer eingeführt, der Luxus, die öffentliche und private Gewalt und die Bestechung bei Wahlen bekämpft. Die Verletzung der „Majestät des römischen Volkes" wird noch einmal geregelt.[25] Als der Kaiser am Ende seines Lebens sein „politisches Testament" schreibt, hebt er die Bedeutung der „neuen Gesetze" hervor.[26] Nach Augustus ändert sich alles. Die Gesetzgebung der Komitien (und der Versammlung der Plebs) kommt im Lauf des 1. Jahrhunderts n. Chr. zum Erliegen; nach Nerva wird sie nicht mehr erwähnt. Zumindest in dieser Hinsicht kann man mit Mommsen von der „Uebertragung der Gemeindesouveränetät von der Bürgerschaft auf die repräsentative Versammlung" sprechen.[27]

Auch in der Kaiserzeit bleibt der Senat in jeder Weise das „Symbol der *res publica*", die „Institution, die über die einzelnen Herrscher hinausreicht". Er verliert sein politisches Gewicht nicht von heute auf morgen; in verschiedenen Phasen unterliegt er zwischen Augustus und den entscheidenden Vorgängen im Jahr 238, dem Jahr, das das „Ende einer Ära bezeichnet", einem fortschreitenden Niedergang. Dennoch spielt er noch lange Zeit auf religiösem, diplomatischem, gesetzgeberischem und richterlichem Gebiet eine wichtige Rolle.[28] In einem Buch aus den mittleren Jahren des 2. Jahrhunderts n. Chr. wird gesagt, daß der Senatsbeschluß „dieselbe Verbindlichkeit besitzt wie ein Gesetz, wenngleich es hierüber Zweifel gab".[29] Der Senatsbeschluß ist nicht mehr, oder nicht mehr ausschließlich, wie in der Republik, weisung- oder richtunggebend gegenüber dem Magistrat; er kann nun sogar Bestimmungen allgemeiner Art enthalten. Diese Senatsbeschlüsse neuen Typs bilden eine lange Liste, und ihnen ist ein gründliches Reformwerk auf Gebieten zu verdanken, die für das Privat- und Strafrecht nicht unwichtig sind. Gewiß, der Senat besitzt nicht mehr die Autonomie, die er einst hatte. Die Senatsbeschlüsse sind vom Kaiser veranlaßt oder greifen seine Vorschläge auf (von Hadrian an ist dies der Normalfall). Die *oratio principis* ist nun das Kernstück des *senatus consultum*, das diese wie ein formaler Akt begleitet. Die beiden Termini können aber auch die Plätze tauschen, und der erstere kann in juristischen Abhandlungen den Platz des zweiten einnehmen.[30]

Die kaiserliche Gesetzgebung fügt sich mit bemerkenswerter Zweideutig-

3. Der Kaiser als Gesetzgeber, die Edikte und die Senatsbeschlüsse

keit in dieses Bild ein. Die Terminologie, mit der sie beschrieben wird, ist nicht einstimmig und bleibt im Verlauf der Zeit nicht gleich. Man kann indes einige typologische Züge festhalten. Die Bezeichnung *constitutio* hat als solche eine recht weite Bedeutung, man kann sie auf jede Norm oder jeden Komplex von Normen anwenden;[31] im allgemeinen Sprachgebrauch besteht aber die Neigung, die normativen Akte des Princeps damit zu bezeichnen. Die „Konstitutionen" umfassen *edicta* und *decreta*, *rescripta* und *mandata*. Diese Aufzählung ist nicht vollständig, denn es bleiben dabei die Rechtsakte unerwähnt, für die nur schwer eine präzise Bezeichnung zu finden ist.[32] Die Edikte haben gewöhnlich eine allgemeine Wirksamkeit. Auch in Mandaten kann eine allgemeine Norm enthalten sein. Diese Akte haben zwar administrativen Charakter, aber nicht wenige Neuerungen im Privatrecht gehen auf sie zurück.[33] Bei den Mandaten handelt es sich um Anweisungen, die der Kaiser den Amtsträgern und Provinzialstatthaltern, auch der senatorischen Provinzen, schickt. Sie wenden sich nicht an „diejenigen, die der Norm Folge leisten sollen, sondern an die, welche dafür sorgen, daß ihnen Folge geleistet wird"; zu den Endadressaten der Norm (das heißt zu den Untertanen) besteht nur ein indirektes Verhältnis.[34]

Durch Edikte teilt der Princeps seine Entscheidungen den Bewohnern einer Stadt oder einer Provinz oder dem ganzen Imperium mit, und zwar in den unterschiedlichsten Angelegenheiten: von der Wasserversorgung über den Zensus bis zur Bürgerrechtsverleihung; privatrechtliche Verhältnisse sind nicht ausgeschlossen, auch wenn sie nur seltener erscheinen. Die normative Absicht verflicht sich bisweilen mit einer politischen Botschaft, und man kann daher die Edikte nicht nur als einen Normenkatalog auffassen. Andererseits bedient sich der Princeps nicht immer desselben Tons, sondern seine Sprache ist einmal befehlend, ein andermal eher überredend, wie zum Beispiel in den fünf zwischen 7 (oder 6) und 4 v. Chr. erlassenen Edikten, in denen Augustus zu den Bewohnern von Kyrene spricht. Das erste dieser Edikte ist für uns vielleicht das bemerkenswerteste Dokument. Die besonderen Verhältnisse der Cyrenaica und die Klagen der Untertanen zwingen die Zentralregierung zum Einschreiten. Tatsache ist, daß die dort wohnenden Römer, oder zumindest die reicheren unter ihnen, dadurch, daß sie die Geschworenengerichte beherrschen, die griechische Bevölkerung unterdrücken. „Ich selbst" versichert der Kaiser, „habe von Unschuldigen erfahren, die auf diese Weise drangsaliert und bis zur Hinrichtung gebracht wurden". Infolgedessen ist eine neue, zumindest provisorische Ordnung der „Todesurteile", der *thanatēphoroi dikai*, erforderlich, in Erwartung einer definitiven Regelung durch eine Senatsentscheidung, oder bis der Kaiser selbst „etwas besseres" findet. In diesem Edikt werden neue Kriterien für Alter und Zensus der Richter und neue Vorgehensregeln für die Einrichtung von aus Römern und Griechen gemischt besetzten Geschworenengerichten festgesetzt.[35] An den Statthalter wendet sich der

Princeps in der Form eines Ratschlags,³⁶ wobei er einer in den Beziehungen zwischen Senat und den Provinzialmagistraten geübten Praxis folgt. Die Tonlage der Rede konnte, wie wir oben sagten, variieren. Zum Beleg können das dritte und das vierte Edikt dienen, von denen das eine die Teilnahme der Neubürger an den *leitourgiai* (oder wie wir sagen könnten, den „öffentlichen Leistungen"), und das andere den Zivil- und Strafprozeß mit Ausnahme der bereits geregelten Kapitalprozesse, regelten.

„Wenn Personen aus dem Gebiete Cyrenes mit dem Bürgerrecht geehrt worden sind, sollen sie, so bestimme ich (κελεύω) hiermit, die öffentlichen Leistungen in nicht geringerem Maß nach ihrem Anteil der griechischen Gemeinde entrichten. Ausgenommen sind diejenigen, denen auf Grund eines Gesetzes oder Senatsbeschlusses (κατὰ δόγμα συνκλήτου), durch das Dekret (ἐπικρίματι) meines Vaters oder mein eigenes Lastenfreiheit zugleich mit dem Bürgerrecht verliehen ist. Und auch in Betreff dieser Personen selbst, denen Lastenfreiheit verliehen ist, entscheide ich dahin (ἀρέσκει μοι), daß sie von dem Eigentum, welches sie im Zeitpunkt der Verleihung hatten, abgabenfrei sind, für alles inzwischen Dazuerworbene aber das Entsprechende leisten".³⁷

„Alle Prozesse von Griechen untereinander, die künftig in der Provinz Cyrene stattfinden, – ausgenommen die mit einer kapitalen Anklage verfolgten Personen, über welche der Statthalter, der gerade die Provinz verwaltet, in eigener Person erkennen und entscheiden oder aber ein Geschworenengericht einsetzen muß –, in allen übrigen Fällen aber entscheide ich (ἀρέσκει), daß Griechen als Richter gegeben werden, es sei denn, daß der Beklagte oder der Angeklagte selbst römische Bürger als Richter verlangt. Für die Parteien aber, für welche künftig auf Grund dieses meines Ediktes griechische Richter bestellt werden, soll kein (οὐκ αρέσκει) Richter aus jener Stadt gegeben werden, aus welcher der Kläger oder der Ankläger oder der Beklagte oder der Angeklagte kommt".³⁸

Wie man sieht, steht der normative Akt des Princeps einige Male neben dem Senatsbeschluß und dem Gesetz. Das Verhältnis zum Senatsbeschluß soll uns nun beschäftigen, und das 5. Edikt illustriert dies recht gut. Es befiehlt eben die Publizierung eines Senatsbeschlusses (des *SC Calvisianum* von 4. v. Chr.), der die Bestrafung bei Erpressung durch Statthalter neu regelt und vereinfacht:

„Damit der Senatsbeschluß (δόγμα συνκλήτου) über die Sicherung der Bundesgenossen des römischen Volkes, der in meiner Gegenwart und mit meiner Beteiligung während des Konsulats des C. Calvisius und L. Passienus gefaßt wurde, allen, denen unsere Fürsorge gilt, bekannt wird, habe ich beschlossen, ihn in die Provinzen zu senden und unter mein Edikt zu setzen (τῶι ἐμῶι προγράμματι). Daraus wird allen Bewohnern der Provinzen offenbar sein, welche Fürsorge ich und der Senat darauf verwenden, daß keiner unserer Untertanen ein Unrecht zu erleiden hat oder einer ungerechten Forderung ausgesetzt ist".³⁹

Das *epikrima* (oder *programma*) des Kaisers und das *dogma* des Senats stehen auf derselben Ebene, zwischen ihnen gibt es – zumindest auf formaler Ebene – keinerlei Hierarchie. Die Stimme des kaiserlichen Gesetzes verbreitete sich wie die des Senats vom Zentrum zur Peripherie des Reiches. Die Be-

3. Der Kaiser als Gesetzgeber, die Edikte und die Senatsbeschlüsse 157

wohner von Cyrene konnten in Marmor eingemeißelt seine Worte ebenso lesen wie die des Senatsbeschlusses, auf den er Bezug nimmt: beides Manifestationen eines einheitlichen politischen Willens. Der Senat machte es nicht anders als der Princeps. Fünfundzwanzig Jahre später, im Jahr 19 n. Chr., kann jeder in Südspanien den Text des Senatsbeschlusses sehen, mit dem die Ehren für den verstorbenen Germanicus, Adoptivsohn des Tiberius, beschlossen werden, und mit dem man der Dynastie seine Loyalität ausdrückt.

„Um die Dankbarkeit aller *ordines* gegenüber dem kaiserlichen Haus und den einmütigen Konsens aller Bürger bei der Ehrung des Germanicus ganz deutlich auszudrücken, hält es der Senat für angemessen, daß die Konsuln diesen Senatsbeschluß veröffentlichen und ihn mit einem ihrer Edikte begleiten, und daß sie den Magistraten und Abgesandten der Municipien und Kolonien Anweisung geben, Kopien davon anzufertigen und sie an die Municipien und Kolonien in Italien zu schicken, sowie an die Kolonien in den Provinzen; auch die Provinzialstatthalter werden korrekt und angemessen handeln, wenn sie diesen Senatsbeschluß an dem jeweils meistbesuchten Platz anbringen lassen".[40]

Wie wir bereits erwähnten, werden in den Edikten normativer Aspekt und politische Botschaft nicht voneinander getrennt. Ohne Frage ist auch das lange Edikt, das Mark Aurel im letzten Dezennium seiner Regierung an die Athener richtete, eine politische Botschaft. Hier werden nacheinander verschiedene öffentliche und private Fragen abgehandelt. Unter anderem erhalten zwei wichtige lokale Institutionen, der Areopag und das Panhellenium (der alte Rat der Athener und die von Hadrian eingerichtete Repräsentativ-Versammlung der griechischen Städte und Staaten) eine neue Organisationsform. Auch insgesamt gesehen, ist dieses Edikt ein wertvolles Dokument; aber besonders in einer Hinsicht drückt der Kaiser in geschickter Rede sein Interesse für die griechische Welt aus:

„Welches Wohlwollen ich dem Ansehen Athens entgegenbringe, damit es seine alte Würde erlangt, glaube ich hinreichend kundgetan zu haben, und zwar als ich das von ihnen auserwählte Synhedrion auf seine alte Eigenart zurückzuführen versuchte, nach der sie nur die Personen in den Areopag aufnehmen, die nachweislich eine vornehme Abstammung über drei Generationen besitzen; oh wolle doch der Himmel, daß es mehr berühmte Familien gäbe, so daß es mir möglich wäre, auch jetzt unsere Entscheidung zu beachten! Aber da ich die durch das Schicksal eingetretene Lage berücksichtigen muß, eine Lage, durch die meines Wissens auch viele andere Städte dringend Hilfe beanspruchten, muß ich einige Zugeständnisse aus Liebe zur Vergangenheit machen und andere Regeln für die Zukunft unabhängig davon aufstellen und komme den Athenern dahin entgegen und erlaube ihnen, daß man betreffs der verflossenen Zeit allein darauf schaut, ob jemand einen freien Vater hat. Wenn ein Mitglied des Areopag anscheinend wegen der Bestimmung, eine freie Abstammung über drei Generationen nachweisen zu müssen, ausgestoßen wurde, dann soll er seine frühere Würde wiedererlangen; in Zukunft soll ein Mitglied von freien Eltern beiderseits abstammen".[41]

4. Reskripte und Dekrete

Normalerweise wird der Kaiser auf vielen Gebieten seiner Verwaltung nicht auf eigene Initiative tätig, sondern auf Gesuch der Untertanen, oder um auf Anfragen von Magistraten und Beamten zu reagieren. Es ist seine kaiserliche Pflicht, Gehör zu schenken.[42] Wie Miller angemerkt hat, war diese „Passivität" ein Kennzeichen der kaiserlichen Regierung, deren Wurzeln einerseits in der aristokratischen republikanischen Tradition des Patronats und andererseits im Vorbild des makedonisch-hellenistischen Herrschers liegen.[44] Wie dem auch sei, es ist auf jeden Fall richtig, daß kaiserliche Verwaltungsakte wie die *rescripta* und die *decreta* immer auf Drängen von außen beruhen. Auf den vorhergehenden Seiten sind wir bereits auf einige dieser Akte gestoßen; es ist jetzt der Ort sie, wenn auch summarisch, so doch genauer zu beschreiben.

Reskripte sind Meinungsäußerungen, denen man nicht immer dieselbe normative Wirksamkeit zuerkennt. Unbestreitbar ist ihre Nähe zu den Responsa. Genaugenommen (aber dies ist manchmal eine moderne Genauigkeit), umfassen sie zwei unterschiedliche Kategorien, nämlich die *subscriptiones* und die *epistulae*. Bei der *subscriptio* handelt es sich um die Antwort auf ein Rechtsproblem einer Privatperson, welche die Anfrage stellt (bisweilen kann der Anfrager auch eine Gemeinschaft sein); die *subscriptio* wird vom Büro *a libellis* der kaiserlichen Kanzlei ausgefertigt. Sie wird am Fuß des Textes der Anfrage, also des *libellus* (oder der *preces*) gegeben. Wie sie veröffentlicht oder übermittelt wurde, ist schwer festzustellen und es ist nicht ausgeschlossen, daß dies sich während der beiden ersten Jahrhunderte der Kaiserzeit änderte. Die *subscriptio* konnte öffentlich ausgestellt werden, und zwar sowohl mit als auch ohne den *libellus*; sie konnte dem Fragesteller auch persönlich mitgeteilt werden (oder beides zusammen).[45] Die *epistula* ist die Antwort auf ein Rechtsproblem eines Beamten oder eines Magistrats, einer Gemeinde, einer sonstigen Vereinigung oder eines Provinziallandtages; ihre Abfassung in Form eines Briefes besorgte das Büro *ab epistulis*. Sie wurde durch eine *relatio*, eine *consultatio* oder eine *suggestio* ausgelöst. Ein wichtiger Beleg dafür ist die Antwort Hadrians auf eine *consultatio*, die der Prokonsul der Baetica an ihn gerichtet hatte. Sowohl der Text der *consultatio* als auch die Antwort sind – über eine spätantike Quelle – bei Ulpian erhalten:

„Ich habe, bester Kaiser, bei meiner Untersuchung des zwischen Claudius und Evaristus Vorgefallenen folgendes vernommen: Bei einem Gelage, bei dem die Genossen sich damit vergnügten, Claudius, den Sohn des Lupus, in einem aufgespannten Mantel in die Höhe zu werfen, ist dieser durch die Schuld des Marius Evaristus so schlecht aufgefangen worden, daß er innerhalb von fünf Tagen starb. Es hat sich herausgestellt, daß zwischen Evaristus und Claudius keine Feindschaft bestand. Dennoch glaubte ich, die aus Übermut (begangene) Fahrlässigkeit gleichwohl bestrafen zu müssen, damit die übrigen gleichaltrigen jungen Leute gebessert würden. Ich habe daher Marius Evaristus für fünf Jahre aus der Stadt Rom, Italien und aus der Baetica verbannt und verfügt, daß er an den Vater des Claudius eine Summe von 2000 Sesterzen zahlen solle, da dieser erwiesenermaßen recht arm ist". „Du hast, Taurinus, die Bestrafung des Marius Evaristus gerecht an seiner Schuld bemessen: auch bei schwereren Delikten kommt es nämlich darauf an, ob etwas absichtlich oder zufällig begangen wurde".[46]

Nicht nur auf das Büro *ab epistulis*, sondern auch auf das *a libellis* entfiel enorm viel Arbeit. Seneca schrieb an den Freigelassenen Polybius, den Minister des Claudius: „Man muß Tausende von Menschen anhören und viele Bittschriften erledigen." Vorgänge „kommen aus aller Welt" und jeder muß „in seiner Ordnung dem Princeps" vorgelegt werden.[47] Die Reskriptenpraxis, die für über einhundert Jahre sehr begrenzt war, nahm in hadrianischer Zeit einen beachtlichen Aufschwung. Von Hadrian bis Diokletian gab es in diesem Zweig der Gesetzesschöpfung keine Unterbrechung, und dies setzte sich auch danach noch fort.

Wie gesagt, die Reskripte waren Gutachten, die den Responsa nahestanden. Nach dem Ende der großen Zeit der klassischen Jurisprudenz sollten sie deren Platz einnehmen. Ihr Abstraktionsniveau, ihr Anwendungsgebiet und das Ausmaß ihrer Wirksamkeit können variieren. Am besten hat Dieter Nörr sich mit dieser Seite des Problems auseinandergesetzt: Das Pendel schlägt zwischen den beiden Polen von *lex* und *exemplum* aus. Was die Geltungskraft betrifft, „so fordert die *lex* als staatlicher Befehl strikten Gehorsam". Das „Exempel" bewegt sich auf einer anderen Ebene. „Das *exemplum* sinnt die Befolgung an, rechtfertigt denjenigen, der sich *exemplum*-konform verhält, setzt denjenigen, der vom *exemplum* abweicht, dem Risiko der Mißbilligung aus, läßt aber das Setzen neuer *exempla* zu". Das Reskript kann dieselbe bindende Macht haben wie das Gesetz, allerdings erlangt es nur selten eine so allgemeine Bedeutung wie das Gesetz. Es kann am ehesten diese im Lauf der Zeit erwerben. „Die Bindungswirkung für den vom Reskript betroffenen Fall ist zweifelsfrei; die Art der Geltung für künftige Fälle mag sich dagegen derjenigen von *exempla* nähern, wobei aber der Gebrauch von *lex* vielleicht eine gewisse Intensivierung der Normativität spüren läßt". Das ganze wird noch komplizierter, wenn wir einen anderen Blickpunkt wählen. Die in der Tendenz vorhandene allgemeine Gültigkeit der Reskripte steht mit der Art ihrer Publikation nicht in Einklang; diese ist nicht dazu geeignet, ihm eine weitverbreitete und dauerhafte Bekanntheit zu sichern. Wie weit konnten überhaupt die verwendbaren Normen bekannt werden? Dies ist eine verzwickte Frage, die nicht nur die normensetzende Tätigkeit des Princeps, sondern die gesamte Rechtspraxis in Rom berührt. Man müßte darüber ausführlich nachdenken. Nörr bemerkt richtig: „Dabei geht es nicht nur um ein besseres Verständnis des Denkens und Handelns nach *exempla*, sondern auch um Fragen der Effizienz von Rechtsordnung und Verwaltung, um die ... ‚kompensatorischen Mechanismen' in einer der Rechtssicherheit derart entbehrenden Gesellschaftsordnung, um Mentalität und Rechtsbewußtsein einer Bevölkerung, für die – fast mehr noch als heute – jedes rechtliche Verfahren ein ungewisses Spiel mit (häufig) existenz-bedrohendem Ausgang war".[48]

Der Kaiser ist auch der oberste Richter, sowohl in erster und einziger Instanz als auch bei Berufung, auf straf- wie auf zivilrechtlichem Gebiet. Er wird auf Aufforderung eines Magistrats oder eines Amtsträgers tätig, oder weil sich ein Privatmann an ihn gewendet hat. Das prozessuale und strafrechtliche „System" der Republik verschwindet nicht mit einem Schlag. Die „ständigen Gerichtshöfe", die *quaestiones perpetuae*, die sich, jeder für ein einzelnes oder eine Gruppe von Verbrechen, seit der Mitte des 2. Jahrhunderts gebildet hatten, wurden (nach der sullanischen Ordnung) unter Augustus definitiv neu geordnet und überdauerten, wie es scheint, bis in severische Zeit. Neben ihrer ordentlichen Gerichtsbarkeit aber entsteht die außerordentliche des Kaisers und seiner Beamten, die sie schließlich ablöst. Die Handhabung der Justiz wird für die Prätorianerpräfekten eine der wichtigsten Aufgaben. Der Stadtpräfekt und der *praefectus vigilum*, die an die Stelle der *triumviri capitales* treten, üben die Polizeigewalt aus, die in diesem Kontext jedoch auch eine richterliche ist. Die Regeln des Vorgehens sind neu, und auch die Bewertungskriterien für die Delikte und Strafen ändern sich. Beim Verfahren greift man nicht mehr, wie bei den *quaestiones*, auf Geschworene zurück, sondern der Präfekt entscheidet unter Zuhilfenahme seines *consilium*, falls er dieses überhaupt heranzieht. Strafen und Straftaten lösen sich in gewissem Ausmaß aus den Kategorien der republikanischen Gesetze und definieren sich nach den Anweisungen der Zentralregierung und der Bewertung durch den Richter. Wohl gemerkt, handelt es sich bei dieser außerordentlichen Gerichtsbarkeit um eine delegierte Rechtsprechung. Aber auch der Princeps übt seine richterliche Gewalt in eigener Person vor der Senatsversammlung aus, die in den ersten Jahrhunderten der Kaiserzeit eine vergleichbare Gewalt inne hat.

Im Bereich des Privatrechts wird das Formularverfahren beibehalten; es ist in der ersten Hälfte des 3. Jahrhunderts noch immer nicht verschwunden. Dies trifft besonders für Rom zu. In den kaiserlichen Provinzen verliert es, falls es dort überhaupt je angewendet wurde, ebenso schnell an Boden wie in den senatorischen. Andererseits ersetzt man auch in Rom in gewissen Bereichen die alten Verfahrensregeln durch andere, die man zwar als „außerordentlich" anerkennt, die in Wahrheit aber einen neuen Prozeß bedeuten. Man bezeichnet diesen gewöhnlich als „Kognitionsprozeß", und dehnt die Bezeichnung auch auf den strafrechtlichen Bereich aus. Ebenso verschwindet die Unterscheidung in zwei Stufen; der Rechtsstreit spielt sich vom Beginn bis zum Ende vor einem einzigen Organ ab. Die *litis contestatio* verliert ihre Bedeutung, und es zeichnet sich die Möglichkeit ab, die Forderung des Klägers auch in Abwesenheit des Beklagten festzustellen. Man kann gegen die Entscheidung Berufung einlegen. Auf diese Weise erlangten die Fideikommisse rechtlichen Schutz, zunächst durch die Konsuln und später, in claudischer Zeit, durch die Einsetzung zweier „praetores fideicommissarii" (einen schaffte man einige Jahrzehnte später wieder ab).[49] Zwischen Mark Aurel und den Severern ernannte man einen neuen Prätor für Streitigkeiten bei Vormundschaftsbestellungen und einen weiteren für die Leitung der Freiheitsprozesse.[50] Ebenso legte man die Kompetenz der Konsuln in dem heiklen Bereich des Unterhaltsrechtes fest.[51] Trotz aller Vorurteile, die in den obersten Schichten der Gesellschaft bestanden, wurde die Forderung eines Menschen, der die Freien Künste lehrte, auf ein Honorar einklagbar.[52] Der Kognitionsprozeß, bei dem sich Privatleute und der Fiskus gegenüberstehen, trägt öffentlich-rechtliche Züge, wie zum Beispiel bei der *vindicatio* der *bona caduca*, der „erbenlosen" Güter, die ein „Denunziant" im Interesse des Fiskus oder des Ärarium auf der Grundlage der augusteischen Ehegesetze anzeigen kann.[53] Auf diesem Gebiet fungieren neben den *praefecti aerarii* auch die kaiserlichen Prokuratoren und der von Nerva eingesetzte *praetor fisci* als Richter.[54] Auch der Kaiser bewegt sich außerhalb der ordentlichen Gerichtsbarkeit. Nicht immer entscheidet er einen Streitfall direkt; oft delegiert er zu diesem Zweck einen Richter. Wenn er direkt entscheidet, hört er die Parteien oder ihre Rechtsanwälte oder Zeugen an, und untersucht den Fall mit seinen Ratgebern, bevor er ein Urteil verkündet.

Beim Urteil des Princeps handelt es sich um ein *decretum* im technischen Sinne des Wortes. Der Begriff hat auch eine weitergehende Bedeutung und umfaßt wenigstens die Reskripte.[55] Wie jeder Urteilsspruch, bezieht sich das Dekret auf einen bestimmten Fall oder einen Streit zwischen zwei Parteien. Dennoch hat das Dekret, wie auch das Reskript, gewöhnlich eine „exemplarische" Wirkung und soll über seinen Fall hinaus Geltung haben.[56]

5. Eine neue Macht?

Der Prinzipat stürzt die überkommene Ordnung der Republik nicht von einem Augenblick zum anderen um. Auch die „Konstitutionen" wirken nicht zerstörerisch. Ihre Terminologie wird nicht ganz neu erfunden, sondern nimmt, zumindest äußerlich, ein altes öffentlich-rechtliches Vokabular auf. Auch in der Verwaltungstätigkeit eines republikanischen Magistrats spielen Edikte und Dekrete eine Rolle.[57] Es gibt Fälle, in denen sich Konsuln mit einem Brief an eine Stadt wenden.[58] Auch bei den Mandaten könnte man vielleicht einen terminologischen Vorläufer in den Instruktionen suchen, die der Senat erteilte.[59]

Freilich kann die Identität der Bezeichnungen einen grundlegenden Unterschied nicht verbergen: Sowohl Dekrete als auch Briefe von Magistraten haben, verglichen mit gleichnamigen kaiserlichen Verlautbarungen, eine andere

Funktion oder eine sehr relative Tragweite. Die Mandate entsprechen immer mehr der „bürokratischen" Richtung der neuen Ordnung, d. h. dem, worin diese der Tradition am fernsten steht. Es ist daher denkbar, daß die juristische Literatur zwischen dem 2. und dem 3. Jahrhundert, feinsinnig und traditionsgebunden, neben den anderen normensetzenden Akten des Kaisers die Mandate lieber nicht erwähnt.[60]

Die Edikte bilden allerdings das schwierigste Problem. In der Hand der Prätoren hat das Edikt bekanntlich eine große Bedeutung erlangt; indes wäre es irrig, im Edikt des Princeps eine Kopie des prätorischen Edikts zu sehen. Sowohl Inhalt als auch Geltung in Raum und Zeit sind anders. Jedes kaiserliche Edikt dauert über die Amtszeit hinaus fort, es erlischt nicht mit dem Tod dessen, der es erlassen hat, sondern nur durch explizite Aufhebung; das prätorische Edikt gilt nur zwischen Beginn und Ende des Amtsjahres. Auch der Anwendungsbereich ist verschieden: Rom und Italien (nach den sullanischen Reformen) für das prätorische, das gesamte Imperium für das kaiserliche Edikt.[61] Die Geltung des letzteren ist universell und ewig, oder kann es zumindest sein. Vom Inhalt her gesehen, regelt der republikanische Magistrat mit dem Edikt seine Jurisdiktion, indem er sich in erster Linie an sich selbst wendet; der Kaiser greift auf den unterschiedlichsten Gebieten ein und richtet seine Normen direkt an die Untertanen.

Auf welcher verfassungsmäßigen Grundlage wird der Kaiser als Gesetzgeber tätig? Diese Frage ist nicht leicht zu beantworten und sie ist noch heute sehr umstritten. In Wahrheit kann man keine einheitliche Antwort darauf geben: die Perspektive ändert sich von einer Epoche zur anderen und man kann überdies im selben Moment die Sache aus verschiedenen Blickwinkeln betrachten. Zweifellos kommt die *auctoritas* des Princeps und seine persönliche Vorrangstellung auch im Stil der Gesetzgebung zum Vorschein. Wie wir sahen, befiehlt er nicht nur, sondern er gibt Ratschläge, und sein Verfahren, eine Norm vorzugeben, nähert sich manchmal dem des Senats. Wenn er aber anordnet, wenn er sich, zum Beispiel, mit einem Edikt an seine Legaten und Prokuratoren oder an seine Untertanen wendet, spricht er dann auch noch im Namen der *auctoritas*? „Es scheint der Wirklichkeit der neuen Ordnung mehr zu entsprechen", schreibt Paolo Frezza, „die normative Gewalt des Princeps als eine neue und außerordentliche Gewalt anzusehen, im Vergleich zu dem republikanischen und verfassungsmäßigen Charakter, den der Princeps herausstrich, um seine „nicht neuer" und „nicht außerordentlichen" Vollmachten zu kennzeichnen".[62] Ich würde dem folgen. Nur ist die „außerordentliche Gewalt", auf der die normative Funktion des Princeps beruht, nicht immer auf die *auctoritas* zurückzuführen (ein altes Konzept, das Augustus für seine propagandistischen Zwecke zurechtgebogen hatte); sie beschwört viel eher das *imperium*: ein *imperium*, welches von den Voraussetzungen der Magistratur befreit, und in einheitlicher Weise verstanden wird, gemäß dem Begriff, der jenseits der analytischen Terminologie der Republik zur Geltung kommt, die niemand zur Seite schieben wollte.

Das Bild wird mit der *lex de imperio*, dem Investiturgesetz, noch komplizierter; mit diesem übertragen Senat und Volk dem Kaiser die Macht auch formal. Die *lex de imperio Vespasiani* ist ein bemerkenswertes epigraphisches Zeugnis; es ist nicht in Gänze auf uns gekommen und steht weiter im Mittelpunkt von Diskussionen. Die Bronzetafel, auf der es aufgezeichnet ist, wurde 1347 von Cola di Rienzo gefunden und in San Giovanni in Laterano so aufgestellt, „daß alle sie sehen können". Dieses Gesetz sieht unter anderem eine Ratifizierung all dessen vor, was der Princeps vor der Investitur „gemacht" oder „dekretiert" oder „angeordnet" hat, so als ob alles „im Namen des Volkes geschehen" wäre. Es gesteht ihm ferner die Fähigkeit zu, gemäß seinem Urteil zu handeln, „im Interesse der *maiestas* des Staates".[63] Man bezeichnet dies als die „diskretionäre Klausel". Es ist kaum anzunehmen, daß irgend ein antiker Leser im „Handeln" des Princeps nicht auch seine Konstitutionen wieder erkannte.[64] Jedenfalls nahm das politisch-juristische Denken, zumindest seit Hadrian, eine Verknüpfung zwischen der normativen Kraft des Kaisers und dem Investiturgesetz wahr.[65] Dieses Denken, dem die Bedeutung von Symbolen wohlbekannt ist, hat unterschiedliche Schwerpunkte; vor allem anderen ist aber die Sorge vorherrschend, eine ununterbrochene Linie zwischen der alten und der neuen Ordnung herzustellen.

Inwieweit ist der mit der normativen Gewalt ausgestattete Kaiser dem Gesetz unterworfen? Die Frage birgt ein heikles politisches und auch ein Verfassungsproblem. Es steht außer Zweifel, daß der Senat Augustus und die nachfolgenden Kaiser von der Beachtung bestimmter Normen dispensierte. Dies ist jedoch nicht der Kernpunkt. Wenn man die diskretionäre Klausel, mit der der Princeps ermächtigt wird, so zu handeln, wie er es zum Besten des öffentlichen Wohls für gut hält, noch einmal einen Augenblick ansieht, begreift man leicht, wie gut sie sich für eine „autokratische" Interpretation eignete.[66] Die Übertretung geltender Gesetze konnte eine unausweichliche Folge daraus sein. Die Maxime, daß der Princeps „von den Gesetzen befreit" ist, *legibus solutus*, setzte sich nach und nach durch, und die Jurisprudenz der severischen Zeit zögerte nicht, sie anzunehmen. Die Unterordnung des Herrschers unter die Gesetze ist freiwillig, und allein seine „Majestät" kann ihn veranlassen, diese freie Wahl als eine Verpflichtung anzusehen.

6. Kaiserliche Normengebung und Jurisprudenz

Die Ausbildung des Rechts gewinnt durch die Normensetzung des Kaisers einen neuen Impuls. Der Princeps konnte zurückhaltend, aber auch frei vorgehen. Leitbegriffe wie *benignitas, benevolentia, humanitas* oder *philanthrōpia*,

VIII. Der Jurist und der Kaiser

clementia, eusebeia oder *pietas* gewannen große Bedeutung und führten nicht selten zur Loslösung von überlieferten Regeln oder von der Ordnung überhaupt als einem Gesamt dieser Regeln. Häufig berief man sich auch auf die *aequitas* und die *iustitia*. Wir hatten dies alles bereits flüchtig gestreift. Nicht erst mit der Antoninenzeit kamen alle diese Begriffe zur Anwendung, auch wenn sie nun – und besonders seit Mark Aurel – besonders relevant werden. Die *lenitas* galt neben der *diligentia* der Entscheidungen als Charakteristikum des Augustus; als kluger Politiker wußte er im geeigneten Moment großzügig zu sein.[68] Claudius soll dem Vernehmen nach das *bonum* und *aequum* über die übermäßige Strenge oder Nachsicht der Gesetze haben gelten lassen.[69] Die Regierungszeit Trajans ist (in der emphatischen Selbstdarstellung dieses Kaisers) ein Zeitalter der „Gerechtigkeit". Daher wollte Trajan ein vorteilhaftes Finanzierungsprojekt (das aber die Dekurionen der Provinz Bithynien benachteiligt hätte), das ihm Plinius schüchtern vorschlug, nicht akzeptieren.[70] Eine andere typische Tat geht auf seine „Milde" zurück: die Streichung der Besitzkonfiskation, die gemäß lange geübter Praxis eine Folge der Verurteilung in die Verbannung war.[71] Für Hadrian gilt dasselbe wie für seinen Vorgänger. In einer seiner Konstitutionen rechtfertigt die „Nächstenliebe", die *philanthrōpia*, eine besondere Norm für die Soldatenkinder, die, da eine rechtsgültige Eheschließung zu jener Zeit verboten war, notwendig illegitim waren: sie konnten die Erbnachfolge als *bonorum possessores*, als „Erbschaftsbesitzer" antreten.[72]

„Die Nächstenliebe" ist nach einer Beobachtung von Dodds, „nicht eine ausschließlich christliche Tugend".[73] Der Kaiser und Philosoph Mark Aurel entwickelte dazu in seinen „Selbstbetrachtungen" (7,13) eine vollständige Theorie:

„Wie sich in dem Gesamtorganismus eines Körpers die einzelnen Glieder zueinander verhalten, so verhalten sich auch die einzelnen vernünftigen Wesen zueinander, trotz ihres getrennten Zustandes; denn sie sind eingerichtet, um zusammenzuwirken. Das wird dir klarer werden, wenn du immer wieder zu dir selbst sagst: ‚Ich bin ein Glied (μέλος) der Gemeinschaft vernünftiger Wesen'. Betrachtest du dich aber nur mit dem Buchstaben ρ als einen Teil (μέρος) des Ganzen, so liebst du die Menschen noch nicht mit ganzem Herzen, dann hast du am Wohltun noch keine Freude und du begreifst seine wahre Natur nicht. Du pflegst es bloß als Pflicht, nicht in der Überzeugung, daß es dir selbst wohltut".

Es wäre nicht schwierig, dieses teils offen dargelegte, – teils verborgene Motiv in seiner Gesetzgebung nachzuzeichnen. Auch die Gewalt ist ein faszinierendes Thema; sie wird auch in Form der privaten Selbstverteidigung bekämpft.

„Es gibt ein Dekret des vergöttlichten Markus, in dem man folgende Worte liest: ‚Es ist das Ratsamste, wenn du diejenigen Forderungen, welche du zu haben meinst, durch Klagen geltend zu machen suchst.' Als Marcianus äußerte: ‚Ich habe keine Gewalt ausgeübt', sprach sich der Kaiser so aus: ‚Hältst du bloß das für Gewalt, wenn Menschen verwundet werden? Gewalt findet auch dann statt, sooft jemand, was ihm nach seiner Meinung geschuldet wird, nicht durch den Richter einfordert'. Jeder also, dem nachgewiesen wird, daß er irgend eine Sache eines Schuldners oder die ihm geschuldete Summe nicht vom Schuldner selbst aus freiem Willen erhalten hat, sondern ohne richterliche Ermächtigung besitze oder empfangen, und demnach in dieser Sache sich selbst Recht gesprochen habe, wird sein Forderungsrecht verlieren".[74]

Der kaiserliche Moralismus ist nicht immer der Ausfluß einer Philosophie. Er ist nicht selten lediglich die höfische Form des Gemeinsinns.[75] Beide Ebenen sind nicht unvereinbar, jedoch würde ihre Verzahnung einen falschen Blickwinkel ergeben. Der moderne Interpret muß sich auch vor anderen Risiken schützen. Vor allem darf er nie die Rhetorik der Regierung mit der Wirklichkeit des praktischen Handelns verwechseln. Gewiß, man kann nicht behaupten, Trajan habe gegenüber den Christen den „nicht zu besänftigenden Eifer eines Inquisitors gezeigt, der darauf aus war, die kleinsten Reste der Häresie auszurotten, und der über die Zahl seiner Opfer in Jubel ausbrach"; er befahl sie zu bestrafen, wenn sie erkennbar schuldig waren, jedoch mit „äußerst humaner Inkonsequenz"; er untersagte, nach Verdächtigen zu forschen und irgendeiner Art von Denunziation Gehör zu schenken.[76] Dennoch blieb die trajanische „Gerechtigkeit" angesichts des Zweifels stumm, wenn auch solche Personen bestraft wurden, die das Erwachsenenalter noch nicht erreicht hatten.[77] Eine weitere Gefahr besteht darin, den Worten eine andere Bedeutung zu geben als sie tatsächlich besitzen. Die *humanitas* bewirkte unter anderem zahlreiche Verfügungen zugunsten von Sklaven und begründete das „Wohlwollen" ihnen gegenüber. Berühmt ist ein Reskript Mark Aurels über die fideikommissarische Freiheit, die man dem unfreien Verwalter zugestand: „es ist billiger, ihn sofort freizulassen", „es würde nicht menschlich sein, dies hinauszuzögern ... um die Untersuchung einer Geldsache abzuwarten".[78] Woanders liefen die Dinge nicht so. Die *humanitas* tangiert kaum die antike Institution der Folter, und sie kann sogar angerufen werden, um diese zu rechtfertigen. Ein eindrucksvolles Dokument ist ein von Mark Aurel und Lucius Verus an den Prokonsul von Africa, Voconius Saxa, gerichteter Brief. Hier wird das Prinzip vertreten, daß „man den Verurteilten, der sich selbst bezichtigt hat und der nach der Verurteilung als unschuldig befunden wurde", freilassen müsse; das ganze ist jedoch ein merkwürdiges Gemisch aus unverbesserlicher Grausamkeit und feiner psychologischer Analyse, beide für ein objektiv gerechtes Ziel verwendet.

„Sehr weise und mit einem vortrefflichen Sinn für Humanität, mein lieber Saxa, hast du den Sklaven Primitivus zur Folter verurteilt. Er war verdächtig, vorgegeben zu haben, eines Mordes schuldig zu sein, aus Furcht, zu seinem Herrn zurückkehren zu müssen; er hatte auf seinen falschen Angaben beharrt. Du wolltest nach seinen Mitwissern forschen, die er fälschlicherweise angegeben hatte, damit du seinem Geständnis umso eher glauben würdest. Und dein so kluger Plan war nicht vergebens, denn auf der Folter ergab sich, daß er keine Mitwisser hatte, und daß er zudem mutwilligerweise über sich selbst gelogen hatte. Du kannst daher denselben von der Strafe, zu der er in einem vorhergehenden Urteil verurteilt worden war, begnadigen, und ihn von deinen Subalternen mit der Bedingung verkaufen lassen, daß er nie in seines Herrn Gewalt zurückkehre, von dem wir überzeugt sind, daß er nach Erstattung des Preises einen solchen Sklaven gern missen werde".[79]

Bisweilen führte die kaiserliche *aequitas* die vorhandene Ordnung, wenn man so sagen kann, sogar hinters Licht. Dies trifft in einem sehr interessanten Fall zu, den uns Marcellus in seinen *Digesta* mitteilt. Der Kaiser Antoninus Pius war mit äußerster Vorsicht eingeschritten und hatte den Prätor aufgefordert, jemandem, der beim Prozeß abwesend war, und deshalb den Rechtsstreit verloren hatte, eine *in integrum restitutio* zu gewähren.

„Obwohl man an den Grundsätzen des Rechts nicht leichthin etwas ändern soll, muß man jedoch da, wo es eine augenscheinliche Billigkeit verlangt, zu Hilfe kommen. Wenn demnach der vom Prätor vor Gericht Geladene nicht geantwortet hat, und deswegen wie es Brauch ist, gegen ihn entschieden wurde, er sich aber dann sogleich an dich gewandt hat, als du noch auf dem Tribunal saßest, kann angenommen werden, daß er nicht aus eigener Schuld, sondern weil er die Stimme des Herolds nicht vernommen hat, nicht erschienen sei. Aus diesem Grund kann er in den vorigen Stand wieder eingesetzt werden."[80]

Häufig wird bei anderen Gelegenheiten das neue Prinzip in lautem Ton verkündet. Ulpian berichtet ein bemerkenswertes Beispiel aus dem heiklen Gebiet der innerfamiliären Beziehungen:

„Der Prokonsul darf keinen Zweifel daran haben, daß auch der Sohn Curator des eigenen Vaters sein kann. Denn obgleich Celsus und viele andere das Gegenteil aufführen, als wäre es gegen den Anstand, wenn der Vater unter der Pflegschaft des Sohnes stehe, hat dennoch der verstorbene Antoninus Pius in einem Reskript an Insteius Celer – und ebenso haben die verstorbenen kaiserlichen Brüder verfügt –, man solle lieber den Sohn (wenn dieser ein anständiges Leben führt) dem Vater als Curator geben, als eine fremde Person".[81]

Die *aequitas* des Kaisers stellte nicht immer einen Widerspruch zur geltenden Ordnung dar. Sie konnte auch einen Beitrag zu deren Stabilisierung leisten. Wir können dies gut an einer Konstitution Hadrians erkennen. Hadrian war nicht allein von der *iniquitas rei* betroffen, sondern ebenso von der *inelegantia iuris*, so bemerkt Gaius, „er erinnerte an den allgemeinen Rechtsgrundsatz, wonach eine Frau, wenn sie frei bleibt, freie Nachkommen zur Welt bringt".[82]

Die Beziehung zwischen dem normativen Tun des Kaisers und der Jurisprudenz ist schwierig. Es gibt dabei vor allem einen ganz unmittelbar praktischen Gesichtspunkt. Die Juristen spielten – wie wir wissen – im kaiserlichen Rat keine untergeordnete Rolle, sie konnten einzelne Entscheidungen beeinflussen, indem sie sie unterstützten oder Einwände machten. Aber die Jurisprudenz ist auch, und vor allem, eine wissenschaftliche Tätigkeit, sie findet ihren Ausdruck in einem Corpus von Lehrmeinungen und in einer Literatur.

6. Kaiserliche Normengebung und Jurisprudenz

Der Kaiser als Gesetzgeber und seine Beamten und Ratgeber können dies nicht außer Acht lassen. Nichts hindert daran, neue Wege einzuschlagen: die Praxis verlangt bei vielen Gelegenheiten mutige Entscheidungen. Vielfach handelt es sich jedoch nur darum, eine bestehende Richtung der Rechtsgelehrsamkeit zu bekräftigen oder zwischen sich widersprechenden Richtungen zu wählen. Als Beleg dafür seien zwei Zeugnisse zur Erbnachfolge angeführt:

„Nur in dem Punkt sind die Juristen verschiedener Ansicht: daß zwar Sabinus und Cassius und die übrigen Lehrer der Schule des Sabinus der Ansicht sind, daß das, was in dieser Form vermacht ist, sofort nach Antritt der Erbschaft Eigentum des Vermächtnisempfängers wird, selbst wenn er nicht weiß, daß ihm ein Vermächtnis zugefallen ist, und daß es ist, als ob es nicht vermacht wäre, wenn er es erfahren und das Vermächtnis ausgeschlagen hat. Nerva aber und Proculus und die übrigen Vertreter dieser Schule sind der Ansicht, daß das Objekt nur dann Eigentum des Vermächtnisempfängers wird, wenn er gewollt hat, daß es ihm gehören soll. Heute aber befolgen wir offenbar nach einer Konstitution des verstorbenen Antoninus Pius eher den Rechtssatz, den Proculus vertreten hat. Einer Kolonie war durch Vindikationsvermächtnis ein Latiner vermacht worden. Der Kaiser verfügte: „Die Dekurionen mögen bedenken, ob sie ihn annehmen wollen, ebenso als wenn er einem einzelnen hinterlassen wäre"."[83]

„Hat der Erblasser eine eigene Sache vermacht und sie später an andere veräußert, wird sie nach Meinung von Celsus trotzdem geschuldet, sofern er sie nicht in der Absicht veräußert hat, das Vermächtnis zu widerrufen. Und dies haben die verstorbenen Kaiser Severus und Antoninus auf Anfrage entschieden. Sie haben auch entschieden, daß derjenige, der nach Errichtung des Testaments Grundstücke, die vermacht waren, verpfändet, dadurch das Vermächtnis nicht widerruft und daß deshalb der Vermächtnisnehmer vom Erben die Einlösung der Grundstücke verlangen kann"."[84]

Jurisprudenz und Gesetzgebung stehen sich niemals als streng abgegrenzte Blöcke gegenüber. Beide stehen sozusagen in ständigem Dialog. Wenn die Jurisprudenz als Literatur der Gesetzgebung eine Bandbreite möglicher Entscheidungen anbietet, und in jedem Fall einen Vergleichspunkt, so werden die einmal erlassenen kaiserlichen Normen ein weiteres Mal einer kritischen Überprüfung unterzogen. Man könnte sagen, daß mit ihnen etwas Ähnliches passiert, was in der Republik und in den ersten Jahrzehnten der Kaiserzeit mit dem prätorischen Edikt geschehen war. Eine Bemerkung des Gaius illustriert gut, was ich damit zum Ausdruck bringen will:

„Auf Fideikommisse werden die Zinsen und der Ertrag geschuldet, wenn der Belastete bei der Auszahlung in Verzug gerät. Auf Legate hingegen werden Zinsen nicht geschuldet. So verfügt es ein Reskript des vergöttlichten Hadrian. Wie ich weiß, hat aber Julian die Ansicht vertreten, daß bei einem Duldungsvermächtnis dasselbe Verfahren wie bei den Fideikommissen angewendet wird; und diese Meinung ist noch heute vorherrschend"."[85]

Dies ist kein Einzelfall. Auch im Strafrecht, wo es intensive Reformen gibt, stellt man eine ähnliche Entwicklung fest.

Nehmen wir das achte Buch der *Disputationes* Ulpians, an der Stelle, an der er die *lex Iulia* über den öffentlichen Prozeß kommentiert. Ulpian begrenzt oder „korrigiert" als Interpret eine Regierungsvorschrift über die Zulässigkeit der Anklage, zu deren Formulierung er vielleicht selbst als hoher Beamter des Septimius Severus beigetragen hatte:

> „Wer eines Verbrechens angeklagt wurde, muß sich rechtfertigen; er kann selbst nicht früher Anklage erheben, als bis er freigesprochen ist; es ist in den Konstitutionen angeordnet, daß der Angeklagte nicht seinerseits anklagen kann, sondern nur seine eigene Unschuld erweisen muß. Es bleibt aber ungeklärt, ob er nur dann Anklage erheben könne, wenn er freigesprochen wurde, oder auch dann, wenn er verurteilt wurde (und die Schuld verbüßt hat). Der Grund für den Zweifel liegt darin, daß unser Kaiser Caracalla und sein verstorbener Vater verordnet haben, daß niemand nach erfolgter Verurteilung eine Anklage anstrengen könne. Meiner Ansicht nach gilt dies nur für die, die das Bürgerrecht oder die Freiheit verloren haben. Anderseits ist es selbstverständlich, daß ,Anzeigen' auch nachher weiterverfolgt werden können".[86]

Die Einführung eines neuen Prinzips durch einen normativen Akt des Kaisers kann den Gang der Dinge auch radikal verändern und die Jurisprudenz dazu bringen, widerstandslos einen in der Vergangenheit verfochtenen Standpunkt aufzugeben. Bezeichnend ist der Fideikommiß der Emanzipation. Nach allgemeiner Auffassung der Juristen konnte niemand den Vater dazu zwingen, seine Kinder zu emanzipieren. Die väterliche Gewalt entzog sich von ihrer Natur aus dem Eingriff eines Außenstehenden, und konnte nicht in Geldwert ausgedrückt werden.[87] Dennoch erkannte Septimius Severus in einem bestimmten Fall die Pflicht eines Vaters an, der die Erbschaft inne hatte, das Fideikommiß zu erfüllen und die Söhne aus der Gewalt zu entlassen. Seither hatte der fideikommissarische Auftrag zur Emanzipation einen festen Platz unter den Instituten des römischen Erbrechts, einzig sein Wirkungsbereich war strittig.[88]

Ein einmal publiziertes Reskript, das nicht persönlichen Charakter hat oder ein Dekret, nehmen von Moment ihres Erlasses an einen unvorhersehbaren Weg. Nicht selten erweiterte die Jurisprudenz ihre Tragweite durch Interpretation und sie dehnte es auf andere Fälle aus. Wir sahen einige Seiten weiter oben das Reskript des Antoninus Pius (genauer gesagt eine *epistula*) über die Abwesenheit beim Prozeß und die „Wiedereinsetzung" des beim Prozeß Abwesenden.[89] Marcellus, der es überliefert, fährt folgendermaßen fort:

> „Eine solche Hilfeleistung beschränkt sich aber nicht nur auf einen derartigen Fall; vielmehr müssen auch jene, die ohne eigene Schuld getäuscht wurden, besonders wenn der Gegner den Betrug veranlaßt haben sollte, geschützt werden, selbst wenn normalerweise die Klage wegen Arglist möglich ist. Auch zeichnet es einen guten Prätor aus, eher den Rechtsstreit wieder in seinen früheren Status zu versetzen, wie es nicht nur die „Vernunft", sondern auch die „Billigkeit" verlangen, als eine infamierende Klage zu gewähren, auf welche man erst dann zurückgreifen muß, wenn es keinen anderen Rechtsbehelf mehr gibt".[90]

Die kaiserliche Gesetzgebung ist als solche eher episodisch, auch wenn sie sich in den Geleisen der Überlieferung bewegt und eine dauerhafte Richtung der Regierung voraussetzt. Man könnte sagen, daß sie diesen Charakter nie verloren hat. Der Jurisprudenz ihrerseits kommt eine vereinheitlichende Funktion zu. Es zählt auch zu ihren Aufgaben, jedes Mal wieder neu das „formale" Gleichgewicht der Rechtsordnung zu gewinnen oder wiederzugewinnen. Man beachte aber: Die Jurisprudenz räumt den Kriterien der Billigkeit, die die kaiserliche Gesetzgebung oftmals bewegen, Bedeutung ein, und greift deren innovative Kraft auf. Angesichts aber deren sprunghaften Vorgehens und ihrer häufig kontingenten Logik betrachtet sie sich, soweit sie sich als Wissenschaft begreift, als Hüterin einer tieferen *ratio*, von der Einheit und Kontinuität des Rechts abhängen.

IX. ÖFFENTLICHE VERWALTUNG, UNTERRICHT UND SCHULEN

1. „Immensum corpus imperii"

Der Staat bildet nach antiker Vorstellung von Plato bis Augustinus „eine organische Gesamtheit, deren einzelne Teile sich streng solidarisch verhalten". Der Vergleich mit dem menschlichen Körper ist ein weitverbreiteter Topos.[1] Man könnte sagen, daß diese Metapher in der bürokratischen Organisation des Reiches ihre Übersetzung in rationale Termini findet. Der Körper ähnelt immer mehr einer Maschine. Mit der zunehmend absolutistischer werdenden Ausübung der Macht setzt sich ein neues Konzept einer rationalen Ausprägung der Funktionen durch. Das Prinzip unbesoldeter Ehrenämter verschwindet. Das *imperium* der republikanischen Magistratur ist in sich allumfassend; seine Grenzen und der wirksame Schutz vor Mißbrauch stellen ein Problem dar, aber es entzieht sich einer sauberen Abgrenzung der Kompetenzen. Der *cursus honorum* kann in kein noch so umfassendes Konzept von Bürokratie eingebracht werden. Er ist „eine politische Laufbahn ohne besondere Ausbildung, ohne Besoldung und besteht aus einer Reihe von Ämtern, die nicht miteinander in Zusammenhang stehen und durch Zeiten von Privatleben unterbrochen sind".[2] Überdies fehlt, trotz der Zunahme von subalternen Ämtern in der ausgehenden Republik und deren tendenziell hierarchischer Anlage, ein administrativer Rahmen im eigentlichen Sinn.

Im Prinzipat bilden die Provinzen einerseits und die Stadt Rom und Italien andererseits den Rahmen, in dem die neuen Verwaltungsorgane in einem labilen Gleichgewicht mit den lokalen Autonomien wirken. Die Provinzialregierung ist von Anbeginn an vom Senat und vom Prinzeps abhängig. Man unterscheidet kaiserliche und senatorische Provinzen – eine Unterscheidung, die den Übergang von der einen in die andere Kategorie bei Bedarf nicht verhinderte. Wie in der Republik regierten die Prokonsuln (konsularen oder prätorischen Ranges) die senatorischen Provinzen. In augusteischer Zeit waren dies die Baetica, Africa, Creta und Cyrene, Macedonia und Asia.[3] Selbstverständlich unterlagen die senatorischen Provinzen, wie das Beispiel Cyrene zeigte,[4] ebenfalls der Kontrolle des Kaisers, oder er mischte sich ein. Noch komplexer waren die Verhältnisse bei den kaiserlichen Provinzen; normalerweise lagen allein in diesen Truppen. Die meisten von ihnen waren senatorischen Legaten (ebenfalls konsularen oder prätorischen Ranges) anvertraut, die vom prokonsularen *imperium* des Princeps abhängig waren, wie zum Beispiel die Lusitania, das diesseitige Spanien (die Tarraconensis), die gallischen Provinzen (mit Ausnahme der Narbonensis, die senatorische Provinz wurde), Galatia, Syria und Moesia. „Die Frage der *legati Augusti pro praetore* löste man durch eine weitergehende Anwendung des republikanischen Systems, bei dem jedem Prokonsul einer oder mehrere Legaten zur Verfügung standen".[5] Andere kleinere oder weniger wichtigere Provinzen leiteten *praefecti*, oder wie man sie später bezeichnete, Prokuratoren, aus dem Ritterstand. Am wichtigsten war allerdings die Präfektur von Ägypten, eine der höchsten Stellen, die ein Ritter erreichen konnte.

Einen der bedeutendsten Zweige der öffentlichen Verwaltung stellte zweifellos die Finanzverwaltung dar. Die Kontrolle des Princeps erstreckte sich auch auf sie. Es gab in den Provinzen Kataster und Steuerlisten; die Verpachtung der Steuern an Publikanengesellschaften löste man nach und nach durch die direkte Eintreibung durch zu diesem Zweck geschaffene ritterliche Beamte ab, und man schuf neue Abrechnungsstrukturen, die *fisci*. Die Kasse des Princeps, der *fiscus Caesaris*, entstand nicht auf einmal als einheitliche Einrichtung. Erst im Lauf des 1. Jahrhunderts erlangte er die Form einer Körperschaft mit eigener Rechtsautonomie; seit Hadrian konnten die *advocati fisci* diese vor Gericht verteidigen.[6] In diese Klasse floß der Großteil der Gesamteinnahmen des Reiches, während das alte „*aerarium* des römischen Volkes" (seit Claudius auch als *aerarium Saturni* bezeichnet), immer mehr in den Hintergrund trat.

Den Höhepunkt der ritterlichen Laufbahn bildeten nicht nur die Präfektur von Ägypten, der Posten des *praefectus Alexandriae et Aegypti*, sondern drei weitere große Präfekturen, nämlich die der *vigiles*, der *annona*, und schließlich die Prätorianerpräfektur. Aufgabe des *praefectus vigilum* waren die Verhinderung und das Löschen von Bränden, und er war der Chef der Nachtwachen in Rom. Die Hauptstadt mit Getreide zu versorgen, war die Hauptaufgabe des *praefectus annonae*. Der *praefectus praetorio* führte das Kommando über die Prätorianerkohorten, einer der Person des Princeps sehr nahe stehenden Spezialeinheit von Soldaten. Im Laufe der Zeit wurde diese Stelle immer wichtiger, und sie wurde oft von zwei Inhabern bekleidet. Auf diese Weise wuchsen ihre militärischen und zivilen Funktionen. Bei Feldzügen fungierte der Prätorianerpräfekt als eine Art von Generalstabschef. Was seine zivilen Funktionen anbelangt, so haben wir uns bereits mit seiner Tätigkeit in der Rechtsprechung befaßt.

Nicht alle Präfekturen sind ritterlichen Ranges. Der Mittelpunkt der Verwaltung der Stadt Rom ist die *praefectura urbis*, eine senatorische Stelle, die an den Namen einer alten Funktion in der Republik anknüpft. Ihr obliegt die „Aufsicht" über die Stadt: Aufsicht über die Theater, die Zirkusse und die Märkte, über die Fleischpreise, die korrekte Einhaltung der Vorschriften seitens der Standinhaber und der Händler. Ebenfalls dem Senatorenstand gehörten auch die Aufseher über die öffentlichen Bauten, die Aquädukte und die großen Fernstraßen an. Man ernannte für jeden der genannten Bereiche *curatores*.

Der Kaiser ist der oberste Lenker des „immensum corpus imperii", des riesigen Reichskörpers. Bei ihm entstanden eine Anzahl von Büros und Diensten, die seine Kanzlei bildeten. Ganz offensichtlich kommt hier das Prinzip der rationalen Arbeitsteilung zur Geltung. Wir begegneten auf den voraufgehenden Seiten bereits dem Büro *ab epistulis* und *a libellis*.[7] Das erstere erledigte die Korrespondenz des Kaisers und bearbeitete alle seine Entscheidungen, die in Form eines Briefes auszufertigen waren (Antworten an Beamte, Anweisungen an Militärkommandeure, diplomatische Schreiben, aber auch Ernennungen von Offizieren und Beamten oder Vergabe von Privilegien). Das Büro war in zwei Abteilungen gegliedert, nämlich in eine *ab epistulis Latinis* und in eine *ab epistulis Graecis;* zumindest seit Trajan hatte jede einen eigenen Amtschef. Das zweite Büro, *a libellis,* hatte die Anfragen zu prüfen, die die Untertanen an den Kaiser richteten – häufig zu juristischen Problemen –, und die diesbezüglichen Antworten zu verfassen. Neben diesen beiden führte das Büro *a cognitionibus* die Ermittlungen in den beim Kaiser anhängigen Verfahren. Das Büro *a memoria* nahm eine Archivfunktion wahr, und das Büro *a rationibus* verwaltete die Einnahmen der kaiserlichen Kasse und kontrollierte die Ausgaben in allen Bereichen des öffentlichen Lebens.

Man müßte nun diesem Verwaltungsapparat im einzelnen untersuchen: Es gibt auch kleinere Büros wie *a studiis* oder *a censibus*. Die Ausrichtung eines jeden einzelnen Büros kann eine Entscheidung oder eine politische Richtung anzeigen. Jedenfalls gibt es vor Claudius keine Organisation der zentralen Kanzlei im eigentlichen Sinne des Wortes. Vom privaten Sekretariat des Augustus bis zu einer öffentlichen bürokratischen Struktur ist es ein langer Weg. Erst nach der julisch-claudischen Dynastie begegnen übrigens die ersten Prokuratoren ritterlichen Ranges als Chefs der verschiedenen Abteilungen. Diese neue Richtung erwies sich als dauerhaft und scheint während der Regierung Hadrians eine besondere Ausprägung erfahren zu haben. Die Kanzlei des Claudius, wie die der Sekretariate der Zeit davor, bestand zwar lediglich aus Freigelassenen und Sklaven, stellte jedoch eine Art öffentlichen Verwaltungsapparat dar. Roms Bürokratie bestand damals aus Freigelassenen. Dies läßt sich mit der Vorstellung der legalen und rationalen Bürokratie moderner Gesellschaften nicht in Einklang bringen. Zwar ging man von einer Kontinuität der Beschäftigung aus, aber die Dauer im Amt des Beamten ist nur tendenziell vorhanden und sehr relativ. Wohl kann man eine irgendwie geartete Abfolge von Beschäftigungen ausmachen, nicht aber eine eigentliche Laufbahn. Das Rollenverständnis hebt den grundlegend privaten Charakter der Beziehung zum Princeps nicht auf. Man kann alles in allem die Freigelassenen-Verwaltung als eine „charismatische Bürokratie" bezeichnen: „also als eine Organisation, in der ideologische und moralische Elemente immer unmittelbar gegenwärtig sind und das gesamte Denken des Amtsträgers bestimmen, „auch wenn... sie das verdeckte Wirken einer pragmatischen Rationalität nicht unterdrücken, die ihre Lebensfähigkeit und ihre Autonomie zerfrißt".[8]

Wie gesagt, dauerte es bis zum Ende der julisch-claudischen Zeit, bis die Hofämter schrittweise in die Hände des Ritterstandes übergingen. Diese Schicht dringt in alle Gebiete der öffentlichen Verwaltung ein. Erkennbar werden im Lauf der Zeit auch eine Karriere und eine Hierarchie. Bezeichnend ist die Unterscheidung in vier Gehaltsklassen bei den Ämtern, zu denen die Ritter aufstiegen. Die *sexagenarii* erhielten 60 000 Sesterzen pro Jahr, die *centenarii, ducenarii* und *trecenarii* entsprechend 100 000, 200 000 und 300 000 Sesterzen. Das Gehalt der wichtigsten Präfekten war wahrscheinlich noch höher. Die ritterliche Laufbahn setzt, wie die senatorische, den Militärdienst bis zu einer bestimmten Stufe voraus. Zumindest seit Hadrian trifft dies jedoch nicht immer zu. Neben der Rekrutierung aus der Armee stand auch eine zivile. Aber erst sehr viel später gab es zwei unterschiedliche Laufbahnen, eine militärische und eine zivile. Ohne Frage haben wir es hier mit einer bürokratischen Erscheinung zu tun. Wie bei der Freigelassenen-Verwaltung, muß man jedoch auch hier mit der Verwendung von Bezeichnungen sehr vorsichtig sein. Man darf über einer immer einschneidenderen pragmatischen Rationalität, der Respektierung gewisser Kriterien (oder wie man auch sagt, einer „forma"), bei der Ernennung von Beamten, einer irgendwie gearteten hierarchischen Ordnung, nicht vergessen, daß jede Personalauswahl, die Führung und die Dauer des Amtes, von der Willkür des Princeps abhingen.

Die ritterliche Laufbahn entzieht der senatorischen nicht alle Bedeutung. Man bewahrte in der Prinzipatszeit „die Bezeichnungen der republikanischen Magistraturen",[9] aber nicht alles ist eine Frage der Bezeichnungen. In dem Ausmaß, in dem sich der Aktionsradius der kaiserlichen Beamten ausweitete, sahen sich die Magistrate in dem ihren beschnitten. Dennoch büßten die Quästur, der Volkstribunat, die Ädilität, die Prätur und der Konsulat, mit einem Wort, der alte *cursus honorum*, ihr Prestige nicht ein; sie bildeten weiterhin die Stufen, die notwendig waren, um zu den höchsten Posten der Verwaltung aufzusteigen: von den verschiedenen Kuraturen zur Stadtpräfektur, und von den Legatenstellen in den kaiserlichen Provinzen zu den prokonsularen Statthalterschaften in den senatorischen Provinzen.

2. Laufbahnen

Welche Rolle spielten die Juristen in Politik und Verwaltung des neuen Staates? Bis zur Mitte des 2. Jahrhunderts und noch darüber hinaus gehören sie, soweit wir sehen können, mit großer Mehrheit der Senatorenschicht an. Es kann sein, daß dies das Ergebnis einer ursprünglich politischen Entscheidung des Augustus ist. Erst in den letzten Jahrzehnten des 2. Jahrhunderts und der darauffolgenden Zeit besitzen die Juristen aus dem Ritterstand eine absolute Vorherrschaft. Man sollte auch die geographische Herkunft nicht außer Acht lassen. Man kann sagen, daß in julisch-claudischer Zeit die senatorische Jurisprudenz ausschließlich aus der stadtrömischen Aristokratie und der Oberschicht der italischen Municipien gespeist wird. Der „italische Charakter" dieser Jurisprudenz bleibt zwischen Vespasian und dem Prinzipat Trajans bestehen. Sehr bald aber zählt man unter den Juristen auch Männer aus den Städten der Provinzen des Westens; mit dem Überwiegen des Ritterstandes erweitert sich der Raum in den Orient.[10]

Der Princeps beruft die Juristen in sein *consilium*. Wir wiesen bereits darauf hin. Daneben eröffneten sich andere Wege für persönliche Ambitionen und Fähigkeiten. Die Laufbahnen liefern wertvolle Hinweise dazu: C. Cassius Longinus, ein Jurist altaristokratischer Herkunft war, bevor Nero ihn nach Sardinien ins Exil schickte, Konsul, Prokonsul von Asia und kaiserlicher Legat in Syria gewesen.[11] Zwischen dem ersten und dem zweiten Jahrhundert bekleideten L. Neratius Priscus und P. Iuventius Celsus den Konsulat, Celsus sogar zweimal. Die senatorische Laufbahn des L. Iavolenus Priscus hatte die gesamte Welt zur Bühne. Er „kannte die Provinzen gut, vor seinem Konsulat hatte er Dalmatia, Numidia und Britannia gesehen; und Domitian hatte ihm kurz nach dem Bürgerkrieg die Statthalterschaft über Obergermanien anvertraut".[12] Er begab sich als kaiserlicher Legat nach Syrien und wurde schließlich Prokonsul der Provinz Africa. Auch sein Schüler, Salvius Iulianus, war 168/9 n. Chr. Prokonsul von Africa; er hatte als Quästor unter Hadrian begonnen und alle Stufen der senatorischen Laufbahn durchlaufen. Er war unter anderem Vorsitzender des republikanischen *aerarium (praefectus aerarii Saturni)* und des militärischen *aerarium (praefectus aerari militaris)*. Vor seinem Prokonsulat hatte er, genau wie Iavolenus, zwei kaiserliche Statthalterschaften, in Niedergermanien und in der Hispania Citerior, innegehabt.[13]

Auch die großen Präfekturen standen den Juristen offen. Pegasus, zwar einfacher Herkunft aber sehr gebildet, war in den Anfangsjahren Domitians *praefectus urbi* gewesen.[14] 80 Jahre später erlangte L. Volusius Maecianus, der eine rein ritterliche Karriere durchlaufen und unter anderem einige bedeutende Büros in der Kanzlei des Antoninus Pius geleitet hatte, die Statthalterschaft in Ägypten. An dieser im wesentlichen zivilen Laufbahn fällt auf, daß sie nur ein einziges militärisches Amt im eigentlichen Sinne des Wortes enthält. Erst nachdem er diese Karriere bis zu ihrem höchsten Punkt durchlaufen hatte, erhielt Maecianus die Präfektur des *aerarium,* die man im allgemeinen Senatoren prätorischen Ranges anvertraute; danach wurde er *consul designatus.* Eine vor 50 Jahren in Ostia gefundene Inschrift erlaubt, die gesamte Stufenleiter in absteigender Linie zu verfolgen:

L(ucio) V[olus]io L(ucii) f(ilio) / Ma[e]cian[o], / co(n)s(uli) desig(nato), praef(ecto) aer(arii) Satur[n(i), pr(aefecto) Aeg(ypti),] / pr(aefecto) ann(onae), pontif(ici) m(inori), a libell(is) et [cens(ibus) Imp(eratoris)] / Antonini, a studiis et proc(uratori) [biblioth(ecarum)], / pr(aefecto) vehicul(orum), a libell(is) Antoni[ni Caes(aris), pr(aefecto)] / coho(rtis) I Aeliae class(icae), pr(aefecto) fabr[um p(atrono) c(oloniae)], L(ucius) V[olusi]us Mar[---].[15]

Gegen Ende der Regierungszeit Mark Aurels war Q. Cervidius Scaevola Chef der Polizei in Rom, *praefectus vigilum,* und dasselbe gilt für Herennius Modestinus, zwischen Severus Alexander und Gordian III. Es ist nicht weiter erstaunlich, daß man die besten Juristen der Severerzeit in Spitzenstellungen des Staates antrifft. Aemilius Papinianus und Domitius Ulpianus bekleideten beide die Stelle des Prätorianerpräfekten, die nun nur noch wenig unterhalb „der Würde und der Macht des kaiserlichen Thrones" stand,[16] – und es ist nicht ausgeschlossen (wenngleich sehr unwahrscheinlich), daß dies auch für Iulius Proculus zutrifft.[17] Soweit wir wissen, war vor diesem lediglich ein weiterer Jurist, nämlich Tarruntenus Paternus, Prätorianerpräfekt gewesen.[18]

Mit der Thronbesteigung des blutjungen Severus Alexander, der „nur den Kaisertitel und die äußeren Insignien der Macht besaß", wurden die politischen, administrativen und richterlichen Funktionen Männern anvertraut, die „im Recht erfahren und wegen ihrer Lehre berühmt" waren.[19] Ulpian zählte dazu. Wie andere zeitgenössische Juristen (Pinnius Iustus aus Amastris an der südlichen Schwarzmeerküste, Licinius Rufinus aus Thyatira in Lydien) kam er aus dem Osten. Seine Heimat war die „glänzende" und „sehr alte" Stadt Tyrus im phoenizischen Syrien;[20] Tyrus war wegen der Muscheln und des Purpur bekannt, aber „einst berühmt als Mutterstadt von anderen Städten wie Lepcis, Utica und Carthago..., und Gades jenseits der Grenzen der bewohnten Welt".[21] Ulpian war vielleicht Rechtsanwalt von Beruf, bevor er die Verwaltungslaufbahn einschlug. Er reiste viel, in Ägypten und in Arabia, in Asia und in Gallien. Es ist unklar, ob er während der Regierungszeit des Severus und Caracalla, gemeinsam mit Paulus, als Beisitzer bei seinem Lehrer Papinian, der damals Prätorianerpräfekt war, fungierte.[22] Fast sicher ist, daß er den Posten des *a libellis* bekleidete. Wie es scheint, ging er gegen Ende der Regierungszeit Elagabals ins Exil, behielt aber die *praefectura annonae,* und bekam dann im ersten Regierungsjahr des Severus Alexander die Prätorianerpräfektur. Als Prätorianerpräfekt wurde er den beiden bereits im Amt befindlichen zugesellt, allerdings in übergeordneter Position; er war „Hüter und nahezu Mitinhaber der kaiserlichen Macht".[23] Iulius Flavianus und Geminius Chrestus, seine Kollegen in der Präfektur, verschwanden sofort von der Bildfläche. Aber die Amtszeit Ulpians, der gewiß das Zeichen dazu gegeben hatte, sollte nur kurz dauern. Eine Meuterei der Prätorianer löste seinen Sturz aus. Gibbon schreibt: „Er wurde in den kaiserlichen Palast verfolgt und zu Füßen seines Herrn umgebracht, der vergeblich versuchte, ihn mit dem Purpur zu bedecken und von den unerbittlichen Soldaten Vergebung zu erhalten".[24]

3. Lehrer und Schüler

Alles führt zu der Vermutung, die Juristen hätten in der Kaiserzeit, ebenso wie in der Republik, normalerweise nur einen Teil ihrer Zeit dem Recht gewidmet. Dennoch gelang es ihnen, nicht nur Bücher zu schreiben, sondern auch zu lehren. Einige sahen ihre ausschließliche Aufgabe im Unterricht und richteten ihre literarische Tätigkeit danach aus. Dies gilt für Masurius Sabinus und Gaius, Florentinus und Aelius Marcianus. Diese Juristen haben keine öffentlichen Ämter bekleidet, und ihre Tätigkeit als Berater war entweder sehr gering oder fand überhaupt nicht statt. In augusteischer Zeit nahm Labeo von der Politik Abstand, um sich seinen Studien zu widmen. Labeo verkörpert allerdings noch nicht die Figur des akademischen Juristen. Dem Vernehmen nach soll er die gute Hälfte des Jahres mit seinen Schülern verbracht haben.[25] Es ist denkbar, daß sich im Dialog mit ihm die Rechtswissenschaft nicht in der Untersuchung einzelner Probleme erschöpfte, sondern daß man, mehr als es bei Servius der Fall war, die Prinzipien hinterfragte, daß antiquarische Wissenschaft und Grammatik fortlaufend einbezogen wurden und daß der Unterricht im Ganzen methodischer wurde. Das Verfahren der großen Lehrer der Republik, die Theorie und Praxis zu einem unauflöslichen Knoten schürzten, wurde freilich nicht aufgegeben. Es übte, wie wir vermuten dürfen, auch noch später seine Faszination aus, zumindest auf Männer mit großem Sozialprestige wie M. Cocceius Nerva (pater), den „unzertrennlichen Gefährten" des Kaisers Tiberius, oder wie C. Cassius Longinus; beide wirkten als Lehrer, wenn sie nicht von Staatsgeschäften in Rom oder in überseeischen Gebieten beansprucht waren. Dies gilt auch für den zweiten Nerva, der sehr früh seine Beratertätigkeit aufnahm.[27]

Die Lehrer der Republik hatten sich nicht in rivalisierende Schulen aufgeteilt. Rechtsschulen als in gewisser Weise dauerhafte Institutionen, oder zumindest mit einer Tendenz dazu, gibt es erst seit dem Principat. Von Masurius Sabinus und Proculus, die sich ihrerseits irgendwie C. Ateius Capito und M. Antistius Labeo in augusteischer Zeit verbunden fühlten, leitete man für die Nachfolger die Namen ‚Sabinianer' und ‚Prokulianer' ab, wie auch von Cassius die Bezeichnung ‚Cassianer'.[28]

In der Aufzählung des Pomponius folgen auf Masurius Sabinus und auf Cassius als Schüler Cn. Caelius Sabinus, L. Iavolenus Priscus, C. Aburnius Valens, Tuscianus und Salvius Iulianus. Proculus folgt auf Nerva pater, – und seine Kollegen sind Longinus und Nerva filius; es folgen Pegasus, Celsus pater, Celsus filius, L. Neratius Priscus. Mehr oder weniger sicher kann man Minucius, Urseius Ferox, Fufidius, Titius Aristo, Gaius, Sextus Pomponius und Venuleius Saturninus zu den Sabinianern zählen, und zu

3. Lehrer und Schüler 177

den Prokulianern Atilicinus, Plautius und Vivianus. An keinen der beiden Stränge können Fulcinius Priscus, Octavenus und Sextus Pedius anknüpfen; sie gehören alle in die Zeit zwischen dem ersten und dem zweiten Jahrhundert.[29]

Die beiden ersten Schulhäupter, Sabinus und Proculus, sind in den *Annales* des Tacitus nicht erwähnt, und dieses Schweigen sagt einiges. Sabinus ist ein Rechtslehrer im eigentlichen Sinne des Wortes. Seine Schüler mußten ihm in ökonomischer Hinsicht sehr helfen und erst mit Alter von etwa 50 Jahren konnte er in den Ritterstand eintreten.[30] Vielleicht war sein Vermögen doch nicht so bescheiden, wenn er einer Veroneser Dekurionenfamilie angehörte, aber verglichen mit den „Millionären" der Hauptstadt mußte es so aussehen.[31] Sein Rang entsprach gewiß nicht dem seines „Kollegen" C. Cassius Longinus, der in ihm seinen Lehrer sah, so wie sich Proculus, trotz seines politischen Gewichts, nicht mit den beiden Nervae vergleichen konnte. Man versteht, daß sich Tacitus, der seine Aufmerksamkeit vor allem den Vorgängen in den großen Familien zuwandte, nicht für sie interessierte.[32] Sextus Pomponius hingegen mußte sich für sie interessieren. Es war klar, daß man Sabinus und Proculus in einer „Geschichte der Rechtswissenschaft", die nach dem hellenistischen Vorbild der *diadochai* die „Aufeinanderfolge der Autoren" nachzeichnet, erwähnte. Aber Pomponius, der der Mentalität des Tacitus fernstand, tut noch mehr: er nimmt sie unter die „größten Männer" neben den Juristen der Republik und den wichtigsten kaiserzeitlichen Juristen auf.[33]

Die Nachrichten über die Biographie des Sabinus sind sehr spärlich. Er nahm, nach Pomponius, die Stelle des 22 n. Chr. verstorbenen Ateius Capito ein,[34] und lebte lange genug, um sich mit dem *senatusconsultum Neronianum* auseinanderzusetzen, das zwischen 55 und 68 n. Chr. zu datieren ist.[35] Wahrscheinlich war er bereits Ritter und annähernd 50 Jahre alt, als Tiberius ihm die „Befugnis zu respondiern" zugestand.[36] Wenn man sich vorstellt, daß dies gegen Ende der Regierungszeit des Tiberius geschah, müssen wir seine Geburt um 15 v. Chr. ansetzen;[37] ein späteres Datum ist unmöglich, ein früheres unwahrscheinlich. Er war Zeitgenosse des Philosophen Seneca und 10 oder 15 Jahre jünger als dieser. Sabinus hätte also mit M. Antistius Labeo und dem Historiker Livius, dem Redner Seneca und Philo von Alexandria, sowie mit Ovid vor seiner Entfernung aus Rom, zusammentreffen können; vielleicht aber „sah" er auch als ganz junger Mann Trebatius Testa, einen Mann, der noch in der Republik gelebt hatte und ein Freund Ciceros gewesen war.[38]

Der Ruhm des Sabinus gründet sich vor allem auf seine „Abhandlung des Zivilrechts", die *Libri III iuris civilis*. Er schrieb auch andere privatrechtliche Werke, darunter eine Sammlung von Responsa und eine kleine Zahl von Büchern zum Edikt, ferner juristisch-antiquarische Werke. Die *Memoralia, Fasti, Commentarii de indigenis*, behandeln alte Gewohnheiten und Zeremonien, Priesterkollegien, Riten und militärische Triumphe.[39] Sie sind im Klima der Renaissance und der religiösen Restauration zwischen Augustus und Tiberius erklärlich. Das wichtigste Werk des Sabinus ist jedoch, wie gesagt, die Abhandlung zum *ius civile*. Mit Sabinus beginnt ein neuer Abschnitt des juristischen Unterrichts, der immer gradliniger und kontinuierlicher wurde. In den *Libri III iuris civilis* hatte die sabinianische Schule nun ihren grundlegenden Text: eine „Sammlung von Axiomen und Theoremen", an die sich eine weitere mit demselben Titel, aber viel ausführlicher, von C. Cassius Longinus anschloß.[40]

Man kann das „System" des *ius civile* des Sabinus nicht mit übertriebenem Modernismus rekonstruieren. Fritz Schulz hatte dies getan und dabei vier Bereiche unterschieden: Erbrecht (Testament und Legate), Personenrecht, Obligationenrecht und Sachenrecht.[41] In Wirklichkeit war die Anordnung der Materie viel freier, und sie stand „nicht nur zur modernen Dogmatik, sondern auch zur Manier des Gaius" in Gegensatz.[42] Die Arbeiten von Burkhard Wilhelm Leist und Otto Lenel haben den richtigen Weg beschritten.[43] Nach Leist kann man 6 Teile, von denen einige nochmals in zwei Abschnitte zerfallen, unterscheiden: I. *De testamentis, de legatis;* II. Tradition (oder besser, *mancipatio*); III. Ehe und Mitgift, Vormundschaft; IV. *furtum;* V. *condictiones, stipulationes;* VI. *rei vindicatio* oder *de iurisdictione.*[44] Wir wollen hier nicht die Leistschen Benennungen dieser großen Abschnitte diskutieren oder sie nochmals abhandeln, sondern halten es für nützlicher, daß wir uns mit der Methode beschäftigen, die sich dabei entfaltet. Arangio-Ruiz beschreibt sie treffend: „Ausgehend von der Form der Testamente und der Erbeinsetzung (mit einem Anhang über die Intestaterbfolge), war Sabinus zu den Legaten übergegangen, und von dort zur *manumissio testamento,* zu der er einige grundlegende Prinzipien über die Personen *alieni iuris* hinzufügte; sodann beschäftigt er sich länger mit den *statuliberi.* Weiterhin enthielten die Tafeln des Testaments, nach der Einsetzung der Erben, den Legaten, der Freilassung von Sklaven, die Erwähnung der *mancipatio familiae,* die zum Vollzug des Libraltestaments erforderlich war; diese lieferte für Sabinus den Aufhänger, um von ihr aus eine allgemeine Abhandlung über die *mancipatio* daranzuhängen; da die *mancipatio,* wie Gaius schreibt, eine *imaginaria venditio* ist, ließ der Autor ihr einen relativ langen Exkurs über die konsensuale *emptio venditio* folgen. An der *mancipatio* wiederum wird ein anderer Akt der Übertragung von Sachen und Rechten angeknüpft, nämlich die *in iure cessio*: da man mit einer besonderen Anwendung der *in iure* cessio ursprünglich zwischen Außenstehenden das Konsortium *ercto non cito* konstituierte, wird so selbst die *societas* in den Umkreis des Rechts der Testamente gezogen. Dieses Vorgehen ist zwar mehr durch Assoziationen von Ideen als durch logische Deduktionen geleitet, war aber für den Zweck einer relativen Vollständigkeit einzigartig gut geeignet".[45] Wie Sabinus, ging auch Cassius in seinen *Libri iuris civilis* von den Testamenten und den Legaten aus; man kann aber nicht sagen, ob und wie weit er sich unter systematischem Gesichtspunkt davon entfernte.

Die Werke des Sabinus und des Cassius sind keine Elementarbücher. Bevor man sich mit dem Studium dieser Werke befaßte, brauchte es eine einfachere und grundlegende Didaktik, die erst viel später in den *Institutiones* des Gaius ihre literarische Form fand. Gaius schrieb sein Buch in Rom oder in der Provinz, in der Zeit zwischen Hadrian und Mark Aurel. Er war ein Lehrer mit echter pädagogischer Begabung, allerdings in den Augen seiner Zeitgenossen auch nichts mehr: Erst in der Spätantike zählte man seinen Namen zu den „Großen". Wir können uns der Illusion hingeben, ihm zuzuhören, während er seine Materie aufteilt und wieder zusammenfügt:

3. Lehrer und Schüler

„Alle Rechtsnormen, deren wir uns bedienen, beziehen sich entweder auf Personen oder auf Sachen oder auf Klagen. Zuerst wollen wir die Personen betrachten. Und zwar besteht die Haupteinteilung im Hinblick auf die Rechtsstellung der Personen darin, daß alle Menschen entweder Freie sind oder Sklaven. Von den Freien sind wieder die einen *Freigeborene*, die anderen *Freigelassene*. *Freigeborene* sind alle, die frei geboren sind; *Freigelassene* diejenigen, die aus rechtmäßiger Sklaverei freigelassen sind. Bei den *libertini* gibt es wieder drei Arten: entweder sind sie römische Bürger oder Latiner oder rechnen zu den ,*dediticii*'. Betrachten wir nacheinander diese Kategorien..."

„Die Haupteinteilung der Sachen ergibt zwei Klassen: denn sie sind entweder göttlichem Recht oder menschlichem Recht unterworfen. Göttlichem Recht unterworfen sind zum Beispiel Sachen, die als *sakrol* oder *religiös* bezeichnet werden.... Die Sachen aber, die menschlichem Recht unterworfen sind, dienen entweder dem öffentlichen oder dem privaten Gebrauch... Ferner gibt es körperliche Sachen und unkörperliche Sachen. Körperlich sind diejenigen, die man anfassen kann, wie Land, einen Sklaven, ein Gewand, einen Gegenstand aus Gold oder Silber, und unzählige andere Sachen. Die unkörperlichen Sachen sind diejenigen, die man nicht anfassen kann, wie das, was nur aus einem Recht besteht: zum Beispiel die Erbschaft, der Nießbrauch, Verbindlichkeiten, ganz gleich, wie sie begründet worden sind. Es spielt keine Rolle, daß zu einer Erbschaft körperliche Dinge gehören, und daß der Ertrag, der aus einem Stück Land gezogen ist, körperlich ist, und daß das, was man aus irgendeiner Verbindlichkeit heraus schuldet, wenigstens normalerweise körperlich ist: ein Grundstück, ein Sklave oder Geld. Das Recht zur Erbfolge und das Nutzungsrecht und das Recht an einer Verbindlichkeit an und für sich sind unkörperlich. In diese Liste gehören auch die Rechte an städtischen und ländlichen Grundstücken".

„Wenden wir uns nun den Obligationen zu, bei denen man prinzipiell zwei Arten unterscheidet: jede Obligation geht entweder aus einem Kontrakt oder aus einem Delikt hervor. Betrachten wir zunächst diejenigen, die sich aus dem Kontrakt ergeben. Es gibt vier Sorten: man kontrahiert die Obligation entweder durch die Übergabe einer Sache, oder durch das Aussprechen bestimmter Wörter, oder schriftlich oder durch Konsens".[46]

Man konnte diese Klassifikationsmuster im Verlauf der didaktischen Erfahrung korrigieren oder modifizieren. Leider ist nicht mit Sicherheit festzustellen, ob Gaius neben den *Institutiones* noch ein weiteres Elementarbuch geschrieben hat, welches sieben Bücher zählte und den Titel *Res cottidianae* oder *Aurea* trug. Man ist diesbezüglich heute weniger skeptisch als früher. Dieses Buch bildet einen bemerkenswerten Kontrapunkt zu den *Institutiones*. Dies wird aus der Untersuchung der Obligationen deutlich, wo der Doppelbezeichnung von Kontrakt und Delikt ein dritter Terminus hinzugefügt wird, wohingegen die Erwähnung der Schriftlichkeit wegfällt:

„Die Obligationen haben ihren Ursprung entweder im Kontrakt oder im unerlaubten Tun oder in verschiedenen anderen Arten von Fällen, die in gewisser Hinsicht eine eigene juristische Definition besitzen. Die Obligationen aus dem Kontrakt stellen sich entweder durch Übergabe einer Sache oder durch das Aussprechen bestimmter Wörter oder durch Konsens dar".[47]

Wir müssen unsere Aufmerksamkeit nun auf einen anderen Aspekt der sabinianischen Schule konzentrieren. Generation für Generation werden die Bücher zum *ius civile* des Sabinus und des Cassius kommentiert, gekürzt oder annotiert, von L. Iavolenus Priscus und Titius Aristo bis zu Pomponius.[48] Man liest und diskutiert auch die Schriften der übrigen Juristen, die zur sabinianischen Schule gehörten, Minicius und Urseius Ferox, beide Schüler des Sabinus, während wir von dem geheimnisvollen Vitellius nichts wissen.[49] Tatsächlich ist der Kommentar zu älteren Autoren eine alltägliche Praxis; sie wird nicht von der blinden Treue zu einer Schule geleitet. Man greift gerne auf die Vergangenheit zurück. Q. Mucius Scaevola, der führende Jurist der gesamten zivilrechtlichen Tradition (zu der auch Cassius und Sabinus gehören), findet in Gaius und Pomponius seine Exegeten. Die Sabinianer vernachlässigen die Autoren der anderen Schule nicht, und, dies ist eine wichtige Feststellung, es ist nicht immer polemisch gemeint, wenn sie sich gegen diese wenden. Der Sabinianer Iavolenus faßt die *Libri posteriores* des Labeo zusammen und setzt sich kritisch mit ihnen auseinander; Labeo ist einer der größten Lehrer, und Aristo beschäftigt sich viel mit ihm. Plautius sammelte vielleicht eher die Ansichten anderer, als daß er ein origineller Jurist gewesen wäre; aber sein auf seine Weise auch wertvolles Werk erregt ebenso die Aufmerksamkeit des Iavolenus wie später die des Pomponius. Die literarische Tätigkeit der sabinianischen Schule erschöpft sich nicht in Abhandlungen zum *ius civile*, in Kommentaren, in Epitomae und in ‚Notae'. Man braucht nur die Liste der Schriften des Sabinus durchzugehen, um sich dies vor Augen zu führen. Auch vor der Generation des Titius Aristo und des Iavolenus fehlt es in dieser Schule nicht an problematischen Schriften, die den Fall und die sich daraus ergebende *quaestio* in den Mittelpunkt stellen. Diese Bücher nehmen jedoch, wenn uns die Quellen nicht täuschen, nicht die erste Stelle ein. Diese Art von Schriften sind indes ein Kennzeichen der Schule des Proculus: von den *Epistulae* des Proculus zu den *Epistulae* und den *Responsa* des Neratius und den *Epistulae* von Celsus *(filius)*. Das literarische Vorbild ist Labeo, auch er Verfasser von *Epistulae* und *Responsa*. Celsus schreibt auch *Quaestiones* und *Digesta*. In der Schule des Proculus findet man kein den zivilrechtlichen Büchern des Sabinus und des Cassius vergleichbares Werk, wenn man vielleicht die *Regulae* des Neratius ausnimmt. Man annotiert und kommentiert die Schriften von Labeo und von Plautius, aber es fehlt ein besonderes Augenmerk für die Schriften der anderen Schule. Ist dies alles Zufall oder liegt in diesem Gegensatz der literarischen Formen und Interessen eine tiefere Bedeutung? Gewiß, man erfaßt in der Literatur (die wir nur unvollständig kennen) nur einen winzigen Teil der mündlichen Unterrichtspraxis. Es wäre naiv, sich vorzustellen, daß die älteren Sabinianer sich nicht ebenso gerne mit praktischen Fällen, seien sie nun real oder fiktiv, auseinandersetzten, oder daß die Prokulianer jede grundlegende oder systematische juristische Diskussion ablehnten. Trotzdem hat man den Eindruck, daß der Unterricht bei beiden einen verschiedenen Stil hatte, und daß die Prokulianer viel mehr als die Sabinianer einem geschmeidigen didaktischen Pragmatismus zuneigten. Wenn dem so ist, dann sind die beiden Schulen nicht völlig gleich und symmetrisch, und sie sind nicht lediglich „Debattierklubs mit korporativem Charakter", in denen die unterschiedlichen Meinungen niemals über die persönliche Ebene hinausgingen.[50] Es gab jedenfalls einen *esprit de corps* und dieser trug zum Zusammenhalt bei. Er war nicht so stark, daß er das intellektuelle Profil der einzelnen Schulhäupter auf ein einheitliches Maß brachte. Häufig wurden unterschiedliche Meinungen zu einem Thema vorgebracht und in derselben Schule vertreten, oder eine Gleichartigkeit der Ansichten vereinte die rivalisierenden Lehrer über das schulische Umfeld hinaus, das man nie so eng sah.

Ein vieldiskutiertes Thema war der *usus*, als begrenztes dingliches Nutzungsrecht an einer fremden Sache. Zwischen *usus* und *usus fructus* besteht ein antithetisches Verhältnis. Wer das Recht auf den *fructus* hat, also auf den Ertrag aus einer produktiven Sache, ist dazu berechtigt, von der Sache die Früchte als Besitz zu erhalten und den Gewinn im Rahmen des üblichen zu entnehmen. Der Inhaber des *usus* hingegen ist streng gesehen lediglich dazu berechtigt, sich der Sache zu bedienen, nicht dazu, aus ihr Gewinn zu ziehen. Aber in welchem Umfang? War der Gegenstand des *usus* ein Gut, so vertraten Sabinus und Cassius die Meinung, der Usuar könne „Holz, Gemüse, Obst und Blumen" ernten, oder „das Wasser" für seinen „täglichen Gebrauch" verwenden, aber niemals, „um daraus Profit zu schlagen". Sie erläutern allgemeiner, daß der Usuar aus den „Sachen, die auf dem Gut wachsen", „soviel entnehmen kann, wie er mit seiner Familie zum Leben braucht". Labeo hatte sich ebenso ausgesprochen und Proculus stimmte ihm zu. Iuventius Celsus sollte sogar noch einen Schritt weiter gehen. Nerva *(pater)* war nicht ganz einverstanden; er setzte zu der Aufzählung des Sabinus noch „dürre Rebäste und Streu" hinzu, nahm aber „Weizen, Getreide und Öl" aus dem Gebrauchsbereich des Usuars aus.[51] Gehen wir zu einer anderen Frage über: *Condicio* und *modus* sind zwar unterschiedliche aber sich nahestehende Rechtsfiguren. *Condicio* ist die Klausel, die, wenn sie an ein Rechtsgeschäft angefügt ist, seine Wirkung vom Eintritt eines zukünftigen und ungewissen Ereignisses abhängig macht. Wir begegnen ihr in diesem Buch nicht zum ersten Mal.[52] Der *modus* wird bei unentgeltlichen Geschäften angewendet: zum Beispiel bei der Schenkung oder beim Legat. Er besteht aus einer Klausel, die dem Empfänger der Zuwendung zur Auflage macht, in Zukunft ein bestimmtes Verhalten zu befolgen. Die Wirksamkeit des Geschäftes wird nicht aufgeschoben. Wie sollte man die Auflage, die als Klausel einem Legat beigefügt war, sanktionieren? Trebatius hatte eine interpretative Fiktion vorgeschlagen: der *modus* entspricht einer Bedingung, und nur wenn der Legatar verspricht, das vorgesehene Verhalten an den Tag zu legen, muß das Legat erfüllt werden. Diese Vorstellung fand die Zustimmung von Labeo und Nerva *(pater)*, von Proculus und Atilicinus; aber auch Iavolenus und Iulianus schlossen sich dem an.[53]

Wahrscheinlich also verfolgten Sabinianer und Prokulianer unterschiedliche didaktische Richtungen. War damit ihr Gegensatz erschöpft? Wir stehen heute gewissen spekulativen Interpretationen des 19. Jahrhunderts fern, die sie jeweils auf die Antithese von Stoizismus und Akademie zurückzuführen versuchten, oder auf Stoizismus einerseits, artistotelisches Denken und Epikuräertum anderernseits. Man kann die Philosophie der römischen Juristen (soweit und sofern überhaupt von einer Philosophie die Rede sein kann) nicht nach so klaren Schnittmustern bestimmen. Es ist überdies illusorisch, bei den

Prokulianern eine stete Bereitschaft zu sehen, das Neue aufzugreifen, die Sabinianer hingegen als Traditionalisten zu betrachten, oder umgekehrt. Alles was man sagen kann, ohne einem unzulässigen Schematismus zu unterliegen, ist, daß die ersteren ein schärferes methodisches Bewußtsein besitzen und einer rationalen Argumentation sowie der Konstruktion ausgedehnter „Teilsysteme" mehr zuneigen, während die letzteren dazu tendieren, sich nicht von erprobten Denkweisen zu entfernen, und neuen Herausforderungen von Fall zu Fall offener gegenüberstehen. Wie bei der Grammatik, sind auch hier Analogie und Anomalie nur die extremen Formen (die man nicht immer kohärent anwendet), in denen der Gegensatz sich auf der logischen Ebene äußert.[54]

Ein bezeichnender Unterschied besteht beim Tausch (*permutatio*), also dem Austausch einer Sache mit einer anderen, im Verhältnis zum Kauf. Für die Sabinianer kann der Kauf den Tausch als „Species" einbeziehen: auch der Tausch ist ihrer Meinung nach ein Kauf, weil „der Preis in etwas anderem als Geld bestehen kann". Sie gehen bis auf Homer zurück, um dies zu belegen. Die Prokulianer sind anderer Ansicht: im Tausch sei kein Kauf zu erkennen, weil man niemals sagen könne „diese Sache ist verkauft worden und jene gilt als Preis", und zweitens „wäre es abwegig, die eine oder andere Sache sowohl als ‚Objekt' als auch als Preis zu betrachten".[55] Diese Richtung trifft eine Unterscheidung zwischen Kauf und Tausch, schafft aber auch die Voraussetzung, um unter Umständen eine Analogie zwischen beiden herzustellen. So kann Aristo (wie auch immer seine Vorlieben für die eine oder andere Schulmeinung aussehen mögen) behaupten, daß der Tausch „dem Kauf nahesteht".[56] Die Richtung der Sabinianer hingegen identifiziert den Kauf mit dem Tausch, auf diese Weise verrät sie aber eine implizite Neigung zur Anomalie. Eine juristische Figur (hier der Kauf) wird so bis zu ihrer äußersten Grenze in Anspruch genommen, so daß man jenseits davon nur noch von Anomalie sprechen kann.[57]

Bis hierhin sind wir sozusagen innerhalb der beiden Schulen geblieben. Die Schulen waren jedoch von dem, was sich außerhalb von ihnen abspielte, nicht abgeschnitten. Man muß die Frage stellen, ob sie nicht auch politische oder ideologische Gründe trennten.[58] Vielleicht hatten anfangs die Loyalität Capitos und der Widerstand des Labeo eine Rolle gespielt. In der Folgezeit haben meines Erachtens die Beziehungen zur Macht, die manchmal, wie im Fall von Nerva *pater* und C. Cassius Longinus, tragisch waren,[59] eher die Lebensumstände einzelner Individuen betroffen als das Schicksal ganzer Gruppen. Proculus war ein politisch einflußreicher Mann, und es scheint sicher, daß sich Sabinus als Antiquar in den Geleisen der kaiserlichen Ideologie bewegte. Die Jahre unter Caligula und unter Claudius waren auch für die Juristen schwierig,[60] allerdings nicht für alle in gleichem Maß. Die „entsetzlichen Zeiten" Domitians waren für Celsus *pater* viel schwerer zu ertragen als für Pegasus oder Iavolenus.[61] Später waren Celsus (der Sohn) und Iulianus, die untereinander keine Freundschaft verband, beide „Freunde" Hadrians.

Die Rechtsschulen waren, wie gesagt, feste Einrichtungen; freilich waren sie privat und nicht ‚staatlich', also ohne bestimmtes Statut. Mit den Universitäten der Spätantike in Berytus oder Konstantinopel haben sie nichts gemein. Rom erschien zu Zeiten, als dort Sabinus und Cassius, Proculus und Nerva *filius* unterrichteten, eine „riesige" und „sehr schöne" Stadt. Viele Menschen verließen ihre Heimat und kamen „aus den Municipien, den Kolonien und aus allen Enden der Welt" nach Rom. Sie waren getrieben von „Ehrgeiz, der Last eines öffentlichen Amtes oder der Übernahme einer Gesandtschaft" oder „von den Freuden einer Umgebung, die gefällig und reich an Lastern" war, von der „Anziehungskraft der Schauspiele" oder auch von „Freundschaft, dem Drang, für die eigenen Fähigkeiten und Neigungen Spielraum zu finden", „einen schönen Körper zu verkaufen oder der Möglichkeit, seine Redekunst gegen Geld an den Mann zu bringen". Und nicht zuletzt konnte sie „die Lernbegier" treiben.[62] Junge Leute kamen auch von weit her, um die juristischen Schulen zu besuchen, und sie bewältigten das kostspielige Leben der Hauptstadt häufig mit einem kleinen väterlichen „Scheck".[63] Man traf sich auf öffentlichen Plätzen, in *stationes* oder *auditoria*.[64] Ein Treffpunkt war vielleicht der Apollotempel auf dem Palatin, in dem Augustus eine Bibliothek für Recht und die „freien Künste" eingerichtet hatte.[65]

Nach welchem Vorbild wurden Rechtsschulen eingerichtet oder ausgebaut? Der Vergleich mit den griechischen Philosophenschulen ist zwar verführerisch, aber außerordentlich vage. Zwar spielten vielleicht die Grammatik-, Rhetorik- oder Medizinschulen eine Rolle, jedoch geht dies nicht über eine allgemeine Ähnlichkeit hinaus. Die Rechtsschulen waren, wie die Philosophenschulen, Zentren von Diskussionen; zwischen der juristischen und der philosophischen Diskussion gab es jedoch bemerkenswerte Unterschiede. Wir wissen, wie die Diskussion bei den Philosophen vonstatten ging. Im Verlauf ihrer Geschichte ging die Akademie von der sokratischen Methode ab, führte sie wieder ein und schaffte sie abermals ab; sie bestand darin, die Meinung des Gesprächsteilnehmers zu widerlegen, nachdem man ihn mit geeigneten Methoden dazu gebracht hatte, diese Meinung vorzubringen. Eine andere Möglichkeit bestand darin, daß derjenige, der zuhören wollte, *audire*, einfach eine „Frage" stellte, über die der Philosoph zusammenhängend, in einer *oratio perpetua*, seinen Diskurs entwickelte. Auch Cicero bestätigt, daß er sich häufig in beiden Arten betätigt habe.[66] Nach jeder „täglichen Lektion" gestattete der Platoniker Taurus, Lehrer von Aulus Gellius, seinen Schülern, Fragen über ein beliebiges Thema zu stellen.[67] Aus diesen spärlichen Nachrichten ergibt sich eine Morphologie der philosophischen *disputatio*. Eine juristische *disputatio* hingegen mußte ihren eigenen Verlauf nehmen. Ich würde einen geschlossenen Dialog sokratisch-akademischer Art ausschließen; die Form des kontinuierlichen Diskurses scheint eher angemessen; wahrscheinlich wurde das Thema öfter vom Lehrer als von den Zuhörern vorgeschlagen, und sie stellten andererseits auch in dem jeweils zur Debatte stehenden Gebiet nur „fachliche" Fragen. Wir können die Sache auch unter einem anderen Blickwinkel sehen. Beim philosophischen Unterricht war es üblich, die Klassiker zu lesen und zu studieren. Man las nicht nur die zur Richtung der eigenen Schule gehörigen Werke, sondern auch jene, die zum Erbe der rivalisierenden Schule gehörten. So beschäftigte sich ein Jünger der platonischen Richtung, Taurus, gemeinsam mit seinen Schülern mit den „Problemen" des Aristoteles (oder was unter seinem Namen lief).[68] Etwas ähnliches gab es, wie gesagt, in der Schule des Sabinus. Die Ähnlichkeit kann jedoch nicht viel weiter gereicht haben. Man darf bezweifeln, ob Labeo in den Augen des Iavolenus, oder Quintus Mucius in den Augen des Pomponius als „Klassiker" erschien. Man wollte nicht einen Autor mit sich selbst erklären, wie Homer mit Homer nach der aristotelischen Lehre. Weder Pomponius noch Iavolenus bewegten sich auf einer philosophisch-stilistischen Ebene, sie wollten ganz einfach das überlieferte Wissen in Inhalt und Form begreifen (und höchstenfalls Kritik daran üben); sie kümmerten sich vielmehr darum, die Gedanken ihrer Vorgänger dynamisch-normativ zu interpretieren und ergriffen jede Gelegenheit oder jede Anregung, die für die Lösung neuer praktischer Probleme von Nutzen war.

Man meint allgemein, daß der Dualismus der Schulen mit Salvius Iulianus seine Bedeutung zu verlieren begann, auch wenn die Meinungsverschiedenheiten der einzelnen Juristen untereinander nicht abnahmen. Gaius versucht noch, ihn als lebendig darzustellen, aber seine Zeilen hinterlassen einen anderen Eindruck. Dies bedeutet nicht, daß man nach der Zeit des großen Lehrers Iulianus Sympatien für Sabinus oder für Proculus nicht mehr nachweisen könnte. Man braucht jedoch kein Fortdauern der beiden Schulen bis in die severische Zeit anzunehmen.[69]

4. Der Jurist als „Philosoph"

Das Ende des Dualismus der Schulen bedeutet offensichtlich nicht das Ende des juristischen Unterrichts. Zwischen Mark Aurel und Severus Alexander war vielleicht jeder der uns bekannten Juristen in irgendeiner Weise damit befaßt. Gaius hatte bekanntlich ein Buch *Institutiones* geschrieben. Florentinus war ihm darin gefolgt. Oder war er sein Vorläufer? Man kann sein Werk schwer datieren, aber es wurde nicht vor Mark Aurel veröffentlicht.[70] Es zählt 12 Bücher – eine für ein Lehrbuch sehr große Zahl. Einen noch viel größeren Umfang besitzen die *Institutiones* von Aelius Marcianus (16 Bücher), in denen man eine „literarische Monstrosität" hat sehen wollen. Gewiß, es fehlt ihnen die klare Durchführung der *Institutiones* des Gaius. Es ist nicht unwahrscheinlich, daß Marcianus verschiedene Materialien gesammelt hat, die er dann nicht überarbeitete, und daß die Publikation auf einen späteren Herausgeber zurückgeht.[71] Marcianus war auf jeden Fall mit seinen *Institutiones* unter Caracalla oder kurz danach an der Arbeit. Die *Institutiones* des Callistratus und des Paulus in drei, beziehungsweise zwei Büchern, stammen aus denselben Jahren oder sind etwas früher.[72] Während der Regierungszeit des Caracalla entstanden die *Institutiones* Ulpians, ebenfalls in nur zwei Büchern. Alle diese Autoren entfernen sich auf die eine oder andere Art vom Vorbild des Gaius.

Die *Institutiones* des Ulpian sind ein wichtiges Dokument. Das wenige, was – vor allem, aber nicht nur – aus den Digesten darüber bekannt ist genügt, um sich eine Vorstellung davon zu machen. Die Arbeit ist naturrechtlich fundiert (auf diesen Punkt werden wir in einem anderen Kapitel zurückkommen). Es begegnen kulturelle Motive und ethische Vorstellungen, denen man bisher in der juristischen Literatur keinen vergleichbaren Platz eingeräumt hatte, oder die vollständig außen vorgeblieben waren. Die Person des Rechtsgelehrten, wie sie Ulpian zeichnet, hat eine pädagogische und moralische Bedeutung, von der vorher nie die Rede war.

„Wer sich mit dem *ius*, dem „Recht", beschäftigen will, muß zunächst wissen, woher das Wort ‚Recht' kommt. *Ius* hat nämlich seinen Namen von der *iustitia*: denn nach der treffenden Definition des Celsus ist das Recht die „Kunst" des Guten und Angemessenen. Daher könnte man uns mit Recht als Priester bezeichnen: wir dienen nämlich der Gerechtigkeit und wirken mit der Kenntnis des Guten und Angemessenen, indem wir das Angemessene vom Unangemessenen, das Erlaubte vom Unerlaubten trennen und die Menschen nicht nur durch die Furcht vor Strafen, sondern auch durch den Ansporn von Belohnungen gut zu machen suchen: im Bemühen um wahre Weisheit, nicht um ein Trugbild davon".[73]

Die christliche Lehre von Iustinus bis zu Clemens von Alexandria dreht sich um das Konzept der „wahren Philosophie" oder der „wahren Vernunft". Zwischen der letzteren und der Gerechtigkeit bestehe ein innerer Zusammenhang, bemerkt Iustinus. Aber nicht selten gibt man „den Namen und das Gewand der Philosophie" vor, ohne sie tatsächlich zu respektieren.[74] Allein in Gott wohnt die *alētheia*, die „Wahrheit", nach der der Philosoph in seiner kontemplativen Berufung strebt, in dauernder Auseinandersetzung mit den „freien Künsten".[75] Diese Lehre war der syrischen Welt, aus der Ulpian stammte, vertraut. Enthalten die Worte des Rechtsgelehrten eine ganz feine antichristliche Polemik?[76] Ich weiß es nicht. Wenn dies aber der Fall war, hatte Laktanz hundert Jahre später ein weiteres Motiv, Ulpian aufs Korn zu nehmen.[77] Mir scheint sicher, daß Ulpian im Recht als Technik oder als „ars" einen philosophischen Wert sah. Die „wahre Philosophie" findet im Recht ihren Ausdruck, so wie für Galen in der Medizin und in anderen Wissenschaften und Fertigkeiten des Menschen.[78] Wenn man als „guter Arzt" handelt, erfaßt man zugleich die Theorie von der Natur, die logische Methode, die ethische Haltung, und daher ist der *aristos iatros* auch der *philosophos,* und ähnliches gilt für den Rechtsgelehrten. Jede einzelne Wissenschaft oder Kunst neigt (nach einer polyzentrischen Sicht von Kultur) dazu, die gesamte philosophische Weisheit zu umfassen.[79] Nicht der Philosoph als solcher „kann alles besser machen als irgend ein anderer", „auch wenn er nicht alle Techniken kennen kann", und er kann nicht jeweils „nach dem Fachwissen des Landwirtes, des Schreiners, des Webers, des Steuermannes, des Architekten, des Musikers, des Mathematikers und schließlich des Arztes" handeln;[80] besser als jeder andere kann dies der einzelne Fachmann, der sich auf seinem Gebiet auch philosophisch verhält. Wie man sieht, sind wir vom Stoizismus des Dio von Prusa weit entfernt, und noch weiter von Seneca, der die „artes" im Namen der Philosophie in ihrem Wert herabsetzt.[81] Es kann sein, daß in den Zeilen Ulpians Reminiszenzen an Seneca zu bemerken sind, so wie die Ablehnung einer *simulata philosophia* Anspielungen auf Cicero und Quintilian zu enthalten scheint.[82] Ihr Sinn wird jedoch nur im halbplatonischen Klima zur Zeit der Wende vom 2. zum 3. Jahrhundert deutlich.

Sowohl Ulpian als auch Paulus überraschen als Verfasser eines Werkes über die Institutionen. „Es ist aber schwer zu glauben, daß die beiden großen und hochgestellten Juristen so kurze Lehrbücher geschrieben haben sollten", bemerkt Schulz, „die doch nur das Elementarste enthalten haben können, und wenn sie es taten, daß ihre Bücher nicht imstande waren, das veraltete und lückenhafte Institutionenbuch des Gaius aus der Rechtsschule zu verdrängen".[83] Genau genommen ist dies ein aprioristischer Zweifel, der analytisch nicht zu beweisen ist.[84] Wir wissen zu wenig von ihren Vorstellungen und Vorurteilen, um uns dem ersten Argument anzuschließen; das zweite Argument beweist nichts und widerlegt sich selbst. Selbstverständlich bedeutete die Tatsache, daß Ulpian und Paulus Institutionenbücher geschrieben haben nicht, daß sie auch auf diesem Anfängerniveau unterrichtet haben, zumindest nicht, als sie auf dem Höhepunkt ihrer Karriere standen. Andererseits kommt Ulpian als Lehrer in den *Disputationes* viel besser zur Geltung als in den *Institutiones*. Über die *Pandectae* können wir leider nichts sagen.[85] Zweifel über die Authentizität der *Disputationes* kann man heute nicht mehr vorbringen; stilistische und inhaltliche Gründe weisen in eine andere Richtung.[86] Die *Disputationes* stehen neben den *Quaestiones* von Papinian und Paulus und nehmen ihrerseits den kasuistisch-problematischen Faden der republikanischen und klassischen Jurisprudenz wieder auf.

X. LITERARISCHE FORMEN

1. Die problematischen Schriften

Um eine Vorstellung von der juristischen Literatur zu gewinnen, kann man zwei Wege einschlagen: einer führt zu den einzelnen Autoren und ihren Werken, der andere zu literarischen Formen und Gattungen. Beide Wege laufen parallel, berühren sich aber an mehreren Punkten. Nur wenn man den ersten geht, kann man hoffen, die Umstände, unter denen sich eine literarische Produktion entfaltet, die Fragen und Probleme, die sie tatsächlich bestimmen und die inneren Zusammenhänge, die sie zufällig kennzeichnen, aufzuhellen. Der zweite Weg gestattet einen anderen, ebenso wichtigen Blickwinkel. Formen und Gattungen sind nicht nur schlichte Klassifizierungsschemata: nur wenn man sie sich vergegenwärtigt und sich fragt, warum sie im Lauf der Zeit entstanden, sich erhalten und gewandelt haben, wird die Art und Weise der (nicht nur äußerlichen) Organisation und der Übermittlung des juristischen Denkens verständlich.

Eine Typologie der Literatur der Republik ergibt sich, wenigstens teilweise, aus den bisherigen Ausführungen dieses Buches. Es gibt Sammlungen von Formeln, und Sammlungen und Kommentare von Gesetzen. Am Ende der Republik waren einerseits die Form der Abhandlung zum *ius civile* und andererseits die des Kommentars zum Edikt voll ausgebildet. Die theoretisch-didaktische Literatur fand ihren Ausdruck in den *Horoi* des Q. Mucius Scaevola. Der kasuistisch-problematische Zweig setzt sich in der Schule des Servius Sulpicius Rufus durch, hat aber weiter zurückreichende Vorläufer. Monographien fehlen zwar nicht, sind aber selten. Das rätselhafte Werk *De usurpationibus* des Appius Claudius Caecus findet sein Pendant zweieinhalb Jahrhunderte später in der Schrift des Servius über die „Mitgift" und über den „Verzicht auf die Familienkulte". Die Werke zum öffentlichen und zum Sakralrecht nehmen einen ganz eigenen Platz ein.

In der Kaiserzeit setzt sich die Literatur zu den *Responsa* fort; aber sie ändert ihren Charakter. In der Zeit zwischen Augustus und Hadrian schreiben Labeo und Sabinus, Neratius und Celsus Bücher in dem Titel *Responsa*; später, wohl an der Schwelle (oder zu Beginn) der Severerzeit, auch Cervidius Scaevola, vorausgesetzt, es handelt sich nicht um ein nach seinem Tod veröffentlichtes Werk; danach Aemilius Papinianus und Iulius Paulus, Ulpian (wenn man von einigen neueren Zweifeln absieht) und Herennius Modestinus.[1] Das Szenario des Responsum wandelt sich. Der spätrepublikanische und augusteische Jurist bewegte sich noch in einem „städtischen" Umfeld, stand mit seinem Publikum noch in direkter Beziehung, auch wenn er es mit Fragen zu tun hatte, die aus dem mittelmeerischen Handelsverkehr erwuchsen, oder wenn er Institute behandelte (wie zum Beispiel den Kauf), die geographisch sehr weiträumig anwendbar waren. Die *Libri responsorum* des Papinian und Modestin beinhalten auch Fälle aus den Provinzen und haben einen anderen „Stil". Die Fragesteller sind nicht selten Menschen, die weit von der Hauptstadt entfernt in einer romanisierten Umgebung leben oder die erst vor kurzem das römische Bürgerrecht erworben haben. Die Anfragen sind bisweilen in griechischer Sprache gestellt – ein nicht ganz unerheblicher Aspekt.

Die Übermittlung der fachlichen Meinungsäußerung geschah oft durch Briefwechsel – oder man gab einen solchen vor. So begegnen neben den *Responsa* die *Epistulae*. Britannien gibt den Hintergrund für einen Fall ab, den Iavolenus in einem seiner „Briefe" untersucht hat. Dieser Brief ist ein berühmter Text und reich an Details. Seine „ariose Komposition" (wie man sie bezeichnet hat) muß die Mitarbeiter Justinians veranlaßt haben, ihn auch in seinen kleinsten Einzelheiten zu übernehmen. Es war selten, daß ein Jurist diese erwähnte, weil sich der Blick fast ausschließlich auf das Problem konzentrierte. Gegenstand ist ein Erbschaftsfideikommiß: war hier ein wirklicher Termin festgesetzt worden oder eine Bedingung? Iavolenus entscheidet sich im zuerst genannten Sinn; uns interessiert jedoch im Augenblick nicht so sehr das juristische Problem, sondern vielmehr die Struktur der Ausführungen: im ersten Teil – bis zur Stellung der Anfrage – spricht der unbekannte Partner des Iavolenus, der ihm aus einer weit entfernten Provinz schreibt, im zweiten Teil erteilt der Jurist sein Responsum in Briefform:

„Seius Saturninus, Obersteuermann der britannischen Flotte, hat in seinem Testament den Trierarchen Valerius Maximus zum fiduziarischen Erben bestellt und ihm mit einem Fideikommiß zur Auflage gemacht, das Erbe seinem eigenen Sohn, Seius Oceanus, sobald dieser das 16. Lebensjahr erreicht hätte, herauszugeben. Oceanus stirbt, bevor er 16 geworden ist. Es tritt nun Mallius Seneca auf, der behauptet, der Onkel mütterlicherseits des Seius Oceanus zu sein, und beansprucht das Erbgut auf Grund der Verwandtschaft. Der Trierarch Maximus hingegen beansprucht es für sich, weil der, dem er es hätte geben sollen, verstorben ist. So liegt also der Fall. Ich frage, ob das Erbgut dem fiduziarischen Erben, dem Trierarchen Valerius Maximus, oder Mallius Seneca, der sich als Onkel mütterlicherseits des jungen Verstorbenen ausgibt, zukommt.

Ich gab folgenden Bescheid: Seius Oceanus, dem Valerius Maximus bei Vollendung des 16. Lebensjahres die fideikommissarische Erbschaft gemäß dem Testament des Seius Saturninus hätte zurückgeben müssen, ist verstorben, bevor er das festgesetzte Alter erreicht hat. Wenn dem so ist, dann fällt die fiduziarische Erbschaft auf den, dem die übrigen Güter des Oceanus zufallen. Und dies deshalb, weil die potentielle Zuweisung des Fideikommiß geschah, während Oceanus noch lebte; der Erblasser wollte offensichtlich, da er den Augenblick der Ausführung aufschob, lieber dem fiduziarischen Erben die Aufsicht über die Erbschaft zugestehen, als für das Fideikommiß ein unbestimmtes Datum festsetzen".[2]

Man kann nicht ausschließen, daß es sich um fiktive Namen handelt, obwohl alle Umstände das Gegenteil nahelegen. Das Dilemma zwischen Realität und Fiktion taucht auch anderswo auf. Sicher ist, daß die verschiedensten Personen an die Rechtsgelehrten schreiben: Privatleute, Männer und Frauen, Magistrate, die sich im Unklaren darüber sind, welche Entscheidung sie fällen sollen.³ „Ich bin 78 Jahre alt", – so stellt sich ein unbekannter Greis dem Pomponius vor, – „aber ich bin voller Lernbegier, welche ich allein für den besten Lebensgrundsatz gehalten habe, eingedenk des griechischen Sprichwortes: ‚auch wenn ich mit einem Fuß im Grabe stehe, möchte ich noch etwas lernen'".⁴ Wie die *Responsa*, beschränken sich auch die *Epistulae* nicht immer auf die Lösung eines Einzelfalles, sondern können auch theoretische (oder didaktisch-theoretische) Konsequenzen haben.

Bekanntlich hatte die Gattung juristischer Episteln auch vor und nach Iavolenus ihre Anhänger.⁵ *Epistulae* und *Responsa* gehören zu einer Literatur, die man gewöhnlich als „problematisch" bezeichnet. Es gehören hierzu auch Werke mit anderslautenden Titeln: *Quaestiones, Disputationes, Digesta, Ambiguitates* und so fort. Titius Aristo, Celsus und Ulpius Marcellus betitelten nach dem Vorbild des alten Alfenus ihre wichtigsten Schriften mit *Digesta*; und Salvius Iulianus gab den 90 Büchern seines Hauptwerkes denselben Titel.⁶ Nicht nur Celsus schrieb *Quaestiones*, sondern auch Fufidius, Caecilius, Africanus und Cervidius Scaevola, und Callistratus, Papinian, Tertullian und Iulius Paulus folgen seinem Beispiel, während Ulpian, wie bereits erwähnt, und Tryphoninus *Disputationes* verfaßten.

2. Kommentare und andere Schriften

Die Bandbreite der klassischen Literatur ist mit den aufgezählten Formen nicht erschöpft. Neben den problematischen Schriften gibt es Kommentare zum *ius civile* und zum Edikt, Bücher, die die Schriften älterer Autoren zusammenfassen oder annotieren, Bücher über einzelne Gesetze, solche, die *senatusconsulta* oder kaiserliche Konstitutionen zusammenstellen und interpretieren, Monographien, Sammlungen von Definitionen und Regeln, Florilegien, Handbücher und Kompendien, Abhandlungen des Prozeßrechts, des Steuerrechts, sowie des Verfassungs- und Verwaltungsrechts. Diese Literaturformen sind beileibe nicht streng und geradlinig abgegrenzt. Sie lassen ihre gegenseitige Nähe und Verwandtschaft erkennen. Es ist nicht ungewöhnlich, daß sich kasuistisch-problematische Fragen in Bücher einschleichen, die man auf den ersten Blick als Regelsammlungen einordnen würde, und daß Regel- und Definitionsfragen in Responsasammlungen auftauchen. Die Verflechtungen sind auch in den Kommentaren sichtbar.

Wir stießen im Verlauf dieses Buches bereits auf eine große Vielfalt von einschlägigen Werken. Zur Literatur zu den Institutionen oder der isagogischen Literatur und den Kompendien des *ius civile* braucht nichts hinzugefügt werden. Nicht nur Neratius, sondern auch Pomponius, Gaius und Cervidius Scaevola und fast alle uns bekannten Juristen der Severerzeit schrieben *Libri regularum*. Papinian gab einem seiner Werke den Titel *Definitiones* und griff damit in Latein den griechischen Titel des Werkes von Mucius wieder auf. Die Juristen beschäftigten sich bei den Gesetzen nicht nur mit den Zwölftafeln. Von den republikanischen Gesetzen erhielt die auf das Ende des 3. Jahrhunderts v. Chr. zurückgehende *lex Cincia* über Schenkungen 400 Jahre später einen kurzen Kommentar durch Paulus; und Paulus war es auch (zusammen mit Rutilius Maximus, von dem wir sonst nichts wissen), der der *lex Falcidia* über die Legate von 40 v. Chr. eine eigene Schrift widmete. Die Jurisprudenz befaßte sich eingehend mit der augusteischen Ehegesetzgebung. Die *lex Iulia de maritandis ordinibus* und die *lex Papia Poppaea nuptialis* stellten sich als Einheit dar, und Gaius, Iunius Mauricianus und Ulpius Marcellus, Terentius Clemens und schließlich Paulus und Ulpian äußerten sich dazu in unterschiedlich umfangreichen Werken. Auch die Senatsbeschlüsse, und insbesondere das *SC Tertullianum* und das *SC Orfitianum*, fanden ihre Interpreten in Gaius und Pomponius, Paulus und Aelius Marcianus. Die wenigen Sammlungen, die die kaiserlichen Konstitutionen betrafen, erwähnten wir bereits.[7] Es ist schwierig, sich im Dschungel der Monographien zum Privatrecht zurechtzufinden: die wichtigsten Gegenstände sind das Fideikommiß, die Stipulation und das Pfandrecht, aber auch das Eherecht und die Mitgift.

Mit den *fideicommissa* befassen sich Aburnius Valens, Pomponius und Gaius, Ulpian und Paulus. Möglicherweise beschäftigte sich auch Campanus, ein zwischen dem 1. und dem 2. Jahrhundert tätiger Jurist, speziell hiermit; Maecianus widmete dem Gegenstand 16 Bücher *Quaestiones*. Modestin wird ein *Liber singularis de legatis et fideicommissis* zugeschrieben. Über die *stipulationes* gibt es neben dem Werk des Pedius (in mehr als einem Buch) die acht (oder mehr) Bücher des Pomponius und die neunzehn des Venuleius. Wir kennen drei *Libri singulares* über das Pfandrecht, und zwar von Gaius, *De formula hypothecaria* oder *Ad formulam hypothecariam*, von Marcianus, *Ad formulam hypothecariam*, und von Paulus, vermutlich mit demselben Titel. Soweit diese Bücher nicht auf die nachklassische Zeit zurückgehen (alles deutet aber darauf hin, daß dies zumindest für Marcianus auszuschließen ist), wurden sie zu jener Zeit mit den Titeln neu herausgegeben, unter denen wir sie kennen.[8] Ein einziges Buch über *nuptiae* ist für Neratius bezeugt, ein anderes über den *ritus nuptiarum* für Modestin. Vom *Dotalicion liber singularis* des Gaius kennen wir nichts als den Namen; eine Schrift über die *dotis repetitio* erscheint in der langen Liste der *libri singulares* des Paulus oder Pseudo-Paulus.

Die *Digesta* des Celsus waren bereits einige Zeit im Umlauf, und vielleicht hatte Iulianus gerade begonnen, die seinen zu schreiben, als Pomponius einen Kommentar in 39 Büchern zu Q. Mucius Scaevola veröffentlichte. Wir befinden uns wohl in den ersten Jahren der Regierungszeit des Antoninus Pius. Auch Gaius und der Jurist und Antiquar Laelius Felix schrieben mehr oder

2. Kommentare und andere Schriften

weniger zur selben Zeit wie Pomponius Kommentare zu Quintus Mucius. Dies war ein neuer literarischer Ansatz: niemand hatte sich vorher so gedrängt, Kommentare oder auch nur ‚Notae' zu Texten älterer Juristen zu schreiben; und niemand sollte dies später nochmals tun: auch wenn noch ältere republikanische Juristen als Quintus Mucius bekanntlich dem Denken der kaiserzeitlichen Juristen nicht fern standen. Hat dies alles eine tiefere Bedeutung? Sehr wahrscheinlich doch. Bereits in den letzten Jahren der Regierung Hadrians hatte Pomponius mit ebenso anekdotischem wie antiquarischem Sinn ein merkwürdiges Handbuch entworfen, das *Enchiridion*, eine „Geschichte" des Rechts, der Magistraturen und der Jurisprudenz. Andererseits hatten die Zwölftafeln, wenn Gaius und Sextus Caecilius Africanus weiterhin darüber schreiben und darüber sprechen, trotz des Rationalismus und Modernismus ihre Bedeutung (und ihre Anziehung) noch nicht verloren. Die „humanistischen" Tendenzen der hadrianischen und der Antoninenzeit scheinen sich auch in den juristisch-literarischen Darstellungen widerzuspiegeln, die deshalb ihren vorwiegend pragmatischen Zweck nicht einbüßen. Es ist auch bezeichnend, daß eine Gruppe von Juristen außerhalb des Machtapparates in einem schulmäßig akademischen Umfeld, in dem sich die juristische Ausbildung nunmehr vollzieht, sehr bewußt und hartnäckig, massiv eine Wiederaufnahme der Tradition betreibt.

In den *Libri ad Quintum Mucium* des Pomponius, wie auch bei Gaius und Laelius Felix, ist der Gegenstand des Kommentars ein literarischer Text zum *ius civile*. Es gab auch zu anderen Autoren Kommentare, in erster Linie zu Masurius Sabinus. Pomponius und Ulpian widmeten ihm sehr umfangreiche Schriften in 35 (oder 36), beziehungsweise in 51 Büchern. Der Kommentar des Paulus, in 16 Büchern, ist kürzer. Es war „ein groteskes Unternehmen", schreibt Schulz im Zusammenhang mit Pomponius, zur Darstellung des *ius civile* das kleine Werk des Sabinus zu wählen, dessen Reiz gerade in seiner Kürze lag, und es zu einem riesigen Werk aufzublähen.[9] Ich möchte Schulz nicht unrecht tun, doch übergeht er eine Anmerkung Lenels, die sich als bedeutsam erweisen könnte: Pomponius, Paulus und Ulpian bedienen sich in ihrem Kommentar nicht nur der *Libri III iuris civilis*, sondern auch anderer Arbeiten des Sabinus.[10]

Die großen Kommentare haben die Form eines lemmatischen Kommentars und folgen so einem in der griechischen und lateinischen Schulliteratur weitverbreiteten Muster, das rhetorische oder philosophische oder poetische Texte zum Gegenstand hat.[11] Den Vergleich sollte man jedoch nicht so eng verstehen. Die juristische Literatur hat ihre eigenen Zwänge. Sätze oder Stellen oder einzelne Wörter aus einem anderen Werk wurden herausgezogen, wiederholt, und in das neue Werk eingefügt und der Kommentar wurde damit durchwirkt; oftmals tauchte der Autor, den man kommentierte, nur indirekt auf. Wir können uns nur selten, sozusagen in sichtbarer Form, diese Kompositionsstruktur vergegenwärtigen, weil die Unterscheidung zwischen Kommentar und Lemma im Verlauf der Überlieferung fast immer verloren gegangen ist. Wir können sie aber öfter ausmachen und wiederherstellen.

Der Kommentar zu einem Werk eines älteren Autors konnte Schritt für Schritt seine Entwicklungen nachzeichnen oder auch selektiv vorgehen. Die Kommentare des Iavolenus zu den *Posteriores* des Labeo oder des Paulus zu den *Pithana* dieses augusteischen Rechtsgelehrten und (wie es scheint) zu den *Digesta* des Alfenus sind gleichzeitig Auszüge: indem sie die Werke abhandeln, fassen sie sie zusammen. Aber auch wenn der Kommentar das Ausgangswerk nicht reduziert, so verändert er schließlich doch dessen Umrisse. Die Texte geraten in einen anderen Zusammenhang von Vorstellungen, sie verändern ihr Gesicht und dienen interpretatorischen Zwecken, die sich ihr Verfasser nicht einmal hatte vorstellen können. Gleichzeitig mit einem Zerstörungsprozeß, der jeder Literatur eignet, vollzieht sich ein anderer Prozeß, der konserviert und dabei selektiert und umwandelt. Die Jurist denkt und arbeitet nicht als Historiker oder Philologe. Die Rechtswissenschaft ist weder Rechtsgeschichte noch reine schlichte Philologie, sondern lebendige Tradition. In einem andauernden Dialog bereitet sie ihre Daten auf und erneuert sie dabei. Selbstverständlich kann in das juristische Denken die historisch-antiquarische Erinnerung oder die philologische Anmerkung einfließen; so wie man immer wieder den Abstand zwischen Gegenwart und Vergangenheit und die Kontinuität, welche beide verbindet, unterstreichen kann. Das Bewußtsein der eigenen Historizität ändert sich mit etwas mehr oder weniger vertrauensvollem Rationalismus; während indes die Historizität oft nur im Hintergrund steht, muß sich der Rationalismus nicht selten eher „vernünftigen" als rationalen Bewertungen beugen.

Parallel zu den Kommentaren zum *ius civile* entstehen nach spätrepublikanischen und augusteischen Vorbildern die Kommentare zum Edikt. Nach Labeo und vielleicht Fabius Mela ist es nun Masurius Sabinus. Zwar hatte das Edikt langsam feste Form gewonnen, aber die „Kodifikation" Julians war noch weit entfernt. Es ist unklar, ob Sextus Pedius über das bereits „kodifizierte" Edikt schrieb, denn seine zeitliche Einordnung ist ungewiß.[12] Der Kommentar des Gaius scheint einige Titel, nicht jedoch den gesamten Text behandelt zu haben. Der des Pomponius (in etwa 150 Buchrollen) hingegen ist ein vollständiges und gigantisches Werk, das dem enzyklopädischen Wissen der severischen Jurisprudenz viel Stoff liefern sollte. Die *Libri ad edictum* von Ulpian und Paulus beziehen sich häufig auf Pomponius. Auch das Edikt der Ädilen untersuchte man entweder allein oder gemeinsam mit dem prätorischen Edikt. Ein eigenständiger Kommentar zum Edikt der Ädilen stammt von Caelius Sabinus, einem der großen Juristen der vespasianischen Zeit. Neben dem prätorischen Edikt gilt die Aufmerksamkeit dem *edictum provinciale*. Als erster befaßte sich Gaius damit. Wahrscheinlich gehören die *Libri edic-*

ti monitorii des Callistratus in denselben Zusammenhang. Nicht zufällig sind diese beiden Juristen in der einen oder anderen Weise mit den Provinzen verbunden. Auch ein Kommentar des Furius Antias behandelte vielleicht das *edictum provinciale*. Weder wissen wir irgend etwas über Furius selbst (es scheint, daß er unfreier Geburt war), noch wann er lebte. Daß er der unmittelbar auf die großen „Klassiker" wie Modestin folgenden Generation angehörte oder ein Zeitgenosse von Callistratus und Aemilius Macer war, ist nur eine Vermutung.[13]

3. Neue Interessen

Die Kommentare der Severerzeit zeigen im großen und ganzen einen noch festen Bezug der spätklassischen Jurisprudenz zur Vergangenheit. Dies lassen auch andere Werke erkennen. Vergessen wir nicht, daß Paulus in eigenständigen Schriften bis auf Labeo und Alfenus zurückging. Die spätklassische Jurisprudenz mit Paulus und Ulpian, mit Papinian, Marcian und Callistratus, Arrius Menander und Herennius Modestinus pflegte aber auch neue Interessen oder vertiefte Themen, die bereits seit einer oder zwei Generationen im Bewußtsein der Interpreten gegenwärtig waren. Die ‚öffentlichrechtliche' Literatur über die *officia* der stadtrömischen Magistrate, der Präfekten und Statthalter der Provinzen, hatte einige Vorläufer zwischen Antoninus Pius und Mark Aurel, ohne daß man auf die Bücher der gelehrten Antiquare der Republik über die *potestas* und die „Magistraturen" zurückgehen muß, die immer noch eine gewisse Anziehungskraft besaßen. Marcellus und Venuleius Saturninus sind die Verfasser von zwei Werken, eines über das „Amt des Konsuls", das andere über das des Prokonsuls. 50 Jahre später suchte Ulpian aus den an diese oder jene Provinz gerichteten Reskripten und Mandaten „für alle senatorischen Provinzen geltende Prinzipien" zu entwickeln und so ein „System des für alle senatorischen Provinzen geltenden Verwaltungsrechtes zu schaffen".[15] In diesem, auch in der Spätantike viel gelesenen Werk zeigt sich die Regierungskunst des großen Verwaltungsbeamten vielleicht am besten. Eine andere Gruppe von Büchern hat einen ausgesprochen „programmatischen" Charakter. Sie behandeln direkt oder indirekt das von Mark Aurel eingesetzte Amt des *praetor tutelaris*, und stammen von Paulus, Ulpian und Modestin.

Paulus wird ein *Liber singularis de excusationibus tutelarum* (auch unter anderen Varianten bekannt) zugeschrieben, ein *Liber singularis de officio praetoris tutelaris* und ein Werk *De iurisdictione tutelari(s)* in mehr als einem Buch: ihr Verhältnis zueinander ist umstritten. Unter dem Namen Ulpians läuft ein *Liber singularis de officio praetoris tutelaris* und ein *Liber singularis de excusationibus*. Auch ein in griechischer Sprache geschriebenes Werk des Modestin in sechs Büchern trägt den Titel *De excusationibus*.

Der Fiscus und die Steuern, der Kognitionsprozeß und die Berufung, die Verbrechen und die Strafen werden Gegenstand eigener Werke oder gewinnen im Rahmen der üblichen literarischen Genera ein schärferes Profil; aber auch hier, zumindest gilt dies für das Strafrecht, war der Weg bereits seit einigen Jahrzehnten vorgezeichnet. Wichtige Werke sind *De cognitionibus* und *De iure fisci (et populi)* des Callistratus, *De appellationibus* von Macer, *De appellationibus* von Ulpian und *De poenis* von Modestin. Marcianus und Macer schrieben *De iudiciis publicis*, aber darüber hatten bereits vorher Venuleius und Maecianus gehandelt. Auch das „Militärrecht" findet nun in Paulus, Macer und Arrius Menander seine Behandlung; ein Vorläufer war hierin Tarruntenus Paternus.

An welches Publikum richteten sich all diese Werke? Man kann es unschwer vor allem in den in der einen oder anderen Weise in der Staatsverwaltung Beschäftigten ausmachen. Auch die Juristen gehörten sehr oft zu dieser Gruppe; sie aber konnten abermals die praktische Erfahrung mit einer richtungweisenden und literarischen Berufung verbinden.

XI. DIE MITTEL EINES FACHES

1. Das kollektive Werk und die einzelnen Darsteller

Im Laufe ihrer Geschichte haben sich Konzepte und „Werte" der römischen Jurisprudenz verändert. Auch ihre Grundstruktur hat sich gewandelt. Der strenge Formalismus der Pontifices und der ersten Laienjuristen hat mit seiner Vorliebe für das Formelhafte zur Ausbildung einer eigenen Mentalität und einer Fachsprache beigetragen, worauf besonders Jhering und Weber hingewiesen haben. Das spätrepublikanische und klassische juristische Denken bewegt sich dagegen auf einer anderen Grundlage und wendet seine Methoden hellenistischer Herkunft auf ein Netz von Bezügen und Instituten an, deren Hintergrund nun über die städtische Gemeinschaft hinaus die mediterrane *koinè* ist. Noch ein Aspekt ist wichtig: In den ersten beiden Jahrhunderten der Kaiserzeit betont man noch die für den Stadtstaat typischen Institutionen (diese Hervorhebung ist selbstverständlich ideologisch begründet) wie das „Volksgesetz".[1] In der Severerzeit bedeutet das „Gesetz" auch etwas anderes: es ist ein „Entwurf gelehrter Männer" oder, wie es der Stoiker Chrysippus ausdrückte, „es regiert alle göttlichen und menschlichen Dinge".[2] In der Hierarchie der normensetzenden Quellen steht nun die kaiserliche Konstitution an der Spitze, und das Nachdenken über das Naturrecht, das man zuvor den Philosophen überlassen hatte, trat nun auch in der fachjuristischen Diskussion an die erste Stelle. Man weist auf den ethischen Charakter gewisser Lösungen hin, ohne andererseits die „Virtuosität" zu verbergen, die man einsetzte, um zu diesen zu gelangen.[3]

Betrachtet man die Jurisprudenz samt den ihr zweifellos innewohnenden Varianten mit genügend Distanz, so erscheint sie als kollektives Werk. Diese Feststellung bedeutet jedoch nicht, sich der Sichtweise von Savigny und Schulz anzuschließen.[4] Die römischen Juristen sind eine „Berufsgruppe" und ihren Schriften eignen gemeinsame Merkmale. Es wäre irrig, sie unter modernen Vorzeichen zu lesen, und um jeden Preis eine Originalität herauszuarbeiten. Der Stil ist auch für Juristen eine „erlernte Kunst", der sich der einzelne unterwirft und der ihn zur Beachtung festgelegter Kriterien zwingt.[5] Man könnte sagen, „das juristische Denken der Zeit" spricht „durch jeden Mund".[6] Dies macht dennoch eine gewissenhafte Aufmerksamkeit nicht überflüssig, sondern fordert sie geradezu heraus. Es interessieren auch die einzelnen Protagonisten und das wandelbare Szenario, in dem sie handeln. Die sozialen Schichten setzen sich stets aus Individuen zusammen, und es greift bei der juristischen wie bei jeder anderen Literatur zu kurz, sie sich ohne Personen vorzustellen. Gegen Ende der Republik begegnen wir einer polemischen Schrift des Servius Sulpicius Rufus mit dem Titel *Reprehensa Scaevolae capita* oder *Notata Mucii*.[7] Ihr Gegenstand war überwiegend oder ausschließlich das *Ius civile* des Mucius. Von den *Reprehensa* ist in Wirklichkeit nicht viel bekannt und das wenige, was davon überliefert ist,[8] läßt ahnen, daß es sich fast um ein *unicum* in der römischen Rechtsliteratur – wenn auch nicht in der antiken Literatur – handelt. In mancher Hinsicht können wir die *Reprehensa Scaevolae capita* in die Nähe der ‚Notae' des Ulpius Marcellus zu den *Digesta* des Iulianus rücken;[9] diese ‚Notae' sind in der Tat größtenteils ausgesprochen kritisch.[10] Ähnlich verhält es sich mit dem Auszug oder Kommentar des Paulus zu den *Pithana* des M. Antistius Labeo.[11] Paulus indes gestattete sich sein unabhängiges Urteil über eine Schrift, von der ihn zwei Jahrhunderte trennten; seine eigene Schrift war schließlich nur eine pädagogische Übung. Bei Servius liegt die Sache anders; er griff einen erst vor einigen Jahrzehnten verstorbenen großen Lehrer systematisch an, und zwar in einem Werk, das ausschließlich diesem Ziel diente. Noch in antoninischer Zeit hatte Pomponius das Bedürfnis, den alten Quintus Mucius gegen die Vorwürfe seines jüngeren und gut geschulten Gegners zu verteidigen. Man trifft mehr als einmal, und nicht zufällig, in den *Libri ad Quintum Mucium* darauf.[12] Auch dieses Werk des Pomponius ist wohlgemerkt einzigartig: Iulianus oder Celsus, Marcellus oder Maecianus hätten es niemals schreiben können, und schrieben es auch nicht. Andererseits – wie soll man sich die *Digesta* Julians oder des Celsus aus der Feder von Pomponius vorstellen?

Es wäre ein unverzeihlicher Irrtum, wollte man in den römischen Juristen „nur Interpreten, die im Schatten von anderen stehen, und keine Autoren" sehen.[13] Gleichwohl hat keiner von ihnen je so getan, als wolle er alles von Anfang an neu erfinden. Ein juristisches Wissen entsteht im Laufe von Generationen, und jeder Jurist nimmt (in gewissem Sinne) den Platz ein, den die Tradition für ihn vorgesehen hat. Rebellische Genies, die sich nicht um die Vergangenheit scheren und nur ihrem kreativen Drang folgen, hat es in der Geschichte des Rechts vielleicht nie gegeben; sicher würden unsere Erwartungen enttäuscht, würden wir sie in der römischen Welt suchen wollen. Das Ansehen der Vorgänger und der normativen Texte einerseits und andererseits die *mores maiorum* stecken den (nicht unüberwindlichen) Kreis ab, in dem man sich bewegte. Zumindest bis zu einem gewissen Punkt kann man an der Überlieferung Kritik üben; aber selbst der vorurteilsloseste Kritiker würde sich nicht von ihr entfernen, bevor er einen neuen Weg ausgemacht hat. Der Rechtsgelehrte hätte mit den Worten Senecas sagen können: „Ich werde den alten Weg weitergehen, aber wenn ich einen geeigneteren fände, würde ich diesen einschlagen".[14]

Wenn man in einem der wichtigsten juristischen Werke der Kaiserzeit liest, daß der Leitfaden im *bonum et aequum* liege, und daß „man unter der Autorität der Rechtswissenschaft auch verheerend irren" könne,[15] so können wir daran zweifeln, ob man, wenn man sich von den überlieferten Gewißheiten trennt, sich nicht in ein offenes Meer hinauswagt, wo die Bedrohungen des Irrationalismus lauern. In Wirklichkeit gibt Celsus, der Verfasser dieses Werkes, keiner der irrationalen Versuchungen nach, sondern verteidigt seine Freiheit als Interpret, indem er jene „Logik des Vernünftigen", die auch seinen juristischen Mitstreitern vertraut ist, bis zur äußersten Konsequenz ausschöpft.

2. Alte und neue Wege

Das Recht ist ein Instrument, dem der Gebrauch seinen Stempel aufgedrückt hat; in den Händen der Juristen ist es flexibel und anpassungsfähig. Iavolenus bestätigt, daß „jede ‚Definition' ein Wagnis ist",[16] und ein Jahrhundert später gestand Paulus – wobei er bis auf Sabinus zurückgriff – jeder Formulierung einer Regel im Rahmen des juristischen Diskurses nur Hilfsfunktion zu.[17] Wahrscheinlich haben die anderen Juristen, zum Beispiel Neratius, die Sache anders gesehen. Aber wie? Dies könnte nur eine gründliche Untersuchung klären. Iavolenus war der Lehrer von Salvius Iulianus. Man kann in ihrer Gesellschaft die Diskussion eines (sagen wir es besser gleich) fachlich nicht einfachen Problems verfolgen, in dem aber das Verhältnis zwischen logisch-argumentativer Strenge und der Suche nach einem gerechten und geeigneten Ergebnis deutlich wird.

In der römischen Gesellschaft (wie in allen oder fast allen antiken Gesellschaften) besteht die fundamentale Unterscheidung zwischen Freien und Sklaven. Sklaven bevölkern juristische Werke ebenso wie Theaterstücke und die landwirtschaftliche Fachliteratur. Varro definiert sie als „mit Sprache versehene Geräte": Bei der Ausstattung eines Gutes stehen sie neben den „Geräten mit Stimme" wie Tieren und neben „stummen Geräten" wie Wagen.[18] Sie sind sowohl „Personen" als auch „Sachen": das Recht reduziert so also die wichtigste soziale Erscheinung der antiken Welt auf die ihm eigenen Kategorien.[19] Sklaven sind vermögensunfähig, können aber für ihren Eigentümer handeln und zu seinen Gunsten erwerben; ab einem bestimmten Zeitpunkt können sie ihn, wenn sie mit seiner Zustimmung und in seinem Interesse gehandelt haben, verpflichten. Manchmal verwalten sie ein tatsächliches Vermögen, das *peculium*, und auch ihre Verbindungen sind ein bloßes Faktum und keine „Ehe". Sie dürfen nicht vor Gericht erscheinen. Tut man ihnen Gewalt an, so kann nur der Eigentümer gegen das Unrecht, das ihm verursacht wurde, oder um den Schaden klagen, genauso wie bei einem verletzten Tier oder irgend einer anderen Sache. Bis in die Kaiserzeit genießen sie gegenüber dem Eigentümer keinerlei rechtlichen Schutz; dieser kann sie auspeitschen, töten oder verstoßen. Sklaven können jedoch aus unterschiedlichen Gründen, und nicht so sehr (oder nicht nur) aus bloßer Generosität, freigelassen werden.[20] Man bediente sich hierzu eines Aktes der „familiären Souveränität",[21] der *manumissio*, die auf verschiedene Weise vollzogen werden konnte. Uns interessiert hier nur die *manumissio testamento*, also die „testamentarische Freilassung", auf die wir bereits gelegentlich stießen. Sie bestand aus einer letztwilligen Verfügung und war in das Rechtsgeschäft, das die Erbeinsetzung enthält, eingefügt, also ins Testament. Man erklärte den Sklaven für frei.[22] Diese Erklärung konnte auch bedingt sein. In diesem Fall war ihre Wirksamkeit solange aufgeschoben, bis das in der bedingenden Klausel vorgesehene Ereignis eingetreten war: der Sklave war noch *servus*, wurde aber in der ungewissen Hoffnung auf die Freiheit zum *statuliber*. Mit dieser Bezeichnung drückte man seine vorläufige persönliche Stellung aus. Dies ist ein für Juristen mit Problemen randvoll beladener Bereich, auf dem sie ihren ausgeprägten Scharfsinn ins Spiel bringen können, ohne sich den „Werten" zu verschließen, auf die sie aber auch, sofern die reine juristische Logik keinen Ausweg bietet, zurückgreifen können. Von Servius bis zu den spätklassischen Juristen konzentriert sich die Untersuchung auf den einen Punkt, nämlich die Erfüllung der Bedingung, von der die Freiheit des freigelassenen Sklaven abhängt.[24] Wenn das zur Bedingung gemachte Ereignis, um es so auszudrücken, nicht vom freigelassenen Sklaven abhängig ist, bietet die testamentarische Freilassung keine eigenen interpretatorischen Schwierigkeiten, die sich von der üblichen Kasuistik der unter Bedingung abgeschlossenen Geschäfte unterscheiden. Besondere Probleme ergeben sich dann, wenn der Wille oder das Verhalten des freigelassenen Sklaven für die Erfüllung der Bedingung von Belang ist. Man kann die Frage folgendermaßen formulieren: In wie weit kann das Verhalten des Erben, das der Bedingung entgegensteht, den Rückgriff auf das Bild der fingierten „erfüllten Bedingung" rechtfertigen?

Die am wenigsten restriktive Antwort gibt Iavolenus in den *Libri ex Cassio*: die Bedingung wird als erfüllt angesehen, wenn ihr Mangel nicht dem *statuliber* angelastet werden kann. Die ausgedehnteste Anwendung der *fictio* rechtfertigt sich durch den *favor libertatis*, also durch den Hinweis auf ein bewertendes, axiologisches Kriterium, das in gewissem Maß außerhalb der Rechtsordnung als solcher steht.[25] Der *favor libertatis* kennzeichnet zwischen dem ausgehenden 1. und dem 2. Jahrhundert ganz besonders das Nachdenken über unser Thema. Auch gegenüber dem Ansatz des Iavolenus bewegt sich Julian mit einer Kühnheit, die sein Denken in eine entscheidende Position zwischen der älteren und der spätklassischen Lehre stellt. Der *favor libertatis* wird bei Julian nicht mehr, wie noch bei Iavolenus, bei der Interpretation des Testaments, seinem eigentlichen Gegenstand, für ein Kriterium angesehen. Der *favor libertatis* löst sich los, um eine eigene Bedeutung zu erlangen, und bildet in gewisser Hinsicht eine eigene Begründung für die Freiheit des unter

2. Alte und neue Wege

Bedingung freigelassenen Sklaven. Entscheidend ist der Gegensatz zwischen dem *constitutum ius* und dem *favor libertatis* einerseits und dem *testamentum* andererseits, den Paulus Iulianus zuschreibt:

„Nehmen wir an, es stirbt derjenige, dem der Sklave auf Grund der Verfügung des Erblassers die Summe von zehn hätte geben sollen, um so die Freiheit zu erwerben. Nach Sabinus ist der Sklave frei, wenn er die Summe zur Verfügung hält, da es nicht von ihm abhängt, daß sie dem Empfänger nicht übergeben wird. Iulianus bemerkt aber, daß wegen des „favor libertatis" und des „herrschenden Rechts" der Sklave frei sein soll, auch wenn er erst später beginnt, die Summe von zehn bereit zu halten. Er erhält die Freiheit viel mehr auf Grund des „herrschenden Rechts" als auf Grund des Testaments, daß nämlich, wenn ein Legat zu seinen Gunsten ausgesetzt wurde und derjenige stirbt, dem er die vorgesehene Summe hätte geben sollen, er zwar die Freiheit, nicht aber das Legat erhält. Auch Julian glaubt, daß der freigelassene Sklave in dieser Hinsicht den übrigen Vermächtnisnehmern gleich ist".[27]

Der *favor libertatis* gewann die Bedeutung eines gesicherten Prinzips. Seine Aufnahme in das *ius constitutum* besagt genau dieses. Diese Worte spielen nicht für sich auf eine durch kaiserliche Verfügungen eingeführte Ordnung an; wie die Bezeichnung *constitutio* besitzen sie eine weitreichende Bedeutung und können jedwedes Gesamt von Normen bezeichnen.[28] Gewiß, es ist zumindest ab Antoninus Pius (den Jahren also, in denen Julian seine *Digesta* schrieb)[29] eine Tendenz des „Gesetzgebers" erkennbar, die der Freiheit des Sklaven gewogen ist, und es ist nicht auszuschließen, daß dies bereits vorher der Fall war. Jedenfalls sehr viel älter ist eine ähnliche Richtung in der Rechtswissenschaft. Julian stellt mit seinem nicht-„formalistischen" Fingerspitzengefühl eine äußerst delikate Verbindung zwischen nicht wirksamer testamentarischer Freilassung (wenn wir sie für sich betrachten) und der Rechtsordnung her: diese Rechtsordnung brachte ebenso den gewünschten Effekt der Freilassung, und widersprach nicht, was offensichtlich ist, dem Willen des Verstorbenen, sondern machte ihn zum Werkzeug eines Zieles, das über ihn hinausging: die Freiheit als solche. Die Argumentation Julians bewegt sich an einer äußersten Grenze; jenseits davon würde das Recht aufhören, nicht nur rational (im beweisenden Sinne des Wortes), sondern auch vernünftig zu sein.

In der klassischen Jurisprudenz schließen sich Tradition und Innovation nicht aus, das Bewußtsein des Herkömmlichen lähmt neue Ansätze nicht, sondern bringt eine Gegenüberstellung des Alten mit dem Neuen mit sich, wobei das erstere gegenüber dem letzteren den Vorteil der Dauer besitzt. Es fehlt ein kritischer Radikalismus sophistischer Prägung und eine dialektische Öffnung ohne Grenzen. Stattdessen wirkt eine Art „konkreter Rationalität", eine Denkweise ganz eigener Art, auch wenn man sie von anderen Ausdrucksformen antiker Intellektualität nicht trennen kann.[30] Abermals kann uns Julian helfen, sie aufzudecken. Er untersucht ein sehr umstrittenes Problem: die zweifache tödliche Verwundung eines Sklaven und die sich daraus ergebende

Haftung. Zwei unabhängige und aufeinanderfolgende Straftaten stehen in kausalem Zusammenhang zu einem Ereignis, das jedes von sich aus hätte auslösen können. Ist also eine kumulative Verantwortung zulässig? Dieses Problem muß man mit einem weiteren, nämlich der Beteiligung mehrerer Personen an ein und demselben Delikt zusammensehen. Hier war die Verantwortlichkeit aller Beteiligten eine allgemein anerkannte Regel. In der Ausführung Julians spielt das „Ansehen der Alten" eine Rolle. Welches Gewicht hatte es aber? Lassen wir lieber Julian selbst sprechen, der seine polemischen Spitzen hier vielleicht gegen Celsus richtete.[31] Celsus war bereits sehr alt (oder gar schon tot), als der jüngere Gefährte die letzten Bücher seiner *Digesta* schrieb:

„Ein Sklave war so sehr verwundet worden, daß kein Zweifel daran bestand, daß er daran sterben würde; in der zwischen der Verwundung und dem Tode liegenden Zeit wird er zum Erben eingesetzt; er stirbt, nachdem ihn noch ein anderer verwundet hat. Ich frage, ob man gegen beide nach der *lex Aquilia*, und speziell nach dem die Tötung betreffenden Kapitel, klagen kann. Die Antwort lautet: . . . nach der *lex Aquilia* werden nicht nur diejenigen als haftend angesehen, die Verletzungen mit unmittelbarer Todesfolge verursachen, sondern auch diejenigen, die solche Verletzungen zufügen, daß der Tod zwar nicht sofort eintritt, aber mit Gewißheit erfolgen wird. Wenn also jemand einem Sklaven einen tödlichen Schlag versetzt hat und ein anderer, zwischen dieser Verletzung und dem Tod, ihn abermals geschlagen hat, fallen beide unter die *lex Aquilia*. Diese Lösung basiert auf der Autorität der Alten, und nach ihrer Ansicht folgt, daß, wenn der Sklave von mehreren so verwundet wurde, daß sich nicht ermitteln läßt, wessen Schlag den Tod verursacht hat, alle nach der *lex Aquilia* haften. Die Schätzung des Geldwertes des getöteten Sklaven ist jedoch nicht für beide Personen dieselbe: derjenige, der den ersten Schlag ausführte, muß den höchsten Wert, den der Sklave im letzten Jahr erreicht hat, erstatten, wobei 365 Tage vom Tage der Verwundung zurückgerechnet werden; der zweite muß hingegen den höchstmöglichen Wert erstatten, den der Sklave im letzten Jahr erbrachte, wobei als letzter Zeitpunkt der Augenblick seines Todes angenommen, und in den Preis auch die Erbschaft eingerechnet wird. Es erstattet also einer für die Tötung eines Sklaven einen höheren Wert, der andere einen niedrigeren; dies ist nicht weiter abwegig, denn offensichtlich hat jeder von beiden den Sklaven anders und unter anderen Umständen getötet. Möglicherweise wird man diese Lösung widersinnig finden; aber man muß sich überlegen, daß es noch widersinniger wäre, wenn man beide freisprechen wollte, oder daß man nur einen von ihnen für schuldig halten würde, da einerseits Delikte nicht unbestraft bleiben dürfen und es andererseits nicht einfach ist herauszufinden, welcher nach dem Gesetz haftet. Im übrigen ist vieles ins *ius civile* gegen die ‚ratio disputandi' des allgemeinen Nutzens wegen eingeflossen. Man kann dies mit unzähligen Fällen belegen. Ich gebe mich im übrigen damit zufrieden, einen anzuführen: Wenn mehrere einen Balken weggeschleppt haben, um ihn zu stehlen, von denen ihn keiner hätte allein tragen können, so besteht Einigkeit darüber, daß alle haften, wenngleich man hier spitzfindig sagen könnte, daß keiner von ihnen haftet, weil ihn in der Tat keiner weggeschleppt hat".[32]

Die Logik des Disputs, die „ratio disputandi", hätte nach Julian zu einem nicht akzeptablen Ergebnis geführt, da sie den grundlegenden Bedürfnissen der Rechtsordnung zuwiderlief, die durch das Bewußtsein der Alten ihren

Ausdruck fanden. Es ist indes größte Vorsicht geboten. Weder die *ratio disputandi* noch die *auctoritas veterum* meinen notwendigerweise einander ausschließende Geisteshaltungen. Sie können nebeneinander bestehen, und zum selben, aber auch zu unterschiedlichen Resultaten führen. In bestimmten Fällen kann man das Ergebnis eines „vernünftigen" Vorgehens ablehnen oder es gänzlich vernachlässigen und sich dem autoritativen Argument anschließen. Insbesondere kann sich derjenige, der eher die Kraft der „Auseinandersetzung mit dem Argument" anerkennt, veranlaßt fühlen, einen anderen Weg einzuschlagen, zu dem die Geschichte des römischen Skeptizismus akademischer Herkunft mehrere Belege liefert.[33] Wenn beide Positionen, nämlich die rationale und die autoritative, eine Rolle spielen, wie in unserem Fall, wird die Wahl zwischen den zufällig widersprüchlichen Resultaten dem Kriterium der Zweckmäßigkeit und der praktischen Durchführbarkeit überlassen. Der Verweis auf die Tradition ist für sich allein nicht zwingend, und Julian verwendet ihn mit vergleichenden Rückschlüssen und der Reduktion auf das Absurde. Andererseits gehört er in eine auf der *utilitas* begründete Argumentationsweise, die als letztes Motiv in der Betrachtungsweise Julians gegenwärtig ist. Das „Vorurteil für das Alte" ist also ein Vorurteil, das nur bis zu einem gewissen Punkt reicht. Die auf die Vergangenheit ausgerichtete Orientierung, nach Hermann Strasburger die grundlegende Orientierung des antiken Menschen,[34] bedeutet nicht eine Unfähigkeit, bei Bedarf nicht auch die Vergangenheit kritisch bewerten zu können. Julian hätte die Überzeugung von Edmund Burke, daß alle guten Dinge ererbt seien, nicht ohne weiteres geteilt. Das Alte hat die Vermutung des Besseren für sich, aber nichts hindert uns, es zu überprüfen. Wovor man sich hüten sollte, ist die Illusion einer juristischen Wahrheit, die man mit logischen Feinheiten und dialektischer Spitzfindigkeit ermitteln kann.

3. Der „Fall" und das Problem

Wie jedermann, steckt der Jurist tief in der Welt der Fakten, aber er sieht sie aus einem speziellen Blickwinkel. Er weiß am besten, daß es unmöglich ist, „das Leben als Ganzes zu umfassen".[35] Stets steht der Fall im Mittelpunkt der Untersuchung. Bei der Beschreibung werden die relevanten Aspekte herausgeschält und die Beschreibung bedeutet bereits eine Reduzierung auf das Problem. Diese Reduktion kann, so möchte ich sagen, stufenweise vor sich gehen und sich in einzelnen Schritten vollziehen. Sehen wir sie uns einmal an: Wir bringen zwei übereinstimmende oder in ihrer praktisch-juristischen Seite sehr ähnliche Texte zusammen. Sie haben einen Vertrag über den See- (oder Fluß-) Transport zum Gegenstand, der sich im römischen Privatrecht als *locatio conductio* (der Ladung oder des Schiffes) gestaltet.

„Wenn ein Schiffer eine Ladung zum Transport nach Minturnae übernommen hat, und er, da sein Schiff den minturneischen Fluß nicht hatte hinauffahren können, die Waren auf ein anderes Schiff umgeladen hat, und dieses Schiff an der Flußmündung untergegangen ist, haftet dann der erste Schiffer? Labeo sagt, daß er nicht haftet, wenn ihn keine Schuld trifft; wenn er hingegen die Waren ohne Einwilligung des Eigentümers, oder unter ungünstigen Umständen, oder auf ein weniger geeignetes Schiff verladen hat, dann soll man gegen ihn aus dem Mietvertrag klagen".[36]

„Wenn du ein Schiff unter der Bedingung gemietet hast, daß deine Waren damit verschifft werden, und der Schiffer, ohne dazu genötigt zu sein, und mit dem Bewußtsein, gegen deinen Willen zu handeln, die Waren auf ein weniger geeignetes Schiff umgeladen hat, und die Waren zusammen mit dem Schiff, auf das sie verladen waren, untergegangen sind, dann kannst du gegen den ersten Schiffer mit der Klage aus dem Mietvertrag klagen".[37]

Diese beiden Texte gehen auf Labeo zurück: der erste stammt aus Ulpians Kommentar zum Edikt, der zweite aus Paulus' Epitome der *Pithana*. Bereits beim Durchlesen bemerkt man den „stilistischen" Unterschied, der beide Texte trennt. Im ersten Fall sind die Spuren des konkreten Vorgangs, der für das Responsum Anlaß war, noch nicht verschwunden (wobei die Ortsangabe ein wertvoller Hinweis ist). Labeo diskutiert das Problem, ob der Unternehmer eines Seetransports hafte, der, um den Fluß bis nach Minturnae hinaufzufahren, die Waren von einem Schiff auf ein anderes umgeladen hatte. Seine Antwort läßt zwei Möglichkeiten: der Unternehmer haftet nicht, wenn er mit seiner Ladung weder unvorsichtig noch schuldhaft verfahren ist; er haftet indes, wenn ihm eine Unterlassung oder eine Absicht zur Last gelegt werden können. Der zweite Text hat denselben rechtlichen Inhalt, geht aber anders vor. Es wird nur eine einzige Möglichkeit formuliert (nämlich schuldhaftes Verhalten), während die andere sich von selbst versteht; hier liegt ein höherer Abstraktionsgrad vor und der Ton ist „regulativ".

In den soeben betrachteten Texten haben wir es mit einem im wesentlichen einheitlichen Institut zu tun, und seine Modalitäten bestimmen die Entscheidung. In anderen Fällen hält eine Ähnlichkeit der Probleme mehrere Rechtsfiguren zusammen. Im Buch VII der *Disputationes* betrachtet Ulpian die *traditio*, also die Übergabe einer Sache von einer Person auf die andere, und es entsteht die Frage, ob damit das Eigentum an der Sache übertragen wird, wenn Dissens über den Grund des Geschäfts besteht. Es ergeben sich nacheinander drei unterschiedliche Verhältnisse, von denen jedes wegen der nicht gleichartigen subjektiven Anschauung der Parteien (wenn man so sagen kann) zwei Gesichter hat: beim ersten Verhältnis spielen die Schenkung und das Darlehen eine Rolle, beim zweiten die Hinterlegung und das Darlehen, und bei der dritten das Darlehen und die Leihe.

„Wenn ich dir Geld so gegeben habe, um es dir zu schenken, und du es genommen hast, als handle es sich um ein Darlehen, so schreibt Iulianus, daß es kein Geschenk ist; es ist aber zu beachten, ob es wenigstens ein Darlehen ist. Ich glaube, daß man es nicht einmal mit einem Darlehen zu tun hat, und neige zu der Annahme, daß das Geld nicht dem gehört, der es empfängt, weil seine Absicht, in Beziehung auf den Geber, eine andere war ... Wenn ich dir als Hinterleger Geld gegeben habe, und du es als Darlehen genommen hast, so ist es weder eine Hinterlegung noch ein Darlehen; und dasselbe ist es, wenn du das Geld als Darlehensgeber gegeben hast und ich es als eine Leihe zum Sehenlassen genommen habe. Aber in beiden Fällen wird, wenn das Geld ausgegeben wird, die Klage wegen der Rückerstattung stattfinden, ohne die Einrede der Arglist".³⁸

Man kann in der Kasuistik bisweilen eine eher verschlagene „Wortklauberei" wahrnehmen;³⁹ die Kasuistik ist indes niemals (oder nur selten) schikanös schulmäßig, sie neigt nicht zum Paradox und zu lediglich anregenden Kombinationen. Im Lauf der Zeit reichert sie sich an und verändert sich; jede neue Anforderung wird sorgfältig geprüft, um „von festem Boden aus umsichtig weiterbauend das Gebäude des Rechts zweckmäßig zu erweitern".⁴⁰ Zwischen Kasuistik und Praxis verläuft ein teils sichtbarer und teils unsichtbarer und immer sehr feiner Faden, weil nämlich das juristische Nachdenken, sofern es von der Praxis genährt wird, diese dadurch, daß es sie auf ihre formalen Strukturen zurückführt, überwindet. Es gibt allerdings Werke, in die die Praxis massiv einbricht und den Ausführungen eine andere Tonlage aufzwingt. Ich denke hier in erster Linie an die *Digesta* des Q. Cervidius Scaevola. Wahrscheinlich wurden sie von einem anonymen Herausgeber publiziert, und, bevor sie in die Hände der justinianischen Kompilatoren fielen, etwas gekürzt. Wie man sieht, läßt sich ihr Charakter noch leicht erfassen:

„Eine sterbende Frau hatte ihren Schmuck mit folgenden Worten vermacht: ‚Ich will, daß meiner Freundin Seia mein gesamter Schmuck übergeben wird'. In demselben Testament hatte sie noch verfügt: ‚Ich will, daß meine Bestattung nach dem Gutdünken meines Gatten geschieht und die Schmuckstücke, die ich bei meinem Begräbnis tragen werde, nämlich zwei Perlenschnüre und Smaragdarmbänder, mit mir begraben werden'. Aber weder die Erben noch der Ehemann hatten bei der Bestattung der sterblichen Überreste die Schmuckstücke nach der Verfügung hinzugetan. Es entstand die Frage, ob diese derjenigen, der die Erblasserin ihren gesamten Schmuck vermacht hatte oder den Erben gebührten. Die Antwort lautet, daß sie nicht den Erben, sondern der Vermächtnisnehmerin gebühren".⁴¹

„In ihren *codicilli* schrieb eine Frau: ‚Ich bitte, daß Ihr meinen alten und kranken Freigelassenen Negidius, Titius und Dio erlaubt, ihr Alter dort zu verbringen, wo sie jetzt leben'. Ich frage an, ob die oben genannten Freigelassenen auf der Grundlage dieser fideikommissarischen Verfügung die Erträge des Bodens, auf dem sie sich aufhalten, erhalten sollen, da sie all das, was ihnen besonders vermacht war, ohne Widerspruch erhalten haben. Scaevola antwortete, aus den vorgetragenen Worten ergebe sich der Anspruch, daß die Erben ihnen zu eben den Bedingungen gestatten, dort zu bleiben, wie die Erblasserin es ihnen selbst gestattet habe".⁴²

Die Haltung, die diese Stellen kennzeichnet, begegnet auch in zwei weiteren Werken: in den *Responsa* des Aemilius Papinianus, von denen zumindest die ersten 12 Bücher während der Regierungszeit des Severus und Caracalla entstanden, und in den *Responsa* des Herennius Modestinus, die etwa zehn Jahre später geschrieben wurden. Lesen wir zwei Absätze aus den jeweiligen Werken:

„Ich will, daß mein treuer Freund Seius, wenn er die Geschäfte meiner Kinder ebenso übernimmt, wie er die meinen übernommen hat, jährlich 6000 Sesterzen und die Wohnung, die er jetzt bewohnt, erhält. "Von den drei Kindern der Erblasserin Titia waren zwei verstorben und setzten andere Erben ein; nichts destoweniger wurde angenommen, daß Seius die jährlichen Leistungen aus dem Erbteil der einzigen überlebenden Tochter gebühre, da sowohl die Mühe als auch die Geldsumme teilbar sind. „Ich will, daß dem Arzt Sempronius soviel gegeben wird, wie ich ihm zu Lebzeiten gab." Man kann annehmen, daß das Vermächtnis die Leistungen, die die sichere Form eines jährlichen Geldbetrags hatten, gemeint hat, nicht die Leistungen, die von einer unbestimmten Freigiebigkeit abhängen".[43]

„Maevia hat, als sie im Sterben lag, ihrem Sklaven Saccus und ihren Sklavinnen Eutychia und Irene die Freilassung mit folgenden Worten vermacht: ‚Mein Sklave Saccus und die Sklavinnen Eutychia und Irene sollen unter der Bedingung frei sein, daß sie an meinem Grabmal jeden zweiten Monat eine Lampe anzünden und eine Totenfeier begehen.' Ich frage: Wenn nun Saccus, Eutychia und Irene sich nicht eifrig um das Grabmal der Maevia kümmern, können sie dann frei sein? Modestinus antwortet: Weder der Sinn der Worte des gesamten Testaments noch die Absicht der Erblasserin sind so, daß die Freiheit unter einer Bedingung aufgeschoben sei, da sie gewollt habe, daß ihre Sklaven als Freie für ihr Grabmal sorgen; es ist jedoch Aufgabe des Richters, sie anzuhalten, daß sie der Anordnung der Erblasserin Folge leisten".[44]

Zweifellos wird aus all diesen Fällen die juristische Praxis im 2. und im 3. Jahrhundert nur in geringem Ausmaß sichtbar. Es geht hier nicht um wirtschaftliche Probleme größeren Ausmaßes, wie etwa den Seehandel oder Bankgeschäfte. Es ist eine Kasuistik im Kleinformat, die die Grenzen des Familienlebens nicht oder nur wenig überschreitet. Das Gefühl für den Tod, das sich in der genauen und wohlgefälligen Vorstellung der eigenen Bestattung („den Schmuck, den ich bei meinem Begräbnis tragen werde") ausdrücken kann, und die Sorge um das Schicksal der eigenen Verwandten und Freunde (die in Geschäftsdingen unerfahrenen Kinder, die „alten und kranken" Freigelassenen, der Arzt) sind allen gemeinsam. Welcher Wert dieser Kasuistik auch immer innewohnen mag (und dieser Wert ist veränderlich, je nach dem Maßstab, den man anlegt) – man darf einen Aspekt nicht vernachlässigen. Im Gegensatz zu anderen Fällen hat der Filter der Jurisprudenz nicht durch die unvermeidliche Reduktion auf „Typen" alles Gefühlsmäßige und jede Gemütsregung eliminiert. Diese stilistische Erscheinung ist nicht ohne Reiz. Kompensierte vielleicht die freiwillige, nicht zu Ende geführte, Stilisierung des Falles auf literarischer Ebene das Fehlen eines mündlichen und direkten Dialogs zwischen weit voneinander entfernten Gesprächspartnern?

Anderswo spielen die wirtschaftlichen Interessen eine viel bedeutsamere Rolle. Als Beispiel hierfür seien abermals die *Digesta* des Cervidius Scaevola angeführt:

„Jemand hat ein Schiff gemietet, um für eine feste Frachtsumme, 3000 Metreten Öl und 8000 Modii Getreide aus der Cyrenaica nach Aquileia zu transportieren. Das Schiff aber wird neun Monate in dieser Provinz festgehalten, und seine Ladung beschlagnahmt. Es entstand die Frage, ob der Vermieter den nach dem Mietkontrakt vereinbarten Frachtlohn vom Mieter fordern könne? Er könne es tun, antwortete Scaevola, wenn die Angaben so wie vorgetragen seien".[45]

Der Fall spielt im mediterranen, nicht im städtischen oder „lokalen" Rahmen. Von Apollonia oder Ptolemais in der Cyrenaica verlief eine der Routen nach Norden durch die Straße von Messana nach Puteoli und zu den Häfen Roms; eine andere ging durch den Kanal von Otranto und führte zum Handelszentrum Aquileia an der Adria. Diese letztgenannte Route hätte das gezwungenermaßen auf Reede gehaltene Handelsschiff nehmen müssen. Es ist nicht nur der Fall als solcher von Interesse. Die Antwort des Rechtsgelehrten ist, wie oft, lakonisch, klingt aber auch ganz besonders autoritativ. Von Bedeutung ist die Entscheidung, nicht der Weg, um zu ihr zu gelangen, und auch nicht die Beweggründe für die Argumentation. Es ist ein keineswegs seltenes, aber extremes, Beispiel in der Rechtsliteratur der Antoninen- und Severerzeit.

4. Wie entsteht eine Regel?

Der Diskurs der römischen Juristen verfährt kasuistisch-problematisch. Es fehlt ein im engeren Sinne des Wortes einheitliches und vollständiges System. Man kann höchstens von Strukturen oder „systematischen Inseln" sprechen.[46] Die Lehrsätze gliedern sich nicht konzeptuell-deduktiv – oder sie tun dies nur selten; vielmehr werden die Angaben analytisch und topisch gruppiert und angeordnet. Die eigenartigen Linien dieses Denkens treten nicht nur in Werken zutage, die diese bereits im Titel ausdrücken; man findet sie auch in den großen Abhandlungen und Kommentaren. Vom Gesichtspunkt des „Stiles" her ist die Gegenüberstellung zweier Texte – aus den *Libri ad Quintum Mucium* des Pomponius und aus den *Digesta* des Alfenus – sehr aufschlußreich:

„Zwei Brüder besaßen ihr Vermögen gemeinschaftlich: der eine von beiden starb, ohne ein Testament und ohne einen Nachkommen als Erben zu hinterlassen. Der überlebende Bruder wollte ihn nicht beerben. Er stellte die Frage, ob er durch den Gebrauch des gemeinsamen Vermögens, nachdem ihm der Tod des anderen bekannt geworden war, sich mit der Erbschaft in ein bindendes Verhältnis gesetzt hätte. (Quintus Mucius) antwortete, daß sich kein verbindliches Verhältnis gebildet habe [es sei denn, daß er das Vermögen in der Absicht benutzt habe, weil er erben wollte]. Er mußte sich also hüten, daß er die Grenze seines Anteils bei der Ausübung des Eigentumsrechts nicht überschreite".[47]

„Ein ‚pater familias' hatte in seinem Testament zwei Erben eingesetzt. Er hatte ihnen auferlegt, innerhalb einer bestimmten Zeit ein Grabmonument zu errichten. Dann hatte er diese Klausel hinzugefügt: „Wenn sich einer von ihnen nicht in der bestimmten Weise verhält, sollen alle enterbt sein". Einer der Erben hatte die Erbschaft nicht angenommen. Der andere fragte, ob er, obwohl er seinerseits das Grabmonument errichtet habe, nicht den Erbanspruch verliere, weil sein Miterbe die Erbschaft nicht angenommen hatte. Niemand, erwiderte (Servius?), kann zur Erbschaft verpflichtet oder enterbt werden durch die Handlung eines anderen; vielmehr wird er Erbe, sobald jeder die bedingende Klausel erfüllt hat, wenn auch kein anderer die Erbschaft antrat".[48]

Hat nun Pomponius den ersten der beiden Texte aus *De iure civili* des Q. Mucius Scaevola oder aus anderen Unterlagen des Mucius entnommen? Ich möchte letzteres nicht ausschließen. Wenn dies stimmt, dann hätte sich Pomponius nicht daran gestört, in seinem Kommentar sehr unterschiedliche Materialien zu verwenden. Andernfalls müßten wir diese auffallende Inkongruenz Quintus Mucius anlasten, und dies in einem Werk, dem man eine bewußte logisch-klassifikatorische Absicht zuschreibt.[49]

Das kasuistisch-problemorientierte Vorgehen der Darstellung schwächt sich in den Regelsammlungen und in den isagogischen Abhandlungen ab, bis es schließlich ganz verschwindet. Andererseits trifft man überall auf Regeln und Definitionen, Unterscheidungen oder „Unterschiede", und dies nicht nur in Werken, die sich besonders damit beschäftigen: die Regeln sollen kein geschlossenes System oder eine konzeptuelle Pyramide bilden, wie wir sie in den juristischen Modellen des späten Naturrechts und im Zivilrecht des 19. Jahrhunderts antreffen. Sie fungieren vielmehr als topische und diagnostische Instrumente im Rahmen einer argumentativen Strategie; sie sind in gewisser Weise feste oder auch provisorische Anhaltspunkte.

Die Regeln lassen sich nach einer Typologie ordnen. Häufig stellen sie sich, auch sprachlich, als verfestigte Maximen dar und häufig werden sie als Sprichwörter immer wieder tradiert;[50] meist sind sie jedoch schlichte Aussagen, die allgemein oder mehr oder weniger abschließend eine juristische Regelung verkünden. Gibt es einen Unterschied zwischen normativer und lediglich deskriptiver Funktion der Regeln? Diese Doppelfunktion wird in der modernen Forschung behauptet, wenn auch nicht mit einer eindeutigen Terminologie. Vielleicht sollte man jedoch richtiger sagen, daß eine Regel immer einen normativen Gehalt hat, selbst wenn sie in deskriptiver Form dargestellt wird. Sie wirkt normativ, „nicht unbedingt im Sinne eines Gesetzes, aber im Sinne der Erwartung, daß ihr entsprechend entschieden wird". „In einer als Juristenrecht zu kennzeichnenden Rechtsordnung ist die Normativität der *regula* fast ein a priori", und das Problem besteht darin, dessen Grad zu bestimmen.[51] Man möchte freilich auch den Geltungsbereich der Regeln beschränken, und eine Tendenz, die man als „sabinianisch" bezeichnen könnte, leugnet die Identifizierung von Regel und Norm.[52]

Die Regeln bewegen sich in der römischen Rechtsliteratur auf vielen schwierigen Pfaden. Man kann einen großen Bogen von etwa vier Jahrhunderten von M. Iunius Brutus bis zu Ulpian schlagen. Der zeitliche Unterschied scheint hier keine Rolle zu spielen. Worum geht es? Hauptpunkt ist der Begriff des Diebstahls. In erster Linie besteht der Diebstahl darin, einem anderen eine Sache zu entziehen, um sich ihrer zu bemächtigen. Nach antiker

4. Wie entsteht eine Regel?

Praxis begeht aber auch derjenige einen Diebstahl, der ein Saumtier geliehen hat (technisch ausgedrückt durch ein *commodatum*), um es irgendwohin zu bringen, und er führt es an einen anderen Ort oder weiter weg als bis zum vereinbarten Ziel. Aus dieser Praxis, die Brutus lediglich registrierte, erwächst die Regel des Q. Mucius Scaevola:

„Wer eine Sache zur Aufbewahrung empfängt und sie benutzt, oder eine Sache zur Benutzung empfängt und sie zu einem anderen Zweck nutzt, als für den er sie empfangen hat, haftet wegen Diebstahl".[53]

Pomponius wiederholt diese Regel in seinem Kommentar zur Abhandlung des Mucius zum *ius civile;* in gewisser Weise bezieht er sie ein, wobei er sich bei dem psychologischen Element des Diebstahls durch den Entleiher (und des Verwahrers) aufhält:

„Jemand hat zur Leihe [oder zur Verwahrung] eine Sache erhalten und hat sie in anderer Weise genutzt als vereinbart. Wenn er meinte, sein Verhalten stehe nicht in Widerspruch zum Willen des Eigentümers, so haftet er nicht wegen Diebstahls. [Aber auch bei Verwahrung haftete er nicht.] Die Frage, ob er durch die Leihklage haftet, hängt hauptsächlich von der Beurteilung seiner Schuld ab. Mit anderen Worten: sie hängt von der Frage ab, ob der Entleiher auf die Zustimmung des Eigentümers rechnen konnte oder nicht".[54]

Die Regel steht nun fest. Julian, und mit ihm Ulpian, sehen darin nicht nur einen Endpunkt, sondern den Ausgangspunkt für eine weitere Analyse eines anderen und komplexeren Tatbestandes:

„... wer die geliehene Sache anders gebraucht als vereinbart, haftet nicht nur auf Grund des Leihvertrages, sondern auch wegen Diebstahl, wie Julian im 11. Buch seiner Digesten schrieb. So betrachtet er die Annahme, daß ich dir ein Rechnungsbuch geliehen habe und du darin von deinem Schuldner ein *chirographum* eintragen ließest, und ich dies ausgestrichen haben sollte. Iulianus meint, wenn der Leihvertrag deshalb geschlossen wurde, damit in diesem Buch dein Kredit verzeichnet würde, so bin ich dir auf die Gegenklage gehalten, die sich aus dem Leihvertrag ergibt; wenn hingegen der Leihvertrag nicht zu diesem Zweck geschlossen wurde, und du mich nicht davon unterrichtet hast, daß ein *chirographum* abgefaßt wurde, so bist du mir auf der Grundlage des Vertrages gehalten. Überdies haftest du für Diebstahl, da du von der geliehenen Sache einen anderen Gebrauch gemacht hast als vereinbart, so wie auch der auf die Diebstahlsklage gehalten ist, der ein Pferd oder ein Gewand geliehen hat, und es auf eine Weise gebraucht, die nicht mit der vertraglichen Absicht übereinstimmt".[55]

Julian erwähnt den von Brutus etwa drei Jahrhunderte zuvor berichteten Fall, indem er ihn etwas variiert (es handelt sich nicht mehr um ein Saumtier, sondern um ein Pferd, und die Formulierung ist allgemein), und er bedient sich des Falles, um eine analoge Argumentation zu entwickeln. Dieser Fall ist jetzt nur noch ein Beispiel. Er taucht nochmals im Handbuch des Gaius auf, der, wie Pomponius, die psychologische Seite des Diebstahls berücksichtigt.

„... wenn jemand einen Gegenstand benützt, der bei ihm hinterlegt ist, begeht er einen Diebstahl; und wenn jemand eine Sache zum Gebrauch erhalten hat, und sie zu etwas anderem als vereinbart verwendet, so haftet er wegen Diebstahl. So zum Beispiel, wenn jemand sich Geld geliehen hat mit der Angabe, er wolle seine Freunde zum Essen einladen, und es dann mit außer Landes nimmt; oder wenn jemand ein Pferd geliehen hat, um einen Spazierritt zu machen, und es weiter weggeführt hat: das galt nach den Schriften der alten Rechtsgelehrten auch für den, der auf einem geliehenen Pferd in die Schlacht geritten war. Jedenfalls herrscht Übereinstimmung darüber, daß diejenigen, die eine geliehene Sache zu einem anderen Zweck als dem benutzen, zu dem sie sie bekommen haben, nur dann einen Diebstahl begehen, wenn sie wissen, daß sie es gegen den Willen des Eigentümers tun, und daß dieser, wenn er es gewußt hätte, es nicht erlaubt hätte. Wenn sie allerdings glauben, daß der Eigentümer seine Zustimmung gegeben haben würde, handelt es sich nicht um einen Diebstahl: das ist eine sehr gute Unterscheidung, da ein Diebstahl nur in arglistiger Absicht (dolo malo) begangen werden kann".[56]

5. Zeitlose Dialoge

Die Rechtswissenschaft baut sich auf einem Vorrat von Anschauungen und Urteilen, von Regeln, von normativen Angaben, von Geschäfts- und Prozeßschemata auf. Sie beherrscht die nicht unmittelbar verständliche „artificial reason" der Rechtsordnung. Das Recht erscheint gleichermaßen als rational und historisch, und man kann es nicht einfach auf die „Anordnungen eines Herrschers" zurückführen: das Gesetz ist im weitesten Sinne der Bedeutung lediglich punktuell, episodenhaft und regulativ (wir fassen darunter nicht nur die Volksbeschlüsse oder die der Plebs, sondern auch die Senatsbeschlüsse und die kaiserlichen Konstitutionen und schließlich die prätorischen Edikte). Wenn man in diesem Zusammenhang von „Wissenschaft" spricht, muß man sich über die Bedeutung, in der man dieses Wort gebraucht, einig werden. Sie entspricht in unserem Falle der *technē* oder der *ars,* und kommt nur manchmal, in äußerst speziellen Zusammenhängen, der *espitēmē* nahe; diese „Wissenschaft" zeigt die Verwendung einer Methodologie, eines logischen Instrumentariums und von Argumentationsweisen auf einem Gebiet, nämlich dem Recht, auf dem eher die Kriterien von Wahrscheinlichkeit, von Opportunität und Angemessenheit gelten, und die Unterscheidung von Richtig und Falsch meint nicht so sehr eine absolute und apodiktische Antithese, sondern nur die extremen Positionen einer Verhältnisrechnung. Die juristische „Vernunft" unterscheidet die Alternativen und gebietet über sie, um eine Lösung zu begründen, die als die einzig gerechte oder geeignete erscheint. Dabei werden die anderen möglichen Lösungen nicht verheimlicht. Das Forschen nach einem sicheren und gesicherten Ergebnis geschieht in einem „Horizont von Unsicherheit":[57] diesen Horizont können weder das Vertrauen in überkommene Werte noch selbst stets vom Zweifel angekränkelte metapositive Überzeugungen lösen. Die Stabilität einer juristischen Fachrichtung ist eine Errungenschaft, die fortlaufend auf die Probe gestellt wird, und die sich in gewissem Sinne täglich neu beweisen muß.

5. Zeitlose Dialoge

Wir sprachen von einem Vorrat von Anschauungen. Diese Anschauungen stellen, sobald sie einmal formuliert sind, ein riesiges Reservoir dar, aus dem man immer wieder schöpfen kann. In gewisser Weise warten sie darauf, daß sie an der Reihe sind, daß sie das juristische Bewußtsein, und sei es Jahrhunderte später, aufnimmt und einbezieht, um sie in eine neue Assoziationskette einzubringen. Die ältesten Gedanken und die weniger „modernen" Beispiele werden nicht einfach wie verschlissene Kleider weggeworfen. Der Bezug zur Vergangenheit ist nicht unterbrochen. Die Gedanken der ältesten Rechtsgelehrten finden in denjenigen der nachfolgenden Generationen eine Entsprechung, eine Art Echo. Vertraut gewordene Lesarten bringen neue Vorstellungen hervor und fördern sie. Zitate wirken nicht lähmend, sie kommen, sobald es erforderlich ist, und haben einen bestimmten Zweck: sie bestätigen eine Lösung, sie lassen sie im Vergleich mit anderen Möglichkeiten vorziehbar erscheinen oder aber die bis zum aktuellen Zeitpunkt zurückgelegte Strecke erkennen. Auch in dieser Hinsicht sind die *Disputationes* Ulpians ein wichtiges Dokument. Es ist wirklich schade, daß die Kompilation unter Justinian von diesem Werk in zehn Büchern uns nur weniger als ein Sechstel überliefert hat. Als Ulpian die *Disputationes* schrieb, hatte Caracalla vielleicht schon sein Edikt über das Bürgerrecht erlassen. Das Werk ist Ausdruck einer hochrangigen Fachausbildung, der man bis in die letzten Winkel hinein nachgehen müßte. Italien und die Provinzen erscheinen dort als Plätze von Handels- und Finanzströmen oder von Vermögensgeschäften großen Ausmaßes. Die Geschäftswelt umfaßte auch entfernt liegende Gebiete. Nach verbreiteter Erfahrung konnte man den Zustand der eigenen *negotiationes transmarinae* vernachlässigen, die Sklaven und Freigelassenen anvertraut waren.[58] Aber lesen wir Ulpian selbst:[59]

> „Es wurde folgender Fall vorgelegt: Jemand hatte zwei Erben eingesetzt; dem einen hatte er das Vermögen in den Provinzen, dem anderen das in Italien zugewiesen: da er gewöhnlich Waren nach Italien importierte, schickte er Geld in die Provinz, um solche anzukaufen. Die Waren waren noch zu seinen Lebzeiten oder nach seinem Tod angekauft, aber noch nicht nach Italien geliefert worden. Es entstand die Frage, ob diese Waren dem Erben für das italische Vermögen oder dem Erben des Provinzialvermögens gehörten".

Die Möglichkeit der Erbeinsetzung auf einen einzelnen Gegenstand, also die Einsetzung *ex re certa*, war allgemein akzeptiert. Es hatte eines erheblichen Maßes an interpretatorischem Scharfsinn bedurft, um sie durchzusetzen. Das Konzept der *successio in ius*, des „an die Rechtslage des Erblassers antreten", stand im Widerspruch zur Zuweisung eines oder mehrerer einzelner Sachen oder ganzer Vermögensteile, die man nach der Art der Gegenstände oder (wie in unserem Fall) nach ihrer geographischen Lage unterschied. In der Überlegung des Sabinus gab es einen kritischen Punkt. Man konnte die *institutio ex re certa* als vollkommen ungültig betrachten oder die Erwähnung der Sache als nicht getan ansehen. Sabinus löste die Frage im zuletzt genannten Sinn und auch die andere Schule übernahm seinen Standpunkt.[60] Ulpian, und vor ihm Papinian, gingen noch weiter. Man ließ die Erbeinsetzung gelten, so als ob eine Einsetzung auf einen einzelnen Gegenstand nicht stattgefunden hätte; der Richter mußte dies allerdings bei der Erbteilung berücksichtigen. Noch komplizierter wurde es, wenn Schulden aufzuteilen waren oder wenn die Legate wegen der *quarta Falcidia* anteilig gekürzt werden mußten.[61] Diese Schwierigkeiten sollen uns jedoch im Augenblick nicht interessieren. Der angeführte Fall ist aus anderen Gründen schwierig.

„Es muß die Frage gestellt werden, was zum italischen und was zum provinzialen Vermögen zu rechnen ist. Der Maßstab für die Auslegung ist der Wille des Verstorbenen: man muß also feststellen, welches seine Intention war. Nehmen wir nun an, daß das zum italischen Vermögen gehörte, was ein Privatmann immer in Italien hatte, oder besser gesagt, von dem er verfügte, daß es für immer dort verbleiben sollte. Denkbar ist auch, daß er es anderswohin verbrachte, nicht damit es dort bleiben sollte, sondern um es erneut an seinen Ursprungsort zurückzubringen, ohne in der Zwischenzeit das Vermögen an dem Ort zu vergrößern, an den es gebracht wurde, und ohne es dort zu reduzieren, woher es kommt: er schickt zum Beispiel Sklaven, sagen wir, nach Gallien, damit sie dort eine Schuld einfordern oder Waren kaufen, und damit sie zurückkehren, nachdem sie gekauft haben: man kann zweifellos behaupten, die Sklaven gehörten zum italischen Vermögen".

Das Beispiel der Sklaven, die der Eigentümer nur vorübergehend von einem Ort zum anderen schickt, ist sehr bezeichnend. Ulpian allerdings genügt das noch nicht. Es gibt den Anstoß zu einem Exkurs von großer Eindringlichkeit, in der sich die Gewandtheit des Interpreten in aller Pracht zeigt.

„Ähnliches findet sich bei Quintus Mucius, und es betrifft das Legat eines Gutes einmal mit seinem *instrumentum*, seiner „Ausstattung", und einmal „mit den Sachen, die sich darauf befinden", betrachtet: der Sklave, der als Stallknecht arbeitet und vom „Familienoberhaupt" auf das Landgut geschickt wird, ist, so sagt Quintus Mucius, nicht im Legat des Gutes eingeschlossen, weil er nicht dorthin geschickt wurde, um dort zu bleiben. Die Antwort lautet, daß demnach, angenommen, ein Sklave hat seinen Herrn beleidigt und wurde aufs Landgut geschickt, um dort zu bleiben (quasi für eine gewisse Zeit dorthin ‚verbannt'), dieser nicht zum Vermächtnis des Landgutes gehörte. Es konnten nämlich auch Sklaven, die gewöhnlich bei der Feldarbeit eingesetzt waren und danach auf unterschiedliche Güter zurückkehrten (so als ob sie von jemand anderem ausgeliehen worden wären), nicht Teil des Vermächtnisses werden: denn sie blieben nicht auf dem Feld, so als ob sie ganz speziell für dieses vorgesehen waren. All dies legt nahe, dem Willen des Erblassers auch in unserem Fall Geltung zu verschaffen und jenes Vermögen als italisch zu betrachten, von dem er wollte, daß es in Italien bliebe".

Mit dem Rückgriff auf Quintus Mucius geht man wenigstens 300 Jahre zurück. Dieser zeitlose Dialog erstaunt nicht. Der republikanische Rechtsgelehrte hatte zwar eine andere wirtschaftliche Realität vor Augen, dies erscheint jedoch irrelevant. Er behandelte das Verhältnis zwischen Stadtgut und Landgut oder zwischen nahegelegenen Gütern eines einzigen Vermögens.

Der Sklave des Mucius, der als Stallknecht arbeitet, ist nicht Ulpians Sklave, der als Verwalter und als Wirtschaftsführer tätig ist. Andererseits gewinnt auch der Eigentümer nicht die Konturen eines abstrakten Gutsherrn, sondern er ist der Inhaber einer Hausgewalt, der Strafmaßnahmen verhängt. Trotz dieser Unterschiede werfen das Rechtsproblem, mit dem sich Quintus Mucius beschäftigt und die vorgeschlagene Lösung ein Schlaglicht auf das von Ulpian diskutierte Problem. Die gemeinsame Fragestellung lautete: wie kann man die Absicht des Erblassers rekonstruieren? Der alte Rechtsgelehrte verlor die Methode der typischen Interpretation nicht aus den Augen: „die subjektive Darstellung des Erblassers wird aus äußerlich erkennbaren Umständen erschlossen und durch Rückschlüsse aus der allgemeinen Erfahrung gerechtfertigt".[62] Dadurch bot er auch ein für den neuen Fall gültiges Kriterium. Und schließlich konnte Ulpian ihn in seine ursprünglichen Aussagen aufnehmen und endgültig lösen:

„Wenn der Erblasser nun Geld in die Provinz schickte, um Waren anzukaufen, und dies noch nicht geschah, so sage ich, daß das zu diesem Zweck, nämlich um Waren nach Italien zu liefern, geschickte Geld dem italischen Vermögen zugerechnet werden muß: denn wenn er Geld auch in Italien verwaltete, und in der Provinz eine Summe investiert hätte, die dann nach Italien zurückgekehrt wäre, so muß man doch annehmen, daß diese Summe zum Bestand des italischen Vermögens gehöre. Man muß demnach in vernünftigem Zusammenhang annehmen, daß auch die Waren, die gekauft wurden, um sie nach Rom zu bringen, dem Erben des italischen Vermögens gehören: seien sie nun zu Lebzeiten des Erblassers gebracht oder seien sie noch nicht gebracht worden, und zwar so, daß er es wußte oder auch nicht wußte".

6. Die Sorge um die Wörter

Der Name des Q. Mucius erscheint bei Ulpian viele Male. Wir begegnen ihm, zusammen mit dem des fast zwei Generationen jüngeren Aulus Ofilius, im 25. Buch des Kommentars zu Sabinus. Ulpian befaßt sich an dieser Stelle mit den Legaten (er hatte zehn Bücher zuvor begonnen, davon zu handeln) und dem *lignum* als möglichem Gegenstand des Legats. Seine minutiöse Musterung katalogisiert Sachen, Sitten und Gebräuche auch verschiedener Völker und Orte, um das semantische Umfeld des Wortes so genau wie möglich zu umschreiben. Man hat zu recht bemerkt, daß die römischen Juristen eine ungewöhnliche Kenntnis „des grenzenlosen Universums, das sich aus Gegenständen des materiellen Lebens zusammensetzt, der Techniken ihrer Verwendung und der außerordentlich reichen verschiedenartigen Nomenklatur" haben: Jagd, Fischfang, Tierzucht und Landwirtschaft, Bauwesen, Zimmerei und Seefahrt begegnen in ihren Werken; ebenso die Färberei, die Malerei und die Goldschmiedekunst, verschiedene Geräte zur Brandbekämpfung und die Hydraulik; man trifft auf die unterschiedlichsten Dinge, „von den Küchengeräten zu den Bestecken und dem Tafelgeschirr", von Männer- und Frauenkleidung bis zur Kosmetik.[63] Nicht nur die Sprachen multiplizieren sich in einem so ausgedehnten Reich wie dem römischen, und man gebraucht beim Abschluß von Rechtsgeschäften das Punische wie das Keltische oder das Aramäische ebenso wie Griechisch und Latein;[64] auch die Warenwelt erweitert sich. Hierzu trägt der Handelsverkehr mit weit entfernten Ländern wie Indien und Arabien bei.[65] Ein Buch des Steuerrechts, wie man heute (näherungsweise) sagen würde, dessen Autor Aelius Marcianus (zwischen Caracalla und Severus Alexander) war, enthält eine lange Auflistung exotischer Waren, auf die Zoll gezahlt werden mußte: „Zimt, Myrrhe, Pfeffer, Ingwer und alle Wohlgerüche", Onyx und „eine große Vielfalt kostbarer Steine", „die Häute aus Parthien und Babylonien, Baumwolle, Rohseide oder verarbeitete Seide", Purpur, Elfenbein und Eunuchen, Löwen, Panther, Leoparden.[66] Aber kehren wir wieder zu Ulpians *lignum* zurück.[67]

„Das Wort *lignum*, ‚Holz', bezeichnet ein Genus, unterscheidet sich aber innerhalb desselben, und zwar so, daß das eine die *materia*, das „Holz", das andere das *lignum* (im strengen Sinne des Wortes), „das Brennholz", ist. Man benötigt die *materia* zum Bauen oder zum Abstützen; *lignum* ist etwas, was zum Heizen dient. Aber ist es genau genommen *lignum*, wenn es gehackt ist, oder auch, wenn es dies nicht ist? Quintus Mucius erklärt im zweiten Buch, wenn die *ligna*, die auf einem Gut waren, Gegenstand eines Legats sind, so schulde man nicht die Bäume, die abgeholzt wurden, um als *materia* zu dienen; er fügt nicht hinzu, daß sie dem Legatar zustehen, wenn sie gefällt wurden, um als Brennholz und nicht als Bauholz zu dienen: dies ergibt sich jedoch aus seinen Ausführungen".

Was war noch im Legat der *ligna* enthalten? Dem Legatar stehen „alle *ligna*, die keine eigene Bezeichnung besitzen" zu, die wie „die Äste, die Holzkohle oder die Olivenkerne", oder „jene besonderen Eicheln, die man *balani* nennt" nicht eigene Kategorien darstellen. Man kann darüber streiten, ob sich das Legat der *ligna* auf die „noch nicht in Stücke gesägten", aber dafür bestimmten „Bäume", erstreckt, oder auch auf die „dürren Rebäste", wohingegen „die Holzspäne, die Stümpfe oder Weinreben und die Wurzeln" ganz sicher dazugehören. Es enthält andererseits auch „das was zum Verbrennen vorbereitet war, gleich, welchen Gebrauch man gewöhnlich davon machte, um das Bad oder die unterirdischen Heizungsräume damit zu heizen oder Kalk zu brennen oder etwas anderes". Es ist somit nicht verwunderlich, daß „in einigen Gebieten, wie Ägypten, wo das Schilfrohr wie Holz gebraucht wird", diese oder andere entsprechende Bezeichnungen eben „das Rohr und den Papyrus und einige Gräser, Stacheln oder Dornensträucher" meinen.

Eine Frage, die seit Sextus Aelius umstritten war, ist, ob das Brennholz und die Holzkohle, der Weihrauch und die „Wachskerzen" zu einem anderen Komplex von Dingen, der *penus*, zu zählen sind: ein Wort, das man etwa mit „Vorrat" wiedergeben kann. Die Antwort des Quintus Mucius und des Aulus Ofilius war negativ.[68] Quintus Mucius hatte eine Definition von *penus* gege-

6. Die Sorge um die Wörter

ben, der Servius nicht zustimmte (vielleicht in jenen *Reprehensa Scaevolae capita*, die wir zu Beginn dieses Kapitels erwähnten). Glücklicherweise ist sie in den *Noctes Atticae* des Aulus Gellius überliefert.

„*Penus* sind die trink- und eßbaren Dinge, also das, was für den Vater und die Mutter der Familie, für die Kinder oder die Personen, die ihn und seine Kinder umgeben, und die keine bestimmte Arbeit erfordern, bestimmt sind."

Man kann die Einwände des Servius im Text des Gellius noch nachvollziehen:

„Die Dinge, die täglich für das Mittag- und Abendessen zum Essen und Trinken vorbereitet werden, zählen nicht zur *penus*; andererseits heißen derartige Dinge, die zum Gebrauch für längere Zeit zusammengetragen und haltbar gemacht werden, *penus*, und dieses leitet sich von der Tatsache her, daß sie nicht zur Hand sind, sondern im Haus in einem hinteren Raum *(penitus)* aufbewahrt werden".[69]

Penus kommt also von *penitus*. Das sprachliche Feingefühl des Servius, das wir bereits bei unseren Betrachtungen über die Zwölftafeln feststellten, wird bei diesen Untersuchungen über ein Wort und seine Bedeutung erneut deutlich. Servius war im übrigen kein Einzelfall. Die römischen Juristen betrieben mit großem Eifer etymologische Studien. Im Vergleich zu den antiken Forschungen entsprechen die modernen etymologischen Verfahren einem anderen sprachwissenschaftlichen Kenntnisstand und sie bedienen sich strenger Techniken und rigoroser Kontrollen. Dennoch besteht ihnen gegenüber ein gewisses Mißtrauen: das Verhältnis zwischen Etymologie und Sinn scheint manchmal, und zu Recht, von einer petitio principii abzuhängen. Bei den etymologischen Bemühungen der Alten ist diese petitio principii konstitutiv. „Das Entscheidende in einem Wort ist sein Inhalt", so könnte man sagen.[70] Mit dem Sinn, den man einem Wort zuschreibt, kann man es einem anderen oder mehreren verschiedenen, die als Matrix dienen, annähern. Mit dieser Annäherung, die sich durch eine sehr unsichere Phonetik rechtfertigt, möchte man die Bedeutung besser bestimmen, präzisieren und umschreiben, die man mehr oder weniger vage bereits zu Beginn postuliert hatte. Bedeutung und etymologischer Wert stimmen schließlich notwendigerweise überein. Unter diesem Blickwinkel ist die Methode der Juristen, oder zumindest der gebildetsten unter ihnen, dieselbe wie die der Grammatiker, der Philologen und der Antiquare (manchmal vereinigt eine Person alle diese Fähigkeiten in sich).[71] Der Zweck ist indes ein anderer. Die Wurzeln der Wörter freizulegen und damit auch die Bedeutung zu bestimmen, diente einem praktischen Zweck, diente dazu, gesicherte Muster für die Interpretation von Rechtsgeschäften zu erstellen; dies gilt insbesondere für Akte der letztwilligen Verfügung.

Die *Digesta* des Celsus lassen einen rechtswissenschaftlichen Streit im Umkreis eines anderen Komplexes, der *sup(p)ellex*, noch ahnen; dieser Gegensatz reicht in die späte Republik und in die augusteische Zeit zurück. Celsus genießt unter den klassischen Juristen den nicht unverdienten Ruf eines unmäßigen Polemikers, der klare Feststellungen und entschiedene Aussagen liebte. Die Perplexität, die er angesichts eines von Servius Sulpicius Rufus und Q. Aelius Tubero dem Jüngeren diskutierten Problems zeigt, ist ebenso ungewöhnlich wie symptomatisch.[72]

„Labeo sagt, der Ursprung des Wortes *sup(p)ellex*, „Gerät", sei der, daß man ehemals denjenigen, die zu einer Gesandtschaft aufbrachen, die Dinge, die sie *sub pellibus*, „unter den Häuten" der Zelte gebrauchten, zu vermieten pflegte. Tubero versucht die Bezeichnung *sup(p)ellex* auf diese Weise zu erklären: eine Ausstattung des Hausvaters, bestehend aus Dingen des täglichen Lebens, die nicht in eine andere Gattung gehören, wie zum Beispiele „Vorräte", „Silberzeug", „Kleidungsstücke", „Schmuck", „landwirtschaftliche oder Hausgeräte". Es verwundert nicht, daß die Bezeichnung sich durch die Sitten der Stadt und den Gebrauch der Gegenstände verändert hat. Denn in der Vergangenheit dienten tönerne, hölzerne, gläserne oder bronzene Gegenstände als Hausrat. Jetzt verwendet man hingegen Gegenstände aus Elfenbein, Schildpatt und Silber, selbst aus Gold und mit Edelsteinen. Man muß daher mehr auf die Art der Gegenstände als auf das Material sehen um festzustellen, ob sie mehr zum Hausrat als zum Silberzeug oder zu den Kleidungsstücken gehören. Servius meint, man müsse die subjektive Absicht dessen, der das Vermächtnis hinterlassen hat, berücksichtigen und sehen, wie die Gegenstände in den häuslichen Inventaren einzuordnen pflegte. Wenn jemand aber Gegenstände zum Hausgerät zu rechnen pflegte, deren Zugehörigkeit zu einer anderen Gattung sicher ist (man denke an das Tafelsilber, an die Penulae oder die Togen), so darf man deshalb nicht annehmen, daß in dem Vermächtnis von Hausrat auch diese Dinge einbegriffen seien. Die Bedeutung der Wörter sei seiner Meinung nach nicht von der Ansicht eines einzelnen, sondern vom allgemeinen Gebrauch abhängig. Tubero leuchtet dieser Standpunkt nicht ein: wozu die Bezeichnungen, so bemerkt er, wenn nicht, um den Willen des Sprechers anzuzeigen? Ich meinerseits denke, daß man nicht etwas sagt, was man nicht sagen will, auch wenn man sich des Terminus bedient, mit dem der Gegenstand bezeichnet zu werden pflegt: Wir bedienen uns der „Stimme" als eines Instruments. Im übrigen glauben wir, daß niemand etwas sagen kann, was er nicht vorher überlegt hat. Aber so sehr mich die Argumentation und die Bedeutung Tuberos beeindrucken, so kann ich dem Servius in diesem Punkt nicht unrecht geben: Man kann nicht annehmen, daß jemand etwas „sagt", wofür er sich nicht des geeigneten Ausdrucks bedient. Zwar ist die Absicht im Vergleich zur „Stimme" früher da und wichtiger, aber man kann ohne „Stimme" nichts sagen, zumindest, wenn man nicht auch bei jenen, die nicht sprechen können, nicht ein „Sagen" bei dem Versuch, den sie dazu machen und irgendeinem Ton und „mit unartikulierter – Stimme", annehmen kann".

Der Text gewährt uns Zugang zu einer Etymologie des Labeo. Im juristischen Werk des Labeo nimmt die etymologische Forschung einen vorrangigen Platz ein. Man könnte viele Beispiele dafür anführen. Hier mögen zwei sehr einfache genügen: *furtum*, der „Diebstahl", ist abgeleitet von *furvus*, „finster", „weil man ihn im Verborgenen begeht, im Finstern und vor allem bei Nacht", *vidua*, „Witwe", „so bezeichnet man nicht nur eine Frau, die einst einen Gatten hatte, sondern auch eine, die niemals einen hatte"; *vidua* bedeutet in der Tat *sine duitate*, „ohne Dualität".[73] In dieselbe Richtung gehört die Verbindung, die Labeo (wie ein Wünschelrutengänger) zwischen *sup(p)ellex*, „Gerät", und *sub pellibus*, „unter den Häuten" des Zeltes entdeckt. Der Text beginnt mit deren Etymologie. In dem nachfolgenden Diskurs scheint dieser Ausgangspunkt vergessen; in Wirklichkeit bleibt er aber implizit und unterschwellig gegenwärtig. Die Forderung nach einer gesicherten Bedeutung der Worte als Voraussetzung auch für juristische Verhältnisse, die man damit ausdrückt, durchzieht die gesamte Diskussion des Textes. Die Perspektive wandelt sich höchstens vom etymologischen Ursprung zum „allgemeinen Gebrauch" der Wörter. Den „allgemeinen Gebrauch" der Wörter jedoch, die *koinē synētheia* bringt man wiederum (man könnte sagen, auf varronische Art und stoisch) mit ihrer naturalistischen Wahrheit zusammen: der Wahrheit eben, der sich die Etymologie zuwendet.

Wörter haben nicht nur einen „allgemeinen Gebrauch", daneben gibt es auch (oder es kann ihn geben) einen speziellen Gebrauch des einzelnen Sprechers. Welche Beziehung besteht nun zwischen der Absicht, dem Willen, eines Privatmannes, der auf bestimmte Weise seine Interessen juristisch regeln möchte und den Wörtern, derer er sich bedient? Wenn es also darum geht, die Absicht zu bestätigen, ist dann nicht eher die Gewohnheit des einzelnen Sprechers, sofern sie rekonstruierbar ist, als der „allgemeine Sprachgebrauch" das Mittel, um dies zu erreichen, also eher das „Wort" als die „Sprache"? Dies ist der Punkt, in dem sich die Positionen des Servius und des Celsus einerseits und die des Tubero andererseits unterscheiden.[74] Die Auseinandersetzung hat ihre weit zurückreichenden Ursprünge. Wer ihren langen Verlauf verfolgen möchte, müßte zumindest bis zu den Diskussionen der Kyniker und Megariker und zum *Kratylos* Platos zurückgehen.

XII. NATURRECHTLICHE VORSTELLUNGEN

1. Die großen Symbole

Es ist geradezu ein Gemeinplatz, daß man die juristischen Theorien nicht begreifen kann, wenn man sie aus ihrem historisch gewachsenen Kontext oder aus anderen Zusammenhängen herauslöst, die sie, nachdem sie einmal da waren, in sich aufgenommen, adaptiert und verändert haben. Nicht einmal das Nachdenken über Ethik und Religion entzieht sich dieser Bedingung, und noch weniger gilt dies für das Nachdenken über Politik. Das Wechselspiel zwischen den Möglichkeiten des Verstandes und den Strukturen des Lebens der Gemeinschaft ist nie einfach. Es ist auch so, daß der Mensch versucht, den Lebensumständen, in die er eingebunden ist, und die ihn von allen Seiten einengen, zu entkommen; dabei rechtfertigt er das eigene Handeln mit der Formulierung von Idealen, die über die Geschichte hinaus Geltung behalten sollen. Die Suche nach Fixpunkten, nach universalen und beruhigenden Sicherheiten, steht neben der Besorgnis über das Mögliche, das Provisorische, den Tod und die Zeitläufe. In diesen Problemkreis gehören das moderne und das antike naturrechtliche Denken.

Die Suche nach einer Begründung des Rechts in der Natur, – in einer rational geordneten und wohltätigen Natur, – hier als in ihrer Anlage göttlich oder gottgewollt verstanden, – folgt vielen Wegen. Noch heute erscheint sie unter vielerlei Gestalt. Darüber, ob wir es dabei mit einer anachronistischen Rückwendung oder dem Überdauern von Fragen, die nicht zu unterdrücken sind, handelt, möchte ich mir kein Urteil erlauben. Die Frage, die Friedrich Meinecke folgendermaßen formulierte: „ob und inwieweit trotz allem das Naturrecht einen immer wieder auflebenden Kern zeitloser menschlicher Bedürfnisse enthält",[1] kann hier außer Betracht bleiben. Es kann sein, daß der „Polarstern", der die Menschen „inmitten aller Stürme der Weltgeschichte",[2] geführt hat, erloschen ist. Vielleicht ist der Mythos eines Naturrechts „erschöpft auf uns gekommen, und er lebt lediglich auf, um schnell zu erlöschen".[3] Unter einer gleichen Bezeichnung verbergen sich übrigens unterschiedliche Inhalte. Auch ich meine, daß man wenigstens zwischen dem unreflektierten und emotionalen Hinweis auf ein Recht der Natur und dem Naturrecht als Theorie unterscheiden sollte: im zuletzt genannten Sinne ist das Naturrecht mit bestimmten Vorstellungen, die man sich von der Welt macht, vereinbar, mit anderen hingegen nicht; sein Wiederaufleben im zeitgenössischen Denken kann als „mit dem Grundzug der modernen Ethik unvereinbar"⁴ bezeichnet werden. Man kann auf dem Individuum und seiner Verantwortlichkeit oder (mit Niklas Luhmann) jeweils auf dem Anspruch auf den „Primat" der einzelnen objektiv definierbaren sozialen Funktionen beharren, während die großen Symbole wie „Natur" oder „Vernunft" zu fehlen scheinen.⁵ Für den heutigen Menschen rechtfertigt sich das Recht als positive Schöpfung eher selbst; es gibt keinen Entwurf einer Ordnung, die ihm übergeordnet wäre oder eines „umfassenden Ganzen", das man als erforderlich erachten würde, um seine Gültigkeit zu stützen.

Der Historiker steht vor keiner leichten Aufgabe. Die Konzepte von „Vernunft" oder „Natur" in der Antike, im Mittelalter und in der Neuzeit zu verfolgen bedeutet, sich auf ein gefährliches Terrain zu wagen, wo die Wörter so häufig ihre Bedeutung verändern, bis sie schließlich trügerisch werden, und wo systematische Verknüpfungen Denkvorstellungen unterscheiden, die auf den ersten Blick gleich zu sein scheinen. *Physis* und *natura*, *logos* und *ratio* durchlaufen komplizierte Veränderungen. Selbst die Vorstellung vom Naturrecht schwankt zwischen zwei Extremen, es eignet ihr eine doppelte und widersprüchliche Anlage: sie ist „aufklärerisch" und konservativ zugleich. Dies kann zu einer Kritik am vorhandenen Recht oder aber zu seiner Rechtfertigung und Verteidigung führen.

2. Der Konsens der Weisen und der „Konsens der Völker"

Der Weg der Naturrechtsvorstellung in der griechisch-römischen Kultur der späten Republik ist mit Hindernissen gepflastert. Die zerstörerische Kritik der Neuen Akademie hatte ihre Spuren hinterlassen, auch wenn Karneades nicht der Erste war, der gegen das Naturrecht Einwände machte. Es kann kein Naturrecht geben, behauptete Karneades, „denn wenn es eines gäbe, wären das Gerechte und das Ungerechte für alle dasselbe, wie das Warme und das Kalte, das Bittere und das Süße". Es ist jedoch nicht so. Die Begriffe von Gerecht und Ungerecht sind veränderlich. „Die Einrichtungen des Lebens unterscheiden sich". Stimmt es etwa nicht, daß die Kreter und die Ätoler „Raubzüge für anständig hielten", oder daß die Spartaner gesagt haben, ihnen „gehörten alle Äcker, die sie mit dem Speer erreichen könnten", und die Athener, alles Land „was Oliven und Getreide" hervorbrächte? Allein eine utilitaristische, und nicht eine universale und absolute Vernunft bildet die Grundlage der menschlichen Lebensordnung. „Wenn es irgend eine Gerechtigkeit gäbe, sei sie die höchste Dummheit, da wir uns ja selbst schaden, wenn wir für fremden Vorteil sorgen". „Alle Völker, die eine blühende Herrschaft besitzen, und auch die Römer selber, die sich des ganzen Erdkreises bemächtigten, müßten, wenn sie gerecht sein wollten, wenn sie also fremden Besitz zurückerstatteten, in die Hütten zurückkehren und in Armut und Elend leben".⁶ Das Argument der Vielfalt und der Unbeständigkeit des Rechts, wie der Sitten und Gebräuche, das jeder naturrechtlichen Versuchung entgegensteht, ist hart wie Stahl und kehrt im modernen und zeitgenössischen Denken von Montaigne bis Kelsen wieder. „Die Menschheit", schreibt Kelsen, „ist in verschiedene Nationen, Klassen, Religionen, Berufe und so fort unterteilt, die häufig untereinander uneinig sind", so daß „es eine Menge unterschiedlichster Vorstellungen von der Gerechtigkeit gibt; zu viele, als daß man nur einfach von ‚Gerechtigkeit' sprechen könnte".⁷

Ein weiteres Bollwerk stellt der Epikuräismus dar.⁸ Von diesem aus gesehen sind politische Betätigung und Machtausübung eine „leere Illusion", eine Sisyphusarbeit;⁹ die „Magistraturen, die Gesandtschaften, die Militärkommanden" sind nur ein „Traum".¹⁰ In der Art des Rechtsverständnisses ist die Position der Epikuräer konventionell und utilitaristisch. Die Gerechtigkeit stellt sich ihnen nicht „als etwas an sich und für sich" dar; vielmehr präsentiert es sich als „ein Übereinkommen, entstanden aus gegenseitigen Beziehungen und jeweils in bestimmten Gegenden gültig, zur Verhütung gegenseitiger Schädigung".¹¹ Es ist eine verbreitete Praxis, daß die Menschen untereinander Verträge schließen, und sie tun dies, weil es nützlich ist. Die Vorstellung eines „Naturrechts" als eines Rechts, das vor jeder Abmachung schon vorhanden ist, paßt nicht in dieses Bild. Man kann dem Ausdruck lediglich „symbolische" Bedeutung zumessen und sich seiner bedienen, um die funktionale Identität juristischer Wirklichkeiten auszudrücken, die empirisch verschieden sind.¹² Der bevorzugte Raum des Rechts ist die städtische Gemeinschaft, in dem die Mittel des Zwangs zur Anwendung gelangen.¹³ Bevor sich Städte bildeten, lebten die Menschen in „den weiten Mauern der Welt".¹⁴ Aber nur äußerlich lebten sie naturgemäß. Damit ein naturgemäßes Leben überhaupt erst möglich ist, bedarf es der Philosophie, und die Philosophie gibt es nur in der Stadt. Freilich hält sich die Philosophie von der Politik fern. „Das gute, das naturgemäße Leben", um mit Leo Strauss zu sprechen, „ist das zurückgezogene Leben des am Rande der politischen Gesellschaft existierenden Philosophen".¹⁵

Das politische Denken der herrschenden Schicht und ihrer Anhänger von Panaitios bis Cicero verteidigt das Naturrecht hartnäckig sowohl gegen den Epikuräismus als auch gegen die Neue Akademie. Bei Cicero sind unterschiedliche Tendenzen in einem einzigen Problembündel miteinander verflochten. Das Prinzip, daß das Recht sich aus der Natur ableite, kann von allen angenommen werden, die „das Gute und das Gerechte an sich für begehrenswert halten". Man greift auf die Alte Akademie, auf Aristoteles und Theophrast, auf den Stoizismus Zenons und den des Ariston von Chios zurück, bei dem kynische Einflüsse spürbar sind.¹⁶ Die Vorstellung von einer naturrechtlichen Ordnung ist, wie Cicero wohl weiß, auch viel älter als die Akademie. Der platonische Philosoph denkt über die rationale Ordnung der Dinge nach, die „sich gegenseitig kein Unrecht antun und keines erleiden". Als „Maler von

Verfassungen" wirft er ein Auge „auf das, was von Natur aus gerecht, schön und weise ist", und auf der Grundlage des göttlichen Vorbildes zeichnet er einen Entwurf der Stadt.[17] Freilich begegnet die Idee „eines einzigen göttlichen Gesetzes", das „alle menschlichen Gesetze speist", vor Plato schon bei Heraklit.[18] Ein „Gesetz, das alle Dinge umfaßt", so dachte Empedokles, „erstreckt sich auf die unendliche Weite des Äthers und auf die grenzenlosen Regionen des Lichts".[19] Auch in der Tradition des Pythagoras verliert der *nomos* seine „regionale Prägung"[20] und nimmt kosmische Bedeutung an.[21]

Cicero teilt nicht, – und damit steht er auf derselben Linie wie die Stoiker, – das Konzept von Recht, das alle menschlichen Wesen umfaßt, und das bei Pythagoras und Empedokles begegnet;[22] dieses Konzept sollte einige Jahrhunderte später bei Ulpian wieder auftauchen.[23] Für die Stoiker ist die Welt, die „nach der göttlichen Vorsehung" geordnet ist, „die gemeinsame Wohnstätte der Götter und der Menschen oder (anders gesagt) eine Stadt, die die einen wie die anderen aufnehmen sollte".[24] So sieht es auch Cicero, wenngleich sein gedämpfter Skeptizismus den Akzent gerne vom Rational-Darlegbaren auf das Praktisch-Traditionalistische verschiebt und er, so möchte ich sagen, die Verlockung, nach einer endgültigen Grundlage zu suchen, ausklammert. Die Basis des Naturrechts bildet in erster Linie der Konsens der Weisen;[25] sie ruht aber ebenso auf einer anderen empirischen Tatsache, nämlich dem „Konsens der Völker".[26] Das Naturrecht kennt nicht die jedem „Zivilrecht" eigenen Grenzen, und es „wurzelt in der Solidarität des Menschengeschlechts".[27] Die *lex*, in der es zum Ausdruck kommt, ist etwas anderes als die „Gesetze" einzelner Gemeinden, seien sie nun geschriebenes oder Gewohnheitsrecht: die *lex* ist „die richtige Vernunft, die mit der Natur in Einklang steht, die . . . befiehlt oder verbietet".[28] Gewiß, die Meinungen darüber, was gerecht und was ungerecht ist, gehen auseinander; aber dies spricht nicht gegen das Naturrecht, denn es berührt nur die Oberfläche der Dinge.[29]

Der Beweis liegt in einer tendenziösen Argumentation mit dem Absurden. Wenn das Recht lediglich aus den „Volksabstimmungen" bestünde, aus den „Dekreten der einflußreichsten Bürger" oder aus den „Urteilssprüchen der Richter", dann könnten Raub, Ehebruch, falsche Testamente oder ähnliches durch ein günstiges Votum oder mit Zustimmung der Menge rechtlich zulässig werden. Dem ist aber nicht so. Diese Verhaltensweisen bleiben das, was sie sind, und die jeweils erlassenen Normen können die wahre Rechtlichkeit nicht verfälschen.[30] Ein freier Mann würde nicht zum Sklaven eines andern, und ein Bürger nicht seines Bürgerrechts beraubt, auch wenn die Organe des Gemeinwesens formal völlig einwandfrei so beschließen würden.[31] Im übrigen würden ohne das Naturrecht auch die Tugenden schwinden: die Tugenden, die aus einer angeborenen Neigung zur Freundschaft hervorgehen; es schwänden die Bande des Respekts oder des Gehorsams zwischen den Menschen, die Kulte und die religiösen Zeremonien.[32]

Das Naturrecht wie das positive Recht regeln die Beziehungen der Menschen zueinander, es ist gleichermaßen menschlich und göttlich, ewig und unverrückbar. Es bedarf keiner positiven Formulierung der Anerkennung, weil es eine vorhandene Realität darstellt, es bestand vor jedem geschriebenen Gesetz, bevor sich irgendeine Stadt konstituierte.[33] Es ist auch dem Menschen innewohnend; es wurzelt in seinem Bewußtsein, in seiner *mens*, es diktiert ihm die Grundregeln des praktischen Handelns: Vermeiden von Täuschung, Betrug, Heuchelei, anderen keinen Schaden zufügen, um sich selbst einen Vorteil zu verschaffen, also das „allgemeine Wohl" sichern.[34] Das Naturrecht beinhaltet eine weitere Regel, und diese steht vor allen anderen: die „Gebräuche" und die „Gesetze", das Eigentum und die sozialen Unterscheidungen, mit einem Wort, die von der „res publica" eingerichtete Ordnung zu verteidigen.[35] Die Naturrechtslehre verzichtet mithin darauf, die ihr zugewiesene kritische Aufgabe bis zum letzten zu erfüllen,[36] und enthüllt so ihre ideologische Absicht. Der Ring schließt sich endlich: das Naturrecht trifft auf das existierende Gesetzesrecht in seiner historischen Ausprägung und bemüht sich, dieses zu legitimieren. Es verbindet sich mit der Tradition der Vorfahren und entdeckt sie in neuem Licht, und zwar nicht als naiv überkommene Erbschaft, sondern als Vermögen, das man bewußt hütet. Jede Art von Naturrecht birgt das Risiko in sich, „potentiell den größten Teil der Menschheit heimatlos" zu machen, indem es ihn davon abbringt, die ihm zugewiesene Ordnung zu akzeptieren oder sich nachgerade mit ihr zu identifizieren.[37] Gegen diese Gefahr richtet die politische Philosophie der späten Republik eine feste Barriere auf.

3. Schein und Sein

Eine andere Frage ist, ob und wieweit eine naturrechtliche „Wahrheit" erkennbar ist oder ob man sie nur postulieren soll. Eine „angeborene Kraft" läßt in uns das Bewußtsein für das Naturrecht wie auch für die Wahrheit entstehen. Welche Beziehung besteht nun zwischen den beiden Termini? Dies Problem ist nicht einfach zu lösen, denn der Begriff der Wahrheit selbst ist umstritten. Auch für Cicero ist das *verum* das Fernziel der *investigatio*.[39] Die *investigatio* freilich richtet sich nicht, wie Walter Burkert richtig bemerkt,[40] auf ein absolutes und metaphysisches *verum;* Kriterium für die *investigatio* ist das *probabile* und *verisimile*, und davon geht sie nie ab.[41] Andererseits wirkt hier das übliche Vorurteil gegenüber der Wissenschaft von der Natur, die zwar nicht grundsätzlich in ihren ontologischen Kategorien geleugnet, aber ständig an ihre unumstößlichen Grenzen erinnert wird.[42] Das Universum ist „von Finsternis umgeben" und quasi „verborgen", und der menschliche Geist vermag es nicht zu durchdringen.

"Wir kennen unsere Körper nicht, nicht die Lage ihrer Teile und ihre Funktion. Deshalb haben die Ärzte, für die diese Kenntnis wichtig wäre, die Körper geöffnet, um dies zu erkennen. Aber auch so, meinen die Empiriker, hätten sie davon keine bessere Kenntnis erhalten, denn es könne sein, daß sich diese Körper veränderten, sobald sie dem Blick ausgesetzt seien. Vielleicht können wir ebenso die natürlichen Strukturen der Dinge aufschneiden, öffnen und auseinanderlegen, um zu sehen, ob die Erde unten eingeschlagen oder an ihren Wurzeln befestigt sei oder gar im Freien hänge?"[43]

Die skeptische Ausrichtung Ciceros zeigt sich besonders auf dem Feld der Erkenntnislehre und scheint vor der Schwelle der Ethik und der Politik anzuhalten. Man könnte also paradoxerweise mit den Worten Rousseaus sagen, daß hier die Forderung bestehe, die „Tugenden gegenüber tugendhaften Männern zu verteidigen".[44] Die akademische Schule des Arkesilaos und des Karneades würde nur Aufruhr verursachen, man muß sie daher zur Ruhe anhalten.[45] Während das Gebiet der Natur mit undurchdringlichem Dunkel verhüllt ist, erstrahlt das der Ethik in seinem vollen Glanz.[46] Aber wie? Auch die Welt der Ethik ist doppelbödig.

„Wir besitzen weder vom wahren Recht noch von der wirklichen Gerechtigkeit die ganze und klare Gestalt; was wir haben, sind lediglich Schatten und Bilder".[47]

Die Wahrheit des Naturrechts, wie jede andere auch, „verbirgt sich in einem Abgrund",[48] so könnte man mit einer Paraphrase von Demokrit sagen. In *De legibus*, dem sicher wichtigsten Werk für sein naturrechtliches Denken, gibt Cicero zu, sich über die stoische Theorie des Naturrechts nicht sicher zu sein.[49] Warum sollte er auch? Diese Theorie beruht auf der Annahme einer göttlichen Vorsehung. Mit dieser theologisch-teleologischen Lehre setzt sich Cicero nun in *De natura deorum* kritisch auseinander.[50] Sie kann schließlich nur mit einem Schein der Wahrheit aufwarten: „nur mit einem Schatten und mit Bildern", um es mit den Worten zu sagen, auf die wir oben gestoßen sind. Die „Bilder" sind freilich für das menschliche Leben unentbehrlich. In dieser Hinsicht ist die stoische Theorie des Naturrechts nicht irrelevant[51] und besitzt eine unbestreitbar praktische Bedeutung. Atticus kann der stoischen Naturrechtslehre zustimmen, wenngleich er sie als Epikuräer und „Philosoph" nicht teilen kann.[52] Er hängt ihr lediglich politisch (im weitesten Sinne des Wortes) an, so wie der Skeptiker C. Aurelius Cotta die Existenz der Götter „politisch" anerkennt, die er auf rationaler Ebene ablehnt.[53]

Die Natur, ob sie nun erkennbar ist oder nicht, bildet also den Ursprung des Rechts. Die „allgemeine Vernunft" der Menschen, eine durch unsere Erfahrung bestätigte Realität, zwingt dazu, die eine nicht von dem anderen zu trennen und begründet so ihre Beziehung.[54] Die Philosophie macht diese Verknüpfung bewußt und problematisiert sie. Ist wirklich allein die Philosophie in der Lage, sie zu erfassen und sichtbar zu machen? Die Lektüre von *De legibus* könnte den Anschein erwecken. Sie bestätigt, daß sich in Rom viele Menschen mit der *interpretatio* des Rechts beschäftigt haben. Die *interpretatio* ist, für sich gesehen, freilich eine „bescheidene Aufgabe", ein *munus exiguum;* sie ist praktisch notwendig, aber mehr oder weniger bar jeder theoretischen Bedeutung. Wenn man innerhalb dieses Rahmens bleibt, ist es weder möglich, die Bedeutung von *ius civile,* d. h. der Gesamtheit der Institute, die das Recht eines Volkes ausmachen, zu erfassen, noch die der *interpretatio* selbst, die ebenfalls, in einer sehr spezifischen Bedeutung, „*ius civile*" ist. Damit diese Bedeutung offenbar wird, muß man grundsätzlicher fragen, was dahinter steht. Man muß dabei die Natur des Rechts selbst hinterfragen, seine Verbindung mit der Natur des Menschen; und nach den obersten Gesetzen, nach denen ein Gemeinwesen gelenkt wird. Erst wenn man diese Fragen beantworten kann, werden auch jene konkreten und besonderen Realitäten, wie die einzelnen bürgerlichen Ordnungen, deutlich.[55]

Der Jurist, so würde man sagen, muß gegenüber dem Philosophen zurücktreten. Ist es aber sicher, daß der Jurist sich nicht wie ein Philosoph verhalten kann, indem er über den Zweck seiner Rechtskunst nachdenkt, ohne sein Terrain zu verlassen? Gewiß, seine Welt besteht aus Fiktionen und praktischen Notbehelfen, aus lediglich provisorischen „Konzepten"; es handelt sich, recht besehen, um eine Welt des Scheins und des Künstlichen: häufig sind die Rechtsinstitute das Ergebnis von Imitation oder „Simulation".[56] Auch der Jurist könnte mit den Worten eines modernen Schriftstellers sagen, „es scheint auf dieser festen Erde, auf die wir treten, keine Substanz zu geben: nur Symbole und Beziehungen".[57] Dennoch kann der Jurist darüber hinausgehen. Cicero selbst gesteht dies in einer entscheidenden Stelle in *De officiis:* Das Studium des Rechts wird auf derselben Ebene angesiedelt wie Geometrie, Astronomie und Dialektik. Wie die genannten Fächer, so hat auch das Studium des Rechts das „Forschen nach der Wahrheit" zum Ziel.[58]

4. „Aequitas civilis" und „aequitas naturalis"

Man konnte die hellenisierte Jurisprudenz des 2. und 1. Jahrhunderts v. Chr. nicht als ein *munus exiguum* bezeichnen – es sei denn polemisch. Dies gilt nicht nur für ihre Hauptvertreter wie Q. Mucius Scaevola und Servius Sulpicius Rufus, sondern auch für Aquilius Gallus oder, ein oder zwei Generationen vorher, für P. Mucius Scaevola und Manius Manilius. Noch weniger könnte man dieses Etikett den Forschungen Labeos unter Augustus und dem juristischen Denken der darauffolgenden Zeit, das häufig deren Unterricht fortsetzte und ihrem Einfluß unterlag, anheften.

Wenn wir uns dies vor Augen führen wollen, wäre ein – zumindest in einigen der wichtigsten Abschnitte gangbarer – Weg die *aequitas.* Dieser Weg ist gewunden und wir werden erst an seinem Ende vielleicht eine naturrechtliche „Wahrheit" ahnen. Der Sinn des Wortes *aequitas* ist, wie jener der ihm nahestehenden Wörter, nicht eindeutig. Zuallererst ist es angezeigt, eine Beobachtung von Fritz Pringsheim festzuhalten. Die *aequitas* darf nicht mit einem vagen „Rechtsgefühl", das den Richter in seinen Urteilen leiten soll, und das außerhalb jeder Beziehung zu einer festgesetzten und stabilen Ordnung wirksam ist, verwechselt werden: das was man mit einer „Kadijustiz" umschreiben könnte, ist der römischen Welt fremd.[59] Aristoteles' Nachdenken über die *epieikeia* stellt in der antiken Kultur einen Fixpunkt dar. Dieses Nachdenken ist vielschichtig und bisweilen dunkel. Platos Vorstellung von der „Nachsicht den menschlichen Wechselfällen gegenüber" findet sich, wenn auch in ganz anderem Kontext, in der *Rhetorik* und der *Nikomachischen Ethik* wieder.[60] Die Schwierigkeit liegt indes im Verhältnis zwischen der Allgemeinheit des Gesetzes und den Besonderheiten des konkreten Handelns. Die *epieikeia* stellt sich als „Korrektiv des Gesetzes" dar: eine notwendige Korrektur, wenn das Gesetz bezüglich des konkreten Handelns eine Abweichung mit sich bringt und dies nicht nur deshalb, weil es in sich unvollständig, sondern weil die menschliche Realität, die „Natur der Sache" mangelhaft ist. Dadurch, daß sie das Gesetz korrigiert, es weiterführt und verbessert, vervollständigt die *epieikeia* die „gesetzliche Justiz". Sie entfernt sich von der gesetzgeberischen Strenge nicht, weil es nicht besser geht, sondern um das Gerechte auf einem hohen Niveau zu verwirklichen.[61] Unter diesem Blickwinkel kann das „Billige" auch unveränderbar erscheinen, wie das „allgemeine Gesetz", das sich auf der Natur gründet.[62]

Es ist schwer auszumachen, inwieweit und über welche Vermittlungen die aristotelische „Billigkeit" die rhetorisch-philosophischen Abhandlungen der späten Republik und der Folgezeit beeinflußt hat. Jedenfalls ist die aristotelische Billigkeit für die römische Rechtswissenschaft wohl von geringerer Bedeutung; und dies nicht allein deshalb, weil diese den mäandrierenden Bewegungen der Ethik nicht folgen konnte, sondern eher wegen eines ihr eher selbst innewohnenden Hemmnisses. Die Fälle, mit denen sich die Juristen normalerweise beschäftigen, verweisen weder auf ihre unendlichen faktischen Einzelheiten noch lassen sie eine gefühlsmäßige Bewertung zu; sie haben bereits eine Art alchimistischer Destillation durchlaufen, oder durchlaufen sie gerade, und können lediglich die eine oder andere Erinnerung an ihren Ursprung bewahren. Die *aequitas* des Rechtsgelehrten ist etwas anderes als die *aequitas*, die der Richter (um es mit Ulpian zu sagen) „vor Augen haben muß".[63] Diese *aequitas* hat es eher mit abstrakten Typen zu tun als mit einzelnen Taten und handelnden Menschen im wandelbaren und nicht voraussehbaren Universum der Fakten. Wie vollzieht sich dieses Aufeinandertreffen? Hier muß man unterscheiden. Vor allem ist festzuhalten, daß die *aequitas* ein interpretatorisches Vorgehen beeinflußt hat, um die inneren Möglichkeiten der Rechtsordnung zu verwirklichen und weiterzuentwickeln. Eine Disziplin, die als gegeben verstanden wird, drängt dazu, eine andere zu „erfinden", die mit der ersten durch dieselbe Art von „Vernunft" verbunden ist. In diesem Fall ist die *interpretatio* analog und innovativ; sie vollzieht sich innerhalb der Grenzen der Ordnung, und ihre Billigkeit ist eine Billigkeit im Sinne des *ius civile*. Ein Beispiel kann dies verdeutlichen. Der Prätor sah in seinem Edikt eine Klage auf das Vierfache gegen denjenigen vor, der einen Raub begangen oder Sachen eines anderen beschädigt hat, sei es bei einer Feuersbrunst oder einem Einsturz oder einem Schiffbruch oder während eines Angriffs von Piraten auf ein Schiff, oder gegen denjenigen, der arglistig Sachen an sich genommen hat, die bei ähnlichen Vorfällen geraubt wurden.[64] Nach Labeo ist der Angriff von Piraten nichts anderes als ein Angriff, den Räuber gegen ein Landhaus oder ein Haus geführt haben: es ist „billig", auch in diesem Fall die prätorische Norm anzuwenden, weil „wir durch Räuber beunruhigt werden können, und uns sowohl zur See als auch in unserem Landhaus Schaden zugefügt werden kann".[65] Hier bedeutet die *aequitas* „Gleichheit" im wahren Sinne des Wortes: sie wirkt als eine Art Gleichgewicht in unterschiedlichen aber ähnlich gelagerten Situationen und hat für diese dieselbe regulierende Funktion.[66]

Freilich wirkt die *aequitas* nicht immer als Richtschnur für ein Gleichgewicht in dem von uns beschriebenen Sinne. Manchmal bleiben die expansiven Fähigkeiten der Ordnung außer Betracht, die der Interpret stets erfassen können muß. Es kann sich auch um etwas anderes handeln. Die Erfordernis, zwischen zwei Lösungen, die sich beide als „gerecht" erweisen, zu wählen, setzt ein subtiles wertendes Urteil voraus. Wer möchte zum Beispiel wohl entscheiden zwischen einem Minderjährigen, der ein Gut aus seinem Vermögen verkauft hat und dem Dritten, der es guten Glaubens erworben hat?[67] Ein anderes Problem besteht in der korrekten Begrenzung des Rahmens, innerhalb dessen eine Norm angewendet wird. Wir sehen dies aus einem Fall, den Servius behandelt, und der uns in einem doppelten Bericht erhalten ist: einer stammt von Alfenus und der andere von Ulpian, der sich zudem auf Labeo bezieht.[68] Zwischen zwei Eigentümern von benachbarten Gebäuden findet eine Sicherheitsleistung in Form einer Stipulation *(cautio damni infecti)* in Hinsicht auf einen drohenden Schaden statt. Haftet nun der Schuldner dafür, daß die vom Wind herabgewehten Ziegel das Gebäude dessen beschädigt haben, dem die Sicherheit geleistet wurde? Das Responsum des Servius, – das in der Beschreibung des Alfenus noch immer seine Unmittelbarkeit erhalten hat, während für Ulpian die „Meinung" völlig vom Fall, von dem sie ausging, abgetrennt ist, – läßt zwei Möglichkeiten offen: die Haftung wird anerkannt, wenn der Schaden auf einen Mangel am Gebäude zurückgeht, sie ist hingegen auszuschließen, wenn der Schaden auf die „Heftigkeit des Windes" zurückgeht, einer Heftigkeit, die auch, wie Alfenus präzisiert, „feste Gebäude erschüttern" könnte. In der überlieferten Form läßt das servianische Responsum seine Beweggründe nicht erkennen. Indes schließt das *respondere*, bei dem die *auctoritas* die *ratio* überwiegt, stets das *putare* ein, bei dem die *ratio* über der *auctoritas* steht. Labeo bemüht sich, diese *ratio* aufzuspüren und sichtbar zu machen. Er bedient sich einer Beweisführung durch das Absurde: wenn wir in dem Fall, in dem der Schaden durch eine unabwendbare Gewalt wie die Gewalt des Windes angerichtet wurde, die Haftung des Schuldners annähmen, so müßten wir dies auch annehmen, wenn die Ursache des Schadens das Toben eines Gewitters oder eine Überschwemmung oder eine Feuersbrunst oder ein Erdbeben wären. Das Ergebnis wäre „unbillig". Das „*iniquum*" rührte nicht aus einem inneren Widerspruch der Ordnung, so als ob man sich weigerte, gleichartige Situationen gleich zu behandeln; es leitete sich in unserem Falle aus der Nichtbeachtung eines Prinzips her, das sich aus der Praxis ergibt, und in dem sich die gegebene Ordnung der Dinge und die Ethik menschlichen Verhaltens ausdrückt. Wir können vielleicht noch weiter gehen und in positiven Termini die Thesen des Servius und Labeo neu formulieren: man könnte sagen, es sei „von Natur aus billig", wenn der Schuldner in einer Sicherheitsleistung für den drohenden Schaden bei höherer Gewalt nicht einsteht.

Die *aequitas naturalis,* auf die wir uns einigermaßen willkürlich beziehen, hätte hier ausschließlich die Funktion, von außen her eine vernünftige Grenze für die Anwendung einer bestimmten juristischen Regelung festzulegen. Die der *aequitas civilis* gegenübergestellte *aequitas naturalis* kann aber noch radikaler vorgehen: sie kann zu einem kritischen Blick auf die Ordnung als solche führen[69] und den Anlaß für eine neue juristische Vorschrift bilden, die ihrerseits im Widerspruch zur inneren Logik dieser *aequitas* steht. Dies ist kein bequemer Weg. Dem Juristen, der ihn beschreiben will, ist bewußt, daß er eine Grenze überschreitet, innerhalb derer er zu arbeiten pflegt, und er weiß, daß er sich aufgrund eines praktischen Wissens, das über die Technik hinausgeht, zum Sprecher des „Gerechten" macht. Zwischen dem technischen und dem, wie wir sagen würden, philosophischen Aspekt besteht für ihn keinerlei Bruch: beide bedingen sich gegenseitig. Letztendlich erweist sich eben die juristische Technik, die für Cicero – wenn auch mit Einschränkungen –, so doch notwendig, aber aus theoretischer Sicht „unbedeutend" erscheint, in einem Universum von Werten verankert, das nur in vereinzelten Augenblicken deutlich sichtbar wird.

Der Widerspruch zwischen *aequitas civilis* und *aequitas naturalis* war ein logisch-rhetorischer Topos, in dem weit verbreitete ethische Überzeugungen ihren Niederschlag fanden.

„Wenn wir über das „Billige" und das „Unbillige" diskutieren, sollen zunächst die Stellen, welche die „Billigkeit" betreffen, zusammengestellt werden. Sie scheiden sich in zwei Kategorien, je nachdem, ob man die Natur und die von Menschen gesetzte Einrichtung betrachtet. Die Natur umfaßt zwei Arten: Jedem das Seine zugestehen und das Unrecht bestrafen. Die Billigkeit ist eine dreifach gegliederte Institution: die eine gründet sich auf das Gesetz, die zweite auf das Übereinkommen und einer dritten eignet das Dauern der Gebräuche in der Zeit".[70]

XII. Naturrechtliche Vorstellungen

Das System von Vorschriften, das diese Zeilen voraussetzten, reicht noch weiter; wir wiesen bereits darauf hin.[71] Es ist offensichtlich, daß die Jurisprudenz der Rhetorik nicht auf dem neutralen Terrain möglicher Alternativen folgen konnte;[72] hätte sie es getan, hätte sie sich selbst verraten, weil es nicht ihre Aufgabe war, Waffen für jede mögliche These bereitzustellen, sondern zu einer sicheren Definition von Verhaltensweisen und Lösungsmöglichkeiten in Konfliktfällen zu gelangen. Die Welt der ethischen Vorstellungen, die sich in der Rhetorik ausdrückt, und die die Rhetorik in ihren Schemata zusammenfaßt, ist aber auch die der Jurisprudenz, die ihr (wie der Philosophie) auf ihrem Weg begegnet. Wir sehen dies am besten in der Art und Weise, in der Labeo für eine prätorische Verfügung argumentiert:

„Angenommen, ein im Testament freigelassener Sklave hindert arglistig nach dem Tod des Herrn und vor dem Erbschaftsantritt, daß von der Erbschaft etwas an den Erben gelange. Gegen diesen nun freien Sklaven soll binnen eines Jahres eine ‚analog brauchbar gemachte' Klage auf das Doppelte erteilt werden. Diese Klage enthält nach Labeo eher eine „natürliche Billigkeit" als eine „zivilrechtliche"; und gewißt ist es gemäß der natürlichen Ordnung billig, daß derjenige nicht ungestraft bleibt, der den Nachweis großer Unverfrorenheit erbracht hat, weil er sich dessen bewußt ist, daß er wegen der Aussicht auf die bevorstehende Freiheit nicht mehr als Sklave bestraft werden kann, und daß er nicht als Freier verurteilt werden kann, da er einen Diebstahl angesichts der Erbschaft beging".[73]

Die testamentarische Freilassung des Sklaven wird nur wirksam durch den Erwerb der Erbschaft seitens des Erben: bis zu diesem Zeitpunkt, also während der ruhenden Erbschaft, ist der freigelassene Sklave Teil der Erbschaft: er ist noch nicht frei, aber er hat derzeit keinen Herrn. Wie kann man ihn fassen, wenn er während dieser Zeit Erbgüter unterschlägt oder beschädigt? Aus streng logischer Sicht ist das Problem unlösbar. Gegen ihn als Sklave ist keinerlei Sanktion, nicht einmal eine häusliche, möglich, weil es keinen Herrn gibt, und gegen ihn als Freien ebensowenig, weil er die Unterschlagung oder den Schaden angerichtet hat, als er noch einen Teil der Erbschaft bildete. Das Eingreifen des Prätors, der eine Klage gegen den frei gewordenen Sklaven zuläßt, ist neu, und unter juristisch-systematischem Gesichtspunkt nicht normal.[74] Es wird anderweitig begründet. Allein die Jurisprudenz, die über die Tätigkeit des Prätors wacht und bereit ist, diese zu kritisieren oder sie mit ihrem Urteil zu unterstützen, ist in der Lage, dieses Eingreifen anzuerkennen und es kundzutun. In unserem Fall vollzieht sie den größten Schritt: sie weist auf ein „natürliches" Gleichgewicht oder auf eine „natürliche" Ordnung hin, die sich von der „zivilen" (im weitesten Sinne des Wortes) unterscheidet: wie wir wissen, spielen in diesem Zusammenhang das Prinzip des „anderen nicht Schaden zufügen" und des „das Unrecht bestrafen" eine Rolle.

Die Betonung der Gleichheit oder der Gerechtigkeit einer durch das Edikt gegebenen Norm (in anderen Worten dadurch, daß man sie auf ihren metapositiven Grund zurückführte) war eine Möglichkeit, sie aus ihrem prekären

Zustand zu lösen, indem man sie auf einer anderen Ebene, und über ihre kurze Dauer hinaus, für gültig erklärt. Warum sollte man sie, nach einer so aufwendigen Überprüfung, nicht Jahr für Jahr ins Edikt aufnehmen? Man könnte andere Beispiele beibringen. Besonders der Name Labeos findet sich häufig. Wichtig ist das Thema der *bonorum possessio* „gegen das Testament", ein prätorisches Institut, das wir bereits kennen und das es seit dem Ende der Republik oder den ersten Jahren des Prinzipats gibt.[74] Wer konnte es beantragen? Es werden die Kinder des Erbenden berufen, aber diese Kategorie ist sehr weitreichend, viel weiterreichender als die erste Gruppe in der *bonorum possessio* „ohne Testament". Sie umfaßt vor allem die der väterlichen Gewalt im Augenblick des Todes des Vaters unterstellten Kinder, die *sui*, wie sie in der Fachsprache genannt werden, sowie die zu diesem Zeitpunkt nicht gewaltunterworfenen (emanzipierten) Kinder; sie umfaßt auch andere Kategorien von Kindern, darunter, unter gewissen Bedingungen, die vom leiblichen Vater zur Adoption gegebenen und nun der Gewalt ihres Adoptivvaters unterstellten Kinder.

„Die zur Adoption gegebenen Kinder solle der Prätor nicht ausschließen, sobald sie nur zum Erben eingesetzt sind. Labeo bezeichnet diese Regelung als äußerst gerecht, denn sie sind in der Tat keine Fremden im vollen Sinne des Wortes. Denn sobald sie zum Erben eingesetzt worden sind, werden sie den „Nachlaßbesitz gegen das Testament" empfangen. Allein jedoch könnten sie auf die Anwendung des Edikts keinen Anspruch erheben; es muß eines von den anderen Kindern im Testament übergangen worden sein, für das gewöhnlich die Ediktbestimmung gilt".[76]

Die Tragweite dieser prätorischen Norm wird von allein deutlich; sie regelte in einem ganz heiklen Punkt die Materie der Erbfolge auf eine neue Art und Weise. Die „natürliche" Bindung, die die Adoptivkinder mit ihrer Ursprungsfamilie verbindet, gewinnt an Bedeutung. Eben weil diese Bindung hervorgehoben wird, erscheint diese Norm, in Labeos Sichtweise, als Produkt der Gerechtigkeit. Auch hier wirkt eine Art *aequitas naturalis,* wenngleich der Ausdruck in diesem Zusammenhang nicht auftaucht.

5. Das „gerechte Gesetz"

Gemäß einer dem antiken Denken nicht fremden und seit Hobbes in der politischen Reflexion der Neuzeit gegenwärtigen Vorstellung ist ein Gesetz nicht ein Gesetz, weil man in ihm die Wahrheit oder die Vernünftigkeit erkennt, sondern weil es von einer souveränen Gewalt herrührt. Jedes Werturteil über das Gesetz ist somit ausgeschlossen: die juristischen Normen sind weder gut noch schlecht, sondern allein verpflichtend, und sie rechtfertigen sich eben durch ihre Existenz. Am besten hat dies Kelsen zum Ausdruck gebracht: „Die Forderung, Recht von Moral und Rechtswissenschaft von Ethik zu unterscheiden", schreibt Kelsen, „bedeutet, daß vom Standpunkt einer wissenschaftlichen Erkenntnis des positiven Rechts dessen Legitimierung durch eine von der Rechtsordnung verschiedene Moralordnung irrelevant ist, da Rechtswissenschaft ihren Gegenstand weder zu billigen noch zu mißbilligen, sondern nur zu erkennen und zu beschreiben hat".[77]

Für die klassische Rechtswissenschaft liegt der Fall anders. Die Aufgabe, Zustimmung oder Ablehnung seinem eigenen Gegenstand gegenüber zum Ausdruck zu bringen, vertraut man nicht anderen an. Wir sahen dies bereits bei Labeos Analyse des prätorischen Edikts. Diese Aufgabe übernahm auch die auf Labeo folgende Jurisprudenz, freilich unter täglich schwieriger werdenden Umständen. Die rechtswissenschaftliche *aequitas* in ihrer gesamten Anwendungsbreite muß sich mit der *clementia* und der *benevolentia* der „Herren der Welt", mit ihrer *philanthrōpia,* messen: mit Werten, die sich entsprechen, und die sich mit einer Freiheit und Unmittelbarkeit entfalten, die sich die Rechtswissenschaft nicht erlauben kann. Diese muß vielmehr die ständigen Spannungen zwischen dem Alten und dem Neuen im Auge behalten und die Rationalität der eigenen Meinungen, für die sie den höchstmöglichen Konsens der Experten beansprucht. Man braucht kaum an Celsus, den (vielleicht) unstetesten unter allen Juristen der Kaiserzeit zu erinnern. In Pomponius' Abhandlung zu Mucius ist ein Punkt in diesem Zusammenhang für uns von großem Interesse, bei dem wir einen Augenblick verweilen müssen:

„Die Zahl der Klagen ist nicht abgeschlossen: es entsteht daher das Bedürfnis nach weiteren auf den Sachverhalt zugeschnittenen Klagen. Der Prätor aber vervollständigt auch jene Klagen, die sich aus den Gesetzen herleiten, er schließt die Lücken, sofern das Gesetz „gerecht" und „notwendig" ist. Er tut dies im Fall des Aquilischen Gesetzes, wenn er Klagen erteilt, die analog zu diesem gebildet sind. Dies zu tun, erfordert die Nützlichkeit des Gesetzes".[78]

Es scheint demnach nicht nur das Edikt, sondern auch das Gesetz, in dem das Volk seinen normativen Willen ausgedrückt hat, einer kritischen Prüfung zu unterliegen. Man streitet über die Nützlichkeit, Notwendigkeit und die Gerechtigkeit. In einem „gerechten" Gesetz kann man das etwaige Paradigma des prätorischen Willens erkennen, der die Anwendung des Gesetzes mit seinen eigenen Mitteln und auf einer anderen Ebene auszuweiten vermag.[79] Genau dies geschieht mit der *lex Aquilia*. Dieses Gesetz bestrafte jenen Schaden, der materiell und direkt die physische Existenz betraf. Durch die Erfindung der Analogie konnte man das Anwendungsgebiet erweitern. Wer Vieh in einen Stall einsperrte und es verhungern ließ, oder wer Gift verabreichte, war ebenso schuldig wie der, der tötete und dabei seine eigene Muskelkraft verwendete. Auch Unterlassung konnte von Bedeutung sein, und die Beeinträchtigung des Vermögens konnte sich ohne die für den Schaden gemäß der *lex Aquilia* typischen Kriterien darstellen. Man bildete so neben den auf dem Gesetz basierenden Klagen andere aus, die man als *in factum* oder als „nützlich" bezeichnete. Die Voraussetzung dafür war ein Werturteil, und wer, wenn nicht die Jurisprudenz, konnte es fällen?

6. Das Recht jenseits der menschlichen Gemeinschaft

Es ist kein Zufall, daß Ulpian die Ansichten Labeos hinsichtlich der Unterscheidung zwischen *aequitas civilis* und *aequitas naturalis* weiterentwickelte. Der Rechtsgelehrte aus severischer Zeit greift in seinen Schriften sehr häufig auf die *aequitas naturalis* zurück, vor allem deshalb, um einzelne Verfügungen des prätorischen Edikts zu rechtfertigen.[80] Der Rückgriff gestattet aber auch, zwischen unterschiedlichen rechtswissenschaftlichen Richtungen zu wählen.[81] Für das Edikt sollte gezeigt werden, daß es „vernünftig, praktisch und für alle geeignet", und nicht nur „eine Sammlung von Normen, auf das römische Gewohnheitsrecht zugeschnitten", war. Die Annahme ist sehr verlockend, daß einem von der Zentralregierung angeregten grandiosen Programm eine ähnliche Zielrichtung zugrunde lag: das römische Recht, das bereits eine fast tausendjährige Geschichte hinter sich hatte, „in eine kontrollierte Ordnung" zu bringen, „im Interesse unter anderem auch der Neubürger".[82] Wie dem auch sei: Ulpian verwendete und betonte wertende Muster aufs neue, die die Jurisprudenz bereits früher gebraucht hatte,[83] und denen wir bisweilen auch bei Paulus begegnen. Bezeichnend ist, was Paulus über die Einrede der Arglist schreibt: „sie wurde vom Prätor deshalb eingeführt, um zu verhindern, daß jemand aus Arglist, wenn das *ius civile* eine vorteilhafte Gelegenheit bot, im Widerspruch zur *aequitas naturalis,* seinen Vorteil daraus zog".[84]

Der Hinweis auf die *natura,* auf die *aequitas* und die *ratio naturalis* im fachlich-juristischen Diskurs hat keine einheitliche Bedeutung. Es wären ausführliche Untersuchungen vonnöten, um dies zu verdeutlichen. Er diente dazu, zu zeigen, „was die Folgen physischer Eigenschaften von Personen und Sachen" war, aber auch, „was der normalen und vernünftigen Ordnung der menschlichen Interessen zu entsprechen schien, und was aus diesem Grund keines weiteren Beweises bedurfte". Ernst Levy hat nachdrücklich auf diesen Punkt hingewiesen. Aus der Sicht der Jurisprudenz stellt sich das Recht dar als ein „lebender Organismus, dessen Leistungsfähigkeit und dessen Grenzen entsprechend seiner Natur bestimmbar sind".[85] Auf diese Weise erfaßt man jedoch nur die eine Seite des Problems. „Natur" ist nicht nur ein inneres Kriterium der Ordnung, das sich (wenn man so sagen kann) entsprechend ihrer konzeptuellen Ausdrucksform verzweigt. Daneben steht auch eine „Natur", die praktische Handlungsregeln vorgibt und so eine eigene Stellung beansprucht. Neben dem abstrakten Spiel der positiven Normen erkennt man einen Entwurf, den man als naturrechtlich definieren kann. Um ihn genauer wahrzunehmen, müssen wir einen erhöhten Aussichtspunkt wählen.

Auf philosophischem Gebiet bewegen sich die Schulen in der Kaiserzeit in einem von der älteren Kultur ererbten gemeinsamen Rahmen. Platoniker, Aristoteliker und Stoiker waren sich über eine von der Vorsehung gelenkte Ordnung der Welt und deren göttlicher Bestimmung einig. Lediglich die Akzente waren unterschiedlich gesetzt. Es bestand kein Widerspruch zwischen dieser Ordnung und der gesellschaftlichen und politischen Wirklichkeit Roms. Der Kaiser seinerseits konnte sich als „geeigneter Interpret und irdischer Ausdruck dieser kosmischen Zweckmäßigkeit" darstellen. Die theoretische Ausrichtung der Epikuräer wich davon ab: aber auch sie akzeptierten mit „williger Bereitschaft" das monarchische Regime und „wählten in der Tat mit ihrem abgesonderten Leben eine Verhaltensweise, die die von allen möglichen für die Regierung sicher am wenigsten beunruhigendste war".[86] Der Skeptizismus ging einen noch anderen Weg, aber auch er stellte die herrschende Ordnung nicht in Frage. „Wir hängen einer Denkweise an", bekennt Sextus Empiricus, und greift dabei auf einen älteren Gedanken zurück, „die uns lehrt, in Übereinstimmung mit der Erscheinungsform der Phänomene gemäß den Gebräuchen, den Gesetzen, den Instituten der Vorfahren und unseren eigenen Neigungen zu leben".[87] Der Antidogmatismus der Skeptiker vermochte sich mit einer pragmatischen Öffnung gegenüber der täglichen Erfahrung zu versöhnen.

Die Jurisprudenz lebt in diesem Geist. Es ist nicht erstaunlich, daß eine schulmäßig ausgerichtete rechtswissenschaftliche Literatur mehr auf dem „Naturrecht" besteht als die großen Kommentare und die problematischen Schriften. In Gaius' *Institutiones* steht neben dem *ius civile,* welches das einem jeden Volk eigene Recht ist, ein „Recht, das allen Menschen gemeinsam ist", das *ius gentium,* das von der *ratio naturalis* getragen wird.[88] Das Nachdenken über das Naturrecht der severischen Zeit geht einen anderen Weg und nimmt in einer neuen Synthese die Themen der Vergangenheit wieder auf. Das sophistische Prinzip, nach dem jeder Mensch frei ist, und wonach „die Natur niemanden zum Sklaven macht", erreichte seinen Höhepunkt im Stoizismus.[89] Es begegnet nun in den Schriften von Claudius Tryphoninus und Ulpian, und vielleicht schon vorher bei Florentinus.[90] Aelius Marcianus greift darauf zurück, um die juristischen Auswirkungen einer bestimmten kaiserlichen Wohltat zu erläutern. Bekanntlich wurde ein durch die Manumission freigelassener Sklave zum *libertus.* Der Kaiser konnte ihn aber in die Kategorie der *ingenui,* also derer, die immer frei gewesen waren, versetzen, und so den Zustand wiederherstellen, „in dem ursprünglich alle Menschen waren".[91]

Die Jurisprudenz wendet auf sich selbst die Formeln einer schulmäßigen Philosophie an und definiert sie als „die Kenntnis der menschlichen und göttlichen Dinge, die Wissenschaft vom Gerechten und vom Ungerechten". Die

6. Das Recht jenseits der menschlichen Gemeinschaft 231

stoisch geprägten Vorschriften mit ihren Geboten, – „ein moralisch gutes Leben führen", „niemandem Schaden zufügen", „jedem das Seine geben" –, beschreiben noch einmal das Ideal der Gerechtigkeit.[92] Ein Punkt ist von besonderem Interesse: Diese Vorschriften sind keine Fremdkörper, sondern in den fachlichen Diskurs eingebettet. Wir können dies aus einer langen Überlegung Tryphonins ersehen, in der die „juristischen Fragen", wie man bemerkt hat, sich fast in „Bewußtseinsfälle" verwandeln.

„Treu und Glauben, die bei Kontrakten erforderlich sind, verlangen die höchste Billigkeit: müssen wir diese aber nach dem Maßstab des *ius gentium*, des „Völkergemeinrechts", messen oder nach zivilrechtlichen und prätorischen Vorschriften? Nehmen wir ein Beispiel: Ein in einem Kapitalprozeß Angeklagter hat bei dir eine bestimmte Summe hinterlegt: er wurde deportiert und sein Vermögen konfisziert. Ist die Summe an ihn zurückzuzahlen oder an die Behörde abzuliefern? Wenn wir das natürliche Recht und das *ius gentium* ins Auge fassen, so ist klar, daß an ihn zurückgegeben werden muß; wenn wir hingegen das Zivilrecht und die gesetzliche Ordnung betrachten, so liegt die Lösung eher in dem Sinne, daß an die Behörde abgeliefert werden muß. Denn wer sich in Bezug auf das öffentliche Wohl unwürdig verhalten hat, soll auch sein Leben im Elend verbringen, damit er durch sein Beispiel andere von Missetaten abhält. Hier erweist sich auch eine weitere Unterscheidung als notwendig: Müssen wir Treu und Glauben nur im Verhältnis zwischen Vertragspartnern bewerten, wobei wir nur innerhalb dieses Verhältnisses bleiben, oder auch im Hinblick auf andere Personen, deren Interessen von diesem Geschäft berührt sind? Zum Beispiel hinterlegt ein Straßenräuber bei Seius, der nichts von der Schlechtigkeit des Hinterlegenden wußte, die Beute, die er sich bei mir beschafft hat, indem er mich beraubte. Muß Seius sie dem Räuber oder mir zurückgeben? Wenn wir den Geber und den Empfänger nur für sich ins Auge fassen, bestehen Treu und Glauben darin, daß sichergestellt ist, daß derjenige, der anderen eine Sache anvertraut hat, diese zurückhält. Betrachten wir hingegen die Billigkeit der gesamten juristischen Situation an sich, so wie sie aus allen Personen besteht, die die Folgen des Geschäfts tragen, dann ist die Sache an mich zurückzugeben, der ich ihrer durch einen absolut verwerflichen Akt beraubt worden bin. Ich sehe ein, daß die Gerechtigkeit darin besteht, jedem das Seine zuzuteilen, aber so, daß die gerechtere Forderung eines anderen nicht vereitelt werde. Wenn ich nun meinerseits nicht die Sachen zurückfordere, die man mir entzogen hat, so besteht weiterhin die Verpflichtung, sie jenem zurückzuerstatten, der sie hinterlegt hat, obwohl der Gegenstand der Hinterlegung unrechtmäßig erworben worden ist".[93]

Das alte Bild einer in Stufen unterschiedenen „menschlichen Gesellschaft" mit einer dementsprechenden Rechtsordnung war Tryphoninus ebenso bekannt wie fünfzig Jahre zuvor Gaius. Tryphoninus erwähnt verschiedene normative Stufen: das Naturrecht, das *ius gentium*, das *ius civile*, die Gesetze und die Verfügungen des Prätors. Die Beziehung zwischen den beiden erstgenannten Begriffen ist nicht klar, wohingegen der dritte die beiden letzteren mit umfassen würde. Das terminologische und definitorische Problem beschäftigte Papinian und Paulus. Wir sind außerstande zu sagen, was Papinian, zumindest in systematischer Hinsicht, vom natürlichen Recht dachte.[94] Die Ansicht des Paulus kennen wir hingegen. In seinen Augen stellt sich das Naturrecht als etwas dar, „was stets ‚billig' und ‚gut' ist", während das *ius civi-*

le das ist, „was in jedem Staat für alle oder für die meisten, nützlich ist".⁹⁵ Es gibt keinen Hinweis für die Annahme, daß er es auf eine übermenschliche Sphäre zurückgeführt hätte.

Freilich ist der Mensch im Kosmos nicht allein. Die Ethik stattet ihn auch als biologisches Wesen aus. Die Kenntnis eines gemeinsamen Rechts fordert seine Begründung über die Gemeinschaft der Menschen hinaus.

„Naturrecht ist das, was die Natur alle Lebewesen gelehrt hat. Denn dieses Recht ist nicht allein dem Menschengeschlecht eigen, sondern allen Lebewesen, die es in der Luft, auf dem Lande und im Meer gibt. Hieraus leitet sich die Verbindung des männlichen Geschlechts mit dem weiblichen ab, die wir Menschen Ehe nennen, ebenso Erzeugung und Erziehung der Kinder: wir sehen ja, daß auch die übrigen Lebewesen, sogar die wilden Tiere, nach der Übung dieses Rechts beurteilt werden".⁹⁶

Diese Vorstellung von Naturrecht, die Ulpian im ersten Buch seiner *Institutiones* verkündet, hat bekanntlich entfernte Vorläufer bei Pythagoras und Empedokles. Aristoteles konnte sie anscheinend nicht teilen, und das stoische Denken hatte ihm keine Zuneigung entgegenbringen können. Man bemerkt darin höchstens Anspielungen, wie auf die Akademie und auf Theophrast.⁹⁷ Diese pythagoreische Tradition, die in der hellenistischen Kultur irgendwie eine Randerscheinung geblieben war, entwickelte sich seit Beginn der Kaiserzeit eher in ihrem praktisch-ethischen Zweig als in dem spekulativ-mathematischen. Ihr Vertreter war in severischer Zeit Philostrat vom Lemnos. Er war als Modeliterat und als Intellektueller bei Hofe beliebt; er schrieb eine „Biographie" des Apollonius von Thyana, der sich ein Jahrhundert zuvor „mit den Lehren des Pythagoras abgemüht hatte, mit einer mysteriengleichen Weisheit", die er dann in der Welt verbreitete.⁹⁸ In diesem biographischen Roman entdeckt man ohne Mühe das Motiv der „engen Gemeinschaft", der *sympatheia* unter allen Lebewesen.

Wir stellten fest, daß der Mensch gleichermaßen ein moralisches Wesen und ein biologisches Individuum ist. Ulpians Überlegungen trennen diese beiden Aspekte nicht. Das moderne Wissen kann die Botschaft verstehen, auch wenn es der Kosmologie, die darin zum Ausdruck kommt, ferne steht. Verschiedene Kulturen, stellte Claude Lévi-Strauss fest, könnten einen gemeinsamen Standpunkt finden in der hiermit befaßten Problematik: Nicht nur unsere Kultur ist eine Erbin der klassischen Tradition, sondern auch die Hochkulturen des Orients und die vom Hinduismus und Buddhismus geprägten Kulturen des fernen Ostens; ja selbst die Kultur „der sogenannten unterentwickelten Völker, und selbst der einfachsten unter ihnen, der schriftlosen Gesellschaften, die die Ethnologen studieren". Nur aus „dieser Achtung der Art als Art, – und daher aller Arten – kann man die" Rechte ableiten, auf die sich, was uns betrifft, jedes Individuum als Individuum berufen kann: genauso wie jede andere Art, aber nicht mehr".⁹⁹

Die utopische Faszination in Ulpians Denken über das Naturrecht darf je-

6. Das Recht jenseits der menschlichen Gemeinschaft

doch nicht zu einem historiographischen Fehler verführen. In ihrem Kontext betrachtet, ist sie frei von jeder aufklärerischen „Gefahr". Das „Naturrecht" stellt sich mit dem „Völkergemeinrecht" und dem *ius civile* in eine hierarchische Ebene und beide Ebenen verlaufen bruchlos ineinander.

„Das Völkergemeinrecht ist dasjenige, dessen sich die Völker bedienen. Wie leicht zu verstehen ist, weicht es vom Naturrecht ab, denn letzteres ist allen Lebewesen gemeinsam, während das Völkergemeinrecht nur den Menschen in ihren gegenseitigen Beziehungen gemeinsam ist".[100]

„Auch die Freilassungen sind Teil des Völkergemeinrechts. Die Freilassung, *manumissio*, ist eine „Entlassung aus der Hand", d. h. die Erteilung der Freiheit: denn solange jemand sich in der Lage eines Sklaven befindet, ist er der „Hand" oder der Gewalt unterworfen; der Freigelassene ist aus der Gewalt befreit. Dieses Institut hat seinen Ursprung im Völkergemeinrecht, indem nach dem Naturrecht jeder frei geboren wird, und die Freilassung nicht bekannt war, da man die Sklaverei nicht kannte. Als sich aber dann mit dem Völkergemeinrecht die Sklaverei ausbreitete, folgte die Wohltat der Freilassung. Und während wir uns mit dem einen natürlichen Namen als Menschen bezeichneten, so waren es nun mit dem Völkergemeinrecht drei Arten: Freie, im Gegensatz zu diesen Sklaven, und als dritte die Freigelassenen, d. h. diejenigen, welche aufgehört hatten, Sklaven zu sein".[101]

„Das Zivilrecht weicht weder vom Naturrecht, noch vom Völkergemeinrecht ganz ab, noch ist es in allen Aspekten von diesen abhängig; wenn wir nun dem gemeinsamen Recht eine Norm zufügen, oder davon wegnehmen, so bringen wir damit ein eigenes, nämlich das Zivilrecht hervor".[102]

Das Naturrechtsdenken der Severerzeit erkennt also die historische Ordnung mit ihren sozialen Unterschieden und ihrer Basis, der Sklaverei, an und rechtfertigt sie. Man denkt nicht daran, sie zu bestreiten oder zu kritisieren, sondern lediglich, ihr Funktionieren gemäß einem festgelegten Wertmaßstab zu garantieren. In dieser Hinsicht weicht sie nicht vom Naturrecht ab, dem das philosophisch-politische Denken der späten Republik seine Form gegeben hatte.

XIII. DAS SPÄTANTIKE KODIFIZIERTE RECHT

... das historische Ganze ist selbst wieder Gesetz geworden.
Savigny, JM I 2

1. Absolutismus und Gesetzgebung

Die kaiserliche Autorität im Prinzipat hat ihre Grenzen. Sie berühren eher die Form als die Substanz der Macht, aber die Form ist nicht nur reine und schlichte Hülle. Als Mommsen von der Dyarchie als einer zwischen Senat und Princeps geteilten Regierung sprach, wollte er dies zum Ausdruck bringen, und zwar mit einem Bild, das die Forschung dann aufgegeben hat. Zwischen Diokletian und Konstantin schwinden diese Grenzen endgültig, und ein neues System zeichnet sich ab. Die einzige wirkliche Autorität ist in jeder Hinsicht die des Kaisers, in der auch das aufgeht, was einst die Magistratur war. Das Volk als konstitutionelles Organ gibt es nicht mehr, und der Senat ist nur ein Schatten. Aber ist er dies immer und in wieweit ist er es? Es ist bezeichnend, daß ihn der Kaiser selbst verkörpern und so die herkömmliche „Zweiheit" (wie die Ikonographie zeigt) außer Kraft setzen konnte.[1] In gewisser Hinsicht ist der Senat zu einer Art von Stadtrat geschrumpft, und neben dem stadtrömischen entsteht sehr bald ein zweiter in der neuen Hauptstadt Konstantinopel. Dennoch sollten wir den Lauf der Entwicklung verfolgen, um festzustellen, ob und wann der Senat ein gewisses Gewicht hatte. Bisweilen spielte er die Rolle des obersten Gerichtshofes. Ganz sicher war er als Organ der Publikation (wenn nicht gar der Schöpfung) kaiserlicher Gesetze tätig. Die Senatorenschicht trug einerseits finanzielle Lasten, besaß aber auch Ehren und Privilegien. Auch die alten republikanischen Magistrate, die die Kaiserzeit nicht abgeschafft hatte, sind nur noch ein Schatten ihrer selbst. Man kann nun zu Recht sagen, daß sie nur noch dem Namen nach bestehen. Die *consules ordinarii*, die der Kaiser ernennt, geben weiterhin dem Jahr den Namen und treten ihr Amt mit einer feierlichen Zeremonie an. Die Prätoren und Quästoren üben eine lokale Funktion aus; in Wirklichkeit sind diese Ämter ein *munus* und sie bringen nicht geringe Ausgaben mit sich; im Tribunat und in der Ädilität kann man jedoch schwer etwas anderes als bloße Titel sehen.

Das Imperium, das vierundzwanzig Jahre vor der Thronbesteigung Diokletians einen schweren Schlag durch die Sassaniden erlitten hatte, stellt sich nun, zumindest auf verfassungsmäßiger Ebene, als dualistische Struktur dar.

1. Absolutismus und Gesetzgebung

Orient und Okzident sind verschiedene Teile oder sind dabei, dies zu werden. In diokletianischer Zeit wurden sie als Tetrarchie von zwei Augusti regiert; ihnen gesellen sich mit Hilfsfunktionen und der Aussicht, die höchste Spitze in der Rangleiter zu erreichen, zwei Caesares bei. Jeder der beiden Reichsteile besitzt seine eigene Verwaltung (Regierung, Finanzen, Heer), wohingegen die Gesetzgebung für beide gemeinsam ist. In der Praxis jedoch blieb der Augustus des Ostens, Diokletian, das wirkliche Staatsoberhaupt. Der von ihm eingeführte Dualismus ist noch unvollständig, und nach verschiedenen Phasen (Konstantin regierte 13 Jahre als einziger Augustus, und Constantius II. fast ebenso lange), wird er vervollkommnet und erscheint erst seit der Regierung von Valentinian I. und Valens gefestigt, freilich mit beträchtlichen Brüchen. Theodosius I. war in den letzten Jahren seiner Regierungszeit wiederum Haupt des gesamten Imperiums. Diokletian vervielfachte die Zahl der Provinzen und faßte sie – von einigen abgesehen – zu 12 (oder 13) Diözesen zusammen; er schloß die Senatoren von fast allen Provinzialstatthalterschaften aus. In der Folgezeit richtete man die Präfekturen als größte territoriale Verwaltungsbereiche ein.[2] Die Prätorianerpräfekten waren ursprünglich Beamte, die der Person des Princeps zugeordnet waren. In der Spätantike bilden sie gemeinsam mit den Stadtpräfekten von Rom und Konstantinopel und den Prokonsuln von Achaia, Asia und Africa die Spitze der Territorialverwaltung. Ihnen obliegen rein zivile Aufgaben und ihre Zahl schwankt, bis sie schließlich zu viert waren, je zwei für den östlichen und zwei für den westlichen Teil. Die Präfekten für Italien und den Orient residierten weiterhin an den jeweiligen kaiserlichen Höfen, wo sie eine sehr wichtige politische Rolle spielten. Die Prätorianerpräfektur konnte so in justinianischer Zeit noch als ein „riesiges Büro" erscheinen: „eine Art Ozean der Staatsgeschäfte, ‚aus dem alle Flüsse und das ganze Meer entstehen' ".[3]

Die zentrale wie die dezentrale, die zivile wie die militärische Verwaltung, besitzen eine bürokratische Struktur, und die vom Kaiser übertragenen Ämter sind besoldet. Im Mittelpunkt der Zentralverwaltung stehen die höchsten Ämter, die *dignitates palatinae,* nämlich der *quaestor sacri palatii,* ein „Justizminister", mit der Aufgabe, den Text der Gesetze oder der vom Kaiser ausgesprochenen Urteile und die Antworten des Kaisers an Instanzen, die sich an ihn gewendet haben, vorzubereiten; dann der *comes sacrarum largitionum* und der *comes rei privatae;* sie sind beide Finanzminister: der letztere ist, genau gesagt, der Chef der kaiserlichen Domänen; der *magister officiorum* als Vorsteher der verschiedenen Büros (die nun als *scrinia* bezeichnet werden) ist auch Polizeiminister. Ihm unterstehen die kaiserlichen Kuriere, die *agentes in rebus:* Beamte ohne festen Auftrag, denen der Kaiser je nachdem unterschiedliche Aufgaben überträgt.

Die drei wichtigsten *scrinia, memoriae, epistularum, libellorum,* werden um das *scrinium dispositionum* erweitert, dessen Zuständigkeit schwierig zu bestimmen ist. Über die drei erstgenannten *scrinia* informiert die *Notitia dignitatum*, das offizielle, zwischen 4. und 5. Jahrhundert abgefaßte Handbuch, aus dem sich ein vollständiges Bild der zivilen und militärischen Ämter der Spätantike ergibt, folgendermaßen: „Magister memoriae adnotationes omnes dictat et emittit, et precibus respondet. Magister epistolarum legationes civitatum, consultationes et preces tractat. Magister libellorum cognitiones et preces tractat".[4] In der Kanzlei arbeiten *tribuni* und *notarii* mit dem *primicerius notariorum* an der Spitze; diesem ist das *laterculum maius*, die aktuelle Liste der höchsten Amtsträger und der höheren Funktionäre anvertraut.

Die Vorsteher der Hauptressorts sind Mitglieder des *consistorium*, des Staatsrates des Kaisers. Das *consistorium* leitet sich vom *consilium* der Prinzipatszeit her und besteht zum größten Teil aus Ratgebern mit dieser spezifischen Funktion. Es äußert sich zu politischen und administrativen Fragen, beteiligt sich an der Gesetzgebung und fungiert als oberster Gerichtshof. Wenn man in Abwesenheit des Kaisers zusammentritt (was seit der Mitte des 4. Jahrhunderts nicht selten der Fall war), müssen die Entscheidungen des *consistorium* von ihm ratifiziert werden. Die Minister und einer der Prätorianerpräfekten sind auch Mitglieder des *comitatus;* dieser umfaßt eine große Zahl von Personen, alle, die den Privathaushalt des Kaisers bilden, die Garden und die zivilen Angestellten, und folgt als „wandernder Organismus" dem Kaiser bei seinen Ortsveränderungen.[5]

Die absolute Monarchie besitzt ihre Symbole. Der Kaiser, der nach heidnischer Konzeption ein Gott ist und nach christlicher Auffassung seine Gewalt von Gott empfängt, tritt in der Öffentlichkeit mit dem Diadem und mit einem mit Gold und Edelsteinen bestickten Gewand auf. Alles was ihm gehört und was mit ihm in Zusammenhang steht, ist „sacrum". Jedweder muß sich vor ihm, wie vor einem persischen König, auf die Knie werfen. Die orientalischen Züge der Monarchie zeigen sich auch anderswo. Bemerkenswert ist, im Bereich der zentralen Verwaltung neben den eigentlichen Amtsträgern auch solche zu finden, die im Privathaushalt des Kaisers tätig sind. Auf diese Weise steht der *praepositus sacri cubiculi*, ein Kammerherr, neben dem Chef der Büros und dem *quaestor sacri palatii*.

Die zentralistische Politik des spätantiken Staates wendet sich an eine Gesellschaft, die mit schwierigen und permanenten Wirtschaftsproblemen zu ringen hat, und in sich horizontal und vertikal entlang mehr oder weniger starrer Linien geschieden ist. Die Trennlinie zwischen *honestiores* und *humiliores* ist die weitestgehende Unterscheidung und umfaßt sehr heterogene Gruppen. Der Senatorenstand besitzt eine eigene Hierarchie *(illustres, spectabiles, clarissimi)* und schließt im Lauf des 4. Jahrhunderts die hohen Beamten mit ein. Die Ritter verlieren an Bedeutung und bestehen faktisch nicht mehr als eigene Schicht, weil die hervorragendsten unter ihnen in den Senatorenstand eintreten. Es unterscheiden sich Senatoren und Plebejer, Militärs und kirchliche Würdenträger, Reiche und Arme (die faßbarste Angabe des Reichtums ist wiederum der Grundbesitz). Neue Formen der Abhängigkeit verwischen die

1. Absolutismus und Gesetzgebung

herkömmliche Trennung zwischen Freien und Sklaven, und mit dem Kolonat setzt sich die Schollenbindung der Bauern durch. Die Berufe erhalten eine stark kooperative Ausprägung und haben die Tendenz zur Erblichkeit. Handwerker, Händler, Reeder und Bäcker werden in Kollegien zusammengefaßt. Eine verhaßte Steuerpolitik trifft mit Grund- und Personensteuern und mit Abgaben aller Art besonders die sozial schwachen Schichten, während sich wegen des besonderen Mechanismus der Eintreibung und der Haftung die Verantwortung auf die Dekurionen und Kurialen, das heißt die Mitglieder des Stadtrates konzentriert. Diese bilden in den einzelnen Städten den gehobenen Teil der Bevölkerung, den der Staat erblich an seine Aufgaben bindet. Der Staat verkörpert fortan nicht einmal mehr die Interessen der Großgrundbesitzer und erscheint in den Augen immer größerer Gruppen „nur noch als Feind".[6] Bisweilen sieht man gegen diesen Feind keine andere Wahl als Ungehorsam oder die Flucht, wie das Räuberunwesen bezeugt.

Fritz Schulz hat einmal bemerkt, jede Bürokratie neige dazu, das Recht zu monopolisieren, es zu kodifizieren und „seine genaue Anwendung und Durchführung" zu sichern.[7] Diese Tendenz setzt sich in der Spätantike durch. Die Grundlagen des Rechts liegen jetzt im Gesetz und im Codex; es wird aber nicht überall rigoros angewendet. Der Kaiser selbst ist „das lebendige Gesetz", nach einem Bild, das des öfteren in der Literatur des 4. Jahrhunderts und bis zu Justinian verwendet wird.[8] Die kaiserlichen Konstitutionen sind Gesetze. Wir haben oben eine Typologie von ihnen entworfen.[9] Freilich wandeln sich die einzelnen Formen im Laufe der Zeit, sie bewahren nicht immer dasselbe Aussehen. Die *mandata* als Anweisungen allgemeiner Art an Beamte verbergen sich unter anderen Namen oder verschwinden völlig. Die Reskripte unterscheiden sich schließlich, infolge der Entwicklung des Verfahrens *per rescriptum*,[10] nicht mehr von den Dekreten und es zeigt sich, daß ihre mögliche Wirksamkeit jenseits der Grenzen des Einzelfalles oder des einzelnen Streitfalles beschränkt ist.[11] Neu sind die *adnotatio* und die *sanctio pragmatica*. Es ist schwierig, das Verhältnis der ersteren zum Reskript zu beschreiben, während die *sanctio pragmatica*, die im 5. Jahrhundert aufkommt, einmal dem Reskript und ein anderes Mal der *lex generalis* nahesteht.

In der *lex generalis* (oder *nomos genikos*) sollte sich am ehesten der normative Wille des Princeps ausdrücken.[12] In diokletianischer Zeit ist dies noch nicht der Fall. Diokletian bedient sich weitgehend des Reskripts und er steht dabei in einer besonders von Hadrian bis zu den Severern, und in der Zeit Gordians III. und der Soldatenkaiser verfolgten Linie. Auf diese Weise wendet seine Regierung das offizielle römische Recht in einem nunmehr seit mehr als 70 Jahren fast ausschließlich von Unterworfenen zu Bürgern gewordenen bewohnten Gebiet an und veranlaßt seine Verbreitung; mit der Bevölkerung der Provinzen im Westen und mehr noch im griechischen Osten besteht ein ständiger Dialog. Die Ausrichtung der Gesetzgebung ist, was das Privatrecht anbelangt, im wesentlichen traditionalistisch. Seit Konstantin tritt eine Veränderung ein; die normative Tätigkeit der Kaiser geschieht vor allem durch Edikte und „allgemeine Gesetze". Die Hauptrolle spielen die Probleme der öffentlichen Verwaltung, der Organisation der Wirtschaft und der Strafgerichtsbarkeit; aber auch die privatrechtliche Gesetzgebung ist auf ihre Weise „revolutionär". Immer mehr wird der klassische juristische Stil zur Erinnerung, wie die alte und nun vom Christentum überwundene (oder veränderte) griechisch-römische Religiosität (der Versuch des Kaisers Julian, sie wieder zum Leben zu erwecken, dauerte nur kurz). Es genügt indes nicht, auf diese Unterschiede hinzuweisen. Die schwererwiegende Frage lautet: Wie entstand eine Mentalität, die das Recht mit dem Gesetz gleichsetzt?

2. Eine legalistische Mentalität

Die *Erōtapokriseis*, – oder „Fragen und Antworten" – die unter dem Namen des Caesarius von Nazianz laufen, sind in der späten patristischen Literatur ein singuläres Werk. Caesarius war Arzt, und nach dem heidnischen Zwischenspiel Julians, Beamter am Hofe Constantius' II., und dann Iovians' und des Valens. Obwohl er eine bedeutende Persönlichkeit in der östlichen Welt des 4. Jahrhunderts war, kann man seinen Ruf nicht mit dem seines Bruders Gregor von Nazianz vergleichen, der mit Basilius von Caesarea und Gregor von Nyssa zu den drei großen Kappadokiern gehört. Er scheint nicht, wie sein Bruder Gregor, einer literarischen Betätigung nachgegangen zu sein, und alles läßt darauf schließen, daß die *Erōtapokriseis* ihm nicht zugeschrieben werden können. Ihre Datierung schwankt in der Forschung zwischen dem Ende des 4. und dem Beginn des 5. sowie der Mitte des 6. Jahrhunderts, scheint sich aber nun mehr diesem letzten Datum zuzuneigen.[13] Das Werk entstand sehr wahrscheinlich während der Regierungszeit Justinians. Zwar kann man den Herkunftsort seines unbekannten Verfassers nicht ausmachen, man kann jedoch seinen Weg von den Donauprovinzen nach Palästina durch die kilikische Pforte rekonstruieren.

In den *Erōtapokriseis* werden Fragen theologischer und astrologischer Natur diskutiert. Eine Beobachtung im 2. „Dialog" kann aber auch für denjenigen von Bedeutung sein, der bei jedweder Gelegenheit versucht, den Wandel der juristischen Sensibilität zu erfassen:

„In jedem Land, bei uns wie bei anderen Völkern, gibt es Gesetze der Herrscher, ...
seien sie nun geschrieben oder nicht. An einigen Orten überwiegt der schriftliche Text, an anderen die Gewohnheit. Diejenigen, die im engen Sinne des Wortes keine Gesetze haben, betrachten die Gebräuche der Vorväter als Gesetze. Unter diesen Völkern sind als erste die Seri zu nennen, die am äußersten Rand der Welt wohnen. Sie beachten die alten Gewohnheiten wie Gesetze, und diese verbieten die Prostitution, den Diebstahl, den Ehebruch, die Anbetung von Bildern und die Anrufung der Götter; sie verbieten

2. Eine elegalistische Mentalität

das Vorhandensein von Bildern, Prostituierten oder Ehebrecherinnen, Dieben, Räubern oder Mördern. Der Stern des Ares aber, ... der wie Feuer strahlt, behindert niemanden in seiner Handlungsfreiheit und nötigt nicht dazu, den Nächsten mit dem Schwert zu töten oder ihn zu steinigen. ... Und auch wenn Ares einen ganzen Tag lang die mittlere Zone des Himmels einnimmt, auch dann ist bei den Seri das Gesetz der Vorväter stärker als die Zwänge der Sterne. Desgleichen ist für die Bewohner von Bactriana oder für die Brahmanen die von den Eltern mitgegebene Erziehung Gesetz ...".[15]

Wenigstens drei Jahrhunderte vor dem Pseudo-Caesarius hatte der Theologe Bardesanes von Edessa über die Serer, die er mit den Chinesen identifizierte, und über die Inder keine andere Meinung;[16] und diese Meinung war 150 Jahre später in die pseudo-clementinischen *Recognitiones* eingegangen.[17] Wir sind davon überzeugt, daß die Ideengeschichte nicht von der Textgeschichte zu trennen ist, die sie in Raum und Zeit weitergibt. Wir wollen jedoch hier nicht so sehr auf diese Punkte eingehen, sondern den Blick auf den konzeptionellen Aufbau des Textes der *Erōtapokriseis* richten. Hier läßt der Begriff *nomos* wie sonst selten seine Vieldeutigkeit erkennen. Die Unterscheidung zwischen „geschriebenen Gesetzen" und „ungeschriebenen Gesetzen" ist bekanntlich sehr alt und sie wird nun wiederholt; die Völker, die der „geschriebenen Gesetze" entbehren, können auch als *anomoi,* „gesetzlos" erscheinen. In der Sichtweise der *Erōtapokriseis* sind die Gesetze par excellence jene, die in einem schriftlichen Text einen gebietenden Willen zum Ausdruck bringen. Den Gegenpol bilden die Gewohnheiten und die Gebräuche der Vorväter. In den Augen des Pseudo-Caesarius besitzt das Recht demnach eine entschieden legalistische Prägung. Es ist sinnvoll, für die Bewohner der Bactriana oder für die Chinesen auf der Tradition zu beharren und ihr eine noch größere bindende Kraft zuzuerkennen, als es die ist, welche die Sterne bewegt; für die Bewohner des Imperium trifft dies nicht zu. All dies muß denjenigen erstaunen, der seinen Blick noch auf die „klassische" Kultur gerichtet hat. Es ist klar, daß ein klassisch orientierter Mensch sich niemals derartig hätte ausdrücken können.

Die *Erōtapokriseis* sind ein christlicher Text. Heidnisch beeinflußt ist hingegen eine anonyme Schrift mit dem Titel *De rebus bellicis.* Alles läßt darauf schließen, sie in einem Zeitraum zwischen den 50er und den 60er Jahren des 4. Jahrhunderts anzusetzen.[18] Ihr Autor war nicht, wie man bisweilen annahm, ein Grieche, der in lateinischer Sprache schrieb, sondern aller Wahrscheinlichkeit nach ein Untertan, der in einer der lateinischen Grenzprovinzen auf der idealen Demarkationslinie zum griechischen Osten (etwa auf der illyrischen Halbinsel) seine eigene Sprache gebrauchte.[19] Seinem Stand nach erweist er sich als schlichter Privatmann, nicht als Militär oder Staatsbeamter, und es ist wahrscheinlich, daß er der Schicht der Kurialen angehörte oder zumindest der wohlhabenden Mittelschicht.[20] Wir können hier jetzt seine (mehr oder weniger offene) Kritik an der Geld- und Steuerpolitik Konstantins außer Acht lassen, wie auch die Eindringlichkeit, mit der er sich militärischen Fragen widmet. Aus seiner Sicht besteht eine Möglichkeit, den Übeln seiner Zeit entgegenzutreten darin, dem „Durcheinander der Gesetze" ein Ende zu bereiten. Seine an den Kaiser gerichteten Worte sprechen für sich:

> „Nachdem du mit göttlicher Weisheit... den Schutz des Staates im Innern und nach außen hin wieder gefestigt hast, ist ein einziges Heilmittel nun deiner Hoheit anvertraut für die Behandlung der Unruhen, die unser Staatsleben bedrohen: mit dem Urteil einer höchsten Autorität die konfusen und widersprüchlichen Vorschriften der Gesetze aufzuklären und jeden Streit, der auf Betrug beruht, zu beseitigen. Was steht einem ehrenvollen Handeln mehr entgegen, als sich im Streit zu verbeißen, dort, wo die Gerechtigkeit unterscheiden kann, was einem jeden zukommt?"[21]

Wie in den dem Caesarius zugeschriebenen *Erōtapokriseis* nimmt das Recht in *De rebus bellicis* eine stark legalistische Bedeutung an. Darüberhinaus wird der Weg zum Codex als der offiziellen normativen Sammlung ganz klar aufgezeigt. Dies ist alles richtig. Freilich sind die Ursprünge einer legalistischen Mentalität noch älter als das 4. Jahrhundert. Es wurde ganz richtig darauf hingewiesen, daß man zum Verständnis der tiefgehenden Transformationen der spätantiken Zeit über sie hinaus zurückgehen muß. Gewiß möchte niemand den Katastrophen, die diese Zeit kennzeichnen, ihre Bedeutung absprechen. Den ersten schweren Angriff auf die Grenzen des Imperiums hatte es unter Mark Aurel gegeben, und die Dinge verschlimmerten sich später in der Zeit zwischen Decius und Aurelian. Aber erst in den letzten Jahrzehnten des 4. und den ersten des 5. Jahrhunderts, in wenig mehr als 30 Jahren, wurde das römische Heer an der Ostgrenze vernichtend geschlagen, und ein Kaiser getötet; die diesseits der Donau angesiedelten Goten stießen bis unter die Mauern von Konstantinopel vor; Vandalen, Sueben und andere Barbaren breiteten sich jenseits des Rheines in Gallien aus; Rom wurde von Alarich geplündert. Indes reicht ein Blick auf diese katastrophalen Ereignisse nicht aus. „Der Riß, der viele spätantike Menschen von der Vergangenheit trennte", schrieb Peter Brown, „hatte sich vor allem in ihren Köpfen aufgetan", und dies war nicht von einem Augenblick auf den anderen geschehen. Unvorhergesehen war der „Einbruch des Innenlebens in die sozialen Formen". Diese Menschen wurden nach und nach anders, „in ihrer Religion, ihrem Denken, ihren Berufen und in ihrem öffentlichen Auftreten";[22] und, so muß man hinzufügen, sie wurden es auch im Recht.

Der Primat der kaiserlichen Norm in einer impliziten Hierarchie der Formen bringt uns ins letzte Jahrhundert der hohen Kaiserzeit, in die Zeit zwischen den Antoninen und den Severern. Die Bücher *de constitutionibus* des Papirius Iustus sind bereits ein nicht zu vernachlässigendes Anzeichen hierfür. Der Abstand zwischen Zentrum und Peripherie in der Art, das Recht zu „begreifen", wird geringer. Der gesetzgeberische Wille des Princeps zeichnet in seinen Ausdrucksformen auf eine neue Art die Umrisse der Ordnung vor. Callistratus ist dafür ein Zeuge ersten Ranges. Er erläutert auf folgende Weise das von Antoninus Pius bestätigte Verbot des Senats, zu den Statuen des Kaisers Zuflucht zu nehmen: „die Gesetze stellen auf gleiche Weise für alle Menschen den Schutz sicher". In anderen Worten, und etwas vereinfachend gesagt: der Kaiser und die Verfassung erscheinen nicht länger als getrennt. Deshalb macht es jeder, der sich zu der ungewöhnlichen Form von Schutz, dem Asyl, flüchtet, nur deshalb, „um anderen zu schaden, nicht um sich selbst zu verteidigen". In einem einzigen Fall rechtfertigt sich die Immunität: Wenn der Asylsuchende aus der Gefangenschaft „mächtiger" Bürger geflohen ist.[23]

3. Die literarische Entwicklung

Gegen Mitte des 3. Jahrhunderts war die klassische Jurisprudenz zu einem Ende gekommen. Als ihren letzten Vertreter kann man Herennius Modestinus ansprechen. Zwischen 3. und 4. Jahrhundert lassen sich einige Schriftsteller ausmachen: Hermogenianus, Verfasser eines Kompendiums mit dem bezeichnenden Titel *Epitome iuris,* und vielleicht auch des *Codex Hermogenianus;* den Staatssekretär Aurelius Arcadius Charisius, der unter anderem über die *munera,* die „öffentlichen Leistungen" schreibt und über den außerordentlich wichtigen Posten des Prätorianerpräfekten. Die nun entstehende Literatur, die uns in ihren größten Teilen bekannt ist, stammt aber aus dem Westen und ist im allgemeinen anonym oder verbirgt sich hinter den Namen einiger großer Juristen der spätklassischen Zeit. Hierzu gehören die *Epitome Ulpiani* (seit Schulz so bezeichnet) und die *Pauli Sententiae,* aber der Rahmen der apokryphen Werke ist sicher weiter. Die *Epitome Ulpiani* scheint ganz oder in Teilen mit dem pseudoulpianischen *Liber singularis regularum* übereinzustimmen, einem Werk, das auf das 3. oder den Beginn des 4. Jahrhunderts zurückgeht.[24] Die *Sententiae Pauli* waren, nach jetzt übereinstimmender und wohl fundierter Meinung, zur selben Zeit entstanden; andere Hände jedoch veränderten nach und nach den Text. Der moderne Betrachter sieht in ihnen „einen ungewöhnlichen Markstein auf dem Weg, der das römische Recht seiner vulgären Transformation und Reduktion entgegenführte".[25] Die *Sententiae Pauli* waren sowohl im Westen wie im Osten weit verbreitet, und ihre ständige Anwendung in der juristischen Praxis veranlaßte den Kaiser Konstantin, mit einem Erlaß jeden Zweifel an ihrer Gültigkeit (die viele dadurch zu leugnen versuchten, indem sie ihren authentischen Charakter bestritten) zu beseitigen.[26] Wir können nicht feststellen, ob Paulus jemals ein Werk mit dem Titel *Manualia* geschrieben hat. Aber auch wenn er dessen Verfasser gewesen sein sollte (ich neige zu dieser Annahme), so war das Schicksal dieses Werkes nicht viel anders als das der *Sententiae;* es erfuhr eine tiefgehende Überarbeitung, bevor es für die *Fragmenta Vaticana* verwendet wurde.[27]

Den Verfasser und den Titel der *Fragmenta Vaticana* kennen wir nicht. Man bezeichnet damit eine umfangreiche Anthologie rechtswissenschaftlicher Texte und kaiserlicher Konstitutionen, die in die erste Hälfte des 4. Jahrhunderts gehört.[28] Die klassische juristische Problematik lebt durch die Texte von Papinian, Paulus und Ulpian in ihrem ganzen Reichtum weiter. Dieses Werk, dessen theoretischer Charakter sicher ist,[29] läßt deutlich werden, daß man sich, wenn auch nicht kritisch und mit kreativer Fähigkeit, so doch wenigstens mit dem Bemühen, diese Lehren zu bewahren, den Schriften der Rechtsgelehrten zuwendete. Andererseits zeigt der Zusammenhang, den man in den *Fragmenta Vaticana* zwischen gesetzgeberischen und rechtswissenschaftlichen Texten herstellen wollte, indem man sie um grundlegende Themen herum gruppierte, ein Bedürfnis an, das man für eine Reihe von Jahren verspürt: nämlich die Verbindung von Gesetzgebung und rechtswissenschaftlicher Literatur, so weit sie auch in Wirklichkeit voneinander entfernt sein mochten. Im übrigen steht hinter einer Anthologie wie den *Fragmenta Vaticana* eine minutiöse Arbeit. Die Stellen, die dort gesammelt sind, gehören Werken an, die über rund ein Jahrhundert hinweg gelesen und annotiert worden sind. Man kann über das Ausmaß und die Absicht dieser exegetischen Tätigkeit streiten, aber sie ist als solche sicher.

> Man könnte den Beweis hierfür liefern, wenn man die Titel nacheinander untersuchte. Besonders instruktiv ist jener *de usu fructu*.[30] Eine den *Fragmenta Vaticana* ähnliche Sammlung bildete die Grundlage der *Collatio legum Mosaicarum et Romanarum*. Dieses Werk bringt zu Beginn jedes Titels eine Stelle aus dem mosaischen Gesetz. Seine Datierung schwankt zwischen dem Beginn und dem Ende des 4. Jahrhunderts oder über einen noch größeren Zeitraum.

Die Rechtsgelehrsamkeit im 3. und 4. Jahrhundert fühlte sich aus tiefer Überzeugung mit den älteren Forschungen verbunden. Sie spürte, daß dieses Denken noch aktuell war, und zwar sowohl in seinem normativen Gehalt (der je nachdem der konkreten Anwendung angepaßt werden mußte), als auch in den Vorgehensweisen und den theoretischen Ergebnissen. Eine derart vielfältige Verbindung mit der Vergangenheit mußte, zumindest im Westen, abnehmen. Die in Autun (einer Stadt in Mittelfrankreich) aufgefundene Paraphrase zu Gaius verrät eine schwache Kenntnis der klassischen Welt. Wir befinden uns zwischen dem 4. und dem 5. Jahrhundert. Ein anderes anonymes Werkchen, die *Consultatio*, kurz vor der Mitte des 5. Jahrhunderts publiziert, führt uns in eine noch dürrere Landschaft. Der Verfasser kennt bei seinen juristisch-rhetorischen Übungen nur einen einzigen literarischen Text, nämlich die *Pauli Sententiae*, der für ihn sozusagen das gesamte Juristenrecht zusammenfaßt.[31] Die Lehrer der Spätzeit erkannten die Nutzlosigkeit einer Dogmatik, die von einer ihnen zu weit entfernten Welt inspiriert und in der scholastischen Tradition erstarrt war; sie waren jedoch nicht in der Lage, die schwierige Aufgabe ihrer Erneuerung anzupacken. Zu dem Bemühen, die Gesetzes- und rechtswissenschaftlichen Texte zu kürzen oder zu paraphrasieren, gesellte sich nicht eine vergleichbare Sorge um einen eigenen Diskurs über einen Aufbau von geeigneten Konzepten, mit denen man ihm einen neuen Zusammenhalt geben konnte. Man könnte sagen (und wir können uns dieses Eindrucks nicht erwehren), es habe ihnen vor allem am Herzen gelegen, die einzelnen Normen unmittelbar hervorzuheben und jedes interpretative Moment quasi als autonom und in sich geschlossen zu betrachten. Wir werden auf diesen Punkt zurückkommen.

Neben der spätantiken Literatur besaß auch die klassische (insbesondere die der letzten Periode) ihre Leser, und man griff in den Schulen und in den Gerichtshöfen darauf zurück. Die Werke mußten den Übergang von einer Ausgabe zur nächsten nicht schadlos überstanden, und neue Hände konnten immer noch ihre Spuren hinterlassen. Bisweilen mußten sie die Tätigkeit eines Epitomators über sich ergehen lassen, oder einzelne Teile eines Werkes wurden als selbständige Werke publiziert, oder verschiedene Werke waren unter einem einzigen Titel vereint worden.[32] Sie spielten eine andere Rolle als noch in jüngster Vergangenheit. In den Augen von Menschen, die mehr und mehr gewöhnt waren, im Recht die von einer gesetzgebenden Gewalt auferlegte Norm zu sehen, schien die klassische juristische Literatur nicht als artikulierte und problematische Form eines in Bewegung befindlichen Denkens, eines ständigen Suchens nach einer (manchmal festen, manchmal aber auch prekären) Autorität; sie war viel eher ein abgeschlossener und erstarrter Diskurs, in dem man, wie in einem grenzenlosen Repertorium, die Lösung eines jeden Falles aufsuchte.

Einer in der römisch-hellenistischen Welt weit verbreiteten gerichtlichen Praxis folgend oblag den Parteien oder ihren Anwälten die Aufgabe, die Normen aufzuzeigen, auf die sich der Richter beim Urteilsspruch stützen sollte. Die Anwälte beschränkten sich nicht darauf, vor Gericht nur kaiserliche Konstitutionen oder andere Gesetzestexte zu verlesen oder zu „rezitieren" (wie man zu sagen pflegte). Sie konnten sich von Fall zu Fall auf die Meinungen der alten Juristen stützen, und die Richter, die häufig fachlich nicht genügend ausgebildet waren, mußten diese berücksichtigen. Auch diese Meinungen wurden – korrekt oder mißbräuchlich – als echte Normen herangezogen. Der Umfang der möglichen Hinweise war von der in den verschiedenen gerichtlichen Milieus praktizierten Rechtskultur sowie den auf dem Spiele stehenden Interessen abhängig. Es schien angebracht, Kriterien und Beschränkungen festzulegen. Und dies geschah im Jahr 426 n. Chr. mit einem bemerkenswerten normativen Text, der in der Kanzlei von Valentinian III. und Galla Placidia in Ravenna ausgearbeitet worden war und sich an den Senat in Rom wendete. Er wurde dann in den *Codex Theodosianus* aufgenommen und man pflegt ihn als „Zitiergesetz" zu bezeichnen:

„Wir bestätigen die Geltung aller Schriften von Papinian, Paulus, Gaius, Ulpian und Modestin, so daß Gaius die Geltung zukommt wie Paulus, Ulpian und den übrigen, und aus seinem ganzen Werk Belegstellen vor Gericht angeführt werden können. Auch die Wissenschaft derjenigen, deren Abhandlungen und Ansichten alle die Vorgenannten in ihre Werke aufgenommen haben, erachten wir als gültig, z. B. von Scaevola, Sabinus, Julian und Marcellus und allen, die von jenen ständig angeführt werden, vorausgesetzt, daß der Text ihrer Werke – in Anbetracht der altersbedingt unsicheren Überlieferung – durch den Vergleich mehrerer Handschriften gesichert ist. Wo sich aber unterschiedliche Ansichten ergeben, dort soll die größere Zahl der Autoren den Ausschlag geben, und wenn das Zahlenverhältnis gleich ist, dann soll die Ansicht vorgehen, die dadurch herausragt, daß auch der ausgezeichnete Jurist Papinian sie vertritt, der zwar zwei anderen unterliegt, gegenüber einem jedoch obsiegt. Außerdem verfügen wir, daß die kritischen Bemerkungen, die Paulus und Ulpian dem Werk Papinians beigegeben haben, ungültig sind, wie schon früher angeordnet. Wo aber eine gleiche Zahl von Ansichten solcher Autoren angeführt wird, deren Geltung gleich zu beurteilen ist, dort soll das Ermessen des Richters abwägen, welchen er folgen soll. Im übrigen bestimmen wir, daß die ‚Sentenzen' des Paulus stets mitzählen".[33]

Die klassischen Juristen (zwischen dem jüngsten der fünf erwähnten und dem obigen Text liegen etwa 200 Jahre) sind zu schlichten Ziffern in einer juristischen Rechnung geworden; auch das gewaltige Ansehen Papinians wird einem praktischen Ziel untergeordnet. Für jeden, der sich der aktiven Rolle der Rechtsgelehrten bei der Ausbildung und Anwendung des Rechts bis einige Jahrhunderte zuvor erinnert, ist die Kluft, die das neue juristische Bewußtsein vom klassischen trennt, nicht schwer zu ermessen. Die „Autorität berühmter Vorgänger" dominiert jetzt unbestritten und tritt an die Stelle einer selbständigen Forschung.[34]

Die zitierte Stelle stammt aus einer langen *oratio,* von der auch andere Abschnitte über den *Codex Theodosianus* und den *Iustinianus* auf uns gekommen sind. Ihre Geschichte ist nicht ohne Unsicherheiten: Anpassungen und Änderungen sind nicht auszuschließen aus der Zeit zwischen 426 und 438, dem Jahr der Gesetzessammlung Theodosius' II., oder den 70 folgenden Jahren bis zur *Lex Romana Visigothorum* (oder *Breviarium Alarici),* dem römisch-westgotischen Codex von Alarich II., der den einzigen Überrest unseres Textes in seiner theodosianischen Form darstellt.

4. Der Codex als Buch und als Gesetzestext: private Sammlungen und die Kodifikation durch Theodosius II.

Die Kodifikationsbewegung entsteht aus dem Bedürfnis, gegen den Gesetzeswirrwarr, der die an und für sich schon schwierige Aufgabe, die Justiz handzuhaben, noch schwieriger machte, ein Heilmittel zu finden. Verschiedene Gründe hatten dieses Durcheinander bewirkt: die bruchstückhafte und unsichere Kenntnis der kaiserlichen Gesetze (für die die Publikations- und Verbreitungsmethode nicht angemessen war), das Schwanken in ihrer Gültigkeit, die einmal speziell und einmal allgemein war, und die administrative Teilung des Reiches in zwei verschiedene Hälften. Die „Meinungen" der Juristen waren in „einer riesigen Zahl von Büchern" verstreut.

4. Der Codex als Buch und als Gesetzestext 245

Der Codex ist mehr eine Buchform als ein juristischer Text, ja er ist das Buch in dem heute gebräuchlichen Sinne, hergestellt aus Lagen von Pergament (oder Papyrus), die zusammengebunden waren. Die Papyrusrolle, die die antike Welt seit Jahrtausenden kannte, wurde durch den Codex ersetzt. Es handelte sich um einen stufenweisen Prozeß, der gegen Ende des 1. Jahrhunderts begann und im 4. Jahrhundert zum Abschluß kam. Verschiedene Gründe erklären die Einführung und die Verbreitung des Codex: durch seine Funktionalität und Widerstandskraft gab man ihm gegenüber der vergänglichen und für das Nachschauen unbequemen Papyrusrolle den Vorzug; er war relativ preiswert, und dies machte ihn zu einem für die niederen und weniger wohlhabenden Schichten geeigneten Mittel der Kommunikation und der kulturellen Bildung. Vielleicht wurde der Codex auch deshalb zum Träger der christlichen, besonders der biblischen Literatur.[35] Der endgültige Übergang von der Schriftrolle zum Codex ist nicht nur das Anzeichen für einen technischen, sondern auch für einen psychologischen Wandel.[36] Die klassische Welt hatte bei der Überlieferung des Wissens der Mündlichkeit den Vorzug gegeben. Für diejenigen, die dazu den Zugang hatten, war die Literatur eher die Fortsetzung als die Negation des Mündlichen. Man lehrte „mit Rat, mit Ermahnungen, mit Fragen, mit dem Austausch von Ideen, manchmal auch, indem man gemeinsam las und zuhörte".[37] Man pflegte auch allein mit lauter Stimme zu lesen, und ließ die Augen bisweilen den Lippen vorauseilen.[38] Daß Ambrosius leise las – „die Augen eilten über die Seiten und der Geist suchte nach der Bedeutung, während Zunge und Sinne stumm blieben" –, war noch am Ende des 4. Jahrhunderts für Augustin ein ungewohnter Anblick.[39] Eine Kultur des gesprochenen Wortes hatte in der Papyrusrolle ihren Ausdruck gefunden. Das Buch in Codexform, „der schwere, verschließbare, nachschlagbare, aber auch schwerem Zierrat zugängliche Codexband ist Ausdruckssymbol einer Kultur des schriftgewordenen Wortes und eines autoritativen Textverständnisses".[40]

Zwischen dem Codex und der Autorität, zwischen dem Buch und dem Gebot, stellt sich eine unterschwellige Verbindung her. Wenn das Recht nach einer feierlichen Ausdrucksform sucht, ist der Codex dafür wie geschaffen. Im Codex werden vor allem kaiserliche Konstitutionen gesammelt. Aber auch die literarischen Werke der klassischen Juristen können (wie wir noch sehen werden) in einen Codex als juristischen Text eingehen, und sie gewinnen dadurch eine neue Bedeutung: Im Rückblick erscheinen jene Juristen in der Tat als Instrument und Vehikel des kaiserlichen Willens. Die Autonomie, die sie – der eine mehr, der andere weniger – beanspruchten, wird sinnlos.

Im letzten Jahrzehnt des 3. Jahrhunderts entstanden die *Codices Gregorianus* und *Hermogenianus*. Möglicherweise sind sie nur der Höhe- und Endpunkt einer intensiven schulmäßigen Arbeit über die Quellen des kaiserzeitlichen Rechts.[41] Es ist indes nicht ausgeschlossen, daß (die sonst unbekannten)

Gregorius und *Hermogenianus* den einen oder anderen wichtigen Posten in der öffentlichen Verwaltung innegehabt haben.⁴² Jedenfalls folgen die beiden Codices, auch wenn sie sich mit der Gesetzgebungspolitik der Regierung auf einer Linie befinden, nicht einem offiziell festgeschriebenen Programm. Der erstgenannte, der *Codex Gregorianus*, ist eine Sammlung von Konstitutionen (meist an Private gerichteter Reskripte) von hadrianischer Zeit bis zum Jahr 291; er zählt 13 (vielleicht auch 14 oder 15) Bücher und ist in Titel untergliedert; in Bezug auf das Privatrecht folgt er der Ordnung des Edikts, enthält aber auch Verfügungen des öffentlichen Strafrechts. Mommsen sah in diesem Codex einen Meilenstein am „Übergang der juristischen Schriftstellerei aus dem lateinischen Occident in den griechischen Osten".⁴³ Der zweite, der *Codex Hermogenianus*, ergänzt in mancher Hinsicht den *Gregorianus*, indem er die Konstitutionen Diokletians von 293 und 294 zusammenstellt. Er ist zwar in Titel, nicht jedoch in Bücher unterteilt. Zu beiden Codices fügte man später Ergänzungen hinzu.

Weder der *Codex Gregorianus* noch der *Hermogenianus* sind direkt auf uns gekommen. Wir kennen sie aus zwei in der *Lex Romana Visigothorum* enthaltenen Epitomae, und den erstgenannten über Appendices zu diesem Gesetz. Weitere Fragmente stammen aus der *Lex Romana Burgundionum* und aus der späten Rechtsliteratur. Schließlich gehen auch die vortheodosianischen Materialien des *Codex Iustinianus* auf den *Gregorianus* und den *Hermogenianus* zurück.⁴⁴ Es ist angebracht, hier auch auf eine kleine private Sammlung von 16 kaiserlichen Konstitutionen hinzuweisen (die älteste von ihnen datiert ins Jahr 333, die jüngste ins Jahr 425), die im Westen zusammengestellt wurde; wir pflegen sie nach dem Namen ihres ersten Herausgebers als „sirmondianisch" zu bezeichnen.⁴⁵

Den ersten offiziellen Anfang zu einer Kodifikation machte Theodosius II. Dieser Kaiser sah in der Kodifikation des Rechts die „wahre Aufgabe", die seinem Zeitalter zugewiesen war.⁴⁶ Sie beanspruchte ein Jahrzehnt, von 429-438. Der ursprüngliche Plan war ehrgeiziger als der, welcher dann zur Ausführung gelangte. Wir müssen sie uns beide ansehen. Die Geschichte des Rechts kennt, wie jede andere Geschichte, Utopien und gescheiterte Pläne. Im März 429 befahl Theodosius seinen Kommissaren die Zusammenstellung von zwei Codices.⁴⁷ Im ersten sollten alle allgemeinen Konstitutionen seit Konstantin gesammelt werden, gleichgültig, ob sie in Kraft waren oder nicht, im zweiten nur die noch in Kraft befindlichen Konstitutionen, die bereits im ersten enthalten waren, ferner diejenigen, die sich im *Gregorianus* und dem *Hermogenianus* fanden und schließlich, soweit nützlich, das, was man, Titel für Titel, aus den rechtswissenschaftlichen „Abhandlungen" und den „Responsa" herausziehen konnte. Die Zielsetzungen der beiden Codices waren verschieden, auch wenn sie zusammenhängen. Der erste Codex wollte „auch jene juristischen Regeln" bekanntmachen, „die dem Schweigen übergeben wurden, in Nichtgebrauch gefallen waren und lediglich für praktische Zwecke zu ihrer Zeit gültig gewesen waren". Leitend war eine „schulmäßige

4. Der Codex als Buch und als Gesetzestext   247

Absicht". Wir gewinnen von Ferne Einblick in die Welt der Universitäten – Berytus, die anmutige Stadt und Ort eines Rechtsunterrichts, der den Neid des Redners Libanius erregt hatte,[48] oder Konstantinopel, das erst seit einigen Jahren eine Rechtsschule beherbergte.[49] Diese Welt erwartete die Codices, auch wenn man die Kodifikation Bürokraten und nicht Professoren anvertraut hatte.[50] Die gelehrte Zielrichtung des ersten Codex schloß jedoch eine praktische Absicht nicht aus. Die normativen Texte konnte man in verschiedene Titel unterteilen; man mußte sie wortwörtlich erhalten, sofern sie einen juristischen Inhalt hatten, nicht aber, wenn diese Worte ohne „innere Notwendigkeit" hinzugefügt wurden. Für einen „Überfluß an leeren Worten" war kein Raum. Die Konstitutionen, die nicht mehr in Kraft waren, hätten das Ansehen des kodifizierten Rechts nicht beschädigt, weil sie von den späteren, die sie außer Kraft gesetzt hatten, leicht zu unterscheiden waren. Man stellt sich im Inhalt des Codex gleichzeitig das Nebeneinander von Gültigem und Ungültigem vor, und dies läßt eine juristische Mentalität erkennen, die die Vergangenheit selbst dann bewahrt, wenn sie keinerlei Wirkung mehr hat. Die Verflechtung des Alten mit dem Neuen läßt eine tiefsitzende Vorstellung von Kontinuität erkennen, die den unvermeidlichen Veränderungen widersteht. So erscheint die Gesetzgebung insgesamt als etwas Zusammenfassendes und Dauerhaftes, in dem auch das Überwundene niemals vollständig verloren gegangen ist. Diese Mentalität hat bekanntlich sehr weit zurückliegende Wurzeln.

Die Zielsetzung des zweiten Codex war eine andere. Er sollte „allen die maßgeblichen Regeln und alle Handlungen, die vermieden werden sollten", zeigen. Jede „Abweichung von der juristischen Regelung", jeder „Irrtum oder gewundene Umweg" mußte unerträglich erscheinen. Man stellt der *intentio scholastica* das *magisterium vitae*, die „Ausrichtung des praktischen Lebens" gegenüber. Die juristische Literatur kann neben den normativen kaiserlichen Texten diesem Bedürfnis entsprechen. Wäre das Projekt nicht ein solches geblieben, hätte das „Zitiergesetz" jede Bedeutung verloren, so wie es dann in justinianischer Zeit mit der Digestenzusammenstellung geschehen sollte.

Ein ähnliches Vorhaben blieb, wie gesagt, auf dem Papier stehen. Im Dezember 435 wurde eine weitere Kommission ernannt, die eine weniger schwierige Aufgabe hatte: in einem einzigen Codex alle Konstitutionen von allgemeiner Bedeutung, die von Konstantin und den nachfolgenden Kaisern erlassen wurde, zu vereinen.[51] Müssen wir darin den ursprünglichen Entwurf sehen, der auf seinen ersten Teil reduziert wurde? Genau gesehen, handelt es sich um etwas Neues. Die Kommissare können mit größerer Freiheit in das Gesetzesmaterial eingreifen, Änderungen einführen und Schnitte oder Hinzufügungen machen und sie nicht nur (auch durch Aufteilen der einzelnen Konstitutionen) auf die verschiedenen Titel aufteilen. Das „in enge Grenzen gezwungene Recht muß wieder in seinem Glanze erstrahlen". Die *claritas* ist der Gegenpol zur *obscuritas* und zur *caligo*. Hatte nicht der Verfasser von *De rebus bellicis* mehr als ein halbes Jahrhundert zuvor das Durcheinander der Gesetze beklagt? Dieses Mal gelangte das Projekt zum Abschluß. Der *Codex Theodosianus*, in 16 Büchern angeordnet, trat am 15. Februar 438 im Osten des Reiches ans Licht der Öffentlichkeit[52] und wurde noch im selben Jahr dem Senat in Rom vorgestellt.[53] Er trat am 1. Tag des darauffolgenden Jahres im ganzen Reich in Kraft, und galt ein ganzes Jahrhundert lang; seine Normen, die in die römische-westgotische (und römisch-burgundische) Gesetzgebung übernommen oder verkürzt worden waren, und die man in unterschiedlicher Weise wieder aufnahm, wurden noch in nachkarolingischer Zeit in Südfrankreich (dieseits der Linie zwischen der Charente und Saint Claude) angewendet, desgleichen in Spanien während der mehrere Jahrhunderte langen arabischen Herrschaft und noch darüber hinaus.

Die gerichtliche Tätigkeit und die richterliche Praxis fanden im *Codex Theodosianus* „Tag für Tag" das Recht, das sie anwenden konnten. Man konnte sich sogar der Illusion hingeben, keine Rechtsexperten mehr zu benötigen oder Leute, die sich für solche hielten, und auch nicht ihre „fürchterlichen Responsa", da es nun ja evident war, „wie man eine Schenkung macht, mit welcher Klage man Anspruch auf eine Erbschaft erhebt, mit welchen Worten man eine Stipulation kontrahiert und wie man eine Schuld einfordert".[54] Der *Codex Theodosianus* enthielt jedoch nicht das ganze Recht. Gewiß konnte man sich für den Zeitraum, auf den er sich bezog, auf keine Konstitution berufen, die nicht darin enthalten war (ausgenommen jene, die „bei den erhabenen Militärkommanden erhalten" waren sowie die steuerlichen und die administrativen, die in den Registern der verschiedenen Büros in Kopie vorlagen).[55] Aber weder der *Codex Gregorianus* noch der *Hermogenianus* waren abgeschafft worden, und die rechtswissenschaftlichen Werke konnte man noch immer im Rahmen der im Zitiergesetz festgelegten Kriterien anwenden. Schließlich gab es noch die neuen Konstitutionen, und jeder neue normative Akt, der in einem der beiden Reichsteile verfügt wurde, hätte auch im anderen Geltung erlangt, sofern er in den erforderlichen Formen übermittelt worden wäre.[56]

Der *Codex Theodosianus* unterscheidet sich von den beiden vorhergehenden nicht allein durch seinen offiziellen Charakter und durch die zeitliche Abfolge der dort gesammelten Konstitutionen, sondern auch durch seine Struktur. Er enthält nur allgemeine Konstitutionen, wiewohl der Grad dieser Allgemeinheit schwanken kann; das öffentliche Recht nimmt dabei eine absolute Vorrangstellung ein.

Das Privatrecht, das im *Codex Gregorianus* 13 Bücher einnimmt, umfaßt unter den 16 des *Theodosianus* lediglich vier Bücher, nämlich vom zweiten bis zum fünften, dazu eine Reihe von Titeln aus dem 8. Buch. Das erste Buch bezieht sich auf die Quellen des Rechts und die Zuständigkeiten der Beamten, das 6. die Hierarchie der öffentlichen

Ämter sowie die Lasten und Privilegien, die sie mit sich bringen, das 7. das Militärrecht, das 8. die subalternen Grade, das 9. das Recht und das Strafverfahren, und das 11. schließlich das Finanzrecht (jedoch erscheint im 11. auch die Berufung und die Prüfung der Zeugen und der Unterlagen). Die Bücher 12-15 betreffen die Organisation der Städte und der Vereine, das 16. die Kirchenordnung, die Häretiker, die vom Christentum Abgefallenen und die Heiden.

5. Das „Rechtswissen" der barbarischen Könige

Die spätantike Kodifikationsbewegung endet nicht mit der Gesetzessammlung des Theodosius. Die Germanen errichteten im 5. Jahrhundert ein neues Gebäude von Gebräuchen und von Regierungsformen in Europa. Gibbon schreibt: „In dieser unglücklichen Zeit kämpften die Sachsen tapfer gegen die Britannen um den Besitz der Insel, Gallien und Spanien waren unter die mächtigen Königtümer der Franken und der Westgoten sowie der von ihnen abhängigen Herrschaften der Sueben und der Burgunder aufgeteilt; Africa war der grausamen Verfolgung durch die Vandalen und den wilden Mißhandlungen durch die Mauren ausgesetzt; Rom und Italien waren bis an die Ufer der Donau von barbarischen Söldnerheeren heimgesucht, deren tyrannischer Willkür das Reich des Ostgotenherrschers Theoderich folgte".[57] Die Rechtszusammenstellungen aus Gallien, Spanien und vielleicht Italien aus der Zeit vor oder nach dem Fall des römischen Reiches im Westen stellen neben den eigentlichen barbarischen Gesetzen ein eigenes Kapitel dar.

Die Frage, ob das *Edictum Theodorici,* das eine lange Tradition Theoderich dem Großen zuschreibt, nicht eher auf den Westgotenkönig Theoderich II., und somit auf das dritte Viertel des 5. Jahrhunderts zurückgeht, ist immer noch offen; damals umfaßte die römische *praefectura Galliarum* noch ein kleines Gebiet nördlich der Loire.[58] Wenn das zuträfe, spielte das *Edictum* eine Rolle in der Gesetzgebung des tolosanischen Reiches und würde sich nicht auf das Ostgotenreich in Italien beziehen. Auf jeden Fall (so meint man) besaß das Edikt regionale Bedeutung. Selbst für anständige Richter war es indes nicht einfach anzuwenden, und unter den gesellschaftlichen Bedingungen, unter denen sie arbeiteten, konnte es sogar gefährlich werden. Die Willkür der „Mächtigen", die „das Gesetz mit Füßen traten",[59] war an der Tagesordnung, wie auch die Gewalt bewaffneter Banden auf dem Lande.[60] Besondere Aufmerksamkeit verdienen der Epilog und seine Schlußworte: „So wie der Gesetzgeber für die Sicherheit aller Untertanen sorgt, so muß das gesamte Gemeinwesen seine Anordnungen befolgen".[60]

Der Text des Edikts enthält außer der Einleitung und dem Epilog 154 kurze Kapitel (manchmal nur eine oder zwei Zeilen lang in der Ausgabe von Friedrich Bluhme). Seine Quellen sind hauptsächlich die drei *Codices Gregorianus, Hermogenianus* und *Theodosianus,* die posttheodosianischen Novellen (es gab zwischen dem 5. und 6. Jahrhundert mehrere private Sammlungen), die pseudopaulinischen Sentenzen, entweder nach ihrem Originaltext oder in interpretativer Überlieferung.

Die *Lex Romana Visigothorum,* die man auch als *Breviarium Alarici* zu bezeichnen pflegt, hatte Alarich II. im Februar 506 in einer sehr schwierigen Situation erlassen, und zwar kurz bevor die Franken unter dem katholischen Chlodwig ihre Vorherrschaft auch in Südgallien behaupteten. Wie es scheint, galt es nur für die römischen Untertanen,[61] und seine Geltungsdauer belief sich auf etwa 150 Jahre, bis Chindaswind (642–653) oder Rekkeswind (649–672) es außer Kraft setzte.[62] Die gesetzgeberische Arbeit vertraute man nach kaiserlichem Vorbild einer Expertenkommission an, und Alarich erstrebte und verlangte, trotz seines Arianismus, die „Zustimmung der Bischöfe und der angesehensten Provinzialen". Ziel seines Codex war es, die „Unklarheit der römischen Gesetze und des alten Rechts" zu beseitigen, die nichtsdestoweniger jedoch die Grundlage für den Text lieferten. Vor Gericht durfte weder ein Gesetz noch eine Rechtsregel herangezogen oder angewendet werden, die nicht im Codex enthalten waren.[63]

In der *Lex Romana Visigothorum* werden nacheinander die Quellen ausgebreitet, die am Ende des 5. Jahrhunderts den Besitz an Rechtskenntnissen Galliens bildeten: der *Codex Theodosianus* in beträchtlich verkürzter Form, Auszüge aus den posttheodosianischen Novellen, eine Zusammenfassung der ersten drei Institutionenbücher des Gaius in zwei Büchern (*Liber Gai,* wie man es bei den Westgoten bezeichnete, *Epitome Gai* in moderner Terminologie), Auszüge aus den pseudopaulinischen Sentenzen, 24 aus den *Codices Gregorianus* und *Hermogenianus* entnommene Konstitutionen, und schließlich ein einziges Responsum Papinians in zwei Zeilen (in der alten Ausgabe von Gustav Haenel). Jeder Text wird von einer *Interpretatio* begleitet, es sei denn, man bemerkt ausdrücklich, daß es einer solchen nicht bedarf; und selbst diese Anmerkung fehlt für die zwei „gaianischen" Bücher. Sie stellen in gewisser Hinsicht eine *Interpretatio* dar. Zwischen der *Epitome Gai,* wie wir sie aus dem *Breviarium* Alarichs kennen, und dem Handbuch des klassischen Juristen gab es sehr wahrscheinlich eine Paraphrase zum Schulgebrauch als Zwischenglied.[64]

Der Codex des Alarich war, wie gesagt, vielleicht nur für die römischen Untertanen bestimmt. Für die Goten hatte man in den siebziger Jahren des 5. Jahrhunderts einen weiteren Codex zusammengestellt, der auf den König Eurich zurückgeht. Später erschien Eurich als der erste Herrscher der Goten, der die Sitten und Gebräuche seines Volkes aufschreiben ließ.[65] Auch im burgundischen Gallien gab es neben einer Sammlung germanischer Normen einen (nur oder hauptsächlich) für die römische Bevölkerung bestimmten Codex. Aber es bestehen zum einen Zweifel an seinem offiziellen Charakter, und zum anderen ist die Datierung nicht sicher. Er gehört sicher in eine Zeit zwischen dem Ende des 5. und den ersten Jahrzehnten des 6. Jahrhunderts. Daß ihn der König Gundobad (474–516) kurz vor seinem Tod, als sich seine Herrschaft schon dem Ende zuneigte, verfaßt haben soll, ist freilich nur eine Vermutung.[66]

Der *Lex Romana Burgundionum* (auch als *Papianus* bezeichnet), liegen fast dieselben Quellen zugrunde wie der *Lex Romana Visigothorum*;[67] sie bildet ein einheitliches, in 47 Titel eingeteiltes Korpus.

6. Die Kodifikation Justinians

Die Rechtskultur, wie sie sich in den kodifikatorischen Unternehmungen der barbarischen Könige darstellt, ist bescheiden oder gar rudimentär. Zwischen dem 5. und dem 6. Jahrhundert wäre im Westen aber nichts anderes möglich gewesen. Im Wissensgefüge stand das Recht nicht mehr auf einem der vorderen Plätze. Im Ost- und Westgotenreich besaßen die Männer der römischen Senatsaristokratie eine überwiegend literarische, rhetorische oder philosophische Ausbildung. Dies gilt für Cassiodor und Boethius ebenso wie für den Bischof Caesarius von Arles. Und im übrigen – stellten sich nicht auch einige Generationen zuvor Sidonius Apollinaris oder der Heide Symmachus im kaiserlichen Rom zur Zeit Theodosius' des Großen ebenso dar? Anders im Ostreich, wo der Pragmatismus einer aufgeklärten Bürokratie und der akademische Klassizismus auf ihre Weise das kostbare Erbe der römischen Jurisprudenz bewahrten.

Die Kodifikation Justinians entstand nicht auf einmal, und das Projekt selbst zeichnete sich erst nach und nach ab. Die beiden Eckdaten sind der Monat Februar des Jahres 528, als die Abfassung des *Novus codex* begann, und der Dezember 534, als der *Codex repetitae praelectionis* publiziert wurde; auch die *Institutiones* und die *Digesta* erschienen in den beiden letzten Monaten des Jahres 533.

Der im April 529 publizierte *Novus codex*[68] ist eine Sammlung kaiserlicher Konstitutionen seit Hadrian. Nur die noch geltenden Konstitutionen sollten aufgenommen werden, mit den Änderungen und den von Inhalt und Stil erforderlichen Nachbesserungen. Man versuchte bisweilen, die Konstitutionen aufzuteilen oder sie zu einem einzigen Text zu verschmelzen. Eine jede erhielt allgemeine Wirksamkeit, ganz gleich, wie ihre ursprüngliche Tragweite gewesen war.[69] Der neue Codex nahm die Stelle von drei Vorgängern, des *Gregorianus*, des *Hermogenianus* und dem *Theodosianus* ein. Die mit der Redaktion beauftragte Kommission, die in einem Jahr damit fertig wurde, stand unter der Leitung von Johannes von Kappadokien. Der gelehrte Tribonian, der zu jener Zeit den Titel und die Würde, nicht aber die effektive Stellung eines „Vorstehers der kaiserlichen Kanzleien" hatte, blieb etwas im Schatten, ein weiterer Mitwirkender, Theophilus, war Lehrer an der Rechtsschule in Konstantinopel und Mitglied des Konsistoriums.[70] Im Vergleich zum *Codex Theodosianus* stellt der *Codex Iustinianus* unter fachlichem Gesichtspunkt sicher einen Fortschritt dar, da er neben sich keine Konstitutionensammlung mehr in Kraft läßt. Jeder Hinweis auf die alten Codices war untersagt. Die Parteien in einem Rechtsstreit und ihre Rechtsvertreter konnten im Verlauf der Debatte keine von den alten Codices behandelte Konstitution „rezitieren". Auch die späteren Konstitutionen waren, sofern sie aus dem *Codex Iustinianus* ausgeschlossen waren, nicht mehr gültig; nur die „Pragmatiken", die besondere Privilegien zugestanden und keine Normen enthielten, die zum kodifizierten Recht und zu den Entscheidungen der obersten Gerichtshöfe oder der höchsten Verwaltungsbüros (in den Grenzen des öffentlichen Interesses) in Widerspruch standen, behielten ihre Gültigkeit. Selbstverständlich konnte man vor Gericht auf die „Bücher der alten Juristen" zurückgreifen und ihre Meinungen vorbringen, allerdings nur, wenn sie mit den Konstitutionen des Codex harmonierten.[71] Eines scheint klar: das erste Vorhaben Theodosius' II., das sich zum Ziel gesetzt hatte, in einem Codex die Gesetzestexte und die rechtswissenschaftlichen Schriften zu vereinigen, wurde nicht wieder aufgenommen. Dies wird dadurch bestätigt, daß der neue Codex das „Zitiergesetz" von 426 aufnimmt.[72] Das heißt, daß man, im Hinblick auf den Gebrauch der klassischen Rechtsliteratur, die ein Jahrhundert zuvor eingeschlagene Richtung fortsetzte, und daß die Idee einer Kompilation, wie die Digesten, noch niemand in seinen Träumen störte.

Einige Jahre später wandelt sich das Bild. Die Konstitution *Deo auctore* vom 15. Dezember 530 zeichnet die Umrisse eines neuen Programms vor. Der Befehl Justinians an seine Kommissare war bindend: zwei Codices würden alle Dinge „beherrschen": der eine sollte die Konstitutionen, der andere das aus der älteren Literatur entnommene Recht enthalten. Der erstere war der Codex im eigentlichen Sinne des Wortes: er war bereits in Kraft und man beabsichtigte im Augenblick keine Neuausgabe; der zweite wurde erst jetzt projektiert, und zwar mit der Bezeichnung *Digesta* oder *Pandectae*.

„Wir befehlen euch also, daß Ihr die über das römische Recht abgefaßten Schriften der alten Rechtsgelehrten, welchen die erhabenen Kaiser die Befugnis erteilt hatten, Rechtsregeln niederzuschreiben und zu erklären, nicht nur durchlesen, sondern auch von Fehlern säubern sollt, damit aus diesen Werken das ganze erforderliche Material gesammelt wird; soweit es möglich ist, sollen keine Wiederholungen und Widersprüche bestehen bleiben, und es soll dasjenige für das einzige Buch entnommen werden, was alle anderen ersetzt. Es gibt zugegebenermaßen aber auch andere juristische Schriftsteller, deren Werke von keinem der übrigen zitiert und benutzt wurden; wir halten es nicht für passend, daß diese in unseren Gesetzesplan einfließen. Wenn dieses Rechtsmaterial mit unserer göttlichen Fürsorge gesammelt sein wird, so muß man es auch auf das Schönste ausstatten und gleichsam zu einem besonderen und verehrungswürdigen Tempel der Gerechtigkeit weihen; das ganze Rechtsbuch ist aber entweder nach der Anordnung unseres Codex, oder nach dem Beispiel des *Edictum perpetuum*, wie es euch am passendsten erscheinen mag, abzufassen, in 50 Bücher und einzelne Titel zu teilen und so einzurichten, daß in der Sammlung nichts ausgelassen, sondern in diesen 50 Büchern das ganze alte Recht, das sich im Laufe von ungefähr 1400 Jahren angehäuft hat und von uns in seiner Reinheit wieder hergestellt worden ist, wie mit einer Mauer umgeben werde

6. Die Kodifikation Justinians

und kein anderes neben sich dulde. Alle Juristen sollen gleiches Ansehen genießen und keinem ein Vorzug vor den übrigen eingeräumt werden, weil keiner stets besser oder schlechter als die übrigen ist, sondern ein jeder ist es jeweils auf bestimmten Gebieten".[73]

Der mit den Arbeiten beauftragten Kommission stand der „Justizminister" Tribonian vor; ferner gehörten dazu der Vorsteher der kaiserlichen Kanzleien und Schatzkanzler Constantinus, vier Professoren – zwei, Dorotheus und Anatolius, aus der Rechtsschule von Berytus, und zwei, Theophilus und Cratinus, aus der Schule von Konstantinopel – und elf Anwälte vom Gericht des *praefectus praetorio Orientis*. Die Kommission las und exzerpierte nach den Worten des Kaisers 2000 Bücher und mehr als drei Millionen Zeilen; dafür genügten wegen des Eifers der Kommissare und der Arbeitsmethode drei Jahre. Die Digesten wurden am 16. Dezember 533 mit der zweisprachigen Konstitution *Tanta-Dedōken* publiziert, die sich an den Senat und alle Völker wendete.[74]

In den Digesten lebt die „unzählbare Menge" der klassischen Jurisprudenz wieder auf. Selbstverständlich konnten die Kompilatoren die Werke der alten Meister nur in dem Zustand und in der Form benutzen, in der sie ihnen vorlag, und infolgedessen mit den (willentlichen und unbeabsichtigten) Veränderungen, die sie in einer langen und bisweilen wechselvollen Textgeschichte erlebt hatten. Zahlreiche Fragmente, die wir in diesem Buch behandelt haben, stammen aus den Digesten. Aber selbst wenn man sie sich alle ins Gedächtnis zurückruft, würden sie auch nicht annähernd eine Vorstellung von dieser großartigen Zusammenstellung vermitteln. Die Digesten wie der Codex verbergen ihre verschiedenartige Struktur nicht. Die byzantinischen Architekten verstanden es, die römische monumentale Bautradition mit der griechischen Tradition des mathematischen Denkens zu verbinden, und sie schufen in der Hagia Sophia einen neuen und revolutionären Kirchenbau;[75] die Juristen (Professoren oder Anwälte und Verwaltungsbeamte) verfolgten bei der Errichtung ihres Gebäudes einen anderen Weg. Es ist weiter nicht erstaunlich, daß dieses Gebäude dem an Euklid geschulten Geist eines Leibniz und dem Rechtsrationalismus des 17. und 18. Jahrhunderts unzulänglich und tadelnswert erscheinen mußte. Der Klassizismus Justinians bedeutete indes nicht eine bloße antiquarische Aufzeichnung. Man untersuchte und verbesserte, und man merzte Wiederholungen und Unstimmigkeiten aus. Darin liegt keinerlei Vorwurf an die Vergangenheit, weil hier nicht die Stimme des einzelnen zählt, sondern die klassische juristische Welt als ganze.

„Unsere Verehrung gegenüber dem Altertum ist so groß, daß wir die Namen der Juristen in keiner Weise mit Stillschweigen übergehen wollen: jeder der Autoren wurde in unseren Digesten mit seinem Namen und seinen Schriften angeführt. Wir haben nur eines gemacht: wenn in ihren Schriften etwas überflüssig, ungenau oder unpassend erschien, wurden ein Zusatz oder notwendige Abkürzungen gemacht und alles in einwandfreie Regeln umformuliert; bei mehreren ähnlichen oder widersprüchlichen Meinungen wurde statt aller diejenige aufgenommen, welche die richtigere erschien; allen Meinungen, die aufgenommen wurden, wurde ein gleiches Ansehen zugeschrieben, so daß alles, was aufgenommen wurde, als das unsrige und auf unseren Befehl zusammengestellt gelten kann. Es soll also niemand wagen, das was alt ist mit dem, was wir eingeführt haben, zu vergleichen, weil vieles und wichtiges der Zweckmäßigkeit halber umgestaltet worden ist. Nicht einmal kaiserliche Konstitutionen, die in den Schriften angeführt waren, haben wir verschont, sondern auch in diesem Fall haben wir bedacht, was korrigiert und verbessert werden müsse. Auf diese Weise haben wir die Namen der alten Autoren belassen und haben, indem wir es korrigiert haben, all das erhalten, was für die Wahrheit der Texte notwendig und geeignet war: aus diesem Grunde wurde auch den Auseinandersetzungen zwischen den Juristen dadurch definitiv ein Ende bereitet, daß jede Ungewißheit ausgeräumt wurde".[76]

Dies sind die Worte, die man in der Konstitution liest, die das gerade vollendete „schwierigste" Unternehmen bestätigt.[77] So wie auch das Gemälde als Darstellung der Physiognomie mit der mittelalterlichen Mentalität unvereinbar ist, so löst sich die historische Gestalt eines Labeo oder eines Celsus, eines Julian oder eines Papinian auf. Für ihre weit entfernten Nachahmer gewinnen sie die Unveränderlichkeit und die Kraft von Symbolen. Ihre Schriften fließen jetzt in eine einzige *consonantia* oder *symphōnia* ein.[78]

Die Digesten sind gleichermaßen ein „Gesetzbuch und Bildungsbuch".[79] Dieser zweite Aspekt ist wichtiger als der erste. Im neuen juristischen Studienplan stehen die Digesten im Mittelpunkt; Justinian führte ihn anstelle des bisher nicht nur in den Schulen von Caesarea in Palästina und Alexandria (die keinen guten Ruf genossen), sondern auch in Konstantinopel und Berytus angewendeten fragmentarischen und unorganischen Planes ein. Während man den Institutionen bei den Studien eine vorbereitende Funktion zuwies, stellte der Codex darin den letzten Abschnitt dar. Auch die Institutionen, in vier Büchern, gehen aus einer Auslesearbeit hervor, jedoch läßt die Kontinuität des kompilatorischen Vorgehens diesen Ursprung nicht erkennen. Die drei Kommissare, die die Institutionen zusammenstellten, Tribonian, Theophilus und Dorotheus, benutzten „alle Institutionen der alten Juristen: vor allem aber die Werke des Gaius, und zwar seine *Institutiones* wie seine *Res cottidianae*", und „viele andere Werke". Die Institutionen enthalten die Anfangsgründe des Rechts, die aber aus „kaiserlichem Munde" erteilt werden. Der Rechtsunterricht ist so von Anfang bis Ende davon geprägt.[80]

Die *constitutio Omnem*, die am selben Tag erlassen wurde, an dem die Digesten publiziert wurden, nämlich am 16. Dezember 533, zeichnet in der Einleitung und in den §§ 1–7 die Grundzüge der justinianischen Unterrichtsreform. Hierfür werden die Digesten in sieben Teile gegliedert, „nicht willkürlich und irrtümlich, sondern mit Rücksicht auf die Natur und Beschaffenheit der Zahlen" (*Const. Tanta* 1–8). Der erste Teil, mit dem griechischen Wort *Prōta* bezeichnet, vereinigt die Bücher I–IV; der zweite, *de iudiciis*, die Bücher V–XI; der dritte, *de rebus*, die Bücher XII–XIX; der vierte, „der Mittelpunkt des gesamten Werkes", vereinigt die Bücher XX–XXVII; er betrifft das Pfand und die Hypothek (XX), die Edikte der Ädilen und die Wandlungsklage, die Eviktion, die *stipulatio duplae* (XXI), die Zinsen, das Seedarlehen, die Urkunde, die Zeugen, die Beweisführung und die Rechtsvermutungen (XXII), das Verlöbnis, die

6. Die Kodifikation Justinians

Eheschließung und die Mitgift (XXIII–XXV), die Vormundschaft und die Pflegschaft (XXVI–XXVII). Den fünften Teil, der das Testament und die Legate behandelt, bilden die Bücher XXVIII–XXXVI; den sechsten die Bücher XXXVII–XLIV, über die *bonorum possessio* und die Intestaterbfolge (XXXVII–XXXVIII), über das vorläufige private Bauverbot, über einen zu befürchtenden Schaden und die *actio aquae pluviae arcendae,* über die Publikanen und über die Schenkungen (XXXIX), über Freilassungen und den Freiheitsprozeß (XL), über den Erwerb von Eigentum und Besitz (XLI), über die rechtskräftig abgeurteilte Sache und die Vollstreckung (XLII), die Interdikte (XLIII) und die Einreden (XLIV). Der siebte und letzte Teil umfaßt die Bücher XLV–L; sie betreffen die Verbalkontrakte, die *fideiussio* und den Kreditauftrag, die Aufhebung der Obligationen und die Novation, die prätorischen Stipulationen (XLVI), das Strafrecht (XLVII–XLVIII, die zwei *terribiles libri,* Schreckensbücher), die Berufung (XLIX), die städtische Verwaltung, die öffentlichen Bauten und die Märkte, die *pollicitationes,* verschiedene Formen der Kognition, die Tribute und schließlich die „Bedeutung der Wörter" und die „Regeln des alten Rechts" (L).

Der Rechtsunterricht erstreckte sich über fünf Jahre. Im ersten Jahr studierte man die Institutionen und die *Prota;* im zweiten Jahr „vollständig und geordnet, und ohne etwas auszulassen" den zweiten und den dritten Teil der Digesten sowie die Bücher XXIII, XXVI, XXVIII und XXX; im dritten Jahr die im zweiten Jahr ausgelassenen Teile aus den beiden Teilen der Digesten, sowie die Bücher XX–XXII, die von „papinianischen Geist" erfüllt waren. Im vierten Jahr nahm man sich die zehn Bücher aus dem vierten und dem fünften Teil der Digesten vor, mit denen man sich noch nicht beschäftigt hatte, um den „Schatz des Wissens" zu heben, der darin enthalten war. Damit waren die eigentlichen Lektionen beendet. Das Studium des sechsten und des siebten Teiles war auf später verschoben. Gegenstand des fünften Jahres war die Lektüre und die Vertiefung des Codex.

Auf diese Weise, behauptet Justinian, kann man die Rechtswissenschaft „von Anfang bis Ende" erlernen, denn allein sie hat unter allen Künsten „eine bewunderungswürdig abgesteckte Grenze".

Die Digesten und das Gesetzesmaterial, das sich nach und nach ansammelte, ließen den ersten *Codex Iustinianus* schon wenige Jahre nach seiner Verkündung antiquiert erscheinen.[81] Man mußte ihn überarbeiten. Seine zweite Auflage erfuhr im November 534 ihre offizielle Anerkennung.[82] Der Kommission, die sie vornahm, und der Dorotheus und drei Anwälte angehörten, stand wiederum Tribonian vor. Der überarbeitete Codex umfaßt zwölf Bücher, die in Titel untergliedert sind, und jeder Titel betrifft, wie in den anderen Teilen der Kompilation, eine bestimmte Materie. Das erste Buch befaßt sich mit dem Verhältnis zwischen Kirche und kaiserlicher Regierung, mit den Quellen der Rechtsentstehung und den einzelnen öffentlichen Ämtern; die Bücher des zweiten bis achten Buches behandeln das Privatrecht und den Privatprozeß, das neunte Buch das Strafrecht und -verfahren, und die drei letzten Bücher das Verwaltungs- und Finanzrecht.

Dieses Buch will nicht über die handschriftliche Überlieferung der behandelten Werke informieren. Eine Ausnahme muß allerdings für die Digesten gemacht werden. Unter den Codices, die den Text wiedergeben, ist die *littera Florentina* (F) besonders wichtig.[83] Dieser Codex geht aller Wahrscheinlichkeit nach auf das 6. Jahrhundert zurück. Er besteht aus 905 Blättern, die auf zwei Bände aufgeteilt sind, jedes Blatt mißt etwa 36,6 cm in der Höhe und 32 in der Breite. Bei der Schrift, die nach den ersten 19 Blättern immer in zwei Spalten verläuft, handelt es sich um eine Unziale mit semiunzialen Elementen.[84] Der Florentiner Codex, der erst 1782 in die Bibliotheca Laurentiana aufgenommen wurde, hat eine lange Geschichte, die in ihrem ersten Teil einigermaßen unklar ist und die sich etwa seit der Mitte des 12. Jahrhunderts in der Toskana zwischen Pisa und Florenz abspielt. Aber vorher? Zwischen dem 9. und dem 11. Jahrhundert befand sich der Codex vielleicht in Süditalien; nach einer Legende wurde er als Kriegsbeute von Amalfi nach Pisa gebracht.

Höchstwahrscheinlich geht auf F eine verlorene Kopie zurück, deren Redaktion sie in den langobardischen Kulturkreis und nach Cassino verweist. Dieses Exemplar geht auf F über ein hypothetisches Zwischenstück zurück, den Codex S(ecundus), den Mommsen zum „gemeinsamen Vorfahren" der Manuskripte der Vulgata annimmt, das heißt der *Littera Bononensis* (eine Bezeichnung, die man dem Text gab, mit dem die Bologneser Juristen seit dem letzten Viertel des 11. Jahrhunderts arbeiteten): S ist nicht nur eine Kopie von F, sondern korrigiert F bisweilen auf der Grundlage eines anderen unabhängigen Manuskripts. Mommsen schließt die schlichte und einfache Identifizierung von S mit dem in Beneventana geschriebenen Exemplar, von dem wir handeln, aus, weil von den Codices PVUL,[85] die alle auf S zurückgehen, der letzte (L) frei von Fehlern ist, die in den übrigen drei vorhanden sind, und durch den Schrifttyp ihres Subarchetyps (eben dem in Beneventana geschriebenen Exemplar) zugeordnet sind.[86]

Es ist nicht festzustellen, ob der Ursprung des Florentiner Codex in Konstantinopel oder in irgendeinem Zentrum des byzantinischen Italien, Neapel oder Ravenna, liegt.[87] In diesem Codex sind zwölf oder dreizehn Hände zu unterscheiden (die lateinische oder griechische Nationalität der Schreiber ist strittig), ferner die Hand oder die Hände eines oder mehrerer Korrektoren, die auch die Kontrolle mit Hilfe von mindestens einem weiteren Manuskript durchführten. Aus Ravenna kommen, so darf man annehmen, die Papyrusfragmente von Pommersfelden,[88] die mit F zeitgleich und von ihm unabhängig sind. Weitere Papyrusfragmente der Digesten gehören ins 6. Jahrhundert,[89] ebenso die Blätter des Neapolitaner Palimpsest (N), die einen Teil des zehnten Buches enthalten.[90] Das Fragment R aus Berlin gehört ins neunte Jahrhundert.

Die Textkritik hat nicht zum Ziel, das Original wiederzugewinnen, sondern vielmehr die „Tatsache" zu ermitteln, die die Handschriftenüberlieferung klärte. Es handelt sich um eine sehr schwierige Disziplin, und nur der erfahrene Philologe ist dazu in der Lage.[91] Kein Gelehrter, der sich mit antiken Texten beschäftigt, darf jedoch außer Acht lassen, daß die philologische Arbeit die Grundlage seines eigenen Tuns ist. Für die Digesten bedienen wir uns immer noch der Mommsenschen Ausgaben, eines gigantischen und glänzenden Werkes.[92] Heute sind auch seine Grenzen erkennbar, die im übrigen bereits in den ersten beiden Jahrzehnten unseres Jahrhunderts klar waren (wie Hermann U. Kantorowicz und Fritz Schulz belegen). Man muß sich indes vor der Gefahr hüten, Mommsen zu kritisieren, ohne gleichzeitig seine Vorsicht und Strenge zu respektieren.

7. Die Novellen und die Beziehung zur klassischen Welt

Schließlich kam das gesetzgeberische Werk zum Abschluß. Der Kaiser-Gesetzgeber jedoch fuhr fort, für die verschiedensten Völker in einem riesigen Reichsgebiet, das sich (nach einer Reihe glücklicher Feldzüge im Westen gegen die Vandalen und die Goten) von Armenien bis Südspanien, von den Alpen bis nach Nordafrika erstreckte, seine Normen in griechischer und lateinischer Sprache zu diktieren.[93] Die neuen Konstitutionen bezeichnete man als *Novellae* oder, mit dem griechischen Titel, *nearai diataxeis*. Die in den Codices enthaltenen Konstitutionen sollten, zusammen mit den neuen Normen eine einheitliche Ordnung bilden, der eine Rangfolge seiner Teile fremd war. Justinian stellte so sein Gesetzgebungswerk vor, als er seine Anwendung im wiedereroberten Italien dekretierte (oder bestätigte).[94] Es beginnt nun in diesem Land seinen Weg zu gehen: die Kenntnis des Codex, der Institutionen und der Novellen (zumindest in einer zusammenfassenden Form) wird niemals wieder verlorengehen; die Digesten hingegen waren das ganze frühe Mittelalter über vergessen, bis sie in Bologna ihre Renaissance erlebten.

Kehren wir zu den „neuen Konstitutionen" zurück. Bisweilen waren sie im Bereich der Verwaltung und der Justiz und im Gebiet des Privatrechts, besonders bei den Familien- und Erbfolgeverhältnissen, grundlegend innovativ. In einem langen Text der neuen Konstitutionen hat man nicht ohne Grund den „Codex der christlichen Ehe" gesehen.[95] Die byzantinische Regierung dachte an eine Sammlung auch dieser Konstitutionen, die jedoch nie zustande kam;[96] vielmehr wurden sie in verschiedenen privaten Sammlungen zusammengefaßt. Dies war in keiner Weise außergewöhnlich. Die offizielle Rhetorik hebt das Gesetzgebungs- und Kodifikationswerk und seine *aeternitas* hervor; sie möchte sie mit prophetischen Tönen „in eine absolute Dauer, die als Grenzen nur die Grenzen der Zeit hat" projizieren;[97] nach Jahrtausenden scheint man die Schlagworte der altorientalischen Monarchien in einem anderen Geist wieder aufzunehmen.[98] Dies kann freilich niemanden täuschen, nicht einmal die Urheber selbst. Schwierigkeiten aller Art nötigten zu dauernden korrigierenden und innovativen Eingriffen, und der Kaiser machte sich sogar zum Vorwurf, „Gesetze zu erlassen und sie dann aufzuheben".[99] Genau genommen, fehlte es auch nicht an ideologischer Rechtfertigung. Gemäß einer Vorstellung, die der Neoplatonismus dem spätantiken Bewußtsein eingeprägt hatte, schafft die Natur andauernd „neue Formen". Allein die göttlichen Dinge sind vollkommen. Wie die Natur, so ist das menschliche Recht wandelbar. Es ist nicht ausgeschlossen, daß „Rechtsverhältnisse auftauchen, die noch nicht von den Fesseln der Gesetze umschlungen sind" und daß die Codices dieses nicht verhindern können. In der „Macht des Kaisers" liegt es aber, „alles, was neuerdings zum Vorschein kommt, zu verbessern, in eine neue Form zu bringen, oder es auf geeignete Maßnahmen und Regeln zurückzuführen". Daher erhält er seine Legitimation von Gott, und als „lebendiges Gesetz" hört er niemals auf, Gott nachzuahmen".[100]

Die umfassendste (aber nicht die älteste) Sammlung der Novellen wurde frühestens zwischen 578 und 582, während der Regierungszeit von Tiberius II., angefertigt. Zumindest ursprünglich stellte sie alle Novellen im Originaltext vor, die griechischen in Griechisch und die lateinischen in Latein. Die Manuskripte, die nach dem Fall des

Ostreiches nach Italien gelangten, enthielten nur die in Griechisch publizierten Novellen (und diese nicht alle), während man die lateinischen vernachlässigte oder durch Zusammenfassungen (wenn nicht gar nur durch die schlichte Angabe der Rubrik) in Griechisch ersetzte. Die Zahl der Novellen beläuft sich auf 168, aber nicht alle stammen von Justinian. Vier sind von Justinus II. und drei von Tiberius II., zwei sind Duplikate und bei einer gibt es sowohl den griechischen Text, wie auch – unabhängig davon, – einen Hinweis auf den lateinischen Text; die letzten drei sind keine Kaisergesetze, sondern Edikte der Prätorianerpräfekten. Die Sammlung ist in zwei Manuskripten erhalten: eines befindet sich in der Bibliotheca Marciana in Venedig (M) und eines in der Bibliotheca Laurentiana in Florenz (L). Der Marcianus enthält einen Appendix mit dreizehn Edikten Justinians.

Eine zweite Sammlung, das *Authenticum*, war in der Rechtsschule in Bologna zwischen dem 11. und 12. Jahrhundert bekannt; der Name rührt von der Überzeugung her, daß sie den Originaltext der Novellen enthält. Sie umfaßt 134 Stücke aus dem Zeitraum von 535 bis 563; einige waren in lateinischer Sprache erlassen, die anderen erscheinen in einer unsicheren Übersetzung der griechischen Originale ins Lateinische. Die 124 Novellen der *Epitome Iuliani* sind nicht in ihrem vollen Text, sondern nur in einer lateinischen Zusammenfassung erhalten: die älteste stammt von 535, die letzte von 555; zwei wiederholen sich. Diese dritte Sammlung, die, wie es scheint, kurz nach der byzantinischen Wiedereroberung nach Italien gebracht wurde, verdankt ihren Namen Iulianus, wahrscheinlich einem Lehrer an der Rechtsschule von Konstantinopel.

Man bezeichnet das gesamte kompilatorische und gesetzgeberische Werk Justinians als *Corpus iuris civilis*. Der Begriff wurde am Ende des 16. Jahrhunderts von Dionysius Gothofredus als Titel für seine Ausgabe gebraucht, die die *Institutiones*, die *Digesta*, den *Codex* und die *Novellae* enthielt. Von dieser Ausgabe sagte man ein Jahrhundert später, sie sei in den Gerichtshöfen und in den Schulen „durch viele Hände gegangen und sie sei überall mit viel Beifall aufgenommen worden".

Außerhalb der offiziellen Rhetorik und des internen Interesses der Welt der Juristen stieß die justinianische Kodifikation auf Gleichgültigkeit und ein fast vollständiges Schweigen bei den Zeitgenossen. Diese Tatsache kann man auf unterschiedliche Weise erklären.[101] Wie dem auch sei, nichts legt den Gedanken nahe, die Kodifikation habe im normalen Verlauf der Dinge eine echte Revolution dargestellt. Wie wir bereits bemerkten, bestand aber ihr Klassizismus nicht in einer schlichten antiquarischen Aufzeichnung. Es zeigt sich darin vielmehr die mimetische Haltung einer Tradition gegenüber, die man als beispielhaft wahrnahm, und der Wille, sie wieder zu entdecken und zu bewahren. Den vulgärjuristischen Tendenzen, wie sie sowohl in der Gesetzgebung wie auch in der Praxis des 4. und 5. Jahrhunderts vorhanden waren,[102] wurde Einhalt geboten. Nur eine detaillierte Untersuchung könnte zeigen, in welchem Sinne und innerhalb welcher Grenzen eine Wiedergeburt der klassischen juristischen Dogmatik nach ihrem Zusammenbruch in konstantinischer und nachkonstantinischer Zeit vorlag. Der Wandel der Sensibilität war damals ohne Beispiel gewesen, und fast jedes Wort hatte durch den „Sieg der allgemeinen literarischen Sprache der Spätantike über die Fachsprache" eine neue Prägung erhalten.[103] Man verließ die Regeln und die Methoden eines spezialisierten juristischen Vorgehens, die Gesetzgebung unterlag in weitestem Ausmaß dem Eindringen der Rhetorik und es fehlte die „ordnende Hand", die in der Lage gewesen wäre, die formalen Leitlinien einer vielfältigen Praxis wiederherzustellen.[104] Die Rückkehr zur Vergangenheit faßt man bei Justinian jedoch im „Stil" und nicht in den normativen Inhalten. Weder der Fiskalismus noch der Korporativismus der spätantiken Gesetzgebungspolitik kommen zum Stillstand. Im juristisch-privatrechtlichen Bereich hält die vereinfachende und vereinheitlichende Tendenz an. Die Unterscheidung zwischen *ius civile* und *ius honorarium* hatte schon lange ihre praktische Bedeutung verloren, und dasselbe gilt für die Unterscheidung von Formularprozeß und Kognitionsprozeß. Aber man sollte Vorsicht walten lassen. Die Kanzlei Justinians, die sozusagen im „Geist der Jahrhunderte" erzogen war,[105] verzichtet nicht darauf, sich auf das Gebiet einer subtilen Interpretation zu begeben, sofern man dies für passend hält.[106] Freilich bildet die *subtilitas* des alten Rechts oft lediglich ein Hindernis, das es wegzuräumen gilt, und seine *formalis observatio* stellt ein Hindernis dar.[107] In der *humanitas* oder *philanthrōpia* kann man auch die Grundlage einer neuen Disziplin erblicken.[108] Die christliche Ethik beeinflußt das Familienrecht, und das Erbfolgesystem wandelt sich in wesentlichen Punkten. Der bis an seine äußersten Grenzen getriebene Grundsatz des Willens in den Rechtsgeschäften und die Bedeutung, die man den Urkunden und der Schriftlichkeit beimißt, stehen in Einklang mit der Zeit.[109]

Die Rückkehr zur Vergangenheit kann man demnach aus dem Stil ableiten, aber auch hier muß man sich verständigen. Das Recht hat seine einzige Quelle im Kaisergesetz. Die klassische Erziehung kann der Rechtswissenschaft ihre alte dynamische und normative Rolle nicht zurückgeben, sondern sie kann sie nur in ihrer grundlegend theoretisch-scholastischen Funktion vervollkommnen und verfeinern. Eine Verbindung zur Praxis, die noch vor weniger als hundert Jahren lebendig gewesen war, ist unterbrochen. Die Interpretation, hat Dieter Simon angemerkt, „ist nicht darauf gerichtet, ein übersichtliches und praktisch brauchbares Instrumentarium an Rechtsregeln zur Verfügung zu stellen, mit dessen Hilfe der praktische Jurist die Lebenssachverhältnisse ordnen und bewältigen könnte"; sie will lediglich das überlieferte Material fachlich erklären und es zugänglich machen. Bei der Verfolgung dieses Zieles steht sie nicht mit der zeitgenössischen Kultur in Widerspruch: die Philosophie, die Theologie und die Philologie bieten die erforderlichen Methoden an.[110]

8. System und Zeit

Die normativen Texte sind in den Codices mehr oder weniger zusammenhängend angeordnet (es handelt sich dabei stets um einen äußerlichen Zusammenhang), sie bleiben in ihrer punktuellen Geschichtlichkeit aber erhalten, und zwar entweder durch die Namen der Kaiser und der Empfänger oder durch die Namen der Juristen. Die Konstitutionen folgen in den einzelnen Titeln einer chronologischen Ordnung. Das „System" schließt also die Zeit nicht aus, sondern begreift sie ein. Auch die Zeit, die Dauer der einzelnen Normen, trägt dazu bei, ihnen Prestige zu verleihen und das Prestige des Buches zu bewirken, das sie enthält. Die alten Materialien bestehen neben den aktuellen durch eine bewußte Wahl: „Das Alte", heißt es in einem Buch, das am Beginn des modernen Denkens steht, „ist der beste Fürsprecher der Autorität", und im Recht muß man auf das letztere mehr achten als „auf den Stil und den Entwurf".[111] Schließlich verliert das außer Gebrauch gekommene Recht seinen Wert nicht völlig, sondern es bleibt ihm eine pädagogische Wirkung: die Synthese in der Kodifikation soll es aufnehmen können. Das Programm des Theodosius hat dafür bereits den Beweis geliefert. Man braucht nur die Institutionen Justinians zu lesen, damit klar wird, welche Bedeutung unter dem Blickwinkel der Lehre die Verbindung zwischen dem Neuen und dem Alten haben kann. In den Zeilen über die Legate und die Fideikommisse geht man beispielsweise den langen historischen Weg noch einmal, der zur Gesetzgebungsreform geführt hat.

„Das Vermächtnis ist nun eine Art Schenkung, die von einem Verstorbenen hinterlassen ist. Früher aber gab es vier Arten von Vermächtnissen: dinglich wirkende [Vindikationslegate], schuldrechtlich wirkende [Damnationslegate], Vermächtnisse, die eine Duldungspflicht begründen, und solche, die eine Vorwegzuwendung enthalten. Und jeder Vermächtnisart waren bestimmte Worte zugeordnet, mit denen man die einzelnen Arten kennzeichnete. Durch Konstitutionen der vergöttlichten Kaiser wurde jedoch die formelle Bedeutung dieser Worte völlig beseitigt. Aber weil wir den Willen des Verstorbenen zu stärken begehren, und nicht seinen Worten, sondern seinem Willen den Vorrang einräumen, hat unsere in langer Nachtarbeit verfaßte Konstitution bestimmt, daß alle Vermächtnisse eine einheitliche Rechtsnatur haben und daß die Vermächtnisnehmer, mit welchen Worten auch immer ihnen etwas hinterlassen ist, dieses nicht nur mit persönlichen, sondern auch mit dinglichen Klagen und mit der Pfandklage in Anspruch nehmen können. Die ausgewogene Regelung dieser Konstitution kann man ihrem Inhalt voll und ganz entnehmen. Aber auch bei dieser Konstitution glaubten wir nicht stehenbleiben zu dürfen.

Denn da wir fanden, daß das alte Recht die Vermächtnisse durch strenge Regeln begrenzte, den Fideikommissen dagegen, weil sie stärker auf dem Willen der Verstorbenen beruhten, eine freiere Rechtsnatur gewährte, hielten wir es für notwendig, alle Vermächtnisse den Fideikomissen anzugleichen, so daß zwischen ihnen kein Unterschied besteht und auch das, was den Vermächtnissen mangelt, aus der Rechtsnatur der Fideikommisse ergänzt wird, und das, was die Vermächtnisse etwa an Weitergehendem enthalten, die Rechtsnatur des Fideikommisses anreichert".[112]

Die Menschen der Spätantike sollten ein Recht befolgen, das nicht selten einer weit entfernten Vergangenheit entstammte; aber die normalerweise zur Formulierung dieses Rechts gebrauchte Sprache, das Lateinische, betonte die Distanz oft noch mehr. In den östlichen Reichsteilen war die „lingua franca" das Griechische. Der Redner Themistius erklärte um die Mitte des 4. Jahrhunderts, er zöge „den väterlichen hellenischen Dialekt" der „Sprache der Machthaber" vor.[113] Für die Römer aus dem Osten besaß das Lateinische keinerlei (oder sehr begrenzte) Beziehung zur täglichen Praxis; es war die Sprache der gebildeten Schichten und der bürokratischen Verwaltung.[114] So zeigen alle Charakteristika des antiken Codex ein einzigartiges Aussehen, das mit unserem, vom 19. Jahrhundert geprägten Vorstellungen eines Codex unvereinbar ist: „ein Gesamt von Verfügungen", um mit François Geny zu sprechen, „das eine Materie der positiven Gesetzgebung betrifft, und das in seinen Umrissen von einer allgemeinen Idee bestimmt ist, die gewöhnlich durch den Titel des Codex selbst ausgedrückt wird".[115] Man könnte sicherlich auch sagen, das in den alten Codices gesammelte Recht sei eine rational erfaßbare Einheit; es bildet aber im Sinne von Bentham kein „Rechtskorpus", also ein einheitliches normatives Ganzes, zusammenhängend und lückenlos, einen Mechanismus, der nicht anders ist als eine Uhr, bei der sich jedes Teil nur im Verhältnis zu den andern erklärt.[116] Die gesamte Rechtsordnung, mit der die Codices zu tun haben, war in Wirklichkeit von einem modernen Standpunkt her lückenhaft und widersprüchlich. Es lohnt daher zu fragen, wie der Richter in einem konkreten Rechtsstreit oder einem bestimmten Fall, das Recht „gefunden" habe. Dieser Frage, die man für jede Periode der antiken und modernen Kultur stellen kann, wußte man für die mittlere byzantinische Zeit in besonderer Weise zu begegnen. Für den Richter und den Juristen handelt es sich nach den Schlußfolgerungen von Dieter Simon weniger um das Wissen als um das Handeln. Seine „Begründungsstrategie" verwendet das Gesetz als ein Argument unter anderen, auch wenn das Gesetz „das stärkste aller denkbaren Argumente" ist, denn „es partizipiert an der Autorität des Herrschers". Die sich nicht selten widersprechenden Normen haben eine topische Funktion für ein im Grunde „rhetorisches" Ziel. Stets steht das Urteil über den Einzelfall im Mittelpunkt, nicht das Recht als Ganzes. Man verzichtet auf eine konzeptionelle Arbeit und auf die Dogmatik; die Stabilität der Entscheidungen und die Gleichheit der juristischen Behandlung sind (wenn sie es sind) ein schwer erreichbares Ideal.[117]

9. Die Utopie vom „einfachen Gesetz"

Das Hauptziel der Codices, gleich ob sie Konstitutionen oder rechtswissenschaftliche Schriften enthalten, war die Gewißheit der Rechtssicherheit. Aber auch die Codices sind ein kompliziertes technisches Problem. Für ihre Redaktion suchte und fand die Bürokratie, sofern es die Umstände erlaubten, die Mitwirkung der Schulen, und auch die Hilfe der erfahrensten Anwälte war unerläßlich. Waren die Codices zusammengestellt, mußten sie interpretiert werden. Die Aufgabe der Spezialisten auf allen Ebenen hörte nicht auf. Die

Utopie vom „einfachen Gesetz", das der Interpretation nicht bedarf, und das aus jedem Menschen einen Rechtsgelehrten macht, war in der Antike von der Realität noch weiter entfernt als in späterer Zeit; diese Utopie durchzieht das gesamte moderne Denken von Thomas Moore bis Jeremy Bentham. Das spätantike kodifizierte Recht bewirkte so eine neue Interpretationstätigkeit oder trug dazu bei, diese in Gang zu halten; es erzeugte darüberhinaus eine neue zusammenfassende oder paraphrasierende Literatur, mit auf Praxis oder Lehre ausgerichtetem Ziel. Als die Kompilatoren der *Lex Romana Visigothorum* zu Beginn des 6. Jahrhunderts lange Abschnitte aus dem *Codex Theodosianus* übernahmen, war dieser bereits von *Interpretationes* umgeben, die nur scheinbar ein einheitliches Gewebe bildeten. Eine Untersuchung, die sich nicht an vorgegebene Schemata hält und deren diesbezügliche Ergebnisse noch bis heute grundlegend geblieben sind, hat die zugrundeliegende Methodik aufgedeckt und sie als „disparate Überreste" vielfältiger Kommentare erkannt, die zeitlich vor dem Werk der Kompilatoren Alarichs liegen.[118] Über denselben Zeitraum erstrecken sich die zahlreichen *Interpretationes* zu den posttheodosianischen Konstitutionen und den *Codices Gregorianus* und *Hermogenianus*.[119] Man könnte sagen, jedes Gesetz neige dazu, auf seine elementaren Termini zurückgeführt zu werden.

Seit dem 6. Jahrhundert entwickelte sich im gebildeten Umkreis des Ostens, also im Umkreis der justinianischen Kodifikation, eine reichhaltige literarische Produktion. Zumindest im Hinblick auf die Digesten versuchte der Kaiser dies mit einem ausdrücklichen Verbot zu begrenzen:

„Die Juristen sollen es nicht wagen, Kommentare dazu zu schreiben und durch ihre überflüssigen Worte die Bündigkeit des Buches zu gefährden, wie es schon in vergangenen Zeiten geschehen ist, wo durch die widersprechenden Aussagen der Ausleger fast das ganze Recht in Verwirrung geriet. Es genügt, zu diesem Buch kurze Angaben des Inhalts und Paraphrasen abzufassen durch „Indices" und Erklärungen der Titel, ohne daß die interpretatorische Tätigkeit Schäden hervorbringt".[120]

„... daß keiner von den gegenwärtigen oder zukünftigen Rechtsgelehrten sich unterfangen sollte, diesen Gesetzen Erläuterungen beizufügen, außer es will jemand sie ins Griechische übersetzen, welches jedoch in derselben Ordnung und Reihenfolge, in welcher sie lateinisch abgefaßt sind, geschehen müßte (was die Griechen *kata poda* nennen) oder wenn er die Schwierigkeiten der Titel mit Anmerkungen erläutern wollte, und das, was man *Paratitla* nennt, abfaßt".[121]

Möglicherweise war das Verbot weniger schwerwiegend, als man beim ersten Durchlesen annehmen könnte. Vielleicht wollte der Gesetzgeber nicht jegliche Interpretation seines Werkes verhindern, sondern lediglich vermeiden, daß sein „Kommentar" den Text im Verlauf seiner handschriftlichen Überlieferung begleitete. Es war mit anderen Worten ein Mittel, die Authentizität des Gesetzeserlasses zu schützen.[122] In Wirklichkeit aber erläutern nicht nur Epitomae oder Zusammenfassungen, Paraphrasen und erklärende An-

9. Die Utopie vom „einfachen Gesetz" 263

merkungen, sondern echte exegetisch-dogmatische Kommentare sowohl die Digesten als auch den Codex und die Institutionen. Für die Institutionen ist Theophilus eine „griechische Paraphrase" zu verdanken, die sich bis zu einem gewissen Punkt an das Original hält. Theophilus verfertigte auch einen „Index" zu den Digesten. Auch Isidor, Dorotheus, Cyrillus der Jüngere und verschiedene andere Autoren schrieben solche Indices; besonders reichhaltig ist indes der „Index" des Stephanus, dessen „Annotationen" oder *paragraphai* sich hervorheben. Der Kommentar zum Codex von Thalelaios ist sehr umfangreich (aber er ist nicht der einzige dieser Art). Alle diese Autoren sind Zeitgenossen Justinians, nehmen aber bisweilen älteres Gedankengut wieder auf. Besonders Thalelaios greift auf die Juristen des 5. Jahrhunderts, die „Helden" oder die „ökumenischen Lehrer", wie man sie zu bezeichnen pflegte, zurück, zu denen auch Patricius, eine recht bedeutende Gestalt, zählt.[123]

In der westlichen Welt hatte die klassische juristische Tradition nach dem Beginn des 4. Jahrhunderts nur noch einen schwachen Abglanz bewahrt. Im Osten und in Byzanz hingegen war sie nicht geschwunden. Nicht nur Papinian und Paulus, Ulpian und Modestin, und natürlich Gaius, waren weiterhin einflußreiche Gesprächspartner, sondern auch Florentinus, Marcianus oder Iavolenus Priscus. Man las neben den großen Kommentaren die Monographien und die Responsasammlungen. Vielleicht hätten Patricius oder Thaleläus, Dorotheus oder Stephanus den von Synesius in den Anfangsjahren des 5. Jahrhunderts formulierten Standpunkt geteilt, den sie ihrem Erkenntnisinteresse angepaßt hätten: der Philosoph „muß in der Lage sein, mit den Menschen auf der Grundlage einer umfassenden Erfahrung der klassischen Literatur zu sprechen".[124] Hatte übrigens Ulpian nicht der Jurisprudenz eine philosophische Aufgabe zugewiesen? Eine ähnliche Haltung begünstigte die Erhaltung und Auswahl der Texte eher als ihre Veränderung. Man wollte sie indes nicht in musealer Erstarrung belassen. Wenn das Recht sich im Laufe der Zeit durch Gesetzgebung und Praxis gewandelt hatte, mußte man dem Rechnung tragen. Aber wie? Die kaiserlichen Konstitutionen erschienen quasi als eine autonome juristische Masse; man konnte ihnen, wie jeder anderen innovativen Anregung in den Kommentaren und den Anmerkungen, die sich nicht mit dem untersuchten Text vermengten, Raum geben.

Die ‚Notae' zu den *Libri ad Sabinum* Ulpians, die nach dem Katharinenkloster auf dem Berg Sinai, wo das Manuskript gefunden wurde, als *Scholia Sinaitica* bezeichnet werden, datieren zwischen das 5. und 6. Jahrhundert, auf jeden Fall vor 529.[125] In Buch XXXVI seines Kommentars untersucht Ulpian die Kosten für die Mitgift und unterscheidet notwendige, nützliche und Luxus-Kosten. Die ersteren, so schreibt er ausdrücklich, wenn auch tautologisch, sind jene, „die in sich selbst eine *necessitas inpendendi* besitzen". Diese Kosten vermindern den Wert der Mitgift, die der Ehemann an die Frau herausgeben muß. Man kann für sie Wasserbauwerke, den Bau einer Mühle oder eines Getreidespeichers und ähnliches als Beispiel anführen. Man kann die Frage aufwerfen, ob die Wiederherstellung eines Gebäudes oder eines aufgelassenen Ölbaumhaines, die Anlage eines Fischteiches und die Pflege von Bäumen oder von Weinstöcken hier eine Rolle spielen. Ein gemeinsamer Grundsatz kennzeichnet also die verschiedenen Maßnahmen: ihr Konservatismus und ihr dauerhafter Nutzen. Ulpian schreibt: „Nos generaliter definiemus multum interesse, ad perpetuam utilitatem agri vel ad eam quae non ⟨sit⟩ [ad] praesentis temporis pertineat, an vero ad praesentis anni fructum: si in praesentis, cum fructibus hoc compensandum: si vero non fuit ad praesens tantum apta erogatio, necessariis inpensis computandum".[126] Der griechische Lehrer, der die *Scholia Sinaitica* schrieb, hatte den Text Ulpians vor Augen und paraphrasierte ihn für seine Schüler. Im Vordergrund steht nicht mehr die kasuistische Abfolge, sondern die Rechtsregel, die für Ulpian lediglich den Abschluß gebildet hatte. Ein analytisch ablaufender Diskurs, in dem sich unterschiedliche Meinungen gegenüberstanden (Labeo und Fulcinius Priscus werden genannt), wird jetzt in seinen Grundzügen zusammengefaßt. So wird er leichter lesbar; und der Vergleich mit einem Paralleltext des Paulus liegt nahe.[127]

In den *Scholia Sinaitica* wird neben den *Libri ad Sabinum* und den *Responsa* des Paulus auf die *Libri ad edictum* Ulpians, die *Institutiones* des Florentinus, den *Liber singularis ad formulam hypothecariam* des Marcianus, die *Regulae* und die *Differentiae* Modestins hingewiesen. Zitate aus Papinian, Paulus, Ulpian und Modestin begegnen in einer ins 5. Jahrhundert datierbaren Schrift, der Fritz Schulz die Bezeichnung *Collectio definitionum* (PSI XII 1348) gegeben hat. Man stößt auch auf Iavolenus, den der unbekannte Verfasser der *Collectio* direkt, oder indirekt über Gaius, kannte.[128] Aus dem wenigen, was von dem sogenannten *Dialogus Anatolii* erhalten ist, entnehmen wir nur den Namen des Paulus.[129]

Das Wiederaufleben juristischer Studien im Osten ist ein unvergleichliches Ereignis. Selbstverständlich kann man unterschiedliche Richtungen und Niveaus unterscheiden. Dem Syrisch-römischen Rechtsbuch, in syrischer Sprache geschrieben (daneben gibt es auch eine arabische und eine armenische Fassung), kommt unter diesem Gesichtspunkt eine große Bedeutung zu. Ihm lag ein griechisches Original aus der 2. Hälfte des 5. Jahrhunderts zugrunde. Seinem Verfasser war die notarielle Praxis nicht unbekannt, und er läßt eine belehrende Neigung erkennen; er steht indes nicht mit der zeitgenössischen akademischen und juristischen Welt in Übereinstimmung.[130] Später, noch in justinianischer Zeit, lassen sich Anzeichen eines Niederganges ausmachen. Die Fachkenntnis bei der Behandlung der Fragen, die „philologische" Lektüre der Texte, die spezialisierte Lehre in staatlichen Universitäten, findet indes in den Gebieten im anderen Teil des Reiches keine Entsprechung. Wir sprachen von philologischer Lektüre. Die byzantinischen Lehrer bewegten sich mit Leichtigkeit auf diesem Gebiet. Man braucht nicht einmal zu unterstellen, daß sie völlig darauf verzichteten, einen eigenen Gedanken zum Ausdruck zu bringen. Allerdings wäre es übertrieben und abwegig, zu sagen, sie hätte ein eigenständiges dogmatisches Gebäude errichtet;[131] sie waren indes zweifellos in der Lage, eigene Konzepte und Theorien auszuarbeiten, und beeinflußten auch auf diese Weise die Gesetzgebung und die Kodifikation.

Auf die literarische und scholastische Produktion der frühbyzantinischen Zeit stützt sich größtenteils eine weitere Kompilation, die der Basiliken (τὰ Βασιλικά, „Kaiserrecht") in 60 Büchern, die in den ersten Regierungsjahren Leos' VI., des Weisen (886–912), vollendet wurde, die aber bereits in dem einige Jahrzehnte vorher von dem makedonischen Kaiser Basilius verkündeten *Procheiros nomos* angekündigt worden war. Die einzelnen Kapitel (κεφάλαια) in den Büchern sind in Paragraphen (θέματα) unterteilt, und bringen die Materien aus den Digesten und dem Codex, den Institutionen und auch den Novellen nach inhaltlichen Kriterien zusammen. Die Kompilatoren gingen nicht auf die lateinischen Urtexte zurück, sondern auf die „Summae", auf Paraphrasen und griechische Bearbeitungen. Auch die erste Serie der Scholia, die später die Basiliken umgaben (die Bezeichnung „Scholion" wird in einem unzutreffenden Sinn verwendet), leitet sich von den Schriften der justinianischen Lehrer und ihrer unmittelbaren Nachfolger her. Die Basiliken übten nicht nur auf das juristische Denken in Byzanz, sondern auf das Denken Gesamteuropas einen beachtlichen Einfluß aus.[132] In gewisser Weise nähren sie auch noch die *Hexabiblos* des Konstantinos Armenopulos, ein Handbuch in sechs Büchern, das um 1345 von einem Richter in Thessalonike auf der Basis einer breiten Quellengrundlage (wozu auch die *Peira* gehörte), zusammengestellt wurde. Das Handbuch überdauerte die Türkenherrschaft und hatte große Bedeutung in der Rechtsgeschichte des modernen Griechenland.

Dieser Ausblick auf das spätrömische Recht betraf besonders den literarischen und normativen Aspekt. Ein Recht erschöpft sich jedoch nicht in seinen ausdrücklich formulierten Normen und noch weniger in einer Literatur. Es ist ein Gesamt von effektiven und relevanten sozialen Praktiken. Welches war unter diesem Gesichtspunkt die juristische Erfahrung der Spätantike? Die Gesellschaft der Spätantike ist, wie die der Republik und der Prinzipatszeit, eine Gesellschaft von Nicht-Gleichen. Dies sollten wir nicht außer Acht lassen. Häufig sind nur die Armen oder diejenigen, die kaum das Nötigste zum Leben besitzen, gezwungen „die Anweisungen der staatlichen Macht" zu befolgen, wie auch „die Steuern zu zahlen". Den anderen gelingt es, sich dem zu entziehen.[133] Neben den städtischen Magistraten steht die Institution des *defensor civitatis*, eines Friedensrichters für kleinere Streitigkeiten, getragen vom „Konsens aller Bürger"; die Institution des *defensor civitatis* geht von der Notwendigkeit aus, die Niedrigsten vor der „Willkür der Mächtigen" und vor Drangsal jeder Art zu beschützen.[134] Es wäre interessant, in ihrem Wirken die Verwaltungs- und gerichtlichen Strukturen sowie die Apparate zu beschreiben, die diese Ordnung unterstützten und anwendeten, eine Ordnung, von der das Gesetz und der Codex sozusagen nur das unbewegliche Gesicht zeigen. Arnold H. M. Jones hat dieser verworrenen und widersprüchlichen Realität erhellende Seiten gewidmet. Wie verwaltete man konkret die Justiz? Die üble Angewohnheit, Urteile zu verkaufen, ist nicht neu.[135] Ammianus Marcellinus schrieb, die Anwälte folgten genauso wie die Richter, „ihren perversen Neigungen"; „sie haben die Namen von Alfenus, Trebatius oder Cascellius auf den Lippen", aber „sie bemühen sich, damit die Streitigkeiten nie zum Ende kommen".[136] Diese Korruption erklärt, warum sich in Konkurrenz zur Justiz des Staates die schiedsrichterliche Jurisdiktion der Bischöfe (*episcopalis audientia*) durchsetzen konnte. Ein Institut, das seine Bedeutung behält und das in seinen Ursprüngen auf die ersten Jahrzehnte des Prinzipats zurückgeht, ist die Berufung. Die Zentralregierung förderte die Berufung gegen die Urteile der untergeordneten Richter. Freilich muß man die Riesenentfernungen in Rechnung stellen, die unvorhersehbaren Verzögerungen bei den höchsten Gerichtshöfen mit den hohen Kosten für die Urteile; das praktische Ergebnis bestand darin, daß „sich die Waage zugunsten der Reichen senkte".[137] Wohl konnte der Kaiser und oberste Richter an der Spitze der Pyramide auch ein gerechter Kaiser sein. Aber es war nicht selten, daß er – herausgehoben durch die Insignien und die Symbole der Macht – weit entfernt vom wirklichen Leben und unerreichbar war, wie auf einem byzantinischen Mosaik.

ANHANG

ANMERKUNGEN

I. Recht und Geschichte

1. Hor. *Ep.* 2,1,18–27.
2. 1738, 1750², nouvelle édition, avec une introduction et des notes, par A. Blot, Paris 1866, S. 22–23.
3. M. I. Finley, The Use and Abuse, S. 15, bezieht sich auf I. Meyerson, Le temps, la mémoire, l'histoire, Journal de psychologie, 53, 1965, S. 333–54.
4. Cic. *De lege agr.* I,6,19.
5. P. L. Berger – Th. Luckmann, Die gesellschaftliche Konstruktion der Wirklichkeit, Frankfurt/M. 1974⁴, 16.
6. S. S. 241, 243f.
7. Savigny, Neu entdeckte Quellen des römischen Rechts, ZGR 3, 1817 (1816), S. 129 ff., 130, 172=Vermischte Schriften 3, Berlin 1850, S. 155 ff., 157, 203. Es war Savigny, der im *codex rescriptus* in Verona die *Institutiones* des Gaius erkannte; Niebuhr hatte an Ulpian gedacht. Zwei weitere Entdeckungen datieren einhundert Jahre später: Im Jahr 1927 wurden die Papyrusfragmente von Oxyrhynchos publiziert (P. Oxy. 2103=CPL 77=PLP II 2,6), die sich auf die §§ 57 und 68–72a des Buches IV beziehen; ins Jahr 1933 fällt die *editio princeps* der Pergamentfragmente (PSI XI 1182=CPL 78=PLP II 2,28, aus Antinoe?), die sich auf die §§ 153–154b und 167–174 des Buches III und die §§ 16–18 des Buches IV beziehen.
8. Die kurze Schrift über die *distributio partium* (oder *assis distributio*) des L. Volusius Maecianus, die vollständig erhalten ist, ist keine juristische Schrift, vgl. Mommsen, in: Abhandlungen der Königlich Sächsischen Gesellschaft der Wissenschaften 3, Leipzig 1857, S. 279–95 (nur die einleitenden Bemerkungen, in: Gesammelte Schriften 7, S. 264–8) und Seckel-Kübler, Iurisprudentiae anteiustinianae reliquiae 1⁶, Leipzig 1908, S. 409–18.
9. F. Schulz, History², S. 94=Geschichte, S. 111.
10. Goethe, Maximen und Reflexionen (910), Werke 12⁶, Hamburg 1967, S. 494.
11. U. Wilamowitz-Moellendorff, Asianismus und Atticismus, Hermes 35, 1900, S. 10=Kleine Schriften 3, Berlin 1969, S. 232.
12. Gell. 20,1.
13. J. Burckhardt, Griechische Kulturgeschichte 1, Gesammelte Werke 5, Basel-Stuttgart 1978, S. 9–10; ders., Über das Studium der Geschichte (Der Text der Weltgeschichtlichen Betrachtungen auf Grund der Vorarbeiten von E. Ziegler nach den Handschriften herausgegeben von P. Ganz), München 1982, S. 250.
14. M. Bloch, Apologie, S. 77–78.
15. A. Momigliano, Le regole del gioco nello studio della storia antica, Sesto contributo 1, S. 14=Sui fondamenti, S. 478.
16. T. Parsons, The Law and Social Control, S. 56=S. 60.
17. BGU 316=Mitteis, Chrestomathie, 271=FIRA III² 135, S. 434–5, Z. 5–22, mit dem bewundernswerten Kommentar von U. Wilcken, Papyrusurkunde über einen Sclavenkauf aus dem Jahre 359 n. Chr., Hermes 19, 1884, S. 417–31. Mir ist nicht verständlich, warum Arangio-Ruiz in Z. 14 anstelle des von Mitteis und Wilcken

vorgeschlagenen εὐθύ[τριχα], das in diesem Zusammenhang unmögliche εὐθύ[ρινα] vorschlägt.
18. CIL XIII 2,5708=FIRA III² 49, S. 146, II, Z. 17–28: „Mando autem curam funeris mei ⟨et⟩ exequia/rum et rerum omnium et aedificiorum monumentorumque meorum Sex./ Iulio Aquilae nepoti meo et Macrino Regini f(ilio) et Sabino Dumnedor*[ig(is)]* / f(ilio) et Prisco l(iberto) m(eo) et procuratori, et eos rogo agant curam harum reru ⟨m⟩ // omnium, eorumque probatio sit earum rerum quas iussi post mortem / meam fieri. Volo autem omne instrumentum meum, quod ad ve/nandum et aucupandum paravi, mecum cremari cum lanceis gladei ⟨s⟩ / cultris retibus plagis laqueis thalamis (kalamis?) tabernaculis formidinibus / balnearibus lecticis sella gestatoria et omni medicamento *[et]* // instrumento illius studi, et navem Liburnam *ex sci* r*poita* ⟨*ut*⟩ in/de nihil subtrahatur, et vestis polymit(ae) et plumari*ae* / quidquid reliquero, et stellas omnes ex cornibus alcinis // . . .". Der Ausdruck *stellas omnes ex cornibus alcinis* ist unklar. Es scheint mir nicht überzeugend, *stellas* in *sellas* zu verbessern. Wahrscheinlicher ist, daß sich der Erblasser die Geweihe der erlegten Elche als sternförmige Gebilde vorstellte. *Alcinis* von *alces* ist ein *hapax legomenon*.
19. P. Veyne, Comment on écrit l'histoire, Paris 1971, S. 179. Vgl. dazu die profunde Diskussion der Gedanken dieses Buches durch R. Aron, Comment l'historien écrit l'épistémologie, Annales 26, 1971, S. 1319–54. P. Veyne korrigiert seine Vorstellungen beträchtlich in: L'histoire conceptualisante, in: Faire de l'histoire, hrsg. von J. Le Goff und P. Nora, 1, Paris 1974, S. 62–92.
20. H. L. A. Hart, The Concept of Law, Oxford 1961, S. 2.
21. H. Kelsen, Reine Rechtslehre², S. 2.
22. Vgl. H. Coing, Die europäische Privatrechtsgeschichte der neueren Zeit als einheitliches Forschungsgebiet, Ius commune 1, 1967, S. 7–10, 30=Gesammelte Aufsätze zu Rechtsgeschichte, Rechtsphilosophie und Zivilrecht 2, Frankfurt am Main 1982, S. 73–76, 96; ders., Die juristische Fakultät und ihr Lehrprogramm, in: Handbuch 1, S. 70–71; ders., Das Recht als Element der europäischen Kultur, HZ 238, 1984, S. 2–4.
23. Savigny, Geschichte 4², S. XIV–XV.
24. Savigny, Beruf³, S. 117, 140.
25. Feuerbach, Ueber Philosophie und Empirie in ihrem Verhältnisse zur positiven Rechtswissenschaft, Landshut 1804, S. 43.
26. Puchta, Cursus der Institutionen 1, 1841, 1845², besorgt von P. Krüger, Leipzig 1893¹⁰, S. 56–58.
27. P. Koschaker, Europa und das römische Recht, München-Berlin 1947, 1966⁴, S. 339, 343 ff., 346, 352–3, 365–7.
28. Savigny, System 1, S. 2, 69.
29. B. Windscheid, Die geschichtliche Schule in der Rechtswissenschaft (1878), Gesammelte Reden und Abhandlungen, hrsg. von P. Oertmann, Leipzig 1904, S. 76.
30. Jhering, Geist 2.1⁵, S. 294.
31. T. Ascarelli, Norma giuridica e realtà sociale, Diritto dell'economia 1, 1955, S. 1193=Problemi giuridici 1, Milano 1959, S. 101.
32. G. Rotondi, Dalla lex Aquilia all'art. 1151 cod. civ. Ricerche storico-dogmatiche, Rivista di diritto commerciale 14.1, 1916, S. 942=Scritti 2, S. 466.
33. Vgl. R. Nicolò, Diritto civile, in: Enciclopedia del diritto, 12, Milano 1964, S. 907.
34. M. Bloch, Apologie, S. 50.
35. E. Betti, Istituzioni 1², S. X.
36. Als Verfasser des ‚Staatsrechts' sei Mommsen „undenkbar, ohne die Pandektistik

seiner Zeit", bemerkt A. Heuss, Theodor Mommsen und das 19. Jahrhundert, Kiel 1956, S. 44. Genau dies ist der Punkt, auch wenn man mit A. Momigliano, Gnomon 30, 1958, S. 3=Secondo contributo, S. 424 feststellen kann, daß der „strukturelle Unterschied" zwischen Geschichte und öffentlichem Recht „älter als Varro" ist.

37. Die Polemik gegen Justinian und gegen seinen Minister Tribonian über die Art und Weise, in der die Kompilation durchgeführt wurde, findet einen beispielhaften Ausdruck in einem im Jahr 1567 geschriebenen aber erst 1603 posthum in Französisch und 1647 in Latein publizierten Buch: Antitribonianus sive dissertatio de studio legum, von Francois Hotman (Hotomannus). Es sei erforderlich, betont Hotman, die „sachlichen Mängel", mit denen die Bücher Justinians und Tribonians angezweifelt werden, aufzuzeigen; diese Bücher „können sich mit den Schriften der antiken Autoren nicht besser messen, als Bronze mit Gold". Der ‚Antitribonianus' ist leicht zugänglich in den ‚Variorum opuscula ad cultiorem jurisprudentiam adsequendam pertinentia', VII, Pisa 1771, S. 133–222.
38. Der Ausdruck findet sich bei Savigny, Beruf[3], S. 29.
39. L. Mitteis, Rechtsgeschichte und romanistisches Rechtsstudium, Wien, Leipzig 1917 (Sonderdr. aus d. 18. Heft d. Mitteilungen d. Wiener Vereins d. Freunde d. humanistischen Gymnasiums), S. 15.
40. L. Wenger, Römische und antike Rechtsgeschichte. Akademische Antrittsvorlesung an der Universität Wien, gehalten am 26. Oktober 1904, Graz 1905.
41. L. Wenger, Diritto romano e antico, Iura 2, 1951, S. 118–9 (der Titel ist in Italienisch, der Text des Artikels jedoch in Deutsch).
42. L. Gernet, Introduction à l'étude du droit grec ancien, AHDO 2, 1938, S. 289.
43. F. Schulz, Classical Roman Law, Oxford 1951, Nachdr. 1954, S. 1, 4, 6–7.
44. Für Mommsen, Die Bedeutung des römischen Rechts, Gesammelte Schriften 3, S. 595, war es eine „banale Antwort", daß das römische Recht „von allen auf der Welt das beste und vollkommenste" sei. Das Strafrecht erschien ihm „ganz schlecht" und in einigen Teilen „wirklich niederträchtig"; was das Privatrecht anbelangt, so sei die Organisation von Rechtsinstituten wie dem Pfand oder der Hypothek „ganz verkehrt" gewesen. Warum müsse man also „den übrigen Völkern und Zeiten und der Weltgeschichte selbst eine so starke Impertinenz ... sagen?"
45. A. Momigliano, Le conseguenze del rinnovamento della storia dei diritti antichi, in: La storia del diritto, S. 21, 23=Terzo contributo 1, S. 285, 287–8=Sui fondamenti, S. 185, 187–8.
46. M. Bloch, Apologie, S. 145.
47. Das beste Beispiel dafür ist die Schule der französischen Annales, wie J.-M. Scholz, Historische Rechtshistorie. Reflexionen anhand französischer Historik, in: Vorstudien zur Rechtshistorik, hrsg. von J.-M. Scholz (Ius commune, Sonderheft 6), Frankfurt am Main 1977, S. 1 ff., 122 (vgl. auch S. XII der Einleitung zu diesem Band) richtig erkennt.
48. K. R. Popper, Das Elend des Historismus, Tübingen, 1965, S. 77.
49. Paolo Rossi, Storia e filosofia. Saggi sulla storiografia filosofica, Torino 1978[3], S. 229–30 (vgl. auch S. 212–3, 221, 225–6).
50. T. Parsons, The Law and Social Control, S. 56=61; N. Luhmann, Rechtssoziologie[2], S. 1–2.
51. F. Wieacker, Zur Methodik der Rechtsgeschichte, in: Festschrift Schwind, Wien 1978, S. 339=Ausgewählte Schriften 1, S. 31.
52. Im selben Sinne: F. Wieacker, Zur Methodik, S. 359–60=Ausgewählte Schriften 1, S. 32; ders., Zur Ideologie der römischen Juristen. Vom Gebrauch aktueller Er-

klärungsmodelle in der heutigen Romanistik, in: Festschrift Flume 1, Köln 1978, S. 244.
53. M. Weber, Wirtschaft und Gesellschaft⁵, S. 196, 412.
54. So im methodologischen Denken von R. Orestano, von seiner Antrittsvorlesung in Genua im Jahr 1950, Il diritto romano nella scienza del diritto, Ius, n. s. 2, 1951, S. 141–78=Diritto. Incontri e scontri, Bologna 1981, S. 67–113, bis zur Zusammenfassung in der Introduzione allo studio del diritto romano, 1961², Bologna 1987³.
55. N. Luhmann, Rechtssoziologie², S. 6.
56. M. Bloch, Mélanges historiques 1, Paris 1963, S. 18.
57. J.-P. Vernant, Religion grecque, religions antiques, Paris 1976, S. 49.
58. P. Valéry, Propos sur le progrès (1929), Oeuvres 2, Gallimard, Paris 1960, S. 1025.
59. Nicht nur die Dichter und die Autoren literarischer Werke sind die „Hüter der Verwandlungen" in dem doppelten Sinn, in dem E. Canetti, Das Gewissen der Worte, München-Wien 1976², S. 257ff., 261, 263, den Ausdruck verwendet; auf ihre Weise sind dies auch die Historiker. Selbstverständlich sind es nicht sie, die die Metamorphosen des Menschen in der Zeit ersinnen, aber sie denken über sie nach und halten die Erinnerung daran wach.
60. R. David, Deux conceptions de l'ordre social, in: Ius privatum gentium. Festschrift Rheinstein 1, Tübingen 1969, S. 55.
61. K. Jaspers, M. Weber (1920), Rede bei der von der Heidelberger Studentenschaft am 17. Juni 1920 veranstalteten Trauerfeier, Tübingen 1926, S. 6.
62. M. Weber, Vorbemerkung (1920), Gesammelte Aufsätze 1⁶, S. 2, 11; Wirtschaft und Gesellschaft⁵, S. 463–4, 469.
63. A. Cohen, Il Talmud, Bari 1935, S. 20.
64. B. S. Jackson, Essays, S. 2, 7.
65. Vgl. J. D. M. Derret, History of Indian Law (Dharmaśāstra), in: Handbuch der Orientalistik, hrsg. von B. Spuler, II Indien, hrsg. von J. Gonda, 3.1, Leiden 1973, S. 9.
66. Vgl. R. Lingat, Les sources du droit dans le système traditionnel de l'Inde, Paris-La Haye 1967, S. 10, 17–18=The Classical Law of India, Berkeley-Los Angeles-London 1973, S. XII–XIII, 3–4, und B. S. Jackson, From Dharma to Law, The American Journal of Comparative Law 23, 1975, S. 494–6. Jackson weist unter anderem auf die semantische Ähnlichkeit von *dharma* und dem altägyptischen Terminus *ma'at* hin.
67. U. C. Sarkar, Epochs in Hindu Legal History, Vishveshvaranand Vedic Research Institute, Hoshiarpur 1958, S. 19, 33.
68. M. Grant, Roman Imperial Money, Edinburgh 1954, Nachdr. 1972, S. 4.
69. M. Granet, La pensée chinoise, Paris 1934, 1968², S. 476.
70. M. Granet, La pensée chinoise, S. 476, 478–9.
71. Vgl. R. David – C. Jauffret-Spinosi, Les grandes systèmes⁹, S. 593–5.
72. Vgl. Tsien Tche-hao, Le concept de „loi" en Chine, Archives de philosophie du droit, 25, 1980, S. 246.
73. Hierauf weist P. Brown, Welten im Aufbruch, S. 242f. hin.
74. Vgl. R. David – C. Jauffret-Spinosi, Les grandes systèmes⁹, S. 515–6, 524–9.

II. Die „antiken Gesetze" und der Sinn der Überlieferung

1. *Lex publica* scheint in der auf die *collegia* bezüglichen Klausel bei Gaius D. 47,22,4 sowie in den Formeln der *mancipatio familiae* und in der *solutio per aes et libram* (Gai. 2,104; 3,174; vgl. auch Prob. 6,34 Einsid.) auf die Zwölftafeln anzuspielen; anders P. Stein, The Meaning of lex publica, in: Studi Volterra 2, Milano 1971, S. 313–9; Regulae iuris, S. 12–13. Gaius D. 1,2,1 nennt sie *leges vetustae;* Celsus D. 9,4,2,1 (vgl. dazu S. 54) stellt die *lex Aquilia de damno* der *lex antiqua*, also den Zwölftafeln, gegenüber. Alle diese Texte, einschließlich des letztgenannten, sind behandelt bei Mommsen, Δωδεκάδελτος, in: Mélanges Boissier, 1903, S. 1–3=Gesammelte Schriften 2, S. 141–3. Mommsen bezieht auch Cato, Origines 21 J.=90 P²., mit ein, ferner CIL VI 2,9404=ILS 7249=FIRA III² 84a, S. 271; CIL VI 2,10235=ILS 8364=FIRA III² 84b, S. 271; CIL VI 3, 19949 *(ex lege)*.
2. Cic. *De off.* 1,12,37; 3,15,61; 3,16,65.
3. Cic. *De off.* 2,12,41–42: „Mihi quidem non apud Medos solum, ut ait Herodotus, sed etiam apud maiores nostros iustitiae fruendae causa videntur olim bene morati reges constituti. Nam cum premeretur in otio multitudo ab iis, qui maiores opes habebant, ad unum aliquem confugiebant virtute praestantem, qui cum prohiberet iniuria tenuiores, aequitate constituenda summos cum infimis pari iure retinebat. Eademque constituendarum legum fuit causa quae regum. Ius enim semper est quaesitum aequabile; neque enim aliter esset ius. Id si ab uno iusto et bono viro consequebantur, erant eo contenti; cum id minus contingeret, leges sunt inventae, quae cum omnibus semper una atque eadem voce loquerentur". Besondere Aufmerksamkeit verdienen hier *aequitas* und *ius aequabile;* sie sprechen das Kriterium der „Gleichheit" an; von Ciceros Standpunkt aus darf man indes nicht vergessen, daß die Gleichheit sich mit der Achtung der sozialen Hierarchie und der *gradus dignitatis* verbinden muß; dies wird deutlich besonders aus De or. 2,52,209 und *De re publ.* 1,27,43; 1,34,53. Zur Gesamtbedeutung des Textes bemerkt M. Ducos, Les Romains et la loi, S. 41 ganz richtig, daß Cicero „envisage l'établissement de la royauté d'une façon générale, sans référence particulière à l'histoire romaine". Freilich konnte jeder Leser den Bezug zur römischen Geschichte herstellen: er wurde, falls dies überhaupt nötig war, durch die Erwähnung der *maiores* nahegelegt.
4. S. Mazzarino, L'impero romano 1, Roma-Bari 1984, S. 38=G. Giannelli – S. Mazzarino, Trattato di storia romana 2, Roma 1956, S. 27.
5. Das Bild der Kreise bei M. Pohlenz, Antikes Führertum. Cicero de officiis und das Lebensideal des Panaitios, Leipzig-Berlin 1934, S. 37.
6. Cic. *De off.* 1,16,50–17,53: „... sed quae naturae principia sint communitatis et societatis humanae, repetendum videtur altius. Est enim primum quod cernitur in universi generis humani societate. Eius autem vinculum est ratio et oratio, quae docendo, discendo, communicando, disceptando, iudicando, conciliat inter se homines coniungitque naturali quadam societate... Ac latissime quidem patens hominibus inter ipsos, omnibus inter omnes societas haec est. In qua omnium rerum, quas ad communem hominum usum natura genuit, est servanda communitas. E quibus ipsis, ut quae⟨que⟩ discripta sunt legibus et iure civili, haec ita teneantur, ut est constitutum. Cetera sic observentur, ut in Graecorum proverbio est amicorum esse communia omnia... Gradus autem plures sunt societatis hominum. Ut enim ab illa infinita discedatur, propior est eiusdem gentis, nationis, linguae, qua maxime homines coniunguntur. Interius etiam est eiusdem esse civitatis; multa enim

sunt civibus inter se communia, forum, fana, porticus, viae, leges, iura, iudicia, suffragia, consuetudines praeterea et familiaritates multisque cum multis res rationesque contractae. Artior vero colligatio est societatis propinquorum; ab illa enim inmensa societate humani generis in exiguum angustumque concluditur". Weitere diesbezügliche Stellen: 1,4,12; 1,5,17; 2,5,17; 2,21,73; 2,22,78.

7. SVF I 262=Plut. *De Alex. fort. aut virt.* I 6,329 a.
8. SVF I 587=Stob. *Anth. [Ecl.]* 2,7,11 i, II p. 103, 12–17 W.
9. J. Heurgon, Rome et la Méditerranée occidentale, S. 292.
10. Nach den Worten, die Polybios 15,10,2 P. Cornelius Scipio Africanus in den Mund legt, vgl. auch 5,33,3–4; 8,1,3; 15,9,2.
11. E. Gabba, Aspetti culturali dell'imperialismo romano, Athenaeum 65, 1977, S. 51.
12. Cic. *De off.* 2,8,26–27.
13. Vgl. S. 217–218.
14. Im Jahr 155 v. Chr., dem Jahr seiner Reise nach Rom, gemeinsam mit dem Peripatetiker Kritolaos und dem Stoiker Diogenes.
15. Vgl. E. S. Gruen, The Hellenistic World and the Coming of Rome 1, Berkeley-Los Angeles-London 1984, S. 341–2.
16. Plut. *Cato maior* 22,2.
17. Vgl. G. Pasquali, Terze pagine stravaganti (1942), in: Pagine stravaganti 2, Firenze 1968, S. 37.
18. Eine detaillierte Zusammenfassung bei P. Fedeli, Il De officiis di Cicerone. Problemi e atteggiamenti della critica moderna, ANRW 1.4, 1973, S. 361–7, der wie E. Gabba, Per un'interpretazione politica del De officiis di Cicerone, RAL 34, 1979, S. 120, die große Bedeutung der Forschungen O. Gigons und K. Bringmanns würdigt.
19. A. Momigliano, Tradition and Classical Historian (1972), Quinto contributo 1, S. 16=La storiografia greca, Torino 1982, S. 46.
20. Polyb. 1,1–4; 3,1,4–10; 4,2,1–2; 6,2,1–3.
21. Polyb. 6,11,11–12.
22. Polyb. 6,18,1, vgl. auch 6,10,12–14.
23. So Cl. Nicolet, Polybe et la „constitution" de Rome, S. 18–22, 29–33, der sich auf 6,15,8; 6,17,1–7; 6,51,6–7 und auf eine Parallellesung von 23,12,8 und 14,1 stützt; vgl. auch D. Musti, Polibio, in: Storia delle idee 1, S. 634.
24. Neben den gängigen Werken hierzu ist besonders auf F. Millar, The Political Character of the Classical Roman Republic, 200–151 B. C., JRS 74, 1984, S. 1 ff., 13–14, 16–19 hinzuweisen.
25. Ungeachtet der ursprünglichen Konzeption, stellt sich der Senat zu Zeiten des Polybios als eine Versammlung von Ex-Magistraten dar, die, um in den Senat eintreten zu können, den *cursus honorum* bis über die unterste Stufe, die Quaestur, durchlaufen haben sollen. Indes war es nicht ausreichend, ein politisches Amt innegehabt zu haben, um in den Senat zu kommen. Bei der Auswahl, die seit dem letzten Viertel des 4. Jahrhunderts v. Chr. den Zensoren zukam, zählten auch andere Dinge. Die Zahl der Mitglieder setzte die Überlieferung seit der Königszeit auf 300 fest. Sie blieb etwa vier Jahrhunderte lang unverändert und wurde erst zwischen Sulla und Caesar abstrakt auf das Doppelte festgesetzt. In caesarischer Zeit stieg die Zahl auf 900 und mehr, um unter Augustus wieder auf 600 zurückzugehen.
26. Wahrscheinlich gab es ursprünglich zwei Tribunen. Über den Zeitpunkt der Einrichtung dieses Amtes, den die annalistische Überlieferung auf 494–3 v. Chr. festlegte und mit der ersten *secessio plebis* in Verbindung brachte, bestehen Zweifel.

II. Die „antiken Gesetze" und der Sinn der Überlieferung   275

Einen weiteren Hinweis gibt Varro, *De ling. Lat.* 5,14,81, der nach der Interpretation von S. Mazzarino, Note sul tribunato della plebe nella storiografia romana, Helikon 11–12, 1971–72, S. 110–8=Index 3, 1972, S. 181–5, auf das Jahr 449 v. Chr. käme.
27. Cl. Nicolet, Polybe et la „constitution" de Rome, S. 17 Anm. 10, widmet den indirekten Anspielungen bei Polybios 2,17,12; 6,31,2; 12,5,1–3; 32,6,5 viel Aufmerksamkeit.
28. G. De Sanctis, Storia dei Romani 4.1², S. 477–8.
29. Polyb. 6,9,10–13; vgl. auch 6,57.
30. Polyb. 6,11,1–2 muß 6,3,5–7 gegenübergestellt werden. Die Textstelle entstammt den *Excerpta Constantiniana*, also der Sammlung von Auszügen, die Konstantin VII Porphyrogennetos im 10. Jahrhundert zusammenstellen ließ, genauer gesagt, dem *Vaticanus gr.* 73. Entscheidend ist der § 1: „Ὅτι ἀπὸ τῆς Ξέρξου διαβάσεως εἰς τὴν Ἑλλάδα τριάκοντα ἔτεσιν ὕστερον, ἀπὸ τούτων τῶν καιρῶν ἀεὶ τῶν κατὰ μέρος προδιευκρινουμένων ἦν καὶ κάλλιστον καὶ τέλειον ἐν τοῖς Ἀννιβιακοῖς καιροῖς, ἀφ' ὧν ἡμεῖς εἰς ταῦτα τὴν ἐκτροπὴν ἐποιησάμεθα". Weder gibt es eine Lücke vor τριάκοντα, noch steht vor τριάκοντα ein καί, wie man seit Theodor Heyse angenommen hatte und was nun durch eine Lesung von R. Weil, Polybe, Histoires, Livre VI, unter Mitarbeit von Cl. Nicolet, Paris 1977, S. 85 und Anm. 3,146 als unhaltbar nachgewiesen wurde. Die Passage bleibt indes syntaktisch schwierig. Diese kritische Herstellung des Textes macht frühere Diskussion von Ed. Meyer, Untersuchungen über Diodor's römische Geschichte, RhM 37, 1882, S. 622–3 bis zu F. W. Walbank, Commentary 1, S. 674; Polybius, S. 148 und Anm. 115–116 nicht überflüssig. Die Beobachtung von G. De Sanctis, Storia dei Romani 2², S. 39 Anm. 1: „Dunque Polibio datava dalle dodici tavole l'ordinata costituzione romana" ist zu überspitzt aber doch bezeichnend.
31. Polyb. 6,10,13–14.
32. Vgl. K. von Fritz, The Theory of the Mixed Constitution in Antiquity. A Critical Analysis of Polybius' Political Ideas, New York 1954, S. 124 ff., 136, und F. W. Walbank, Polybius, S. 148–9. Nach P. Pédech, La méthode historique de Polybe, Paris 1964, S. 314–5, findet sich in 6,8,5 eine implizite Anspielung auf die Decemvirn.
33. Fasti consulares capitolini zum Jahr 451, II XIII 1,1 g, p. 27: „Decemviri consular[i imp]erio legibus s[cribundis fact]i eod(em) anno". Eine Untersuchung dieser Eintragung und die darauf beziehenden Quellenstellen bei Mommsen, Römisches Staatsrecht 2.1³, S. 702 und Anm. 2.
34. Die Passagen in *De re publica* 2,36,61–37,63 lassen diesbezüglich keine Zweifel. Die Behauptung von G. Poma, Tra legislatori e tiranni. Problemi storici e storiografici sull'età delle XII Tavole, Bologna 1984, S. 104, Polybios habe sich deshalb nicht mit den Zwölftafeln beschäftigt, weil sie keinen „verfassungsmäßigen Charakter" hatten, ist willkürlich. Warum hätte sich dann Cicero damit beschäftigt? Aus antiker Sicht ist die Unterscheidung zwischen dem „verfassungsmäßigen Charakter" hat und was nicht, nicht einfach, und die Rigorosität unserer modernen Sprache kann unannehmbare Vorurteile und Ausschließlichkeiten festlegen. J.-L. Ferrary, L'archéologie du De re publica (2,2,4–37,63): Cicéron entre Polybe et Platon, JRS 74, 1984, 87–98, behandelt in einer ausgewogenen Darstellung das Problem nicht.
35. Polyb. 6,11,3–5.
36. Cic. *De re publ.* 2,1,2–3 ist mit 2,16,30 und 2,21,37 zusammen zu lesen. Cl. Nicolet, Polybe et les institutions romaines, in: Entretiens 20, Polybe, 1974, S. 243 ff., 248–9, vergleicht zu Recht den § 2 mit Polyb. 6,10,13–14.

37. A. La Penna, Orazio e l'ideologia del principato, Torino 1974³, S. 70.
38. Dies zeigen zwei aus Macrobius, *Sat.* 1,13,21 stammende Fragmente: für den ersteren 18 P²., für den zweiten 7 P².
39. Wie, nach M. I. Finley, Die antike Wirtschaft, München 1977, S. 146–7, bei Pausanias 10,4,1. Finley bezieht sich abermals auf diesen Text in: The Ancient City: From Fustel de Coulanges to Max Weber and beyond, Comparative Studies in Society and History 19, 1977, S. 305–6=Economy and Society, S. 3–4; vgl. auch L. Cracco Ruggini, La città nel mondo antico: realtà e idea, in: Romanitas-Christianitas, S. 68. Die Περιήγησις τῆς ʽΕλλάδος des Pausanias entstand gegen Ende des 2. Jahrhunderts n. Chr.
40. Vgl. neben *De off.* 1,17,53 auch 2,4,15: „Urbes vero sine hominum coetu non potuissent nec aedificari nec frequentari, ex quo leges moresque constituti, tum iuris aequa discriptio certaque vivendi disciplina...". In der Rede *Pro Cluentio* 53,146 stellen sich die *leges* als *mens* und *animus* der *civitas* dar.
41. Ateius Capito 24 Strzel.=Gell. 10,20,2: „Lex est generale iussum populi aut plebis rogante magistratu".
42. Eine der *leges Publiliae Philonis* des Jahres 339 v. Chr. hatte bestimmt: „ut plebiscita omnes Quirites tenerent" (Liv. 8,12,14) und eine *lex Hortensia* aus dem Jahr 287 v. Chr. bestätigte diese Regelung (Plin. *Nat. hist.* 16,10,37; Gell. 15,27,4; Gai. 1,3; Pomp. D. 1,2,2,8; Inst. 1,2,4). Wahrscheinlich schaffte dieses zweite Gesetz die im ersten vorgesehene Bestätigung durch den Senat ab, wie man aus App. *Bella civ.* 1,59,266 schließen kann. Wenig glaubhaft ist, daß auch eine der *leges Valeriae Horatiae* aus dem Jahr 449 dasselbe Problem behandelt haben sollte (Liv. 3,55,3).
43. Cic. *De inv.* 2,54,162.
44. Die Trias *leges iura iudicia* scheint, worauf mich F. Bona hinweist, eine Reminiszenz an Sextus Aelius zu sein. Wenn dem so ist, wird die Anspielung auf die Zwölftafeln sicher.
45. Cic. *De leg.* 2,7,18: „Sunt certa legum verba, ... neque ita prisca ut in veteribus XII sacratisque legibus, et tamen, quo plus auctoritatis habeant, paulo antiquiora quam hic sermo est. Eum morem igitur cum brevitate, si potuero, consequar".
46. Cic. *De or.* 1,43,193–44,195: „... sive quem haec Aeliana studia delectant, plurima est et in omni iure civili et in pontificum libris et in XII tabulis antiquitatis effigies, quod et verborum vetustas prisca cognoscitur et actionum genera quaedam maiorum consuetudinem vitamque declarant; sive quem civilis scientia, ... totam hanc, descriptis omnibus civitatis utilitatibus ac partibus, XII tabulis contineri videbit; sive quem ista praepotens et gloriosa philosophia delectat ... hosce habet fontis omnium disputationum suarum qui iure civili et legibus continentur, ... et docemur non infinitis concertationumque plenis disputationibus, sed auctoritate nutuque legum domitas habere libidines, coercere omnes cupiditates, nostra tueri, ab alienis mentes, oculos, manus abstinere. ... bibliothecas mehercule omnium philosophorum unus mihi videtur XII tabularum libellus, si quis legum fontis et capita viderit, et auctoritatis pondere et utilitatis ubertate superare".
47. Cic. *De leg.* 2,23,59; 2,24,61.
48. Ich verwende den Terminus „Imperialismus" in dem Sinne wie W. V. Harris, War and Imperialism in Republican Rome, 327–70 B.C., Oxford 1979, S. 4, ganz schlicht als „as the behaviour by which a state or people takes and retains supreme power over other states or peoples or lands".
49. Liv. 3,34,6: „Cum ad rumores hominum de unoquoque legum capite editos satis correctae viderentur, centuriatis comitiis decem tabularum leges perlatae sunt, qui nunc quoque, in hoc immenso aliarum super alias acervatarum legum cumulo, fons

omnis publici privatique est iuris". Bei Liv. 3,58,2 wird Appius Claudius, einer der Decemvirn, als „Gesetzgeber und Begründer des römischen Rechts" bezeichnet.
50. Zu M. Antistius Labeo: Ateius Capito, 9 Strzel.=Gell. 13,12,2.
51. Liv. 4,4,2–4.
52. R. Syme, Die römische Revolution, Frankfurt/M. 1957, S. 331.
53. RG. 8,5: „Legibus novis me auctore latis multa exempla maiorum exolescentia iam ex nostro saeculo reduxi et ipse multarum rerum exempla imitanda posteris tradidi."
54. Suet. *Aug.* 89,2; Liv. Per. 59.
55. G. Boissier, L'opposition sous les Césars, Paris 1900[4], S. 132.
56. Pomp. D. 1,2,2,38.
57. Cels. D. 19,1,38,1, L. Sext. Aelius 1.
58. D. 9,1,1,4; D. 50,16,237; Fest. 180,25–26; 232,3–4; 426,18–29; 430,20–22; 516,33–518,5 L.=L. 17,86,92,93,95,96.
59. Varro und Servius kannten sich nicht nur durch Bücher. Auch wenn uns ihr Briefwechsel über die *favis(s)ae Capitolinae:* Gell. 2,10, nicht erhalten ist, könnten wir uns dies gut vorstellen.
60. Wenn der Philologe Sinnius Capito an Pacuvius Antistius Labeo, einen *auditor* des Servius, einen Brief über die Verwendung von *pluria* anstelle von *plura* richtete (GRF B1=Gell. 5,21,9–13), muß man annehmen, daß der Empfänger ein Interesse an diesem Problem hatte und daß er auf dessen scharfsinnige Argumentation neugierig war. Sehr aufschlußreich ist auch die Beobachtung des Alfenus Rufus über „*purum putum*" in einem Vertrag zwischen Rom und Karthago (L. 2=Gell. 7,5,1).
61. Lenel, *Pal.* Gaius 418–445.
62. Lenel, *Pal.* Labeo 1–3.
63. Gell. 13,10,1–3.
64. D. 40,7,21 pr. (Pomp. 7 *ex Plautio*, L. Lab. 240): „Labeo libro posteriorum ita refert: ‚Calenus, dispensator meus, si rationes diligenter tractasse videbitur, liber esto suaque omnia et centum habeto'. Diligentiam desiderare eam debemus, quae domino, non quae servo fuerit utilis. Erit autem ei diligentiae coniuncta fides bona non solum in rationibus ordinandis, sed etiam in reliquo reddendo. Et quod ita scriptum est ‚videbitur', pro hoc accipi debet ‚videri poterit': sic et verba legis duodecim tabularum veteres interpretati sunt ‚si aqua pluvia nocet', id est ‚si nocere poterit'. Et si quaereretur, cui eam diligentiam probari oporteat, heredum arbitratum viri boni more agentium sequi debebimus, veluti si is, qui certam pecuniam dedisset, liber esse iussus est, non adscripto eo, cui si dedisset ⟨liber esset⟩, eo modo poterit liber esse, quo posset, si ita fuisset scriptum ‚si heredi dedisset'".
65. Gell. 20,1,6.
66. XII Tab. 10,4.
67. Über diesen Gegensatz berichtet Cicero, *De leg.* 2,23,59; 2,25,64; *Tusc.* 2,23,55.
68. Die Aufgabe war, nach den Worten Ciceros, *Acad. post.* 1,3,9 durch die Schriften Varros gelöst.
69. Cic. *in Verr.* II 5,18,45; *De or.* 1,58,247.
70. Cic. *De re publ.* 3,10,17: „Genera vero si velim iuris institutorum morum consuetudinumque describere, non modo in tot gentibus varia, sed in una urbe, vel in hac ipsa, milliens mutata demonstrem...".
71. Cic. *De leg.* 2,23,59: „Discebamus enim pueri XII ut carmen necessarium, quas iam nemo discit"; vgl. auch *De or.* 1,57,245 und *De leg.* 2,4,9.
72. Cic. *Phil.* II 28,69 und dazu A. Watson, Law Making, S. 118.
73. Vgl. dazu meine Bemerkungen in: Tecniche[2], S. 117.

74. L. 3=Gell. 20,1,13, vgl. dazu Tecniche², S. 173–4, 185–6.
75. Pomp. D. 1,2,2,47.
76. D. 1,3,20 (Iulianus, 55 *digestorum*, L. 730): „Non omnium, quae a maioribus constituta sunt, ratio reddi potest".
77. Gell. 20,1,22.
78. D. 9,4,2,1 (Ulpianus, 18 *ad edictum*, L. Cels. 258): „... Celsus tamen differentiam facit inter legem Aquiliam et legem duodecim tabularum: nam in lege antiqua, si servus sciente domino furtum fecit vel aliam noxam commisit, servi nomine actio est noxalis nec dominus suo nomine tenetur, at in lege Aquilia, inquit, dominus suo nomine tenetur, non servi. Utriusque legis reddit rationem, duodecim tabularum, quasi voluerit servos dominis in hac re non obtemperare, Aquiliae, quasi ignoverit servo, qui domino paruit, periturus si non fecisset." Die *actio noxalis* legt dem Beklagten nahe, sich aller Verantwortung zu entledigen, und dem Geschädigten den gewaltunterworfenen Urheber des verbotenen Tuns zu überlassen.
79. D. 1,2,1 (Gaius, 1 *ad legem duodecim tabularum*, L. 418): „Facturus legum vetustarum interpretationem necessario ⟨populi Romani ius⟩ [prius] ab urbis initiis repetendum existimavi, non quia velim verbosos commentarios facere, sed quod in omnibus rebus animadverto id perfectum esse, quod ex omnibus suis partibus constaret: et certe cuiusque rei potissima pars principium est. Deinde si in foro causas dicentibus nefas ut ita dixerim videtur esse nulla praefatione facta iudici rem exponere: quanto magis interpretationem promittentibus inconveniens erit omissis initiis atque origine non repetita atque illotis ut ita dixerim manibus protinus materiam interpretationis tractare? Namque nisi fallor istae praefationes et libentius nos ad lectionem propositae materiae producunt et cum ibi venerimus, evidentiorem praestant intellectum".
80. Nach einer leider nicht beweisbaren Vermutung von T.(A.M.) Honoré, Gaius, Oxford 1962, S. 96, in Berytus.
81. Tertull. *Ad nat.* 1,10,3.
82. A. Warburg, Die Bilderchronik eines florentinischen Goldschmiedes (1899), Gesammelte Schriften 1, Leipzig-Berlin 1932, S. 74, dazu E. H. Gombrich, Aby Warburg, Eine intellektuelle Biographie, Frankfurt/M. 1981, S. 70–71.
83. Der Ausdruck „offener Zeithorizont" von N. Luhmann, Rechtssoziologie², S. 343.

III. Brauch und Gesetz in der archaischen Praxis

1. M. Galanter, The Modernization of Law, in: M. Weiner (ed.), Modernization. The Dynamics of Growth, New York-London 1966, S. 154–7; L. M. Friedman, The Legal System. A Social Science Perspective, New York 1975, S. 204–6, 214–5, 284.
2. N. Luhmann, Rechtssystem und Rechtsdogmatik, Stuttgart 1974, S. 13.
3. N. Luhmann, Rechtssoziologie², S. 24, 195–6, 209–10, 343 ff., 347.
4. CH XXIV r 77; XXV r 7 und 96; XXVI r 13.
5. Man beachte die Berechnungen von E. Ruschenbusch, Die Polis und das Recht, in: Symposion 1979, S. 305 ff., 317–23.
6. CL Epil. UM 29-16-218, III r 2–13; UM 29-16-55 + 29-16-249, VI r 2–24; UM 29-16-218, IV 2–4; UM 29-16-55 + 29-16-249, VII r 10–12, S. 77–79 Szlechter.
7. CH XXV r 59–74, S. 138 Finet=S. 177–8 Szlechter, vgl. dazu XXVI r 18–52, S. 139

III. Brauch und Gesetz in der archaischen Praxis 279

Finet=S. 178–9 Szlechter; freilich sollte man den ganzen Epilog lesen, den G. Ries, Prolog und Epilog, S. 18 ff., 28–30, 44–64, 71–74, ganz ausgezeichnet darstellt.
8. Vgl. E. Szlechter, La „loi" dans la Mésopotamie ancienne, RIDA 3. 12, 1965, S. 59–60, 62–64.
9. G. Boyer, Sur quelques emplois de la fiction dans l'ancien droit oriental, RIDA 3. 1, 1954, S. 76.
10. P. Fraccaro, La storia romana arcaica, RIL 85, 1952, S. 88=Opuscula 1, Pavia 1956, S. 2.
11. Dionys. 1,8,3; vgl. auch 11,1,1.
12. Liv. 3,44,1.
13. Liv. 3,33,1.
14. Der einzige plebejische Name ist der des T. Genucius (Liv. 3,33,3; Dionys. 10,56,2) oder T. Minucius (Diod. 12,23,1). G. De Sanctis, Storia dei Romani 2², S. 40, 200 Anm. 71, hält wie Broughton, MRR I, S. 45–46, Genucius oder Minucius für Patrizier; R. Werner, Der Beginn, S. 280–3, hält ihn für einen interpolierten Namen.
15. Mommsen, Römisches Staatsrecht 2. 1³, S. 281.
16. Der Satz bei Liv. 2,44,9 hat offensichtlich metaphorische Bedeutung.
17. XII Tab. 11,1. Zur Schuldknechtschaft und Vergleichbarem vgl. S. 65, 70–71, 73, 77.
18. XII Tab. 1,4: „Adsiduo vindex adsiduus esto; proletario cui quis volet vindex esto", scheint sich in erster Linie auf die Ladung vor Gericht zu beziehen. Die Quelle dafür ist Gell. 16,10,5, vgl. hierzu A. Pagliaro, Testo ed esegesi delle XII Tavole (I,4), in: La critica del testo, 1, S. 567–74. Pagliaro stellt klar, daß *adsiduus* und *proletarius* sich entsprechende und entgegengesetzte Termini sind: *adsiduus* ist der „Ansässige" oder der Angehörige einer Gemeinschaft mit festem Sitz, und infolgedessen der *locuplēs*, also jemand, der den Boden „besitzt"; *prōlētārius* (von *prōtelārius*) ist derjenige, der keinen festen Wohnsitz hat, der „Umherwandernde". Wenn sich bei *adsiduus* „neben der originären Bedeutung zur Zeit der Redaktion der Zwölftafeln die Bedeutung von ‚Reicher' herausgebildet hat (als einfach nachvollziehbare Entwicklung von ‚Besitzer'), so mußte *prōtelārius* die Bedeutung von ‚Tagelöhner', ‚angeworben, um sich um das *prōtelum* zu kümmern' beigelegt werden". Die etymologische Verbindung zwischen *prōlētārius* und *prōlēs* ist popularwissenschaftlicher Art (Cic. *De re publ.* 2,22,40; Gell. 16,10,12–13; Non. *De comp. doctr.* p. 93,18–19 L).
19. XII Tab., 10,2–3; 10,6–8. Cic. *De leg.* 2,23,59–24,60; Fest. 150,36–152,3 L. und Plin. *Nat. hist.* 21,3,7 bilden einen Übergang. Die *servilis unctura* aus XII Tab. 10,6 a (Cic. *De leg.* 2,24,60) könnte sich nach einem Vorschlag von C. Ampolo, Il lusso funerario, S. 87–88, eher auf die Teilnehmer am Leichenschmaus als auf den Körper des Verblichenen beziehen. In XII Tab. 10,7 (Plin. *Nat. hist.* 21,3,7) ist *arduuitur* trotz Ampolo S. 89, lediglich eine Konjektur von Schoell. Die Verwendung von ‚die Zähne mit Gold befestigen', die in XII Tab. 10,8 bezeugt ist (Cic. *De leg.* 2,24,60) findet eine bemerkenswerte archäologische Bestätigung in einem Grab in Satricum (Grab XVIII) aus dem Ende des 7. Jahrhunderts v. Chr.; vgl. E. Gjerstad, Early Rome 5, Lund 1973, S. 528–9; C. Ampolo. Periodo IV B, in: La formazione della città nel Lazio (DArch n. s. 2, 1980) S. 177.
20. So F. Wieacker, Die XII Tafeln in ihrem Jahrhundert, in: Entretiens 13, 1967, S. 311–4.
21. Einwände bei G. Colonna, Un aspetto oscuro del Lazio antico. Le tombe del VI–V secolo a. C., PP 32, 1977, S. 160–2; L'ideologia funeraria e il conflitto delle culture, in: Archeologia laziale IV. Quarto incontro di studio del comitato per

l'archeologia laziale, 1981, S. 229–32 und bei C. Ampolo, Il lusso funerario, S. 80–81. Das archäologische Material, das hierzu herangezogen wurde, betrifft die Grabausstattungen und ihr Verschwinden in den Nekropolen Roms und den Siedlungsplätzen Latiums zwischen dem Ende des 7. und dem Beginn des 6. Jahrhunderts.
22. M. Weber, Wirtschaft und Gesellschaft[5], S. 488.
23. Aeschyl. *Prom.* 448–461.
24. Plato, *Phaedrus* 275 a 2–5.
25. Plut. *Lyc.* 13,1–3.
26. Megasthenes F 32, III C p. 634, 20–22 Jacoby=Strabo, *Geogr.* 15,1,53, C 709: ... ἀγράφοις καὶ ταῦτα νόμοις χρωμένοις. Οὐδὲ γὰρ γράμματα εἰδέναι αὐτούς, ἀλλ' ἀπὸ μνήμης ἕκαστα διοικεῖσθαι.
27. Hermipp. Περὶ νομοθετῶν, 88 Wehrli=Athen. Dipnosoph. 14,619 b: ἥδοντο δὲ Ἀθήνησι καὶ οἱ Χαρώνδου νόμοι παρ' οἶνον, ὡς "Ερμιππός φησιν ἐν ἕκτῳ περὶ νομοθετῶν.
28. Vgl. L. H. Jeffery, Archaic Greece. The City-States c. 700–500 B. C., London-Tonbridge 1976, S. 36, 43; G. Camassa, Le istituzioni politiche greche, in: Storia delle idee 1, S. 33.
29. M. Weber, Wirtschaft und Gesellschaft[5], S. 488–9.
30. Liv. 2,3,2–4; 3,9,4–5; 3,36,7–8; Dionys. 10,1,2–4; vgl. auch 10,60,2–4.
31. Suet. *Cal.* 41,1.
32. Die Frage der Abstufungen von Alphabetisierung oder von Analphabetismus in den verschiedenen Epochen und geographischen Bereichen der Antike ist recht schwierig und führt zu keinen einheitlichen Ergebnissen. Die Zusammenfassung von G. Cavallo, Alfabetismo e circolazione del libro, in: Introduzione alle culture antiche, hersg. v. M. Vegetti, 1: Oralità scrittura spettacolo, Torino 1983, S. 166–86, bietet einen Leitfaden; zu einer speziellen Frage vgl. die Untersuchung von G. Nieddu, Alfabetismo e diffusione sociale della scrittura nella Grecia arcaica e classica: pregiudizi recenti e realtà documentaria, Scrittura e civiltà, 6, 1982, S. 233–61.
33. E. Fraenkel, Rome and Greek Culture, Oxford 1935, S. 7=Kleine Beiträge 2, S. 584.
34. E. Fraenkel, Gnomon 1, 1925, S. 193=Kleine Beiträge 2, S. 406.
35. A. D. Leeman, Orationis ratio. The Stylistic Theories and Practice of the Roman Orators, Historians and Philosophers 1, Amsterdam 1963, S. 19.
36. Enn. *Ann.* 500 V²=5,156 Sk.: „Moribus antiquis res stat Romana virisque".
37. Für Euhemerus von Messene, den Verfasser einer Schrift mit dem Titel Ἱερὰ ἀναγραφή (Heilige Schrift) in der Mitte des 3. Jahrhunderts, waren die Götter „heldenmütige, hervorragende und mächtige Männer", die nach ihrem Tod unter die Götter aufgenommen wurden (Cic. *De nat. deor.* 1,42,119=T 4 d, I A p. 301,6–12 Jacoby).
38. Vgl. A. Sommella Mura, La decorazione architettonica del tempio arcaico, PP 32, 1977, S. 62 ff., 122–6.
39. Plin. *Nat. hist.* 35,12,154. A. Momigliano, L'ascesa della plebe nella storia arcaica di Roma, RSI 79, 1967, S. 310=Quarto contributo S. 450–1, hält diesen Hinweis für sehr wichtig.
40. Vgl. J. Heurgon, Rome et la Méditerranée occidentale, S. 265.
41. Diesem Aspekt hat G. Pugliese Carratelli eingehende Untersuchungen gewidmet: Lazio, Roma e Magna Grecia prima del secolo IV a. C., PP 23, 1968, S. 321 ff., 329 ff., 344=Scritti sul mondo antico, Napoli 1976, S. 320 ff., 329 ff., 346; Lazio arcaico e mondo greco, PP 36, 1981, S. 14–17. Zur Importkeramik finden sich Belege

III. Brauch und Gesetz in der archaischen Praxis 281

und Hinweise für den Heiligen Bezirk von Sant'Omobono bei P. Vergili, Scavo stratigrafico (1974–1975), PP 32, 1977, S. 27–28; G. Pisani Sartorio, Esame preliminare dei materiali archeologici III, PP 32, 1977, S. 55.
42. Liv. 3,31,8; 3,32,1; 3,33,5.
43. Dionys. 10,51,5; 10,52,4; 10,54,3; 10,55,5; 10,56,2; vgl. auch 10,57,5.
44. Tacitus' Ausdrucksweise in *Ann.* 3,27,1 ist mit Bedacht unbestimmt: „Pulso Tarquinio adversum patrum factiones multa populus paravit tuendae libertatis et firmandae concordiae, creatique decemviri et accitis quae usquam egregia compositae duodecim tabulae, finis aequi iuris". Ein genauer Hinweis auf die Reise nach Athen findet sich bei einem Zeitgenossen Justinians, dem Literaten und Bürokraten Johannes Lydus, *De mag.* 1,34. Zon. 7,18 ist sehr vage.
45. Flor. 1,17 (1,24,1); [Aur. Vict.] *De vir. ill.* 21,1; Amm. 16,5,1; 22,16,22; Symm. *Ep.* 3,11,3; Serv. *in Verg. Aen.* 7,695; Aug. *De civ. dei* 2,16; Isid. *Etym.* 5,1,3; vgl. auch Plin. *Ep.* 8,24,4.
46. Strabo, *Geogr.* 14,1,25, C 642; Plin. *Nat. hist.* 34,5,21; Pomp. D 1,2,2,4.
47. D. van Berchem, Rome et le monde grec au VIe siècle avant notre ère, in: Mélanges d'archéologie et d'histoire offerts à A. Piganiol 2, Paris 1966, S. 745.
48. Ich finde die Art und Weise, in der M. Ducos, L'influence grecque, S. 16, 18, 24, das Schweigen des Polybios (2,12,7) und des Diodor über die Gesandtschaft erklärt, überzeugend, aber ich kann dasselbe nicht von seiner Argumentation über das Schweigen Ciceros sagen; hier erscheint mir die Erklärung schlicht und einfach widersprüchlich. Die Annahme, die „Geschichte der griechischen Gesandtschaft" sei aus dem „Zeitklima" einer anderen Gesandtschaft erwachsen, nämlich der zu den isthmischen Spielen 196 v. Chr., bei der T. Quinctius Flamininus die Freiheit der Griechen ausrief, hatte schon F. Wieacker, Solon und die XII Tafeln, in: Studi Volterra 3, Milano 1971, S. 767–8 (aufgrund einer Anregung von E. Gabba und A. Momigliano) vorgetragen. Wieacker seinerseits möchte den „athenisch-solonischen Stammbaum" der Zwölftafeln auf Fabius Pictor zurückführen.
49. Cicero führt die Beschränkung der Ausgaben für Bestattungen in den Zwölftafeln und die Abschaffung (oder Begrenzung) der Leichenklagen auf die „solonischen Gesetze" zurück, die auch für das Grabrecht in Anspruch genommen werden (*De leg.* 2,23,59=F 72 b Ruschenbusch; 2,25–26,64=F 72 a Ruschenbusch). Er rühmt im übrigen, vielleicht nur aus rhetorischer Absicht, Athen als Schöpferin der „in aller Welt" verbreiteten *leges* und *iura* (*pro Flacco* 26,62). Die Parallele zu den Gesetzen wird von Gaius anläßlich der *actio finium regundorum* (D. 10,1,13, L. 437=F 60a Ruschenbusch) und im Zusammenhang mit der Regelung für die *collegia* gezogen (D. 47,22,4, L. 435=F 76 a Ruschenbusch). Beeindruckend ist die Übereinstimmung zwischen den Bestimmungen über die *tria recinia* und die *sumptuosa respersio* (XII Tab., 10,3 und 6 a), vgl. dazu S. 60, und den Bestimmungen über die τρία ἐμάτια und den οἶνος, den man in einem Gesetz aus Iulis auf der Insel Keos, für das Grab bestimmte. Das Gesetz geht auf das 5. Jahrhundert v. Chr. zurück: IG XII 5,593=SIG III 1218=Sokolowski 97, A Z. 1–14. Es überrascht nicht besonders, daß das Prinzip der Wiedervergeltung in den Zwölftafeln (vgl. S. 78) und in den Gesetzen des Zaleukos von Lokri begegnet (Dem. 24,140; nach M. Mühl, Die Gesetze des Zaleukos und Charondas, Klio 22, 1929, S. 432–3=S. 27–28 im Nachdruck von 1964, ist die Bezugnahme Diodors, 12, 17,4 auf Charondas irrig). Es begegnet auch anderswo, z. B. in der mesopotamischen (CH 196–197, 200) und der jüdischen Welt (Ex. 21,22–25; Lev. 24,17–20; Deut. 19,21, vgl. hierzu B. S. Jackson, Essays, S. 75–107). Die vergleichende Forschung hat auch andere Hinweise verfolgt.

50. Vgl. M. Ducos, L'influence grecque, S. 62-68.
51. Eine Übernahme von *dolus*, das der Grammatiker Aelius Donatus, *ad Ter. Eun.* 515 der Sprache der Zwölftafeln zuschreibt (inc. 4), ist sehr wahrscheinlich. Das Wort ist sicherlich archaisch (vgl. auch S. 288 Anm. 125), und wird von δόλος abzuleiten sein, wie *poena* (XII Tab., 8,3-4; vgl. auch 12,4) von ποινή; vgl. J. Delz, Der griechische Einfluß auf die Zwölftafelgesetzgebung, MH 23, 1966, S. 73.
52. Vgl. M. I. Finley, Die Griechen, München 1976, S. 29.
53. Der Ausdruck ist übernommen von F. Wieacker, Vom römischen Recht², S. 46.
54. F 66 (Arist. *Pol.* 2,7,1266b 14-18), 67 (Poll. 7,151), 69a (Arist. *Ath. pol.* 9,1), 69b (Arist. *Ath. pol.* 6,1), 69c (Plut. *Sol.* 15,2), 70 (Plut. *Sol.* 19,4) Ruschenbusch.
55. Demosthenes 24,139 und Polybios, 12,16,10-11 schreiben die Vorschrift dem Zaleukos zu; Diodor 12,17,2 dem Charondas. Wie Cicero bemerkt (*ad Att.* 3,23,2) gibt es natürlich auch in der römischen Welt fast kein Gesetz, das „sich nicht mit einer *difficultas abrogationis* sichern würde"; indes gibt er gleichzeitig zu, daß, wenn ein Gesetz außer Kraft gesetzt wird, auch die *difficultas* außer Kraft gesetzt wird. Das sogenannte *caput tralaticium de impunitate*, das wir insbesondere aus der *sanctio* der *Lex de imperio Vespasiani*, CILVI 1,930=FIRA I² 15, p. 156, Z. 34-39, kennen, gehört in diesen Zusammenhang.
56. XII Tab., 12,5=Liv. 7,17,12.
57. Cic. *De re publ.* 2,37,63 (=XII Tab., 11,1); Liv. 4,4,5; Dionys. 10,60,5; Flor. 1,17 (1,25,1). Wahrscheinlich hat das von dem Tribunen Caius Canuleius 445 eingebrachte Plebiszit auch den Text einer *rogatio* für ein entsprechendes Gesetz seitens der Konsuln abgegeben, für das Gesetz hat sich aber der Name desjenigen erhalten, der die politische Initiative ergriffen hat. Es sind auch andere Annahmen möglich, wenn man nicht mit A. Heuss, Gedanken und Vermutungen zur frühen römischen Regierungsgewalt, Nachrichten der Akademie der Wissenschaften in Göttingen, I Philologisch-historische Klasse, 1982, 10, S. 394-6, sowohl an dem Verbot als auch an seiner Abschaffung zweifeln will.
58. Liv. 9,34,7: „... ubi duae contrariae leges sunt, semper antiquae obrogat nova".
59. Die Wahl und die Amtseinsetzung sind bekanntlich unterschiedliche Akte (vgl. S. 42). Die Amtseinsetzung der Censoren war der Versammlung der Centuriatkomitien anvertraut: Cic. *De leg. agr.* II 11,26.
60. P. De Francisci, Per la storia dei „comitia centuriata", in: Studi Arangio-Ruiz 1, Napoli 1953, S. 27.
61. Broughton, MRR I, S. 162, 167.
62. CI. 1,14,5=Nov. Theod. 9 (a. 439); Macrob. *Somn. Scip.* 2,17,13.
63. V. Arangio-Ruiz, *Storia*⁷, S. 136ff., 139, 141. Arangio-Ruiz nimmt Überlegungen wieder auf, die er in einem Vortrag von 1938, La règle de droit et la loi dans l'antiquité classique, vorgetragen hatte. Dieser Vortrag ist aufgenommen in: Rariora, S. 231 ff., 252-64=Scritti 3, S. 197 ff., 212-20. Arangio-Ruiz bezieht sich auf G. Rotondi, Osservazioni sulla legislazione comiziale romana di diritto privato (1910), Scritti 1, S. 17, 20-21, 25, 32, 36-42; Problemi di diritto pubblico romano, Scritti 1, S. 379-88.
64. F. Wieacker, „Ius" e „lex" in Roma arcaica, in: Sodalitas. Scritti Guarino 7, Napoli 1984, S. 3105 ff., 3120.
65. Als geeignete Mittel für die Zwecke, die der Gesetzgeber mit einer *lex imperfecta* oder *minus quam perfecta* verfolgte, werden die *denegatio actionis*, die *manus iniectio* und die *exceptio* diskutiert: vgl. zu diesem sehr schwierigen Punkt C. Gioffredi, Ius, lex, praetor (forme storiche e valori dommatici), SDHI 13-14, 1947-48, S. 64-67. Fundamentale Bedeutung kommt dem Vortrag von G. Pugliese, Intorno

III. Brauch und Gesetz in der archaischen Praxis   283

al supposto divieto di modificare legislativamente il ius civile, in: Atti Verona 2, S. 61 ff., 77–81=Scritti 3, S. 5 ff., 19–23, zu. Auch P. Frezza, Preistoria e storia, S. 70–75=S. 75–81, wendet sich gegen „il fantasma romanistico della intangibilità di un mitico ius da parte della lex"; ferner: Il precetto della legge e il precetto della autonomia privata nell'ordinamento romano, in: Studi Zanobini 5, Milano 1965, S. 207–19; Lex e nomos, BIDR 71, 1968, S. 26–29; L'esperienza normativa nel mondo antico, Labeo 18, 1972, S. 370; Storia³, S. 390–4.

66. P. Stein, Regulae iuris, S. 9 ff., 17.
67. Die erste Klausel findet sich bei Cic. pro Caec. 33,95 (vgl. De domo 40,106): „Si quid ius non esset rogarier, eius ea lege nihilum rogatum"; die zweite bei Prob. 3,13: „Si quid sacri sancti est, quod non iure sit rogatum, eius hac lege nihil rogatur". Zum Beweis dafür, daß „non esisteva ... un limite esterno alla validità delle leggi", sondern „le stesse leggi ... si autolimitavano", vgl. G. Pugliese, Intorno al supposto divieto di modificare legislativamente il ius civile, in: Atti Verona 2, S. 66 ff., 68=Scritti 3, S. 8 ff., 10.
68. Es ist illusorisch, ihre Wiederherstellung aus Liv. 6,1,10 abzuleiten; noch weniger kann man es aus Cypr. Ad Donat. 10 und aus Salvian, De gub. dei 8,5,24. Sidon. Carm. 23,446–449 beweist nichts.
69. Es war eine alte „Weisheit", die „Gesetze" oder andere „Schriften" in Eichenholz einzuritzen (Cic. De div. 2,41,85 und Hor. Ars poet. 396–9, mit Kommentaren von Porphyrios und Ps.-Acro). Nach Dionys von Halikarnassus, 3,36,4 ordnete Ancus Marcius an, auf diese Weise die „heiligen Anweisungen" des Numa abzuschreiben. Dionys denkt für die Zwölftafeln an bronzene Stelen (10,57,7); er steht damit in Übereinstimmung mit Diodor, 12,26,1 und Livius 3,57,10. Bei Pomp. D. 1,2,2,4 liegt freilich die Betonung auf dem Holz, und man muß daher (wie dies allgemein auch geschieht) *eboreas* in *roboreas* verbessern.
70. CIL I 2², 1 (S. 367, 717)=ILLRP I²,3, vgl. hierzu R. E. A. Palmer, The King and the Comitium. A Study of Rome's Oldest Public Document, Wiesbaden 1969, mit den Bemerkungen von J.-C. Richard, Gnomon 43, 1971, S. 364–9, und F. Coarelli, Il Foro romano 1, Roma 1983, S. 172, 178–88.
71. Die *editio princeps* in: Lapis Satricanus. Archeological, Epigraphical, Linguistic and Historical Aspects of the New Inscription from Satricum (Archeologische Studiën van het Nederlands Instituut te Rome, Scripta minora V) 1980. Eine kritische Betrachtung mit einem scharfsinnigen Ergänzungsvorschlag von M. Guarducci, L'epigrafe arcaica di Satricum e Publio Valerio, RAL 35, 1980 (1981), S. 479–89.
72. CIL I 2², 366=ILLRP II 505: „Honce loucom / ne qu⟨i⟩s violatod / neque exvehito neque / exferto quod louci / siet neque cedito, / nesei quo die res deina / anua fiet; eod die / quod rei dinai cau[s]a / [f]iat sine dolo cedre / [l]icetod. Sei quis // violasit, Iove bovid / piaclum datod / seiquis scies / violasit dolo malo, / Iovei bovid piaclum / datod et a(sses) CCC / moltai suntod. / Eius piacli /moltaique dictaor[ei] / exactio est[od]".
73. Dies ist der Fall bei der Vormundschaft des Patrons über seine liberti: Gai. 1,165; Ulp. D. 26,4,1 pr.; Ulp. ep. 11,3.
74. Ich denke hier an XII Tab., 5,3, vgl. hierzu S. 76.
75. Die „Fragmente" der Zwölftafeln wurden im Jahr 1616 von Jacobus Gothofredus zusammengestellt und angeordnet, und zwar in einem Werk, das 36 Jahre später den ersten Teil der Fontes quattuor iuris civilis in unum collecti, neu herausgegeben von Ev. Otto, Thesaurus iuris Romani, III, Basileae 1744, S. 1–200 (für den 1. Teil) bildete. Vicos Kritik der Überlieferung zum archaischen Rom berührt auch

die Einheitlichkeit des Textes der Decemviri und seine griechische Herkunft. Man kann dies am besten sehen in: De constantia iuris prudentis (pars posterior, De constantia philologiae), 1721, über das Ragionamento primo d'intorno alla legge delle XII Tavole venuta da fuori in Roma, entstanden 1731, bis zu den Principj di scienza nuova, in der Ausgabe von 1744 (Vico, Diritto universale 2, Opere 2.2, besorgt von F. Nicolini, Laterza, Bari 1936, Nachdr. 1968, S. 564–82; La scienza nuova seconda, Opere 4. 1, Laterza, Bari 1953, S. 104–6, 169–75, 207; 4. 2, S. 281–303, ebenfalls besorgt von Nicolini; freilich sind die Zitate über das ganze Werk verstreut.
76. F. Wieacker, Zwölftafelprobleme, RIDA 3. 3, 1956, S. 462.
77. Legis duodecim tabularum reliquiae, edidit constituit prolegomena addidit Rudolphus Schoell, Lipsiae 1866.
78. L. Gernet, Anthropologie, S. 177.
79. Gai. 1,119: „... adhibitis non minus quam quinque testibus civibus Romanis puberibus et praeterea alio eiusdem condicionis, qui libram aeneam teneat, qui appellatur libripens, is qui mancipio accipit, rem tenens ita dicit: ‚Hunc ego hominem ex iure Quiritium meum esse aio isque mihi emptus esto hoc aere aeneaque libra'; deinde aere percutit libram idque aes dat ei, a quo mancipio accipit, quasi pretii loco".
80. M. H. Crawford, La moneta in Grecia e a Roma, Roma-Bari 1986², S. 98–101.
81. Die *Quirites* – von *co-virites*, nach der wahrscheinlichsten Ableitung, sind, so wie *curia* von *co-viria*, die Individuen, die die Bürgerschaft bilden. Dieser Punkt stand schon fest für Mommsen, Römisches Staatsrecht 3. 1, S. 5–6; auf das vieldiskutierte etymologische Problem ging zuletzt wieder A. Magdelain, Quirinus et le droit (spolia opima, ius fetiale, ius Quiritium), MEFRA 96, 1984, S. 219–20, ein.
82. Gai. 2,24: „In iure cessio autem hoc modo fit: apud magistratum populi Romani [vel praetorem vel apud praesidem provinciae] is, cui res in iure ceditur, rem tenens ita dicit: ‚Hunc ego hominem ex iure Quiritium meum esse aio'; deinde postquam hic vindicaverit, praetor interrogat eum, qui cedit, an contra vindicet; quo negante aut tacente tunc ei, qui vindicaverit, eam rem addicit; idque legis actio vocatur. Hoc fieri potest etiam in provinciis apud praesides earum".
83. L. Gernet, Anthropologie, S. 217–8, 262–7.
84. Nach J. L. Austin, How to do Things with Words, Oxford 1975², Nachdr. 1986, S. 1–11, 55–93, sind „performative", jene Spruchformeln wie „ich verspreche", „ich schwöre", „ich nehme zur Frau", „ich ernenne", usw., mit denen man nicht nur etwas sagt, sondern etwas tut: an das Aussprechen, das korrekt im Rahmen anerkannter Vereinbarungen geschieht, knüpfen sich soziale und juristische Folgen. Zu diesen und den sich daraus ergebenden Überlegungen Austins vgl. S. Castignone, Le parole del fare: Austin, Olivecrona, Ross e la „fallacia performativa", in: Materiali per una storia della cultura giuridica, 11, 1981, S. 439–58.
85. L. Gernet, Anthropologie, S. 177–8, 247, 253, 255–6, 265.
86. Das Vorkommen von *aes* und *libra* im *nexum* ergibt sich aus Varro, De ling. Lat. 7,5,105.
87. Vgl. S. 83.
88. Diese von L. Gernet, Anthropologie, S. 251–5, 277, vorgebrachte Hypothese liegt auf der Linie von H. Lévy-Bruhl, Nouvelles études sur le très ancien droit romain, Paris 1947, S. 6–9.
89. Gai. 3,92–93: „Verbis obligatio fit ex interrogatione et responsione, velut ‚Dari spondes? Spondeo. Dabis? Dabo, Promittis? Promitto, Fidepromittis? Fidepromitto, Fideiubes? Fideiubeo, Facies? Faciam'. Sed haec quidem verborum obliga-

tio ‚Dari spondes? Spondeo' propria civium Romanorum est; ceterae vero iuris gentium sunt, itaque inter omnes homines, sive cives Romanos sive peregrinos, valent. Et quamvis ad Graecam vocem expressae fuerint, velut hoc modo ⟨δώσεις; δώσω. ὁμολογεῖς; ὁμολογῶ. πίστει κελεύεις; πίστει κελεύω. ποιήσεις; ποιήσω⟩, etiam hae tamen inter cives Romanos valent [tamen], si modo Graeci sermonis intellectum habeant; et e contrario quamvis Latine enuntientur, tamen etiam inter peregrinos valent, si modo Latini sermonis intellectum habeant. At illa verborum obligatio ‚Dari spondes? Spondeo' adeo propria civium Romanorum est, ut ne quidem in Graecum sermonem per interpretationem proprie transferri possit, quamvis dicatur a Graeca voce figurata esse".

90. XII Tab., 6,1. *Lingua* ist ein Ablativ, wie in Cic. *De off.* 3,16,65 und in der von Varro, *De ling. Lat.* 7,2,8 Goetz-Schoell erwähnten Eingangsformel „[i]tem⟨pla⟩tescaque me ita sunto quoad ego eas te lingua[m] nuncupavero", vgl. hierzu K. Latte, Philologus 97, 1948, S. 143–59=Kleine Schriften, München 1968, S. 91–105. Auf derselben Ebene liegt das *verbis nuncupavi* in der *devotio:* Liv. 8,9,6. Das Wort *nuncupo,* in der Bedeutung „anzeigen", „mit dem Namen benennen", usw., gehört in die juristische und in die archaische religiöse Sprache: Cic. *De or,* 3,38,153; Fest. 176,3–15 L. (als Quelle für die decemvirale Vorschrift). *Ius* hat in dem Satz „*ita ius esto*" eine gleichzeitig subjektive und objektive Färbung; es drückt die konkrete „juristische Situation", und nicht eine Vorschrift oder eine Regel aus.

91. Vgl. P. Frezza, Preistoria e storia, S. 72=S. 77: „Il rigido formalismo a cui obbediscono gli schemi negoziali arcaici fa sì che, come è irrevocabilmente nullo l'atto comunque difettoso nella forma, così è irrevocabilmente valido l'atto che non presenta difetti formali".

92. M. Weber, Wirtschaft und Gesellschaft[5], S. 396.

93. Gai. 4,11. Die behauptete Bindung zwischen *lex (publica)* und *legis actio* hindert Gaius 4,26–29 nicht, die *legis actio per pignoris capionem,* in einigen ihrer Anwendungen, auf die *mores* und nicht auf die *lex* zurückzuführen. Überdies ist der Hinweis auf *certis verbis capere* als Ursprung für den Namen wichtig.

94. Zu Liv. 1,26,6 vgl. H. Siber, Die ältesten römischen Volksversammlungen, ZSS 57, 1937, S. 235 (vgl. auch *Plebs,* RE 21,1, 1951, 130). Der Bezug zwischen *legis dictio* und *certa nuncupatio verborum* wird ganz klar aus Serv. *in Verg. Aen.* 3,89; vgl. auch Macrob. *Sat.* 3,9,10–11; diese Stelle ist Liv. 8,9,6–8 gegenüberzustellen.

95. In diesem Sinne W. Kunkel, Untersuchungen zur Entwicklung des römischen Kriminalverfahrens in vorsullanischer Zeit, München 1962, S. 22 Anm. 50.

96. G. Dumézil, La religion romaine archaïque[2], S. 473–4.

97. Fest. (Paul.) 50,14–15 L.: „Contestari litem dicuntur duo aut plures adversarii, quod ordinato iudicio utraque pars dicere solet: testes estote"; vgl. auch 34,18 L.

98. XII Tab., 1,1–3. E. Fraenkel, Zum Texte römischer Juristen, Hermes 60, 1925, S. 440–3=Kleine Beiträge 2, S. 442–5, wies nach, daß *vitium* bei Gell. 20,1,25 eine marginale oder interlineare Glosse ist. Gute Gründe sprechen dafür, auch das *qui-vocabit* zu tilgen. Die Einfügung von *ito* vor *ni it* in den korrupten Text von Porph. *ad Hor. serm.* 1,9,76, ist eine überlegenswerte Konjektur. Der Sinn von *pedem struere* ist unklar; er war bereits für die antiken Bearbeiter nicht klar, die ihn auf verschiedenartigste, auch widersprüchliche Weise verstanden, wie *fugere* (so bei Servius Sulpicius Rufus) und *remorari:* Fest. 232,3–4; 408, 31–410,5 L.

99. XII Tab., 3,1–4 und 6. In 3,5 wird, als Alternative zum Tod, der Verkauf *trans Tiberim* verfügt. Bevor er die eine oder andere Möglichkeit wählte, mußte der Gläubiger, der sich mit dem Schuldner nicht einigen konnte, ihn innerhalb von 60 Tagen,

die der *addictio* folgten und an drei aufeinanderfolgenden Markttagen „vor den Prätor ins Komitium führen" und öffentlich erklären, auf wieviel sich die geschuldete Summe beläuft. Der Bericht findet sich bei Gell. 20,1,42–52. Die Worte *aeris confessi – iudicatis* (die sich unter Auslassung von *iure* auch bei Gell. 15,13,11, finden), sind, unter syntaktischem Gesichtspunkt, nicht sehr klar. *Aeris confessi* ist wahrscheinlich ein Genitivus absolutus, entsprechend dem Ablativus absolutus *rebus iudicatis*. Im Zusammenhang mit dem Satz *Quindecim pondo – vincito* ist der Vorschlag, die beiden Komparative einzufügen, stichhaltig. Abweichend von einigen modernen Autoren, stellt Gellius 20,1,47 die *atrocitas* des *partes secare* nicht in Abrede; er schreibt: „eine solch schreckliche Strafe wurde in der Gewißheit angedroht, sie niemals anwenden zu müssen"; man habe weder „von irgendjemand gelesen oder gehört, daß jemand in der Vergangenheit lebendig zerstückelt worden wäre."

100. Gaius 4,13 beschreibt sie als *actio generalis*. Die Schilderung der *legis actio sacramento in rem* findet sich 4,16: „... qui vindicabat, festucam tenebat; deinde ipsam rem adprehendebat, velut hominem, et ita dicebat: ,Hunc ego hominem ex iure Quiritium meum esse aio; secundum suam causam, sicut dixi, ecce tibi vindictam inposui', et simul homini festucam inponebat. Adversarius eadem similiter dicebat et faciebat. Cum uterque vindicasset, praetor dicebat: ,Mittite ambo hominem'. Illi mittebant. Qui prior vindica(verat, sic dice)bat: ,Postulo, anne dicas, qua ex causa vindicaveris?'. Ille respondebat: ,Ius feci, sicut vindictam inposui'. Deinde qui prior vindicaverat, dicebat: ,Quando tu iniuria vindicavisti, D aeris sacramento te provoco'; adversarius quoque dicebat similiter: ,Et ego te'; aut si res infra mille asses erat, scilicet L asses sacramentum nominabant. Deinde eadem sequebantur, quae cum in personam ageretur. Postea praetor secundum alterum eorum vindicias dicebat, id est interim aliquem possessorem constituebat eumque iubebat praedes adversario dare litis et vindiciarum, id est rei et fructuum; alios autem praedes ipse praetor ab utroque accipiebat sacramenti causa, quod id in publicum cedebat. Festuca autem utebantur quasi hastae loco, signo quodam iusti dominii, quando iusto dominio ea maxime sua esse credebant, quae ex hostibus cepissent...". Für die *legis actio sacramento in personam* fehlt der Bericht des Gaius, auch sonst haben wir dazu nur spärliche Spuren bei Prob. 4,1–2.

101. Die Bedeutung von *sacramentum* als *pecunia* wird ersichtlich aus Varro, *De ling. Lat.* 5,36,180 und Gaius, 4,13–15; vgl. auch Prob. 4,2 und 4,5. Eine sprachliche Variante fällt auf, wenn man Fest. 466,2–4 L. (sicherlich aufgrund von Pauli ep. 467,3–4 L. ergänzt) mit Fest. 468, 16–29 L. vergleicht.

102. L. Gernet, Anthropologie, S. 246.

103. Gai. 4,17 a.: „Qui agebat sic dicebat: ,Ex sponsione te mihi x milia sestertium dare oportere aio: id postulo aias an neges'. Adversarius dicebat non oportere. Actor dicebat: ,Quando tu negas, te praetor iudicem sive arbitrum postulo uti des'..."

104. Gai. 4,21: „... qui agebat, sic dicebat: ,Quod tu mihi iudicatus' sive ,damnatus es sestertium x milia, quando*que* (?) non solvisti, ob eam rem ego tibi sestertium x milium iudicati manum inicio', et simul aliquam partem corporis eius prendebat; nec licebat iudicato manum sibi depellere et pro se lege agere, sed vindicem dabat, qui pro se causam agere solebat. Qui vindicem non dabat, domum ducebatur ab actore et vinciebatur".

105. XII Tab., 6,6 a: „Si qui in iure manum conserunt...". Ich stimme der Lesung von Gell. 20,10,4 und 7–9, und den Parallelstellen (Cic. *pro Mur.* 12,26; *De or.* 1,10,41; Varro, *De ling. Lat.* 6,7,64; Prob. 4,4), zu, die J. G. Wolf, Zur legis actio sacramento in rem, in: Römisches Recht in der europäischen Tradition. Symposion aus Anlaß

III. Brauch und Gesetz in der archaischen Praxis 287

des 75. Geburtstages von F. Wieacker, Ebelsbach 1985, S. 6–9, vorschlug, mit der Identifizierung von *manum conserere* und *rem adprehendere*.

106. Vgl. S. 285 Anm. 93.
107. Arist. *E. N.* 8,10,4,1160b 22–32 besteht auf dem „gemeinsamen Band", der κοινωνία, die den Vater und die Söhne verbindet, sowie auf dem „Sorge tragen"; andere Stellen haben eine allgemeinere Bedeutung: *Pol.* 1,2,1252b 20–21; 1,7,1255b 19; 3,14,1285b 31–33.
108. Eine besondere Anwendung findet sich in XII Tab., 4,1, wenn man sich die Emendation von *necatus* bei Cic. *De leg.* 3,8,19, zu eigen macht, was allgemein der Fall ist. Ein weiterer Hinweis auf die Zwölftafeln, die die Begrenzung der *iusta causa* festgelegt haben sollen, bei Gai. fragm. Aug. 4,85–86. Coll. 4,8,1, führt die *vitae necisque potestas* auf eine *lex regia* zurück, die Dionys von Halikarnaß, 2,26,4, Romulus zuschreibt. Das „Recht auf Leben und Tod" erscheint im Formular der *adrogatio* als der charakteristische Zug der *patria potestas* (Gell. 5,19,9, vgl. hierzu S. 82–83; vgl. ferner Cic. *De domo* 29,77), und wird auch so in rhetorischen Übungen aufgefaßt: [Quint.] *Decl. maior.* 6,14 p. 124 Lehnert. Dieses Recht wird im CTh. 4,8,6 pr.=CI. 8,46,10 (a. 323) ausdrücklich verneint. Freilich fand das Rechtsbewußtsein auch schon vor Konstantin Möglichkeiten, es zumindest indirekt zu verhindern. Bezeichnend dafür ist die Antithese zwischen der *atrocitas* und der *pietas* bei Marcian., D. 48,9,5, L. 174, der eine Konstitution Hadrians zitiert.
109. Gai. 1,55 und 189. Man muß diese Stelle zusammen mit 1,52 lesen, die die *vitae necisque potestas* gegenüber Sklaven behandelt. Daß nicht nur die Römer, sondern auch die Gallier diese Gewalt über ihre Kinder ausübten, war Caesars ethnographischem Interesse (*Bell. Gall.* 6,19,3) nicht entgangen.
110. Neben Dionys. 2,26,1–6 und 27,1 vgl. man besonders Dio Chrys. *Or.* 15,20.
111. Gell. 5,13,1–5, eine Anspielung auf XII Tab., 8,21.
112. Cic. *Cato maior* 11,37.
113. A. de Tocqueville, De la démocratie en Amérique 2, Oeuvres complètes 1, Paris 1951[7], S. 202.
114. XII Tab. 5,3–5. Der erste von Gai. 2,224 und Pomp. D. 50,16,120 belegte Vorschlag hat bei Ulp. ep. 11,14 (vgl. auch Cic. *De inv.* 2,50,148; Paul. D. 50,16,53 pr.) eine bemerkenswerte Variante: „Uti legassit super pecunia tutelave suae rei, ita ius esto". Es ist sehr wahrscheinlich, daß die *interpretatio* die testamentarische Vormundschaft auf die Zwölftafeln zurückgeführt hat, und so eine Kontamination zwischen *lex* und dem Ergebnis der Interpretation erzeugte. Etwas ähnliches kann bei der *manumissio testamento* vorliegen. Pomp. D. 40,7,29,1, Mod. D. 40,7,25 und Ulp. ep. 2,4, die den *statuliber* behandeln, müßten neu untersucht werden. Die *gentiles* kommen auch in XII Tab., 5,7a im Zusammenhang mit der *cura furiosi* neben den *adgnati* vor.
115. Wir werden uns S. 96 mit dieser *societas legitima* und *naturalis* befassen.
116. XII Tab., 5,10.
117. Gai. 2,14a–20; 2,22; Ulp. ep. 19,1.
118. XII Tab., 6,3.
119. XII Tab., 7,2 (vgl. 7,5b).
120. XII Tab., 7,9b; 7,10 (vgl. 8,7).
121. XII Tab., 6,8 (vgl. 6,9); 7,8a.
122. P. F. Girard, L'histoire des XII Tables, RHD 26, 1902, S. 422=Mélanges 1, S. 47–48; Mommsen, Gesammelte Schriften 2, S. 142; 3, S. 374.
123. O. Behrends, Der Zwölftafelprozeß, S. 1–2.
124. XII Tab., 9,1–2.

125. Die Zwölftafeln erwähnen 9,4 (D. 1,2,2,23) die *quaestores parricidi* als Untersuchungsbeamte. Die Vorsätzlichkeit des Verbrechens geht aus dem berühmten „Gesetz des Numa" bei Fest. (Paul.) 247,22–24 L. hervor: „Si qui hominem liberum dolo sciens morti duit, paricidas esto". Der nicht vorsätzliche Mord erfordert lediglich ein Sühneopfer: Cic. *Top.* 17,64 (vgl. *pro Tullio* 22,51) =XII Tab., 8,24 a: „Nam iacere telum voluntatis est, ferire quem nolueris fortunae. Ex quo ‚aries subicitur' ille in vestris actionibus: ‚si telum manu fugit magis quam iecit'". Diese Vorschrift steht in Zusammenhang mit einem anderen „Königsgesetz", das bei dem Grammatiker Servius, *in Verg. Georg.* 3,387, überliefert ist und im Scholion Danielis *in Buc.* 4,43, auf Numa zurückgeführt wird.
126. XII Tab., 8,12 und 13.
127. XII Tab., 8,14–18; 12,2.
128. XII Tab. 8,2–4.
129. XII Tab. 8,2: „Si membrum rup⟨s⟩it, ni cum eo pacit, talio esto".
130. XII Tab., 8,9.
131. XII Tab., 8,10.
132. XII Tab., 8,11. *Furtim* bei Paul. D. 47,7,1, während Plin. *Nat. hist.* 17,1,7 *iniuria* gibt; *succidere* (Gai. 4,11; Paul. D. 12,2,28,6) ist *caedere* vorzuziehen (Plin. *Nat. hist.* 17,1,7; Gai. D. 19,2,25,5; vgl. auch Paul. D. 47,7,1 und 11.).
133. XII Tab., 8,1 a (Plin. *Nat. hist.* 28,2,18): „Qui malum carmen incantassit...". Über die unterschiedliche Bedeutung von „si quis occentavisset sive carmen condidisset" in 8,1 b (Cic. *De re publ.* 4,10,12=Aug. *De civ. dei* 2,9), hat E. Fraenkel, Gnomon 1, 1925, S. 187–200=Kleine Beiträge 2, S. 400–15 Abschließendes gesagt.
134. XII Tab., 8,8 a (Plin. *Nat. hist.* 28,2,18): „Qui fruges excantassit..."; 8 b (Serv. *in Verg. Buc.* 8,99): „... neve alienam segetem pellexeris...". Zum Unterschied zwischen *excantare* und *pellicere*, E. Fraenkel, Gnomon 1, 1925, S. 185–7=Kleine Beiträge 2, S. 397–400.
135. Zu XII Tab., 2,3, und dazu L. Gernet, Anthropologie, S. 233, 284; 8,22.
136. E. Durkheim, De la division du travail social, Paris 1902², 1978¹⁰, S. 62–63, 114–5. Durkheim zitiert Lev. 24,10,23, über den Gotteslästerer, und Num. 15,32,36, über den, der den Sabbat nicht heiligt. Die beiden Fälle, und insbesondere der zweite, sind viel komplizierter als Durckheim glaubte, wie Einzeluntersuchungen zeigen: A. Phillips, The Case of the Woodgatherer Reconsidered, Vetus Testamentum 19, 1969, S. 125–8; B. S. Jackson, Essays, S. 113, mit weiteren bibliographischen Hinweisen.
137. So R. F. Willets in der Einleitung zu The Law Code of Gortyn, Berlin 1967, S. 8, wo die Betrachtungsweise von J. W. Headlam übernommen wird.
138. 80A 1 DK=Heraclides Pont. Περὶ νόμων, 150 Wehrli=Diog. Laert. 9,50, vgl. hierzu W. K. C. Guthrie, Greek Philosophy, 3, S. 264 und Anm. 1. Zu den Beziehungen zwischen Perikles und Protagoras vgl. auch 80A 10 DK=Plut. *Per.* 36.

IV. Priester und Deuter

1. Polyb. 34, 2, 7=Strabo, *Geogr.* 1, 2, 15, C 24.
2. Diod. 2, 40, 1–3=Megasthenes F 4, III C pp. 609, 29–610, 2 Jacoby, ist zu vergleichen mit Strabo, *Geogr.* 15, 1, 39, C 703 und Arrian, *Ind.* 11, 1–6=Megasthenes F 19 a, b, III C pp. 621, 18–622, 16.
3. Mit den „managerial élites" beschäftigt sich Th. W. Africa, Science and the State in Greece and Rome, New York–London–Sidney 1968, S. 1 ff., 6–8.

IV. Priester und Deuter 289

4. Cic. *De har. resp.* 7, 14; Liv. 1, 20, 5–7.
5. Fest. 198, 29–200, 4 L.
6. Sie wird unterschiedlich beurteilt von K. Latte, Römische Religionsgeschichte, München 1960, S. 195–7 and G. Dumézil, La religion romaine archaïque², S. 116–25. Dumézil bestreitet eine „Revolution der Priester".
7. Liv. 27, 8, 4–5; 40, 42, 9–10; Gell. 1, 12, 1–16 und 19; Gai. 1, 130; 3, 114; Ulp. ep. 10, 5.
8. Mommsen, Römische Geschichte I⁷, S. 170.
9. Varro, *De ling. Lat.* 5, 15, 83, vgl. hierzu E. Peruzzi, Origini di Roma 2, Bologna 1973, S. 156 Anm. 3. In eine andere Richtung weist Plutarch, *Numa* 9, 1–4.
10. Mommsen, Römische Geschichte I⁷, S. 170.
11. Cato, 77 P².=Gell. 2, 28, 6, möchte von der Priesterchronik abrücken: „Non lubet scribere, quod in tabula apud pontificem maximum est, quotiens annona cara, quotiens lunae aut solis lumine caligo aut quid obstiterit".
12. Gai. 1, 111: „Usu in manum conveniebat, quae anno continuo nupta perseverabat: nam velut annua possessione usu capiebatur, in familiam viri transiebat filiaeque locum optinebat. Itaque lege duodecim tabularum cautum est, ut si qua nollet eo modo in manum mariti convenire, ea quotannis trinoctio abesset atque eo modo cuiusque anni ⟨usum⟩ interrumperet. Sed hoc totum ius partim legibus sublatum est, partim ipsa desuetudine obliteratum est". 113: „Coemptione vero in manum conveniunt per mancipationem, id est per quandam imaginariam venditionem: nam adhibitis non minus quam V testibus civibus Romanis puberibus, item libripende, emit eum ⟨mulier et is?⟩ mulierem, cuius in manum convenit". Auch Boeth. *Comm. in Cic. Top.* [3, 14], 2 p. 299, 12–18, V 1 Orelli, nimmt auf die *coemptio* Bezug.
13. Gai. 1, 112; Ulp. ep. 9, 1; Serv. *in Verg. Georg.* 1, 31, und, sehr wichtig, *in Verg. Aen.* 4, 103; 339; 374. Auf die *confarreatio* bezieht sich sehr wahrscheinlich auch Fest. (und Paul.) 79, 23–25; 174, 24–25 L., und Plut. *Quaest. Rom.* 30. Plinius, *Nat. hist.* 18, 3, 10, hebt die Feierlichkeit des Ritus hervor, während Tacitus, *Ann.* 4, 16, 2, ihre *difficultates* unterstreicht. Vgl. Dionys. 2, 25, 3, zum Spelt als ἱερωτάτη καὶ πρώτη τροφή.
14. Gell. 5, 19, 9: „Velitis, iubeatis, uti L. Valerius L. Titio tam iure legeque filius siet, quam si ex eo patre matreque familias eius natus esset, utique ei vitae necisque in eum potestas siet, uti patri endo filio est. Haec ita, uti dixi, ita vos, Quirites, rogo".
15. D. 1, 1, 1, 2=Inst. 1, 1, 4, L. 1908.
16. Liv. 9, 46, 4; Pomp. D. 1, 2, 2, 6.
17. Polyb. 6, 56, 7–11.
18. Plut. *Cor.* 25, 7, vgl. hierzu A. Bernardi, Homo ritualis, RSI 96, 1984, S. 787.
19. Gai. 4, 11: „... eum qui de vitibus succisis ita egisset, ut in actione vites nominaret, responsum est, rem perdidisse, quia debuisset arbores nominare, eo quod lex XII tabularum, ex qua de vitibus succisis actio conpeteret, generaliter de arboribus succisis loqueretur".
20. M. Weber, Wirtschaft und Gesellschaft⁵, S. 463.
21. Vgl. H. J. Wolff, Rechtsexperten in der griechischen Antike, in: Festschrift zum 45. Deutschen Juristentag, Karlsruhe 1964, S. 8–9=Opuscula dispersa, Amsterdam 1974, S. 88–89.
22. Cic. *De domo* 1, 1.
23. F. Schulz, Geschichte, S. 9.
24. Dionys. 3, 36, 4; unklar hierzu ist der Bezug bei Pomp. D. 1, 2, 2, 2 und 36.
25. Vgl. S. 66.

290 Anmerkungen

26. Pomp. D. 1, 2, 2, 38.
27. Jhering, Geist 2.2⁵, S. 441 ff., 455.
28. Wahrscheinlich hatte Gernet, Droit, S. 3, M. Mauss, La prière (1909, unvollständiger und vom Druck zurückgezogener Text), Oeuvres, 1, Paris 1968, S. 396, vor sich liegen: „... les formes les plus rudimentaires ne sont à aucun degré plus simples que les formes les plus développées. Leur complexité est seulement de nature différente".
29. Jhering, Geist 2.2⁵, S. 518–9.
30. Jhering, Geist 2.2⁵, S. 561–2.
31. F. Schulz, Geschichte, S. 31.
32. Gai. 2, 103–104: „... olim familiae emptor, id est qui a testatore familiam accipiebat mancipio, heredis locum obtinebat, et ob id ei mandabat testator, quid cuique post mortem suam dari vellet; nunc vero alius heres testamento instituitur, a quo etiam legata relinquantur, alius dicis gratia propter veteris iuris imitationem familiae emptor adhibetur. Eaque res ita agitur: qui facit ⟨testamentum⟩, adhibitis sicut in ceteris mancipationibus V testibus civibus Romanis puberibus et libripende, postquam tabulas testamenti scripserit, mancipat alicui dicis gratia familiam suam. In qua re his verbis familiae emptor utitur: ,Familiam pecuniamque tuam endo mandatela custodelaque mea ⟨esse aio, eaque⟩ quo tu iure testamentum facere possis secundum legem publicam, hoc aere', et ut quidam adiciunt ,aeneaque libra, esto mihi empta'; deinde aere percutit libram aes dat testatori velut pretii loco. Deinde testator tabulas testamenti tenens ita dicit: ,Haec ita ut in his tabulis cerisque scripta sunt, ita do lego ita testor itaque vos Quirites testimonium mihi perhibetote' ...". Für die erste der beiden Formeln übernehme ich die Textherstellung von M. David und H. L. W. Nelson, Text 2, S. 91; Kommentar 2, S. 315–8, die philologisch einwandfrei ist.
33. Jhering, Geist 2.2⁵, S. 467.
34. M. Weber, Wirtschaft und Gesellschaft⁵, S. 512.
35. XII Tab., 4, 2 b (Ulp. ep. 10, 1): „Si pater filium ter venum [dauit] ⟨duit⟩, filius a patre liber esto". Die Form duit scheint durch die gleichwohl unsichere Lesung von Gai. 1, 132 bestätigt, vgl. hierzu M. David – H. L. W. Nelson, Text 1, 41; Kommentar 1, 162. Dionys. 2, 27 sieht in der Vorschrift der Zwölftafeln eine Verfügung des Romulus.
36. Gai. 1, 132; 1, 134–135; 4, 79; Gai. ep. 1, 6, 3–4; Ulp. ep. 10, 1; Inst. 1, 12, 6.
37. Jhering, Geist 2.2⁵, S. 329–30; 3⁵, S. 242.
38. Jhering, Geist 2.2⁵, S. 515–8.

V. Die Überwindung des Formalismus

1. J. Mathiex, The Mediterranean, CMH 6, S. 540.
2. F. Braudel, Il mondo attuale 2, Torino 1966³, S. 408.
3. Plato, Phaidon, 109 a 9–b 3.
4. Dieser Satz von G. Glotz, La civilisation égéenne, S. 6, der sich auf Thukydides, 1, 4, stützt, wird von der heutigen Forschung, über die (lückenhaft) H. Thierfelder, Die Minoer – ein Handelsvolk? Eine Untersuchung zu Wirtschaft und Handel nach literarischen Quellen und archäologischem Material, in: Münstersche Beiträge zur antiken Handelsgeschichte 2.1, 1983, S. 43–57 informiert, nicht bestritten; freilich findet diese Aussage nach M. I. Finley, Early Greece: the Bronze and Ar-

V. Die Überwindung des Formalismus 291

chaic Ages, London 1981², S. 38, 40, in der modernen Forschung nicht die erforderliche Stütze. Entscheidend bleibt auf jeden Fall die kritische Besprechung von F. Cassola, La talassocrazia cretese e Minosse, PP 12, 1957, S. 343–52, über Chester G. Starr
5. Vgl. W. C. Hayes, Egypt: Internal Affairs from Tuthmosis I to the Death of Amenophis III, CAH 2.1³, S. 387.
6. G. Glotz, La civilisation égéenne, S. 6.
7. Ich entnehme dieses Bild, wie das vorhergehende, G. Glotz, La civilisation égéenne, S. 4, 6.
8. Polyb. 3, 26, 1; dazu die Bemerkungen von F. W. Walbank, Commentary 1, S. 353–4.
9. Polyb. 3, 22, 1–3.
10. So J. Heurgon, Rome et la Méditerranée occidentale, S. 393.
11. Dies bestätigen die archäologischen Befunde. Von besonderer Bedeutung sind dabei die Inschriften auf den Goldblechen von Pyrgi, TLE² 874–875, die mit „absoluter Sicherheit" um das Jahr 500 v. Chr. zu datieren sind: M. Pallottino, Scavi nel santuario etrusco di Pyrgi, Archeologia classica 16, 1964, S. 113–7=Saggi di antichità 2, Roma 1979, S. 672–6; Nuova luce sulla storia di Roma arcaica dalle lamine d'oro di Pyrgi, Studi Romani 13, 1965, S. 5–6=Saggi di antichità 1, Roma 1979, S. 382–3; für die Frühdatierung vgl. J. Ferron, Un traité d'alliance entre Caere et Carthage contemporain des derniers temps de la royauté étrusque à Rome ou l'événement commémoré par la quasi-bilingue de Pyrgi, ANRW 1.1, S. 189–216.
12. In diesem Sinne Cl. Nicolet, Rome at la conquête du monde méditerranéen 1, Les structures de l'Italie romaine, Paris 1977, S. 158–9, der dabei T. Frank, An Economic Survey of Ancient Rome 1, Rome and Italy of the Republic, 1933, Peterson, New Jersey 1959, S. 201–2, folgt.
13. Vermutung von L. Capogrossi Colognesi, In margine al primo trattato tra Roma e Cartagine, in: Studi Volterra 5, Milano 1971, S. 174 und Anm. 5.
14. Polyb. 3, 22, 4–13, mit Kommentar und Bibliographie von R. Werner in: H. Bengtson, Staatsverträge 2², Nr. 121, S. 16–20. R. Werner, Der Beginn, S. 313–6, unterstützt die Identifizierung des Schönen Vorgebirges, des Καλὸν ἀκρωτήριον, mit dem Kap Farina (Ras Sidi Ali el-Mekki); nach einer anderen, ebenfalls plausiblen Hypothese, die auch K.-E. Petzold, Die beiden ersten römisch-karthagischen Verträge und das foedus Cassianum, ANRW 1.1, S. 371–5, vertritt, wäre das Cap Bon (Ras Addar) gemeint gewesen. Zur Erwähnung des δῆμος Λαρεντίνων (αρεντίνων) in der Liste der ὑπήκοοι, vgl. ebenfalls R. Werner, S. 330–2. Zum γραμματεύς vgl. M. David, The Treaties between Rome and Carthage and their Significance for our Knowledge of Roman International Law, in: Symbolae van Oven, Leiden 1946, S. 235–7. M. E. hat P. Frezza, Ius gentium, S. 263–4, 270 Anm. 16, die genaue Bedeutung des Ausdrucks ἴσα ἔστω τὰ 'Ρωμαίων παντα genau erfaßt. Ich habe μηδὲν ἔστω τέλος nach der üblichen Auffassung übersetzt, die nach L. Gernet, Droit, S. 225, jedoch weniger sicher ist.
15. Eine Darstellung der heutigen Diskussion findet sich in: Trade in the Ancient Economy, hrsg. von P. Garnsey, K. Hopkins und C. R. Whittaker, London 1983 (mit Einleitung von K. Hopkins, S. IX–XXV), und in dem 1984 entstandenen Kapitel „further thoughts" von M. I. Finley, The Ancient Economy², S. 177–207.
16. P. A. Brunt, Social Conflicts in the Roman Republic, London 1971, S. 20.
17. Vgl. G. Tibiletti, Lo sviluppo del latifondo in Italia dall'epoca graccana al principio dell'Impero, in: Decimo congresso internazionale di scienze storiche (Roma, 4–11 settembre 1955). Relazioni 2, Firenze 1955, S. 237–42.

18. Es ist nicht einfach, die *lex Claudia* des Jahres 219 oder 218 v. Chr. in ihren historischen Zusammenhang einzuordnen. Sie verbot den Senatoren und ihren Söhnen, Lastschiffe mit mehr als 300 Amphoren (d. h. etwa 8 Tonnen) Tragfähigkeit zu besitzen. Aber auch ohne Überlegungen und Auffassungen späterer Zeit vorwegzunehmen, wie sie im Bericht des Livius (21, 63, 3–4) vorkommen, ist, wie auch E. Gabba, Del buon uso della ricchezza, Milano 1988, S. 31–34, 90, einräumt, das Gewicht der Überlieferung nicht zu leugnen. Wie J. H. D'Arms, Commerce and Social Standing in Ancient Rome, Cambridge Mass.-London 1981, S. 33, schreibt, bestätigt das Verbot „the landed aristocratic ideal" in einer Zeit, in der die Wirklichkeit senatorischen Handelns es in Frage stellte. Das Verbot galt, zumindest im Prinzip, noch im Jahr 70 v. Chr. (Cic. *in Verr.* II 5, 18, 45–47), wurde 59 v. Chr. durch die *Lex de repetundis* Cäsars erneuert (D. 50, 5, 3) und scheint gegen Ende des 3. Jahrhunderts n. Chr. (Fr. Leid. 3) noch immer in Kraft. Wie die *Lex Claudia,* so ist auch die Aufwandsgesetzgebung nicht frei von „ideologischen Bezügen auf die Vergangenheit", auch wenn, wie Gabba, S. 40, bemerkt, ihr vornehmstes Ziel darin bestand, „das Fortdauern der ererbten Stellung der herrschenden Klasse und damit ihrer sozialen und politischen Stellung in der Klassenordnung der Gesellschaft und des Staates zu verteidigen".
19. Cicero legt diese Worte dem älteren Cato in *De senectute* 15, 51, in den Mund; in Wirklichkeit passen sie gut zu ihm selbst.
20. Cato, *De agri cult.* praef. 2, vgl. hierzu S. Boscherini, Lingua e scienza greca nel „De agri cultura" di Catone, Roma 1970, S. 25, der hier ein Motiv aus Xenophon erkennt (*Oec.* 5, 1, und den Rest des Abschnittes; 6, 8–10).
21. Cic. *De re publ.* 2, 4, 7.
22. Cato, *De agri cult.* praef. 3.
23. Cicero, *De off.* 1, 42, 151 bemerkt, daß der Handel „ut saepe ex alto in portum, ex ipso se portu in agros possessionesque contulit". Die §§ 150–151 im ersten Buch von *De officiis* über die Berufe und das Handwerk sind ein Schlüsseltext.
24. G. Alföldy, Römische Sozialgeschichte[3], S. 32 ff., 44 ff., 78, 82–83, 85, 133–4, zeichnet ein sehr klares Bild davon.
25. Die *sella curulis* (von *currus,* „Karren"), war ein mit Elfenbein eingelegter Klappstuhl ohne Rückenlehne und Armlehnen; nach Mommsen, Römisches Staatsrecht 1[3], S. 19, 395–6, 399–402, war sie „das Merkmal der Jurisdiction".
26. Nachgewiesen bei Cl. Nicolet, Le cens sénatorial sous la République et sous Auguste, JRS 66, 1976, S. 20–38=Des ordres à Rome, sous la direction de Cl. Nicolet, Paris 1984, S. 143–74.
27. Augustus hob den für Senatoren erforderlichen Census auf eine Million Sesterzen an.
28. T. P. Wiseman, New Men in the Roman Senate, 139 B. C. – A. D. 14, Oxford 1971, S. 67.
29. G. Alföldy, Römische Sozialgeschichte[3], S. 53, 78.
30. L. Goldschmidt, Universalgeschichte des Handelsrechts 1, Stuttgart 1891[3], S. 10.
31. Vgl. L. Gernet, Droit, S. 173 ff., 174, 181–5, und neuerdings M. H. Hansen, Two Notes on the Athenian dikai emporikai, in: Symposion 1979, S. 165–75, mit kritischer Auseinandersetzung mit den innovativen Thesen von E. E. Cohen, Ancient Athenian Maritime Courts, Princeton 1973, S. 8–95 (über die Charakteristika der Prozeßhandlungen).
32. Die Seiten bei P. Huvelin, Études d'histoire du droit commercial romain (Histoire externe – droit maritime), Paris 1929, S. 77–81, haben nichts von ihrer Bedeutung verloren.

33. L. Gernet, Droit, S. 5–6, 200.
34. Vgl. S. 69 und Anm. 81.
35. C. G. Bruns – O. Lenel, Geschichte⁶, S. 102.
36. Paulus, D. 45, 1, 35, 2, L. 1845: „Si in locando conducendo, vendendo emendo ad interrogationem quis non responderit, si tamen consentitur in id, quod responsum ⟨non⟩ est, valet quod actum est, quia hi contractus non tam verbis quam consensu confirmantur".
37. L. Gernet, Droit, S. 6.
38. Ich stütze mich auf die weitreichende Definition von V. Arangio-Ruiz, Istituzioni di diritto romano, Napoli 1960¹⁴, S. 345–6, wo die drei Arten der *locatio conductio rei, operis* und *operarum* auseinandergenommen werden.
39. Gai. 3, 154–154b: „Sed haec quidem societas, de qua loquimur, id est quae nudo consensu contrahitur, iuris gentium est; itaque inter omnes homines naturali ratione consistit. Est autem aliud genus societatis proprium civium Romanorum. Olim enim mortuo patre familias, inter suos heredes quaedam erat legitima simul et naturalis societas, quae appell*abatur ercto non cito, id est dominio non diviso: erct*um enim dominium est, unde erus dominus dicitur; ciere autem dividere est: unde caedere et secare et dividere dicimus. Alii quoque qui volebant eandem habere societatem, poterant id consequi apud praetorem certa legis actione. In hac autem societate fratrum ⟨suorum⟩ ceterorumve, qui ad exemplum fratrum suorum societatem coierint, illud proprium erat, quod vel unus ex sociis communem servum manumittendo liberum faciebat et omnibus libertum adquirebat: item unus rem communem manc*ipando* ⟨eius faciebat, qui mancipio accipiebat⟩".
40. Ich greife auf das zurück, was ich in: Consortium e communio, Labeo 6, 1960, S. 177, 200–1, schrieb.
41. F. Pringsheim, The Greek Law of Sale, S. 88: „Nothing in the visible world has been changed; the goods have not been delivered, the price has not been paid. But in the legal world two actions guarantee this delivery and this payment".
42. Vgl. F. Pringsheim, The Greek Law of Sale, S. 87–88, 90; L'origine des contrats consensuels, RHD 4. 32, 1954, S. 476=Gesammelte Abhandlungen 2, S. 179–80.
43. Vgl. V. Arangio-Ruiz, La compravendita in diritto romano, Napoli 1954², S. 17. Die Beschreibung des Theophrast findet sich in einer Stelle seines Werkes Περὶ νόμων, das unter dem speziellen Titel Περὶ συμβολαίων aus dem *Anthologium* des Stobaeus, 4, 2, 20, IV S. 127–30 Hense, bekannt ist. Es ist mit ausführlichem Kommentar wiedergegeben bei V. Arangio-Ruiz und A. Olivieri, Inscriptiones Graecae Siciliae et infimae Italiae ad ius pertinentes, Milano 1925, S. 240–9.
44. Etwas ganz Spezielles stellen die Angelder dar, mit denen sich besonders F. Pringsheim, The Greek Law of Sale, S. 333 ff., 383–4, und M. Talamanca, L'arra della compravendita in diritto greco e in diritto romano, Milano 1953, S. 3–37, beschäftigt haben.
45. L. Gernet, Droit, S. 224 ff., 235–6, mit einer sehr genauen Untersuchung insbesondere von BGU 1146=Mitteis, Chrestomathie, Nr. 106 und P. Hib. 84a=Mitteis, Chrestomathie, Nr. 131.
46. Diese von L. Gernet, Droit, S. 202, formulierte methodische Bemerkung ist sehr wertvoll. Mir scheint nicht, daß M. I. Finley, The Problem of the Unity of Greek Law, in: La storia del diritto, S. 129–42 (jetzt mit wesentlichen Veränderungen und einem Appendix in: Finley, The Use and Abuse, S. 134–52) geneigt ist, sich dem anzuschließen; aber man muß ihm recht geben, wenn er sich gegen einen „excessive concern with essences and juristic modes of thought" wendet (wenn dies wirklich gemeint sein sollte).

47. „Eine Schöpfung ist niemals absolut willkürlich", bemerkt L. Gernet, Droit, S. 6, 224, 236, und dies gilt auch für die *emptio venditio*.
48. Arist. *N. E.* 8, 13, 5–6, 1162 b 23–31.
49. Cic. *De off.* 3, 17, 70.
50. F. Wieacker, Zum Ursprung der bonae fidei iudicia, ZSS 80, 1963, S. 40–41.
51. Gell. 20, 1, 39–41.
52. Die Rechtsprechung, die in Rom die Prätoren vornahmen, wurde in den Municipien und Kolonien von lokalen Magistraten ausgeübt. Die *praefecti iure dicundo* wirkten in ausgedehnteren Gebieten Italiens. In der Kaiserzeit begegnen in Italien vier *consulares* mit Rechtsprechungskompetenz, die wieder abgeschafft und durch *iuridici* in prätorischem Rang ersetzt wurden.
53. Nach der „kontraktualistischen" These, die insbesondere von M. Wlassak, Die Litiskontestation im Formularprozeß, in: Festschrift Windscheid, Leipzig 1888, S. 53–138, vertreten wurde, und die heute sehr umstritten ist, aber in ihrem Kern nicht fallen gelassen wurde, besteht die *litis contestatio*, die ein von der *datio iudicii* und dem *iussum iudicandi* unterschiedener getrennter Akt ist, darin, daß sich die Parteien über die Formel einigen. Die detaillierte Neuuntersuchung von G. Jahr, Litis contestatio, Streitbezeugung und Prozeßbegründung im Legisaktionen- und im Formularverfahren, Köln-Graz 1960, S. 1 ff., 55, 165 ff., 226–9, überzeugt nicht. Er sieht in der *litis contestatio* lediglich ein privates Dokument, das auf Veranlassung der beiden Parteien und in Anwesenheit von Zeugen abgefaßt wurde, und das das Dekret des Beamten zur Überweisung an den Richter zur Entscheidung des Streits beinhaltet. Die Untersuchung von J. G. Wolf, Die litis contestatio im römischen Zivilprozeß, Karlsruhe 1968, S. 1 ff., 10, postuliert eine „innere Wahrscheinlichkeit" für diese „Anti-Wlassak-Konzeption".
54. P. Frezza, Storia[3], S. 321.
55. E. Betti, Diritto romano 1, S. 30–34.
56. Gai. 4, 30–31: „Sed istae omnes legis actiones paulatim in odium venerunt. Namque ex nimia subtilitate veterum qui tunc iura condiderunt, eo res perducta est, ut vel qui minimum errasset, litem perderet; itaque per legem Aebutiam et duas Iulias sublatae sunt istae legis actiones effectumque est, ut per concepta verba, id est per formulas litigemus. Tantum ex duabus causis permissum est lege agere: damni infecti et centumvirale iudicium futurum est". Eine vage Anspielung auf die *lex Aebutia* auch bei Gell. 16, 10, 8.
57. Gegen M. Wlassak, Römische Prozeßgesetze 1, Leipzig 1888, S. 21, 58 ff., 104, 128 ff., 153–4, 165–6; 2, 1891, S. 1–2, 17 ff., 301 ff., 364, wendet sich M. Kaser, Die lex Aebutia, in: Studi Albertario 1, Milano 1953, S. 25–59=Ausgewählte Schriften 2, S. 441–76; Das römische Zivilprozeßrecht, S. 114–5, 228 Anm. 33; Ius honorarium und ius civile, S. 48–53; 57–59 (mit wichtigen Präzisierungen).
58. G. Pugliese, Il processo civile romano 2.1, Milano 1963, S. 64.
59. Gell. 13, 15, 1; vgl. auch 3, 18, 7.
60. Corn. Nep. *Cato* 2, 3.
61. Cic. *De fin.* 2, 22, 74.
62. Ganz bezeichnend ist die Episode, die Cicero in *De off.* 3, 20, 80 berichtet: „Ne noster quidem Gratidianus officio viri boni functus est tum, cum praetor esset collegiumque praetorium tribuni plebi adhibuissent, ut res nummaria de communi sententia constitueretur; iactabatur enim temporibus illis nummus sic, ut nemo posset scire, quid haberet. Conscripserunt communiter edictum cum poena atque iudicio constitueruntque, ut omnes simul in rostra post meridiem escenderent. Et ceteri quidem alius alio: Marius ab subselliis in rostra recta idque, quod communiter

compositum fuerat, solus edixit. Et ea res, si quaeris, ei magno honori fuit: omnibus vicis statuae, ad eas tus, cerei. Quid multa? Nemo umquam multitudini fuit carior".
63. Diese Definition bei Chr. Meier, Matthias Gelzers Beitrag zur Erkenntnis der Struktur von Gesellschaft und Politik der späten römischen Republik, in: J. Bleicken – Chr. Meier – H. Strasburger, Matthias Gelzer und die römische Geschichte, Kallmünz 1977, S. 50; man vgl. aber auch Gelzer, Pompeius, München 1959², S. 62–63.
64. Der Ausdruck findet sich in der *Lex Irnitana*, LXXXV 9 B 37 (J. González, JRS 76, 1986, S. 176), einem Municipalgesetz aus flavischer Zeit; vgl. auch die *Lex Acilia* (?) *repetundarum* (123–2 v. Chr.), CIL I 2², 583=FIRA I² 7, S. 97–98, LXV–LXVI, und Ulp. D. 14, 3, 11, 3.
65. Lab.-Ulp. D. 2, 13, 1, 1.
66. Das *dare* oder *denegare actionem, exceptionem* usw., hing von seiner Würdigung ab.
67. Ascon. *in Cornel.* 59, 7–11 Clark und Dio 36, 40, 1–2. Noch im Jahr 50 v. Chr., 17 Jahre nach der *lex Cornelia*, sieht Cicero, *ad Fam.* 13, 59, in der *fides et dignitas* des Magistrats den Grund für das *servare edictum*.
68. Cic. *pro Flacco 3*, 6: „Praeturae iuris dictio, res varia et multiplex ad suspiciones et simultates…"; vgl. auch *Par. Stoic.* 6, 2, 46. Im Gegensatz dazu Cic. *pro Mur.* 20, 41; *ad Q. fr.* 1, 1, 20; *ad Att.* 5, 20, 1.
69. Lenel, Edictum³, S. 120–1 und Ulp. D. 4, 6, 26, 4.
70. Nach H. Dernburg, Untersuchungen über das Alter der einzelnen Satzungen des prätorischen Edikts, in: Festgaben Heffter, Berlin 1873, S. 93–132, hat man der „Entwicklung" des Edikts nicht viel Aufmerksamkeit geschenkt, wenn man von den anregenden Forschungen von J. M. Kelly, The Growth-Pattern of the Praetor's Edict, IJ 1, 1966, S. 341–55, und A. Watson, The Development of the Praetor's Edict, JRS 60, 1970, S. 105–19=Law Making, S. 31–62, absieht.
71. M. Wlassak, Edict und Klageform, Jena 1882, S. 4.
72. Gell. 11, 17, 1: „Edicta veterum praetorum sedentibus forte nobis in bibliotheca templi Traiani et aliud quid quaerentibus cum in manus incidissent, legere atque cognoscere libitum est". E. Weiss, Vorjulianische Ediktsredaktionen, ZSS 50, 1930, S. 254, zog insbesondere aus dieser Textstelle den sicher überzogenen Rückschluß, das Edikt habe sich bis zu Julian „in fortwährender Bewegung" befunden.
73. Einige Anmerkungen über dieses Werk, angefangen bei Guillaume Ranchin, den Leibniz lobte, über Jacobus Gothofredus bis zu Eineccius, finden sich in meiner Untersuchung: Il „Beruf" e la ricerca del „tempo classico", Quaderni fiorentini 9, 1980, S. 191–2.
74. Lenel, Das Edictum perpetuum. Ein Versuch zu seiner Wiederherstellung, 1883, 1907, Leipzig 1927³.
75. Lenel, Edictum³, S. X–XI.
76. Lenel, Edictum³, S. 14.
77. Mommsen, Über den Inhalt des rubrischen Gesetzes, Jahrbücher des gemeinen Rechts, hrsg. von Bekker und Muther, 2, 1858, S. 321=Gesammelte Schriften 1, S. 164.
78. F. Wieacker, Vom römischen Recht², S. 120.
79. Bereits für G. Hugo, Lehrbuch der Geschichte des römischen Rechts, Berlin 1806³, S. 328–35, war klar, daß das von Salvius Iulianus revidierte Edikt nichts anderes als das alte Jahr für Jahr angereicherte und verbesserte prätorische Edikt war.
80. TH 6 (PP 1, 1946, S. 383), 13–15 (PP 3, 1948, S. 168–71); weitere Dokumente zum

Vadimonium finden sich bei L. Bove, Documenti processuali delle Tabulae Pompeianae di Murecine, Napoli 1979, S. 21–71, 128–33, vgl. hierzu U. Manthe, Gnomon 53, 1981, S. 150–61. Gegen die Interpretation von V. Arangio-Ruiz, Il processo di Giusta, PP 3, 1948, S. 129 ff., 136–42=Studi, S. 327 ff., 333–7; Tavolette ercolanesi: il processo di Giusta, BIDR 62, 1959, S. 223 ff., 229–34=Studi, S. 552 ff., 557–61, auf die ich mich im Text beziehe, erhebt J. G. Wolf, Das sogenannte Ladungsvadimonium, in: Satura Feenstra oblata, Fribourg 1985, S. 59–69, neue Einwände.

81. Die Prätur des C. Cassius Longinus, um das Jahr 27 n. Chr., setzte ein Zeichen: D. 4, 6, 26, 7; D. 44, 4, 4, 33; nicht von Belang sind hier D. 29, 2, 99 und D. 42, 8, 11. Ins erste Jahrhundert n. Chr. datierbare prätorische Eingriffe bezeugen Gai. 2, 253 und D. 14, 6, 11. Die *nova clausula " de coniungendis cum emancipato liberis eius"* geht auf Julian zurück: D. 37, 8, 3; vgl. auch D. 37, 9, 1, 13.

82. Zu Gell. 20, 1, 13, vgl. meine Untersuchung in: Tecniche², S. 174–5, 185–6.

83. Die Formeln *in ius* und *in factum* der *actio depositi*, die Lenel, Edictum³, S. 288–9, gemeinsam mit dem einleitenden Edikt der 2. *formula* beschreibt, finden sich bei Gai. 4, 47: „Sed ex quibusdam causis praetor et in ius et in factum conceptas formulas proponit, veluti depositi et commodati. Illa enim formula, quae ita concepta est: ,Iudex esto. Quod Aulus Agerius apud Numerium Negidium mensam argenteam deposuit, qua de re agitur, quidquid ob eam rem Numerium Negidium Aulo Agerio dare facere oportet ex fide bona, eius [idem] iudex Numerium Negidium Aulo Agerio condemnato. Si non paret, absolvito', in ius concepta est. At illa formula, quae ita concepta est: ,Iudex esto. Si paret Aulum Agerium apud Numerium Negidium mensam argenteam deposuisse eamque dolo malo Numerii Negidii Aulo Agerio redditam non esse, quanti ea res erit, tantam pecuniam iudex Numerium Negidium Aulo Agerio condemnato. Si non paret, absolvito', in factum concepta est". Ulpian gibt in D. 16, 3, 1, 1, L. 886, das einleitende Edikt zur *actio in factum*: „Quod neque tumultus neque incendii neque ruinae neque naufragii causa depositum sit, in simplum, earum autem rerum, quae supra comprehensae sunt, in ipsum in duplum, in heredem eius, quod dolo malo eius factum esse dicetur qui mortuus sit, in simplum, quod ipsius, in duplum iudicium dabo".

84. Lenel, Edictum³, S. 185–6: „Iudex esto. Si p. rem. q. d. a. ex iure Quiritium Auli Agerii esse neque ea res arbitrio iudicis Aulo Agerio restituetur, quanti ea res erit, tantam pecuniam iudex Numerium Negidium Aulo Agerio c. s. n. p. a."

85. Lenel, Edictum³, S. 295–300.

86. Es ist umstritten, ob der Verkäufer nicht gehalten war, auch die *mancipatio* (oder die *in iure cessio*) einer *res mancipi* auszuführen, vorausgesetzt, der Käufer verlangte dies. Zu diesem Ergebnis kommt die eingehende Untersuchung von E. Betti, Istituzioni 2.1, S. 190, 192–8.

87. Oder die Zeitspanne (zwei Jahre für unbewegliche, ein Jahr für bewegliche Sachen), die für den Erwerb mittels andauernden Besitzes erforderlich war.

88. Gemeint ist die *exceptio rei venditae et traditae:* Lenel, Edictum³, S. 511.

89. Diese Klage kann auch gegen den Eigentümer-Verkäufer, der wieder in den Besitz seiner Sache gekommen ist, angestrengt werden. Er würde in diesem Fall mit einer *exceptio iusti dominii* entgegnen, die wiederum durch eine *replicatio doli* unschädlich gemacht werden kann.

90. Lenel, Edictum³, S. 169–73.

91. Die Terminologie von *debere*, *obligari* und *obligatio* geht jedoch auch in die prätorischen Rechtsverhältnisse hinein: Ulp. D. 13, 5, 3, 1–2; D. 14, 1, 1, 24; D. 46, 1, 8, 2; D. 46, 4, 8, 4; Inst. 3, 13, 1; besonders bezeichnend: Marcian. D. 20, 1, 5 pr. und

Mod. D. 44, 7, 52 pr. und 6. Vgl. die Arbeit von G. Segrè, Obligatio obligare obligari nei testi della giurisprudenza classica e del tempo di Diocleziano, in: Studi Bonfante 3, Milano 1930, S. 499–617=Scritti vari, Torino 1952, S. 249–410, und von M. Kaser, Ius honorarium und ius civile, S. 14.
92. Nach den Worten von Aelius Marcianus in D. 1, 1, 8, L. 42. Möglicherweise bezog sich der Originaltext auf das Edikt (oder auf den Prätor) und nicht auf das *ius honorarium*. Das Bild hat weit zurückgehende Vorgänger: nach Cicero, *De leg.* 3, 1, 2 und 3, 3, 8, ist der Prätor der *iuris civilis custos* und der Magistrat die *lex loquens*.
93. Die Unterscheidung von „Zweckprogramme" und „Konditionalprogramme" bei N. Luhmann, Rechtssoziologie[2], S. 88, 227–34, 240–1.
94. Dieser Gesichtspunkt findet bei Gai. 1, 1–7, seinen Ausdruck.
95. Dies geht hervor aus der „Definition" Papinians in D. 1, 1, 7 pr. – 1, L. 46: „Ius autem civile est, quod ex legibus, plebis scitis, senatus consultis, decretis principum, auctoritate prudentium venit. Ius praetorium est, quod praetores introduxerunt adiuvandi vel supplendi vel corrigendi iuris civilis gratia propter utilitatem publicam. Quod et honorarium dicitur ad honorem (ab honore *PVU*) praetorum sic nominatum".
96. Wie P. Voci, Diritto ereditario 1[2], S. 179–81, zeigt, stellt sich diese dreifache Funktion nirgends besser dar als in der *bonorum possessio*. Die Funktion des Prätors ist unterstützend, wenn er die *bonorum possessio* dem zivilen Erben zugesteht; er handelt hingegen ergänzend, wenn er sie einem prätorischen Erben zugesteht und dabei eine Lücke im Zivilrecht schließt, endlich korrigierend, wenn er sie einem prätorischen Erben zugesteht, und sich dabei in Widerspruch zum Zivilrecht stellt.
97. E. Betti, La creazione del diritto nella „iurisdictio" del pretore romano, in: Studi Chiovenda, Padova 1927, S. 102–3.
98. Ich spreche hier von „Instrumentalismus" in dem Sinne, wie ich es S. 56–57 dargelegt habe.
99. Vgl. F. Wieacker, Vom römischen Recht[2], S. 84–87, 117–8. Wieacker übernimmt von Weber die Bezeichnung „Honoratiorenverwaltung"; ich verstehe jedoch nicht, wie er bei der ständigen Verwendung von Kategorien Webers, das *ius civile* nicht nur als „formalistisch", sondern darüberhinaus als „irrational" bezeichnen kann (S. 92).

VI. Ein aristokratischer Beruf

1. Die einzige Nachricht über *De usurpationibus* von Appius findet sich bei Pomp. D. 1, 2, 2, 36, eine Stelle, die in ihrer kritischen Herstellung einige Unsicherheiten birgt. Zu Cn. Flavius, seiner Laufbahn und seiner literarischen Tätigkeit, L. Piso 27 P[2].=Gell. 7, 9, 1–6; Cic. *ad Att.* 6, 1, 8 und 18; *pro Mur.* 11, 25; 12, 26; *De or.* 1, 41, 186; Liv. 9, 46, 1–12; Diod. 20, 36, 6; Plin. *Nat. hist.* 33, 1, 17–19; Val. Max. 2, 5, 2; 9, 3, 3; Pomp. D. 1, 2, 2, 7; Macrob. *Sat.* 1, 15, 9. Nach P. Jörs, Römische Rechtswissenschaft zur Zeit der Republik 1, Berlin 1888, S. 70–71, hätten die von Cn. Flavius publizierten *actiones* wahrscheinlich nicht nur den Prozeß betroffen, sondern sie umfaßten auch alle anderen Akte von Privatautonomie.
2. Liv. 9, 46, 11.
3. Diod. 20, 36, 5; Liv. 9, 46, 10. Zwischen 318 und 312 setzte sich Ovinius in einem Plebiszit für eine Vergrößerung des Senates ein. Zwischen ausgehendem 4. und be-

ginnendem 3. Jahrhundert mußte der Senat gegenüber den Volksversammlungen eine Verminderung seiner Macht hinnehmen. Zwei Gesetze, die *lex Publilia* von 339, die Abstimmung über Gesetze betreffend, die *lex Maenia* (wohl nach 290 v. Chr. zu datieren) über die Wahl der Magistrate, bestimmten, daß die *auctoritas patrum*, also die Ratifizierung durch die patrizischen Mitglieder des Senats, dem Beschluß der Komitien voranzugehen habe, und nicht ihm nachfolgte. Zur *lex Hortensia* von 287, vgl. S. 276 Anm. 42.
4. S. 77.
5. Der Nachweis bei F. D'Ippolito, Giuristi e sapienti, S. 3–29, 71–92, 97–103.
6. Diese entscheidende Entwicklung möchte W. Kunkel erst gegen Ende des 3. und zu Beginn des 2. Jahrhunderts ansetzen: Herkunft[2], S. 45 ff., 48–49, 56 (mit einem schwerwiegenden Versehen auf S. 45): „Erst seit dem Ende des dritten Jahrhunderts begann der Jurist als Individuum und Privatmann aufzutreten".
7. In den Discorsi sopra la prima deca di Tito Livio I 55, Opere, Hrsg. von M. Bonfantini, Ricciardi, Milano-Napoli 1954, S. 205 lesen wir: „E per chiarire questo nome di gentiluomini quale e' sia, dico che gentiluomini sono chiamati quelli che oziosi vivono delle rendite delle loro possessioni abbondantemente, sanza avere cura alcuna o di coltivazione o di altra necessaria fatica a vivere".
8. M. Weber, Wirtschaft und Gesellschaft[5], S. 170.
9. Arist. *Pol.* 7, 9, 1329 a 1–2 Ross: ... δεῖ γὰρ σχολῆς καὶ πρὸς τὴν γένεσιν τῆς 'αρετῆς καὶ πρὸς τὰς πράξεις τὰς πολιτικάς.
10. Cic. *De or.* 1, 45, 198.
11. Cic. *Brutus* 58, 213.
12. Cic. *De or.* 1, 57, 244.
13. Es ist unwahrscheinlich, daß der „iureconsultus" L. Valerius, den Cic. *ad Fam.* 1, 10 und 3, 1, 3 erwähnt, „etwas mit den patrizischen Valeriern zu tun" gehabt hätte, so mit gutem Grund W. Kunkel, Herkunft[2], S. 28; Kunkel übersieht jedoch aus der Familie der Licinier den Konsul von 205 und Pontifex Maximus, P. Licinius Crassus Dives; vgl. zu diesem Cic. *De or.* 3, 33, 134; *Cato maior* 9, 27; 14, 50; 17, 61; Liv. 25, 5, 2–4; 30, 1, 3–6.
14. F. Schulz, Geschichte, S. 1–2, der die Definition von M. Weber, Wirtschaft und Gesellschaft[5], S. 80, als zu eng ansieht; Weber scheint jedoch in: Die protestantische Ethik und der Geist des Kapitalismus (1904–5), Gesammelte Aufsätze 1[6], S. 64, weniger eindeutig.
15. Cic. *De or.* 1, 45, 199: „Senectuti vero celebrandae et ornandae quod honestius potest esse perfugium quam iuris interpretatio? Equidem mihi hoc subsidium iam inde ab adulescentia comparavi, non solum ad causarum usum forensem, sed etiam ad decus atque ad ornamentum senectutis, ut cum me vires, quod fere iam tempus adventat, deficere coepissent, ista ab solitudine domum meam vindicarem. Quid est praeclarius quam honoribus et rei publicae muneribus perfunctum senem posse suo iure dicere idem, quod apud Ennium dicat ille Pythius Apollo, se esse ‚unde sibi', si non ‚populi et reges', at omnes sui cives ‚consilium expectant'
    summarum rerum incerti: quos ego mea ope
    ex incertis certos compotesque consili
    dimitto, ut ne res temere tractent turbidas".
16. Vgl. O. Brunner, Adeliges Landleben und europäischer Geist, Salzburg 1949, S. 76–77.
17. M. Scheler, Vom Umsturz der Werte. Abhandlungen und Aufsätze (1923[3]), Gesammelte Werke 3[4], Bern 1955, S. 15.
18. H.-G. Gadamer, Wahrheit und Methode[4], S. 425=Hermeneutik I S. 453.

19. Eines der typischsten Zeugnisse ist die Inschrift des Cn. Cornelius Scipio *Hispanus*, CIL I 2², 15=ILLRP I² 316.
20. Sall. *Bell Iug.* 85, 4–50.
21. Cic. *De off.* 1, 6, 19.
22. Cic. *De re publ.* 6, 9, 9.
23. Gell. 1, 13, 11–13.
24. Val. Max. 2, 3, 2; vgl. auch Frontin. *Strat.* 4, 2, 2.
25. Appian. *Iber.* 95, 412–97, 423, gibt eine eindrucksvolle Schilderung der Vorgänge.
26. Dies sind die Worte, die Iuvenal 4, 78–81, für den Juristen Pegasus, Stadtpräfekten unter Domitian, verwendet.
27. Cic. *Phil.* IX 6, 13; 7, 16; Pomp. D. 1, 2, 2, 43. Vgl. G. Lahusen, Untersuchungen zur Ehrenstatue in Rom. Literarische und epigraphische Zeugnisse, Rom 1983, S. 15–16, 47 Anm. 19, 79, 98–99, 121, 134–5, 138–9.
28. Sempron. Asell. 8 P².=Gell. 1, 13, 10.
29. Cic. *De or.* 3, 33, 135.
30. ORF⁴ 2=Plin. *Nat. hist.* 7, 43, 139–140.
31. Cic. *De off.* 2, 19, 65, vgl. hierzu Tecniche², S. 87–88, 235–6.
32. Cic. *De or.* 1, 48, 212: „Sin autem quaereretur quisnam iuris consultus vere nominaretur, eum dicerem, qui legum et consuetudinis eius, qua privati in civitate uterentur, et ad respondendum et ad agendum et ad cavendum peritus esset…".
33. Lucian. Adv. indoctum 25.
34. Cic. *Cato maior* 18, 63: „Haec enim ipsa sunt honorabilia quae videntur levia atque communia, salutari adpeti decedi adsurgi deduci reduci consuli; quae et apud nos et in aliis civitatibus, ut quaeque optime morata est, ita diligentissime observantur".
35. Cic. *De or.* 1, 45, 198.
36. Cic. *De or.* 1, 45, 200.
37. Cic. *Par, stoic.*, 6, 3, 50; Plin. *Nat. hist.* 17, 1, 2.
38. Pomp. D. 1, 2, 2, 37, hierzu Tecniche², S. 66. Die *domus des* Scipio Nasica wurde von F. Coarelli, I monumenti dei culti orientali in Roma. Questioni topografiche e cronologiche, in: La soteriologia dei culti orientali nell'impero romano (Atti del colloquio internazionale, Roma 1979), Leiden 1982, S. 38–9, mit der *domus publica* des Pontifex Maximus identifiziert.
39. Cic. *De or.* 2, 33, 143; 3, 33, 133; *De leg.* 1, 3, 10.
40. Cic. *Or.* 42, 143.
41. Cic. *De or.* 1, 56, 239–240.
42. Cic. *Top.* 1, 1–5. Es ist fraglich, ob es sich wirklich um die aristotelischen *Topica* handelt, so wie wir sie kennen; sicher ist aber, daß Cicero sich in seinem Werk davon entfernt hat.
43. Cic. *Topica* 19, 72, unterstreicht, daß sich die Interessen des Trebatius nicht auf das Recht beschränkten. Die *Topica* sind Trebatius gewidmet.
44. Die Quellen finden sich in: Tecniche², S. 77–78, 277–8.
45. Cic. *Brutus* 89, 305–306; 90, 308–309.
46. In den wohlhabendsten Schichten war es üblich, daß ein junger Mann „die Meere überquerte", um seine Studien fortzusetzen (Cic. *Or.* 42, 146).
47. Die Quellen dazu in: Tecniche², S. 80–84.
48. Und zwar mit einer Rede gegen den Pompeiusanhänger Quintus Ligarius (ORF⁴ 3–7), den Cicero erfolgreich verteidigte.
49. Gell. 13, 10, 1.
50. Ich habe dies in Tecniche², S. 140 erörtert.

51. Cic. Acad. post. (Varro) 1, 2, 4–8.
52. Aus Cic. De re publ. 1, 10, 15 – 11, 17, und Plin. Nat. hist. 18, 26, 235, geht hervor, daß sich Q. Aelius Tubero mit der Astronomie befaßte. Zu Plin. Nat. hist. 18, 26, 235, vgl. F. D. Ippolito, I giuristi e la città, S. 84–86. Plin. Nat. hist. 28, 2, 26, schreibt Servius Sulpicius eine „dissertatio" zur Frage „quamobrem mensa linquenda non sit", zu.
53. Cic. De or. 3, 33, 132–134.
54. Eine weniger knappe Darstellung in: Tecniche², S. 74, 84–88, 341–42.
55. Diog. Laert. 9, 80–81.
56. D. 1, 2, 2, 43 (Pomponius, libro singulari enchiridii, L. 178): „Servius autem Sulpicius cum in causis orandis primum locum aut pro certo post Marcum Tullium optineret, traditur ad consulendum Quintum Mucium de re amici sui pervenisse cumque eum sibi respondisse de iure Servius parum intellexisset, iterum Quintum interrogasse et a Quinto Mucio responsum esse nec tamen percepisse, et ita obiurgatum esse a Quinto Mucio: namque eum dixisse turpe esse patricio et nobili et causas oranti ius in quo versaretur ignorare".
57. Vgl. K. Kumaniecki, Cicerone e la crisi della Repubblica romana, Roma 1972, S. 76.
58. Cic. Brutus 64, 228–229; Tac. Dial. 34, 7.
59. Dies ist natürlich nicht wörtlich zu nehmen: Sen. De ben. 5, 19, 8; vgl. auch Sen. Ep. 94, 27, und ferner Hor. Serm. 2, 1, 4–6 und 82–83.
60. Cl. Nicolet, Culture et société dans l'histoire romaine, in: Niveaux de culture et groupes sociaux (École pratique des hautes études, Sorbonne, 6, Congrès et colloques 11, 1971) S. 13.
61. Der Ausdruck „erweiterter Patriciat" stammt von Mommsen, Römisches Staatsrecht 3.1, S. 462.
62. Val. Max. 4, 1, 10: „Ne Africanus quidem posterior nos de se tacere patitur. Qui censor, cum lustrum conderet inque solitaurilium sacrificio scriba ex publicis tabulis sollemne ei precationis carmen praeiret, quo di immortales ut populi Romani res meliores amplioresque facerent rogabantur, ‚satis' inquit ‚bonae et magnae sunt: itaque precor ut eas perpetuo incolumes servent', ac protinus in publicis tabulis ad hunc modum carmen emendari iussit".
63. E. Kornemann, Römische Geschichte 1⁵, bearb. von H. Bengtson, Stuttgart 1964, S. 352, spricht von einer „tragischen Gestalt".
64. Die brillante Widerlegung von A. Aymard, Deux anecdotes, S. 101–20=Études, S. 396–408, der die im Text zitierten Worte entnommen sind, bewegen sich auf der Linie von F. Marx, Animadversiones criticae in Scipionis Aemiliani historiam et C. Gracchi orationem adversus Scipionem, RhM 39, 1884, S. 65–68: betrachtet man die Anekdote isoliert, so „stellt sie sich mit allen Anzeichen einer unverdächtigen Authentizität" dar; das Zutrauen schwindet jedoch, wenn man feststellt, daß Val. Max. 4, 1, 10 Cic. De or. 2, 66, 268, widerspricht; diese Cicerostelle ist mit Gell. 3, 4, 1 und 4, 17, 1, zusammen zu sehen. Auch für A. E. Astin, Scipio Aemilianus, Oxford 1967, S. 325 ff., 329–30, handelt es sich um eine „Erfindung", die die nicht auf Expansion gerichtete Politik des Kaisers Tiberius propagieren möchte. H. H. Scullard, Scipio Aemilianus and Roman Politics, JRS 50, 1960, S. 68–69, neigt eher dazu, die Episode für echt zu halten.
65. Vgl. A. Aymard, Deux anecdotes, S. 111=Études, S. 402–3.
66. Die entsprechenden Quellen und Literaturhinweise in: Tecniche², S. 107, 109–16.
67. D. 28, 6, 39 pr. (Iavolenus, 1 ex posterioribus Labeonis, L. 164): „Cum ex filio quis duos nepotes impuberes habebat, sed alterum eorum in potestate, alterum non,

VI. Ein aristokratischer Beruf 301

et vellet utrumque ex aequis partibus heredem habere et, si quis ex his impubes decessisset, ad alterum partem eius transferre: ex consilio Labeonis Ofilii Cascellii Trebatii eum quem in potestate habebat solum heredem fecit et ab eo alteri dimidiam partem hereditatis, cum in suam tutelam venisset, legavit: quod si is, qui in potestate sua esset, impubes decessisset, alterum heredem ei substituit". Zum Legat, das hier einen Teil und nicht eine oder mehrere einzelne Gegenstände des Vermögens zum Gegenstand hat, vgl. S. 150. Mit der „Einsetzung eines Ersatzerben", die eine Vulgarsubstitution oder eine Pupillarsubstitution sein kann, beruft man jemanden in zweiter Linie zum Ersatzerben der Erbschaft oder eines Teiles davon. Die *substitutio vulgaris* ist die Ernennung eines zweiten oder weiteren Erben, in der Annahme, die *heredis institutio* sei inhaltslos. Um die *substitutio pupillaris* handelt es sich, wenn der Erblasser einen Erben für seinen eigenen Sohn einsetzt, für den Fall, daß dieser sterben sollte, bevor er volljährig wird. In D. 28, 6, 39 pr., handelt es sich nicht um einen Sohn, sondern um Enkel.

68. M. Kaser, Das römische Zivilprozeßrecht, S. 176.
69. D. 8, 5, 17, 1 (Alfenus, 2 digestorum, L. 4): „Cum in domo Gaii Sei locus quidam aedibus Anni ita serviret, ut in eo loco positum habere ius Seio non esset, et Seius in eo silvam sevisset, in qua labra et ⟨l⟩[t]enes [cucumellas] positas haberet, Annio consilium omnes iuris periti dederunt, ut cum eo ageret ius ei non esse in eo loco ea posita habere invito se". Durch den Ausdruck *servire* wird unmittelbar das Verhältnis der Unterordnung zwischen den beiden Grundstücken klar. Die juristische Figur, die das römische Denken für dieses Verhältnis geschaffen hat, ist die „Grunddienstbarkeit" (*servitutes* oder *iura praediorum,* als Bezeichnungen für die einzelnen Arten); ganz allgemein handelt es sich um das (reale) Recht, das ein Eigentümer eines Grundstücks über ein anderes Grundstück hat, das ihm zwar nicht gehört, das aber dem ersteren Grundstück bestimmte Dienste leistet.
70. C. Ferrini, Aulo Cascellio e i suoi responsi (1886), Opere 2, S. 69.
71. Gai. 4, 166 a, und zum gesamten Vorgang Lenel, Edictum³, S. 469–73.
72. Cic. *De nat. deor.* 3, 30, 74; *De off.* 3, 14, 60.
73. Im Jahr 66 v. Chr. war C. Aquilius Gallus als Prätor Vorsitzender der *quaestio de ambitu* (Broughton, MRR II S. 152). Aus Cicero, *pro Cluentio,* 53, 147, geht nichts anderes hervor.
74. Cic. *De off.* 3, 16, 65: „Ac de iure quidem praediorum sanctum apud nos est iure civili, ut in iis vendendis vitia dicerentur, quae nota essent venditori. Nam cum ex duodecim tabulis satis esset ea praestari, quae essent lingua nuncupata, quae qui infitiatus esset, dupli poenam subiret, a iuris consultis etiam reticentiae poena est constituta. Quidquid enim est in praedio vitii, id statuerunt, si venditor sciret, nisi nominatim dictum esset, praestari oportere".
75. Vgl. S. 39, 45–46.
76. Plato, *Theaet.* 172 a 1–b 6=2 A 21 a, 395–399 Untersteiner (nur b 2–6) ist zu vergleichen mit 167 b 5–c7=2 A 21 a, 380–389 Untersteiner.
77. Plato, *Prot.* 326 d 6.
78. J. Chanteur, La loi chez Platon, in: Archives de philosophie du droit 25, 1980, S. 140.
79. „In der Weltordnung nach Protagoras ist das Göttliche etwas, das in der Dialektik der Realität dem Universellen untergeordnet ist", es ist *physis*, schreibt M. Untersteiner, I sofisti 1², Milano 1967, S. 103. Um der absolute *nomos* zu werden, braucht Gott αἰδώς und δίκη, „Respekt" und „Gerechtigkeit", die Hermes unter die Menschen verteilt. Αἰδώς und δίκη zerstören sein Bild als Person, läutern es, „machen es aber auch vergänglich in der Unbestimmtheit der Abstraktion". Hauptdoku-

ment ist der berühmte Mythos des Prometheus, der Protagoras im gleichnamigen Dialog Platos, 320c 8–322 d 5, zugeschrieben wird, vgl. hierzu jetzt G. Cambiano, Platone e le tecniche, Torino 1971, S. 13–25.
80. Zu den ἄγραφοι νόμοι, Xenoph. *Mem.* 4, 4, 19–25=8 A 14, 290–344 Untersteiner; zum Verhältnis zwischen νόμος und φύσις, Plato, *Prot.* 337c 6 – d 3=86 C 1 DK.=8 C 1, 1–6 Untersteiner. Aus Xenoph. *Mem.* 4, 4, 14=8 A 14, 235–239 Untersteiner, geht hervor, daß die νόμοι nicht ein σπουδαῖον πρᾶγμα sind, da sie der Kritik und der Veränderung unterworfen sind.
81. Plato, *Gorg.* 483 b 4 – 484 d 6. Es ist fraglich, ob die ziemlich mysteriöse Figur des Kallikles historisch oder eine Erfindung ist; die Frage ist von W. K. C. Guthrie, Greek Philosophy 3, S. 102 zu Recht wieder zur Diskussion gestellt worden.
82. Plato, *Respubl.* 6, 484b 3 – 485 b 3.
83. Plato, *Pol.* 293 c 5 – 294 c 9.
84. Plato, *Pol.* 294 c 10–d 1.
85. Man vergleiche Plato, *Pol.* 301 d 8–e 4 mit *Leg.* 9, 874 e 7 – 875 d 6.
86. Plato, *Pol.* 295 b 10 – 296 a 3.
87. Plato, *Leg.* 7, 793 a 9 – D 5.
88. „Es ist nicht zu verwundern", bemerkt Plato in den *Leges* 1, 634 c 5–8, „wenn einer das Wahre zugleich und das Beste zu erkennen sucht, findet er etwas an den Gesetzen seiner Heimat auszusetzen". Wenn man eine neue Stadt gründet, sollte man, „fremde Gesetze" bevorzugen, da sie „besser erscheinen" (*Leg.* 3, 702 c 5–8). Im Hippias I, 284b 6–e 1, hatte sich Plato über das spartanische Prinzip lustig gemacht, nach dem „es nicht hergebracht ist, die Gesetze zu ändern".
89. M. Isnardi Parente, Aspetti della paideia politica nel quarto secolo, in: Tra Grecia e Roma. Temi antichi e metodologie moderne, Roma 1980, S. 126.
90. Arist. *Pol.* 3, 16, 1287a 18–b 5.
91. Arist. *Pol.* 3, 16, 1287b 5–8; 6, 5, 1319 b 37 – 1320 a 2. In der *Rhetorica* 1, 13, 1373 b 4–6, unterscheidet sich der νόμος ἄγραφος vom νόμος γεγραμμένος innerhalb des ἴδιος νόμος, während in 1, 10, 1368 b 7–9 und in 1, 15, 1375 a 25 – b 8, der νόμος ἄγραφος mit dem κοινὸς νόμος identisch ist; mit diesem Widerspruch, der unheilbar erscheint, beschäftigt sich M. Talamanca, Politica, equità e diritto nella pratica giudiziaria attica, in: Mnēmē Georges A. Petropoulos 2, Athen 1984, S. 338–42.
92. Cic. *De inv.* 2, 21, 62 und 1, 11, 14. Vgl. L. Calboli Montefusco, La dottrina degli „status" nella retorica greca e romana, Bologna 1984, S. 93–106.
93. Cic. *De inv.* 2, 22, 65 und 67: „Nunc huius generis praecepta videamus. Utrisque aut etiam omnibus, si plures ambigent, ius ex quibus rebus constet, considerandum est. Initium ergo eius ab natura ductum videtur; quaedam autem ex utilitatis ratione aut perspicua nobis aut obscura in consuetudinem venisse; post autem adprobata quaedam a consuetudine aut vero utilia visa legibus esse firmata; ac naturae quidem ius esse, quod nobis non opinio, sed quaedam innata vis adferat, ut religionem, pietatem, gratiam, vindicationem, observantiam, veritatem . . . Consuetudine autem ius esse putatur id, quod voluntate omnium sine lege vetustas comprobarit. In ea autem quaedam sunt iura ipsa iam certa propter vetustatem".
94. Cic. *De inv.* 2, 53, 160 – 54, 162: „Iustitia est habitus animi communi utilitate conservata suam cuique tribuens dignitatem. Eius initium est ab natura profectum; deinde quaedam in consuetudinem ex utilitatis ratione venerunt; postea res et ab natura profectas et ab consuetudine probatas legum metus et religio sanxit. Naturae ius est, quod non opinio genuit, sed quaedam in natura vis insevit . . . Consuetudine ius est, quod aut leviter a natura tractum aluit et maius fecit usus, . . . aut

quod in morem vetustas vulgi adprobatione perduxit ... Lege ius est, quod in eo scripto, quod populo expositum est, ut observet, continetur".
95. Hierauf weist besonders M. Ducos, Les Romains et la loi, S. 244 ff., 245, 256–7, hin.
96. In *De legibus* 2, 10, 23 und 3, 5, 12, ist derselbe Ansatz erkennbar.
97. D. 49, 15, 5 pr.-3 (Pomponius, 37 *ad Quintum Mucium*, L. 319): „Postliminii ius competit aut in bello aut in pace. In bello, cum hi, qui nobis hostes sunt, aliquem ex nostris ceperunt et intra praesidia sua perduxerunt: nam si eodem bello is reversus fuerit, postliminium habet, id est perinde omnia restituuntur ei iura, ac si captus ab hostibus non esset. Antequam in praesidia perducatur hostium, manet civis. Tunc autem reversus intellegitur, si aut ad amicos nostros perveniat aut intra praesidia nostra esse coepit. In pace quoque postliminium datum est: nam si cum gente aliqua neque amicitiam neque hospitium neque foedus amicitiae causa factum habemus, hi hostes quidem non sunt, quod autem ex nostro ad eos pervenit, illorum fit, et liber homo noster ab eis captus servus fit [et] eorum: idemque est, si ab illis ad nos aliquid perveniat. Hoc quoque igitur casu postliminium datum est. Captivus autem ai a nobis manumissus fuerit et pervenerit ad suos, ita demum postliminio reversus intellegitur, si malit eos sequi quam in nostra civitate manere. ... Et ideo in quodam interprete Menandro, qui posteaquam apud nos manumissus erat, missus est ad suos, non est visa necessaria lex, quae lata est de illo, ut maneret civis Romanus: nam sive animus ei fuisset remanendi apud suos, desineret esse civis, sive animus fuisset revertendi, maneret civis, et ideo esset lex supervacua".
98. Diese Bezeichnung bei Gell. 10, 20.
99. Dies wird ganz klar ersichtlich aus Pomp. D. 50, 7, 18 (17), L. 320. Für die gesamte Frage verweise ich auf: Tecniche², S. 268–70.
100. Tacitus, *Ann.* 3, 25, 2, spricht von *multitudo infinita ac varietas legum*, aber der Topos von den „unzähligen Gesetzen" ist weit verbreitet, und begegnet bei Cic. *pro Balbo* 8, 21, Livius 3, 34, 6 und Sueton. *Iulius* 44, 2 (vgl. *Vesp.* 8, 5).
101. Cic. *De leg.* 3, 20, 46: „Legum custodiam nullam habemus, itaque eae leges sunt, quas apparitores nostri volunt: a librariis petimus, publicis litteris consignatam memoriam publicam nullam habemus".
102. F. Schulz, Prinzipien des römischen Rechts, München 1934, S. 5–7.
103. Isid. *Etym.* 5, 1, 5.
104. Suet. *Iul.* 44, 2.
105. Dies ist die an sich überzeugende These von Ph. E. Huschke und F. D. Sanio, die F. D'Ippolito in: I giuristi e la città, S. 93 ff., 108–13, mit Argumenten, die ich nicht immer teile, vertieft hat. Ofilius ist der Verfasser einer Schrift mit dem Titel *De legibus (ad Atticum?)* in wenigstens 20 Büchern: Lenel, *Pal.* Ofilius 21–30. Die Rekonstruktion des Titels ist Vermutung, auf der Grundlage einer Verbesserung von Pomponius, D. 1, 2, 2, 44, und weiteren nützlichen Angaben aus Gaius D. 50, 16, 234, 2, gewonnen.
106. Lenel, Das Sabinussystem, S. 11 ff., 14–15.
107. Savigny, Beruf³, S. 32, 66, 90.
108. Gai. 1, 188; Paul. D. 41, 2, 3, 23=L. Q. Mucius 24, 31.
109. V. Arangio-Ruiz, La società, S. 44.
110. Man kann dies aus Gell. 15, 27, 1–3 herleiten; vgl. dazu: Tecniche², S. 108 und Anm. 21.
111. D. 44, 7, 57 (Pomponius, 36 *ad Quintum Mucium*, L. 316): „In omnibus negotiis contrahendis, sive bona fide sint sive non sint, si error aliquis intervenit, ut aliud sentiat puta qui emit aut qui conducit, aliud qui cum his contrahit, nihil valet quod

acti sit. Et idem in societate quoque coeunda respondendum est, ut, si dissentiant aliud alio existimante, nihil vale⟨a⟩t ea societas, quae in consensu consistit".
112. Gai. 3, 154–154b. Der lateinische Text oben S. 293.
113. F. Schulz, Geschichte, S. 28, 71–72, 149–50, weist mit Recht auf diesen Punkt hin.
114. Cic. *ad Att.* 6, 1, 15.
115. Cic. *in Verr.* II 1, 44, 114 und 45, 117, ist ein wertvoller Beleg. Verres war 73–71 Proprätor in Sizilien und Stadtprätor im Jahr 74 v. Chr.: Broughton, MRR II S. 102, 112, 119, 124.
116. Lenel, Edictum³, S. 342–61.
117. Labeo ist sie bereits bekannt: D. 37, 4, 8, 11, L. 108; D. 37, 10, 9, L. 110; D. 38, 2, 51, L. 203.
118. Gai. 2, 120; 2, 126; 2, 151a (lückenhaft). Eine detaillierte Untersuchung des gesamten Fragenkomplexes bei P. Voci, Diritto ereditario 1², S. 131–5; 179–84.
119. Cic. *in Verr.* II, 1, 44, 114: „Posteaquam ius praetorium constitutum est, semper hoc iure usi sumus: si tabulae testamenti non proferrentur, tum ut, uti quemque potissimum heredem esse oporteret, si is intestatus mortuus esset, ita secundum eum possessio daretur. Quare hoc sit aequissimum facile est dicere, sed in re tam usitata satis est ostendere omnis antea ius ita dixisse, et hoc vetus edictum translaticiumque esse".
120. Cic. *In Verr.* II 1, 42, 109: „Qui plurimum tribuunt edicto, praetoris edictum legem annuam dicunt esse...".
121. Vgl. neben Cic. *in Verr.* II 1, 44, 114 auch 1, 45, 115: „Hoc, opinor, iure et maiores nostri et nos semper usi sumus"; und 116: „... ius, consuetudinem, aequitatem, edicta omnium neglegit".
122. Vgl. S. 123–124.
123. Montesquieu, Oeuvres complètes, Texte présenté et annoté par R. Caillois, 2, Gallimard, Paris 1951, S. 1030: „Pendant que la Loi vous lioit les mains, le préteur vous laissoit souvent la liberté d'agir. Cela fit que les jurisconsultes exercèrent encore mieux leur art, mettant cette raison d'équité sans cesse aux prises avec la raison du Droit". Das Zitat gehört zu einem Kapitel über die „idée de la jurisprudence romaine", die bei der Redaktion nicht in den „Ésprit des lois" aufgenommen wurde.
124. D. 47, 10, 15, 26 (Ulpianus, ⟨57⟩ [77] *ad edictum*, L. Lab. 134); „Hoc edictum supervacuum esse Labeo ait, quippe cum ex generali iniuriarum agere possumus. Sed videtur et ipsi Labeoni (et ita se habet) praetorem eandem causam secutum voluisse etiam specialiter de ea re loqui: ea enim, quae notabiliter fiunt, nisi specialiter notentur, videntur quasi neclecta".
125. Lenel, Edictum³, S. 16, spricht von „historischer Zufälligkeit".
126. D. 4, 3, 1 pr.-6 (Ulpianus, 11 *ad edictum*, L. 383–385): „Hoc edicto praetor adversus varios et dolosos, qui aliis offuerunt calliditate quadam, subvenit, ne vel illis malitia sua sit lucrosa vel istis simplicitas damnosa. Verba autem edicti talia sunt: ,Quae dolo malo facta esse dicentur, si de his rebus alia actio non erit et iusta causa esse videbitur, iudicium dabo'. Dolum malum Servius quidem ita definiit machinationem quandam alterius decipiendi causa, cum aliud simulatur et aliud agitur. Labeo autem posse et sine simulatione id agi, ut quis circumveniatur: posse et sine dolo malo aliud agi, aliud simulari..., itaque ipse sic definiit dolum malum esse omnem calliditatem fallaciam machinationem ad circumveniendum fallendum decipiendum alterum adhibitam. Labeonis definitio vera est. Non fuit autem contentus praetor dolum dicere, sed adiecit malum, quoniam veteres dolum etiam bonum dicebant et pro sollertia hoc nomen accipiebant, maxime si adversus hostem latronemve quis machinetur. Ait praetor: ,si de his rebus alia actio non erit'. Merito

praetor ita demum hanc actionem pollicetur, si alia non sit, quoniam famosa actio non temere debuit a praetore decerni, si sit civilis vel honoraria, qua possit experiri: usque adeo, ut et Pedius libro octavo scribit, etiamsi interdictum sit quo quis experiri, vel exceptio qua se tueri possit, cessare hoc edictum. Idem et Pomponius libro vicensimo octavo, et adicit: et si stipulatione tutus sit quis, eum actionem de dolo habere non posse, ut puta si de dolo stipulatum sit. Idem et Pomponius ait se si actionem in nos dari non oportet, veluti si stipulatio tam turpis dolo malo facta sit, ut nemo daturus sit ex ea actionem, non debere laborare, ut habeam de dolo malo actionem, cum nemo sit adversus me daturus actionem. Idem Pomponius refert Labeonem existimare, etiamsi quis in integrum restitui possit, non debere ei hanc actionem competere: et si alia actio tempore finita sit, hanc competere non debere, sibi imputaturo eo qui agere supersedit: nisi in hoc quoque dolus malus admissus sit ut tempus exiret".
127. D. 4, 3, 9, 5 und 11 pr.-1 (Ulpianus, 11 *ad edictum*, L. 390): „Merito causae cognitionem praetor inseruit: neque enim passim haec actio indulgenda est. Nam ecce in primis, si modica summa sit, (11) non debet dari. Et quibusdam personis non dabitur, ut puta liberis vel libertis adversus parentes patronosve, cum sit famosa. Sed nec humili adversus eum qui dignitate excellet debet dari: puta plebeio adversus consularem receptae auctoritatis, vel luxurioso atque prodigo aut alias vili adversus hominem vitae emendatioris. Et ita Labeo".
128. P. Garnsey, Social Status and Legal Privilege in the Roman Empire, Oxford 1970, S. 185.

VII. Das Responsum

1. Cic. *pro Caecina* 23,65-24,69: „Atque illud in tota defensione tua mihi maxime mirum videbatur, te dicere iuris consultorum auctoritati obtemperari non oportere... Cum id miror, te hoc in hac re alieno tempore et contra quam ista causa postulasset defendisse, tum illud volgo in iudiciis et non numquam ab ingeniosis hominibus defendi mihi mirum videri solet, nec iuris consultis concedi nec ius civile in causis semper valere oportere. Nam hoc qui disputant, si id dicunt non recte aliquid statuere eos qui consulantur, non hoc debent dicere iuris consultis, sed hominibus stultis obtemperari non oportere; sin illos recte respondere concedunt et aliter iudicari dicunt oportere, male iudicari oportere dicunt; neque enim fieri potest ut aliud iudicari de iure, aliud responderi oporteat, nec ut quisquam iuris numeretur peritus qui id statuat esse ius quod non oporteat iudicari. ,At est aliquando contra iudicatum'. Primum utrum recte, an perperam? Si recte, id fuit ius quod iudicatum est; sin aliter, non dubium est utrum iudices an iuris consulti vituperandi sint. Deinde, si de iure vario quippiam iudicatum est, non potius contra iuris consultos statuunt, si aliter pronuntiatum est ac Mucio placuit, quam ex eorum auctoritate, si, ut Manilius statuebat, sic est iudicatum. Etenim ipse Crassus non ita causam apud Cviros egit ut contra iuris consultos diceret, sed ut hoc doceret, illud quod Scaevola defendebat, non esse iuris, et in eam rem non solum rationes adferret, sed etiam Q. Mucio, socero suo, multisque peritissimis hominibus auctoribus uteretur."
2. Cic. *Top.* 5,28: „... definitiones aliae sunt partitionum aliae divisionum; partitionum, cum res ea quae proposita est quasi in membra discerpitur, ut si quis ius civile dicat id esse quod in legibus, senatus consultis, rebus iudicatis, iuris peritorum auctoritate, edictis magistratuum, more, aequitate consistat".

3. D. 1,2,2,12 (Pomponius, *libro singulari enchiridii*, L. 178): „Ita in civitate nostra aut [iure id] est ⟨ius legitimum, quod⟩ lege constituitur, aut est proprium ius civile, quod sine scripto in sola prudentium interpretatione consistit, aut sunt legis actiones, quae formam agendi continent, aut plebiscitum, . . . aut est magistratuum edictum, unde ius honorarium nascitur, aut senatus consultum, . . . aut est principalis constitutio . . .".
4. Gai. 1,2 und 7: „Constant autem iura populi Romani ex legibus, plebiscitis, senatus consultis, constitutionibus principum, edictis eorum qui ius edicendi habent, responsa prudentium . . . Responsa prudentium sunt sententiae et opiniones eorum, quibus permissum est iura condere. Quorum omnium si in unum sententiae concurrant, id quod ita sentiunt, legis vicem optinet; si vero dissentiunt, iudici licet quam velit sententiam sequi: idque rescripto divi Hadriani significatur."
5. D. 1,1,7, L. 46. Der lateinische Text S. 297.
6. [Plut.] *De lib. educ.* 10,8 b PG.
7. Cic. *De Domo* 15,39: „Venio ad augures, quorum ego libros, si qui sunt reconditi, non scrutor; non sum in exquirendo iure augurum curiosus; haec quae una cum populo didici, quae saepe in contionibus responsa sunt, novi". Vgl. auch Fest. (Paul.) 14,30–15,5 L.
8. Pomp. D. 1,2,2,49.
9. Grundlegend ist Cic. *Top.* 17,65–66, der ein wenig Licht in die verworrene Stelle Pomp. D. 1,2,2,5, bringt.
10. Für die Jurisprudenz hat die Erinnerung eine große Bedeutung, wie ich in der Untersuchung: Il giureconsulto e la memoria, QS 20, 1984, S. 223–55=Questioni di giurisprudenza tardo-repubblicana. Atti di un seminario, hrsg. v. G. G. Archi, Milano 1985, S. 1–28, zu zeigen versuchte; der Abschnitt oben im Text übernimmt einige Seiten aus der zitierten Arbeit.
11. Bezeugt bei Pomponius, D. 1,2,2,38.
12. Ein Hinweis in: Tecniche[2], S. 346.
13. Cic. *De or.* 2,33,142: „Video enim in Catonis et in Bruti libris nominatim fere referri, quid alicui de iure viro aut mulieri responderint, credo ut putaremus in hominibus, non in re consultationis aut dubitationis causam aliquam fuisse, ut, quod homines essent innumerabiles, debilitati [a] iure cognoscendo voluntatem discendi simul cum spe perdiscendi abiceremus".
14. Cic. *De or.* 2,33,144: „,Nam hercle' inquit Antonius ,si haec vere a Catulo dicta sunt, tibi mecum in eodem est pistrino, Crasse, vivendum; et istam tuam oscitantem et dormitantem sapientiam Scaevolarum et ceterorum beatorum otio concedamus' ".
15. Er war *consul suffectus* im Jahre 39 v. Chr. (hatte also einen anderen Konsul ersetzt): Broughton, MRR II, S. 386.
16. Lenel, *Pal.* Alf. 4–30 und 31–74. Der Titel, abgeleitet von *digero* (teilen, anordnen), steht für „geordnete Entscheidungen".
17. Petron. *Satyr.* 79,1.
18. D. 9,2,52,1 (Alfenus, 2 *digestorum*, L. 7): „Tabernarius in semita noctu supra lapidem lucernam posuerat: quidam praeteriens eam sustulerat: tabernarius eum consecutus lucernam reposcebat et fugientem retinebat: ille flagello, quod in manu habebat, [in quo dolor (dolo, dolon?) inerat,] verberare tabernarium coeperat, ut se mitteret: ex eo maiore rixa facta tabernarius ei, qui lucernam sustulerat, oculum effoderat: consulebat, num damnum iniuria non vide⟨re⟩tur dedisse, quoniam prior flagello percussus esset. Respondi, nisi data opera effodisset oculum, non videri damnum iniuria fecisse, culpam enim penes eum, qui prior flagello percussit, resi-

dere: sed si ab eo non prior vapulasset, sed cum ei lucernam eripere vellet, rixatus esset, tabernarii culpa factum videri". Einige wörtliche Anklänge bei Properz 4,8,59–62. Der Satz *in quo dolor inerat,* ist sicherlich eine zur Erklärung in den Text eingefügte Glosse.
19. So sicher zu Recht R. Wittmann, Die Körperverletzung an Freien im klassischen römischen Recht, München 1972, S. 99–100. Die Anwendung der *actio legis Aquiliae* (als *actio utilis* oder sonstwie) wegen eines einem Freien zugefügten Schadens, wurde in der Rechtswissenschaft zwischen den Antoninen und den Severern diskutiert: Iul.-Ulp. D. 9,2,5,3; 7 pr.; D. 19,2,13,4; PSI XIV 1449 recto 1–9; Ulp. D. 9,2,7,4.
20. Sur un texte d'Alfenus Varus, in: Mélanges Girard 1, Paris 1912, S. 565–9.
21. S. Schipani, Responsabilità „ex lege Aquilia". Criteri di imputazione e problema della „culpa", Torino 1969, S. 169 und Anm. 1, weist Huvelins Hypothese zurück, wirft jedoch Argumente zusammen, die Huvelin auseinandergehalten hatte.
22. D. 9,2,52,2 (Alfenus, 2 *digestorum,* L. 7): „In clivo Capitolino duo plostra onusta mulae ducebant: prioris plostri muliones conversum plostrum sublevabant, quo facil[e]⟨ius⟩ mulae ducerent: [inter] superius plostrum cessim ire coepit et cum muliones, qui inter duo plostra fuerunt, e medio exissent, posterius plostrum a priore percussum retro redierat et puerum cuiusdam obtriverat: dominus pueri consulebat, cum quo se agere oporteret. Respondi in causa ius esse positum: nam si muliones, qui superius plostrum sustinuissent, sua sponte se subduxissent et ideo factum esset, ut mulae plostrum retinere non possint atque onere ipso retraherentur, cum domino mularum nullam esse actionem, cum hominibus, qui conversum plostrum sustinuissent, lege Aquilia agi posse: nam nihilo minus eum damnum dare, qui quod sustineret mitteret sua voluntate, ut id aliquem feriret: veluti si quis asellum cum agitasset non retinuisset, aeque si quis ex manu telum aut aliud quid immisisset, damnum iniuria daret. Sed si mulae, quia aliquid reformidassent, ⟨recessissent⟩ et muliones timore permoti, ne opprimerentur, plostrum reliquissent, cum hominibus actionem nullam esse, cum domino mularum esse. Quod si neque mulae neque homines in causa essent, sed mulae retinere onus nequissent aut cum coniterentur lapsae concidissent, et ideo plostrum cessim redisset atque hi quo conversum fuisset onus sustinere nequissent, neque cum domino mularum neque cum hominibus esse actionem. Illud quidem certe, quoquo modo res se haberet, cum domino posteriorum mularum agi non posse, quoniam non sua sponte, sed percussae retro redissent."
23. Cic. *Brutus* 41,152.
24. Vgl. S. 96–97, 107–108.
25. D. 19,2,31: (Alfenus, 5 *digestorum a Paulo epitomatorum,* L. 71): „In navem Saufeii cum complures frumentum confuderant, Saufeius uni ex his frumentum reddiderat de communi et navis perierat: quaesitum est, an ceteri pro sua parte frumenti cum nauta agere possunt oneris aversi actione. Respondit rerum locatarum duo genera esse, ut aut idem redderetur (sicuti cum vestimenta fulloni curanda locarentur) aut eiusdem generis redderetur (veluti cum argentum pusulatum fabro daretur, ut vasa fierent, aut aurum, ut anuli): ex superiore causa rem domini manere, ex posteriore in creditum iri. Idem iuris esse in deposito: nam si quis pecuniam numeratam ita deposuisset, ut neque clusam neque obsignatam traderet, sed adnumeraret, nihil aliud eum debere apud quem deposita esset nisi ⟨ut⟩ tantundem pecuniae solveret. Secundum quae videri triticum factum Saufeii et recte datum. Quod si separatim tabulis aut heronibus aut in alia cupa clusum uniuscuiusque triticum fuisset, ita ut internosci posset quid cuiusque esset, non potuisse nos permu-

tationem facere, sed tum posse eum cuius fuisset triticum quod nauta solvisset vindicare. Et ideo se improbare actiones oneris aversi: quia sive eius generis essent merces, quae nautae traderentur, ut continuo eius fierent et mercator in creditum iret, non videretur onus esse aversum, quippe quod nautae fuisset: sive eadem res, quae tradita esset, reddi deberet, furti esse actionem locatori et ideo supervacuum esse iudicium oneris aversi. Sed si ita datum esset, ut in simili re solvi possit, conductorem culpam dumtaxat debere (nam in re, quae utriusque causa contraheretur, culpam deberi) neque omnimodo culpam esse, quod uni reddidisset ex frumento, quoniam alicui primum reddere eum necesse fuisset, tametsi meliorem eius condicionem faceret quam ceterorum".

26. Wie bei Paul. D. 10,4,19, L. Alf. 66, vgl. hierzu Tecniche², S. 98–102 und F. Horak, Rationes decidendi 1, S. 268–9.

27. D, 5,1,76 (Alfenus, 6 *digestorum*, L. 23): „Proponebatur ex his iudicibus, qui in eandem rem dati essent, nonnullos causa audita excusatos esse inque eorum locum alios esse sumptos, et quaerebatur, singulorum iudicum mutatio eandem rem an aliud iudicium fecisset. Respondi, non modo si unus aut alter, sed et si omnes iudices mutati essent, tamen et rem eandem et iudicium idem quod antea fuisset permanere: neque in hoc solum evenire, ut partibus commutatis eadem res esse existimaretur, sed et in multis ceteris rebus: nam et legionem eandem haberi, ex qua multi decessissent, quorum in locum alii subiecti essent: et populum eundem hoc tempore putari qui abhinc centum annis fuissent, cum ex illis nemo nunc viveret: itemque navem, si adeo saepe refecta esset, ut nulla tabula eadem permaneret quae non nova fuisset, nihilo minus eandem navem esse existimari. Quod si quis putaret partibus commutatis aliam rem fieri, fore ut ex eius ratione nos ipsi non idem essemus qui abhinc anno fuissemus, propterea quod, ut philosophi dicerent, ex quibus particulis minimis consisteremus, hae cottidie ex nostro corpore decederent aliaeque extrinsecus in earum locum accederent. Quapropter cuius rei species eadem consisteret, rem quoque eandem esse existimari". Der Terminus *res* ist hier – mit einer Ausnahme – immer mit „Sache" übersetzt, auch wenn der Sinnzusammenhang auf andere Übersetzungen hindeutete. Dies schien mir erforderlich, um in gewisser Hinsicht die subtile Zweideutigkeit der Ausführungen zu erhalten, die auch bei dem Terminus *iudicium* auftaucht.

28. Die atomistische Anschauung findet in Lukrez 2, 1120–1143; 4, 26–32, 65–83, einen feinfühligen Interpreten. Die Verbindung zu D. 5,1,76, L. Alf. 23 (vgl. dazu die ausführliche Behandlung bei F. Horak, Rationes decidendi 1, S. 230–3) wird scharfsinnig bei D. Nörr, Kausalitätsprobleme, S. 124 Anm. 40, aufgezeigt.

29. F. Wieacker, Zur Rolle des Arguments in der römischen Jurisprudenz, in: Festschrift Kaser, München 1976, S. 23–27.

VIII. Der Jurist und der Kaiser

1. Savigny, Beruf³, S. 28, 31–33, 157.
2. L. Lombardi, Saggio sul diritto giurisprudenziale, Milano 1967, S. 35–36.
3. „Was jede andere Stadt für ihre eigenen Grenzen und ihr Gebiet bedeutet, das bedeutet diese Stadt für den gesamten Erdkreis..." erklärt Aelius Aristides in seiner Romrede aus dem Jahr 143 n. Chr. (§ 61).
4. W. Kunkel, ZSS 75, 1958, S. 324=Kleine Schriften, S. 520.

VIII. Der Jurist und der Kaiser 309

5. Vgl. D. Timpe, Untersuchungen zur Kontinuität des frühen Prinzipats, Wiesbaden 1962, S. 1.
6. A. Alföldi, Oktavians Aufstieg zur Macht, Bonn 1976, S. 14.
7. Zu Augustus als „Retter" und „Wohltäter" ist das Dekret der Provinz Asia aus dem Jahr 9 n. Chr. (wie es scheint) eines der bedeutendsten Dokumente: OGIS II 458=SEG IV 490=Ehrenberg-Jones[2] 98, Z. 32–39. Die Bezeichnung *pater patriae* ist offiziell in RG 35,1 genannt und erwähnt in CIL II 2107=ILS 96 und CIL XII 5497=ILS 100 – Ovid. *Met.* 15,860; *Fasti* 2,127–132 und 637; *Tristia* 4,4,13; *ex Ponto* 1,1,36; Manil. 1,7 *(patriae princepsque paterque)*; Val. Max. 7,7,3; Flor. 2,34 (4,12,65); Suet. *Aug.* 58; vgl. auch Strabo, *Geogr.* 6,4,2, C 288; Dio 55,10,10. Tiberius wies den Titel zurück: Tac. *Ann.* 1,72,1; 2,87,1; Dio 57,8,1. Auf Nero beziehen sich Sen. *De clem.* 1,1,2; 1,14,2; Suet. *Nero* 8. Allgemein Dio 53,18,3 und Call. D. 48,22,18 pr., L. 53, nur aus B. 60,54,19 bekannt.
8. Vgl. H. Strasburger, Zum antiken Gesellschaftsideal, S. 122.
9. RG. 34,3.
10. Tac. *Ann.* 1,2,1.
11. Ich habe mich ausführlich mit Labeos Opposition auseinandergesetzt in Tecniche[2], S. 129–46.
12. Vgl. S. 130.
13. D. 1,2,2,49 (Pomponius, *Liber singularis enchiridii*, L. 178): „Et, ut obiter sciamus, ante tempora Augusti publice respondendi ius non a principibus dabatur, sed qui fiduciam studiorum suorum habebant, consulentibus respondebant... Primus divus Augustus, ut maior iuris ⟨consultorum⟩ auctoritas haberetur, constituit, ut ex auctoritate eius responderent...".
14. Gai. 1,7, abgedruckt hier S. 306.
15. Inst. 2,25 pr.: „Ante Augusti tempora constat ius codicillorum non fuisse, sed primus Lucius Lentulus, ex cuius persona etiam fideicommissa coeperunt, codicillos introduxit. Nam cum decederet in Africa, scripsit codicillos testamento confirmatos, quibus ab Augusto petiit per fideicommissum, ut faceret aliquid: et cum divus Augustus voluntatem eius implesset, deinceps reliqui auctoritatem eius secuti fideicommissa praestabant et filia Lentuli legata, quae iure non debebat, solvit. Dicitur Augustus convocasse prudentes, inter quos Trebatium quoque, cuius tunc auctoritas maxima erat, et quaesisse, an possit hoc recipi nec absonans a iuris ratione codicillorum usus esset: et Trebatium suasisse Augusto, quod diceret utilissimum et necessarium hoc civibus esse propter magnas et longas peregrinationes, quae apud veteres ⟨crebuissent⟩ [fuissent] ubi, si quis testamentum facere non posset, tamen codicillos posset. Post quae tempora cum et Labeo codicillos fecisset, iam nemini dubium erat, quin codicilli iure optimo admitterentur". Es ist sehr wahrscheinlich, daß mit L. Cornelius Lentulus der Konsul von 3 v. Chr. gemeint ist (PIR II[2] 1384, S. 336–8; Laterculi praesidum I 39,13 col. 373). Wir wissen nicht, ob er als Prokonsul in Africa war oder nur als Senator, um sich um seine privaten Angelegenheiten zu kümmern.
16. Unter der gemeinsamen Bezeichnung *legatum* sind vier unterschiedliche Geschäftstypen zusammengefaßt (Gai. 2,192, spricht von *legatorum genera*), jedes mit eigener formaler Struktur und eigener Wirkung. Das *legatum per vindicationem* und das *per praeceptionem* (die Formel für das erste lautet: *Lucio Titio hominem Stichum do lego*; für das zweite: *Lucius Titius hominem Stichum praecipito*) haben eine reale Wirksamkeit, denn sie übertragen unmittelbar das Eigentum des Erblassers auf den Legatar; die beiden anderen, das *legatum per damnationem* und das *sinendi modo* (mit den Formeln: *Heres meus Lucio Titio Stichum servum*

meum dare damnas esto, und: *Heres meus damnas esto sinere Lucium Titium hominem Stichum sumere sibique habere*) wirken obligatorisch.

17. F. Schulz, Geschichte, S. 131.
18. Inst. 2,23,1.
19. Der Beleg CIL X 1,6662=ILS 1455, stammt aus der Zeit des Commodus.
20. Pap. D. 27,1,30 pr.
21. D. 28,4,3 pr. (Marcellus, 29 *digestorum,* L. 263): „Proxime in cognitione principis cum quidam heredum nomina induxisset et bona eius ut caduca a fisco vindicarentur, diu de legatis dubitatum est et maxime de his legatis, quae adscripta erant his, quorum institutio fuerat inducta. Plerique etiam legatarios excludendos existimabant. Quod sane sequendum aiebam, si omnem scripturam testamenti cancellasset: nonnullos opinari id iure ipso peremi quod inductum sit, cetera omnia valitura. Quid ergo? non et illud interdum credi potest eum, qui heredum nomina induxerat, satis se consecuturum putasse, ut intestati exitum faceret? Sed in re dubia benigniorem interpretationem sequi non minus iustius est quam tutius. Sententia imperatoris Antonini Augusti Pudente et Pollione consulibus. ‚Cum Valerius Nepos mutata voluntate et inciderit testamentum suum et heredum nomina induxerit, hereditas eius secundum divi patris mei constitutionem ad eos qui scripti fuerint pertinere non videtur'. Et advocatis fisci dixit: ‚Vos habetis iudices vestros'. Vibius Zeno dixit: ‚Rogo, domine imperator, audias me patienter: de legatis quid statues'? Antoninus Caesar dixit: ‚Videtur tibi voluisse testamentum valere, qui nomina heredum induxit'? Cornelius Priscianus advocatus Leonis dixit: ‚Nomina heredum tantum induxit'. Calpurnius Longinus advocatus fisci dixit: ‚Non potest ullum testamentum valere, quod heredem non habet'. Priscianus dixit: ‚Manumisit quosdam et legata dedit'. Antoninus Caesar remotis omnibus cum deliberasset et admitti rursus eodem iussisset, dixit: ‚Causa praesens admittere videtur humaniorem interpretationem, ut ea dumtaxat existimemus Nepotem irrita esse voluisse, quae induxit' ". Der Ausdruck „*in re dubia – tutius*" kommt auch bei Marcell. D. 50, 17, 192, 1, vor. Das Dekret des Mark Aurel wird bei Pap. D. 34, 9, 12 erwähnt. Ein interessanter Vergleich ergibt sich zu dem, was Plin. *Ep.* 6,31,7–12, über das Verhalten Trajans schreibt, ferner zur Mitschrift einer Audienz unter dem Vorsitz Caracallas in Antiochia im Jahr 216, durch die wir in der Inschrift von Dmeir einen wertvollen Beleg haben. Die Inschrift wurde zum ersten Mal 1945 von P. Roussel und F. De Visscher publiziert, und liegt jetzt in SEG XVII 759 S. 198–200, vor.
22. D. 37,14,17 pr. (Ulpianus, 11 *ad legem Iuliam et Papiam,* L. 2023): „Divi fratres in haec verba rescriptserunt: ‚Comperimus a peritioribus dubitatum aliquando, an nepos contra tabulas aviti liberti bonorum possessionem petere possit, si eum libertum pater patris cum annorum viginti quinque esset, capitis accusasset, et Proculum, sane non levem iuris auctorem, in hac opinione fuisse, ut nepoti in huiusmodi causa non putaret dandam bonorum possessionem. Cuius sententiam nos quoque secuti sumus, cum rescriberemus ad libellum Caesidiae Longinae: sed et Volusius Maecianus amicus noster [ut] ⟨vir clarissimus⟩ et iuris civilis praeter veterem et bene fundatam peritiam anxie diligens religione rescripti nostri ductus [sit ut] coram nobis adfirmavit non arbitratum se aliter respondere debere. Sed cum et ipso Maeciano et aliis amicis nostris iuris peritis adhibitis plenius tractaremus, magis visum est nepotem neque verbis neque sententia legis aut edicti praetoris [ex persona vel nota patris sui] excludi a bonis aviti liberti: plurium etiam iuris auctorum, sed et Salvi Iuliani amici nostri clarissimi viri hanc sententiam fuisse' ".
23. Der einzige Beleg ist D. 29,2,99, L. 1. Mommsen, Sextus Pomponius, ZRG 7, 1868,

VIII. Der Jurist und der Kaiser 311

S. 475–6=Gesammelte Schriften 2, S. 22, erblickte darin eine Sammlung von Entscheidungen von Domitians kaiserlichen Gerichtshof; O. Karlowa, Rechtsgeschichte 1, Leipzig 1885, S. 699–700, hingegen eine Sammlung von senatorischen Dekreten; Lenel, Pal. 1, S. 59, Anm. 1, schließt sich dem an.

24. D. 36,1,76,1 (Paulus, 2 *decretorum,* L. 70): „Fabius Antoninus impuberem filium Antoninum et filiam Honoratam relinquens exheredatis his matrem eorum Iuniam Valerianam heredem instituit et ab ea trecenta et quasdam res filiae reliquit, reliquam omnem hereditatem filio Antonino, cum ad annum vicensimum aetatis pervenisset, voluit restitui: quod si ante annum vicensimum decessisset filius, eam hereditatem Honoratae restitui praecepit. Mater intestata decessit utrisque liberis legitimis heredibus relictis. Postea filius annum agens plenum nonum decimum et ingressus vicensimum necdum tamen eo expleto decessit filia [herede] Fabia Valeriana ⟨herede⟩ sua relicta, a qua amita fideicommissum et ex testamento patris portionem hereditatis petebat: et apud praesidem optinuerat. Tutores Valerianae filiae Antonini egestatem eius praetendebant et recitabant divi Hadriani constitutionem, in qua quantum ad munera municipalia iusserat eum annum, quem quis ingressus esset, pro impleto numerari. Imperator autem noster motus et aequitate rei et verbis testamenti ‚si ad annum vicensimum aetatis', quamvis scire se diceret a divo Marco non excusatum a tutela eum qui septuagensimum annum aetatis ingressus fuisset, nobis et legis Aeliae Sentiae argumenta proferentibus et alia quaedam, contra petitricem pronuntiavit". Die Erbnachfolge der Kinder nach dem Tod der Mutter war im SC Orfitianum von 178 n. Chr. geregelt. Ein allgemeiner Hinweis auf die im Text erwähnte Konstitution Hadrians bei Ulp. D. 50,4,8.

25. Im Jahr 18 v. Chr. wurden neben der *lex Iulia de ambitu* auch die *lex Iulia de maritandis ordinibus* und die *lex Iulia de adulteriis* verabschiedet; zu diesen beiden letztgenannten kam im Jahr 9 n. Chr. die *lex Papia Poppaea nuptialis*. Von 17 v. Chr. stammen die beiden *leges Iuliae* über die *iudicia publica* und über die *iudicia privata* sowie zwei weitere (oder nur eines?) über *vis publica et privata*. Ins Jahr 8 v. Chr. datiert man herkömmlicherweise die *lex Iulia maiestatis*, die R. A. Bauman, The Crimen maiestatis in the Roman Republic and Augustan Principate, Johannesburg 1967, S. 275–87; Impietas in principem, München 1974, S. 17, jedoch in das Jahr 27 zurückdatiert. Die beiden Gesetze über Freilassungen, die *Fufia Caninia* und die *Aelia Sentia*, stammen aus dem Jahr 2 v. Chr., beziehungsweise aus dem Jahr 4 n. Chr.; ins Jahr 5 n. Chr. gehört die *lex Iulia de vicesima hereditatum*. Die *lex Iulia de collegiis* und die *lex Iulia sumptuaria* sind nicht mit Sicherheit zu datieren.

26. RG. 8,5: „Legibus novis me auctore latis multa exempla maiorum exolescentia iam ex nostro saeculo reduxi et ipse multarum rerum exempla imitanda posteris tradidi".

27. Mommsen, Römisches Staatsrecht, 3,2³, S. 1238.

28. R. J. A. Talbert, The Senate of Imperial Rome, Princeton, New Jersey, 1984, S. 488–91.

29. Gai. 1,4.

30. Ein Beispiel dafür ist das *senatus consultum Orfitianum,* das bei Gai. D. 38,17,9 als *oratio sacratissimi principis* bezeichnet wird; vgl. auch Ulp. ep. 26,7.

31. Bei Rutil.-Iul.-Paul. (?) Vat. 1, L. 1782, und bei Paul. D. 45,1,91,3–4 und 6, L. 1239, bezeichnet der Begriff eine Rechtsregel; ein Prinzip oder ein „Institut" ist gemeint bei Flor. D. 1,5,4,1, L. 25; Pap. D. 38,16,15, L. 356; Ulp. D. 47,1,1 pr., L. 2868. Die *senatus consulta* und die *decreta magistratuum* hängen damit zusammen: Quint. 5,2,5. Bei Tac. Ann. 13,26,1, spielt *constitutio* auf ein *senatus consultum* an, und bei Val. Max. 2,9,1 auf eine „zensorische Maßnahme"; Seneca, De ben. 4,38,2

und Plin. *Nat. hist.* 34,9,99, gebrauchen die Bezeichnung allgemein. Andere Quellenstellen für den Gebrauch von *constituto* in: Tecniche², S. 318 und Anm. 5.

32. Dies ist der Fall beim *interloqui de plano* (D. 1,4,1,1), bei dem man mit D. Nörr, Zu einem fast vergessenen Konstitutionentyp: Interloqui de plano, in: Studi Sanfilippo 3, Milano 1983, S. 519 ff., 543, eine mündliche Form sehen kann, die von Inhalt her dem Reskript entspricht und wie ein Dekret protokolliert werden kann (CI. 9,51,1).

33. Das Zugeständnis der *libera testamenti factio* machte man den Soldaten erst nach langwierigen Vorgängen, die unter Caesar begannen und mit den trajanischen *mandata* endeten: Ulpian schildert die Etappen in D. 29,1,1 pr., L. 1178.

34. P. Frezza, Storia³, S. 437.

35. SEG IX 8 S. 11–13=FIRA I² 68 S. 404–7, I Z. 4–40.

36. Z. 12–14: ... ἄχρι ἂν ἡ σύνκλητος βουλεύσηται περὶ τούτου | ἢ ἐγὼ αὐτὸς ἄμεινον εὕρω τι, δοκοῦσί μοι καλῶς καὶ προσηκόντως ποιήσειν | οἱ τὴν Κρητικὴν καὶ Κυρηναικὴν ἐπαρχήαν καθέξοντες ... Z. 36–37 ...ὀρθῶς καὶ προσηκόντως μοι δοκοῦσιν ποιή | σειν ὅσοι Κρήτης καὶ Κυρήνης στρατηγήσουσιν...

37. SEG IX 8 S. 13=FIRA I² 68 S. 408, III Z. 56–62.

38. SEG IX 8 S. 13–14=FIRA I² 68 S. 409, IV Z. 63–71. Ἀφέσκει erinnert an die Verwendung von *placet* im *Edictum Augusti de aquaeductu Venafrano*, CIL X 4842=FIRA I² 67, S. 401–3, Z. 15, 30, 43, 50, 67. Κελέυω begegnet auch im Edikt Vespasians über die Privilegien der Ärzte, FIRA I² 73, S. 421, Z. 4.

39. SEG IX 8 S. 14=FIRA I² 68, S. 409–10, V Z. 74–82.

40. Die Inschrift, aus der wir die Z. 21–27 des Fragments II, col. b oben wiedergeben, wurde im Frühjahr 1982 wenige Kilometer von Utrera (Sevilla), in der Baetica, gefunden und von J. González, Tabula Siarensis, Fortunales Siarenses et municipia civium Romanorum, ZPE 55, 1984, S. 55 ff., 76, publiziert.

41. Es handelt sich um die Zeilen 56–66 der 1966 in Athen gefundenen griechischen Inschrift; sie wurde zuerst herausgegeben und kommentiert von J. H. Oliver, Marcus Aurelius. Aspects of Civic and Cultural Policy in the East, Hesperia, Suppl. 13, 1970. Eine neue Untersuchung bei S. Follet, Lettre de Marc-Aurèle aux Athéniens (EM 13366): nouvelles lectures et interprétations, RPh 53, 1979, S. 29–43, und J. H. Oliver, Greek Applications for Roman Trials, AJPh 100, 1979, S. 543–8. Es ist umstritten, ob wir darin ein Edikt oder eine epistula zu sehen haben: im ersteren Sinne W. Williams, Two New Documents, S. 37–56.

42. Das „Zeit haben" und das „zu-Wort-Kommen-lassen", σχολάζειν und λόγον διδόναι, sind die Art und Weise, in der das βασιλεύειν, das „Herrschen" zum Ausdruck gebracht wird. Hier zeigt sich der tiefere Sinn der bei Cassius Dio, 69,6,3, erzählten Anekdote über Hadrian.

43. F. Millar, The Emperor, the Senate and the Provinces, JRS 56, 1966, S. 166; The Emperor, S. 3–4, 6, 10, 465–6.

44. Vgl. J. Bleicken, Zum Regierungsstil, S. 183–215.

45. Zu diesem Schluß kommt D. Nörr, Zur Reskriptenpraxis, S. 16–17, 20, 22, 33, 45–46.

46. Coll. 1,11,1–3. Man kann den § 1 mit Ulp. D. 48,8,4,1, vergleichen.

47. Sen. *ad Polyb.* 6,5: „... audienda sunt tot hominum milia, tot disponendi libelli; tantus rerum ex orbe toto coeuntium congestus, ut possit per ordinem suum principis maximi animo subici, exigendus est".

48. D. Nörr, Zur Reskriptenpraxis, S. 30, 38–45, mit ausführlichen Belegen. Zur Kenntnis oder Unkenntnis des Rechts vgl. Tecniche², S. 120–6.

49. Pomp. D. 1,2,2,32; Inst. 2,23,1; vgl. auch Quint. 3,6,70; Gai. 2,278; Ulp. ep. 25,12.
50. Zur Einrichtung des *praetor tutelaris*, SHA *Marc.* 10,11; zum *praetor de liberalibus causis*, CI. 4,56,1 (Alex., a. 223) und CIL X 1, 5398.
51. Es ist nicht schwierig, im *iudex* oder den *iudices* von Ulp. D. 25,3,5 und CI. 5,25,2 (Anton. et Verus, a. 161); 3 (a. 162); 4 (Sev. et Anton., a. 197) den *consul* oder die *consules* wiederzuerkennen. Die Zuständigkeit des Provinzialstatthalters ergibt sich aus Mod. D. 25,3,6,1 und CI. 8,46,5 (Diocl. et Maxim., a. 287).
52. Ulp. D. 50,13,1.
53. Die Anteile oder die Einnahmequellen, die die Alleinstehenden oder die kinderlosen Ehepaare, welche als Erben oder Legatare eingesetzt wurden, nicht erwerben können, heißen *caduca*. Mit der Bezeichnung *bona vacantia* belegt man den erblosen Nachlaß.
54. Pomp. D. 1,2,2,32.
55. Er begegnet in den Worten des Edikts als *edictum decretum (edicta decreta) principum* (Ulp. D. 2,14,7,7, wo *decreta* in F irrtümlich nicht erscheinen; D. 3,1,1,8; D. 4,6,1,1; D. 4,6,28,2; D. 43,8,2 pr.; Lenel, Edictum[3], S. 65, 77, 121, 458), ferner Pap. D. 1,1,7 pr. und Ulp. Coll. 15,2,4.
56. Fronto, *Ep. ad M. Caesarem,* 1,6,2, S. 10 van den Hout: „In iis rebus et causis quae a privatis iudicibus iudicantur, nullum inest periculum, quia sententiae eorum intra causarum demum terminos valent; tuis autem decreti⟨s, im⟩p., exempla publice valitura in perpetuum sanciuntur. Tanto maior tibi vis et potestas quam fatis adtributa est: fata quid singulis nostrum eveniat statuunt; tu, ubi quid in singulos decernis, ibi universos exemplo adstringis".
57. Nicht nur der Prätor, sondern auch der Konsul konnte ein das Privatrecht betreffendes *decretum* erlassen: Ulp. D. 23,2,29, mit Anspielung auf C. Ateius Capito. Für den Bereich der öffentlichen Verwaltung ist das Dekret des Aemilius Paulus, Prokonsul der *Hispania Ulterior* 190/189 v. Chr., typisch: CIL II 5041= FIRA I[2] 51, S. 305. Zu den Edikten der Magistrate, vgl. S. 102–103.
58. So übergaben M. Terentius Varro Lucullus und C. Cassius Longinus im Jahr 73 v. Chr. der Stadt Oropus die Akten des Rechtsstreits wegen des Territoriums, das Sulla dem Heiligtum von Anphiarai attribuiert hatte: IG VII 413=FIRA I[2] 36, S. 260–6.
59. Dies weist P. Krüger, Geschichte[2], S. 109 Anm. 64, auf der Grundlage von Call. D. 50,10,7,1, nach.
60. In diesem Sinne P. Frezza, Storia[3], S. 437–8. Es konnten allerdings auch die Statthalter der senatorischen Provinzen (wie es scheint) außerhalb jeglicher bürokratischer Gepflogenheit kaiserliche Mandate erhalten (Plin. *Ep.* 10,56,3; 10,110,1; 10,111; Dio 53,15,4; Ulp. D. 1,16,6,3).
61. Das Edikt, mit dem Augustus die Volkszählung im Jahr 2 v. Chr. anordnete, war unbegrenzt: Ev. Luc. 2,1; weitere Quellen bei R. Orestano, Gli editti imperiali. Contributo alla teoria della loro validità ed efficacia nel diritto romano classico, BIDR 44, 1936–1937, S. 239 Anm. 76; Il potere normativo degli imperatori e le costituzioni imperiali 1, Torino 1937, S. 26 Anm. 62.
62. P. Frezza, Storia[3], S. 440, auf der Linie von O. von Premerstein, Vom Werden und Wesen des Prinzipats, München 1937, S. 194–6; R. Orestano, Il potere normativo, S. 30–32, 92; A. Magdelain, Auctoritas principis, Paris 1947, S. 77–78.
63. CIL VI 1, 930=FIRA I[2] 15, S. 156, Z. 17–32. Besondere Aufmerksamkeit verdient die in Z. 17–21 erwähnte Klausel: „utique quaecunque ex usu rei publicae maiestate divinarum / huma[na]rum publicarum privatarumque rerum esse / censebit, ei agere facere ius potestasque sit, ita ut divo Aug(usto) Tiberioque Iulio Caesari

Aug(usto), / Tiberioque Claudio Caesari / Aug(usto) Germanico fuit". Nach P. A. Brunt, Lex de imperio Vespasiani, S. 113 Anm. 106, ist die Klausel seltsam formuliert: *ex usu* bezieht sich im strengen Sinne nur auf *rei publicae* und *maiestate* auf die folgenden Wörter; *maiestate* ist jedoch für die *res privatae* ein „nonsense": „*ex usu* was surely still in the minds of the draftsmen". Man sollte eine andere Lesart bevorzugen: *maiestate* kann mit *rei publicae* zusammengebracht werden, und die folgenden Genitive mit *quaecunque* (als Genitive der Beziehung).
64. Ich stimme mit P. A. Brunt, Lex de imperio Vespasiani, S. 113–4, überein.
65. Gai. 1,5; Pomp. D. 1,2,2,11; Ulp. D. 1,4,1 pr. (=Inst. 1,2,6).
66. Für die Klausel ist der Bezug zwischen den Zeilen 17–21 und den Zeilen 22–28 nicht eindeutig. Ein einleuchtender Erklärungsvorschlag dazu bei P. A. Brunt, Lex de imperio Vespasiani, S. 109, 115; Princeps and Equites, S. 65.
67. Plin. *Pan.* 65,1–2; Ulp. D. 1,3,31; Inst. 2,17,8 (Sev. und Anton.); CI. 6,23,3 (Alexander, a. 232); Pauli sent. 4,5,3; 5,12,9 a (D. 32,23), hierzu Tecniche[2], S. 31, 42, 46–47, mit weiteren Quellenangaben.
68. Suet. *Aug.* 33,1: „Ipse ius dixit assidue et in noctem nonnumquam, si parum corpore valeret, lectica pro tribunali collocata vel etiam domi cubans. Dixit autem ius non diligentia modo summa sed et lenitate . . ."; vgl. auch Val. Max. 7,7,3–4. Der von Paulus über Atilicinus in D. 8,3,35 überlieferte Brief stammt wahrscheinlich von Augustus. F. Millar, The Emperor, S. 465, hält ihn zu Recht für „von größter Bedeutung".
69. Suet. *Claud.* 14,1.
70. Plin. *Ep.* 10,54 und 55.
71. Pomp. D. 48,22,1.
72. BGU 140=Mitteis, Chrestomathie, Nr. 373=FIRA I[2] 78, S. 428–30.
73. E. R. Dodds, Pagan and Christian in an Age of Anxiety, Cambridge 1965, S. 136=Pagani e cristiani in un'epoca di angoscia. Aspetti dell'esperienza religiosa da Marco Aurelio a Costantino, Firenze 1970, S. 134.
74. D. 4,2,13 (Callistratus, 5 *de cognitionibus*): „Exstat enim decretum divi Marci in haec verba: ,Optimum est, ut, si quas putas te habere petitiones, actionibus experiaris. Cum Marcianus diceret: vim nullam feci, Caesar dixit: tu vim putas esse solum, si homines vulnerentur? Vis est et tunc, quotiens quis id, quod deberi sibi putat, non per iudicem reposcit. Quisquis igitur probatus mihi fuerit rem ullam debitoris vel pecuniam debitam non ab ipso sibi sponte datam sine ullo iudice temere possidere vel accepisse, isque sibi ius in eam rem dixisse: ius crediti non habebit' ". Diese Stelle kann man (wie auch D. 28,4,3 pr., die wir auf S. 152 untersucht haben) als die Mitschrift einer Audienz betrachten; sie erscheint mit bemerkenswerten Abweichungen auch D. 48,7,7, L. 37: Zur Verdoppelung und ihren Gründen: Th. Mayer-Maly, Bemerkungen zum Aufbau der Digestentitel, in: Synteleia Arangio-Ruiz 2, Napoli 1964, S. 882–4.
75. Auch J. Bleicken, Zum Regierungsstil, S. 207 und Anm. 62, weist darauf hin und unterstreicht die als „sehr elegant" bewertete Verwendung eines *vetus proverbium*, aus einem Brief des Severus und Caracalla über die Geschenke an die Prokonsuln bei Ulpian, D. 1,16,6,3, L. 2145: οὔτε πάντα οὔτε πάντοτε οὔτε παρὰ πάντων.
76. Gibbon, Decline and Fall 2, S. 99.
77. Plin. *Ep.* 10,96 und 97.
78. Ulp. D. 40,5,37; hierzu T. Masiello, Libertà e vantaggio patrimoniale in un rescritto di Marco Aurelio, Labeo 21, 1975, S. 10–22: Masiello untersucht diese Stelle zusammen mit Inst. 3,11 pr. –1.

VIII. Der Jurist und der Kaiser

79. D. 48,18,1,27 (Ulpianus, 8 *de officio proconsulis,* L. 2212): „Si quis ultro de maleficio fateatur, non semper ei fides habenda est: nonnumquam enim aut metu aut qua alia de causa in se confitentur. Et extat epistula divorum fratrum ad Voconium Saxam, qua continetur liberandum eum, qui in se fuerat confessus, cuius post damnationem de innocentia constitisset. Cuius verba haec sunt: ‚Prudenter et egregia ratione humanitatis, Saxa carissime, Primitivum servum, qui homicidium in se confingere metu ad dominum revertendi suspectus esset, perseverantem falsa demonstratione damnasti quaesiturus de consciis, quos aeque habere se commentitus fuerat, ut ad certiorem ipsius de se confessionem perveniret. Nec frustra fuit tam prudens consilium tuum, cum in tormentis constiterit neque illos ei conscios fuisse et ipsum de se temere commentum. Potes itaque decreti gratiam facere et eum per officium distrahi iubere, condicione addita, ne umquam in potestatem domini revertatur, quem pretio recepto certum habemus libenter tali servo cariturum'". In eine ähnliche Problemlage verweist eines der beiden von Callistratus D. 48,19,27 pr., erwähnten Reskripte. Der Zorn der Besitzer konnte nicht nur zur Selbstbeschuldigung führen, sondern auch zum Selbstmord: Proc.-Viv.-Ulp. D. 21,1,17,4. Einschränkungen der *saevitia* gegenüber Sklaven bezeugen Suet. *Claud.* 25,2; Paul. Coll. 3,2,1; Ulp. Coll. 3,3,1–4 (= D. 1,6,2); 3,3,5–6; D. 1,12,1,8; Inst. 1,8,2. Ulpian, D. 48,18,1 pr.–1 und 23 (es ist das Fragment als ganzes von Interesse), drückt Ratlosigkeit gegenüber dem Gebrauch der Folter aus.

80. D. 4,1,7 pr. (Marcellus, 3 *digestorum,* L. 21): „Divus Antoninus Marcio Avito praetori de succurrendo ei, qui absens rem amiserat, in hanc sententiam rescripsit: ‚Etsi nihil facile mutandum est ex sollemnibus, tamen ubi aequitas evidens poscit, subveniendum est. Itaque si citatus non respondit et ob hoc more pronuntiatum est, confestim autem pro tribunali te sedente adiit: existimari potest non sua culpa, sed parum exaudita voce praeconis defuisse, ideoque restitui potest'". Das Motiv der *aequitas evidens* erscheint isoliert als „Regel" bei Marcell. D. 50,17,183; ein brauchbarer Vergleich findet sich in D. 1,4,2 (Ulpianus, 4 *fideicommissorum,* L. 1882): „In rebus novis constituendis evidens esse utilitas debet, ut recedatur ab eo iure, quod diu aequum visum est".

81. D. 26,5,12,1 (Ulpianus, 3 *de officio proconsulis,* L. 2158): „Nec dubitabit filium quoque patri curatorem dare: quamvis enim contra sit apud Celsum et apud alios plerosque relatum, quasi indecorum sit patrem a filio regi, attamen divus Pius Inst⟨e⟩io Celeri, item divi fratres rescripserunt filium, si sobrie vivat, patri curatorem dandum magis quam extraneum". Ulpian beschäftigt sich mit dieser Neuerung auch in D. 27,10,1,1, L. 2423.

82. Gai. 1,84: „Ecce enim ex senatus consulto Claudiano poterat civis Romana, quae alieno servo volente domino eius coiit, ipsa ex pactione libera permanere, sed servum procreare: nam quod inter eam et dominum istius servi convenerit, ex senatus consulto ratum esse iubetur. Sed postea divus Hadrianus iniquitate rei et inelegantia iuris motus restituit iuris gentium regulam, ut cum ipsa mulier libera permaneat, liberum pariat".

83. Gai. 2,195: „In eo solo dissentiunt prudentes, quod Sabinus quidem et Cassius ceterique nostri praeceptores, quod ita legatum sit, statim post aditam hereditatem putant fieri legatarii, etiamsi ignoret sibi legatum esse dimissum; et posteaquam scierit et cesserit legato, proinde esse atque si legatum non esset; Nerva vero et Proculus ceterique illius scholae auctores non aliter putant rem legatarii fieri, quam si voluerit eam ad se pertinere. Sed hodie ex divi Pii Antonini constitutione hoc magis iure uti videmur, quod Proculo placuit: nam cum legatus fuisset Latinus per vindicationem coloniae ‚Deliberent', inquit, ‚decuriones, an ad se velint pertinere, pro-

inde ac si uni legatus esset' ". Der *Latinus,* von dem im Text die Rede ist, kann ganz offensichtlich kein Bürger einer Gemeinde latinischen Rechts sein. Vielmehr liegt es nahe (unter Bezug auf Plin. *Ep.* 10,104), an die Kategorie der *Latini Iuniani* zu denken: freigelassene Sklaven, deren Status als Freie (oder Halbfreie) – und nicht als Bürger – durch eine *lex Iunia (Norbana),* vielleicht aus dem Jahr 19 n. Chr., geregelt war; vgl. M. David – H. L. W. Nelson, Kommentar 3, S. 392–5. Gaius täuschte sich über die entscheidende Tragweite der Konstitution des Antoninus Pius, weil die „Theorie des Sabinus" über den Erwerb des Legats zwar einige Änderungen erfuhr, aber nicht beseitigt wurde: Iul.-Ulp. Vat. 75,2=D. 7,2,1,1; Ulp. D. 27,9,5,8; Paul. D. 36,2,21 pr.; eine erschöpfende Untersuchung der Quellen bei P. Voci, Diritto ereditario 2², S. 372–86.

84. Inst. 2,20,12: „Si rem suam legaverit testator posteaque eam alienaverit, Celsus existimat, si non adimendi animo vendidit, nihilo minus deberi, idque divi Severus et Antoninus rescripserunt. Idem rescripserunt eum, qui post testamentum factum praedia quae legata erant pignori dedit, ademisse legatum non videri et ideo legatarium cum herede agere posse, ut praedia a creditore luantur".

85. Gai. 2,280: „Item fideicommissorum usurae et fructus debentur, si modo moram solutionis fecerit, qui fideicommissum debebit; legatorum vero usurae non debentur; idque rescripto divi Hadriani significatur. Scio tamen Iuliano placuisse in eo legato, quod sinendi modo relinquitur, idem iuris esse quod in fideicommissis; quam sententiam et his temporibus magis optinere video".

86. D. 48,1,5 (Ulpianus, 8 *disputationum,* L. 151): „Is qui reus factus est purgare se debet nec ante potest accusare, quam fuerit excusatus: constitutionibus enim observatur, ut non relatione criminum, sed innocentia reus purgetur. Illud incertum est, utrum ita demum accusare potest, si fuerit liberatus, an et si poenam subierit: est enim constitutum ab imperatore nostro et divo patre eius post damnationem accusationem quem inchoare non posse. Sed hoc puto ad eos demum pertinere, qui vel civitatem vel libertatem amiserunt. Inchoatas plane delationes ante damnationem implere eis et post damnationem permissum est".

87. *Inaestimabilis,* nach den Worten von Aelius Marcianus, D. 30,114,8, L. 132.

88. Grundlegend D. 35,1,92, ein Ausschnitt aus *De fideicommissis* von Ulpian, L. 1895. Eine knappe Behandlung der Stelle bei P. Voci, Diritto ereditario 2², S. 253, 624–6.

89. Vgl. S. 166.

90. D. 4,1,7,1 (Marcellus, 3 *digestorum,* L. 21): „Nec intra has solum species consistet huius generis auxilium: etenim deceptis sine culpa sua, maxime si fraus ab adversario intervenerit, succurri oportebit, cum etiam de dolo malo actio competere soleat, et boni praetoris est potius restituere litem, ut et ratio et aequitas postulabit, quam actionem famosam constituere, ad quam tunc demum descendendum est, cum remedio locus esse non potest".

IX. Öffentliche Verwaltung, Unterricht und Schulen

1. Eine „gut regierte polis" ist nach Plato, *Res publ.* 5,464 b 1–3, einem „Körper" vergleichbar, „wie sich dieser gegen einen Teil von sich in bezug auf Lust und Unlust verhält". Ciceros Bild vom *corpus civitatis* (oder *rei publicae*) enthält Reminiszenzen an Plato: Cic. *De inv.* 2,56,168; *De off.* 1,25,85; *Pro Cluentio* 53,146; *Phil.* VIII 5,15. Ovid. *Tristia* 2,215–232, schreibt, die *curae* des Princeps erstreckten sich auf jeden Teil des *corpus imperii,* und kein Teil „schwanke". Nach den

IX. Öffentliche Verwaltung, Unterricht und Schulen   317

Worten von Annaeus Florus, 2,14 (4,3,5) waren es die *sapientia* und die *sollertia* des Augustus, die diesen „Körper" wieder in Ordnung brachten. Auch für Seneca, *De clem.* 2,2,1 (vgl. 1,5,1) ist das *imperium* ein *corpus* (*immane* nach einer Konjektur), und für Tacitus, *Hist.* 1,16,1 (vgl. *Ann.* 1,12,3) ein *immensum corpus*. Augustin, *De civ. dei* 3,10, stellt die Ausdrücke *imperium Romanum* und *corpora hominum* gegenüber. Der im Text zitierte Satz aus: J. Béranger, Recherches sur l'aspect idéologique du principat, Basel 1953, S. 223; mit dem Thema hat sich neuerdings D. Kienast, Corpus imperii. Überlegungen zum Reichsgedanken der Römer, in: Romanitas-Christianitas, S. 1–17, befaßt.
2. A. A. Schiller, Bureaucracy and the Roman Law, Seminar 11, 1953, S. 27=An American Experience, S. 93.
3. Die Liste wird nach der Neuordnung von 27 v. Chr. durch Sicilia, Sardinia und Corsica (bis 6 n. Chr.), Illyricum (bis 11 n. Chr.), Achaia, Bithynia und Pontus vervollständigt.
4. S. S. 155–156.
5. A. H. M. Jones, Augustus, London 1970, S. 100.
6. S. S. 151.
7. S. S. 158–159.
8. G. Lotito, Il tipo etico del liberto funzionario di corte (Stazio, *Silvae* 3,3 und 5,1), DArch 8, 1974–75, S. 282 ff., 286, wo darauf hingewiesen wird, daß die Definition mit der von Helen Constas, Max Weber's two Conceptions of Bureaucracy, The American Journal of Sociology 63, 1957–58, S. 400–9, Gemeinsamkeiten hat, aber nicht übereinstimmt.
9. Tac. *Ann.* 1,3,7.
10. Vgl. W. Kunkel, Herkunft², S. 272 ff., 304 ff., 306–8, 367–8.
11. Zum Exil Tac. *Ann.* 16,9,1; 16,22,5; Suet. *Nero* 37,1; Pomp. D. 1,2,2,51–52.
12. So zeichnet R. Syme, Tacitus 1, S. 52, seine Karriere bis zum Jahr 90.
13. CIL VIII 4, 24094=ILS 8973: „L(ucio) Octavio Cornelio P(ublii) f(ilio) Salvio Iuliano / Aemiliano Xviro, quaestori Imp(eratoris) / Hadriani, cui divos Hadrianus soli / salarium quaesturae duplicavit / propter insignem doctrinam, trib(uno) pl(ebis), / pr(aetori), praef(ecto) aerar(ii) Saturni item mil(itaris), co(n)s(uli), / pontif(ici), sodali Hadrianali, sodali / Antoniniano, curatori aedium / sacrarum, legato Imp(eratoris) Antonini / Aug(usti) Pii Germaniae inferioris, lega/to Imp(eratorum) Antonini Aug(usti) et Veri Aug(usti) / Hispaniae citerioris, proco(n)s(uli) / provinciae Africae, patrono / d(ecreto) d(ecurionum) p(ecunia) p(ublica)". Die berühmte Inschrift wurde 1899 in Suk-el-Abiod in Tunesien gefunden; an diesem Ort befand sich das antike Pupput, das unter Commodus römische Kolonie wurde. Der Zweifel, ob sich die Inschrift auf den Rechtsgelehrten bezieht, kann ausgeräumt werden; man vergleiche neuerdings die ausgewogenen Bemerkungen von D. Nörr, Drei Miszellen zur Lebensgeschichte des Juristen Salvius Julianus, in: Daube noster, Edinburgh-London 1974, S. 233 ff., 242–5. Den Prokonsulat kann man auf der Grundlage einer anderen Inschrift, die die Weihung des *Capitolium* von Thuburbo Maius enthält, festmachen: ILA 244=ILT 699. Beide Inschriften sind wiedergegeben bei B. E. Thomasson, Die Statthalter der römischen Provinzen Nordafrikas von Augustus bis Diocletianus 2, Lund 1960, S. 82–84, und M. Corbier, L'aerarium Saturni et l'aerarium militare. Administration et prosopographie sénatoriale (Collection de l'École française de Rome 24, 1974) S. 200–1.
14. In der öffentlichen Meinung war er das „Buch", wie der Scholiast zu Iuvenal 4,77, bemerkt; vgl. dazu G. B. Townend, The Earliest Scholiast on Juvenal, CQ 65, 1972,

S. 378. E. Champlin, Pegasus, ZPE 32, 1978, S. 269–78, hat nachgewiesen, daß das Gentiliz des Pegasus sehr wahrscheinlich Plotius lautete.
15. H. Bloch, NSA 8.7, 1953, S. 270–2 (Nr. 33)=AE 1955, 179. Die Ergänzung *Caes(aris)*, und nicht *Aug(usti)*, in derselben Zeile stammt von H. Pflaum, Les carrières procuratoriennes équestres sous le haut-empire romain 1, Paris 1960, S. 333 (Nr. 141); ein Hinweis auf die Laufbahn des Maecianus bei P. A. Brunt, Princeps and Equites, S. 49.
16. Herodian. 5,1,2.
17. Leider sind SHA, *Pesc. Nig.* 7,4 und *Alex.* 26,5, keine verläßlichen Quellen. Positiv bewertet bei W. Kunkel, Herkunft², S. 244, und PIR IV² S. 243; ablehnend oder sehr zweifelnd: L. L. Howe, The Pretorian Prefect from Commodus to Diocletian, Chicago 1942, S. 105–6; A. Chastagnol, Recherches sur l'Histoire Auguste, Bonn 1970, S. 62–68 (Paulus wird in der „Liste der Prätorianerpräfekten von 202 bis 326" nicht erwähnt); R. Syme, Fiction about Roman Jurists, ZSS 97, 1980, S. 85–89, 97, 103=Roman Papers 3, Oxford 1984, S. 1398–1401, 1408, 1413.
18. Um das Jahr 179 n. Chr.; die *Tabula Banasitana* (CRAI 1971, S. 472, Z. 50) gibt den vollständigen Namen: P. Taruttienus P. f. Pob(lilia tribu) Paternus. Das Gentilicium Tarruntenus oder Taruttienus ist auch in anderen Varianten überliefert.
19. Herodian. 6,1,1 und 4.
20. So schreibt Ulpian D. 50,15,1 pr., L. 19, selbst.
21. Plin. *Nat. hist.* 5,19,76.
22. Papinian bekleidete sicher von 205–211 n. Chr. das Amt des *praefectus praetorio*. Er wurde im März 212 auf Befehl Caracallas ermordet, und seine Gestalt ging in die Legende ein. Er hatte sich (so wurde gesagt) geweigert, die Apologie auf die Ermordung Getas auszusprechen und bemerkt, „es ist schwieriger einen Brudermord zu rechtfertigen, als ihn zu verüben" (SHA, *Car.* 8,5).
23. Zos. 1,11,2.
24. Gibbon, Decline and Fall 1, S. 168, fügt zu seinen Quellen Cassius Dio 80,2,2–4 und Zosimus 1,11,2–3, einige Einzelheiten hinzu. Die HA, *Alex.* 51,4, schweigt mit Vorbedacht über die Katastrophe. Das Datum liegt zwischen 223 und Mitte 224 (vielleicht nicht später als Sommer 223), wie man ohne den leisesten Zweifel aus P. Oxy. 2565, entnehmen kann; vgl. hierzu J. Modrzejewski – T. Zawadzki, La date de la mort d'Ulpien et la préfecture du prétoire au début du règne d'Alexandre Sévère, RHD 4.45, 1967, S. 565–611, und F. Grosso, Il papiro Oxy. 2565 e gli avvenimenti del 222–224, RAL 23, 1968, S. 205–14. Kaiser Severus Alexander war damals vierzehn oder fünfzehn Jahre alt.
25. Pomp. D. 1,2,2,47.
26. Tac. *Ann.* 4,58,1; 6,26,1.
27. Ulp. D. 3,1,1,3.
28. Pomp. D. 1,2,2,47–53, wo der Name der *Sabiniani* nicht erscheint, sondern nur der der *Cassiani* und der der *Proculiani*. Zu C. Cassius Longinus als Schulhaupt, Plin. *Ep.* 7,24,8, und zum Verhältnis zu Sabinus, Paul. D. 4,8,19,2. Von *Sabiniani* ist die Rede bei Ulp. D. 24,1,11,3 und Marcian. D. 41,1,11; eine ihrer Ansichten ist in den CI. 6,29,3,1 (a. 530) aufgenommen; *Cassiani* sind erwähnt bei Paul. D. 39,6,35,3 und D. 47,2,18. *Sabiniani* und *Procul(e)iani* bei Ulp. Vat. 266 und Inst. 2,1,25; *Cassiani* und *Procul(e)iani* bei Ulp. ep. 11,28.
29. Vgl. D. Liebs, Rechtsschulen, S. 200, 203–5, der allerdings aus Cerv. Scaev. D. 29,7,14 pr. mehr entnimmt, als der Text hergeben kann.
30. D. 1,2,2,48; 50.
31. Vgl. W. Kunkel, Herkunft², S. 119–20.

IX. Öffentliche Verwaltung, Unterricht und Schulen 319

32. Vgl. R. Syme, Tacitus 2, S. 761; The Augustan Aristocracy, Oxford 1986, S. 306, 349.
33. D. 1,2,2,35, vgl. dazu meine Beobachtungen in Tecniche², S. 238.
34. Zur Nachfolge, D. 1,2,2,48. Das Todesjahr Capitos ergibt sich aus Tac. *Ann.* 3,75,1.
35. Gai. 2,218.
36. Die Texte sind in Anm. 30 angeführt.
37. Nicht viel anders D. Nörr, Zur Biographie der Juristen C. Cassius Longinus, in: Sodalitas. Scritti Guarino 6, Napoli 1984, S. 2974–5.
38. C. Trebatius Testa lebte noch im Jahr 3 v. Chr., wie sich aus Inst. 2,25 pr., ergibt, vgl. dazu S. 149–150.
39. Die wenigen Fragmente, die wir dazu besitzen, sind bei Bremer II 1, S. 363–7, 367–74, gesammelt. In den Palingenesia Lenels fehlen die Daten und Leitlinien: die Ausnahme bildet lediglich Paul. D. 50,16,144, L. Sab. 7, der an die *Memorialia* anknüpft.
40. U. Manthe, Die Libri ex Cassio, S. 37, 113, 115, 316.
41. F. Schulz, Geschichte, S. 187–9.
42. V. Arangio-Ruiz, La società, S. 46.
43. B. W. Leist, Versuch einer Geschichte der römischen Rechtssysteme, Rostock-Schwerin 1850, S. 40–56 und Tafeln; Lenel, Das Sabinussystem, S. 3 ff., 89–104.
44. Auch Leist, Versuch, S. 55, entgeht der Anziehungskraft einer modernistischen Interpretation nicht, wenn er bemerkt, das von ihm rekonstruierte System entspräche, – wenn wir es mit Termini und Konzepten ausdrücken, die den Römern „noch gar nicht geläufig waren", – dem der „heutigen Pandektencompendien", und sei auf die vier Teile zurückzuführen, die Schulz hundert Jahre später aufführt.
45. V. Arangio-Ruiz, La società, S. 48.
46. Gai. 1,8–12: „Omne autem ius, quo utimur, vel ad personas pertinet vel ad res vel ad actiones. Et prius videamus de personis. Et quidem summa divisio de iure personarum haec est, quod omnes homines aut liberi sunt aut servi. Rursus liberorum hominum alii ingenui sunt, alii libertini. Ingenui sunt, qui liberi nati sunt; libertini, qui ex iusta servitute manumissi sunt. Rursus libertinorum ⟨genera sunt tria: aut enim cives Romani aut Latini aut dediticiorum⟩ numero sunt. De quibus singulis dispiciamus ..." 2,2–3: „Summa itaque rerum divisio in duos articulos diducitur: nam aliae sunt divini iuris, aliae humani. Divini iuris sunt veluti res sacrae et religiosae". 2,10: „Hae autem quae humani iuris sunt, aut publicae sunt aut privatae". 2,12–14: „Quaedam praeterea res corporales sunt, quaedam incorporales. ⟨Corporales⟩ hae, quae tangi possunt, velut fundus homo vestis aurum argentum et denique aliae res innumerabiles. Incorporales sunt, quae tangi non possunt, qualia sunt ea, quae ⟨in⟩ iure consistunt, sicut hereditas ususfructus obligationes quoquo modo contractae. Nec ad rem per⟨tinet, quod in hereditate res corporales con⟩tinentur, et fructus qui ex fundo percipiuntur corporales sunt, et quod ex aliqua obligatione nobis debetur, id plerumque corporale est, veluti fundus homo pecunia: nam ipsum ius successionis et ipsum ius utendi fruendi et ipsum ius obligationis incorporale est. Eodem numero sunt iura praediorum urbanorum et rusticorum". 3,88–89: „Nunc transeamus ad obligationes, quarum summa divisio in duas species diducitur: omnis enim obligatio vel ex contractu nascitur vel ex delicto. Et prius videamus de his, quae ex contractu nascuntur. Harum autem quattuor genera sunt: aut enim re ⟨con⟩trahitur, obligatio aut verbis aut litteris aut consensu". Im Zusammenhang mit diesen Stellen siehe auch Gai. D. 1,5,1; 3; 6; D. 1,8,1; Inst. 1,2,12; 1,3 pr.; 1,5 pr.; 2,2.
47. D. 44,7,1 pr.-1 (Gaius, 2 *aureorum*, L. 498): „Obligationes aut ex contractu nascun-

tur aut ex maleficio aut proprio quodam iure ex variis causarum figuris. Obligationes ex contractu aut re contrahuntur aut verbis aut consensu". Zu den *variae causarum figurae* gehören auch die Führung fremder Geschäfte und die Vormundschaft, die Zahlung einer nichtgeschuldeten Leistung und das obligatorische Legat (Gai. D. 44,7,5 pr.-3, L. 506).

48. Aristo ist der Autor von *Notae* sowohl zu *De iure civili* von Sabinus als auch zu dem gleichnamigen Werk des Cassius; es ist unbekannt, ob sie eine eigenständige literarische Form besaßen oder in seinen *Digesta* enthalten waren. Iavolenus schreibt ein Werk *ex Cassio* in 15 Büchern und Pomponius einen ausführlichen Kommentar zu Sabinus.

49. Wir kennen die *Libri ad Vitellium* des Sabinus, die später Paulus benutzt hat; Iulianus verfaßte ein Werk *ad Urseium Ferocem* in vier Büchern und eines *ex Minicio* (oder *ad Minicium*) in sechs Büchern.

50. So W. Kunkel, Herkunft[2], S. 340–1.

51. Ulp. D. 7,8,12,1, L. 2577.

52. S. S. 51.

53. Iav. D. 35,1,40,5, L. 186. Der Schutz des Erben war durch das prätorische Recht mit einer *denegatio actionis* oder einer *exceptio doli* gegenüber dem Legatar gewährleistet: Val. D. 32,19, hieraus ergibt sich der Konsens über die *fictio* von Nerva *pater* und Atilicinus; Iul. D. 40,5,48; siehe auch Pap. D. 35,1,71,1 und Ulp. D. 40,5,7.

54. Diese Schlußfolgerung, zu der D. Liebs, Rechtsschulen, S. 279, in Übereinstimmung mit P. Stein, The Relations between Grammar and Law in the Early Principate: The Beginnings of Analogy, in: La critica del testo 2, S. 757–69; The Two Schools of Jurists in the Early Roman Principate, The Cambridge Law Journal 31.1, 1972, S. 8–31 gelangt, wird von F. Wieacker, Juristen und Jurisprudenz im Prinzipat, ZSS 94, 1977, S. 238, geteilt. Die Forschungen von M. Schanz, Die Analogisten und Anomalisten im römischen Recht, Philologus 42, 1883, S. 309–18; Die Apollodoreer und die Theodoreer, Hermes 25, 1890, S. 51–54, und insbesondere E. Betti, Sul valore dogmatico della categoria „contrahere" in giuristi proculiani e sabiniani, BIDR 28, 1915, S. 3 ff., 27, 33–34, 87–88, 330, dessen Anregungen und Abgrenzungen man jetzt aufnimmt, haben den Weg dazu eröffnet.

55. Gai. 3,141; Paul. D. 18,1,1,1; D. 19,4,1; Inst. 3,23,2; s. a. CI. 4,64,7 (Diocl. a. 294).

56. D. 19,4,2, L. 23. Eine interessante Angabe ist das *consequi ad exemplum ex empto actionis* in CI. 4,64,1 (Gord. a. 238).

57. Seltsamerweise widerspricht sich E. Betti, Istituzioni 2.1, S. 175–7, 322–4, selbst.

58. Hierauf weist besonders F. De Marini Avonzo, Critica testuale e studio storico del diritto, Torino 1973[2], S. 52–53, hin.

59. Nerva *pater*, so berichtet Tacitus, *Ann.* 6,26,1–2, wählte den Selbstmord, obwohl er sich „in einer unerschütterten Stellung" befand: er war in keiner Weise angeklagt worden, wollte aber ein „ehrenvolles Ende", „je näher ihm mit Verbitterung und Besorgnis das Unglück des Gemeinwesens vor Augen gestanden sei". Zu C. Cassius Longinus, s. S. 174.

60. Sen. *Apocol.* 12,2; Suet. *Cal.* 34,2.

61. Die *tempora dira* (Iuv. 4,80) hinderten Pegasus nicht daran, *praefectus urbi*, und Iavolenus, *legatus consularis* in Obergermanien zu sein: s. S. 174. Celsus *pater*, – wenn wir in ihm, wie W. Kunkel, Herkunft[2], S. 137 vorschlägt, den Ἰουουέντιος Κέλσος bei Cassius Dio 67,13,3–4, sehen wollen, beteiligte sich an einer Verschwörung gegen Domitian und rettete sich vor dem Untergang mit einem „raffinierten" Ausweg.

62. Sen. *ad Helv.* 6,2–3.
63. Scaev.-Ulp. D. 12,1,17; Ulp. D. 5,1,18,1.
64. Gell. 13,13,1; Tryph. D. 23,3,78,4; Marcian. D. 40,15,1,4; eine nützliche Parallele ist Suet. *Tib.* 11,3.
65. Sch. Iuv. 1,128. Eine „topographische" Lektüre von Iuv. 1,127–129, führt D. Liebs, Rechtsschulen, S. 236 ff., 238, zu der Annahme, daß der von dem Dichter mit *iuris peritus Apollo* angegebene Ort eher das Augustusforum gewesen wäre, wo ebenfalls eine Statue dieses Gottes stand (Plin. *Nat. hist.* 7,53,183).
66. Cic. *De fin.* 2,1,2–3; 5,4,10; *Tusc.* 1,4,7–8; 2,3,9; s.a. *De or.* 3,21,80; *De nat. deor.* 2,67,168.
67. Gell. 1,26,1–9.
68. Gell. 19,6. Vgl. P. Donini, Le scuole, S. 21, 58–60.
69. In diese Richtung gehen die letzten Seiten von D. Liebs, Rechtsschulen, S. 282–4.
70. Der einzige chronologische Anhaltspunkt ist der *divus Pius* in D. 41,1,16, L. 9. Der Vergleich, den D. Liebs, Provinzialjurisprudenz, S. 349, zwischen D. 38,2,28 pr. (aus den *Institutiones* des Florentinus, L. 32 entnommen) und D. 48,20,7,1 (aus dem *Liber singularis de portionibus quae liberis damnatorum conceduntur* des Paulus, L. 1262) zieht, ist nicht ausschlaggebend, um das erste der beiden Werke für später als das zweite zu halten.
71. Diese Hypothese wurde von F. Schulz, Geschichte, S. 208–9, vorgetragen.
72. Zu den bei Lenel, Pal. Paul. 888–891 zusammengetragenen Fragmenten der *Institutiones* des Paulus sind noch die beiden von P. Thomas im Jahr 1878 edierten, Coll. libr. III, S. 297=FIRA II² S. 421–2, hinzuzufügen.
73. D. 1,1,1, pr.-1 (Ulpianus, 1 *institutionum*, L. 1908): „Iuri operam daturum prius nosse oportet, unde nomen iuris descendat. Est autem a iustitia appellatum: nam, ut eleganter Celsus definit, ius est ars boni et aequi. Cuius merito quis nos sacerdotes appellet: iustitiam namque colimus et boni et aequi notitiam profitemur, aequum ab iniquo separantes, licitum ab illicito discernentes, bonos non solum metu poenarum, verum etiam praemiorum quoque exhortatione efficere cupientes, veram nisi fallor philosophiam, non simulatam affectantes".
74. Iustin. *Apol.* I,2,1 und 4,8, II² S. 8–10, 14 Rauschen.
75. Clem. Alex, *Strom.* I,5,32,4, S. 21 Stählin-Früchtel³; Origenes *In Gen. hom.* (interprete Rufino) 11,2, VI 1, S. 103, 15–27 Baehrens=S. 282,38–284,52 Doutreleau (vgl. *Ep. ad Gregorium* 1, PG 11, 88 A–B=*Philocalia*, 13,1, S. 64–65 Robinson).
76. Nach P. Frezza, La cultura di Ulpiano, SDHI 34, 1968, S. 366 ff., 368, für den vor allem Origenes maßgeblich ist, wollte Ulpian „seinen eigenen Unterricht als *veram non simulatam philosophiam*" bezeichnen, „wobei er implizit die Herausforderung und explizit die Worte der Philosophen aufnahm"; diese These wurde von Frezza: La persona di Ulpiano, SDHI 49, 1983, S. 416–8, bekräftigt, allerdings mit einigen chronologischen Unschärfen.
77. Auf die Anspielungen bei Lact. *De opif. dei* 20,1, CSEL 27, S. 63; *Div. inst.* 5,8,9; 5,9,22; 5,11,18–19; 5,12,1–2, CSEL 19, S. 422–3, 429, 436, hat C. Ferrini, Le cognizioni giuridiche di Lattanzio, Arnobio e Minucio Felice (1894), Opere 2, S. 472–3, hingewiesen.
78. Galen. *Protr.* 14, I S. 38–39 K.=I S. 129 Marquardt; *Quod optimus medicus* 3, I S. 59–61 K.=II S. 6–7 Müller. Dem Verhältnis zwischen Ulpian und Galen ist G. Lanata, Legislazione e natura, S. 214–9, in einer sehr scharfsinnigen Untersuchung nachgegangen.
79. Vgl. M. Isnardi Parente, Techne, PP 16, 1961, S. 257 ff., 277–8, 293–6; Techne. Momenti del pensiero greco da Platone a Epicuro, Firenze 1966, S. 280–1, 345.

80. Dies war die Meinung von Dio Chrysostomus, *Or.* 71,5 und 8.
81. Der Brief LXXXVIII aus den *Epistulae ad Lucilium* ist grundlegend.
82. Quintilian 12,4,12 schreibt: „es ist möglich, die Philosophie vorzuspiegeln". Cicero hatte in *pro Murena* die ‚Kunst' der Rechtswissenschaft als *verbosa simulatio prudentiae* abgestempelt. Antwortet Ulpian hier auf diesen alten Vorwurf? D. Nörr, Iurisperitus sacerdos, in: Ξένιον. Festschrift Zepos, Athen-Freiburg im Br.-Köln, 1973, S. 557 und Anm. 12; Rechtskritik, S. 59 Anm. 14; Cicero-Zitate bei den klassischen Juristen, Ciceroniana n. s. 3, 1978, S. 135 und Anm. 91, ist dieser Meinung; Nörr merkt auch an, (in der ersten der drei genannten Arbeiten), daß die Metapher Ulpians vom Rechtsgelehrten als *sacerdos* mit der von Seneca in einem anderen Kontext entworfenen *De vita beata* 26,7, „fast identisch" sei.
83. F. Schulz, Geschichte, S. 208.
84. Im selben Sinne F. Wieacker, Textstufen, S. 213, bestätigt bei T. (A. M.) Honoré, Ulpian, S. 103, 159, 171–2.
85. Nach dem *Index Florentinus* (XXIV 7), dem Verzeichnis der Autoren und der verwendeten Schriften, der dem florentinischen Kodex der Digesten vorangestellt ist, handelte es sich um ein Werk in zehn Büchern; in den Digesten sind nur die zwei Fragmente erhalten, die aus einem *Liber singularis pandectarum* exzerpiert wurden, das Ulpian zugeschrieben wurde (Lenel, Pal. 2360–2361). Die *Pandectae* Modestins umfaßten 12 Bücher (Lenel, Pal. 89–150). Das Wort ist griechischen Ursprungs (πᾶν δέχομαι) und bedeutet „alles sammeln".
86. Zu den stilistischen Gründen vgl. man jetzt T. (A. M.) Honoré, Ulpian, S. 96.

X. Literarische Formen

1. Der *Liber singularis responsorum* des Marcellus geht, wenn er authentisch ist, auf die Zeit des Antoninus Pius zurück. Unsicher bleibt die Datierung des *Liber responsorum* des Iulius Aquila zwischen dem Beginn und der zweiten Hälfte des 3. Jahrhunderts.
2. D. 36,1,48 (Iavolenus, 11 *epistularum*, L. 130): „Seius Saturninus archigubernus ex classe Britannica testamento fiduciarium reliquit heredem Valerium Maximum trierarchum, a quo petit, ut filio suo Seio Oceano, cum ad annos sedecim pervenisset, hereditatem restitueret. Seius Oceanus antequam impleret annos, defunctus est: nunc Mallius Seneca, qui se avunculum Seii Oceani dicit, proximitatis nomine haec bona petit. Maximus autem trierarchus sibi ea vindicat ideo, quia defunctus est is cui restituere iussus erat. Quaero ergo, utrum haec bona ad Valerium Maximum trierarchum heredem fiduciarium pertineant an ad Mallium Senecam, qui se pueri defuncti avunculum esse dicit. Respondi: si Seius Oceanus, cui fideicommissa hereditas ex testamento Seii Saturnini, cum annos sedecim haberet, a Valerio Maximo fiduciario herede restitui debeat, priusquam praefinitum tempus aetatis impleret, decessit, fiduciaria hereditas ad eum pertinet, ad quem cetera bona Oceani pertinuerint, quoniam dies fideicommissi vivo Oceano cessit, scilicet si prorogando tempus solutionis tutelam magis heredi fiduciario permisisse, quam incertum diem fideicommissi constituisse videatur". Die Authentizität des letzten Satzes von *scilicet* bis *videatur*, bleibt unsicher; B. Eckardt, Iavoleni Epistulae, Berlin 1978, S. 21–25, 74, hat sie verteidigt.
3. Besonders wichtig ist Cels.-Ulp. D. 4,4,3,1, L. Cels. 13.
4. Pomp. D. 40,5,20, L. 190.

5. Vgl. S. 180.
6. Zu den *Digesta* des Cervidius Scaevola in 40 Büchern, s. S. 203.
7. S. S. 152.
8. Vgl. F. Schulz, Geschichte, S. 250–2; F. Wieacker, Textstufen, S. 168.
9. F. Schulz, Geschichte, S. 262.
10. Lenel, Pal. 2, S. 187 Anm. 4.
11. Die gradlinigste und flexibelste Darstellung bleibt die von F. Schulz, Geschichte, S. 225–9, mit den Bemerkungen und Vorbehalten von D. Liebs, Variae lectiones (Zwei Juristenschriften), in: Studi Volterra 5, Milano 1971, S. 73 Anm. 92; D. Nörr, Pomponius oder „Zum Geschichtsverständnis der römischen Juristen", ANRW 2.15, 1976, S. 554–6; U. Manthe, Die Libri ex Cassio, S. 34–37.
12. Nach Lenel, Pal. 2, S. 1 Anm. 1, war Pedius ein jüngerer Zeitgenosse des Sabinus, und A. Cenderelli, Ricerche su Sesto Pedio, SDHI 44, 1978, S. 371 ff., 392–3, 426, bewegt sich mit einigem Zögern in dieselbe Richtung; indes sind Prob. 6,77 (Einsidl.), dazu R. Röhle, Sextus Pedius Mediolanensis, SDHI 35, 1969, S. 371–2 und Ulp. D. 50,16,13,1, L. Ped. 5, kein Beleg dafür. C. Ferrini, Sesto Pedio, RISG 1, 1886, S. 34 Anm.=Opere 2, S. 40 Anm. 1, war nicht der einzige, der ihn in trajanische Zeit datierte. Die Art und Weise, in der Paulus D. 4,8,32,16, L. Ped. 15, ihn zitiert, läßt die Annahme einer Gleichzeitigkeit mit Iulianus zu; vgl. P. Krüger, Geschichte², S. 189–90, und besonders W. Kunkel, Herkunft², S. 168–9; man muß indes zugeben, daß das Indiz sehr schwach ist.
13. Die Hypothese stammt von D. Liebs, Provinzialjurisprudenz, S. 352.
14. Bezeichnend ist der Hinweis auf M. Iunius Gracchanus, den Verfasser von *De potestatibus*, bei Ulp. D. 1,13,1 pr., L. 2252, dazu Tecniche², S. 14–15, 37, 55–56.
15. F. Schulz, Geschichte, S. 165, 311 = History S. 139, 243–4 (mit einem nicht zu vernachlässigenden Unterschied in der Formulierung).

XI. Die Mittel eines Faches

1. Bezeichnend ist Gai. 1,2–5 und 7.
2. Pap. D. 1,3,1, L. 29; Marcian. D. 1,3,2, L. 44=SVF III 314.
3. D. Nörr, I giuristi romani: tradizionalismo o progresso?, BIDR 84, 1981, S. 28–29, spricht von „virtuosismo".
4. Vgl. zu Schulz meine Erörterung in: Tecniche², S. 335–53, und zu Savigny meine Beobachtungen in: Materiali per una storia della cultura giuridica 6, 1976, S. 206–8, und in: Quaderni fiorentini 9, 1980, S. 198–216.
5. E. Norden, Die antike Kunstprosa 1², Leipzig-Berlin 1909, S. 11.
6. Der Satz von V. Arangio-Riuz, Storia⁷, S. 276, enthält Anklänge an Savigny.
7. Die erstgenannte Titelfassung findet sich bei Gell. 4,1,20, die zweite bei Paul. D. 17,2,30.
8. Lenel, Pal. Serv. 5–8; man kann noch die Nummern 34,43. 1,65 pr., 72,79,85, hinzufügen.
9. Die Liste der mit ‚Notae' versehenen Texte Julians findet sich bei Lenel, Pal. 1, S. 633 Anm. 6.
10. J. Rastätter, Marcelli Notae ad Iuliani Digesta, Diss. Freiburg i. Br. 1981, S. 104.
11 Lenel, Pal. Lab. 193–226.
12. D. 47,2,77,1, L. 322; D. 50,16,122, L. 255.
13. Sen. *Ep.* 33,7.

14. Sen. *Ep.* 33,11.
15. D. 45,1,91,3, L. Cels. 221.
16. D. 50,17,202 (Iavolenus, 11 *epistularum*, L. 131): „Omnis definitio in iure civili periculosa est: parum est enim, ut non subverti posset".
17. D. 50,17,1 (Paulus, 16 *ad Plautium*, L. 1230): „Regula est, quae rem quae est breviter enarrat. Non ex regula ius sumatur, sed ex iure quod est regula fiat. Per regulam igitur brevis rerum narratio traditur, et, ut ait Sabinus, quasi causae coniectio est, quae simul cum in aliquo vitiata est, perdit officium suum".
18. Varro, *De re rust.* 1,17,1.
19. Gai. 1,9 (=D. 1,5,3=Inst. 1,3 pr.); 1,48 (=D. 1,6,1 pr.=Inst. 1,8 pr.); 1,49 (=Inst. 1,8 pr.); 1,50–52 (=D. 1,6,1 pr.-1=Inst. 1,8 pr.-1); 2,13 (=D. 1,8,1,1=Inst. 2,2,1); 2,14a (lückenhaft); D. 50,17,107; Paul. D. 4,5,3,1; Ulp. D. 28,1,20,7; D. 50,17,22 pr.; D. 50,17,32; Ulp. ep. 19,1.
20. Dies jetzt klargestellt von K. Hopkins, Conquerors and Slaves. Sociological Studies in Roman History, Cambridge 1978, S. 126–32; 147–9.
21. Ich bediene mich eines Ausspruchs, den E. Betti, Diritto romano 1, S. 118–9, 136; Istituzioni 1², S. 56, 63, gebraucht hat, ohne allerdings alle Konsequenzen daraus zu ziehen.
22. Die beiden Standardformeln *Stichus servus meus liber esto* und *Stichum servum meum liberum esse iubeo*, finden sich bei Gai. 2,267; vgl. auch Ulp. ep. 2,7.
23. Wie bei Lab.-Pomp. D. 40,7,21 pr., vgl. oben S. 51–52, oder im *Testamentum Antonii Silvani*, FIRA III² 47, S. 131 Z. 31–36; „Cronionem servum meum pos⟨t⟩ mortem meam, si omnia recte tractaverit et trad⟨id⟩erit, heredi meo s(upra) s(ripto) vel procuratori, tunc liberum volo esse...".
24. Besonders instruktiv ist Serv.-Lab.-Cass.-Ulp. D. 40,7,3,2.
25. D. 40,7,28 pr. (Iavolenus, 6 *ex Cassio*, L. 22): „Si hereditas eius, qui servum, intra dies triginta mortis suae si rationes reddidisset, liberum esse iusserat, post dies triginta adita est, iure quidem stricto ita manumissus liber esse non potest, quoniam condicione deficitur: sed favor libertatis eo rem perduxit, ut respondeatur expletam condicionem, si per eum, cui data esset, non staret quo minus expleretur".
26. D. 40,7,39,4, L. 196.
27. D. 40,7,20,3 (Paulus, 16 *ad Plautium*, L. Iul. 596): „Is, cui servus ⟨decem⟩ [pecuniam] dare iussus est ut liber esset, decessit. Sabinus, si decem habuisset parata, liberum fore, quia non staret per eum, quo minus daret. Iulianus autem ait favore libertatis constituto iure hunc ad libertatem perventurum, etiamsi postea habere coeperit decem. Adeo autem constituto potius iure quam ex testamento ad libertatem pervenit, ut, si eidem et legatum sit, mortuo eo cui dare iussus est ad libertatem quidem perveniet, non autem et legatum habiturus est: idque et Iulianus putat, et in hoc ceteris legatariis similis sit".
28. Sab.-Proc.-Iul.-Paul. D. 25,2,1; Iul. D. 1,3,32,1; Ter. Clem. D. 24,1,25; Paul. D. 49,15,19 pr.; vgl. auch Cels. D. 1,3,4; Pomp. D. 1,3,3; D. 50,16,120; Gai. 1,1 (=D. 1,1,9=Inst. 1,2,1); Ulp. D. 1,3,8: Mod. D. 1,3,40; Herm. D. 1,5,2; Herm. D. 35,1,94 pr.-1 scheint auf die Terminologie Julians anzuspielen.
29. Marcian. D. 40,4,26.
30. L. Gernet, Les Grecs sans miracle, Paris 1983, S. 350.
31. Cels.-Marcell.-Ulp. D. 9,2,11,3; vgl. auch Cels.-Iul.-Ulp. D. 9,2,21,1; Iul.-Ulp. D. 9,2,15,1.
32. D. 9,2,51 pr.-2 (Iulianus, 86 *digestorum*, L. 821): „Ita vulneratus est servus, ut eo ictu esset moriturum: medio deinde tempore heres institutus est et postea ab alio ictus decessit: quaero, an cum utroque de occiso lege Aquilia agi possit. Respondit:

XI. Die Mittel eines Faches   325

"... Aquilia lege teneri existimati sunt non solum qui ita vulnerassent, ut confestim vita privarent, sed etiam hi, quorum ex vulnere certum esset aliquem vita excessurum. Igitur si quis servo mortiferum vulnus inflixerit eundemque alius ex intervallo ita percusserit, ut maturius interficeretur, quam ex priore vulnere moriturus fuerat, statuendum est utrumque eorum lege Aquilia teneri. Idque est consequens auctoritati veterum, qui, cum a plubribus idem servus ita vulneratus esset, ut non appareret cuius ictu perisset, omnes lege Aquilia teneri iudicaverunt. Aestimatio autem perempti non eadem in utriusque persona fiet: nam qui prior vulneravit, tantum praestabit, quanto in anno proximo homo plurimi fuerit repetitis ex die vulneris trecentum sexaginta quinque diebus, posterior in id tenebitur, quanti homo plurimi venire pot⟨u⟩erit in anno proximo, quo vita excessit, in quo pretium quoque hereditatis erit. Eiusdem ergo servi occisi nomine alius maiorem, alius minorem aestimationem praestabit, nec mirum, cum uterque eorum ex diversa causa et diversis temporibus occidisse hominem intellegatur. Quod si quis absurde a nobis haec constitui putaverit, cogitet longe absurdius constitui neutrum lege Aquilia teneri aut alterum potius, cum neque impunita maleficia esse oporteat nec facile constitui possit, uter potius lege teneatur. Multa autem iure civili contra rationem disputandi pro utilitate communi recepta esse innumerabilibus rebus probari potest: unum interim posuisse contentus ero. Cum plures trabem alienam furandi causa sustulerint, quam singuli ferre non possent, furti actione omnes teneri existimantur, quamvis subtili ratione dici possit neminem eorum teneri, quia neminem verum sit eam sustulisse". Die Haltung Julians ist bei Ulpian in D. 9,2,11,2, wiedergegeben.

33. Bezeichnend ist der Dialog zwischen dem Skeptiker C. Aurelius Cotta und dem Stoiker Lucilius Balbus in Ciceros *De natura deorum*. Die Worte *ratione pugnare* sind aus 3,4,10, übernommen.
34. H. Strasburger, Zum antiken Gesellschaftsideal, S. 97.
35. Sen. *Ep.* 94,15.
36. D. 19,2,13,1 (Ulpianus, 32 *ad edictum*, L. Lab. 294): „Si navicularius onus Minturnas vehendum conduxerit et, cum flumen Minturnense navis ea subire non posset, in aliam navem merces transtulerit eaque navis in ostio fluminis perierit, tenetur⟨ne⟩ primus navicularius? Labeo, si culpa caret, non teneri ait: ceterum si vel invito domino fecit vel quo non debuit tempore aut si minus idoneae navi, tunc ex locato agendum".
37. D. 14,2,10,1 (Labeo, 1 *pithanon a Paulo epitomatorum*, L. 197): „Si ea condicione navem conduxisti, ut ea merces tuae portarentur, easque merces nulla nauta necessitate coactus in navem deteriorem, cum id sciret te fieri nolle, transtulit et merces tuae cum ea nave perierunt, in qua novissime vectae sunt, habes ex conducto locato cum priore nauta actionem".
38. D. 12,1,18 pr.-1 (Ulpianus, 7 *disputationum*, L. 126): „Si ego pecuniam tibi quasi donaturus dedero, tu quasi mutuam accipias, Iulianus scribit donationem non esse: sed an mutua sit, videndum. Et puto nec mutuam esse magisque nummos accipientis non fieri, cum alia opinione acceperit ... Si ego quasi deponens tibi dedero, tu quasi mutuam accipias, nec depositum nec mutuum est: idem est et si tu quasi mutuam pecuniam dederis, ego quasi commodatam ostendendi gratia accepi: sed in utroque casu consumptis nummis condictioni sine doli exceptione locus erit". Jede Diskussion dieser Textstelle und von Iul. D. 41,1,36, L. 222, muß von Savigny, System 4, S. 157-64, ausgehen.
39. W. Kunkel, Herkunft[2], S. 226 Anm. 445.
40. C. G. Bruns-O. Lenel, Geschichte[6], S. 130=Geschichte[7], S. 358.

41. D. 34,2,40,2 (Scaevola, 17 *digestorum*, L. 66): „Mulier decedens ornamenta legaverat ita: ‚Seiae amicae meae ornamenta universa dari volo'. Eodem testamento ita scripserat: ‚funerari me arbitrio viri mei volo et inferri mihi quaecumque sepulturae meae causa feram ex ornamentis lineas duas ex margaritis et viriolas ex smaragdis': sed neque heredes neque maritus, cum humi corpus daret, ea ornamenta, quae corpori ⟨iusserat⟩ [iussus erat] adici, dederunt: quaesitum est, utrum ad eam, cui ornamenta universa reliquerat, pertineant an ad heredes. Respondit non ad heredes, sed ad legatariam pertinere".
42. D. 33,2,33,2 (Scaevola, 17 *digestorum*, L. 64): „Codicillis ita scripsit: ‚Negidium Titium Dionem libertos meos senes et infirmos peto in locis, in quibus nunc agunt, senescere patiamini': quaero, an ex hoc capite liberti supra scripti ex fideicommisso fructus locorum, quibus morantur, recipere debeant, cum alia quae eis specialiter legata sunt, sine controversia consecuti sunt. Respondit verbis quae proponerentur id petitum, ut ad eum modum paterentur heredes ibi eos esse, ad quem modum ipsa patiebatur".
43. D. 33,1,10 pr.-1 (Papinianus, 8 *responsorum*, L. 600): „‚Seio amico fidelissimo, si voluerit, sicut meis negotiis interveniebat, eodem modo filiorum meorum intervenire ⟨annua sena sestertiorum milia⟩ [annuos senos aureos] et habitationem qua utitur praestari volo'. Non ideo minus annua Seio pro parte hereditaria viventis filiae deberi placuit, quod ex tribus filiis Titiae duo aliis heredibus institutis vita decesserunt, cum tam labor, quam pecunia divisionem reciperent. ‚Medico Sempronio quae viva praestabam, dari volo': ea videntur relicta, quae certam formam erogationis annuae, non incertam liberalitatis voluntatem habuerunt".
44. D. 40,4,44 (Modestinus, 10 *responsorum*, L. 324): „Maevia decedens servis suis nomine Sacco et Eutychiae et Irenae [sub condicione] libertatem reliquit his verbis: ‚Saccus servus meus et Eutychia et Irene ancillae meae omnes sub hac condicione liberi sunto, ut monumento meo alternis mensibus lucernam accendant et sollemnia mortis peragant': quaero, cum adsiduo monumento Maeviae Saccus et Eutychia et Irene non adsint, an liberi esse possunt. Modestinus respondit neque contextum verborum totius scripturae neque mentem testatricis eam esse, ut libertas sub condicione suspensa sit, cum liberos eos monumento adesse voluit: officio tamen iudicis eos esse compellendos testatricis iussioni parere". Die Hinzufügung der Worte *sub condicione* zu Beginn ergibt sich meines Erachtens aus dem Gang der Textstelle: vgl. Scaev. D. 33,1,20 pr., L. 69.
45. D. 19,2,61,1 (Scaevola, 7 *digestorum*, L. 32): „Navem conduxit, ut de provincia Cyrenensi Aquileiam navigaret olei metretis tribus milibus impositis et frumenti modiis octo milibus certa mercede: sed evenit, ut onerata navis in ipsa provincia novem mensibus retineretur et onus impositum commisso tolleretur. Quaesitum est, an vecturas quas convenit a conductore secundum locationem exigere navis possit. Respondit secundum ea quae proponerentur posse".
46. M. Kaser. Zur Methode der römischen Rechtsfindung, Nachrichten der Akademie der Wissenschaften in Göttingen, I Philologisch-historische Klasse, 1962, 2, S. 70.
47. D. 29,2,78 (Pomponius, 35 *ad Quintum Mucium*, L. 315): „Duo fratres fuerant, bona communia habuerant: eorum alter intestato mortuus suum heredem non reliquerat: frater qui supererat nolebat ei heres esse: consulebat, num ob eam rem, quod ⟨bonis⟩ communibus, cum sciret eum mortuum esse, usus esset, hereditati se alligasset. Respondit [‚nisi eo consilio usus esset, quod vellet se heredem esse,] non adstringi. Itaque cavere debe⟨ba⟩t, ne qua in re plus sua parte dominationem interponeret".
48. D. 28,5,45 (Alfenus, 5 *digestorum*, L. 19): „Pater familias testamento duos heredes

instituerat: eos monumentum facere iusserat in diebus certis: deinde ita scripserat: ‚qui eorum non ita fecerit, omnes exheredes sunto': alter heres hereditatem praetermiserat, reliquus heres consulebat, cum ipse monumentum exstruxisset, numquid minus heres esset ob eam rem, quod coheres eius hereditatem non adisset. Respondit neminem ex alterius facto hereditati neque alligari neque exheredari posse, sed uti quisque condicionem implesset, quamvis nemo adisset praeterea, tamen eum heredem esse".

49. Vgl. S. 130–131.
50. Die *regula Catoniana* ist ähnlicher Art: „dasjenige Vermächtnis, das ungültig gewesen sein würde, wenn der Erblasser im Augenblick der Testamentserrichtung gestorben wäre, gilt niemals, der Erblasser mag sterben wann er will" (Cels. D. 34,7,1 pr.). Diese Rechtsregel steht zwischen zweitem und dritten Jahrhundert im Mittelpunkt einer scharfsinnigen Diskussion: Gai. 2,244; Cels. D. 34,7,1,1–2; Iul. D. 36,2,17; Maec. D. 35,1,86,1; Ulp. D. 30,41,2.
51. D. Nörr, Spruchregel und Generalisierung, ZSS 89, 1972, S. 18 ff., 25, 87–88.
52. Paul. D. 50,17,1, vgl. dazu S. 197.
53. Gell. 6,15,1: „Labeo in libro de duodecim tabulis secundo acria et severa iudicia de furtis habita esse apud veteres scripsit idque Brutum solitum dicere et furti damnatum esse, qui iumentum aliorsum duxerat, quam quo utendum acceperat, item qui longius produxerat, quam in quem locum petierat. Itaque Q. Scaevola in librorum, quos de iure civili composuit, XVI verba haec posuit: Quod cui servandum datum est, si id usus est, sive, quod utendum accepit, ad aliam rem, atque accepit, usus est, furti si obligavit". Valerius Maximus, 8,2,4, erwähnt unter den *privata iudicia insignia* eines, das „großes Aufsehen erregte": es hatte jemand ein Pferd geliehen, um nach Aricia zu reiten; er war weiter bis zu einer Anhöhe nahe der Stadt weitergeritten; allein deshalb wurde er wegen Diebstahls verurteilt.
54. D. 47,2,77 pr. (Pomponius, 38 *ad Quintum Mucium*, L. 321): „Qui re sibi commodata [vel apud se deposita] usus est aliter atque accepit, si existimavit se non invito domino id facere, furti non tenetur. [Sed nec depositi ullo modo tenebitur]: commodati an teneatur, in culpa aestimatio erit, id est an non debuerit existimare id dominum permissurum". Die Worte in eckigen Klammern sind wahrscheinlich interpoliert. Die Annahme eines „anderen Gebrauchs als des vereinbarten", gilt für die Leihe, nicht für die Verwahrung: wer eine Sache in Verwahrung nimmt, darf sie in keiner Weise gebrauchen, sondern sie lediglich verwahren. Ein weiteres Problem liegt im Ursprung der Interpolation (wir verwenden das Wort hier im „philologischen" Sinne). Geht sie auf einen Eingriff der Kompilatoren aus justinianischer Zeit zurück? Wahrscheinlicher ist, daß die Glosse durch einen Annotator in den Text eingefügt wurde. Es ist auch möglich, daß Pomponius die beiden Hypothesen der Leihe und der Verwahrung betrachtet hat (man darf nicht vergessen, daß Q. Mucius Scaevola sie als Einheit sah), und daß seine Ausführungen schlecht zusammengefaßt worden sind. Eine letzte Anmerkung ist erforderlich: Aus der Sicht des Prozesses gibt es drei Klagen, die man gegen den Entleiher (und gegen den Depositar) anwenden kann (der Text behandelt nur die beiden ersten): die *actio commodati* (oder *depositi*), für die Wiedererlangung der Sache oder wenigstens für die Wiedergutmachung des dem Vermögen zugefügten Schadens; die *actio furti*, die eine (in Geld bestehende) *poena* zum Ziel hatte; die *condictio furtiva*, für die Rückgabe der gestohlenen Sache.
55. D. 13,6,5,8 (Ulpianus, 28 *ad edictum*, L. Iul. 170): „Quin immo et qui alias re commodata utitur, non solum commodati, verum furti quoque tenetur, ut Iulianus libro undecimo digestorum scripsit. Denique ait, si tibi codicem commodavero et in

eo chirographum debitorem tuum ⟨scribere⟩ [cavere] feceris egoque hoc interlevero, si quidem ad hoc tibi commodavero, ut caveretur tibi in eo, teneri me tibi contrario iudicio: si minus, neque me certiorasti ibi chirographum esse scriptum, etiam teneris mihi, inquit, commodati: immo, ait, etiam furti, quoniam aliter re commodata usus es, quemadmodum qui equo, inquit, vel vestimento aliter quam commodatum est utitur, furti tenetur". Das *chirographum* (χειρόγραφον) ist das Dokument, in dem der Schuldner seine Verpflichtung erklärt (und sie so begründet) hat. Wie die *syngrapha* (συγγραφή), die ihm sehr nahe steht, ist das Chirographum eine Einrichtung der hellenistischen Welt. Das *genus obligationis*, zu dem das eine wie das andere Anlaß geben, bezeichnet Gaius (3,134) in seiner Ausdrucksweise als *„proprium peregrinorum"*. Das *contrarium iudicium (commodati)* konnte der Kommodatar gegen den Kommodanten zwecks Entschädigung der von der Sache verursachten Schäden oder der Zurückerstattung eventuell entstandener Kosten anzuwenden.

56. Gai. 3,195–197: „Furtum autem fit non solum, cum quis intercipiendi causa rem alienam amovet, sed generaliter, cum quis rem alienam invito domino contrectat. Itaque si quis re, quae apud eum deposita sit, utatur, furtum committit, et si quis utendam rem acceperit eamque in alium usum transtulerit, furti obligatur, veluti si quis argentum utendum acceperit, quasi amicos ad cenam invitaturus [rogaverit], et id peregre secum tulerit, aut si quis equum gestandi gratia commodatum longius [cum] aliquo duxerit, quod veteres scripserunt de eo, qui in aciem perduxisset. Placuit tamen eos, qui rebus commodatis aliter uterentur quam utendas accepissent, ita furtum committere, si intellegant, id se invito domino facere eumque, si intellexisset, non permissurum; at (?) si permissurum credant, extra furti crimen videri, optima sane distinctione, quod furtum sine dolo malo non committitur". Der *dolus (malus)* ist grundlegendes Element für das Unerlaubte, und besteht in der Absichtlichkeit der schädigenden Tat sowie der Vorhersehbarkeit ihrer Folgen. Er darf nicht mit dem *dolus (malus)* als dem „Winkelzug" verwechsel werden, der eine Auswirkung auf den Abschluß eines Vertrages (oder weitergehend, eines Rechtsgeschäftes) hat: vgl. S. 107, 135–137.
57. N. Luhmann, Rechtssoziologie[2], S. 180.
58. Gai. D. 40,9,10, L. 489, hat fast eine an Petron erinnernde Ausdrucksweise.
59. D. 28,5,35 pr., 3–5 (Ulpianus, 4 *disputationum*, L. 87): „Ex facto proponebatur: ⟨cum⟩ quidam duos heredes scripsisset, unum rerum provincialium, alterum rerum Italicarum, et, cum merces in Italia devehere soleret, pecuniam misisset in provinciam ad merces comparandas, quae comparatae sunt vel vivo eo vel post mortem, nondum tamen in Italiam devectae, quaerebatur, merces utrum ad eum pertineant, qui rerum Italicarum heres scriptus erat an vero ad eum, qui provincialium. Dicebam receptum esse rerum heredem institui posse nec esse inutilem institutionem, sed ita, ut officio iudicis familiae herciscundae cognoscentis contineatur nihil amplius eum, qui ex re institutus est, quam rem, ex qua heres scriptus est, consequi. Ita igitur res accipietur. Verbi gratia pone duos esse heredes institutos, unum ex fundo Corneliano, alterum ex fundo Liviano, et fundorum alterum quidem facere dodrantem bonorum, alterum quadrantem: erunt quidem heredes ex aequis partibus, quasi sine partibus instituti, verumtamen officio iudicis tenebuntur (continebitur S) ut unicuique eorum fundus qui relictus est adiudicetur vel adtribuatur. ... Rerum autem Italicarum vel provincialium significatione quae res accipiendae sint, videndum est. Et facit quidem totum voluntas defuncti: nam qui senserit, spectandum est. Verumtamen hoc intellegendum erit rerum Italicarum significatione eas contineri, quas perpetuo quis ibi habuerit atque ita disposuit, ut perpetuo

haberet: ceteroquin si [tempore] in ⟨tempus⟩ quo transtulit [in alium locum], non ut ibi haberet, sed ut denuo ad pristinum locum revocaret, neque augebit quo transtulit neque minuet unde transtulit: ut puta de Italico patrimonio quosdam servos miserat in provinciam, forte Galliam, ad exigendum debitum vel ad merces comparandas, recursuros, si comparassent: dubium non est, quin debeat dici ad Italicum patrimonium eos pertinere debere. Ut est apud Mucium relatum, cum fundus erat legatus vel cum instrumento vel cum his quae ibi sunt: agasonem enim missum in villam a patre familias non pertinere ad fundi legatum Mucius ait, quia non idcirco illo erat missus, ut ibi esset. Proinde si servus fuerit missus in villam interim illic futurus, quia dominum offenderat, quasi ad tempus relegatus, responsum est eum ad villae legatum non pertinere. Quare ne servi quidem, qui operari in agro consuerunt, qui in alios agros revertebantur, et quasi ab alio commodati in ea sunt condicione, ut ad legatum pertineant, quia non ita in agro fuerant, ut ei agro viderentur destinati. Quae res in proposito quoque suggerit, ut Italicarum rerum esse credantur hae res, quas in Italia esse testator voluit. Proinde et si pecuniam misit in provinciam ad merces comparandas et necdum comparatae sint, dico pecuniam, quae idcirco missa est, ut per eam merces in Italiam adveherentur, in Italico patrimonio adiungendam: nam et si dedisset in provincia de pecuniis, quas in Italia exercebat, itura⟨m⟩[s] et reditura⟨m⟩[s], dicendum est hanc quoque Italici patrimonii esse. Rationem igitur efficere di⟨x⟩[c]i, ut merces quoque istae, quae comparatae sunt ut Romam veherentur, sive provectae sunt eo vivo sive nondum, et sive scit sive ignoravit, ad eum heredem pertinere⟨nt⟩, cui Italicae res sunt adscriptae".

60. Sab.-Cels.-Ulp. D. 28,5,9,13; Sab.-Ulp. D. 28,5,1,4; Sab.-Paul. D. 28,5,10; Proc.-Iav. D. 28,5,11.
61. Neben den §§ 1 und 2 aus dem oben behandelten Text, vgl. Pap. D. 28,5,79 pr.; D. 28,6,41,8; Ulp. D. 29,1,6; D. 30,4,1.
62. E. Betti, Istituzioni 1², S. 141–2.
63. F. Casavola, I giuristi romani come intellettuali, in: I. Lana, Storia della civiltà letteraria di Roma e del mondo romano, Messina-Firenze 1984, S. XLVII.
64. Ulp. D. 32,11 pr.; D. 45,1,1,6.
65. Plin. *Nat. hist.* 6,23,101 und 12,18,83–84, dazu die Untersuchung dieser Stellen bei M. Crawford, Economia imperiale e commercio estero, in: Tecnologia economia e società nel mondo romano (Atti del convegno di Como, settembre 1979), Como 1980, S. 207–17.
66. Bei der Zusammenfassung von D. 39,4,16,7, L. 13, bin ich auf Gibbon, Decline and Fall 1, S. 176 zurückgegangen. Zu zwei speziellen Gewürzen, *cinnamomum* und *cassia* vgl. L. Casson, Ancient Trade and Society, Detroit 1984, S. 225–46.
67. D. 32,55 pr. – 10 (Ulpianus, 25 *ad Sabinum*, L. 2679): „Ligni [appellatio] nomen generale est, sed sic separatur, ut sit ali⟨u⟩[qui]d materia, ali⟨u⟩[qui]d lignum. Materia est, quae ad aedificandum fulciendum necessaria est, lignum, quidquid conburendi causa paratum est. Sed utrum ita demum, si concisum sit an et si non sit? Et Quintus Mucius libro secundo refert, si cui ligna legata essent, quae in fundo erant, arbores quidem materiae causa succisas non deberi: nec adiecit, si non ⟨conficiendi, sed⟩ comburendi gratia succisae sunt, ad eum pertinere, sed sic intellegi consequens est. Ofilius quoque libro quinto iuris partiti ita scripsit, cui ligna legata sunt, ad eum omnia ligna pertinere, quae alio nomine non appellantur, veluti virgae carbones nuclei olivarum, quibus ad nullam aliam rem nisi ad comburendum possit uti: sed et balani vel si qui alii nuclei. Idem libro secundo negat arbores nondum concisas, [nisi quae minutatim conciduntur,] videri ei legatas, cui ligna legata sunt. Ego autem arbitror hoc quoque ligni appellatione contineri, quod nondum minu-

tatim fuit concisum, si iam concidendo fuit destinatum. Proinde si silvam huic rei habebat destinatam, silva quidem non cedet, deiectae autem arbores lignorum appellatione continebuntur, nisi aliud testator sensit. Lignis autem legatis quod comburendi causa paratum est continetur, sive ad balnei calefactionem sive diaetarum hypocaustarum sive ad calcem vel ad aliam rem coquendam solebat uti. Ofilius libro quinto iuris partiti scripsit nec sarmenta ligni appellatione contineri: sed si voluntas non refragatur et virgulae et gremia et sarmenta et superamenta materiarum et vitium stirpes atque radices continebuntur. Lignorum appellatione in quibusdam regionibus, ut in Aegypto, ubi harundine pro ligno utuntur, et harundines et papyrum [comburitur] et herbulae quaedam vel spinae vel vepres continebuntur. Quid mirum? Cum ξύλον hoc et naves ξυληγὰς appellant, quae haec ἀπό πῶν ἑλῶν deducunt. In quibusdam provinciis et editu bubum ad hanc rem utuntur. Si lignum sit paratum ad carbones coquendas atque conficiendas, ait Ofilius libro quinto iuris partiti carbonum appellatione huiusmodi materiam non contineri: sed an lignorum? Et fortassis quis dicet nec lignorum: non enim lignorum gratia haec testator habuit. Sed et titiones et alia ligna cocta ne fumum faciant utrum ligno an carboni an suo generi adnumerabimus? Et magis est, ut proprium genus habeatur. Sulpurata quoque de ligno aeque eandem habebunt definitionem. Ad faces quoque parata non erunt lignorum appellatione comprehensa, nisi haec fuit voluntas. De pinu autem integri strobili ligni appellatione continebuntur". Teile des § 1 und die §§ 7–10 auch bei Ulp. D. 50,16,167. Für den Gebrauch der Bezeichnungen wie *virgae, sarmenta, carbones*, vgl. Cato, *De agri cult.* 38,4,101; Varro, *De re rust.* 1,15; Colum. *De re rust.* 3,10,1; 4,24,7; 5,5,11.
68. Gell. 4,1,20; Ulp. D. 33,9,3,9.
69. Gell. 4,1,17 (L. Q. Mucius 2, Serv. 6): „Nam Q. Scaevolam ad demonstrandum penum his verbis usum audio: ‚Penus est', inquit, ‚quod esculentum aut posculentum est, quod ipsius patris familias ⟨aut matris familias⟩ aut liberum patris familias ⟨aut familiae⟩ eius, quae circum eum (eos?) aut liberos eius est et opus non facit, causa paratum est'. ⟨Sed improbasse haec Ser. Sulpicium, qui: ‚At non omne', inquit, ‚quod esus potusque causa paratum est,⟩ ut Mucius ait, penus videri debet. Nam quae ad edendum bibendumque in dies singulos prandii aut cenae causa parantur, penus non sunt, sed ea potius, quae huiusce generis longae usionis gratia contrahuntur et reconduntur, ex eo, quod non in promptu, sed intus et penitus habeatur (habeantur?), penus dicta est (sunt?)' ". Die zentrale Lücke vor *ut Mucius ait* wurde 1868 von Mommsen, Ad capita duo Gelliana, Gesammelte Schriften 2, S. 76–82, erkannt. Mommsen schlug vor, sie mit einer gewagten Konjektur zu heilen.
70. J. Pinborg, Das Sprachdenken der Stoa und Augustins Dialektik, Classica et Mediaevalia 23, 1962, S. 169.; vgl. auch F. Cavazza, Studio su Varrone etimologo e grammatico, Firenze 1981, S. 18 und Anm. 9.
71. Varro, *De ling. Lat.* 7, 1,1–2.
72. D. 33,10,7 pr.-2 (Celsus, 19 *digestorum*, L. 168): „Labeo ait originem fuisse supellectilis, quod olim his, qui in legationem proficiscerentur, locari solerent, quae sub pellibus usui forent. Tubero hoc modo demonstrare supellectilem temptat: instrumentum quoddam patris familiae rerum ad cottidianum usum paratarum, quod in aliam speciem non caderet, ut verbi gratia penum argentum vestem ornamenta instrumenta agri aut domus. Nec mirum est moribus civitatis et usu rerum appellationem eius mutatam esse: nam fictili aut lignea aut vitrea aut aerea denique supellectili utebantur, nunc ex ebore atque testudine et argento, iam ex auro etiam atque gemmis ⟨facto⟩ supellectili utuntur. Quare speciem potius rerum quam materiam intueri oportet, supellectilis potius an argenti, an vestis sint. Servius fatetur

XII. Naturrechtliche Vorstellungen 331

sententiam eius qui legaverit aspici oportere, in quam rationem ea solitus sit referre: verum si ea, de quibus non ambigeretur, quin in alieno genere essent, ut puta escarium argentum aut paenulas et togas, supellectili quis adscribere solitus sit, non idcirco existimari oportere supellectili legata ea quoque contineri: non enim ex opinionibus singulorum, sed ex communi usu nomina exaudiri debere. Id Tubero parum sibi liquere ait: nam quorsum nomina, inquit, nisi ut demonstrarent voluntatem dicentis? Equidem non arbitror quemquam dicere, quod non sentiret, ut maxime nomine usus sit, quo id appellari solet: nam vocis ministerio utimur: ceterum nemo existimandus est dixisse, quod non mente agitaverit. Sed etsi magnopere me Tuberonis et ratio et auctoritas movet, non tamen a Servio dissentio non videri quemquam dixisse, cuius non suo nomine usus sit. Nam etsi prior atque potentior est quam vox mens dicentis, tamen nemo sine voce dixisse existimatur: nisi forte et eos, qui loqui non possunt, conato ipso et sono quodam καὶ τῇ ἀνάρθρῳ φωνῇ dicere existimamus".

73. Iav. D. 50,16,242,3, L. 188; Paul. D. 47,2,1 pr., L. Lab. 374.
74. Die These des Servius, nachdem man einen „Namen" nicht *ex opinionibus singulorum* verstehen kann, wird noch vor Celsus von Cascellius, Ofilius und Labeo geteilt: Iav. 33, 10, 10, L. 191; vgl. auch Iav. D. 33,7,26,1, L. 215. Im selben Sinne auch Pomponius, wie Ulpian. D. 30,4 pr., L. Pomp. 393, berichtet; der Schlußsatz „*rerum enim vocabula immutabilia sunt, hominum mutabilia*", kann von Pomponius stammen. Die abweichende Haltung Tuberos begegnet auch bei Paul. D. 34,2,32,1, L. Tub. 10. Zur „servianischen" Art, *sup(p)ellex* zu verstehen: Alf. D. 33,7,16 pr., L. 44; D. 33,10,6 pr., L. 60.

XII. Naturrechtliche Vorstellungen

1. F. Meinecke, Die Entstehung des Historismus (1936), Werke 3², München 1965, S. 4.
2. F. Meinecke, Die Entstehung, S. 3.
3. N. Bobbio, Giusnaturalismo e positivismo giuridico, Milano 1977, S. 195.
4. Es ist das Verdienst von P. Piovani, Giusnaturalismo ed etica moderna, Bari 1961, S. 11, 40–42, 88–89, 91–94, 111, 125, 133, 138, 140, 148, 164, 187–8, auf diesen Punkt nachdrücklich hingewiesen zu haben, auch wenn seine Schlußfolgerungen unentschieden bleiben.
5. N. Luhmann, Rechtssoziologie², S. 361.
6. Cic. *De re publ.* 3,8,13; 3,9,15; 3,11,18; 3,12,20–21 (Lact. *Div. inst.* 6,9,2–4 und 5,16,2–4).
7. H. Kelsen, Teoria generale del diritto e dello stato, übers. v. S. Cotta und G. Treves, Milano 1952, S. 8, ist gegenüberzustellen: Reine Rechtslehre², S. 226: „Sobald die Naturrechtslehre daran geht, den Inhalt der Natur immanenten, aus der Natur deduzierten Normen zu bestimmen, gerät sie in die schärfsten Gegensätze. Ihre Vertreter haben nicht *ein* Naturrecht, sondern mehrere sehr verschiedene und einander widersprechende Naturrechte proklamiert".
8. Über seine Verbreitung bei der Elite und in den unteren Schichten, M. Gigante, Ricerche filodemee, Napoli 1983², S. 25–34.
9. Lucr. 3,955–1002; vgl. auch 2,7–13; 5,1120–1135.
10. Alexis 25,8–9, II S. 386 Edmonds=Epicurus 552 Us., wo sehr wahrscheinlich ἀρεταί anstelle von ἀρχαί steht; vgl. auch Plut. *De aud. poet.* 14,37a PG.=Epicurus 548 Us.=144 Arr.².

11. Epicurus, *Ratae sent.* 33 (Diog. Laert. 10,150)=pp. 78 Us.=5 Arr.².
12. Epicurus, *Ratae sent.* 31; 32; 36–38 (Diog. Laert. 10,150–153)=pp. 78–80 Us.=5 Arr.².
13. Epicurus, *Ratae sent.* 34–35, 38 (Diog. Laert. 10,151 und 153)=pp. 79–80 Us.=5 Arr.².
14. Der Ausdruck stammt von Lucrez, 6,123.
15. L. Strauss, Naturrecht, S. 117.
16. Cic. *De leg.* 1,13,35–38.
17. Plato, *Res publ.* 6,500 b 8–501 c 9.
18. 22 B 114 DK.=14 A 11 Colli=Stob. *Anth. (Flor.)* 3,1,179, III, p. 130 Hense.
19. 31 B 135 DK.=Arist. *Rhet.* 1,13,1373 b 16–17 Ross.
20. M. Pohlenz, Der hellenische Mensch, Göttingen o. J., (1947), S. 104.
21. Stob. *Anth. (Flor.)* 4,1,132 und 136, IV pp. 79, 83 Hense, mit den Bemerkungen von M. Ducos, Les Romains et la loi, S. 237–8.
22. Cic. *De re publ.* 3,11,19; *De fin.* 3,20,67.
23. Vgl. S. 231–233.
24. Cic. *De leg.* 1,7,22–23; 1,8,25; 2,4,9–10; *De nat. deor.* 2,29,73; 2,30,77–31,78; 2,62,154 (diese Stellen geben die Haltung des Lucilius Balbus wieder); *De off.* 3,5,23; *Phil.* XI 12,28.
25. Cic. *De leg.* 1,6,18–19; 1,10,28; 1,13,36–38.
26. Cic. *Tusc.* 1,13,30; 1,15,35.
27. Cic. *Tusc.* 1,26,65.
28. Cic. *De re publ.* 3,22,33 (Lact. *Div. inst.* 6,8,6–9); *De leg.* 1,6,18–19; 1,12,33; 1,15,42; 2,4,8–5,13.
29. Cic. *De leg.* 1,17,47.
30. Cic. *De leg.* 1,16,43–44.
31. Cic. *pro Caec.* 33,95–35,103. Die politische Erfahrung straft die Behauptung des Princeps Lügen, wie der Redner zwischen den Zeilen zugibt.
32. Cic. *De leg.* 1,15,43.
33. Cic. *De leg.* 1,6,19; 1,10,28; 2,4,8; *Or.* 49,165=*pro Mil.* 4,10.
34. Cic. *De leg.* 1,5,16; 1,6,19; *De fin.* 3,21,70; *De off.* 1,7,23; 1,9,29; 1,10,31; 3,5,21–23; 3,6,27; 3,17,68–69.
35. Cic. *Part. or.* 37,130: „Atque etiam hoc in primis, ut nostros mores legesque tueamur, quodam modo naturali iure praescriptum est"; *De leg.* 1,6,20: „Quoniam igitur eius rei publicae, quam optumam esse docuit in illis sex libris Scipio, tenendus est nobis et servandus status, omnesque leges adcommodandae ad illud civitatis genus, serendi etiam mores nec scriptis omnia sancienda, repetam stirpem iuris a natura, qua duce nobis omnis haec est disputatio explicanda"; *De off.* 1,7,20: „Sed iustitiae primum munus est, ut ne cui quis noceat, nisi lacessitus iniuria, deinde ut communibus pro communibus utatur, privatis ut suis".
36. Cic. *De leg.* 1,15,42: „Iam vero illud stultissimum, existimare omnia iusta esse quae scita sunt in populorum institutis aut legibus".
37. L. Strauss, Naturrecht, S. 13, 16, 152–3.
38. Cic. *De inv.* 2,22,65; 2,53,161.
39. Cic. *De re publ.* 3,5,8; *Hort.* 101 M.=107 Grilli, vgl. dazu K. Bringmann, Untersuchungen zum späten Cicero, Göttingen 1971, S. 121–3; *Acad. pr.* 2,2,7–3,8; 2,18,60; 2,20,65; *De fin.* 1,1,3; 1,5,13; 2,14,46 (vgl. 2,14,43); *De nat. deor.* 1,2,4; 1,5,11–12; 3,28,71; *Tusc.* 3,20,46; 3,21,51; *De off.* 1,4,13; 1,5,15.
40. W. Burkert, Cicero, S. 187–9, 191–4.
41. Cic. *De or.* 1,34,158; 3,21,79; *Acad. pr.* 2,38,119 und 121; 2,41,128: *Tusc.* 2,3,9;

5,4,11; *De off.* 2,2,7–8 (wo, nach einer feinsinnigen Bemerkung von Burkert, der „Kernsatz" des 7. platonischen Briefes, 344 b, wieder aufgenommen wird; die Bedeutung wird dabei verändert).
42. Vgl. G. Lotito, Modelli etici e base economica nelle opere filosofiche di Cicerone, in: Società romana e produzione schiavistica, hrsg. von A. Giardina und A. Schiavone, 3, Roma-Bari 1981, S. 96.
43. Cic. *Acad. pr.* 2,39,122: „Latent ista omnia Luculle crassis occultata et circumfusa tenebris, ut nulla acies humani ingenii tanta sit, quae penetrare in caelum, terram intrare possit. Corpora nostra non novimus, qui sint situs partium, quam vim quaeque pars habeat ignoramus; itaque medici ipsi, quorum intererat ea nosse, aperuerunt ut viderentur, nec eo tamen aiunt empirici notiora esse illa, quia possit fieri ut patefacta et detecta mutentur. Sed ecquid nos eodem modo rerum naturas persecare aperire dividere possumus, ut videamus terra penitusne defixa sit et quasi radicibus suis haereat an media pendeat".
44. Rousseau, Discours sur les sciences et les arts, Oeuvres complètes 3, Gallimard, Paris 1964, S. 5.
45. Cic. *De leg.* 1,13,39.
46. Vgl. W. Burkert, Cicero, S. 197.
47. Cic. *De off.* 3,17,69: „Sed vos veri iuris germanaeque iustitiae solidam et expressam effigiem nullam tenemus, umbra et imaginibus utimur".
48. 68 B 117 DK.=Diog. Laert. 9,72; vgl. auch Cic. *Acad. post.* 1,12,44.
49. Cic. *De leg.* 1,13,39.
50. Sehr scharfsinnig bemerkt von L. Strauss, Naturrecht, 159.
51. Cic. *De nat. deor.* 3,40,95.
52. Im selben Sinne L. Strauss, Naturrecht, S. 159.
53. Cic. *De nat. deor.* 1,22,61–62; 3,2,5–3,7; 3,4,9.
54. Cic. *De leg.* 1,13,35.
55. Cic. *De leg.* 1,4,14–5,17; 1,22,57.
56. Auf diesen Terminus wurde ich durch Cic. *De domo* 14,36, gebracht.
57. R. L. Stevenson, Pulvis et umbra, Works 16, London 1912, S. 299: „There seems no substance to this solid globe on which we stamp: nothing but symbols and ratios".
58. Cic. *De off.* 1,6,18–19.
59. F. Pringsheim, Aequitas, S. 197=Gesammelte Abhandlungen 1, S. 161–62.
60. Arist. *Rhet.* 1,13,1374 b 2–23 ist *N. E.* 6,11,1,1143 a 21–24 und Plato, *Leg.* 6,757 d 5 – e 6 gegenüberzustellen.
61. Arist. *Rhet.* 1,13,1374 a 26 – b 1, und *N. E.* 5,10,1–8,1137 a 31 – 1138 a 3: der beste Kommentar dazu ist von H.-G. Gadamer, Wahrheit und Methode[4], S. 299–304 =Hermeneutik I S. 321–326.
62. Arist. *Rhet.* 1,15,1375 a 27 ist nur schwierig mit *N. E.* 5,7,1–5,1134 b 18 – 1135 a 5 in Einklang zu bringen.
63. D. 13,4,4,1, L. 784.
64. D. 47,9,1 pr. (Ulpianus, 56 *ad edictum*, L. 1330)=Lenel, Edictum[3], XXXIV § 189 (S. 396): „Praetor ait: ‚In eum, qui ex incendio ruina naufragio rate nave expugnata quid rapuisse recepisse dolo malo damnive quid in his rebus dedisse dicetur: in quadruplum in anno, quo primum de ea re experiundi potestas fuerit, post annum in simplum iudicium dabo. Item in servum et in familiam iudicium dabo' ".
65. D. 47,9,3,2 (Ulpianus, 56 *ad edictum*, L. Lab. 125): „Labeo scribit aequum fuisse, ut, sive de domo sive in villa expugnatis aliquid rapiatur, huic edicto locus sit: nec enim minus in mari quam in villa per latrunculos inquietamur vel infestari possumus". Bezeichnet ist die Verbindung zwischen *eadem utilitas* und *aequitas* bei

Lab.-Ven. D. 43,23,2, L. 167 (von Mommsen willkürlich verbessert). Für die *aequitas* in analoger Funktion sind auch von Belang: Lab.-Paul. D. 8,3,10, L. 256 und Lab.-Ulp. D. 43,12,1,12, L. 153.
66. Cic. *pro Caec.* 21,59; *Top.* 4,23; 18,71.
67. Diese Hypothese wird von Labeo (und Pomponius) D. 4,4,13,1, L. 41, erwogen; bei dieser Stelle ist der Hinweis auf *aequius* bezeichnend und darüber hinaus viel komplexer als es aus unserer Fragestellung deutlich wird.
68. Der Bericht des Alfenus findet sich D. 39,2,43 pr., L. 5: „Damni infecti quidam vicino repromiserat: ex eius aedificio tegulae vento deiectae ceciderant in vicini tegulas easque fregerant: quaesitum est, an aliquid praestari oportet. Respondit, si vitio aedificii et infirmitate factum esset, debere praestari: sed si tanta vis venti fuisset, ut quamvis firma aedificia convelleret, non debere. Et quod in stipulatione est ‚sive quid ibi ruet', non videri sibi ruere, quod aut vento aut omnino aliqua vi extrinsecus admota caderet, sed quod ipsum per se concideret". Ulpian D. 39,2,24,4, L. 1753=L. Serv. 61=L. Lab. 190, ging wahrscheinlich über andere Zwischenstellen auf Servius zurück: „Servius quoque putat, si ex aedibus promissoris vento tegulae deiectae damnum vicino dederint, ita eum teneri, si aedificii vitio acciderit, non si violentia ventorum vel qua alia ratione, quae vim habet divinam. Labeo et rationem adicit, quo, si hoc non admittatur, iniquum erit: quo enim tam firmum aedificium est, ut fluminis aut maris aut tempestatis aut ruinae incendi aut terrae motus vim sustinere possit?" Sehr viel profunder: D. Nörr, Kausalitätsprobleme, S. 115–44. Sehr wichtig für das Denken des Servius und seiner Schule sind auch Alf. D. 19,2,30,4, L. 54; Paul. D. 13,7,30, L. Alf. 70; Ulp. D. 19,2,15,2, L. Serv. 27 (vgl. PSI XIV 1449, v. 7–13); D. 39,2,24,5, L. Serv. 61; für das Denken Labeos, D. 18,1,78,3, L. Iav. 199; Iav. D. 19,2,57, L. 229; Paul. D. 39,3,2,6, L. Lab. 351; Ulp. D. 4,9,3,1, L. Lab. 59; D. 39,2,24,2–3 und 5, L. Lab. 190.
69. Eine Untersuchung der *aequitas*, als „rechtskritische Kategorie" bei D. Nörr, Rechtskritik, S. 113–20.
70. Cic. *Top.* 23,90: „Cum autem de aequo et iniquo disseritur, aequitatis loci conligentur. Hi cernuntur bipertito, et natura et instituto. Natura partes habet duas, tributionem sui cuique et ulciscendi ius. Institutio autem aequitatis tripertita est: una pars legitima est, altera conveniens, tertia moris vetustate firmata". Zur *tributio sui cuique* kehrt Cicero in seinem Werk immer wieder zurück; *De inv.* 2,53,160; *De re publ.* 3,11,18; *De leg.* 1,6,19; *De fin.* 5,23,65; *De nat. deor.* 3,15,38; *De off.* 1,5,15; 2,22,78; 3,10,43. Das Prinzip, das auch in den Plato zugeschriebenen ῞Οροι, 411 und 2, vorkommt, ist ein stoischer Topos: SVF I 374; III 125, 262–264, 266, 280; vgl. M. Pohlenz, Die Stoa. Geschichte einer geistigen Bewegung 1[4], Göttingen 1970, S. 132; 2[4], 1972, S. 72, 74. Dem Epikuräismus scheint er hingegen jegliche Bedeutung abzusprechen: 581 Us.=Lact. *Div. inst.* 3,17,4.
71. S. S. 220.
72. Möglicherweise hat F. Pringsheim, *Aequitas*, S. 196=Gesammelte Abhandlungen 1, S. 161, recht, wenn er bemerkt, daß für die „schweigsamen Männer", zu denen die Rechtsgelehrten zählen, der „Wort-Kampf" der Redner lediglich ein „Schauspiel" war; er zieht freilich aus dieser Bemerkung auf der Ebene der Exegese nicht annehmbare Schlußfolgerungen.
73. D. 47,4,1 pr. – 1 (Ulpianus, 38 *ad edictum*, L. 1061): „Si dolo malo eius, qui liber esse iussus erit, post mortem domini ante aditam hereditatem in bonis, quae eius fuerunt, qui eum liberum esse iusserit, factum esse dicetur, quo minus ex his bonis ad heredem aliquid perveniret: in eum intra annum utilem dupli iudicium datur. (L. Lab. 104). Haec autem actio, ut Labeo scripsit, naturalem potius in se quam civilem

habet aequitatem [, si quidem civilis deficit actio]: sed natura aequum est non esse impunitum eum, qui [hac spe] audacior factus est, quia neque ut servum se coerceri posse intellegit, spe imminentis libertatis, neque ut liberum damnari, quia hereditati furtum fecit...".
74. Vgl. P. Voci, Diritto ereditario 1², S. 551 ff., 553; seine Schlußfolgerungen überzeugen mich in keiner Weise.
75. S. S. 109, 132–133.
76. D. 37,4,8,11 (Ulpianus, 40 *ad edictum*, L. 1106=Lab. 108): „In adoptionem datos filios non summoveri praetor voluit, modo heredes instituti sint, et hoc iustissime eum fecisse Labeo ait: nec enim in totum extranei sunt. Ergo si fuerint heredes scripti, accipient contra tabulas bonorum possessionem, sed ipsi soli non committent edictum, nisi fuerit alius praeteritus ex liberis qui solent committere edictum".
77. H. Kelsen, Reine Rechtslehre², S. 70.
78. D. 19,5,11 (Pomponius, 39 *ad Quintum Mucium*, L. 325): „Quia actionum non plenus numerus esset, ideo plerumque actiones in factum desiderantur. Sed et eas actiones, quae legibus proditae sunt, si lex iusta ac necessaria sit, supplet praetor in eo quod legi deest: quod facit in lege Aquilia reddendo actiones in factum accommodatas legi Aquiliae, idque utilitas eius legis exigit".
79. Ulpian. D. 24,3,64,9, L. 2010, scheint sich in eine andere Richtung zu bewegen. Zum Text, der die *lex Iulia de maritandis odinibus* behandelt, vgl. D. Nörr, Rechtskritik, S. 104–5.
80. D. 2,14,1 pr., L. 240, stehen sehr nahe: D. 13,5,1 pr., L. 785; D. 4,4,1 pr., L. 396; D. 37,5,1 pr., L. 1170; D. 43,26,2,2, L. 1605. In Coll. 16,9,2, L. Ulp. 1929, würde man vor *naturali* als *aequitate motus* erwarten. Freilich befinden wir uns auf einem Terrain, auf dem die Abstufungen und die Nuancen der Worte unendlich groß sind; m. E. ist es willkürlich, ein Kriterium zu finden, um die *aequitas naturalis* in den anderen Texten, nach einem der Interpolationskritik lieb gewordenen Vorgehen, in Zweifel zu ziehen.
81. D. 12,4,3,7, L. 772.
82. T. (A. M.) Honoré, Ulpian, S. 28.
83. Vgl. D. Nörr, Rechtskritik, S. 113–4, 137.
84. D. 44,4,1,1 (Paulus, 71 *ad edictum*, L. 786): „Ideo autem hanc exceptionem praetor proposuit, ne cui dolus suus per occasionem iuris civilis contra naturalem aequitatem prosit". Paul. D. 50,17,90, L. 1399, hat eine allgemeine Bedeutung.
85. E. Levy, Natural Law in Roman Thought, SDHI 15, 1949, S. 7, 9–10=Gesammelte Schriften, 1, S. 7, 9.
86. P. Donini, Le scuole, S. 42–43.
87. Sext. Emp. *Hyp.* 1,8,17; 1,11,23–24; 2,22,246.
88. Gai. 1,1: „Omnes populi, qui legibus et moribus reguntur, partim suo proprio, partim communi omnium hominum iure utuntur: nam quod quisque populus ipse sibi ius constituit, id ipsius proprium est vocaturque ius civile, quasi ius proprium civitatis; quod vero naturalis ratio inter omnes homines constituit, id apud omnes populos peraeque custoditur vocaturque ius gentium, quasi quo iure omnes gentes utuntur. Populus itaque Romanus partim suo proprio, partim communi omnium hominum iure utitur". Die Anfangsworte *Omnes populi – nam quod quis –*, sind in der Veroneser Handschrift unleserlich und sind nach Inst. 1,2,1 und D. 1,1,9 eingefügt; vgl. auch Isid. *Etym.* 5,5,6.
89. SVF III 352 (Chrys.)=Philo Alex. De spec. leg. 2 *(de septen.)*, 69 und 122, V pp. 103, 115 Cohn. Man kann bis auf den Sophisten Antiphon, 87 B 44 DK.=13 B 44 Untersteiner, und auf Alkidamas zurückgehen, wie aus einem Scho-

lion zu Aristoteles, *Rhet.* 1,13,1373 b 18-18 a Ross=CAG XXI 2,74,31-32 (nur in B XXII 17 Radermacher zitiert), hervorgeht. Der Gegensatz Freier-Sklave bekommt mit Sen. *Ep.* 31,11; 47,10; *De ben.* 3,20,1-2, und Dio Chrysostomus, *Or.* 14 und 15, eine neue Nuance. Man braucht sie nicht, wie Epiktet, *Dissertationes* 4,1,51-53 Schenkl, bemerkt, unter dem Blickwinkel von „Kaufen" und „Verkaufen" und der „Regelung der Eigentumsverhältnisse" zu betrachten. Sie hängt von einer rationalen Wahl des Menschen ab: „auch wer zweimal Konsul gewesen ist, kann nicht sagen, daß er frei sei", wenn er von „einem schlechten Genius geleitet" ist.

90. Flor. D. 1,5,4,1; Tryph. D. 12,6,64; Ulp. D. 1,1,4; D. 50,17,32. Vielleicht ist Ven. D. 48,2,12,4 übertrieben.
91. D. 40,11,2, L. 46.
92. D. 1,1,10 pr. - 2 (Ulpianus, 1 *regularum*, L. 2362): „Iustitia est constans et perpetua voluntas ius suum cuique tribuendi. Iuris praecepta sunt haec: honeste vivere, alterum non laedere, suum cuique tribuere. Iuris prudentia est divinarum atque humanarum rerum notitia, iusti atque iniusti scientia". Nach T.(A.M.) Honoré, Ulpian, S. 111-3, ist das Werk, aus dem das Fragment entnommen ist, nicht authentisch; es kann aber auf jeden Fall der Zeit Ulpians zugeschrieben werden. Wie man sieht, wird die *iuris prudentia* in philosophischen (oder gelehrten) Termini definiert; und dies nicht nur einmal: abgesehen von Ulp. D. 1,1,1,1 L. 1908, vgl. dazu S. 185-186, stellt sich bei Ulp. D. 50,13,1,5, L. 2289, die *civilis sapientia* als *res sanctissima* dar. Es kennzeichnet die *sapientia*, oder σοφία, sich im stoischen oder mittelplatonischen sowie im christlich-jüdischen Denken als „Wissenschaft von den göttlichen und menschlichen Dingen darzustellen: SVF II 35 ([Plut.] *De plac. phil.* 1 prooem. S. 51, 14-15 Mau), 36 (Sext. Emp. *Adv. math.* 9,13 M.), 1017 (Sext. Emp. *Adv. math.* 9,123 M.); Cic. *De fin.* 2,17,37; *Tusc.* 4,26,57; 5,3,7; *De off.* 2,2,5; Sen. *Ep.* 89,5; 90,3; [Alcinou] *Didaskalikos* 1, S. 152 Hermann; Philo Alex. *De congr.* 14,79, III p. 88 Wendland; Clem. Alex. *Strom.* I 5,30,1; VI 7,54,1, pp. 19,454 Stählin-Früchtel³.
93. D. 16,3,31 pr. - 1 (Tryphoninus, 9 *disputationum*; L. 31): „Bona fides quae in contractibus exigitur aequitatem summam desiderat; sed eam utrum aestimamus ad merum ius gentium an vero cum praeceptis civilibus et praetoriis? Veluti reus capitalis iudicii deposuit apud te centum: is deportatus est, bona eius publicata sunt: utrumne ipsi haec reddenda an in publicum deferenda sint? Si tantum naturale et gentium ius intuemur, ei qui dedit restituenda sunt: si civile ius et legum ordinem, magis in publicum deferenda sunt: nam male meritus publice, ut exemplo aliis ad deterrenda maleficia sit, etiam egestate laborare debet. Incurrit hic et alia inspectio. Bonam fidem inter eos tantum (inter P^b) quos contractum est, nullo extrinsecus adsumpto aestimare debemus an respectu etiam aliarum personarum, ad quas id quod geritur pertinet? Exempli loco latro spolia quae mihi abstulit posuit apud Seium inscium de malitia deponentis: utrum latroni an mihi restituere Seius debeat? Si per se dantem accipientemque intuemur, haec est bona fides, ut commissam rem recipiat is qui dedit: si totius rei aequitatem, quae ex omnibus personis quae negotio isto continguntur impletur, mihi reddenda sunt, ⟨cui⟩ [quo] facto scelestissimo adempta sunt. Et probo hanc esse iustitiam, quae suum cuique ita tribuit, ut non distrahatur ab ullius personae iustiore repetitione. Quod si ego ad petenda ea non veniam, nihilo minus ei restituenda sunt qui deposuit, quamvis male quaesita deposuit". Diese Stelle ist seit Alfred Pernice sehr umstritten. Was mich betrifft, so teile ich das konservative Urteil von P. Frezza, Osservazioni sopra il sistema di Sabino, RISG n. s. 8, 1933, S. 460-1. D. Nörr, Rechtskritik, S. 120 und

XII. Naturrechtliche Vorstellungen 337

Anm. 122, der mit S. Seidl, Tryphoninus und Callistratus, in: Eranion Maridakis 1, Athen 1963, S. 232–5, übereinstimmt, bemerkt ganz richtig, daß das Problem der Pflichtenkollision bei der Rückgabe des *depositum* einen ausgesprochen philosophischen Charakter habe und in das Umfeld der *kathekonta* gehöre; im selben Sinne F. Wieacker, Offene Wertungen bei den römischen Juristen, ZSS 94, 1977, S. 33 Anm. 115=Ausgewählte Schriften 1, S. 198 Anm. 115.
94. Bezeichnend ist, daß die *veritas naturae* die Grundlage einer juristischen Entscheidung bilden kann: Pap. D. 28,2,23 pr. und Pap.-Ulp. D. 37,4,8,7, L. 215. Die *caritas erga filios*, und der *ordo mortalitatis* bei Pap. D. 5,2,15 pr., L. 229 besitzen eine naturrechtliche Grundlage. Zu Papinians Gegensatz zwischen *ius civile* und *ius praetorium*, vgl. S. 109–110.
95. D. 1,1,11 (Paulus, 14 *ad Sabinum*, L. 1864): „Ius pluribus modis dicitur: uno modo, cum id quod semper aequum ac bonum est ius dicitur, ut est ius naturale. Altero modo quod omnibus aut pluribus in quaeque civitate utile est, ut est ius civile".
96. D. 1,1,1,3=Inst. 1,2 pr., L. 1909: „Ius naturale est, quod natura omnia animalia docuit: nam ius istud non humani generis proprium sed omnium animalium, quae in terra, quae in mari nascuntur, avium quoque commune est. Hinc descendit maris atque feminae coniunctio, quam nos matrimonium appellamus, hinc liberorum procreatio, hinc educatio. videmus etenim cetera quoque animalia, feras etiam istius iuris peritia censeri".
97. Zur Auseinandersetzung der Stoiker, sowie zum Hinweis auf Empedokles und Pythagoras, s. S. 218. Zwischen 2. und 3. Jahrhundert wird die stoische Anschauung, von Diogenes Laertius 7,129=SVF III 367 und Posid. F 39 Edelstein-Kidd= F 430 Theiler, mit explizitem Hinweis auf Chrysipp und Poseidonius erwähnt, von Sextus Empiricus, *Adv. math.* 9,130 M.=SVF III 370, erneut diskutiert. Zur Haltung von Xenokrates (im Umfeld der alten Akademie) sowie von Aristoteles und Theophrast, P. Moraux, À la recherche de l'Aristote perdu. Le dialogue „Sur la justice", Louvain-Paris 1957, S. 100–8; ihm folgend J. Modrzejewski, Ulpien et la nature des animaux, in: La filosofia greca e il diritto romano 1, S. 184.
98. Philostr. *Vita Apolloni*, 1,2 und 7.
99. Cl. Lévi-Strauss, Le regard éloigné, Paris 1983, S. 376. An dieser Stelle spielt der Anthropologe auf die „römischen Rechtsgelehrten" allgemein an; das naturrechtliche Konzept aber, von dem er handelt, ist Ulpians. Ich finde allerdings den Hinweis auf den „stoischen Einfluß" fehl am Platz.
100. D. 1,1,1,4 (Ulpianus, 1 *institutionum*, L. 1910): „Ius gentium est, quo gentes humanae utuntur. Quod a naturali recedere facile intellegere licet, quia illud omnibus animalibus, hoc solis hominibus inter se commune sit".
101. D. 1,1,4 (Ulpianus, 1 *institutionum*, L. 1912=Inst. 1,5 pr.): „Manumissiones quoque iuris gentium sunt. Est autem manumissio de manu missio, id est datio libertatis: nam quamdiu quis in servitute est, manui et potestati suppositus est, manumissus liberatur potestate. Quae res a iure gentium originem sumpsit, utpote cum iure naturali omnes liberi nascerentur nec esset nota manumissio, cum servitus esset incognita: sed posteaquam iure gentium servitus invasit, secutum est beneficium manumissionis. Et cum uno naturali nomine homines appellaremur, iure gentium tria genera esse coeperunt: liberi et his contrarium servi et tertium genus liberti, id est hi qui desierant esse servi".
102. D. 1,1,6 pr. (Ulpianus. 1 *institutionum*, L. 1915): „Ius civile est, quod neque in totum a naturali vel gentium recedit nec per omnia ei servit: itaque cum aliud addimus vel detrahimus iuri communi, ius proprium, id est civile efficimus".

XIII. Das spätantike kodifizierte Recht

1. Vgl. D. Kienast, Der heilige Senat, Senatskult und „kaiserlicher" Senat, Chiron 15, 1985, S. 276.
2. Sie tragen die Bezeichnungen *Italia* (hierzu gehört auch Africa), *Galliae, Illyricum, Oriens,* und werden jeweils von einem Prätorianerpräfekten geleitet. An der Spitze der Diözesen stehen die *vicarii*. Italien im eigentlichen Sinne ist in zwei Vikariate, nämlich in *Italia annonaria* und in die Stadt Rom, eingeteilt. *Italia annonaria* umfaßt Nord- und Teile Mittelitaliens mit der Hauptstadt Mailand, das andere Vikariat das übrige Italien und die drei Inseln. Die Provinzialstatthalter haben verschiedenen Rang und unterschiedliche Titel: *proconsules, consulares, correctores, praesides*.
3. Lyd. *De mag.* 2,7, mit einem Zitat aus Hom. *Il.* 21,196.
4. *Or.* 19,6–11; *Occ.* 17,11–13.
5. A. H. M. Jones, The Later Roman Empire 1, S. 367: „Der im Umzug befindliche *comitatus* muß ein ungeheureres Schauspiel geboten haben. Die Straßen müssen kilometerweit mit Tausenden von Soldaten der Wache und Angestellten der Ministerien ... vollgestopft gewesen sein, und mit Reihen von Wagen, die mit Kisten voll von Aktenbündeln und Säcken mit Geld und Gold- und Silberbarren beladen waren.
6. G. Alföldy, Römische Sozialgeschichte³, S. 155.
7. F. Schulz, Geschichte, S. 337.
8. Vgl. meine Beobachtungen in Tecniche², S. 42–43, 50–51, 61.
9. S. S. 155–161.
10. Wer einen Streit begann, wendete sich an den Kaiser (mit einem *libellus*, einer *supplicatio* oder mit *preces*) und legte den Streitgegenstand dar. Die Antwort, das *rescriptum*, sofern es nicht eine direkte Entscheidung mit sich brachte (und daher im Grunde ein *decretum* war), band den Richter, vorausgesetzt die Fakten entsprachen den Tatsachen (CI. 1,23,7 pr., Zeno, a. 477, und P. Cairo Masp. 67024, Z. 28), und die kaiserliche Norm stand nicht im Widerspruch zum geltenden Recht (CTh. 1,2,2, Constant., a. 315; 3=CI. 1,14,1, a. 317 Seeck; 5=CI. 1,19,2, a. 325; 8, Theod. I., a. 382, modifiziert in CI. 1,19,4; 9=CTh. 11,1,20=CI. 10,16,7, a. 385; CI. 1,19,7, Valent. III., a. 426; CI. 1,22,6, Anast., a. 491?).
11. CTh. 1,2,11 (Arcad., a. 398); CI. 1,14,2 und 3 (Valent. III., a. 426), vgl. jedoch auch CI. 1,14,12 pr.-1 (Iust., a. 529).
12. Ein Beispiel dafür ist CI. 1,14,3 (Valent. III., a. 426).
13. Eine detaillierte neue Untersuchung verdanken wir R. Riedinger, Pseudo-Kaisarios. Überlieferungsgeschichte und Verfasserfrage, München 1969, S. 9, 237 ff., 382, 439–59. Die „Quellenfrage" kann man indes noch nicht als abgeschlossen betrachten, wie auch Riedinger, Neue Quellen zu den Erotapokriseis des Pseudo-Kaisarios, JÖB 19, 1970, S. 153–84, und nach ihm besonders M. Kertsch, Pseudo-Kaisarios als indirekter Textzeuge für Gregor von Nazianz, JÖB 33, 1983, S. 16–24, zugibt.
14. R. Riedinger, Pseudo-Kaisarios, S. 445.
15. Ps.-Caesarius 2,109, PG 38,980, 17–38, kritisch wiederhergestellt von R. Riedinger, Die Parallelen des Pseudo-Kaisarios zu den Pseudoklementinischen Rekognitionen. Neue Parallelen aus Basileios Πρόσεχε σεαυτῷ, ByzZ 62, 1969, S. 251–2, mit einer neuen Textherstellung.

16. Ersichtlich aus Eusebius, *Praep. evang.* 6,10,11–15, I p. 337, 4–24 Mras=Bardesanes F 3 (b), III C, pp. 649,21–650,28 Jacoby; aber auch der syrische Text des *Liber legum regionum*, 25–28, Patr. Syr. I 2, pp. 582–5 – 585,25 Nau=Bardesanes F 3 (a), III C, pp. 649,21–650,29 (in der lateinischen Version) spielen eine Rolle in der Diskussion.
17. 9,19,1–20,3, pp. 270–4 Rehm-Paschke.
18. Das Werk entstand während der Regierungszeit von Constantius II., zwischen 353 und 360, nach S. Mazzarino, Aspetti sociali, S. 72–106; Il pensiero storico classico 2.2⁴, Roma-Bari 1974, S. 213, 397–8; Antico, tardoantico ed èra costantiniana 1, Bari 1974, S. 221–8; zwischen 366 und 375 unter der Herrschaft von Valentinian I. und Valens, nach E. A. Thompson, A Roman Reformer, S. 2, 125; Thompson folgt der klassischen Datierung Seecks. Der Terminus *ante quem* von 378, dem Jahr der Schlacht von Adrianopel, scheint nach A. E. Astin, Observations on the De rebus bellicis, in: Studies in Latin Literature and Roman History 3, ed. by C. Deroux, Bruxelles 1983, S. 394 ff., 397, nicht sicher. Astin, schließt, obwohl er es für „attractive and plausible" hält, *De rebus bellicis* in die Zeit zwischen 366 und 374 (am ehesten 371) zu datieren, die Zeit zwischen 383–395 nicht aus.
19. Im ersteren Sinne vor allem O. Seeck, Anonymi (3), RE 1,2,1894, 2325, und nun, zumindest tendenziell, Alan Cameron, The Date of the Anonymus de Rebus Bellicis, in: De Rebus Bellicis 1, Aspects, Papers edited by M. W. C. Hassall, Oxford 1979, S. 6–7; im letzteren Sinne E. A. Thompson, A Roman Reformer, S. 2–6; mit ihm stimmt im wesentlichen A. E. Astin, Observations, S. 398–9, überein.
20. Mit etwas anderen Nuancen die Arbeiten von S. Mazzarino, Aspetti sociali, S. 75, 109, 323–9; E. A. Thompson, A Roman Reformer, S. 40–41; D. Nörr, Zu den geistigen und sozialen Grundlagen der spätantiken Kodifikationsbewegung (Anon. de rebus bellicis XXI), ZSS 80, 1963, S. 122–3, und A. E. Astin, Observations, S. 398, stimmen in diesem Punkt überein.
21. *De reb. bell.* 21,1–2 Ireland: „Divina providentia, sacratissime imperator, domi forisque rei publicae praesidiis comparatis, restat unum de tua serenitate remedium ad civilium curarum medicinam, ut confusas legum contrariasque sententias, improbitatis reiecto litigio, iudicio augustae dignationis illumines. Quid enim sic ab honestate constitit alienum quam ibidem studia exerceri certandi ubi, iustitia profitente, discernuntur merita singulorum?".
22. P. Brown, Religion and Society in the Age of Saint Augustine, London 1972, S. 13, 17–18.
23. D. 48,19,28,7, L. 45, vgl. dazu R. Bonini, I Libri de cognitionibus di Callistrato 1, Milano 1964, S. 142–3.
24. Die von F. Schulz, Die Epitome Ulpiani des Codex Vaticanus Reginae 1128, Bonn 1926, S. 8–21, und Geschichte, S. 220–3, zusammengetragenen Argumente führen zu der Annahme, daß die *Epitome Ulpiani* zwischen 320 und 342 geschrieben wurde, und daß man die *Institutiones* des Gaius als Hauptquelle ausmachen kann. Ein Diskussionspunkt ist das Vorhandensein einer dazwischenstehenden Quelle: Schulz und jetzt T. (A. M.) Honoré, Ulpian, S. 107–11, sehen sie im pseudo-ulpianischen *Liber singularis regularum*, das nach dem Urteil von V. Arangio-Ruiz, BIDR 35, 1927, S. 192–5, nicht von den *Epitome* getrennt werden kann.
25. Abgesehen von der Bestimmung des Entstehungsdatums um das Jahr 300 herum, hat E. Levy, Vulgarization of Roman Law in the Early Middle Ages, BIDR 55–56, 1951, S. 222 ff., 226, 236–7=Gesammelte Schriften 1, S. 220 ff., 222, 231, als recht wahrscheinlich nachgewiesen daß die *Pauli Sententiae* „eine kollektive Arbeit" wären, die ausschließlich auf Schriften des Paulus basierten; D. Liebs, Hermo-

genians iuris epitomae, S. 110-2, hat die Zweifel daran, daß der Kompilator nicht nur Paulus, sondern auch andere Quellen benutzte, wieder aufgenommen. Für eine stratigraphische Untersuchung ist auch beispielhaft: E. Levy, Pauli Sententiae. A Palingenesia of the Opening Titles as a Specimen of Research in West Roman Vulgar Law, Ithaca-New York 1945. Ein neues und wichtiges Fragment der *Pauli Sententiae* stammt aus dem Cod.-Leid. B.P.L. 2589=CPL 74=PLP II 2,7, siehe hierzu G. G. Archi, M. David, E. Levy, R. Marichal, H. L. W. Nelson, Pauli Sententiarum Fragmentum Leidense, Leiden 1956.

26. CTh. 1,4,2 (a. 327, 328 Seeck).
27. Vgl. P. Stein, Pauli libri tres manualium, RIDA 3.7, 1960, S. 479-88.
28. Das Werk muß unmittelbar nach 318 im Westen entstanden sein, wie F. Schulz, Geschichte, S. 393, vermutet.
29. F. Wieacker, Textstufen, S. 147 und Anm. 65.
30. In: Nozione romana di usufrutto 1, Napoli 1962, S. 85-98; 2, 1967, S. 22-24, 41, setze ich mich mit Vat. 75-76, 78 und 82 auseinander.
31. Zu einer Frage des Erbfolgerechts bemerkt er (7a,5): „Hoc et consultorum iura declarant, quae necessarium tractatui nostro non duximus adhiberi"; abgesehen von den *Pauli Sententiae* wird aber überhaupt keine andere Schrift neben den kaiserlichen Konstitutionen, die aus dem Codex Gregorianus, dem Hermogenianus und dem Theodosianus entnommen sind, erwähnt. Der Titel *Consultatio veteris cuiusdam iurisconsulti* begegnet in der von Cuiatius auf der Grundlage eines von Antoine Loisel entdeckten und dann abhanden gekommenen Manuskripts 1577 besorgten *editio princeps*.
32. Die *Digesta* des Alfenus wurden zum Beispiel in der Epitome des Paulus sowie in einer anonymen Epitome der frühen nachklassischen Zeit gelesen: vgl. S. 141-142; die *Variae lectiones* und die *Epistulae* des Pomponius bildeten die *Epistulae et variae lectiones* (oder einfach nur *Epistulae*). Was die Teilausgaben anbelangt, so muß man sie im Dickicht der *libri singulares* suchen.
33. CTh. 1,4,3: „Papiniani, Pauli, Gai, Ulpiani atque Modestini scripta universa firmamus ita, ut Gaium quae Paulum, Ulpianum et ceteros comitetur auctoritas lectionesque ex omni eius corpore recitentur. Eorum quoque scientiam quorum tractatus atque sententias praedicti omnes suis operibus miscuerunt, ratam esse censemus, ut Scaevolae, Sabini, Iuliani atque Marcelli omniumque, quos illi celebrarunt, si tamen eorum libri propter antiquitatis incertum codicum collatione firmentur. Ubi autem diversae sententiae proferuntur, potior numerus vincat auctorum, vel, si numerus aequalis sit, eius partis praecedat auctoritas, in qua excellentis ingenii vir Papinianus emineat, qui ut singulos vincit, ita cedit duobus. Notas etiam Pauli atque Ulpiani in Papiniani corpus factas, sicut dudum statutum est, praecipimus infirmari. Ubi autem eorum pares sententiae recitantur, quorum par censetur auctoritas, quos sequi debeat, eligat moderatio iudicantis. Pauli quoque sententias semper valere praecipimus". Nicht selten besitzt *tractatus* die Bedeutung von „Erörterung": Beispiele sind D. 5,4,10; D. 7,1,9,4; D. 29,7,14,1. An anderer Stelle, wie in CTh. 1,1,5, steht das Wort vielmehr für „Schrift theoretischer Natur", und es kann sich schließlich mit unserer „Abhandlung" treffen: vgl. F. Pringsheim, Beryt und Bologna (1921), Gesammelte Abhandlungen 1, S. 443-4.
34. Der Ausdruck „Autorität berühmter Vorgänger" wird von Savigny, Geschichte 6², S. 14, für die Juristen des 13. und 14. Jahrhunderts verwendet.
35. Vgl. C. H. Roberts, The Codex, Proceedings of the British Academy, 40, 1954, S. 169-204, bearbeitet und erweitert von C. H. Roberts - T. C. Skeat, The Birth of the Codex, London 1983, S. 1 ff., 24 ff., 38, 44 ff., 61, 67 ff., 73; G. Cavallo, Libro e

XIII. Das spätantike kodifizierte Recht 341

pubblico alla fine del mondo antico, in: Libri, editori e pubblico nel mondo antico. Guida storica e critica, a cura di G. Cavallo, Roma-Bari, 1975, S. 83–85.
36. S. C. H. Roberts, The Codex, S. 203.
37. Cic. *Or.* 42,144.
38. Lucian. *Adv. indoctum* 2.
39. Augustin. *Conf.* 6,3,3: „... sed cum legebat, oculi ducebantur per paginas et cor intellectum rimabatur, vox autem et lingua quiescebant. Saepe, cum adessemus – non enim vetabatur quisquam ingredi aut ei venientem nuntiari mos erat – sic eum legentem vidimus tacite et aliter numquam sedentesque in diuturno silentio – quis enim tam intento esse oneri auderet? – discedebamus et coniectabamus eum parvo ipso tempore, quod reparandae menti suae nanciscebatur, feriatum ab strepitu causarum alienarum nolle in aliud avocari et cavere fortasse, ne auditore suspenso et intento, si qua obscurius posuisset ille quem legeret, etiam exponere esset necesse aut de aliquibus difficilioribus dissertare quaestionibus atque huic operi temporibus inpensis minus quam vellet voluminum evolveret, quamquam et causa servandae vocis, quae illi facillime obtundebatur, poterat esse iustior tacite legendi. Quolibet tamen animo id ageret, bono utique ille vir agebat".
40. F. Wieacker, Textstufen, S. 95.
41. H. J. Wolff, Vorgregorianische Reskriptensammlungen, ZSS 69, 1952, S. 128 ff., 149–50; Wolff geht von einer Analyse von CI. 2,3,10 und 5,14,1, aus.
42. Es ist zweifelhaft, ob Hermogenianus, der Autor des Codex, der in einem Reskript des Maximianus, nach der *Passio Sancti Sabini* in einer ihrer Versionen, genannte Prätorianerpräfekt ist, wie D. Liebs, Hermogenians iuris epitomae, S. 31–38, vermutet.
43. Mommsen, Die Heimat des Gregorianus, ZSS 22, 1901, S. 140=Gesammelte Schriften 2, S. 366–7.
44. Die Fragmente des Gregorianus und des Hermogenianus (mit Ausnahme derjenigen, die aus dem Codex Iustinianus zu gewinnen sind), sind in der *Coll. libr.* III, S. 221–45, gesammelt und in gewisser Weise geordnet.
45. Mommsen, Theodosiani libri XVI cum constitutionibus Sirmondianis I 2, S. 907–21.
46. Nov. Theod. 1. 1 (a. 438).
47. CTh. 1,1,5.
48. Vgl. besonders die *orationes* 48,22, III pp. 438–9 F., und 62,21–23, IV pp. 356–8 F., zu denen man noch 2,44, I p. 253 F., und besonders die *epistula* 652,1 F. hinzufügen kann. Berytus, das heutige Beirut, das Libanius, *Ep.* 438,5 und 1529, 1 F., παγκάλη oder καλλίστη πόλις nennt, ist eine *civitas valde deliciosa* in der *Expositio totius mundi* 25, GLM p. 109. Ihr Ruhm als παιδευτήριον der römischen νόμοι reichte bereits zu Beginn des 3. Jahrhunderts über die Grenzen Syriens hinaus: ein Beleg dafür ist das Zeugnis des Gregorius Thaumaturgos, *Oratio panegyrica in Originem*, 5,62 Crouzel, vgl. dazu P. Collinet, Études historiques sur le droit de Justinien 2, L'école de droit de Beyrouth, Paris 1925, S. 26–27, 211, und J. Modrzejewski, Grégoire le Thaumaturge et le droit romain, RHD 5. 49, 1971, S. 316–7.
49. So scheint es nach CTh. 14,9,3,1=CI. 11,19,1,3–4 (Theod. II, 27. Februar 425); zu dieser Konstitution vgl. man CTh. 6,21,1, vom 15. März 425.
50. Der einzige unter den Verfassern, der Professor gewesen sein könnte, ist der *vir doctissimus scholasticus* Apelles (CTh. 1,1,5); wahrscheinlicher aber handelt es sich um einen Rechtsanwalt.
51. CTh. 1,1,6. Damals war ein *iuris doctor*, Erotius, Mitglied der Kommission.
52. Nov. Theod. 1.

53. Wir kennen das Protokoll der Sitzung: *Gesta senatus de Theodosiano publicando*, bei Mommsen, Theodosiani libri XVI cum constitutionibus Sirmondianis I 2, S. 1–4.
54. Nov. Theod. 1,1 und 3.
55. Nov. Theod. 1,6.
56. CTh. 1,1,5 und Nov. Theod. 1,5–6.
57. Gibbon, Decline and Fall 4, S. 170.
58. Die ins Detail gehende Argumentation von G. Vismara, Edictum Theoderici, IRMAE I 2 b *aa* α, 1967, S. 1–191, in Auseinandersetzung besonders mit B. Paradisi, Critica e mito dell'editto teodoriciano, BIDR 68, 1965, S. 1–47, war für H. Nehlsen, ZSS (GA) 86, 1969, S. 246–60 nicht überzeugend; Vismaras Erwiderung darauf in SDHI 36, 1970, 419–20. Er geht auf das Thema nochmals ein in SDHI 47, 1981, S. 7–12. Die herkömmliche Auffassung wird mit großem Wortaufwand wiederholt von G. Astuti, Note sull'origine e attribuzione dell'Edictum Theoderici regis, in: Studi Volterra 5, Milano 1971, 647–86. Nach A. D'Ors, El Código de Eurico, in: Estudios Visigóticos 2, Roma-Madrid 1960, S. 8, war der Verfasser des Edikts Magnus von Narbonne, *praefectus praetorio Galliarum* in den Jahren 458–459. T. S. Burns, Theodoric the Great and the Concepts of Power in Late Antiquity, Acta Classica 25, 1982, S. 109, zieht es vor, keine Stellung zu beziehen.
59. Der Ausdruck *legum praecepta calcare* findet sich im Vorwort.
60. „Qui etiam armatis hominibus, ferro, fuste, lapide, de possessione quemquam domo, villa expulerit, expugnaverit, obsederit, clauserit, aut si forte propter hanc rem quis homines suos praestiterit, locaverit, conduxerit, turbam, seditiones, incendium fecerit, ad violentiae poenam, quae est superius adscripta, teneatur. Si quis autem sepeliri mortuum, quasi debitorem suum adserens, prohibuerit, honestiores bonorum suorum partem tertiam perdant, et in quinquennale exilium dirigantur: humiliores caesi fustibus, perpetui exilii damna sustineant". Das Kapitel LXXV ist eindrucksvoll, man könnte aber zahlreiche Pendants, nicht nur für die Spätantike, finden.
61. Diese Frage ist sehr umstritten. Nach der Auffassung von A. García Gallo, die unter anderem von A. D'Ors, La territorialidad del derecho de los visigódos, in: Estudios Visigóticos 1, Roma-Madrid 1956, S. 91–124; Codex Euricianus 327, in: Studi De Francisci 2, Milano 1956, S. 453–69 (vgl. Estudios Visigóticos 1, S. 127 –141), geteilt wird, kannten die Westgoten keine personalen, d. h. auf Römer oder Goten beschränkten Rechte, sondern das Recht hatte territoriale Geltung. Für die entgegengesetzte Meinung behalten die Bemerkungen von E. Levy, ZSS 79, 1962, S. 480–81=Gesammelte Schriften 1, S. 306–7, ihr Gewicht. Eine detaillierte Kritik bei H. Schmidt, Zum Geltungsumfang der älteren westgotischen Gesetzgebung, in: Gesammelte Aufsätze zur Kulturgeschichte Spaniens 29, Münster 1978, S. 1–84; hierzu nun W. Kienast, Gefolgswesen und Patrocinium im spanischen Westgotenreich, HZ 239, 1984, S. 24.
62. Die *Lex Visigothorum* (Recc. Erv.), 2,1,10 (MGH Leges I 1, S. 58), setzt nach P. D. King, King Chindasvind and the First Territorial Law-code of the Visigothic Kingdom, in: Visigothic Spain: New Approaches, ed. by E. James, Oxford 1980, S. 140–2, 157, eine bereits erfolgte Aufhebung voraus, durch Chindaswind, den „westgotischen Justinian", den Verfasser des ersten Codex, der in der Geschichte der Westgoten territoriale Geltung hatte.
63. Der Text im *commonitorium* an den comes Timotheus (Mommsen, Theodosiani libri XVI cum constitutionibus Sirmondianis I 1, S. XXXIII–XXXIV) lautet folgendermaßen: „Utilitates populi nostri propitia divinitate tractantes hoc quoque,

quod in legibus videbatur iniquum, meliore deliberatione corrigimus, ut omnis legum Romanarum et antiqui iuris obscuritas adhibitis sacerdotibus ac nobilibus viris in lucem intellegentiae melioris deducta resplendeat et nihil habeatur ambiguum, unde se diuturna aut diversa iurgantium inpugnet obiectio. Quibus omnibus enucleatis atque in unum librum prudentium electione collectis haec quae excerpta sunt vel clariori interpretatione conposita venerabilium episcoporum vel electorum provincialium nostrorum roboravit adsensus. Et ideo, secundum subscriptum librum qui in thesauris nostris habetur oblatus, librum tibi pro discingendis negotiis nostra iussit clementia destinari, ut iuxta eius seriem universa causarum sopiatur intentio nec aliud uicumque aut de legibus aut de iure liceat in disceptatione proponere, nisi quod directi libri et subscripti viri spectabilis Aniani manu sic ut iussimus ordo conplectitur. Providere ergo te convenit, ut in foro tuo nulla alia lex neque iuris formula proferri vel recipi praesumatur. Quod si factum fortasse constiterit, aut ad periculum capitis tui aut ad dispendium tuarum pertinere noveris facultatum. Hanc vero praeceptionem directis libris iussimus adhaerere, ut universos ordinationis nostrae et disciplina teneat et poena constringat".

64. Diese gegen H. F. Hitzig und H. Fitting gerichtete These von M. Conrat (Cohn), Die Entstehung des Westgothischen Gaius, Amsterdam 1905, S. 1 ff., 84ff., 131, nach dem die *Epitome Gai* „ein Produkt aus der Feder des Westgothischen Kodifikators" ist, ist mit Recht auf Widerspruch gestoßen; besonders G. G. Archi, L'Epitome Gai. Studio sul tardo diritto romano in Occidente, Milano 1937, S. 14–54, weicht weit davon ab; zustimmend zu Archi H. L. W. Nelson, Überlieferung, S. 128–39. Zur *interpretatio* der *Pauli Sententiae*, vgl. H. Schellenberg, Die Interpretationen zu den Paulussentenzen, Göttingen 1965.
65. Isid. *Hist. Gothorum* 35 (MGH Auctores XI 2, S. 281): „Sub hoc rege Gothi legum instituta scriptis habere coeperunt. Nam antea tantum moribus et consuetudine tenebantur".
66. Eine gründlichere Diskussion bei W. Roels, Onderzoek naar het gebruik van de aangehaalde bronnen van Romeins recht in de Lex Romana Burgundionum, Antwerpen 1958 (mit französischer Zusammenfassung); die Arbeit enthält auch einen Kommentar zum Text (S. 33–173); G. Chevrier-G. Pieri, La loi romaine des Burgondes, IRMAE I 2 b *aa* δ, 1969, S. 3–55; H. Nehlsen, Lex Romana Burgundionum, in: Handwörterbuch zur deutschen Rechtsgeschichte 2, Berlin 1978, S. 1927–34.
67. Drei Zitate aus Gaius stellen ein ernsthaftes Problem dar: 5,1; 10,1; 12,2. Der burgundische Bearbeiter entnahm sie, wie H. L. W. Nelson, Überlieferung, S. 178–82, bemerkte, ganz sicher aus den *Institutiones*, wobei er ein Exemplar verwendete, das in seiner Einteilung besser als der Veroneser Codex war.
68. Genaugenommen am 7. April, mit der Konstitution *Summa rei publicae*. Sie trat einige Tage später, am 16. April, in Kraft.
69. *Const. Summa* 3: „... nullaque dubitatione emergenda vel eo, quod sine die et consule quaedam positae sunt, vel quod ad certas personas rescriptae sunt, cum omnes generalium constitutionum vim obtinere procul dubio est".
70. Die Ernennung erfolgte mit der Konstitution *Haec quae necessario*, am 13. Februar 528. Die Gleichsetzung des Johannes mit Johannes von Kappadokien wird allgemein vertreten; dem widerspricht auch nicht Nov. 35, 1–2 und 5 (vom Jahr 535).
71. *Const. Summa* 3–4.
72. Dies wird deutlich aus den Zeilen 43–44, P.Oxy. 1814=CLA Suppl. 1713 =PLP II 2,34=LIIV *Subsidia* I² 1, der ein Fragment des Index mit den *inscriptiones* der Titel 11–16 des 1. Buches enthält.

73. *Const. Deo auctore* 4–5=CI. 1,17,1,4–5: „Iubemus igitur vobis antiquorum prudentium, quibus auctoritatem conscribendarum interpretandarumque legum sacratissimi principes praebuerunt, libros ad ius Romanum pertinentes et legere et eliminare, ut ex his omnis materia colligatur, nulla (secundum quod possibile est) neque similitudine neque discordia derelicta, sed ex his hoc colligi quod unum pro omnibus sufficiat. Quia autem et alii libros ad ius pertinentes scripserunt, quorum scripturae a nullis auctoribus receptae nec usitatae sunt, neque nos eorum volumina nostram inquietare dignamur sanctionem. Cumque haec materia summa numinis liberalitate collecta fuerit, oportet eam pulcherrimo opere extruere et quasi proprium et sanctissimum templum iustitiae consecrare et in libros quinquaginta et certos titulos totum ius digerere, tam secundum nostri constitutionum codicis quam edicti perpetui imitationem, prout hoc vobis commodius esse patuerit, ut nihil extra memoratam consummationem possit esse derelictum, sed his quinquaginta libris totum ius antiquum, per millesimum et quadringentesimum paene annum confusum et a nobis purgatum, quasi quodam muro vallatum nihil extra se habeat: omnibus auctoribus iuris aequa dignitate pollentibus et nemini quadam praerogativa servanda, quia non omnes in omnia, sed certi per certa vel meliores vel deteriores inveniuntur." 11–2: „Ideoque iubemus duobus istis codicibus omnia gubernari, uno constitutionum, altero iuris enucleati et in futurum codicem compositi... Nostram autem consummationem, quae a vobis deo adnuente componetur, digestorum vel pandectarum nomen habere sancimus...". *Digesta* und *Pandectae* waren bereits als Titel klassischer Werke verwendet worden, vgl. S. 141, 186, 189–190.
74. Siehe die §§ 1 und 9=CI. 1,17,2,1 und 9 für die Menge der excerpierten Bücher, bzw. für die Mitglieder der Kommission. Die Zahl von 2000 Büchern ist aufgerundet. In Wirklichkeit waren es 1528, nach den Berechnungen von T. (A. M.) Honoré und A. Rodger, How the Digest Commissioners worked, ZSS 87, 1970, S. 251–3, 314, wiederaufgenommen von T. (A. M.) Honoré, Tribonian, S. 147, 286.
75. P. Brown, The World of Late Antiquity, S. 152.
76. *Const. Tanta* 10=CI. 1,17,2,10: „Tanta autem nobis antiquitati habita est reverentia, ut nomina prudentium taciturnitati tradere nullo patiamur modo: sed unusquisque eorum, qui auctor legis fuit, nostris digestis inscriptus est: hoc tantummodo a nobis effecto, ut, si quid in legibus eorum vel supervacuum vel imperfectum vel minus idoneum visum est, vel adiectionem vel deminutionem necessariam accipiat et rectissimis tradatur regulis. Et in multis similibus vel contrariis quod rectius habere apparebat, hoc pro aliis omnibus positum est unaque omnibus auctoritate indulta, ut quidquid ibi scriptum est, hoc nostrum appareat et ex nostra voluntate compositum: nemine audente comparare ea quae antiquitas habebat et quae nostra auctoritas introduxit, quia multa et maxima sunt, quae propter utilitatem rerum transformata sunt. Adeo ut et si principalis constitutio fuerat in veteribus libris relata, neque ei pepercimus, sed et hoc corrigendum esse putavimus et in melius restaurandum. Nominibus etenim veteribus relictis, quidquid legum veritati decorum et necessarium fuerat, hoc nostris emendationibus servavimus. Et propter hanc causam et si quid inter eos dubitabatur, hoc iam in tutissimam pervenit quietem, nullo titubante relicto".
77. „Difficillima, immo magis impossibilis" heißt es in *Const. Deo auctore* 2=CI. 1,17,1,2.
78. *Const. Tanta* pr.=CI. 1,17,2 pr.: „Erat enim mirabile Romanam sanctionem ab urbe condita usque ad nostri imperii tempora, quae paene in mille et quadringentos annos concurrunt, intestinis proeliis vacillantem hocque et in imperiales constitutiones extendentem in unam reducere consonantiam, ut nihil neque contra-

rium neque idem neque simile in ea inveniatur et ne⟨c⟩ geminae leges pro rebus singulis positae usquam appareant". Συμφωνία heißt es in dem entsprechenden Text der *Dedōken*. In *Const. Deo auctore* 2=CI. 1,17,1,2, bezieht sich der Ausdruck *consonantia* auf den *Novus codex*.
79. F. Schulz, Geschichte, S. 362.
80. *Const. Imperatoriam* 3–4; 6.
81. Man unterscheidet drei verschiedene, auf den ersten Codex folgende Gruppen von Konstitutionen. Zunächst die *Quinquaginta decisiones*. Mit diesem wollte Justinian einige unter den klassischen oder den späteren Juristen aufgekommene Kontroversen beseitigen, um so, wie es scheint, die Kompilation der Digesten zu fördern. Und genau diese kompilatorische Arbeit machte eine zweite Gruppe von Konstitutionen erforderlich, die *ad commodum propositi operis pertinentes;* diese sollten die Unsicherheiten beseitigen, die während der Auswertung der juristischen Literatur entstanden waren. In eine dritte Gruppe gehören die Konstitutionen, die für besondere Zwecke der Reichsverwaltung erlassen worden waren.
82. Am 16. November mit der Konstitution *Cordi*. Sie trat am 29. Dezember desselben Jahres in Kraft.
83. CLA III 295=PLP II 2,25.
84. Als „Unziale" bezeichnet man eine schöne gerundete Schrift, die im 4. Jahrhundert aufgekommen und bis in die zweite Hälfte des 8. Jahrhunderts in Gebrauch war.
85. Der P(arisinus), der V(aticanus), der Patavinus (U) und der L(ipsiensis) enthalten das *Digestum vetus*, also die Bücher I–XXIV (2 oder 3,2 *trigesimo*), gemäß der mittelalterlichen Einteilung; die beiden anderen Gruppen, die Bücher XXIV (in einem der angegebenen Punkte) – XXXVIII und die Bücher XXXIX–L, stellen entsprechend das *Infortiatum* und das *Digestum novum* dar.
86. Diese Ordnung von Mommsen, Praefatio, S. LXV–LXVI, wurde meines Erachtens von J. Miquel, Mechanische Fehler in der Überlieferung der Digesten, ZSS 80, 1963, S. 275–84, eher vernachlässigt.
87. Auch die zweite Annahme ist, zumindest in Bezug auf Ravenna, nicht neu, und neuerdings wieder von G. Cavallo und F. Magistrale, Libri e scritture del diritto nell'età di Giustiniano, in: Il mondo del diritto, S. 43 ff., 50–58, formuliert worden. Für B. H. Stolte jr., The Partes of the Digest in the Codex Florentinus, Subseciva Groningana 1, 1984, S. 82–88, bleibt Konstantinopel der wahrscheinlichste Ort der Entstehung.
88. CLA IX 1351=PLP II 2,36.
89. P. Reinach 2173=CPL 100=PLP II 2,18; P. Ryl. III 479=CLA Suppl. 1723= CPL 89=PLP II 2,37; P. Heid. Lat. 4 (inv. 1272)=CPL 87=PLP II 2,40.
90. Mommsen, Praefatio, S. XXXX; Additamenta I, S. 1–10.
91. „A fundamental premiss of endeavour in the field of texts and editing", so schreibt E. J. Kenney, The Classical Text. Aspects of Editing in the Age of the Printed Book, Berkeley-Los Angeles-London 1974, S. 75, „is that the editor, other things being equal, is only as good as his material allows him to be. If he is incompetent he may be worse than his material warrants, but however competent he may be he cannot rise far above the limitations imposed on him by his sources".
92. Hierzu jetzt F. Wieacker, Mommsens Digestorum Editio maior: Aspekte und Aporien, in: Le Pandette di Giustiniano. Storia e fortuna di un codice illustre, Firenze 1986, S. 199–214.
93. Die Heere Justinians eroberten Africa im Jahr 533. In einem zweiten Angang führte sein General Belisar den Krieg in Italien und marschierte 540 in Ravenna ein. Im

selben Jahr jedoch wurde Antiochia von Chosrau I. geplündert, und die persische Bedrohung der Ostgrenze kehrte wieder. Im Jahre 548 erfolgte der Zusammenbruch der Donaugrenze. Inzwischen nahmen die Ostgoten in Italien ihren Widerstand wieder auf und erst Narses gelang es 552, ihn zu brechen. Wenig später fielen weite Teile Südspaniens unter bxyzantinische Herrschaft.

94. Die von Papst Vigilius betriebene *Pragmatica sanctio*, die am 13. August 554 an den *praepositus sacri cubiculi* Narses, und an den Prätorianerpräfekten für Italien, Antiochus, gerichtet wurde (App. 7), verfügte im 11. Kapitel: „Iura insuper vel leges codicibus nostris insertas, quas iam sub edictali programmate in Italiam dudum misimus, obtinere sancimus. Sed et eas, quas postea promulgavimus constitutiones, iubemus sub edictali propositione vulgari ⟨et⟩ ex eo tempore, quo sub edictali programmate vulgatae fuerint, etiam per partes Italiae obtinere, ut una deo volente facta republica legum etiam nostrarum ubique prolatetur auctoritas". Die Sendung der Codices war etwa 15 Jahre früher geschehen. G. G. Archi, Pragmatica sanctio pro petitione Vigilii, in: Festschrift Wieacker, Göttingen 1978, S. 33–36= Scritti 3, S. 2004–10, bemerkt zu Recht, daß Justinian diese gegenüber den „neuen Konstitutionen" nicht bevorzugen wollte. Aus diesem Gesetzestext ersieht man auch, wie L. Cracco Ruggini, Giustiniano e la società italica, in: Il mondo del diritto, S. 199 ff., 207, nachweist, die „mete di supremazia e di sfruttamento coloniale", die der byzantinischen Herrschaft eigneten.

95. Gemeint ist Nov. 22.

96. *Const. Cordi* 4: „Hoc etenim nemini dubium est, quod, si quid in posterum melius inveniatur et ad constitutionem necessario sit redigendum, hoc a nobis et constituatur et in aliam congregationem referatur, quae novellarum nomine constitutionum significetur".

97. G. Lanata, Legislazione e natura, S. 8, 90 ff., 101.

98. S. S. 58.

99. Procop. *Hist. arc.* 13,20; s. auch 6,21; 9,51; 11,1–2; 13,21 und 23; 14,1; 14,9–10 und 20; 27, 33; 28,9 und 16; 29,15, die mit *De aedif.* 1,1,10, zu vergleichen sind. Die Beurteilung Justinians als Gesetzgeber durch den zeitgenössischen griechischen Historiker wird bei der Neulesung durch Averil Cameron, Procopius and the Sixth Century, Berkeley-Los Angeles 1985, S. 20, 63, 129, 228, 247, 255–7, berücksichtigt.

100. *Const. Tanta* 18=CI. 1,17,2,18: „Sed quia divinae quidem res perfectissimae sunt, humani vero iuris condicio semper in infinitum decurrit et nihil est in ea, quod stare perpetuo possit (multas etenim formas edere natura novas deproperat), non desperamus quaedam postea emergi negotia, quae adhuc legum laqueis non sunt innodata. Si quid igitur tale contigerit, Augustum imploretur remedium, quia ideo imperialem fortunam rebus humanis deus praeposuit, ut possit omnia quae noviter contingunt et emendare et componere et modis et regulis competentibus tradere". Der Vergleich mit dem parallelen Text der *Dedōken* lehrt eine Menge, wie G. Lanata, Legislazione e natura, S. 10, 165–70, 181–7, 200–4, 235–6, nachweist. Zum νόμος ἔμψυχος und dem τῷ θεῷ κατακολουθεῖν, verweise ich auf meine Bemerkungen in Tecniche², S. 49–52, 61.

101. Grundlegend bleibt die Arbeit von G. Rotondi, La codificazione giustinianea attraverso le fonti extragiuridiche, RISG 60, 1918, S. 239–67=Scritti 1, S. 340–69.

102. Die Verwechslung von *dominium* und *possessio* und die Zurückführung des *usus fructus* auf das *dominium* als einer Art temporäres Eigentum sind „vulgäre" Erscheinungen. Wir begegnen dieser zweiten Vorstellung, die die andere (technisch durchdachte) eines beschränkten dinglichen Nutzungsrechts an einer fremden Sa-

che ersetzt (s. S. 181–182), auch in weit voneinander entfernten Dokumenten, wie in der ins 2. Jahrhundert n. Chr. datierbaren Inschrift der *Iunia Libertas* aus Ostia (G. Calza, Epigraphica 1, 1939, S. 160–2), und im *instrumentum donationis* aus dem Ende des 6. Jahrhundert, veröffentlicht bei Marini 93=Tjäder I 20, Z. 30–33 (s. II p. 26 Anm. 4 und 6). Die Ähnlichkeit zwischen Eigentum und Nießbrauch erfährt im byzantinischen juristischen Denken eine fachliche Ausprägung.

103. F. Wieacker, Vom römischen Recht^2, S. 252.
104. Der Ausdruck „ordnende Hand" stammt von E. Levy, Weströmisches Vulgarrecht. Das Obligationenrecht, Weimar 1956, S. 4.
105. Die „expérience du passé" und der „esprit des siècles" müssen, so behauptet Jean-Etienne-Marie Portalis im Discours préliminaire von 1801, der den Plan des „Code Civil" einleitet (P. A. Fenet, Recueil complet des travaux preparatoires du Code civil 1, Paris 1827, S. 463 ff., 466) „la rédaction d'une législation civile pour un grand peuple" unterstützen. Mit dem „Discours" beschäftigt sich neuerdings W. Wilhelm, Portalis et Savigny, in: Aspekte europäischer Rechtsgeschichte. Festgabe Coing (Ius commune, Sonderheft 17), Frankfurt am Main 1982, S. 445 ff., 447.
106. Als beispielhaft kann CI. 4,18,2 (a. 531) zur Frage der *pecunia constituta* gelten, besonders die §§ 1 a–1 d. Eine brillante Untersuchung stammt von G. G. Archi, Riforme giustinianee in tema di garanzie personali, BIDR 65, 1962, S. 131 ff., 138 ff., 143–5, 148–9=Scritti 3, S. 2025 ff., 2034 ff., 2039–41, 2044–6, an die sich teilweise K.-H. Schindler, Justinians Haltung zur Klassik. Versuch einer Darstellung an Hand seiner Kontroversen entscheidenden Konstitutionen, Köln-Graz 1966, S. 76 stützt. Auf die Bedeutung der Quellenstelle weist auch H. Hausmaninger, Subtilitas als juristische Wertung in den Codex-Konstitutionen Justinians, in: Festschrift Schwind, Wien 1978, S. 74, hin.
107. Diese Bezeichnung stammt aus CI 6,23,26 (a. 528), über das *testamentum sine scriptis*, was man mit CI 8,53,33 zusammensehen muß. G. G. Archi, Giustiniano, S. 162, betrachtet beide Texte in ihrer Beziehung zur Entwicklung zur Gesetzgebung seit Konstantin.
108. Dies zeigen CI. 5,27,8 (a. 528) und Nov. 18,5 (a. 536, vgl. Nov. 89,12,4, a. 539), zur Erbfolge der natürlichen Kinder und ihrer Mutter und den Akten von Freigiebigkeit zu ihren Gunsten. Von Belang sind ferner CI. 5,27,12 (a. 531) und Nov. 89,12,2–3 (a. 539). Für die vorhergehende Praxis s. CTh. 4,6,4 (a. 371); 6 (a. 405, modifiziert in CI. 5,27,2); 7 (a. 426 oder 427).
109. Konstantin setzte als Voraussetzung für die Schenkung neben anderen Formalitäten die Schriftlichkeit und die öffentliche Eintragung fest: Vat. 249, vgl. CTh. 8,12,1 und CI. 8,53,25, alles Texte, die auf eine einzige Konstitution aus dem Jahre 323 zurückgehen; CTh. 3,5,3 (a. 330); CTh. 8,12,5=CI. 8,53,27 pr.-1 (a. 333), ist in Beziehung zu CTh. 8,12,4 (a. 319, 318 Seeck) zu sehen. Diese vorwiegend auf fiskalische Motive zurückgehende Reform wurde von der späteren Gesetzgebung bis Justinian beschränkt und abgeändert, jedoch nicht abgeschafft. Man kann ihren Verlauf unter Vernachlässigung der speziellsten Aspekte durch CTh. 3,5,8 (Iul. a. 363); CTh. 8,12,8 (Theod. II., a. 415, vgl. für den § 2 CI. 8,53,27,2) und 9=CI. 8,53,28 (Theod. II. a. 417); CTh. 3,5,13=CI. 5,3,17 und CI. 8,53,29 (Theod. II., a. 428 Seeck); CI. 8,53,30 (Leo, a. 459); 31 (Zeno, a. 478); 32 (Anast. a. 496); CI. 5,16,25 (Iustin. a. 528); CI. 8,53,34–36, aus den Jahren 529, 530 und 531 verfolgen. Das Prinzip Justinians, wonach die *donationes* „zustandegekommen sind, wenn der Schenker seinen Willen schriftlich oder nicht schriftlich kundgetan hat" (Inst. 2,7,2), muß in seinem Bezug zur gesamten Handhabung des Instituts gesehen werden.

110. D. Simon, Aus dem Kodexunterricht des Thalelaios. A. Methode, ZSS 86, 1969, S. 380–3.
111. Bacon, De dignitate et augmentis scientiarum VIII, 3 aph. 62, Works, coll. and ed. by J. Spedding, R. L. Ellis, D. D. Heath, 1, London 1858 (Nachdr. 1963) S. 818.
112. Inst. 2,20,1–3: „Legatum itaque est donatio quaedam a defuncto relicta. Sed olim quidem erant legatorum genera quattuor: per vindicationem, per damnationem, sinendi modo, per praeceptionem; et certa quaedam verba cuique generi legatorum adsignata erant, per quae singula genera legatorum significabantur. Sed ex constitutionibus divorum principum sollemnitas huiusmodi verborum penitus sublata est. Nostra autem constitutio, quam cum magna fecimus lucubratione, defunctorum voluntates validiores esse cupientes et non verbis, sed voluntatibus eorum faventes, disposuit, ut omnibus legatis una sit natura et, quibuscumque verbis aliquid derelictum sit, liceat legatariis id persequi non solum per actiones personales, sed etiam per in rem et per hypothecariam: cuius constitutionis perpensum modum ex ipsius tenore perfectissime accipere possibile est. Sed non usque ad eam constitutionem standum esse existimavimus. Cum enim antiquitatem invenimus legata quidem stricte concludentem, fideicommissis autem, quae ex voluntate magis descendebant defunctorum, pinguiorem naturam indulgentem, necessarium esse duximus omnia legata fideicommissis exaequare, ut nulla sit inter ea differentia, sed quod deest legatis, hoc repleatur ex natura fideicommissorum et, si quid amplius est in legatis, per hoc crescat fideicommissi natura". Der Hinweis bezieht sich auf CI. 6,43,1 (a. 529) und 2 (a. 531), und, zeitlich davorliegend, auf CI. 6,37,21 (Constantinus, a. 339, 320 Seeck), der mit CTh. 3,2,1=CI. 8,34,3; CTh. 4,12,3; CTh. 8,16,1=CI. 8,57,1; CTh. 11,7,3=CI. 10,19,2; CI. 6,9,9; CI. 6,23,15 eine Einheit bildet. Aus dem Buch II der *Institutiones* muß man vor allem die Titel 20–25 ganz lesen. Auch die Ausführungen über das Testament in Inst. 2,10,1–3, weisen eine „historische" Färbung auf.
113. Themist. *Or.* 6,71 c Schenkl-Downey.
114. Dazu die Untersuchung von G. Dagron, Aux origines de la civilisation byzantine: Langue de culture et langue d'État, RH 241, 1969, S. 23–56, und A. Toynbee, Constantine Pophyrogenitus and his World, London 1973, S. 552–74; zur Lage in Konstantinopel im 6. Jahrhundert besonders P. Lamma, Oriente e occidente nell'alto medioevo. Studi storici sulle due civiltà, Padova 1968, S. 84, 93–102, 125, 130–1; G. Cavallo, La circolazione libraria nell'età di Giustiniano, in: L'imperatore Giustiniano. Storia e mito, Milano 1978, S. 218–20; M. Gigante, Scritti, S. 76–86, 90, 93.
115. F. Geny, Méthode d'interprétation et sources en droit privé positif 1, Paris 1919², Nachdr. 1954, S. 108.
116. J. Bentham, An Introduction to the Principles of Morals and Legislation (1780, 1789, 1823), ed. by J. H. Burns und H. L. A. Hart (The Collected Works of Jeremy Bentham, General Editor J. H. Burns), London 1970, S. 299.
117. Die Untersuchung von D. Simon, Rechtsfindung am byzantinischen Reichsgericht, Frankfurt am Main 1973, S. 7 ff., 18–22, 28, behandelt eine einzigartige Quelle, die sogenannte *Peira* (Πεῖρα ἤγουν διδασκαλία ἐκ τῶν πράξεων τοῦ μεγάλου κυροῦ Εὐσταθίου τοῦ 'Ρωμαίου, JGR IV, S. 11–260). Es handelt sich um eine Sammlung von „Gutachten" (ὑπομνήματα) und „gerichtlichen Aufzeichnungen (σημειώματα), zwischen 1040 und 1050 in Konstantinopel als Merkbuch für die Richter am Gericht des Hippodrom. Das „Modell", das Simon herausarbeitet, ist auch für den Beobachter der heutigen Rechtswirklichkeit von Bedeutung, wie D. Grimm, Rechtswissenschaft und Geschichte, in: Rechtswissenschaft und Nachbarwissenschaften, hrsg. von D. Grimm, 2, München 1976, S. 17–18, ganz

XIII. Das spätantike kodifizierte Recht   349

richtig bemerkt. Interessant ist der Vergleich, den P. E. Pieler, Byzantinische Rechtsliteratur, S. 347 ff., 348 Anm. 23, 467–9, mit der *Meditatio de nudis pactis* (Μελέτη περὶ ψιλῶν συμφώνων, JGR VII S. 365–75) vorschlägt.
118. F. Wieacker, Lateinische Kommentare zum Codex Theodosianus, in: Symbolae Friburgenses in honorem O. Lenel, Leipzig 1935, (s. d.), S. 259 ff., 291 ff., 298.
119. Es fehlt eine interne Untersuchung der *interpretatio* zur Epitomae des *Codex Gregorianus*, in der H. Fitting, Ueber einige Rechtsquellen der vorjustinianischen spätern Kaiserzeit (2), ZRG 11, 1873, S. 249, öfter als anderswo „die Hand des Verfassers des Breviariums" erkannte. Dasselbe gilt für die *interpretatio*, die den beiden Konstitutionen des *Codex Hermogenianus* in der westgotischen Epitome folgt.
120. *Const. Deo auctore* 12=CI. 1,17,1,12: „... nullis iuris peritis in posterum audentibus commentarios illi applicare et verbositate sua supra dicti codicis compendium confundere: quemadmodum et in antiquioribus temporibus factum est, cum per contrarias interpretantium sententias totum ius paene conturbatum est: sed sufficiat per indices tantummodo et titulorum suptilitatem quaedam admonitoria eius facere, nullo ex interpretatione eorum vitio oriundo". Den *Index* kann man als eine nicht wörtliche Übersetzung eines lateinischen juristischen Textes ins Griechische betrachten; der Lehrer diktierte sie den größtenteils griechischsprechenden Schülern und erleichterte ihnen so ein erstes Kennenlernen des kodifizierten Rechts.
121. *Const. Tanta* 21=CI. 1,17,2,21: „Hoc autem, quod ab initio nobis visum est, cum hoc opus fieri deo adnuente mandabamus, tempestivum nobis videtur et in praesenti sancire, ut nemo neque eorum, qui in praesenti iuris peritiam habent, nec qui postea fuerint audeat commentarios isdem legibus adnectere (ὑπομνήματα γράφειν: *Dedōken*): nisi tantum si velit eas in Graecam vocem transformare sub eodem ordine eaque consequentia, sub qua et voces Romanae positae sunt (hoc quod Graeci κατὰ πόδα dicunt), et si qui forsitan per titulorum suptilitatem adnotare maluerint et ea quae παράτιτλα nuncupantur componere".
122. Diese von H. J. Scheltema, Das Kommentarverbot Justinians, TR 45, 1977, S. 307 ff., 325–31, vertretene These beseitigt nicht alle Zweifel.
123. Grundlegend D. Simon, Aus dem Kodexunterricht des Thalelaios. B. Die Heroen, ZSS 87, 1970, S. 315 ff., 393–4.
124. Synes. *Dion*, 4, S. 245, 8–12 Terzaghi, mit dem Kommentar von K. Treu, Synesios von Kyrene, ein Kommentar zu seinem Dion, Berlin 1958, S. 52–54. M. Gigante, Antico, bizantino e medioevo, PP 19, 1964, S. 202=Scritti, S. 21, macht auf diese Stelle aufmerksam; allgemeiner H. I. Marrou, Synesius of Cyrene and Alexandrian Neoplatonism, in: The Conflict between Paganism and Christianity in the Fourth Century, Essays ed. by A. Momigliano, Oxford 1963, S. 144.
125. *Coll. libr.* III pp. 269–83=FIRA II², S. 635–52; in P. Ryl. III 475=CPL 95 ist höchstwahrscheinlich ein Fragment dieses Werkes überliefert.
126. D. 25,1,1 pr.-3; 3 pr.-1, L. 2805.
127. Sch. Sin. 16–18 Kr.
128. Nach der Hypothese von U. Manthe, Die Libri ex Cassio, S. 242–6.
129. Publiziert von E. Schönbauer, Ein neuer juristischer Papyrus, Aegyptus 13, 1933, S. 621–43.
130. Die moderne Forschung hat mit W. Selb, Zur Bedeutung des Syrisch-römischen Rechtsbuches, München 1964, S. 3 ff., 222–3, 242, 262–5, eine neue Richtung eingeschlagen; vgl. dazu die Diskussion von R. Yaron, Syro-Romana, Iura 17.1, 1966, S. 114–64. Für die neueste Entwicklung und die Entdeckung weiterer Manuskripte ist unerläßlich P. E. Pieler, Byzantinische Rechtsliteratur, S. 393–6; Pieler ordnet

das Syrisch-römische Rechtsbuch zusammen mit den *Sententiae Syriacae* (die Bezeichnung geht auf Selb zurück), dem kleinen Traktat in griechischer Sprache *De actionibus* in seinem vorjustinianischen Kern, und das Fragment einer Schrift des ἀρχιτέκτων Julian von Askalon, der „Praxisliteratur" zu.

131. F. Wieacker, Zur gegenwärtigen Lage der romanistischen Textkritik, in: La critica del testo 2, S. 1112=Ausgewählte Schriften 1, S. 113, schließt dies aus.
132. S. H. E. Troje, Graeca leguntur. Die Aneignung des byzantinischen Rechts und die Entstehung eines humanistischen Corpus iuris civilis in der Jurisprudenz des 16. Jahrhunderts, Köln-Wien 1971, S. 114–5, 138–40, 255–62, 277–8; Die Literatur des gemeinen Rechts unter dem Einfluß des Humanismus, in: Handbuch 2.1, S. 660–4; P. E. Pieler, Byzantinische Rechtsliteratur, S. 457.
133. Salvian. *De gub. dei* 7,21,93: „Ecce quid valeant statuta legum, ecce quid proficit definitio sanctionum, quae illi spernunt maxime qui ministrant. Sane ad parendum humiles abiectique coguntur, compelluntur iussis obtemperare pauperculi, et nisi obtemperaverint, puniuntur. Eandem enim in hac re rationem habent quam in tributis: soli iussis publicis serviunt, sicut soli tributa solvunt. Ac sic in ipsis legibus et in ipsa iusta rerum praeceptione maximum iniustitiae scelus agitur, cum ea minores quasi sacra observare cogantur, quae maiores iugiter quasi nulla conculcant".
134. Besonders eindrucksvoll CTh. 1,29,1 (Valent. I., a. 368 Seeck); 5=CI. 1,55,3 (Valent. I., a. 370); CTh. 1,29,6 (Valent. II., a. 387), mit der *interpretatio*; 7=CI. 1,55,5 (Theod. I., a. 392), mit der *interpretatio*; Nov. Maior. 3 (a. 458). Justinian widmet im Jahr 535 die ausführliche Novella XV dem φρόντισμα τῶν ἐκδίκων.
135. Cyprian. *Ad Donatum* 10 (s. auch *Ad Demetrianum* 3), vermerkt dies um die Mitte des 3. Jahrhunderts.
136. Ammian. 30,4,2 und 12–13, und ferner 30,4,4; 30,4,9–11 und 15–22. Es lag dem Kaiser Julian daran, in jedem Streit „eine Entscheidung, die nicht mit der Wahrheit in Widerspruch steht" zu finden und „jedem das Seine zukommen zu lassen": 22,10,1–2.
137. A. H. M. Jones, The Later Roman Empire I, S. 470 ff., 482.

CHRONOLOGISCHE ÜBERSICHT

Die in der mittleren Spalte aufgelisteten Ereignisse haben eine besondere Bedeutung für die Rechtsgeschichte und das juristische Denken. Man muß sich vergegenwärtigen, daß die vor dem 6. Jahrhundert liegenden Daten immer (oder fast immer) nur angenähert sind. Was die römische Geschichte betrifft, so ist die Chronologie für den gesamten Verlauf der Königszeit hypothetisch und unzuverlässig; für die Folgezeit haftet ihr eine mehr oder weniger große Fehlerquote (zwischen einem und neun Jahre) an, die im Laufe des 4. Jahrhunderts v. Chr. geringer wird und schließlich ganz verschwindet. Deshalb sind alle synchronen Beziehungen sehr unsicher oder nachgerade willkürlich. Bei der Datierung von kulturellen Ereignissen kann im übrigen eine gewisse Unbestimmtheit unvermeidlich sein.

3000 Beginn der minoischen Kultur in Kreta		
Sumerische Periode in Mesopotamien (2700–2000)		
	2112–2095 Kodex des Ur-Nammu, des Begründers der 3. Dynastie von Ur	
Altbabylonische Periode (2000–1700)		
	1934–1924 Kodex des Lipit-Ištar, König von Isin	
2000–1600 Kretische Seeherrschaft		
	Gesetze des Ešnunna	
	1792–1750 Kodex des Hammurabi, des Begründers des babylonischen Reiches	
Neues Reich in Ägypten (1570–1100)		
Phönizische Expansion (1000–750)		
753 Traditionelles Gründungsdatum Roms		750–700 ‚Homer‘ und Hesiod
753–509 KÖNIGSZEIT		
Griechische Expansion in den Westen (750–680)		

715–673 Numa Pompilius

675 Lykurg in Sparta?

670 Zaleukos, Gesetzgeber in Lokroi Epizephyrioi?

Etruskische Vorherrschaft in Italien (660–500)

621 Drakon veröffentlicht in Athen die ersten geschriebenen Gesetze

610 Charondas, Gesetzgeber in Katane?

594 Solon, Archon in Athen, gibt seinen „Kodex" heraus

Beginn der ionischen Philosophie

579–534 Servius Tullius führt die Zenturienordnung und die Tribus auf territorialer Grundlage ein

530 Pythagoras in Süditalien

Die Zeit der Republik

Es hat sich eingebürgert, die hohe Republik im 4. Jahrhundert enden und die mittlere dort beginnen zu lassen; ab den vierziger oder dreißiger Jahren des 2. Jahrhunderts spricht man von der späten Republik. Das älteste Recht ist das archaische Recht, und diese Bezeichnung läßt sich bis ins 3. Jahrhundert anwenden. Im 3. Jahrhundert entsteht ein nicht-formalistisches Recht, das den Bedürfnissen des mediterranen Handels entspricht; zwischen 3. und 2. Jahrhundert beginnt der Prätor mit seinem Edikt eine normative Funktion einzunehmen. In der mittleren Republik geschieht der Übergang von der priesterlichen zur weltlichen Jurisprudenz, die sich in der späten Republik endgültig zu einer „Wissenschaft" entwickelt.

509 Vertreibung der Tarquinier und Beginn der Republik, 1. Karthagervertrag

508 Reformen des Kleisthenes in Athen

494 Wahl der ersten Volkstribunen

Xeres, König der Perser, fällt in Griechenland ein, wird aber bei Salamis zurückgeschlagen (480)		Parmenides von Elea und eleatische Schule, Heraklit von Ephesos
		456 Tod des Aischylos
		455 Erste Aufführung einer Tragödie des Euripides
	Die *nomoi* von Gortyn auf Kreta werden auf eine große Inschrift eingemeißelt.	
451–450 Gesetzgebung des Decemvirn	Zwölftafelgesetz	450 Tätigkeit des Philosophen Empedokles von Agrigent
499 Leges Valeriae-Horatiae, die Patrizier erkennen die Unverletzlichkeit der Volkstribunen und der *aediles plebeii* an	445 Plebiszit des Canuleius über die Aufhebung des Verbots der Ehen zwischen Patriziern und Plebejern	443 Gründung der panhellenischen Kolonie von Thurioi anstelle des alten Sybaris; Gesetzgeber ist der Sophist Protagoras; auch der Historiker Herodot von Harlikarnaß kommt nach Thurioi
443 Einrichtung der Zensur	434 *Lex Aemilia* über die Zensur	
		430 Demokrit von Abdera, Protagoras, Sokrates, der Historiker Thukydides und der Arzt Hippokrates von Kos
		428 Geburt Platons
405–396 Krieg Roms gegen Veii		399 Prozeß und Tod des Sokrates
390 Die Gallier zünden Rom an		
	Zerstörung der Zwölftafeln?	384 Geburt des Aristoteles

367 Patrizisch-plebejischer Ausgleich, Zugang der Plebejer zum Konsulat und zur Prätur		380–347 Platon schreibt den *Staat*, den *Politikos* und die *Gesetze*
338 Kampanien wird in den römischen Staat aufgenommen		
334–264 Schrittweise Ausdehnung Roms in Italien südlich des Po	326 (313?) Lex *Poetelia (Poetilia)* über die Schuldknechtschaft	
		324 Der Skeptiker Pyrrhon von Elis beginnt zu lehren
Tod Alexanders des Großen (323)		
		322 Tod des Aristoteles, Theophrast leitet das Lyceum
		Tätigkeit des Philosophen Dikaiarch von Messina, des Verfassers des Tripolitikon
		317–307 Der peripathetische Philosoph Demetrios von Phaleron herrscht in Athen
312 Zensur des Appius Claudius Caecus	*De usurpationibus*	
	310 Diskussion zwischen Appius und P. Sempronius Sophus über die Bedeutung der *lex*	
		Zenon aus Kition gründet die stoische Schule
		307 Epikur gründet seine philosophische Schule
304 Cn. Flavius kurulischer Ädil		
	Ius Flavianum	
		302–290 Der Ethnograph Megasthenes weilt in Indien am Hofe des Kandragupta

Chronologische Übersicht 355

Erste römische Münzprägung	300 *Lex Ogulnia*, die ersten Plebejer im Kollegium der Pontifices und der Auguren	
	Lex Valeria über die *provocatio ad populum*	
	287 *Lex Hortensia* über die Gleichstellung der Plebiszite zu den Gesetzen	
275 Pyrrhos in Benevent geschlagen	286? *Lex Aquilia* über die Verletzung von Sklaven und Sachgütern	
		270–242 Arkesilaos zwingt der Akademie eine skeptische Richtung auf
264–241 1. Punischer Krieg		
		262 Kleanthes folgt Zenon als Haupt der stoischen Schule
242? Einrichtung der Peregrinenprätur	254–243 Tiberius Coruncanius, erster plebejscher Pontifex Maximus: *responsa memorabilia*	250 Der stoische Philosoph Ariston von Chios lehrt in Athen
		240–207 Livius Andronicus, der erste lateinische Dichter und Tragödienschreiber, verfaßt seine Werke
238 Die Römer besetzen Sardinien und Korsika		
		235 Naevius führt sein erstes Drama auf
		Chrysipp, der „zweite Gründer" des Stoizismus folgt auf Kleanthes als Schulhaupt
227 Einrichtung der Provinzen Sicilia, Sardinia und Corsica		

219 (218) Plebiszit des Claudius über die Senatoren		
218–201 2. Punischer Krieg; Hannibal fällt in Italien ein		
216 Römische Niederlage bei Cannae	204 *Lex Cincia* über die Schenkungen (eine der *leges imperfectae*)	Aufführung des *Miles gloriosus* des Plantius
202 Scipio Africanus schlägt Hannibal in der Schlacht bei Zama		202 Der Patrizier Fabius Pictor schreibt die Geschichte Roms in Griechisch
200–197 2. Makedonischer Krieg		
198 Konsulat des Sextus Aelius Paetus Cato	*Tripertita*	
196 T. Quinctius Flamininus proklamiert bei den Isthmischen Spielen die Freiheit der Griechen		
184 Zensur des M. Porcius Cato		
	Lucius Acilius' Kommentar zu den Zwölftafeln	
		172–169 Ennius schreibt den letzten Teil der *Annales*
171–168 3. Makedonischer Krieg		
168 Schlacht von Pydna am Thermaischen Golf; der römische Sieg als Ende der makedonischen Herrschaft		Polybios in Rom

Chronologische Übersicht 357

| | 155 2. Konsulat des P. Cornelius Scipio Nasica *Corculum*: er verfügte über ein aus öffentlichen Mitteln finanziertes Haus auf der via Sacra, „damit man leichter bei ihm um Rat nachsuchen konnte". | Karneades, Akademiegelehrter, hält in Rom seinen zweifachen Vortrag über die „Gerechtigkeit"

Hermagoras von Temnos erarbeitet sein rhetorisches „System" |
|---|---|---|
| 149–146 3. Punischer Krieg | 149 Konsulat des Manius Manilius, des Verfassers der *Monumenta* und der *Venalium vendendorum actiones* | 149 Cato schreibt das letzte Buch seiner *Origines* |
| 146 Scipio Aemilianus macht Karthago dem Erdboden gleich. Zerstörung von Korinth | 140? Prätur des M. Iunius Brutus, des Verfassers eines Werkes über das *ius civile* | |
| | | 135 Der stoische Philosoph Panaitios von Rhodos lehrt in Rom |
| 133–121 Die gracchischen Unruhen | 133 Konsulat des P. Mucius Scaevola, des Verfassers von zehn juristischen *Libelli* und Herausgebers der *Annales Maximi* | |
| 133–130 Erhebung des Aristonikos in Kleinasien | 131 Konsulat des P. Licinius Crassus Mucianus; nach der Tradition seiner Herkunftsfamilie war er Rechtsgelehrter | |
| 129 Tod des Scipio Aemilianus | | |
| | 117 Konsulat des Juristen Q. Mucius Scaevola (Augur) | Der Philologe L. Aelius Stilo legt die Zwölftafeln aus |
| 100 6. Konsulat des Marius | | 106 Geburt Ciceros |
| 95 Konsulat des Q. Mucius Scaevola, des Pontifex | *Libri XVIII iuris civilis* | |

Chronologische Übersicht

	93? Q. Mucius Scaevola und L. Licinius Crassus Gegner in einem berühmten Centumviralprozeß (*Causa Curiana*)	
91 (90)–88 (87) Bundesgenossenkrieg	92 Der Jurist und Historiker P. Rutilius Rufus (cos. 105) geht ins Exil	
83–82 Bürgerkrieg in Italien		87–51 Lehrtätigkeit des Poseidonius von Apamea als stoischer Philosoph, Historiker und Gelehrter in Rhodos und Rom
82–81 (79?) Diktatur des Sulla	82 (Frühjahr) Ermordung des Q. Mucius Scaevola	
78–60 Das „Zeitalter" des Pompeius	Kodifikationsvorhaben	
73–71 Propraetur des Verres in Sizilien		
70 Cicero klagt Verres an	66 Aquilius Gallus, der Erfinder der *formulae de dolo*, Kollege Ciceros in der Prätur	
63 Konsulat des Cicero		60–30 Der Siziliander Diodor von Agyrion schreibt seine *Bibliotheke*
59–44 Das „Zeitalter" Caesars		55 Cicero verfaßt *De oratore*. Tod des Lukrez
	51 Konsulat des Juristen Servius Sulpicius Rufus	54–51 Cicero beendet *De re publica* und (wahrscheinlich) einen großen Teil von *De legibus*
	Aulus Ofilius, Schüler des Servius und Parteigänger Caesars	47–45 Varro verfaßt *De lingua Latina*
44 Am 15. März wird Caesar ermordet, der Konsul Antonius hat Rom in seiner Gewalt	44 Cicero widmet dem Juristen C. Trebatius Testa seine *Topica*	44 Cicero greift Antonius mit der ersten *Philippica* an und schreibt gegen Ende des Jahres *De officiis*

43 Im Januar stirbt Servius während einer Gesandtschaft in das Lager des Antonius in Modena	43 Im Dezember Ermordung Ciceros

Die Kaiserzeit

Die erste Periode der Kaiserzeit, der Prinzipat, beginnt mit Augustus und endet mit den Severern. Der Prinzipat ist die „klassische" Zeit der römischen Jurisprudenz. Die Gesetzgebung der Komitien kommt zum Erliegen und das prätorische Recht erfährt seine endgültige Ausprägung. In einem neuen verfassungs- und verwaltungsmäßigen Rahmen zeichnet sich das Bild des Herrschers als Gesetzgeber ab. Gegen Ende des ersten Jahrzehnts der Regierungszeit Diokletians beginnt die Kodifikationsbewegung, die man als den wichtigsten Zug des spätantiken Rechts bezeichnen kann.

	39 P. Alfenus Varus, Schüler des Servius und Verfasser von *Digesta*, wird *consul suffectus*	
		35 Tod des Sallust
31 Sieg des Octavianus, des späteren Augustus, über Antonius bei Actium		
27–14 n. Chr. Principat des Augustus		27–25 Livius veröffentlicht die ersten fünf Bücher seiner Geschichte
		19 Tod des Vergil
	18 *Lex Iulia de maritandis ordinibus*	
	M. Antistius Labeo beteiligt sich an der Revision der Senatorenliste	
	17 Gesetze über den öffentlichen und den Privatprozeß	
	7 (oder 6)–4 Edikte für Kyrene	13 Horaz schreibt den Brief an Augustus

	Der Princeps befragt C. Trebatius Testa und weitere Juristen zu einer Frage des Erbfolgerechts	7 Dionys von Halikarnaß veröffentlicht seine römische Urgeschichte
	5 n. Chr. C. Ateius Capito wird *consul suffectus*	
		8 n. Chr. Ovid wird aus Rom verbannt
	9 *Lex Papia Poppaea nuptialis*	
14–68 Julisch-claudische Dynastie		
Tiberius (14–37)	22 Masurius Sabinus, Verfasser der *Libri III iuris civilis,* Haupt der nach ihm benannten Schule; Tiberius verleiht ihm das *ius respondendi*	
	33 Selbstmord von Nerva *pater*; ihm folgt Proculus als Schulhaupt	
Caius Caligula (37–41)		
Claudius (41–54)		
Nero (54–68)		Seneca verfaßt die *Epistulae morales*
	65 Exil des aus einer alten Adelsfamilie stammenden C. Cassius Longinus	
69–96 Dynastie der Flavier		
Vespasian (69–79)		
Titus (79–81)		
Domitian (81–96)	Pegasus, genannt „das Buch", wird Stadtpräfekt (schon unter Vespasian?)	

Chronologische Übersicht

	90 Iavolenus Priscus, Lehrer von Salvius Iulianus, wird Statthalter in *Germania superior*	Der stoische Philosoph Epiktet lehrt nach seiner Vertreibung aus Rom in Nicopolis in Epirus
		95 Quintilian veröffentlicht die *Institutio oratoria*

96–192 Antoninenzeit		
Nerva (96–98)	Die Gesetzgebung der Komitien erlischt	
Trajan (98–117)	L. Neratius Priscus (cos. 97?) und Titius Aristo (wahrscheinlich) im *consilium principis*	Juvenal beginnt mit den Satiren, Plutarch von Cheronea schreibt die *Vitae parallelae*; Dio von Prusa, genannt Chrysostomos, Hauptvertreter der neuen Sophistik, wirkt als Redner
Hadrian (117–138)	L. Neratius Priscus, P. Iuventius Celsus (*filius*) und Salvius Iulianus im *consilium principis*	111–113 Briefwechsel von Plinius dem Jüngeren, Statthalter in Bithynien, mit Trajan Nach der Bekleidung des Amtes des *magister epistularum* in der kaiserlichen Kanzlei, widmet sich Sueton seiner Beschäftigung als Gelehrter und Biograph
	Sextus Pomponius schreibt das *Enchiridion*, Salvius Iulianus redigiert das *Edictum perpetuum*	
Antoninus Pius (138–161)	Pomponius veröffentlicht die *Libri ad Quintum Mucium*, Iulianus beginnt mit seinen *Digesta*	
	146? Der Jurist Sextus Caecilius Africanus, Schüler des Salvius Iulianus, und der akademisch skeptische Philosoph Fa-	143 Lobrede des Aelius Aristides auf Rom Es wirkt der mittelplatonische Philosoph Taurus;

	vorinus von Arles diskutieren über die Zwölftafeln	der christliche Märtyrer Iustinus widmet dem Kaiser seine erste *Apologia*; Appian von Alexandrien schließt seine Römische Geschichte ab
	Gaius steht vor dem Abschluß der *Institutiones*	
Marcus Aurelius (161–180; 161–169 gemeinsam mit Lucius Verus)	Salvius Iulianus und L. Volusius Maecianus als „Berater" der *divi fratres*	
Siegreiches Ende des Partherkrieges (166)		
Germanenkriege; Einfall der Quaden und Markomannen, die Aquileia belagern (167–175)		170–180 Marc Aurel schreibt seine *Selbstbetrachtungen* Es wirkt der Arzt und Philosoph Galenus von Pergamon
Commodus (180–192)	Iulius Paulus schreibt die *Libri ad Sabinum*	
193–235 Dynastie der Severer		
Septimius Severus (193–211)	Callistratus arbeitet an *De cognitionibus*	197 Tertullian schreibt *Ad nationes* Philostrat erhält von der Kaiserin Iulia Domna den Auftrag, das *Leben des Apollonius von Tyana* zu erzählen
		Tätigkeit des Skeptikers Sextus Empiricus, der christlichen Philosophen Clemens von Alexandria und Origines
Caracalla (211–217, seit 198 zusammen mit Septimius Severus)		

Chronologische Übersicht

Die Constitutio Antoniniana dehnt das Bürgerrecht auf alle (oder fast alle) Bewohner des Reiches aus (212 [213])	212 Tod des Papinians Ulpian arbeitet an seinen Werken. Aelius Marcianus sammelt Material für die *Institutiones*
Elagabal (218–222)	
Severus Alexander (222–235)	223 Ermordung des Prätorianerpräfekten Ulpian
	Paulus ist weiterhin tätig

Cassius Dio beendet seine Römische Geschichte

235–284 Soldatenkaiser

Maximinus Thrax (235–238)

Erhebung der Gordiane in Africa, vom Senat unterstützt; Antonius Gordianus, Proconsul von Africa und sein Sohn werden als Kaiser anerkannt. Nach ihrem Tod ernennt der Senat Balbinus und Maximus (Pupienus) als Kaiser und den jungen Gordian III. zu Caesarn. Maximus wird von seinen Soldaten ermordet. Die Prätorianer proklamieren Gordian III. zum Kaiser

Gordian III. (238–244)

Herennius Modestinus, „Rechtsgelehrter von großem Ansehen", erteilt weiterhin seine *responsa*

Decius (249–251)

Kaiser Valerian wird bei Edessa geschlagen und vom Perserkönig Sapor (Shahpur) I. gefangengenommen (260)

Aurelian (270–275)

284–305 Neuordnung des Reiches und Begründung der Tetrarchie durch Diokletian

Codex Gregorianus
Codex Hermogenianus

286–305, 307–310 Maximian Augustus des Westens

Pseudo-paulinische Sentenzen

306–337 Konstantin (Caesar und Augustus)

Der *magister libellorum* Arcadius Carisius schreibt *De officio praefecti praetorio*

Collatio Legum Mosaicarum et Romanarum

Fragmenta Vaticana

Epitome Ulpiani

337–361 Constantius II., Augustus des Ostens, herrscht 351–360 über das gesamte Reich

Libanios lehrt an der Rednerschule von Antiocheia

360–363 Julian Apostata

364–375 Valentinian I. im Westen

364 Der Redner Themistius antwortet dem Kaiser Valens auf Griechisch mit einer Rede über die philanthrōpia

364–378 Valens im Osten

378 Katastrophe von Adrianopel in Thrakien; Kaiser Valens von den

De rebus bellicis, nach einer der möglichen Datierungen

Goten vernichtend geschlagen und getötet
375–383 Gratianus im Westen

375–392 Valentinian II. im Westen

379–395 Theodosius I. der Große, Augustus des Ostens, herrscht 388–394 über das gesamte Reich; 394–395 Alleinherrscher

384 Symmachus verteidigt im Streit um den Victoriaaltar die heidnische Religion und die römische Tradition

Augustinus trifft mit dem Bischof Ambrosius zusammen

Ammianus Marcellinus liest in Rom sein Geschichtswerk öffentlich vor

395 Reichsteilung unter den Söhnen von Theodosius I.

395–408 Arcadius Augustus des Ostens
Honorius Augustus des Westens (395–423)

Synesios von Kyrene schreibt, der Philosoph müsse mit den Menschen auf der Grundlage einer vollständigen Kenntnis der klassischen Literatur sprechen können

408–450 Theodosius II. Augustus des Ostens
Valentinian III. Augustus des Westens (425–455)

410 Der Westgotenkönig Alarich nimmt Rom ein und plündert es. „Die ganze Welt stirbt in einer einzigen Stadt", schreibt Hieronymus		
	425 Rechtsschule von Konstantinopel	
	428 Zitiergesetz	
	429 Erstes, nicht verwirklichtes, Projekt des Codex Theodosianus	430 Tod Augustins
474–491 Zeno Augustus des Ostens	439 (Januar) Der Codex Theodosianus tritt im gesamten Reichsgebiet in Kraft	440 Salvian schreibt *De gubernatione dei*
476 Ende des römischen Reichs im Westen; Aufteilung in zahlreiche barbarische Reiche		479? Tod des Sidonius Apollinaris
486 Chlodwig, König der Franken, beseitigt die letzten Stellungen des Reiches in Gallien		
489–493 Eroberung Italiens durch den Ostgoten Theoderich	506 *Lex Romana Visigothorum (Breviarium Alarici)*	
507 Vernichtende Niederlage der Westgoten gegen die Franken in Gallien		523–524 Boethius, der letzte Philosoph der Antike, schreibt im Gefängnis die *Consolatio philosophiae*
527–565 Justinian		Entstehung der *Erōtapokriseis*

Chronologische Übersicht 367

	529 (April) *Codex novus*	529 Justinian schließt die Schule von Athen und verbietet, Philosophie zu lehren
533 Byzantinische Eroberung Africas	533 (November) *Institutiones*	Gründung des Benediktinerklosters Montecassino
	533 (Dezember) *Digesta*	
535–40 Krieg gegen die Ostgoten, Belisar, der Feldherr Justinians, erobert Italien	534 (November) *Codex repetitae praelectionis*	

540 Chosrau (Khusraw) I., König der Perser, plündert Antiocheia		540 Cassiodor zieht sich in die Einsamkeit von Vivarium, bei Squillace in Kalabrien, dem wichtigsten Kulturzentrum des Hochmittelalters in Italien, zurück
552 Narses, der Feldherr Justinians, bricht endgültig den Widerstand der Ostgoten in Italien		
554 Weite Teile Südspaniens fallen unter byzantinische Herrschaft	554 *Pragmatica sanctio pro petitione Vigilii*	
565–578 Iustinus II., Kaiser des Ostreiches		
568 Beginn der langobardischen Invasion nach Italien		
578–582 Tiberius II. (Tiberius Constantinus) Kaiser des Ostens (574–578 Caesar)	Sammlung der 168 *Novellae*	610 632 Verkündigung der Lehren Mohammeds

	625 Bischof Isidor von Sevilla verfaßt die *Origines* oder *Etymologiae*, eine Zusammenfassung der verschiedenen Teile des klassischen enzyklopädischen Wissens, darunter auch das Recht
635–655 Die Araber erobern Syrien, Ägypten und das Sassanidenreich	
711 Der Islam stößt nach Spanien vor	
Die Franken schlagen die Araber bei Poitiers (732)	
867–886 Basilios I., der Makedone, Kaiser des Ostens	*Procheiros nomos*
886–912 Leo VI., der Weise, Kaiser des Ostens	*Basilika*
	1040–1050 *Peira*
	1100 Beginn des Digestenstudiums in Bologna
	1345 *Hexabiblos* des Konstantinos Armenopoulos
1453 Die Türken erobern Konstantinopel. Ende des Ostreiches	

DIE JURISTEN UND IHRE WERKE

Der Aufbau dieses Schemas ist denkbar einfach: in horizontaler Richtung sind die Werke der einzelnen Autoren aufgeführt, in vertikaler Richtung erkennt man das Auftauchen, das Wiederauftauchen und die Dauer einer literarischen Form. Das Schema stellt keine vollständige Auflistung dar; weder sind alle Autoren noch alle Werke genannt. Es fehlen die Kommentare eines Autors zu einem anderen, nicht jedoch die zu Quintus Mucius Scaevola, Masurius Sabinus und Cassius Longinus. Weggefallen sind die Abhandlungen über sakralrechtliche und militärrechtliche Gegenstände, desgleichen die ‚Notae‘ und die Epitomae; dasselbe gilt, in unterschiedlichem Ausmaß, für Monographien, Bücher über Verfassungs- und Verwaltungsrecht und Kommentare zu Senatusconsulta.

Desgleichen sollte man nicht einer optischen Täuschung zum Opfer fallen: Einige sehr bedeutende Juristen schrieben, wie es scheint, nichts (oder fast nichts), zumindest in ihrer Eigenschaft als Juristen, und sie wurden deshalb nicht in diese Liste aufgenommen; dies ist der Fall bei Rutilius Rufus, Aulus Cascellius und Aquilius Gallus. Die von Trebatius Testa mündlich vorgetragenen Responsa waren mindestens ebenso bedeutend wie sein *De religionibus* oder das *De iure civili*, das ihm unter Vorbehalt zugeschrieben wird; man maß der Schriftlichkeit nicht dieselbe Bedeutung bei, wie wir es tun. In anderen Fällen wissen wir von einer literarischen Tätigkeit, oder wir können sie uns vorstellen, aber es ist uns kein Titel irgend eines Werkes überliefert, zum Beispiel bei Publius Mucius Scaevola, Nerva pater oder Pegasus.

Zwei weitere Bemerkungen sind erforderlich: Die Abfolge der Werke jedes Autors stellt keine chronologische Ordnung dar; eine Serie geht weder der anderen zeitlich voraus noch folgt sie ihr in allen Teilen (so entstanden die *Libri ad Quintum Mucium* des Pomponius vor den *Digesta* Julians, die *Libri ad Sabinum* des Paulus vor *De cognitionibus* des Callistratus). Schließlich sieht die Auflistung von allen Schwierigkeiten der Textüberlieferung ab, und nur hie und da wird angemerkt, daß ein Werk nicht authentisch, oder daß der Titel oder die Zuweisung strittig sein könnte.

	XII TABULAE IUS CIVILE ACTIONES	AD EDICTUM	RESPONSA EPISTULAE DIGESTA
IV.–III. Jh. v. Chr.			
Appius Claudius Caecus	*De usurpationibus*		
Cn. Flavius	*Ius Flavianum*		
III.–II. Jh. v. Chr.			
Sextus Aelius	*Tripertita*		
II. Jh. v. Chr.			
Cato der Censor (oder Cato Licinianus?)	*Commentarii iuris civilis*		
Manilius	*Monumenta* *Actiones*		
Iunius Brutus	*De iure civili*		
P. Mucius Scaevola	*De iure civili?*		
II.–I. Jh. v. Chr.			
Q. Mucius Scaevola *(pontifex)*	*Libri XVIII iuris civilis*		

QUAESTIONES	REGULAE	DE COGNITIONIBUS	LEGES	VARIA
DISPUTATIONES	DEFINITIONES	DE OFFICIO	SENATUS CONSULTA	
	INSTITUTIONES	DE IURE FISCI	CONSTITUTIONES	

Horoi

	XII TABULAE IUS CIVILE ACTIONES	AD EDICTUM	RESPONSA EPISTULAE DIGESTA
I. Jh. v. Chr.			
Servius	*Ad XII tabulas?* *Reprehensa* *Scaevolae capita*	*Ad edictum*	
Alfenus			*Digesta*
Ofilius	*Actiones*	*Ad edicta praetoris* *et aedilium curulium(?)*	
Aufidius Namusa			*Digesta(?)*
Trebatius	*De iure civili?*		
I. Jh. v. Chr.–I. Jh. n. Chr.			
Labeo	*Ad XII tabulas*	*Ad edictum* *praetoris urbani* *(et peregrini)*	*Responsa* *Epistulae* *Pithana* *Posteriores*
Fabius Mela		*Ad edictum(?)*	
I. Jh. n. Chr.			
Masurius Sabinus	*Libri III* *iuris civilis*	*Ad edictum* *praetoris urbani*	*Responsa*
Proculus			*Epistulae*
Nerva *(filius)*			
Cassius Longinus	*Libri iuris civilis*		
Caelius Sabinus		*Ad edictum* *aedilium curulium*	
Fufidius			
I.–II. Jh. n. Chr.			
Iavolenus	*Libri ex Cassio*		*Epistulae*
Aristo			*Digesta*
Neratius			*Responsa* *Epistulae* *Membranae*

Die Juristen und ihre Werke

QUAESTIONES	REGULAE	DE COGNITIONIBUS	LEGES	VARIA
DISPUTATIONES	DEFINITIONES	DE OFFICIO	SENATUS CONSULTA	
	INSTITUTIONES	DE IURE FISCI	CONSTITUTIONES	
				De dotibus
				De sacris detestantibus
			De legibus(?)	
				De furtis(?)
				De usucapionibus
Quaestiones				
				Decreta Frontiana
	Regulae			*De nuptiis*

	XII TABULAE IUS CIVILE ACTIONES	AD EDICTUM	RESPONSA EPISTULAE DIGESTA
II. Jh. n. Chr.			
Celsus (filius)			Responsa? Epistulae Commentarii Digesta
Aburnius Valens	Actiones(?)		
Laelius Felix	Ad Quintum Mucium		
Pedius		Ad edictum	
Iulianus			Digesta De ambiguitatibus
Africanus			Epistulae
Pomponius	Ad Quintum Mucium Ad Sabinum	Ad edictum	Epistulae Variae lectiones
Mauricianus			
Maecianus			
Terentius Clemens			
Venuleius Saturninus	Actiones De interdictis	Ad edictum(?)	
Gaius	Ad legem XII tabularum Ex Quinto Mucio	Ad edictum praetoris urbani Ad edictum provinciale	
Marcellus			Responsa(?) Digesta
Papirius Iustus			
Florentinus			
Cervidius Scaevola			Responsa Digesta

Die Juristen und ihre Werke 375

QUAESTIONES DISPUTATIONES	REGULAE DEFINITIONES INSTITUTIONES	DE COGNITIONIBUS DE OFFICIO DE IURE FISCI	LEGES SENATUS CONSULTA CONSTITUTIONES	VARIA
Quaestiones				
				De fidei-commissis
				De stipulationibus
Quaestiones				
	Regulae Enchiridion		De senatus consultis	De fideicommissis De stipulationibus
				Ad legem Iuliam et Papiam
Quaestiones de fideicommissis		De iudiciis publicis		
				Ad legem Iuliam et Papiam
Disputationes(?)		De iudiciis publicis De officio proconsulis		De stipulationibus
De casibus	Regulae Institutiones Res cottidianae(?)			Ad legem Iuliam Dotalicion et Papiam liber Ad SC Orfitianum Ad SC Tertullianum De fideicommissis De formula hypothecaria De manumissionibus De verborum obligationibus
		De officio consulis		Ad legem Iuliam et Papiam
				Constitutiones
	Institutiones			
Quaestiones	Regulae			

Die Juristen und ihre Werke

	XII TABULAE IUS CIVILE ACTIONES	AD EDICTUM	RESPONSA EPISTULAE DIGESTA
II.–III. Jh. n. Chr.			
Papinianus			*Responsa*
Callistratus		*Libri edicti monitorii*	
Tertullianus			
Claudius Tryphoninus			
Paulus	*Ad Sabinum* *De conceptione formularum*	*Ad edictum Brevia(?)*	*Responsa*
III. Jh. n. Chr.			
Ulpianus	*Ad Sabinum*	*Ad edictum*	*Responsa(?)*
Licinius Rufinus			
Marcianus			*Digesta(?)*
Macer			
Iulius Aquila			*Responsa*

Die Juristen und ihre Werke 377

QUAESTIONES	REGULAE	DE COGNITIONIBUS	LEGES	VARIA
DISPUTATIONES	DEFINITIONES	DE OFFICIO	SENATUS CONSULTA	
	INSTITUTIONES	DE IURE FISCI	CONSTITUTIONES	

Quaestiones	Definitiones	Astynomikos(?)		
Quaestiones	Institutiones	De cognitionibus De iure fisci		
Quaestiones				De castrensi peculio
Disputationes				
Quaestiones	Regulae		Ad legem Cinciam	
				De fideicommissis
	Institutiones	De appellationibus	Ad legem Falcidiam	
			Ad legem Iuliam et Papiam	
	Manualia (?)	De cognitionibus	Ad legem Aeliam Sentiam	
			De senatus consultis	
			Imperiales sententiae	
			Decreta(?)	
		De officio praefecti urbi		
		De officio praefecti vigilum		
		De officio proconsulis		
		De iure fisci		
		De censibus		

Disputationes	Regulae(?)	De appellationibus	Ad legem Iuliam de adulteriis	
		De omnibus tribunalibus		De sponsalibus
				De fideicommissis
	Institutiones		Ad legem Iuliam et Papiam	
	Opiniones(?)		Ad legem Aeliam Sentiam	
Pandectae		De officio praefecti urbi		
		De officio praefecti vigilum		
		De officio proconsulis		
		De officio consulis		
		De censibus		
	Regulae			
	Regulae	De appellationibus		Ad formulam hypothecariam
		De delatoribus		
	Institutiones	De iudiciis publicis	Ad SC Turpillianum	
		De appellationibus	Ad legem vicensimam hereditatium	
		De iudiciis publicis		
		De officio praesidis		

	XII TABULAE IUS CIVILE ACTIONES	AD EDICTUM	RESPONSA EPISTULAE DIGESTA
III. Jh. n. Chr.			
Modestinus			*Responsa*
Furius Anthianus		*Ad edictum*	
III.–IV. Jh. n. Chr.			
Arcadius Carisius			
Hermogenianus			

QUAESTIONES	REGULAE	DE COGNITIONIBUS	LEGES	VARIA
DISPUTATIONES	DEFINITIONES	DE OFFICIO	SENATUS CONSULTA	
	INSTITUTIONES	DE IURE FISCI	CONSTITUTIONES	

	Differentiae Regulae	De poenis		De inofficioso testamento
	De heurematicis	Pandectae		De legatis et fideicommissis
	De enucleatis casibus(?)			De ritu nuptiarum
				De excusationibus

		De testibus		
		De officio praefecti praetorio		
		De muneribus		
Epitomae iuris				

BIBLIOGRAPHISCHER ANHANG

Diese Zusammenstellung soll lediglich als Orientierungshilfe dienen; sie möchte anregen, aber den Leser nicht mit einer ungeschiedenen Auflistung von Werken erdrücken. Die Anordnung ist folgende: 1. Quellen, Methoden, Theorien; 2. Öffentliches Recht und Privatrecht, Gesellschaft und Recht; 3. Die älteste Gesetzgebung, die Zwölftafeln und das archaische Recht; 4. Die Rechtsordnungen; 5. Die Rechtswissenschaft; 6. Verwaltungsapparat, Gerichtsbarkeit und kaiserliche Gesetzgebung; 7. die spätantike Rechtskultur und die Kodifikationsbewegung. Die Liste ergänzt die im Buch verstreut zitierten Werke; eine bereits einmal erwähnte Arbeit wird aber nicht ein zweites Mal aufgeführt, es sei denn, dies ist absolut notwendig. Eine auf Vollständigkeit bedachte Information findet man in Enzyklopädien, Repertorien und bibliographischen Zusammenstellungen in Fachzeitschriften. Unter den verschiedenen Zusammenstellungen ist die von L. Caes – R. Henrion, *Collectio bibliographica operum ad ius Romanum pertinentium*, Bruxelles 1949 ff., nach Publikationsarten in drei verschiedene Serien eingeteilt, sehr ausführlich (bisher sind 25 Bände und die zwei Indexbände der ersten Serie sowie zwei Bände der zweiten Serie erschienen). Der von M. Sargenti herausgegebene *Index*, Milano 1978–1991, umfaßt die vierzig Jahre von 1940–1980. Die Bibliographie von P. Stein, *Roman Law (Sources), Bibliographical Introduction to Legal History and Ethnology*, ed. by J. Gilissen, A/9, 1965, bezieht sich überwiegend auf die Quellen. Äußerst nützlich sind die bibliographische Übersicht in Iura und die Auflistung in Labeo; auch der Rechtshistoriker sollte sich der Année philologique und der regelmäßig erscheinenden Supplemente des Gnomon bedienen.

1. Quellen, Methoden, Theorien

Die romanistischen und allgemein die historisch-juristischen Studien werden seit einiger Zeit kritisch hinterfragt. In den §§ 3 und 4 des ersten Kapitels habe ich das wieder aufgenommen, was ich im ersten Teil der Untersuchung *Il diritto romano fra „storia dei dogmi" e storia sociale*, Sociologia del diritto 9, 1982, S. 183–203 = *Alle origini della sociologia del diritto*, hrsg. von R. Treves, Milano 1983, S. 183–203, schrieb. „Dogma" ist ein vieldeutiger Begriff, dem M. Herberger, *Dogmatik. Zur Geschichte von Begriff und Methode in Medizin und Jurisprudenz*, Frankfurt am Main 1981, in seinen vielfältigen Verästelungen nachgeht; F. Horak, *Dogma und Dogmatik,* ZSS 101, 1984, S. 275–93, hat das Buch ausführlich besprochen, und auch W. Selb, *Dogmen und Dogmatik, Dogmengeschichte und Dogmatikgeschichte in der Rechtswissenschaft,* in: *Festschrift Larenz,* München 1983, S. 605–14, geht auf ihn ein. M. Stolleis, D. Simon und T. Mayer-Maly setzen sich in RJ 4, 1985 S. 251–271, mit den Aufgaben einer juristischen Historiographie und deren Überlebenschancen auseinander. An diese Kontroverse schließt sich die durch mein Buch angestoßene Diskussion zwischen T. Giaro und M. Th. Fögen in RJ 7, 1988, S. 13–37, nahtlos an. Die erste von A. Febbrajo herausgegebene Abteilung der Quaderni fiorentini 13, 1984, S. 1–229 und 15, 1985, S. 1–196, ist dem Verhältnis zwischen „Geschichte und Soziologie des Rechts" gewidmet. Die in dem Band *Storia sociale e dimensione giuridica. Strumenti d'indagine e ipotesi di lavoro,* hrsg. von P. Grossi, Milano 1986, zusammengestellten Vorträge und Beiträge reichen, von einigen Ausnahmen abgesehen, nicht über das Mittelalter und die Neuzeit zurück, sind aber auch für die Erforschung der Antike interessant. In welchem Sinne kann man das Recht als autonome Erscheinung bezeichnen? Diese Frage wurde jetzt wieder von J. Rückert, *Autonomie des Rechts in rechtshistorischer Perspektive,* Hannover 1988, S. 8 ff., 14–35, aufgenommen. Rückert wählt als Gegenstand der Kritik vor allem die Position von Luhmann. Seine Kritik trifft jedoch nicht immer ins Schwarze, wie U. Falk, *Der faule Kern im System,* RJ 8, 1989, S. 144–54, zeigt, und mir scheint auch der von K. Günther, *Das Feuer unter der trügerischen Asche,* RJ 8, 1989, S. 134, vorgebrachte Vorwurf des „methodologischen Individualismus" gerechtfertigt.

Auch die Rechtsgeschichte nimmt ihre Angaben aus literarischen und monumentalen Quellen zur römischen Welt. Unter den literarischen Quellen sind die Kodifikationen der Spätantike besonders wichtig; dies gilt im gleichen Ausmaß auch für die klassischen und nachklassischen rechtswissenschaftlichen Schriften, die außer diesen Kodifikationen fragmentarisch oder einigermaßen (aber nur in geringer Zahl) vollständig auf uns gekommen sind. Natürlich muß man sich immer wieder, wie in diesem Buch, kritischer Ausgaben bedienen. Die Liste der Abkürzungen enthält zum Beispiel die Ausgabe der *Institutiones* des Gaius (Gai.), des *Codex Theodosianus* (C. Th.), der Digesten (D.), und so fort. Mit einer großen Zahl von Mitarbeitern wurde vor wenigen Jahren in einem Kraftakt die neueste Übersetzung der Digesten (ins Englische), hrsg. von A. Watson, 1–4, Philadelphia 1985, abgeschlossen; an dieser Stelle ist auch die Übersetzung der *Institutiones* Justinians von P. Birks und G. McLeod, London 1987, ins Englische, und von O. Behrends, R. Knütel, B. Kupisch und H. H. Seiler, Heidelberg 1990, ins Deutsche, sowie der *Institutiones* des Gaius, herausgegeben von N. M. Gordon und O. F. Robinson, London 1988, hinzuzufügen. Seit 1982 ist die Übersetzung der vorjustinianischen juristischen Schriften ins Holländische von J. E. Spruit und K. E. M.

Bongenaar in Arbeit. *The Theodosian Code and Novels and the Sirmondian Constitutions*, A Translation with Commentary, Glossary and Bibliography by Clyde Pharr, Princeton 1952, läßt zu wünschen übrig. Eine Sammlung der vorjustinianischen Texte findet sich in den drei Bänden der *Fontes Iuris Romani anteiustiniani* (FIRA); sie umfassen die *leges* (von den rekonstruierten Zwölftafeln bis zu den römisch-barbarischen Gesetzestexten), die *auctores* und die *negotia*. Allerdings ist nur der letzte Band zufriedenstellend. Sehr nützlich ist J. H. Oliver, *Greek Constitutions of Early Roman Emperors from Inscriptions and Papyri*, Philadelphia 1989. Periodica vermitteln die Kenntnis von neuen Dokumenten, die immer wieder zutage kommen. In den letzten dreißig bis vierzig Jahren wurden zahlreiche bedeutende Funde gemacht, einige davon erst in letzter Zeit. Wir sind auf die *lex Irnitana*, die *Tabula Banasitana* (auf die erstere in § 4, und die zweite in § 6) eingegangen, ferner auf die *Tabula Siarensis*; später, in § 4, ist die *Tabula Contrebiensis*, und in § 6 die Tafel von Trinitapoli (in Apulien) abgehandelt.

Die *Palingenesia iuris civilis* von O. Lenel in zwei Bänden, Leipzig 1889 (Nachdruck, zusammen mit L. Sierl, *Supplementum*, Graz 1960), stellt ein unentbehrliches Arbeitsinstrument dar. Man kann ohne Übertreibung sagen, das Werk sei „zwar nicht das letzte Wort romanistischer Forschung und Weisheit, aber doch umso mehr ihr erstes und grundlegendes" (H. Erman, ZSS 27, 1906, S. 407). Es ordnet den einzelnen Juristen und ihren Werken, deren innere Ordnung es (soweit wie möglich) wiedergewinnen will, die durch die Kompilation Justinians oder anderweitig überlieferte Fragmente zu. Lenel hat bewußt unter den nicht aus der Kompilation stammenden Texten nur diejenigen zum Privatrecht ausgewählt. Vielleicht würden auch heute noch praktische Gründe, zumindest in gewissen Fällen, eine andere Auswahl verhindern oder sie unökonomisch machen. Es ist aber keine Frage, daß man bei jedem Autor, selbst wenn man sich nur mit einem einzelnen Aspekt oder Ausschnitt aus diesem Werk beschäftigen will, die anderen nicht außer Acht lassen oder vernachlässigen darf. Die ‚palingenetischen' Forschungen vor Lenel, von J. Labitte und A. Augustín bis zu A. Wieling und K. F. Hommel, sind für uns lediglich noch Zeugnisse humanistischer Gelehrsamkeit. Nützlich, aber mit großer Vorsicht zu gebrauchen, ist F. P. Bremer, *Iurisprudentiae antehadrianae quae supersunt*, I–II/1–2, Lipsiae 1896–1901.

Die genaueste Darstellung der Quellen stammt von L. Wenger, *Die Quellen des römischen Rechts*, Wien 1953. Dort sind auch die für die Analyse juristischer Texte geeigneten Lexika und die übrigen Hilfsmittel für die Forschung aufgeführt; freilich hat sich in den vierzig Jahren, die uns von diesem Werk trennen, viel verändert. Unersetzlich ist das *Vocabularium iurisprudentiae Romanae* (VIR), das endlich fertig vorliegt; hinzu kommt jetzt die *Concordance to the Digest Jurists*, hrsg. von J. Menner und T. (A. M.) Honoré, Oxford 1980. Ein *Lessico di Gaio*, Napoli 1985, ist L. Labruna, E. De Simone und S. Di

Salvo zu verdanken. Von großem Wert ist das *Legum Imperatoris Vocabularium* (LIIV), herausgegeben vom Istituto di diritto romano der Universität Florenz. Zwischen 1977 und 1979 erschienen die *Novellae constitutiones*, in lateinischer Sprache in zehn Bänden und einem Indexband, unter der Leitung von G. G. Archi, und herausgegeben von A. M. Bartoletti Colombo; dieses hat das *Lessico delle Novelle di Giustiniano* 1 (A–D), Roma 1983, 2 (E–M), 1986, nach sich gezogen, an dem noch gearbeitet wird. Zur *pars Graeca* der *Novellae* erschienen zwischen 1984 und 1990 sieben Bände und ein Indexband. Im *Index interpolationum quae in Iustiniani Digestis inesse dicuntur*, I–III, *Supplemtum*, Weimar 1929–35, und im *Index interpolationum quae in Iustiniani Codice inesse dicuntur*, Weimar 1969 (der bis 1935 reicht), wie auch in den übrigen ähnlichen „Indices", sind die Hypothesen zu Textveränderungen, die sich nach und nach aus der Kritik und (oder) den diesbezüglichen bibliographischen Anmerkungen ergeben haben, zusammengestellt. Man muß sie mit Verstand und auch mit Mißtrauen heranziehen und sollte vermeiden, das Plausible und Wahrscheinliche mit dem Phantastischen und Unsicheren zu verwechseln, die darin enthaltene Arbeit entspricht teilweise theoretischen und methodologischen Überzeugungen, die heute problematisch oder gänzlich überholt sind.

Wie ich schon sagte, hat der Rechtshistoriker weder allein mit literarischen noch allein mit „fachlichen" Quellen zu tun. Eine Hilfe für die Gebiete der Epigraphik, der Archäologie und der Numismatik sind M. Crawford, E. Gabba, F. Millar, A. Snodgrass, *Sources for Ancient History*, Cambridge 1983, und für die Papyrologie O. Montevecchi, *La Papirologia*, Milano 1988[2], und insbesondere E. G. Turner, *Greek Papyri. An Introduction*, Oxford 1980[2].

Wer sich dem Studium des römischen Rechts widmet, sollte die *Einführung in das Studium der Digesten* von Fritz Schulz, Tübingen 1916, lesen. Diese „Einführung" hat ihre Bedeutung nicht eingebüßt, auch wenn man heute nicht mehr alle Urteile und Maßstäbe teilt. Ferner sollte man H. J. Roby, *An Introduction to Justinian's Digest*, Cambridge 1884, mit einem „juristischen und philologischen Kommentar" des Titels *de usu fructu*, berücksichtigen: auf jeder Seite ist der Geist Savignys und Mommsens zu spüren. Noch immer sehr nützliche Erkenntnisse zur Textkritik gewinnt man aus dem Buch eines Philologen, der von der historisch-juristischen Seite kommt, nämlich E. Fraenkel, *Zum Texte römischer Juristen*, Hermes 60, 1925, S. 415–43 = *Kleine Beiträge* 2, S. 417–45. Zu dem außerordentlich wichtigen Werk von F. Wieacker, *Textstufen*, ist hinzunehmen: *Zur gegenwärtigen Lage der romanistischen Textkritik*, in: *La critica del testo* 2, S. 1099–122 = *Ausgewählte Schriften* 1, S. 103–21, und *Textkritik und Sachforschung*, ZSS 91, 1974, S. 1–40 = *Ausgewählte Schriften* 1, S. 122–52. Zu den *Textstufen* hat sich eine umfangreiche Literatur angesammelt. Hervorzuheben sind die Rezensionen von V. Arangio-Ruiz, BIDR 64, 1961, S. 351–68, und von G. G. Archi, Iura 12, 1961, S. 428–50.

G. Pugliese, *Orientamenti e problemi attuali nello studio delle fonti romane,* Annali di storia del diritto 5–6, 1961–62, S. 71 ff., 77–94 = *Scritti* 3, S. 29 ff., 35–52, und M. Kaser, *Zur Methodologie der römischen Rechtsquellenforschung* (Österreichische Akademie der Wissenschaften, Philosophisch-historische Klasse, Sitzungsberichte, 277,5), Wien 1972, sind in einen kritischen Dialog mit Wieacker eingetreten. Nach Wieackers Darstellung, die einer bereits von H. Niedermeyer, F. Schulz und H.-J. Wolff eingeschlagenen Richtung folgt, konzentrieren sich die Änderungen, die die klassischen juristischen Werke erfahren haben, größtenteils auf die Zeit zwischen dem Ende des 3. und den Beginn des 4. Jahrhunderts. Diese Darstellung bietet jedoch kein System von Gewißheiten, sondern lediglich eine Arbeitsperspektive, deren Gültigkeit oder Ungültigkeit die konkrete Untersuchung für ihren Bereich überprüfen muß. Sie „soll uns reicher, aber nicht ärmer machen", um es mit F. Pringsheim, ZSS 69, 1952, S. 399 = *Gesammelte Abhandlungen* 1, S. 472, zu sagen. Pringsheim hatte dabei die Abhandlung von F. Schulz, *Die Ulpianfragmente des Papyrus Rylands 474 und die Interpolationenforschung,* ZSS 68, 1951, S. 1–29, und den „Heidelberger Vortrag" von Wieacker, ZSS 67, 1950, S. 360–402, vor Augen. Es wird deutlich, daß es von dem für die Romanistik zwischen 19. und 20. Jahrhundert charakteristischen ‚Interpolationismus' kein Zurück mehr gibt; zu diesem und seiner Krise vgl. M. Kaser, *Ein Jahrhundert Interpolationenforschung an den römischen Rechtsquellen,* Anzeiger der phil.-hist. Klasse der Österreichischen Akademie der Wissenschaften 116, 1979, S. 81–113 = *Römische Rechtsquellen,* S. 112–54.

2. Öffentliches Recht und Privatrecht, Gesellschaft und Recht

Die allgemeinen und die Übersichtswerke zum römischen Recht orientieren sich normalerweise an der Unterscheidung von öffentlichem und Privatrecht und behandeln (ausschließlich oder überwiegend) entweder das eine oder das andere. Jeder Diskurs über das öffentliche Recht muß von Theodor Mommsen, *Römisches Staatsrecht,* ausgehen. Gegen Ende des vorigen Jahrhunderts wurde es von P. F. Girard ins Französische übersetzt; diese Übersetzung in sieben Bänden liegt jetzt in einem Nachdruck vor (1984), mit einer Einleitung von Y. Thomas, *Mommsen et l'„Isolierung" du droit (Rome, l'Allemagne et l'État),* mit der sich E. Gabba, Athenaeum 74, 1986, S. 245–8, polemisch auseinandersetzt. Es gibt zum *Römischen Staatsrecht* ein von J. Malitz besorgtes vollständiges *Stellenregister,* München 1979. Im *Abriss des römischen Rechts,* Leipzig 1893, 1907², gab Mommsen eine sehr konzise Übersicht über das Staatsrecht.

Mommsens „Schematismus" hat zumindest auf heuristischem Gebiet seine Bedeutung behalten. Es wäre zu vereinfachend, darin lediglich eine „Falle" zu sehen, wie die Worte von M.I. Finley, *Politics*, S. 56–57, glauben machen könnten, wenn man sie mißversteht. Natürlich muß man jedes Konzept in seiner Ausrichtung oder seiner Aussage werten. Ein Beispiel hierfür ist W. Kunkel, *Magistratische Gewalt und Senatsherrschaft*, ANRW 1.2, 1972, S. 3–22, wo das Verhältnis zwischen dem *imperium* der Magistrate und der *potestas* des Senats dazu dient, den gesamten theoretischen Ansatz Mommsens von neuem aufzugreifen. Mommsens Konzept der Magistratur, bei dem, um mit W. Kunkel, *Theodor Mommsen als Jurist*, Chiron 14, 1984, S. 373, zu sprechen, „seine juristische Abstraktionskraft die größten Triumphe feiert", ist Gegenstand der Kritik von A. Giovannini, *Consulare imperium*, Basel 1983; J. A. Crook, JRS 76, 1986, S. 286–8, führt gegen Giovannini gewichtige Gegenargumente an. Man kann mit F. Grelle, *L'autonomia cittadina fra Traiano e Adriano*, Napoli 1972, S. IX–XI, 142–3, die „Municipialordnung" als beispielhafte Organisationsform für die Beziehungen zwischen Staat und Gemeinde diskutieren, oder mit W. Eck, *Die Staatliche Organisation Italiens in der hohen Kaiserzeit*, München 1979, S. 3–4, die Begriffe „Administration" oder „Verwaltung" für untauglich halten; vgl. jedoch die richtige Bemerkung von U. Laffi, Athenaeum 62, 1984, S. 667. Zweifellos ist auch die von Cl. Nicolet, *Le métier de citoyen dans la Rome republicaine*, Paris 1979², S. 16–19, vorgetragene Forderung „de la règle au vécu" fortzuschreiten, legitim. Ist jedoch eine saubere Trennung zwischen der „Lebenswelt" und der „Regel" möglich? Das Verhältnis der beiden zueinander ist nicht einfach, und besonders „le vécu" ist im Grunde ein problematischer Begriff. In einer Abhandlung über das öffentliche Recht und über Mommsens Typologie spielt selbstverständlich Polybios und sein Entwurf der gemischten *politeia* eine Rolle. A. Momigliano, *Alien Wisdom. The Limits of Hellenization*, Cambridge 1975, S. 22–49; W. Nippel, *Mischverfassungstheorie und Verfassungsrealität in Antike und früher Neuzeit*, Stuttgart 1980, S. 149–53, und M.I. Finley, *Politics*, S. 84–96, 127–8, beschäftigen sich mit dem Verhältnis von politisch-verfassungsmäßiger Wirklichkeit und der Erscheinungsform, wie sie Polybios darstellt.

Zu Mommsens *Staatsrecht* bildet sein *Römisches Strafrecht*, Leipzig 1899, sozusagen das Gegenstück. Auch für das *Strafrecht* gibt es jetzt ein von J. Malitz besorgtes *Stellenregister*, München 1982. G. G. Archi, *Gli studi di diritto penale romano da Ferrini a noi, considerazioni e puunti di vista critici*, RIDA 3.4, 1950 (*Mélanges De Visscher 3*), S. 21–60 = *Scritti* 3, S. 1395–432, verfolgt die auf Mommsen folgenden Forschungen zum Strafrecht in ihren unterschiedlichen Richtungen. Wie bildete sich, neben dem republikanischen ordentlichen Strafverfahren, bei dem das legalistische Prinzip in gewissem Maße anerkannt war, ein neues System aus, das auf der Macht des Princeps und seiner Beamten aufbaute und das dem Gutdünken des Richters erheblichen Spielraum gab? Ein ausgezeichneter Führer in dieser Materie ist G. Pugliese, *Linee generali dell'evoluzione del diritto penale pubblico durante il principato*,

ANRW 2.14, 1982, S. 722–89 = *Scritti* 2, S. 653–720; dreißig Jahre zuvor hatte Pugliese ein Kompendium zum „diritto criminale" geschrieben (jetzt in: *Diritto romano*, Guide allo studio della civiltà romana" hrsg. von S. Calderone und S. D'Elia, VI 1, Jouvence, Roma 1980, S. 247–341.

Das öffentliche Recht und die Quellen des Rechts, das Privatrecht und der Zivilprozeß, das Strafrecht und der Strafprozeß, bilden Bereiche in dem von O. Karlowa für seine *Römische Rechtsgeschichte* dargelegten Plan. Tatsächlich gelangte nach dem ersten Band, der das öffentliche Recht und die Quellen, Leipzig 1885, umfaßte, der zweite nicht über den ersten Teil zum Privatrecht hinaus (1901). Unter den Werken, die sich überwiegend mit dem öffentlichen Recht und der Geschichte der Quellen der juristischen Produktion und Erkenntnis befassen, gehen die *Storia del diritto romano* von P. Bonfante, 1902, Roma 1934[4] (Nachdr. Milano 1958, mit einem Vorwort von E. Betti), und die von P. De Francisci, in drei Bänden (sie wurde in den zwanziger Jahren begonnen und blieb auch nach der 2. Auflage unvollständig), beide von (im philosophischen Sinne) positivistischen und „juristisch-naturalistischen" Voraussetzungen aus. Es bedarf kaum der Erwähnung, daß man sie, will man sie in angemessener Weise lesen, in ihren Kontext und in ihre Zeit einordnen muß. Eine weitere Aufgabe stellt sich für den, der dies möchte darin, De Francisci von der *Storia* zu den *Arcana imperii* 1–2, Milano 1947–48, Roma 1970[2] (mit einer Einleitung von S. Mazzarino, und zu den *Primordia civitatis*, Roma 1959, zu folgen.

Allein die Erwähnung der Abhandlungen und Handbücher zum Privat- und öffentlichen Recht seit dem Ende des vorigen Jahrhunderts bis auf unsere Tage würde viele Seiten füllen. Man könnte natürlich noch viel weiter bis auf die kurze, zu Beginn des 16. Jahrhunderts verfaßte *Historia iuris civilis* von Aymar du Rivail (Rivallius) zurückgehen. Die *Storia del diritto romano* von V. Arangio-Ruiz, Napoli 1937 (7. Auflage mit zahlreichen Nachdrucken 1957), genießt das Ansehen eines Klassikers. Der *Corso di storia del diritto romano* von P. Frezza, Roma 1974[3], ist ausgesprochen problemorientiert, während die *Römische Rechtsgeschichte* von W. Kunkel, Köln, Wien 1990[12], unübertroffen in der Geradlinigkeit ihrer Anlage ist. Die *Römische Rechtsgeschichte* von G. Dulckeit, F. Schwarz und W. Waldstein, München 1989[8], billigt sich selbst in Bezug auf „die Wissenschaft vom römischen Privatrecht" nur die Funktion einer Hilfswissenschaft zu. Diese Funktion ist auch für M. Kaser, *Römische Rechtsgeschichte*, Göttingen 1967[2], wichtig. Die *Lineamenti di storia del diritto romano*, von mehreren Autoren unter der Leitung von M. Talamanca, Milano 1989[2], bringen auch eine „Chronik" der Fakten. Eine eigene Linie verfolgt J. Gaudement, *Institutions de l'antiquité*, Paris 1982[2], der der Überlieferung des orientalischen und der griechischen Rechte einen Platz einräumt (man vergleiche jedoch die Vorbehalte von G. Ries, ZSS 101, 1984, S. 459–60). Umfassend ist die *Storia della costituzione romana* von

F. De Martino in fünf Bänden, Napoli 1951–1967; 1972–1975² (Band 6, 1972, 1990², enthält die Indices). Die „Faktoren der Rechtsbildung" sind der Leitfaden, aus dem sich bei F. Wieacker, *Römische Rechtsgeschichte* 1, der innere Zusammenhang ergibt: dieses Werk strebt gegenüber der Philologie und der Geschichte und Altertumswissenschaft „offene Grenzen" an.

Eine Beschreibung der römischen Rechtsordnung mit umfangreicher Quellenzusammenstellung findet sich bei B. Albanese, *Premesse allo studio del diritto privato romano*, Palermo 1978. Dieses Buch stellt eine Einleitung dar zu den folgenden Bänden: *Le persone*, 1979; *Gli atti negoziali*, 1982; *Le situazioni possessorie*, 1983; *Il processo privato romano delle legis actiones*, 1987. Dem Werk von L. Mitteis, *Römisches Privatrecht bis auf die Zeit Diokletians, 1, Grundbegriffe und Lehre von den juristischen Personen*, Leipzig 1908, kommt unter den „privatrechtlichen" Abhandlungen noch immer eine grundlegende Bedeutung zu. P. Jörs, W. Kunkel, L. Wenger, *Römisches Recht*, Berlin-Heidelberg-New York 1987⁴, wurde von H. Honsell, T. Mayer-Maly und W. Selb vollständig überarbeitet. Ein Buch über das römische Recht zu schreiben, stellte für H. J. Roby, *Roman Private Law in the Times of Cicero and of the Antonines* 1–2, Cambridge 1902, auch ein sprachliches und ein „Stil"-Problem dar, was heute leider oft vergessen wird. Die *Istituzioni di diritto romano* von V. Arangio-Ruiz, Napoli 1921–23, 1960¹⁴ (mit zahlreichen Nachdrucken), wurden zum Vorbild für viele andere. E. Betti, *Istituzioni di diritto romano* 1²–2.1, und F. Schulz, *Classical Roman Law*, Oxford 1951, Nachdr. 1954, schlagen – was Konzept und Perspektive angeht – einen eigenen Weg ein. Noch ausführlicher und eher betont historisch als systematisch ist M. Kaser, *Das römische Privatrecht* 1²–2². Für G. Pugliese, *Istituzioni di diritto romano*, unter Mitarbeit von F. Sitzia und L. Vacca, Torino 1990², besteht das Hauptproblem abermals im rechten Gleichgewicht zwischen System und Geschichte. Sehr nützliche Anmerkungen finden sich bei A. Guarino, *Diritto privato romano*, Napoli 1992⁹. Bei A. D'Ors, *Derecho privado romano*, Pamplona 1991⁸, S. 8, ist explizit die Überzeugung ausgedrückt, das römische Recht bilde eine notwendige Grundlage für das Studium des modernen Privatrechts. Die Geschichte steht in Hinsicht auf die Zielvorstellung, gründlich in juristischer Fachsprache zu unterrichten, nur auf dem zweiten Platz. Zusammenfassend und klar ist H. Hausmaninger, W. Selb, *Römisches Privatrecht*, Wien-Köln 1989⁵. In dem konzentrierten und auswählenden Studienbuch von D. Liebs, *Römisches Recht*, Göttingen 1987³, umfassen die Epochen der römischen Rechtsgeschichte auch das römische Recht in Europa von der karolingischen Renaissance bis über die historische Schule hinaus. Die vier Bände von A. Watson, *The Law of Obligations, The Law of Persons, The Law of Property, The Law of Succession*, Oxford 1965, 1967, 1968, 1971, betreffen die späte Republik.

Man kann das römische Recht als kulturelle und organisatorische Erscheinungsform nicht von den sozioökonomischen und politischen Strukturen trennen. Dies bedeutet jedoch nicht, die verschiedenen Ebenen der Forschung zu verwischen. Die Romanistik bewegt sich in einem eigenen Problemkreis, und nur wenn sie diesen berücksichtigt, kann sie ihren Beitrag zur Altertumswissenschaft leisten. Wie und in wieweit die anderen Fachrichtungen ihrerseits in der Lage sind, ihn in Anspruch zu nehmen, ist eine andere Frage. Der Prozeß ist ein Gebiet, auf dem man vielleicht besser als anderswo das heikle Verhältnis zwischen Gesellschaft und Recht spürt. Lehrreich in dieser Beziehung ist das Buch von J. Kelly, *Roman Litigation*, Oxford 1966, das das Kräftespiel in der Alltagserfahrung berücksichtigt; die Einwände von G. Pugliese, *Principi teorici e realtà pratica nei processi romani*, TR 35, 1967, S. 291–303, verwahren sich gegenüber der Gefahr oder dem Mißverständnis, die fachlich-juristische Angabe lediglich herabzusetzen, anstatt ihre Verbindung mit der greifbaren Realität herzustellen. Es handelt sich um ein Mißverständnis, in das auch M. I. Finley, *Politics*, S. 6–7; *Ancient History. Evidence and Models*, London 1985, S. 107, zu verfallen droht. Seine Idiosynkrasie gegenüber allen juristisch-formalen Konstruktionen bringt ihn dazu, auf die Frage, ob und in welchem Ausmaß ein juristisches System „ein Instrument und ein Reflex der Gesellschaft" sei, eine unbefriedigende Antwort zu geben. Trotz allem sind die Lehren Webers und Gernets in dieser Beziehung nicht erhört worden.

Jedwede Forschung zur römischen Gesellschaft ist für die Geschichte ihres Rechts von Interesse. Andererseits ist ein juristischer Text oft auch ein Instrument für etwas anderes. Inwieweit dies zutrifft, ist nicht leicht festzumachen, wie eine Untersuchung der pseudopaulinischen Sentenzen bei R. Rilinger, *Humiliores-Honestiores. Zu einer sozialen Dichotomie im Strafrecht der römischen Kaiserzeit*, München 1988, zeigt; vgl. dazu meine Besprechung RJ 8, 1989, S. 35–51. Der Codex Theodosianus liefert wertvolle Angaben für das Studium der spätantiken Gesetzgebungsverfahren und der darin zum Ausdruck kommenden Kultur, geizt freilich auch nicht mit Angaben zum Verständnis der zeitgenössischen Wirtschaft. Es ist bekannt, daß die justinianische Gesetzgebung als „une pièce importante du dossier de la pauvreté médiévale" erschien, und Evelyne Patlagean dazu diente, der Armut gründlich nachzugehen. Es wäre vermessen und illusorisch, wollte man diesen historisch-juristischen bibliographischen Anhang auf andere Fächer ausweiten. Es gibt hervorragende oder auch nur nützliche Arbeiten, die man dazu heranziehen kann. Neben der *Cambridge Ancient History* (CAH), kann man die einzelnen Bände zum Altertum der *Nouvelle Clio, l'histoire et ses problèmes*, unter der Leitung von J. Delumeau und P. Lemerle, ferner die Bände der Serie *Il mondo degli antichi*, unter der Leitung von G. Clemente und A. Giardina, Roma-Bari 1981 ff., und die der *Fontana History of the Ancient World*, hrsg. von O. Murray = dtv-Geschichte der alten Welt heranziehen. Die *Introduzione alle culture antiche*, hrsg. von M. Vegetti, Boringheri, Torino 1983 ff., möchte „klare Bezugspunkte" vermittels eines „Studienplanes" und von „Forschungsleitlinien" bieten. „Jede Generation nähert sich der klassischen Antike anders, und jede zieht andere Lehren daraus", liest man zu Beginn der *Oxford History of the Classical World*, ed. by J. Boardman, J. Griffin, O. Murray, 1986, S. 13; es sei Ziel dieses Werkes, „dem Leser behilflich zu sein, etwas von der dauerhaften Bedeutung und der Faszination der Antike zu begreifen". Die *Storia di Roma*, geplant von A. Momigliano und A. Schiavone, Einaudi, Torino 1988 ff., möchte gegen „einen radikalen und endgültigen ‚Sinnverlust' der römischen Geschichte in den neuen Modellen der heutigen Intellektuellen ankämpfen", und schickt in diese Schlacht „zahllose Gelehrte aus aller Welt". Die Darstellung von J. Bleicken, *Die Verfassung der römischen Republik*, Paderborn 1982³, ist systematisch angelegt, während die höchst informative *Storia di Roma dalle origini a Cesare*, von F. Cassola in den Guide allo studio della civiltà romana, hrsg. von S. Calderone und S. D'Elia, II 1, Jouvence, Roma 1985, dem chronologischen Ablauf der Ereignisse folgt. H. Bengtson, *Grundriß der römischen Geschichte mit Quellenkunde*, München 1982³, umfaßt sowohl die Republik als auch die Kaiserzeit bis 284 n. Chr.. *The Roman Empire* von C. M. Welles, Glasgow 1984, reicht von 44 v. Chr. bis 235 n. Chr., und denselben Zeitraum decken P. Garnsey und R. Saller, *The Roman Empire. Economy, Society and Culture*, London 1987, ab; die *Geschichte der römischen Kaiserzeit* von K. Christ, München 1988, reicht bis Konstantin. Für die Spätantike kann man sich auf A. H. M. Jones und P. Brown stützen, die des öfteren erwähnt wurden. Neben den chronologischen, stellt A. Demandt, *Die Spätantike. Römische Geschichte von Diokletian bis Justinian, 284–565 n. Chr.*, München 1989, einen systematischen Durchgang. Eine kurze Darstellung der Herrschaft Justinians stammt von J. W. Barker, *Justinian and the Later Roman Empire*, Madison-Milwaukee-London 1966.

3. Die älteste Gesetzgebung, die Zwölftafeln und das archaische Recht

Der Codex des Hammurabi, des Gründers des babylonischen Reiches (1792–1750 v. Chr.), nach der „mittleren Chronologie"), ist das wichtigste Gesetzgebungswerk des alten Mesopotamien. Die Stele, auf der er eingemeißelt ist, wurde zu Beginn des Jahrhunderts in den Ruinen von Susa gefunden und befindet sich jetzt im Louvre; auch andere Fragmente sind bekannt geworden. E. Szlechter, *Codex Hammurapi*, Roma 1977, unterzieht den Text einer genauen Untersuchung; am besten ist indes die Übersetzung von A. Finet, *Le code de Hammurapi*, Paris 1983²; es ist selbstverständlich noch immer von Nutzen, G. R. Driver, J. C. Miles, *The Babylonian Laws*, 1–2, Oxford 1952 und 1955, heranzuziehen. Nach J. Bottéro, *Le „code" de Ḫammu-rabi*, ASNP

3.12, 1982, S. 409–44, ist der Codex eher eine Sammlung von „königlichen Entscheidungen" als eine Sammlung von „Gesetzen". Sein Ziel sei die Selbstverherrlichung des Königs, dessen Billigkeit als höchste Tugend hervorgehoben wird. Vielleicht ist die Art und Weise, mit der Bottéro eine „Gesetzesabsicht" definiert, zu streng; ganz sicher aber verwechselt er in seiner Untersuchung zwei Aspekte, die auseinandergehalten werden müssen: die Normativität und die Abstraktion; er sieht im Mangel an Abstraktion einen Beweis für die geringe normative Bedeutung des Codex. Nicht der Codex des Hammurabi, sondern der sumerische Codex des Ur-Nammu, des Herrschers, der gegen Ende des 3. Jahrtausends am Anfang der dritten Dynastie von Ur stand, ist die älteste Gesetzessammlung. S. N. Kramer entzifferte zu Beginn der 50er Jahre ein erstes Fragment auf einer im Museum von Istanbul aufbewahrten Tontafel. Die zweite Gesetzessammlung (in chronologischer Reihenfolge gesehen), ist der sumerische Codex des Lipit-Ištar (1934–1924 v. Chr.); zu beiden Codices und ihrem Textzustand vgl. E. Szlechter, *Les lois sumériennes* (I. *Le code d'Ur-Nammu;* II. *Le code de Lipit-Ištar*), Roma 1983. Die Gesetze von Ešnunna (Tell Asmar), einer Stadt am linken Ufer des Tigris, nicht weit von Bagdad entfernt, sind in akkadischer Sprache geschrieben; sie sind um etliches älter als der Codex Hammurabi. Die beiden Tafeln, auf denen er steht, wurden 1948 von A. Goetze publiziert und von E. Szlechter, *Les lois d'Ešnunna, transcription, traduction et commentaire,* Paris 1954; *Les lois d'Ešnunna,* RIDA 3.25, 1978, S. 109–119, und von R. Yaron, *The Laws of Eshnunna,* 1969, Jerusalem-Leiden 1988², untersucht. Ein Vergleich mit dem Codex des Hammurabi hinsichtlich des inneren Aufbaus der Regeln findet sich bei H. Sauren, *Aufbau und Anordnung der babylonischen Kodizes,* ZSS 106, 1989, S. 1–55. Der Band: *La formazione del diritto nel Vicino Oriente antico,* Napoli 1988, enthält nur sehr allgemeine Angaben über das alte und das mittlere Assyrien, das pharaonische Ägypten und das hethitische Anatolien.

Zum ältesten griechischen Recht vgl. H. J. Wolff, *Vorgeschichte und Entstehung des Rechtsbegriffs im frühen Griechentum,* in: *Entstehung und Wandel rechtlicher Traditionen,* hrsg. von W. Fikentscher, H. Franke und O. Köhler, Freiburg-München 1980, S. 557–79. Die archaischen griechischen Gesetzgeber und Solon nehmen in der ausgezeichneten Untersuchung von G. Camassa, *Le istituzioni politiche greche,* in: *Storia delle idee* 1, S. 32–42, mit umfangreicher Bibliographie (S. 117–119), einen wichtigen Platz ein; hinzuzufügen ist J. V. A. Fine, *The Ancient Greeks. A Critical History,* Cambridge/Mass.-London 1983, S. 110–4, 197–203. Einen Anstoß für die Diskussion des Verhältnisses von Schrift und mündlicher Überlieferung gibt C. G. Thomas, *Literacy and the Codification of Law,* SDHI 43, 1977, S. 455–8, und W. V. Harris, *Ancient Literacy,* Cambridge/Mass. 1989, S. 47, 50–51, 75–77, 81, 149 ff.

Die dem König Numa zugeschriebenen Gesetze bilden unter den sogenannten *leges regiae* den ältesten, mindestens ins 4. Jahrhundert zurückgehenden Kern; so E. Gabba, *Studi su Dionigi di Alicarnasso* (I), Athenaeum 48, 1960, S. 193–225; *Considerazioni sulla tradizione letteraria sulle origini della Repubblica*, in: *Entretiens* 13, 1967, S. 161–3; *Tendenze all'unificazione normativa nel diritto pubblico tardo-repubblicano*, in: *La certezza del diritto nell'esperienza giuridica romana*, Padova 1987, S. 176–7, während S. Tondo, *Leges regiae*, S. 9–86, an der Echtheit des herkömmlichen Datums festhält. Verständlicherweise ist die Literatur zu den Zwölftafeln sehr umfangreich. Wie erwähnt, spielen schon Jacobus Gothofredus und Vico dabei eine Rolle. Vicos Interpreatation haben (mit unterschiedlichen Ergebnissen) A. Momigliano, *Roman „Bestioni" and Roman „Eroi" in Vico's Scienza nuova*, History and Theory 5, 1966, S. 3–23 = *Terzo contributo* 1, S. 153–77; G. Giarizzo, *La politica di Vico*, Quaderni contemporanei 2, 1968, S. 112–31 = *Vico, la politica e la storia*, Napoli 1981, S. 102–20, und S. Mazzarino, *Vico, l'annalistica e il diritto*, Napoli 1971, S. 12, 36, 44, 64–78, 91, untersucht. Die radikale Kritik, die E. Pais und E. Lambert am Bericht über das Gesetzeswerk übten, und die bis zur Annahme einer regelrechten Fälschung führte, fand sofort eine überzeugende Antwort durch die Arbeit von P. F. Girard, *L'histoire des XII-Tables*, RHD 26, 1902, S. 381–438=*Mélanges* 1, S. 3–64 (mit einer sehr wichtigen Bemerkung auf den S. 62–64). Mommsen, *Gesammelte Schriften* 2, S. 142, konnte sie als eine „excellent sauvetage des Douze Tables, combattues et malmenées par notre chère jeunesse, plus zélée que réfléchie" bezeichnen. Auch O. Lenel, ZSS 26, 1905, S. 498–524, wandte sich gegen Lambert; er stellte fest, das Material, mit dem man die Authentizität der Zwölftafeln bestritt, „zerbröckelte unter den Händen".

D. H. von Müller stellte ein Jahr nach dem Erscheinen der Arbeit von Girard eine Abhängigkeit zwischen den Zwölftafeln und den Codices des Vorderen Orients fest. Zuletzt nahm R. Westbrook, *The Nature and Origins of the Twelve Tables*, ZSS 105, 1988, S. 74–121, diese unwahrscheinliche These wieder auf und entwickelte sie weiter. Die Zwölftafeln seien nicht eine „normative legislation", sondern so etwas wie ein „legal textbook", und stünden in einer Linie mit der „Mesopotamian scientific tradition".

Als Barthold Georg Niebuhr in den ersten Jahrzehnten des vorigen Jahrhunderts seine Römische Geschichte schrieb, war die Frage nach dem griechischen Einfluß auf die Gesetzgebung der Decemvirn seit langem umstritten. Nicht nur Vico und Johann Gottlieb Heineccius hatten sich damit beschäftigt, sondern vor ihnen bereits Justus Lipsius. Niebuhr, *Römische Geschichte* 2, Berlin 1836³, S. 343–9, glaubte an die Vermittlung des Hermodoros von Ephesos. Zwar könnte es sich hierbei um eine Legende handeln, aber bisweilen verharrt man (zu Unrecht) auf den chronologischen Unmöglichkeiten oder Unwahrscheinlichkeiten. Dem Hinweis auf ein griechisches Vorbild (ein Codex einer ionischen Stadt im Westen) begegnet man bei U. v. Wilamowitz, *Griechi-*

sche Verskunst, Berlin 1921, S. 31 Anm. 3; *Der Glaube der Hellenen* 1, 1932, Berlin 1955², S. 331 Anm. 1; vgl auch *Aristoteles und Athen* 1, Berlin 1893, S. 65 Anm. 36. Es ist wirklich zu bedauern, daß die Untersuchung von M. Ducos, *L'influence grecque*, S. Tondo, *Profilo di storia costituzionale romana* 1, Milano 1981, S. 180–97, 275–88, ebenso entgangen ist wie E. Ferenczy, *La legge delle XII Tavole e le codificazioni greche*, in: *Sodalitas, Scritti Guarino* 4, Napoli 1984, S. 2001–12. Auch die Bestattungsvorschriften haben einen Bezug zur griechischen Kultur: für M. Toher, *The Tenth Table and the Conflict of the Orders*, in: *Social Struggles in Archaic Rome. New Perspectives on the Conflict of the Orders*, ed. by K. A. Raaflaub, Berkeley-Los Angeles-London 1986, S. 301 ff., 306, 321–6, betreffen sie nicht den politischen Gegensatz zwischen Patriziern und Plebejern; sie haben komplexe soziale und religiöse Ursachen, die auf anthropologischem und komparatistischem Gebiet zu vertiefen wären. Zur spruchartigen Kürze in den Zwölftafeln haben die Betrachtungen von E. Norden, *Aus altrömischen Priesterbüchern*, Lund 1939, S. 254–8, noch immer Gültigkeit; indes fordern Wortschatz und Syntax des Gesetzestextes ins Einzelne gehende Untersuchungen. Als Beispiele seien aufgeführt: D. Daube, *Forms of Roman Legislation*, Oxford 1956, S. 28–29, 57–61, 105–11; F. Sbordone, *Per la sintassi delle XII Tavole*, in: *Synteleia Arangio-Ruiz* 1, Napoli 1964, S. 334–9; J. Guillen, *El latín de las XII Tablas*, Helmantica 18, 1967, S. 341–401; 19, 1968, S. 43–111, 193–246; 20, 1969, S. 67–103; G. Radke, *Sprachliche und historische Beobachtungen zu den Leges XII tabularum*, in: *Sein und Werden im Recht. Festgabe Lübtow*, Berlin 1970, S. 223–46; *Archaisches Latein*, Darmstadt 1981, S. 123–36; S. Boscherini, *Pedem struere*, in: *Studia Florentina A. Ronconi oblata*, Roma 1970, S. 51–59; *La lingua della Legge delle XII Tavole*, in: *Società e diritto nell'epoca decemvirale*, Napoli 1988, S. 45–54; A. Carcaterra, *Sei kaluitur pedemue struit / manum endo iacitod*, SDHI 41, 1975, S. 159–204. Weitere bibliographische Hinweise zu diesem wie zu anderen Aspekten bei G. Crifò, *La Legge delle XII tavole. Osservazioni e problemi*, ANRW 1.2, 1972, S. 115–33.

Die Zwölftafeln wollten, nach A. Magdelain, *Le ius archaïque*, MEFRA 98, 1986, S. 265 ff., 319 ff., 329–35, 354; *Les XII tables et le concept de ius*, in: *Zum römischen und neuzeitlichen Gesetzesbegriff*, hrsg. von O. Behrends und Chr. Link, Göttingen 1987, S. 14 ff., 18, 25, „ein Corpus von Regeln über die privaten Rechtsverhältnisse des Bürgers aufstellen, und diese von Religion und Verfassungsrecht trennen". Die Zwölftafeln seien eine „veritable codification", auch wenn die Methode von der eines modernen Gesetzgebers abweicht. Sie enthalten nicht „die geringste Spur von öffentlichem Recht", noch nehmen sie das Sakralrecht auf, sondern sie „legen die Stellung des *privatus* in seinen Verhältnissen *inter cives* fest und führen seine Verantwortlichkeit für Mord und vergleichbare Verbrechen ein". Magdelain greift Ideen und Hypothesen auf, die er in langen Forschungen erarbeitet hat, er ordnet sie und entwickelt sie weiter; der Leser bewundert ihre Kohärenz, bleibt aber bei seinen Zweifeln, die im übrigen auf einem derartigen Forschungsgebiet unvermeidlich sind.

Es lohnt sich, etwas bei einigen speziellen Problemen des archaischen Rechts zu verweilen. Sehr umstritten ist, ob das Prinzip, nach dem „quodcumque postremum populus iussisset, id ius ratumque esset" (Liv. 7,17,12), auf die Zwölftafeln (12,5) zurückgeht. M. Kaser, *Das altrömische Jus*, Göttingen 1949, S. 13, und A. Guarino, *Le origini quiritarie*, Napoli 1973, S. 73; *L'ordinamento giuridico romano*, Napoli 1990[5], S. 229–231, 238–239, sowie A. Magdelain, „*Praetor maximus*" et „*comitiatus maximus*", Iura 20, 1969, S. 286; *La loi*, S. 77 und Anm. 101, und M. Ducos, *L'influence grecque*, S. 54, verneinen dies. Anders P. De Francisci, *Per la storia dei comitia centuriata*, in: *Studi Arangio-Ruiz* 1, Napoli 1953, S. 25–29 (dessen Einschätzung ich teile); F. Serrao, *Classi, partiti e leggi nella Repubblica romana*, Pisa 1974, S. 32–34; P. Frezza, SDHI 45, 1979, S. 652. Ich glaube auch weiterhin, daß der Ausdruck *maximus comitiatus* in den Zwölftafeln (9,1–2) zumindest indirekt die Zenturiatkomitien meint, ungeachtet der neuen und interessanten Hypothese von E. Gabba, Athenaeum 75, 1987, S. 203–5; *Assemblee ed esercito a Roma fra IV e III sec. a. C.*, in: *Roma tra oligarchia e democrazia. Classi sociali e formazione del diritto in epoca mediorepubblicana*, Napoli 1989, S. 44–47.

Nach spätrepublikanischer Auffassung bilden die „populare" Justiz und die *provocatio ad populum* für den Bürger die Grundpfeiler der *libertas*. Mommsen hat den ältesten Strafprozeß nach dieser Konzeption rekonstruiert, die heute A. Giovannini, *Volkstribunat und Volksgericht*, Chiron 13, 1983, S. 545–66, für historische Wirklichkeit nimmt. Man kann feststellen, daß die moderne Forschung sie in seine ideologischen Grenzen zurückzuweisen sucht; besonders zu nennen ist W. Kunkel, *Untersuchungen zur Entwicklung des römischen Kriminalverfahrens in vorsullanischer Zeit*, München 1962, S. 9–10, 21–36, 130–3, der sich zu einem Weg bekennt, den auch K. Latte, C. H. Brecht, A. Heuss und J. Bleicken beschritten haben. Kunkel hat die Betonung auf die Praxis gelegt: er bestritt unter anderem die Existenz eines Prozesses vor Magistrat und Komitien und die *provocatio* als Anfechtungsmittel und Beschränkung der *iuris dictio* des Magistrats. Dies hat nicht allgemein überzeugt. In der sich anschließenden Diskussion haben die kritischen Einwände von G. Pugliese, BIDR 66, 1963, S. 153–81 = *Scritti* 2, S. 573–601, ein besonderes Gewicht. Keine nachfolgende Arbeit kann von Kunkels Buch absehen, wie A. W. Lintott, *Provocatio. From the Struggle of the Orders to the Principate*, ANRW 1.2, 1972, S. 226–67 (mit Hinweisen auf P. Garnsey und J. Martin); *Democracy in the Middle Republic*, ZSS 104, 1987, S. 44–45, zeigt; im herkömmlichen Sinn: A. H. M. Jones, *The Criminal Courts of the Roman Republic and Principate*, Oxford 1972, S. 1–44, 119 24; neu dazu B. Santalucia, *Alle origini del processo penale romano*, Iura 35, 1984 [1987], S. 47–72;

Diritto e processo penale nell'antica Roma, Milano 1989, S. 11–47 (mit weiterführenden Literaturangaben); A. Magdelain, *Provocatio ad populum*, in: *Estudios Iglesias*, Madrid 1988, S. 407–25.

Der Ausdruck *par(r)icida(s)* ist weiterhin umstritten: nach A. Pagliaro, *Altri saggi di critica semantica*, Messina-Firenze 1961, S. 41–110, beschritten S. Tondo, *Leges regiae*, S. 87–202, und A. Magdelain, *Paricidas*, in: *Du châtiment dans la cité. Supplices corporels et peine de mort dans le monde antique* (Collection de l'École française de Rome 79, 1984), S. 549–70, unterschiedliche Wege. Das „Recht über Leben und Tod" ist bekanntlich das Hauptkennzeichen der *patria potestas*. Nex „ist nicht der Tod allgemein, sondern der Tod ohne Blutvergießen", so Y. Thomas, *Vitae necisque potestas*, in: *Du châtiment dans la cité*, S. 509–10; Thomas stützt sich vor allem auf Fest. 158, 17–19 und 190, 5–7 L., und auf die Verwendung von *necare* in XII Tab. 8,9; 8,10; 8,24. An seiner Interpretation von Caes. *Bell. Gall.* 6,19,1–3, und Pap. Coll. 4,8,1 (S. 501–3) habe ich einige Zweifel.

Das *mancipium* (oder die *mancipatio*) und das *nexum* erfordern längere Ausführungen. Dem Verb *emo* in der Mancipationsformel (Gai. 1,119 und 2,104) ist mit E. Peruzzi, *Money in Early Rome*, Firenze 1985, S. 14–21, die Bedeutung *accipio* oder *sumo* zuzuweisen, wie bei Fest. (und Paul.) 4,30–31; 66,21; 332,33–34 L. Aber auch bei diesem Verständnis bleibt die Formel in sich weiterhin widersprüchlich. J. Imbert, *„Fides" et „nexum"*, in: *Studi Arangio-Ruiz* 1, Napoli 1953, S. 339–63, der sich besonders auf Liv. 2,23,8, stützt, tut recht daran, die Wirkungen von *nexum* nicht mit denen der *manus iniectio* zu vermischen. „Der prinzipielle Widerspruch besteht in einer irrigen Auffassung der Natur der Sklaverei", bemerkt M. I. Finley, *La servitude pour dettes*, RHD 4.43, 1965, S. 176 = *Economy and Society*, S. 160–1 (mit einigen Änderungen). „Was man von den Schuldsklaven wollte, war Arbeit (und auch Verbesserung der Lage der ‚Gläubiger'), und man kann nicht ausschließen, daß viele die Arbeit auf und auch die Produkte von ihren eigenen Äckern lieferten".

Die vergleichende Studie Finleys ist das beste, was es zu diesem Thema gibt; auf der gleichen Linie argumentiert A. Watson, *Rome of the XII Tables. Persons and Property*, Princeton, New Jersey, 1975, S. 111–24; *Agriculture and Law in Rome of the XII Tables*, in: *Les communautés rurales* (Recueils de la Société Jean Bodin pour l'histoire comparative des institutions 41) 2, Paris 1983, S. 408–9, während L. Peppe, *Studi sull'esecuzione personale* 1, Milano 1981, S. 164 ff., 178, 222 ff., 263–7, eine noch komplexere Rekonstruktion vorlegt. Für A. Magdelain, *L'acte „per aes et libram" et l'auctoritas*, RIDA 3.28, 1981, S. 127–42, stellt das *nexum* lediglich eine symbolische Bindung dar. Magdelain folgt im zweiten Teil seiner Arbeit einer verführerischen aber bestreitbaren Interpretation von Varro 7,5,105. Für die ersten Worte dieses Textes und sein Verhältnis zu Fest. 160,32–35 L., verweise ich auf meine Ausführungen in Iura 32, 1981, S. 143-6. O. Behrends, *Das Nexum im Manzipationsrecht oder die Ungeschichtlichkeit des Libraldarlehens*, RIDA 3.21, 1974, S. 137-84; *Der Zwölftafelprozeß*, S.7, 37-38, 152 (hierzu F. Horak, ZSS 93, 1976, S. 265-7); *La mancipatio nelle XII Tavole*, Iura 33, 1982, S. 46-103, vertritt mit einer ausgefallenen These, der ich nicht zu folgen vermag, die Ansicht, das *nexum* in den Zwölftafeln habe „mit Darlehensrecht nicht das mindeste zu tun".

Wie sah die Organisation des Zivilprozesses aus? Es gibt dazu zwei Hypothesen, zu denen A. Magdelain, *Aspects arbitraux de la justice civile archaïque à Rome*, RIDA 3.27, 1980, S. 205-81, eine weitere hinzufügt. Es handle sich demnach nicht mehr darum, zwischen einem Ursprung des Prozesses in einem Schiedsgericht und einer zwar staatlichen, aber noch nicht zweigeteilten Rechtsprechung zu wählen. Der Magistrat delegiert nach ihm „seine Autorität sehr schnell an einen *iudex*, der sich entweder zum Eigentum an einer Sache oder zum Vorliegen eines Delikts oder zur Erfüllung eines Versprechens äußert". Der *iudex* stellt fest, er verurteilt nicht. Auf diese Prozedur baut, zumindest für das *agere in personam*, eine zweite, rein schiedsrichterliche auf, die die Rache durch gütliche Beilegung ersetzen soll. So entsteht die Geldverurteilung. W. Selb, *Vom geschichtlichen Wandel der Aufgabe des iudex in der legis actio*, in: *Gedächtnisschrift Kunkel*, Frankfurt am Main 1984, S. 391-448, wendet sich gegen allzu moderne Vorstellungen vom archaischen Zivilprozeß. Nach seiner Meinung beeinträchtigt die funktionale Unterscheidung von Magistrat und *iudex* die Einheit des Prozesses, zumindest in der *legis actio sacramento*, nicht. Der *iudex* hatte die Aufgabe, dem Prätor „die Basis seiner Entscheidung" zu liefern.

Die Schwierigkeiten mit dem archaischen Zivilprozeß beginnen schon bei den Bezeichnungen. Ich verstehe *lege agere* und *legis actio* als „Handeln vermittels eines verbalen oder rituellen Gefüges". Dies war bereits die Meinung von Mommsen, *Marcus Valerius Probus de notis antiquis* (1853), *Gesammelte Schriften* 7, S. 212 und Anm. 1. In die gleiche Richtung ging neben anderen besonders R. Santoro, *Potere e azione nell' antico diritto romano*, Annali Palermo 30, 1967, S. 121-2, 287-96, 322; *Actio in diritto antico*, in: *Poteri negotia actiones nella esperienza romana arcaica*, Napoli 1984, S. 202-6, und B. Schmidlin, *Zur Bedeutung der legis actio: Gesetzesklage oder Spruchklage?* TR 38, 1970, S. 367-87, mit einigen Formulierungen, die ich eher vermeiden möchte. C. Gioffredi, *Nuovi studi di diritto greco e romano*, Roma 1980, S. 177, und G. Pugliese, in: *Poteri negotia actiones*, S. 286-7, 289, haben unabhängig voneinander den Einwand vorgebracht, daß in diesem Fall der Ausdruck *legis actio* „zweimal dasselbe" aussage: wenn die *actio* von sich aus bereits ein mündliches Element beinhalte, „erscheint" die Hinzufügung von *lex* „vollkommen pleonastisch". Ich weiß nicht, ob man wirklich von einem Pleonasmus sprechen kann, weil ja die *lex* die *actio* in gewisser Hinsicht spezifiziert und ihre Art festlegt. Die Übereinstimmung der beiden Termini ist lediglich tendenziell, sonst wäre eine Redundanz nicht von vorne herein unerklärbar. Wie denn die *legis actio* im Prozeß ein bevorzugtes Anwendungsfeld fand, ist ein anderes Problem, das auch für den Terminus *actio* allein besteht.

4. Die Rechtsordnungen

Ein Nachdenken über das *ius civile* und über die Mehrdeutigkeit des Begriffes könnte von Cicero, *pro Caecina* 26,74, ausgehen. Ich habe auf diesen wie auf andere relevante Texte in *Tecniche*², S. 262, hingewiesen. Die Beziehung, die M. Kaser, *Der Privatrechtsakt in der römischen Rechtsquellenlehre*, in: *Festschrift Wieacker*, Göttingen 1978, S. 105–6; *Ius publicum und ius privatum*, ZSS 103, 1986, S. 60–63, zu Cic. *De har. resp.* 7,14, herstellt, wo jedoch die Worte *ius civile* nicht vorkommen, verdiente eine vertiefende Untersuchung. Mit dem *ius civile* als „bürgerlichem Recht" hat die *lex publica* zu tun. O. Behrends, *Der römische Gesetzesbegriff und das Prinzip der Gewaltenteilung*, in: *Zum römischen und neuzeitlichen Gesetzesbegriff*, hrsg. von O. Behrends und Ch. Link, Göttingen 1987, S. 34–114, diskutiert die Vorstellung Mommsens von der *lex publica* und lehnt sie ab; Behrends legt die Betonung auf das *iussum populi* und nicht auf das *imperium* des Magistrats. Die Verwendung des Konzepts der „Gewaltenteilung" (wenn auch nur zu heuristischen Zwecken) erweckt nicht geringe Vorbehalte. Dem Buch von J. Bleicken, *Lex publica. Gesetz und Recht in der römischen Republik*, Berlin-New York 1975 (siehe dazu die kritischen Bemerkungen von Chr. Meier, ZSS 85, 1978, S. 378–90), hätte mehr Kürze sicher gut getan. Die Leitidee von A. Magdelain, *La loi*, ist die, daß die *lex* durch ihren Stil charakterisiert sei, und daß die Verwendung des Imperativs die Herausarbeitung ihrer Bedeutung zulasse; ich meinerseits stimme mit allen (oder fast allen) Einwänden von R. Santoro, Iura 29, 1978, S. 289–97, überein. Die Angaben zur Gesetzgebung im 5. und 4. Jahrhundert sind untersucht in: *Legge e società nella Repubblica romana*, hrsg. von F. Serrao, 1, Napoli 1981.

Der empirische Kern des *ius gentium* liegt in den vier Konsensualkontrakten. Ihr Ursprung im Handel zwischen Personen verschiedener Länder (was, wohlgemerkt, nicht eine Rezeption eines fremden Rechts bedeutet), ist eine alte Hypothese, die nie aufgegeben wurde. Die vollständigste Darstellung findet sich bei P. Frezza, *Ius gentium*, S. 259–308, und die eindringlichsten Worte dazu bei V. Arangio-Ruiz, *Il mandato in diritto romano*, Napoli 1949, S. 44–48. In eine andere Richtung gehen die Forschungen von A. Watson, *The Evolution of Law: the Roman System of Contracts*, Law and History Review 2, 1984, S. 1–20 = *The Evolution of Law*, Baltimore, Maryland, 1985, S. 3–27 (mit Änderungen). Nach dem abwägenden Urteil von M. Kaser, *Das römische*

Privatrecht 1², S. 203 (anders 1¹, 1955, S. 181), ist die Frage noch nicht abgeschlossen beantwortet.

Wie dem auch sei, der Schutz der Rechtsbeziehungen des *ius gentium* steht irgendwie mit der Einsetzung des *praetor peregrinus* in Verbindung. Die Zuständigkeit dieses Magistrats ist jedoch umstritten. War er in der ältesten Phase nur für die Rechtsprechung zwischen Fremden oder auch zwischen Fremden und Bürgern zuständig, wie das ganz sicher in der Folgezeit der Fall war? D. Daube, *The Peregrine Praetor*, JRS 41, 1951, S. 66–70, spricht sich im zuerst genannten Sinne aus. Die Untersuchung von F. Serrao, *La iurisdictio del pretore peregrino*, Milano 1954, geht von der herkömmlichen Überzeugung einer von Anbeginn bestehenden Kompetenz in beiden Richtungen aus; er schließt aber mit dem Zusatz, daß die *iurisdictio* des *praetor peregrinus* sich seit der *lex Aebutia* auch auf Streitigkeiten zwischen Bürgern ausgeweitet und sich mit der des *praetor urbanus* überschnitten habe. Diese These trifft auf mehrere Hindernisse, und F. Bonifacio, Iura 6, 1955, S. 236–46, weist auf einige davon hin. In dem neuen Gerichtshof experimentierte man mit dem *agere per formulas*. Freilich gehört das älteste Beispiel eines Formularverfahrens oder eines Verfahrens, das diesem sehr ähnelt, dem letzten Jahrhundert der Republik und dem provinzialen Umkreis an, und betrifft eine Auseinandersetzung, die nicht in den Bereich des Privatrechts gehört. Wir kennen es aus der *Tabula Contrebiensis*, einem Dokument „unmißverständlich römischen Charakters" aus Spanien. Jede neue Untersuchung muß von P. Birks – A. Rodger – J. S. Richardson, *Further Aspects of the Tabula Contrebiensis*, JRS 74, 1984, S. 45–73, ausgehen. Ich habe meine Zweifel, ob ein anderes wichtiges Dokument aus Spanien, die *lex Irnitana* (s. S. 103 f.) LXXXXI 10 A 53–10 B 4, im Prinzip die alte These von Wlassak bestätigt, wonach eine der beiden *leges Iuliae*, die Gai. 4,30, erwähnt, die municipale Jurisdiktion betreffe, wie es der Herausgeber der *lex Irnitana*, J. González, und neuerdings P. Birks, *New Light on the Roman Legal System: the Appointment of Judges*, Cambridge Law Journal 47 (1), 1988, S. 37, 49, im Gegensatz zu D. Johnston, *Three Thoughts in Roman Private Law and the Lex Irnitana*, JRS 77, 1987, S. 66–7, meinen. Vorbehalte hat auch W. Simshäuser, *La juridiction municipale à la lumière de la lex Irnitana*, RHD 67, 1989, S. 643–4.

Den heikelsten Punkt bei der Analyse der Verhältnisse des *ius gentium* und ihres Schutzes stellt die *bona fides* dar; nach heutiger Auffassung versteht man sie sowohl als Grundlage der Bindung, als auch als reines Bewertungskriterium für Verantwortlichkeit. Für P. Frezza, *Ius gentium*, S. 269, war die *bona fides* „die Schutzhülle für Rechtsgeschäfte im Handel". Als Grundlage stellt sie sich auch für W. Kunkel, *Fides als schöpferisches Element im römischen Schuldrecht*, in: *Festschrift Koschaker* 2, Weimar 1939, S. 1–15, dar; er setzt das *oportere* aufgrund von Zivilrecht und das *oportere ex bona fide* antithetisch auf dieselbe Stufe. Zustimmend M. Kaser, *Ius honorarium und ius civile*, S. 27:

in den Fremde betreffenden Prozessen sollte die *bona fides* „nicht anders als in anderen Fällen die Zivitätsfiktion, dem nichtrömischen Gegner außerdem das Bewußtsein geben, daß der Magistrat nach Recht und nicht nach Willkür verfuhr" (s. auch S. 30, 73, 84, 111, 113). Für L. Lombardi, *Dalla fides alla bona fides*, Milano 1961, S. 165–208, ist sie hingegen nur ein Bewertungskriterium. Diese „großen Themen" interessieren B. Schmidlin, *Der verfahrensrechtliche Sinn des ex fide bona im Formularprozess*, in: *De iustitia et iure. Festgabe Lübtow*, Berlin 1980, S. 359–71, nicht, er möchte vielmehr die „Konkretisierung" der *bona fides* in bestimmten Verhaltensweisen ermitteln. Wichtige Hinweise über den Weg von der *fides* zur *bona fides* finden sich bei D. Nörr, *Aspekte des römischen Völkerrechts. Die Bronzetafel von Alcantara*, München 1989, S. 109, 138, 145 ff., 151 Anm. 92; *Die Fides im römischen Völkerrecht*, Heidelberg 1991, S. 42–44; Nörr weist als nützlichen aber zu simplifizierenden Vergleichspunkt auf das Schema (from status to contract) von H. S. Maine hin.

Waren die *iudicia bonae fidei* prätorischen Ursprungs? Darüber wird seit langem diskutiert, eine abschließende Antwort scheint jedoch kaum möglich. Es ist bezeichnend, daß die *iudica bonae fidei* keine einleitenden Ediktsklauseln besitzen, worauf L. Mitteis, *Römisches Privatrecht* 1, S. 50, bereits hingewiesen hatte. Die einfachste und plausibelste Erklärung lautet, daß sie dem prätorischen Recht stets fremd geblieben sind. Diese weit verbreitete Überzeugung findet bei V. Arangio-Ruiz *Le formule con demonstratio e la loro origine*, in: *Studi economico-giuridici*, hrsg. von der Facoltà di Giurisprudenza di Cagliari, 4, 1912, S. 121–2 = *Rariora*, S. 89–90 = *Scritti* 1, S. 369–70, und bei M. Lauria, *Ius gentium*, in: *Festschrift Koschaker*, 1, Weimar 1939, S. 264–5 = *Studi e ricordi*, Napoli 1983, S. 380–1, ihren klarsten Ausdruck. Den Versuch von A. Magdelain, *Le consensualisme dans l'édit du préteur*, Paris 1958, S. 109–24, eine ursprüngliche Verbindung zwischen dem *edictum de pactis* und den *iudicia bonae fidei* herzustellen, kann man als mißlungen bezeichnen; mit dem *edictum de pactis* beschäftigten sich in letzter Zeit (mit unterschiedlichen Ergebnissen) G. G. Archi, *Ait praetor: „pacta conventa servabo"*, in: *De iustitia et iure. Festgabe Lübtow*, Berlin 1980, S. 373–402 = *Scritti* 1, S. 481–520, und R. Santoro, *Il contratto nel pensiero di Labeone*, Palermo 1983, S. 165–74, 289. Der prätorische Ursprung der Klagen nach Treu und Glauben ist von F. Wieacker, *Zum Ursprung der bonae fidei iudicia*, ZSS 80, 1963, S. 1 ff., 37 ff., 39, wieder aufgenommen worden; Wieacker sucht eine neue Antwort auf die Frage, „wie ein zunächst amtsrechtlicher Verpflichtungsgrund wie der Konsens schließlich als zivilrechtlicher galt". Ein wertvolles Dokument für die *bona fides* außerhalb der *bonae fidei iudicia* ist das Kapitel XX der *lex (Rubria?) de Gallia Cisalpina*, CIL I 205 = I 2², 592 = XI 1, 1146 = FIRA I² 19 S. 171–3, wahrscheinlich von 49–41 v. Chr.

Die Literatur zum *ius honorarium* (oder *praetorium*) ist sehr umfangreich, aber man findet sie leicht über die im Verlaufe dieses Buches zitierten Arbeiten. W. Selb, *Das prätorische Edikt: Vom rechtspolitischen Programm zur Norm,* in: *Iuris professio. Festgabe Kaser,* Köln-Graz 1986, S. 259–72, nähert sich dem Thema auf originelle Weise. Er untersucht, aus einem im Vergleich zu M. Kaser, *Zum Ediktsstil,* in: *Festschrift Schulz* 2, Weimar 1951, S. 21–70 = *Ausgewählte Schriften* 1, S. 209–258 (Nachbemerkungen S. 258–9) neuen Blickwinkel, Stil und Entwicklung des Edikts, und arbeitet aus den Versprechungen des Edikts jene heraus, die – modern gesprochen – eher ein rechtspolitisches Programm als eine eigentliche Norm enthalten. Man sollte die Arbeit Selbs mit derselben Sorgfalt lesen, mit der sie der Verfasser geschrieben hat. Die Behauptung von C. Gioffredi, *Ius dicere e cognitio pretoria,* in: *Sodalitas. Scritti Guarino* 5, Napoli 1984, S. 2053 ff., 2054–5, daß der Prätor „urteilt, auch wenn er sich der Mitarbeit des *iudex privatus* bedienen kann", ist überraschend, ebenso die, im *ius dicere* werde „das Recht einer Partei und das Unrecht der anderen anerkannt".

A. Guarino hat in mehreren älteren und auch in neueren Untersuchungen die Redaktion des Edikts durch Julian in Abrede gestellt; seine Arbeiten sind jetzt in dem Band: *Le ragioni del giurista. Giurisprudenza e potere imperiale,* Napoli 1983, S. 265–354, mit neuen kritischen Ergänzungen, zusammengestellt; die herkömmliche Ansicht besteht aber weiter und wird immer noch verfochten. Auch wenn man den unorganischen Charakter des prätorischen Edikts anerkennt, so bedeutet dies noch nicht, daß man, – mit B. Biondi, *Prospettive romanistiche,* Milano 1933, S. 40 = *Scritti giuridici* 1, Milano 1965, S. 264–5, – das daraus erwachsene Recht für „unorganisch" und „chaotisch" hält. E. Betti, *Diritto romano* 1, S. 45 Anm. 1, schreibt ganz richtig dem Amtsrecht eine „eigene Kohärenz" und einen „eigenen Stil" zu. Sehr viel nuancierter ist die Position von M. Kaser, *Zum ius honorarium,* in: *Estudios U. Alvarez Suarez,* Madrid 1978, S. 233 = *Römische Rechtsquellen,* S. 88–89 (mit Änderungen).

Das Verhältnis zwischen städtischem Edikt (und Peregrinenedikt) und Provinzialedikt oder -edikten, ist schwer auszumachen, wie man aus W. W. Buckland, *L'Edictum provinciale,* RHD 4.13, 1934, S. 81–96, und R. Martini, *Ricerche in tema di editto provinciale,* Milano 1969 (auf S. 17 ist ein Versehen zu korrigieren), sieht. Cicero, *Ad Atticum* 6,1,15, ist nicht leicht verständlich; vgl. nach L. Mitteis und A. Pernice die Überlegungen von G. Pugliese, *Riflessioni sull'editto di Cicerone in Cilicia,* in: *Synteleia Arangio-Ruiz* 2, Napoli 1964, S. 972 ff., 974–5 = *Scritti* 3, S. 101 ff., 104–5. Eine detaillierte Untersuchung der Literatur findet sich bei M. Brutti, *La problematica del dolo processuale nell'esperienza romana* 1, Milano 1973, S. 170 Anm. 85. Für Ägypten gibt es nach R. Katzoff, *The Provincial Edict in Egypt,* TR 37, 1969, S. 415–37; *Sources of Law in Roman Egypt: the Role of the Prefect,* ANRW 13, 1980, S. 825–33, keine sicheren Beweise für das Vorhandensein eines Provinzialedikts.

Das römische Recht war nach dem Bundesgenossenkrieg und der Verleihung des Bürgerrechts an die italischen Bundesgenossen in den 80er Jahren des 1. Jahrhunderts n. Chr. de facto das einzig geltende Recht auf der italischen Halbinsel. Daneben vollzog sich eine schrittweise Romanisierung der Provinzen, auf unterschiedlichen Wegen und mit verschiedenem Ergebnis. Im Jahr 212 (oder 213) n. Chr. dehnte Caracalla mit einem Edikt, das wir als *Constitutio Antoniniana* bezeichnen, das römische Bürgerrecht auf alle (oder fast alle) Bewohner des Imperium aus. Seit Mommsen ist sehr umstritten, welche Kategorien von Personen ausgeschlossen blieben. Das Edikt, das vielleicht finanzpolitische Ursachen hatte, steht in Übereinstimmung mit der Idee eines übernationalen universalen Imperiums, das die Vorstellung von der Vorherrschaft Roms als Stadtstaat auslöschte. Die C. A. wird bei Cass. Dio 77,9,4–5, und Ulpian D. 1,5,17, L. 657 (siehe hierzu T. (A. M.) Honoré, *Ulpian*, S. 27–29) ausdrücklich erwähnt; Aurel. Vict. *De Caes.* 16,12, und Nov. 78,5 (a. 539), enthalten eine irrige Zuweisung; SHA *Sev.* 1,2, Aug. *De civ. dei* 5,17, und weitere Quellenstellen sind allgemein gehalten. Der berühmte (und sehr verstümmelte) Papyrus Gissensis 40 I = Mitteis, *Chrestomathie*, n. 377 = FIRA I² 88, pp. 445–9, 1910 von P. Meyer publiziert, enthält wahrscheinlich eine griechische Übersetzung des Edikts des Caracalla. Auch zur C. A. existiert eine umfangreiche Literatur. Sie wurde von Ch. Sasse in seinem wichtigen Buch: *Die Constitutio Antoniniana*, Wiesbaden 1958, und seiner *Literaturübersicht zur Constitutio Antoniniana*, JJP 14, 1962, S. 109–49; 15, 1965, S. 329–66, eingehend untersucht. H. Wolff, *Die Constitutio Antoniniana und Papyrus Gissensis 40 I*, 1–2, Köln 1976, nimmt das Thema noch einmal auf; K. Rosen, Gnomon 50, 1978, S. 287–93, beurteilt seine Schlußfolgerungen mit Skepsis. In dem noch immer aktuellen Buch von A. N. Sherwin-White, *The Roman Citizenship*, Oxford 1939, 1973², umfaßt die C. A. nur ein Kapitel.

Brachte die Ausweitung des Bürgerrechts für die Neubürger die Verpflichtung mit sich, die Normen des römischen Privatrechts zu befolgen, oder war dies nicht der Fall? Man hat gemeint, die Provinzialen „hätten natürlich nach den Gesetzen des neuen Vaterlandes leben müssen; und das römische Privatrecht hätte universelles Recht statt bürgerlichem, was es von seiner Herkunft und von seiner Struktur her immer war, werden können". Andererseits hat man die Möglichkeit einer Doppelbürgerschaft, als gleichzeitiger Zugehörigkeit zum ursprünglichen wie auch zum römischen Bürgerrecht angenommen; hieraus erschloß man das formale Weitergelten lokalen Rechts neben dem offiziellen Reichsrecht; oder man gestand die fortdauernde Gültigkeit von lokalen Rechten auf der Ebene des Gewohnheitsrechts zu, und überging die Frage der Doppelbürgerschaft oder löste sie im negativen Sinne. Man kann die lange Auseinandersetzung zwischen V. Arangio Ruiz, der die Position von Mitteis vertritt, und von dem die oben zitierten Worte stammen, und auf der Gegenseite E. Schönbauer aus den von V. Arangio-Ruiz, *Storia*⁷, S. 338–41,

424–7, in meisterhaften Anmerkungen aufgelisteten Hinweisen nachvollziehen. Eine ins Einzelne gehende kritische Untersuchung der Alternativen findet sich bei M. Talamanca, *Su alcuni passi di Menandro di Laodicea relativi agli effetti della constitutio Antoniniana*, in: *Studi Volterra* 5, Milano 1971, S. 443–560. Überzeugend ist der theoretische Angang auf der Linie von Arangio-Ruiz. Die Analyse von Menand. rhet. III 360,10–16; 363,4–14; 364,10–16 Sprengel (= 60,10–16; 64,4–66,14; 68,10–16 Russel-Wilson) scheint hingegen nicht schlüssig; H. J. Wieling, *Eine neuentdeckte Inschrift Gordians III. und ihre Bedeutung für das Verständnis der constitutio Antoniniana*, ZSS 91, 1974, S. 364–74, kommt auf diese Stelle zurück. Ganz gleich, wie auch immer man die Grundfrage löst (die juristisch nicht unwichtig ist), – das effektive Fortbestehen lokaler Rechte, zumindest in der griechischen Reichshälfte, ist eine konkret zu würdigende Tatsache. Dies wird von F. Wieacker, *Zur Effektivität des Gesetzesrechts in der späten Antike* (1972), *Ausgewählte Schriften* 1, S. 226–32, besonders hervorgehoben. Zum Verhältnis von lokalen Rechten und Reichsrecht hat das Werk von L. Mitteis, *Reichsrecht und Volksrecht in den östlichen Provinzen des römischen Kaiserreichs, mit Beiträgen zur Kenntnis des griechischen Rechts und der spätrömischen Rechtsentwicklung*, Leipzig 1891, der Forschung neue Horizonte eröffnet. Mitteis geht jedoch von einem Konzept der Einheit des griechischen Rechts als „grosses Ganzes" (S. 61) aus, das heute besonders umstritten ist; dies wird deutlich aus H. J. Wolff, *Juristische Gräzistik*, in: *Symposion 1971*, S. 12–13, 20–22; *Le droit hellénistique d'Égypte dans le kosmos des droits grecs: réception ou formation originale?* in: *Studi Biscardi* 1, Milano 1982, S. 327–42, und M. Talamanca, *Il diritto in Grecia*, in: M. Bretone-M. Talamanca, *Il diritto in Grecia e a Roma*, Roma-Bari 1981, S. 5–17 (mit sorgfältigem bibliographischen Überblick). Zu Ägypten ist auch nach H. J. Wolff, *Das Recht der griechischen Papyri Ägyptens in der Zeit der Ptolemaer und des Prinzipats 2, Organisation und Kontrolle des privaten Rechtsverkehrs*, München 1978, R. Taubenschlag, *The Law of Greco-Roman Egypt in the Light of the Papyri (332 B. C.–640 A. D.)*, Warszawa 1955², noch immer von Nutzen.

5. Die Rechtswissenschaft

Das römische Recht ist mit seiner Verflechtung von Instituten und Normen, von Gepflogenheiten und Gewohnheiten, wie jedes andere Recht auch, überwiegend eine gelebte Erfahrung; es ist aber auch ein Wissen mit eigenen Spezialisten, und es stellt sich als Fach oder als „Wissenschaft" dar. Dieses juristische Wissen ist, in seinen Bindungen an die übrigen Gebiete der antiken Kultur, in seinem methodischen Vorgehen und in seinen Grundüberzeugungen, ein noch offenes Forschungsgebiet. Die Literatur dazu ist grenzenlos und hat in den letzten Jahren stark zugenommen. Unter den Gesamtdarstellungen hat das Stichwort *Iurisprudentia* von A. Berger, RE 10.1, 1918, 1159-200, nicht an Bedeutung verloren; dort ist die ältere Literatur aufgeführt (die wichtigsten Autoren sind C. G. Bruns, C. Ferrini, P. Jörs, P. Krüger, O. Lenel und A. Pernice). Ein Elementarlehrbuch ist C. A. Cannata, *Histoire de la jurisprudence européenne* 1, Torino 1989. Die typologischen Umrisse sind bei F. Wieacker, *Vom römischen Recht*², S. 128-60, und bei L. Lombardi, *Saggio sul diritto giurisprudenziale*, Milano 1967, S. 1-78, sehr gut dargestellt. Die Geschichte der Rechtswissenschaft ist nicht nur die Geschichte ihrer literarischen Formen, Methoden und Lehren, sondern betrifft auch die „Herkunft" und „soziale Stellung" ihrer Vertreter: Beispielhaft hierfür ist die *Herkunft* von W. Kunkel, die ich bereits des öfteren erwähnte. Jede Analyse von Gruppen oder Schichten betrifft irgendwie auch den Gelehrten, der sich mit römischer Rechtwissenschaft befaßt. Für Kunkel war die Struktur der *nobilitas* so, wie sie M. Gelzer im Gegensatz zu Mommsen, und A. Afzelius beschrieben hatten. Heute wird nun gerade Mommsens Interpretation überzeugend von P. A. Brunt, *Nobilitas and novitas*, JRS 72, 1982, S. 1-17, wieder aufgewertet; während F. Cassola, *Il concetto di oligarchia negli studi sulla repubblica romana*, in: *Diritto e potere nella storia europea* 1, Firenze 1982, S. 67-68, insofern mit Afzelius (oder besser, mit der ersten Version seiner These) darin übereinstimmt, daß er auch dem *novus homo*, der den Konsulat erreicht hat, und nicht nur seinen Nachkommen, die Qualifikation des *nobilis* zuweist. Eine nützliche Zusammenstellung von Angaben findet sich bei I. Shatzman, *Senatorial Wealth and Roman Politics*, Bruxelles 1975. Zum Ritterstand gibt es die eingehenden Forschungen von Cl. Nicolet, *L'ordre équestre à l'époque républicaine (312-43 av. J.-C.)* 1, *Definitions juridiques et structures sociales*, Paris 1966; 2, *Prosopographie des chevaliers romains*, 1974, und von P. A. Brunt, *The Fall of the Roman Republic and Related Essays*, Oxford 1988, S. 144-239, 515-7.

Zum „Beruf" des Juristen und der entsprechenden Werke bleibt die *Geschichte* von F. Schulz grundlegend. Dieses Buch, das mit seinem Erscheinen das bereits damals veraltete Werk von P. Krüger ablöste, ist ein ständiges Nachschlagewerk für die heutige Forschung, die allerdings auch in andere Richtungen geht. Meine *Tecniche*² etwa können eine Vorstellung davon vermitteln; sie waren für P. Fedeli, *Giurisprudenza romana e letteratura romana*, RFIC 111, 1983, S. 495-502, der Anlaß, das heikle Verhältnis von Romanistik und historisch-literarischer Forschung neu zu untersuchen. Eine eingehende Darstellung der römischen Jurisprudenz bietet F. Wieacker, *Römische Rechtsgeschichte* 1, S. 310-40, 519-675 (Wieacker beschränkt seine Ausführungen auf die Zeit der Republik).

Die römische Rechtswissenschaft kann man von vielen Standpunkten aus betrachten. Ihr (realer oder vorgegebener) Traditionalismus begegnet des öfteren in diesem Buch; D. Nörr, *Zum Traditionalismus der römischen Juristen*, in: *Festschrift Flume* 1, Köln 1978, S. 153–90, widmet ihm seine spezielle Aufmerksamkeit. Auch W. M. Gordon, *Legal Tradition, with particular reference to Roman Law*, in: *The Legal Mind. Essays for Tony Honoré*, Oxford 1986, S. 279–91, geht darauf ein, aber die eigentliche Frage bleibt in seinem Artikel im Hintergrund. Kann man überhaupt (und in welchem Sinne) von „Kasuistik" sprechen? Das Buch von L. Vacca, *Contributo allo studio del metodo casistico nel diritto romano*, Milano 1976, hat Anlaß zu Kritik gegeben, und zwar von F. Horak, Iura 27, 1976, S. 143–9, und O. Behrends, ZSS 96, 1979, S. 379–86. M. Kaser, *Das Urteil als Rechtsquelle im römischen Recht*, in: *Festschrift Schwind*, Wien 1978, S. 122–3=Römische Rechtsquellen, S. 52–54, wendet sich gegen die Annahme von O. Behrends, *Die Causae coniectio der Zwölftafeln und die Tatbestandsdisposition der Gerichtsrhetorik*, ZSS 92, 1975, S. 167, 171; man müsse sogar das Wort selbst vermeiden. Zur Diskussion über die Regeln sollte man neben dem Aufsatz von D. Nörr, *Spruchregel und Generalisierung*, ZSS 89, 1972, S. 18–93, und neben den *Regulae iuris* von P. Stein, B. Schmidlin, *Die römischen Rechtsregeln. Versuch einer Typologie*, Köln-Wien 1970, nicht vernachlässigen. Schmidlin, *Regula iuris: Standard, Norm oder Spruchregel? Zum hermeneutischen Problem des Regelverständnisses*, in: *Festschrift Kaser*, München 1976, S. 91–109, kommt in höflicher (aber unfruchtbarer) Polemik gegen Nörr auf die Frage zurück. Für die Analyse der Methoden und das argumentative Vorgehen ist hilfreich F. Horak, *Die römischen Juristen und der „Glanz der Logik"*, in: *Festschrift Kaser*, München 1976, S. 29–55. Zur Technik der Einteilung vgl. D. Nörr, *Divisio und Partitio*, Berlin 1972, und M. Talamanca, *Lo schema „genus-species" nelle sistematiche dei giuristi romani*, in: *La filosofia greca e il diritto romano* 2 (mit einem Irrtum auf S. 202). „Auch die Juristen", notierte A. B. Schwarz, *Das strittige Recht der römischen Juristen*, in: *Festschrift Schulz* 2, Weimar 1951, S. 210, „suchen die Wahrheit, fragen nach dem Richtigen und nehmen demgemäß zu den Meinungsverschiedenheiten mit ihrem *quod verius est* oder *verum est* Stellung". Welches Verhältnis besteht nun zwischen der Wahrheit und der Zeit? Mit dieser Frage befaßt sich die ausführliche Studie von T. Giaro, *Dogmatische Wahrheit und Zeitlosigkeit in der römischen Jurisprudenz*, BIDR 90, 1987, S. 1–104. Man müßte auf diesem Feld noch einmal in die Tiefe gehen. Zum Rückgriff auf die Werte und zu den ontologischen Kategorien bietet W. Waldstein, *Vorpositive Ordnungselemente im römischen Recht*, Österr. Zeitschrift für öffentliches Recht 17, 1967, S. 1–26; *Entscheidungsgrundlagen der klassischen römischen Juristen*, ANRW 2.15, 1976, S. 1–100; *Ist das „suum cuique" eine Leerformel?*, in: *Ius humanitatis. Festschrift Verdross*, Berlin 1980, S. 285–320; *Bemerkungen zum Ius naturale bei den klassischen Juristen*, ZSS 105, 1988, 702–11, Stoff zum Nachdenken.

Die römische Jurisprudenz durchläuft mehrere Epochen. Die ersten Juristen, denen wir in der Antike im Westen begegnen, sind die Pontifices. F. Wieacker, *Altrömische Priesterjurisprudenz*, in: *Iuris professio. Festgabe Kaser*, Wien-Köln-Graz 1986, S. 347 ff., 348, 352, 363–4, bemerkt, man müsse, um ihr Tun und die Folgen, die sich daraus für die europäischen Rechtswissenschaft ergeben zu verstehen, die Tatsache ernst nehmen, daß das Verhältnis zwischen Religion und Recht nicht so eng und offenkundig gewesen sei, wie man annehmen könnte (oder, würde ich sagen, es stellt sich, soweit wir sehen, nicht so dar). Wichtig sei der hervorstechende Zug zur „Ritualisierung" der sozialen Handlungsmodelle, und dieser Hang begünstige „die Aufteilung, Sonderung und die Isolierung verschiedener sozialer Funktions- und Sanktionssysteme gegeneinander". In wieweit waren die Pontifices auch Chronisten? B. W. Frier, *Libri annales pontificum maximorum: the Origins of the Annalistic Tradition* (Papers and Monographs of the American Academy in Rome 27, 1979), kommt auf die Priesterchronik zurück, die F. Jacoby, *Atthis. The Local Chronicles of Ancient Athens*, Oxford 1949, S. 41 ff., 51 ff., 53–54, 57–58, 60–70, 273–90, mit der Tätigkeit der attischen *exēgētai* in Beziehung (und in Gegensatz) gebracht hatte. Zur Benutzung der Priesterchronik in der Annalistik seit Fabius Pictor, vgl. T. J. Cornell, *The Formation of the Historical Tradition of Early Rome*, in: I. Moxon-J. D. Smart-A. J. Woodman (Hrsg.), *Past Perspectives: Studies in Greek and Roman Historical Writing*, Cambridge 1986, S. 67 ff., 71–72, 82–83; er beobachtet zu Recht, die „historische Überlieferung" der Republik sei eine „lebende Tradition" gewesen; sie war nicht „an authentical official record or an objective critical reconstruction", sondern eher „an ideological construct, designed to control, to justify and to inspire". Zur Zusammensetzung des Pontifikalkollegiums und seiner Entwicklung verfügen wir neben der alten Untersuchung von C. Bardt über das wichtige Stichwort *Pontifex* von G. J. Szemler, RE Suppl. 15, 1978, 331–96. H. D. Jocelyn, *The Roman Nobility and the Religion of the Republican State*, JRH 4, 1966, S. 93, unterstreicht die Bindung zwischen Priestertum und Politik, während G. J. Szemler, *Priesthoods and Priestly Careers in Ancient Rome*, ANRW 2.16 (3), 1986, S. 2314–31, dies im Zusammenhang mit den gesamten sozialen und religiösen System sehen will. F. Sini, *Documenti sacerdotali di Roma antica* 1, Sassari 1983, nimmt sich eine Sammlung von religiösen und rechtlichen Texten, die auf die Archive der römischen Priester zurückgehen, vor.

Die archaische *interpretatio* ist in ihrem Verfahren weniger dunkel als es auf den ersten Blick scheinen könnte, und A. Magdelain, *Un aspect négligé de l'interpretatio*, RHD 61, 1983, S. 1–6=*Sodalitas. Scritti Guarino* 6, Napoli 1984, S. 2783–9, zeichnet den Weg dazu in schnellen Strichen vor; hier bleibt noch alles zu tun.

Einer der Hauptakteure der mittleren Republik ist Appius Claudius Caecus, zu dem E. S. Stavely, *The Political Aims of Appius Claudius Caecus*, Historia 8, 1959, S. 410–33, und F. Cassola, *I gruppi politici romani nel III secolo*

a. C., Trieste 1962, S. 128–37, und passim, entscheidendes gesagt haben; zur „zweiten Phase" vergleiche man E. Ferenczy, *The Career of Appius Claudius Caecus after the Censorship*, Acta antiqua Academiae scientiarum Hungaricae 18, 1970, S. 71–103. T. Mayer-Maly, *Roms älteste Juristenschrift*, in: *Mnēmosynon Bizoukides*, Thessalonike 1960, S. 221–35, und F. D'Ippolito, *Giuristi e sapienti*, S. 39–61, 66–67, versuchen mit unterschiedlichem Ergebnis, den Inhalt der Schrift *De usurpationibus* zu bestimmen. Die Überlieferung zu Cn. Flavius wurde von J. G. Wolf, *Die literarische Überlieferung der Publikation der Fasten und Legisaktionen durch Gnaeus Flavius* (Nachrichten der Akademie der Wissenschaften in Göttingen, I Philologisch-historische Klasse, 1980, 2) S. 9–29, sorgfältig untersucht. Zur Publikation des Kalenders siehe A. Kirsopp Michels, *The Calendar of the Roman Republic*, Princeton, New Jersey, 1967, S. 106–18, und mit unvollständiger Berücksichtigung der Quellen, P. Brind'Amour, *Le calendrier romain. Recherches chronologiques*, Ottawa 1983, S. 181–7.

Literaturhinweise zur mittleren und späten Republik sowie zur Kaiserzeit finden sich in meinen *Tecniche*². In dem Band von E. Rawson, *Intellectual Life in the Late Roman Republic*, London 1985, S. 201–14, ist das Recht unter die *artes* eingeordnet. F. D'Ippolito, *Sulla giurisprudenza medio-repubblicana*, Napoli 1988, S. 83–97, versuchte, die *Tripertita* des Aelius Sextus genauer zu datieren und die intellektuelle Biographie des P. Cornelius Scipio Nasica *Corculum* zu rekonstruieren. Die Untersuchung von R. A. Bauman, *Lawyers in Roman Republican Politics. A Study of the Roman Jurists in their Political Setting, 316–82 BC*, München 1983; *Lawyers in Roman Transitional Politics. A Study of the Roman Jurists in their Political Setting in the Late Republic and Triumvirate*, München 1985; *Lawyers and Politics in the Early Empire. A Study of Relations between the Roman Jurists and the Emperors from Augustus to Hadrian*, München 1989, ist prosopographisch (und biographisch) ausgerichtet. Dem ersten Teil von Baumans Arbeit widmete F. D'Ippolito, Labeo 31, 1985, S. 324–37, eine ausführliche kritische Besprechung. Es ist sicher von Nutzen (wie es schon oft geschehen ist), auf das Verhältnis zwischen Mündlichkeit und Schriftlichkeit in der Rechtskenntnis hinzuweisen; ich sehe aber nicht, wie A. Schiavone, *Giuristi e nobili nella Roma repubblicana. Il secolo della rivoluzione scientifica nel pensiero giuridico antico*, Roma-Bari 1987, S. XII, 3 ff., 6, zwischen dem zweiten und dem ersten Jahrhundert einen „Übergang" vom einen zum anderen (wie auch immer man diesen verstehen will), feststellen kann. Das Nebeneinander beider ist viel älter und es nimmt später auch nicht ab. Der Band *Questioni di giurisprudenza tardo-repubblicana*, hrsg. von G. G. Archi, Milano 1985, enthält die Vorträge eines Seminars, das in Florenz 1983 stattfand: unter den fünf Beiträgen, die darin enthalten sind, erwähne ich den von F. Bona über Cicero und Q. Mucius Scaevola, und jenen von M. Talamanca über Trebatius Testa. B. W. Frier, *The Rise of the Ro-*

man Jurists. Studies in Cicero's „pro Caecina", Princeton, N.J., 1985 (der mir einige Zeilen zuschreibt, die ich nie geschrieben habe), geht von einer Auseinandersetzung vor Gericht aus, um sich mit einem sehr viel umfangreicheren Problem auseinanderzusetzen.

Welche Rolle spielten die Juristen im Prinzipat? F. Wieacker, *Respondere ex auctoritate principis, in: Satura Feenstra oblata*, Fribourg 1985, S. 71–94, kommt auf ein spezielles Problem, das *ius respondendi*, zurück und interpretiert es recht einschränkend: es ist nach Wieacker in hadrianischer Zeit bereits ein „hoffnungslos antiquiertes" Institut. Das Buch von F. Casavola, *Giuristi adrianei*, Napoli 1980, enthält einen umfangreichen bibliographischen Anhang. Eine Untersuchung des Rechtsunterrichts und seiner Formen kann von T. (A. M.) Honoré. *Julian's Circle*, TR 32, 1964, S. 1–44, und von P. Frezza, *Responsa e Quaestiones. Studio e politica del diritto dagli Antonini ai Severi*, SDHI 43, 1977, S. 203–64 nicht absehen (einige Aussagen in diesem Artikel sind mir unklar).

Die „moderne" Beschäftigung mit dem Gegensatz zwischen der sabinianischen und der prokulianischen Schule beginnt mit H. E. Dirksen, *Ueber die Schulen der römischen Juristen, Beiträge zur Kunde des römischen Rechts*, Leipzig 1825, S. 1–158; Dirksen führt ihn auf einen Unterschied in der Methode zurück. Es gibt auch Forscher, die (erfolglos) versuchen, die Wurzeln des Gegensatzes in der späten Republik herauszuarbeiten, und die Sabinianer mit Servius und die Prokulianer mit Quintus Mucius in Zusammenhang bringen. Im Wirrwarr der Interpretationen ist noch immer hilfreich: B. Kübler, *Rechtsschulen*, RE 1 A 1, 1914, 380–94. J. Kodrębski, *Der Rechtsunterricht am Ausgang der Republik und zu Beginn des Prinzipats*, ANRW 2.15, 1976, S. 177–96, gibt nicht viel her. Es ist zwar kaum zu glauben, aber das Buch von G. L. Falchi, *Le controversie tra sabiniani e proculiani*, Milano 1981 (in dem die „überkreuzten" Meinungsverschiedenheiten zwischen den Schulhäuptern vernachlässigt werden und in dem sogar die Behandlung eines Textes wie D. 7,8,12 fehlt) wischt die Forschungen von P. Stein und D. Liebs in wenigen Zeilen einer Schlußbemerkung beiseite. H. Vogt, *Die sogenannten Rechtsschulen der Proculianer und der Sabinianer oder Cassianer*, in: *Gedächtnisschrift Kunkel*, Frankfurt am Main 1984, S. 515–21, hat nicht Unrecht, wenn er, dem Beispiel von Schulz folgend, den Bericht des Pomponius, D. 1,2,2,47–53, dem Genus der *diadochai* zuordnet; er scheint aber der Erfindungsgabe (und -fähigkeit) dieses Gelehrten aus antoninischer Zeit zuviel zutrauen zu wollen.

Es ist hier nicht der Ort, die einzelnen Personen nacheinander Revue passieren zu lassen. Wir sind mehrfach im Verlauf des Buches auf Sabinus oder Gaius, Celsus oder Iulianus oder Pomponius gestoßen. Zu dem Buch von R. Astolfi, *I libri tres iuris civilis di Sabino*, Padova 1983, habe ich einiges in Iura 34, 1983, S. 218–24, gesagt. Das Werk des Celsus steht immer im Mittelpunkt der Aufmerksamkeit, wie zuletzt P. Cerami, *La concezione celsina del ius. Presupposti culturali e implicazioni metodologiche* 1 (Annali Palermo 38, 1985) deutlich macht. Zu Julians Methode: E. Bund, *Salvius Iulianus, Leben und Werk*, ANRW 2.15, 1986, S. 408–54, und zuletzt V. Scarano Ussani, *L'utilità e la certezza. Compiti e modelli del sapere giuridico in Salvio Giuliano*, Milano 1987. Es bleibt noch eine Menge zu tun: ich würde nicht von einer „tiefgreifenden Uneinigkeit" zwischen Julian und seinem Lehrer Iavolenus sprechen; *ratio* und *auctoritas*, *utilitas* und *aequitas*, sind wandlungsfähige und unerschöpfliche Kategorien. Ich habe D. 9, 2, 51, L. 821, zur aquilischen Haftung, und D. 40, 7, 20, 3, L. 596, den *statuliber* betreffend, untersucht (S. 198–201). Die erstgenannte Stelle, mit der sich H. Ankum, *Das Problem der „überholenden Kausalität" bei der Anwendung der lex Aquilia im klassischen römischen Recht*, in: *De iustitia et iure. Festgabe Lübtow*, Berlin 1980, S. 325–58, ausgiebig auseinandersetzte, hat von D. Nörr, *Causa mortis*, München 1986, S. 181–90, eine neue Behandlung erfahren; Nörr zitiert die umfangreiche Literatur, unter anderen von den neueren D. Dalla, J. Rastätter und R. Willvonseder. Die Interpolationenkritik an D. 40, 7, 20, 3, L. 596, überzeugt nicht, und H. J. Wieling, *Falsa demonstratio, condicio pro non scripta, condicio pro impleta im römischen Testament*, ZSS 87, 1970, 236 Anm. 85, weist mit Recht die Behandlung durch Beseler als „absolut willkürlich" zurück. Eine sehr partielle Verteidigung der Stelle bringen G. Donatuti, *Sull'adempimento fittizio delle condizioni*, SDHI 3, 1937, S. 77–78, 89–97, 103=*Studi di diritto romano* 2, Milano 1977, S. 599–601, 612–21, 627, und G. MacCormack, *Impossible Conditions in Wills*, RIDA 3.21, 1974, S. 287–9.

Pomponius beschäftigt sich in D. 19,5,11, L. 325, mit den *actiones in factum* im Bereich der *lex Aquilia*, und wirft die Frage der *lex iusta* (und *necessaria*) auf (S. 228–229). Darüber müßte man ausführlicher handeln. Der Text war vielfach angegriffen worden, was R. Quadrato, *Sulle tracce dell'annullabilità*, Napoli 1983, S. 41–43, gewissenhaft vermerkt. Einzelne Wörter oder Stellen können sich als suspekt herausstellen, aber man muß schon voller Vorurteile sein, um den Hinweis auf die *lex iusta* zu streichen; das Vorurteil zeigt sich deutlich bei P. De Francisci, *Synallagma. Storia e dottrina dei cosidetti contratti innominati* 1, Pavia 1913, S. 339; 2, 1916, S. 87, 166–7, wo die Interpretation in einen circulus vitiosus gerät.

Während T. (A. M.) Honoré eine „Biographie" des Gaius schrieb, machte sich H. T. Klami, *Gaius – der unsterbliche Lehrmeister?* (Oikeustiede-Jurisprudentia 18, Vammala 1985), S. 55–116, ein Vergnügen daraus, dessen Existenz zu bestreiten: „der große imaginäre Lehrmeister der abendländischen Rechtswissenschaft ist nur eine Spukgestalt". Für H.W. L. Nelson, *Überlieferung* (ein Werk, das Klami nicht zu kennen scheint), ist er es hingegen nicht. Für das „Handbuch" des Gaius bietet M. Fuhrmann, *Das systematische Lehrbuch. Ein Beitrag zur Geschichte der Wissenschaften in der Antike*, Göttingen

1960, S. 104–21, 183–8 (mit Hinweisen auf M. Villey, F. Wieacker, H.J. Mette) noch immer wichtige Einsichten; R. Quadrato, *Le Institutiones nell'insegnamento di Gaio. Omissioni e rinvii*, Napoli 1979, untersucht einen besonderen Aspekt daraus.

Die Jurisprudenz der Severerzeit stellt in mehrerer Hinsicht einen Einschnitt gegenüber der Vergangenheit dar. Wichtig für Aemilius Papinianus ist die Untersuchung von A. A. Schiller, *Provincial Cases in Papinian*, Acta Juridica, 1958, S. 221–42=*An American Experience*, S. 126–47. Das Buch von T. (A. M.) Honoré über Ulpian bildete den Ausgangspunkt für eine heftige, vielleicht noch nicht abgeschlossene Auseinandersetzung. Nach der scharfsinnigen Besprechung von D. Cohen, *The Battle of the Atlantic*, RJ 2, 1983, S. 33–36, wurde die Diskussion mit zwei Beiträgen von A. Watson und Honoré in RJ 3, 1984, S. 286–305, wieder aufgenommen. Diese endlosen Auseinandersetzungen versetzen uns in andere Zeiten zurück, und Perozzi, Solazzi und Albertario lassen aus dem Jenseits grüßen. Wichtige Beiträge stammen von D. Liebs, Gnomon 56, 1984, S. 441–50, und G. Crifò, ZSS 102, 1985, S. 601–12, der seinen eigenen *Ulpiano* in ANRW 2.15, 1976, S. 708–89, vorgelegt hat. Die Arbeit von A. Mantello, *Un illustre sconosciuto tra filosofia e prassi giuridica. Eufrate d'Epifania*, in: Sodalitas. Scritti Guarino 2, Napoli 1984, S. 965 ff., 978 ff., 984–92, enthält zahllose Hinweise zum Prooemium der *Institutiones* Ulpians (D. 1, 1, 1, 1, L. 1908). Mantello lehnt sich eng an die Auffassung von P. Frezza an. Neu ist daran unter anderem die Art und Weise, in der das Verhältnis zwischen „juristischem Nachdenken" und *vera philosophia* aufgefaßt wird, und zwar nicht im Sinne einer Identifikation, sondern (wenn ich so sagen darf) von Zweckbestimmtheit. Mantello geht auf dieser Linie jedoch zu weit: er übergeht D. 50, 13, 1, 5, L. 2289, und tut der Bedeutung von D. 1, 1, 10, 2, L. 2362, wo die *iuris prudentia* in philosophischer Gestalt daherkommt, Zwang an. Unter den Werken des Aelius Marcianus erwähnte ich den *Liber singularis de delatoribus*, zu dem D. 39, 4, 16, 7, L. 13 (S. 212) zählt. Zu dieser Stelle, die R. Reggi, Studi parmensi, 15, 1974, S. 73–167, untersucht hat, gibt jetzt S. E. Sidebotham, *Roman Economic Policy in the Erythra Thalassa (30 B.C. – A.D. 217)*, Leiden 1986, S. 13–47, nützliche Hinweise.

F. Wieacker, *Le droit romain de la mort d'Alexandre Sévère à l'avènement de Dioclétien (235–284 apr. J.-C.)*, RHD 4.49, 1971, S. 201–23, widmet der nachseverischen Jurisprudenz, die immer noch der klassischen Welt verpflichtet war, eine kluge Untersuchung. Zur Mitwirkung der Juristen in der kaiserlichen Kanzlei zwischen Septimius Severus und Diokletian vergleiche man T. (A.M.) Honoré, *Emperors and Lawyers*, London 1981, mit den kritischen Anmerkungen von A. Watson, TR 50, 1982, S. 409–14, und die ausführlichen Bemerkungen von D. Liebs, *Juristen als Sekretäre des römischen Kaisers*, ZSS 100, 1983, S. 485–509. Das Werk des Arcadius Charisius stellt heikle Datierungsfragen, die F. Grelle, *Arcadio Carisio, l'„officium" del prefetto del pretorio e i „munera civilia"*, Index 15, 1987, S. 63–77, wieder aufgreift. Eine erneute Untersuchung der juristischen Literatur westlichen Ursprungs der Spätzeit findet sich bei D. Liebs, *Die Jurisprudenz im spätantiken Italien (260–640 n. Chr.)*, Berlin 1987; Liebs räumt den *Pauli Sententiae* in einer anderen Arbeit, *Römische Jurisprudenz in Africa*, ZSS 106, 1989, S. 210 ff., 230–47, breiten Raum ein.

6. Verwaltungsapparat, Gerichtsbarkeit und kaiserliche Gesetzgebung

Das *consilium principis* ist zumindest seit Hadrian in der Sicht von Mommsen, *Römisches Staatsrecht* 2, 2³, S. 902–4, 988–92, ein verfassungsmäßig definierbares Organ, das in die Zivil- und Strafgerichtsbarkeit eingreift und dazu beiträgt, die Richtung der Gesetzgebung mitzubestimmen. Etwas ganz anderes sei der Kreis der politischen und militärischen Ratgeber des Kaisers, oder einfach die Elite seiner *amici*. J. Crook, *Consilium principis. Imperial Councils and Counsellors from Augustus to Diocletian*, Cambridge 1955, hat sich in seinen Forschungen gegen diese Auffassung gewandt, die in der älteren Forschung viele Anhänger besaß; er hält das *consilium* für „eine Gruppe von *amici principis*"; sie bilden keine verfassungsmäßige Körperschaft, auch wenn „die Kontinuität und die gemeinsame Erfahrung, die zur Lösung der kaiserlichen Probleme in Rom führen", nicht zu vernachlässigen sind (S. 3). Auf derselben Linie liegt F. Amarelli, *Consilia principum*, Napoli 1983, dessen Untersuchung jedoch zu nichts führt; vgl. die Vorbehalte von J. W. Tellegen, TR 53, 1985, S. 159–62. W. Kunkel, *Die Funktion des Konsiliums in der magistratischen Strafjustiz und im Kaisergericht* (I), ZSS 84, 1967, S. 218–44; (II), ZSS 85, 1968, S. 253–329=*Kleine Schriften*, S. 151–254; *Consilium, consistorium, Kleine Schriften*, S. 405 ff., 421–8, greift die Unterscheidung Mommsens mit feineren Nuancen wieder auf: „Das Gerichtskonsilium des Princeps war weder eine nach Gelegenheit und Laune zusammengeraffte Gruppe belangloser Statisten noch ein enger Kreis persönlicher Freunde des Kaisers. Es war ein nach bestimmten traditionellen Regeln gebildeter Gerichtshof, dem die führenden Männer des Senats und (im 2. Jh.) die leitenden Beamten der Reichsverwaltung angehörten" (II S. 302=227). Noch offen ist die Frage, ob und inwieweit man die vor 30 Jahren gefundene Inschrift von Banasa in Marokko, die über eine Verleihung des römischen Bürgerrechts zur Zeit des Mark Aurel und des Commodus informiert, in die Diskussion um das *consilium principis* einbringen kann. Zu dieser Inschrift siehe vor allem A. A. Schiller, *The Diplomatics of the Tabula Banasitana*, in: *Festschrift Seidl*, Köln 1975, S. 143–60, und W. Williams, *Two New Documents*, S. 56–78. Verführerisch ist der Vorschlag von A. K. Bowman, *Papyri and Roman Imperial History* (1960–75), JRS 66, 1976, S. 154, in Zeile 37 des P. Oxy. 2435 verso, den Namen des Juristen C. Ateius

Capito zu ergänzen: der Papyrus erwähnt diejenigen, die – wahrscheinlich in der ersten Hälfte des Jahres 13 n. Chr. – mit Augustus im *consilium* saßen, um die Gesandten aus Alexandria anzuhören. Die Nachrichten aus der *Historia Augusta* sind mit Vorsicht zu genießen: P. A. Brunt, *Marcus Aurelius in his Meditations*, JRS 64, 1974, S. 14 Anm. 86; *Princeps and Equites*, S. 42 Anm. 3, 70. Zur Reichsverwaltung ist O. Hirschfeld, *Die kaiserlichen Verwaltungsbeamten bis auf Diokletian*, Berlin 1905², ein Klassiker. Die prosopographischen Untersuchungen von H.-G. Pflaum, *Les procurateurs équestres sous le haut-empire romain*, Paris 1950; *Procurator*, RE 23.1, 1957, 1240–79; *Les carrières procuratoriennes équestres sous le haut-empire romain 1–4*, Paris 1960–61 (mit den Bemerkungen von F. Millar, JRS 53, 1963, S. 194–200, und A. Degrassi, BIDR 67, 1964, S. 251–5) beruhen auf einer wohlgeordneten Sammlung der literarischen, epigraphischen, papyrologischen und numismatischen Zeugnisse. Auch Sklaven und Freigelassene spielen eine Rolle in der Reichsverwaltung. Dieser Aspekt wurde ausführlich von G. Boulvert, *Esclaves et affranchis impériaux sous le haut-empire romain. Rôle politique et administratif*, Napoli 1970; *Domestique et fonctionnaire sous le haut-empire romain. La condition de l'affranchi et de l'esclave du prince*, Paris 1974, und von P. R. C. Weaver, *Familia Caesaris. A Social Study of the Emperor's Freedmen and Slaves*, Cambridge 1972, behandelt. P. A. Brunt, *Princeps and Equites*, setzt sich kritisch mit den herrschenden Trends auseinander; vgl. dazu jedoch die Bemerkungen von T. Spagnuolo Vigorita, *Exsecranda pernicies. Delatori e fisco nell'età di Costantino*, Napoli 1984, S. 112 Anm. 67. Zu den einzelnen Büros der Kanzlei und ihrer Entwicklung kann man immer noch die alten Artikel *A cognitionibus*, *A libellis*, *Libellus*, von A. von Premerstein, *Ab epistulis* von M. Rostovtzeff, und *Scrinium* von O. Seeck in der Realencyclopädie (RE) mit Gewinn nachlesen.

Das Räderwerk der spätantiken bürokratischen Maschinerie ist in zahlreichen Monographien beschrieben: ich zitiere als Beispiele nur G. Clemente, *La Notitia dignitatum*, Cagliari 1968; A. Giardina, *Aspetti della burocrazia nel basso impero*, Roma 1977; M. Clauss, *Der magister officiorum in der Spätantike (4.–6. Jahrhundert). Das Amt und sein Einfluss auf die kaiserliche Politik*, München 1980; G. De Bonfils, *Il comes et quaestor nell'età della dinastia costantiniana*, Napoli 1981; mit einem einzigartigen und wichtigen Zeugen befaßt sich J. Caimi, *Burocrazia e diritto nel De magistratibus di Giovanni Lido*, Milano 1984. Aus den genannten Werken kann man weitere bibliographische Hinweise entnehmen. Nicht sehr nützlich war mir T. F. Carney, *Burocracy in Traditional Society: Romano-Byzantine Burocracies Viewed from Within*, Lawrence, Kansas, 1971. Die prosopographischen Angaben sind in der *Prosopography of the Later Roman Empire* 1 (A.D. 260–395), von A. H. M. Jones, J. R. Martindale und J. Morris, Cambridge 1971, 2 (395–527) von J. R. Martindale, 1980, zusammengestellt. Nach M. T. W. Arnheim, *The*

Senatorial Aristocracy in the Later Roman Empire, Oxford 1971, S. 1 ff., 6, 169–71, bildet sich während des 4. Jahrhunderts seit Konstantin (nicht Diokletian, sondern Konstantin bezeichnet den wirklichen Beginn des Dominats) ein grundlegender Unterschied in der Struktur der Macht und der Natur der Regierung im westlichen und im östlichen Reichsteil heraus: den alten Griechisch sprechenden Familien im Osten „fehlten der Reichtum und der Einfluß, den die westliche senatorische Aristokratie besaß": ein „zentrifugaler" Einfluß, den die Barbareneinfälle verstärken.

M. Hammond, *The Antonine Monarchy* (Papers and Monographs of the American Academy in Rome 19, 1959), S. 328–69, hebt den Princeps als „Gesetzgebungsorgan" hervor. Bei F. Millar, *The Emperor,* S. 203–72, 328–41, 417, 465–77, 507–49, 556–84, und passim, sind zahlreiche Belege zu den normativen Eingriffen des Kaisers in ihren verschiedenen Formen verstreut. Der Kaiser wirkt auch als Gesetzgeber, wenn er seine außerordentliche Gerichtsbarkeit ausübt, deren erstes Auftreten J. M. Kelly, *Princeps iudex. Eine Untersuchung zur Entwicklung und zu den Grundlagen der kaiserlichen Gerichtsbarkeit,* Weimar 1957, untersucht; zu Kelly lese man unbedingt die kritischen Anmerkungen von G. Broggini, Iura 9, 1958, S. 255–63=*Coniectanea. Studi di diritto romano,* Milano 1966, S. 610–22, und von P. Frezza, SDHI 24, 1958, S. 348–53. Die *cognitio extra ordinem* bleibt weiterhin sehr umstritten. Alfred Pernice kommt bekanntlich in der älteren Literatur dazu ein besonderer Platz zu. Der Kognitionsprozeß erweist sich als vielfältig, und es ist das Verdienst von A. Steinwenter und G. I. Luzzatto, darauf hingewiesen zu haben. Von Luzzatto stammt unter anderem ein langer und wichtiger, wenn auch etwas chaotischer Artikel: *In tema di origine nel processo extra ordinem (Lineamenti critici e ricostruttivi),* in: *Studi Volterra* 2, Milano 1971, S. 666–757. M. Kaser, *Römische Gerichtsbarkeit im Wechsel der Zeiten,* Jahrbuch der Akademie der Wissenschaften in Göttingen, 1966, S. 31–49=*The Changing Face of Roman Jurisdiction,* IJ 2, 1967, S. 129–43=*Ausgewählte Schriften* 2, S. 421–39; *Gli inizi della cognitio extra ordinem,* in: *Antologia giuridica romanistica ed antiquaria* 1, Milano 1968, S. 171–97=*Ausgewählte Schriften* 2, S. 501–27, versucht besonders die systematischen Linien herauszuarbeiten. Wie bereits M. Wlassak, *Cognitio,* RE 4.1, 1900, 215–6, sehr wohl gesehen hatte, bezeichnet der Ausdruck *cognitio extra ordinem,* der aus D. 50,3, entnommen ist, eine Kategorie, die in den Texten keine direkte Entsprechung findet. R. Orestano, *La cognitio extra ordinem: una chimera,* SDHI 46, 1980, S. 237–47=*Diritto. Incontri e scontri,* Bologna 1981, S. 469–80, warnt (mit sehr persönlichen Bewertungen) vor den Risiken der Verwendung dieses Ausdrucks. Die Rechtsprechung des Senats ist in vielerlei Hinsicht mit der außerordentlichen Strafgerichtsbarkeit des Princeps verbunden. Nach A. H. M. Jones, *Imperial and Senatorial Jurisdiction in the Early Principate,* Historia 3, 1955, S. 478–88=*Studies in Roman Government and Law,* Oxford

1960, S. 86–98, stammen beide aus derselben Wurzel. Die vertiefende Untersuchung von F. De Marini Avonzo, *La funzione giurisdizionale del senato romano*, Milano 1957, 1 ff., 6, 20–35, 67–68, bewegt sich auf derselben Linie; sie unterstreicht den Gedanken von Mommsen, *Römisches Strafrecht*, S. 256–9, über den Unterschied zwischen politisch-administrativer Tätigkeit des Senats auf dem Gebiet des Strafrechts in der späten Republik und der eigentlichen Gerichtsbarkeit in der Kaiserzeit. Auch W. Kunkel, *Über die Entstehung des Senatsgerichts* (1969), *Kleine Schriften* S. 267–323, bestreitet, daß die senatorische Gerichtsbarkeit in der Republik Vorgänger gehabt habe. Gegen Mommsen gerichtet ist hingegen J. Bleicken, *Senatsgericht und Kaisergericht. Eine Studie zur Entwicklung des Prozessrechts im frühen Prinzipat*, Göttingen 1962; vgl. dazu die kritischen Bemerkungen von G. I. Luzzatto, BIDR 66, 1963, S. 144 ff., 149–51, und G. Broggini, Iura 15, 1964, S. 264 ff., 266=*Coniectanea*, S. 631 ff., 634–5.

Die Forschung zur Reskriptenpraxis hat seit U. Wilcken, *Zu den Kaiserreskripten*, Hermes 55, 1920, S. 1–42; *Zur Propositio libellorum*, APF 9, 1930, S. 15–23, bemerkenswerte Fortschritte gemacht, wie die Arbeit von D. Nörr belegt, die wir im Laufe dieses Buches des öfteren zitiert haben. Mit den formalen und diplomatischen Charakteristika hat sich J.-L. Mourgues, *The So-Called Letter of Domitian at the End of the Lex Irnitana*, JRS 77, 1987, S. 78–87, erneut beschäftigt. Eine systematische Untersuchung sollte die *subscriptiones* und die *epistulae* der Magistrate und Statthalter, zumindest als Vergleichspunkte mit einbeziehen; zu denen des *praefectus Aegypti* vgl. G. Foti Talamanca, *Ricerche sul processo nell'Egitto greco-romano*, 2.1, Milano 1979, S. 107–15, 164–319; 2. Napoli 1984, S. 1 ff., 17 ff.. N. Palazzolo, *Potere imperiale ed organi giurisdizionali nel II secolo d. C. L'efficacia processuale dei rescritti imperiali da Adriano ai Severi*, Milano 1974, behandelt eine spezielle Frage. Das Buch von V. Marotta, *Multa de iure sanxit. Aspetti della politica del diritto di Antonino Pio*, Milano 1988, enthält mehr, als der Titel aussagt. Die Arbeit von J.-P. Coriat, *La technique du rescrit à la fin du Principat*, SDHI 51, 1985, S. 319–48, behandelt vor allem die Severerzeit; die Arbeit weckt bei mir an mehreren Punkten große Zweifel. Zur Reskriptenpraxis in den darauf folgenden fünfzig Jahren, oder besser, über die darin enthaltenen Probleme des Privatrechts, vgl. G. Schnebelt, *Reskripte der Soldatenkaiser*, Karlsruhe 1974. Zum selben Zeitraum unterzieht T. Spagnuolo Vigorita, *Secta temporum meorum. Rinnovamento politico e legislazione fiscale agli inizi del principato di Gordiano III*, Palermo 1978, die Entscheidung in CI. 10,11,2, einer höchst fruchtbaren Untersuchung.

Die *Sententiae et epistulae Hadriani*, die in einem bilinguen Text, in den sogenannten *Hermeneumata Pseudodositheana* (CGL III 30, 14–38, 29) überliefert sind, haben ein merkwürdiges Schicksal gehabt. Ihre Echtheit oder Glaubwürdigkeit, die in der zweiten Hälfte des vergangenen Jahrhunderts von

H. E. Dirksen ernsthaft bezweifelt wurde, wird heute insbesondere von A. A. Schiller, *Sententiae Hadriani de re militari*, in: *Sein und Werden im Recht. Festgabe Lübtow*, Berlin 1970, S. 295–306; *Alimenta in the Sententiae Hadriani*, in: *Studi Grosso* 4, Torino 1971, S. 401–15; *Vindication of a Repudiated Text, Sententiae et Epistolae Hadriani*, in: *La critica del testo* 2, S. 717–27, verfochten. Sie sind alle, oder zum größten Teil *interlocutiones de plano* oder mündliche Entscheidungen des Kaisers *in transitu*. Große Bedeutung haben die dreizehn „Entscheidungen" des Septimius Servus in P. Columbia 123, die W. L. Westermann und A. A. Schiller, *Apokrimata. Decisions of Septimius Severus on Legal Matters*, New York 1954, publiziert und kommentiert haben; Text und Kommentar wurden später von Schiller und H. C. Youtie, *Second Thoughts on the Columbia Apokrimata*, Chronique d'Égypte 30, 1955, S. 327–45=SB 9526 (Text), überarbeitet. Normalerweise bezeichnet man sie als *subscriptiones*, aber wie D. Nörr, *Aporēmata apokrimatōn*, in: *Proceedings of the XVI International Congress of Papyrology*, Chico 1981, S. 575 ff., 592–6, gezeigt hat, ist es eher schwierig, sie bekannten Typen zuzuordnen.

Unter den normativen Akten des Kaisers kommt den Mandaten eine nicht zu vernachlässigende Bedeutung zu. Ein ausgezeichnetes Beispiel von *mandata* mit dauerhafter Wirksamkeit betrifft Ägypten. Sie stammen von verschiedenen Kaisern seit Augustus und sind mit anderen Verfügungen zusammen in einem Papyrus aus der Zeit des Antoninus Pius oder des Mark Aurel (BGU 1210) zusammengestellt (und zusammengefaßt). Dieses Dokument enthält einen „Führer" (γνώμων) für den Finanzbeamten, der in dem als *res privata* (ἴδιος λόγος) bezeichneten Zweig der Finanzverwaltung beschäftigt ist. Indem er „das Gedächtnis etwas mit der Schrift unterstützt", kann er besser mit den Schwierigkeiten seines Amtes fertig werden.

Die von den klassischen Juristen in ihren Werken genannten Konstitutionen sind bei G. Gualandi, *Legislazione imperiale e giurisprudenza* 1, Milano 1963 (mit einer Untersuchung im zweiten Band) zusammengestellt. Dieses Buch war unter anderem der Anlaß für die Bemerkungen und die Zusätze von P. De Francisci, *Per la storia della legislazione imperiale*, BIDR 70, 1967, S. 187–226.

Eine Typologie der Konstitutionen in den einzelnen Epochen darzustellen, ist nicht einfach, wenn das Imperium (wie man scharfsinnig bemerkte) „von einem napoleonischen Ideal der Einheitlichkeit recht weit entfernt war". Für P. Voci, *Note sull'efficacia delle costituzioni imperiali. I Dal Principato alla fine del IV secolo*, in: *Studi Sanfilippo* 2, Milano 1982, S. 657–735; II *Il V secolo*, SDHI 48, 1982, S. 79–118=*Studi di diritto romano* 2, Padova 1985, S. 277–396 (der ursprüngliche Titel lautet anders), ist das Erbrecht der Anlaß für intensive Forschungen. N. van der Wal, *Edictum und lex edictalis. Form und Inhalt der Kaisergesetze im spätrömischen Reich*, RIDA 3.28, 1981, S. 277–313, ist ein bemerkenswerter Versuch gelungen; etwas summarisch ist die Untersuchung von P. Kussmaul, *Pragmaticum und lex. Formen spätrömischer Gesetzgebung 408–457*, Göttingen 1981.

Es ist sehr umstritten, ob und wieweit der in den juristisch-literarischen Texten und besonders in den spätantiken Kodifikationen überlieferte Text der Konstitutionen den Originaltext wiedergibt. Würde man sich der These von E. Volterra, *Il problema del testo delle costituzioni imperiali*, in: *La critica del testo* 2, S. 821–1097, anschließen, müßte man jegliches Vertrauen aufgeben und an dessen Stelle die Skepsis zum Programm erheben; nach Volterra wurden die Konstitutionen, kaum daß sie erlassen waren, vielleicht sogar von derselben Kanzlei, zu kurzen Inhaltsangaben zusammengefaßt. Diese These war auch vorher schon verfochten worden. Ich stimme jedoch mit M. Amelotti, *Per l'interpretazione della legislazione privatistica di Diocleziano*, Milano 1960, S. 39–50, darin überein, daß man ausschließen kann, daß die Kanzlei und die Kompilatoren der Codices (denen man von Fall zu Fall zahlreiche Umarbeitungen zur Last legen kann) selbst „absichtlich und systematisch die Konstitutionen zusammengefaßt" hätten; mit Amelotti bin ich der Meinung, daß sie vielmehr „die Besonderheiten des Stils einiger Kaiser oder sogar einzelner Texte" erkennen lassen. Einwände und Vorbehalte auch bei T. Mayer-Maly, ZSS 79, 1962, S. 477; D. V. Simon, *Konstantinisches Kaiserrecht. Studien anhand der Reskriptenpraxis und des Schenkungsrechts*, Frankfurt am Main 1977, S. 22, 48–49; G. G. Archi, *Sulla cosidetta massimazione delle costituzioni imperiali*, in: *Estudios D'Ors* 1, Pamplona 1987, S. 199–238. Interessant ist die Gegenüberstellung, die A. Giardina und F. Grelle, *La Tavola di Trinitapoli: una nuova costituzione di Valentiniano I*, MEFRA 95, 1983, S. 249ff., 286–8, zwischen der von ihnen publizierten epigraphisch überlieferten Konstitution und CTh. 1, 16, 11 (a. 369) vorschlagen; meines Erachtens kann man freilich ausschließen, daß der zweite Text eine Zusammenfassung des ersten ist (genau genommen in den Zeilen 10ff. und 31ff.); es ist dagegen höchst wahrscheinlich, daß es sich um zwei verschiedene gesetzliche Maßnahmen zum selben Thema und an denselben Adressaten handelt.

Ein weiteres Problem, das mit den eben genannten zusammenhängt, betrifft den Stil. Nach E. Vernay, und auch nach M. Benner, *The Emperor says. Studies in the rhetorical Style in Edicts of the Early Empire*, Göteborg 1975, S. 191, beeinflußt die Rhetorik lange vor der diokletianischen und konstantinischen Zeit den Stil der Kanzlei. W. Williams, JRS 67, 1977, S. 248–9, zeigt sich jedoch gegenüber der Problemstellung dieses Buches sehr ratlos. Der Gegenstand wird von G. Ries, *Prolog und Epilog*, S. 162–223, im Rahmen einer vergleichenden Studie über den alten Orient wieder aufgegriffen: für Diokletian mißt Ries dem *edictum des pretiis*, das aus einer Reihe von epigraphischen Zeugnissen bekannt ist (die M. Giacchero, *Edictum Diocletiani et collegarum de pretiis rerum vennalium* 1–2, Genova 1974 zusammenstellte), und dem Edikt über die Heiratsverbote in Coll. 6,4, große Bedeutung bei. Zwischen

Gesetzesstil und juristischer Dogmatik besteht ein Unterschied, und eine rhetorische Formulierung der Frage bedeutet noch nicht eine Änderung der Konzepte. Von dieser Voraussetzung geht W. E. Voss, *Recht und Rhetorik in den Kaisergesetzen der Spätantike. Eine Untersuchung zum nachklassischen Kauf- und Übereignungsrecht*, Frankfurt am Main 1982, aus. Voss' Analyse gibt Anlaß zu vielen Zweifeln: so wird etwa die Bedeutung von CTh. 8,18,3 (a. 334) nicht im Verhältnis zu CTh. 8,18,1 (a. 319, 315 Seeck) erfaßt; und ein Text wie CI. 7, 32, 10 (a. 314) kann wegen seiner terminologischen Bedeutung nicht übergangen werden. Mit der „Rhetorisierung" der spätantiken kaiserlichen Gesetzgebung hat sich auch R. M. Honig, *Humanitas und Rhetorik in spätrömischen Kaisergesetzen*, Göttingen 1960, befaßt.

7. Die spätantike Rechtskultur und die Kodifikationsbewegung

Der „Vulgarismus" ist eine „Stilhaltung" oder eine „stilistische Ausdrucksform einer Rechtskultur". Die vulgaristischen Züge der spätantiken Rechtskultur treten nicht einzig und allein aus dem Vergleich (der jenseits bestimmter Grenzen bisweilen sogar verzerrt ist) der klassischen Rechtskultur, hier in ihrer höchsten Ausdrucksform, der Jurisprudenz, und ihrer Renaissance unter Justinian, ans Licht. In der spätrömischen Rechtskultur stehen vulgäre und klassische oder klassizistische Motive nebeneinander: die letzteren sind im offiziellen Wert des *ius*, das den Schriften der großen Juristen und der mehr oder weniger intensiven Tätigkeit der Schulen zuerkannt wird, am besten gegenwärtig. Hierauf hat F. Wieacker, *Vulgarismus*, S. 7 ff., 13–14, 24, 29; *Vulgarismus und Klassizismus im römischen Recht der ausgehenden Antike*, in: *Studi De Francisci* 3, Milano 1956, S. 133=*Vom römischen Recht*², S. 236=*Ausgewählte Schriften* 1, S. 217; *Nochmals über Vulgarismus*, in: *Studi Betti* 4, Milano 1962, S. 514 und Anm. 14, 517–8; *Allgemeine Zustände und Rechtszustände gegen Ende des weströmischen Rechts*, IRMAE I 2a, 1963, S. 5 ff., 13–16, 40–42 (grundlegend); *Recht und Gesellschaft in der Spätantike*, Stuttgart 1964, S. 37–42, 104–5, 117–9, hingewiesen. Er kehrt zu der „gnoseologischen". Frage zurück in: *Vulgarrecht und Vulgarismus, alte und neue Probleme und Diskussionen* (1979, 1981), *Ausgewählte Schriften* 1, S. 240–54: Der Vulgarismus ist kein „materiales Element der nachklassischen Rechtsordnung", und kein Faktor bei deren Entwicklung, sondern ein „Stilfaktor", dazu geeignet, den intuitiven, emotionalen, realistischen und naturalistischen Charakter einer juristischen Erscheinungsform wiederzugeben. Wenn dem so ist, sehe ich nicht, warum Wieacker von vorne herein ausschließen will, daß vulgaristische Züge auch schon im auf Gesetzgebung beruhenden Recht der Kaiserzeit erkennbar wären, und einen notwendigen Widerspruch zwischen Rhetorik und Vulgarismus ausmachen will. In seine Sichtweise paßt jedoch überhaupt nicht das

Konzept des „Vulgarrechts" im Sinne von Ernst Levy als vom Inhalt her bestimmbare Gesamtheit, das aus einer inneren, zum „offiziellen Recht" (Kaiserrecht) im Widerspruch stehenden Kohärenz gespeist werde. Eine kritische Überprüfung der Kategorie „Vulgarismus" findet sich bei D. Simon, *Marginalien zur Vulgarismusdiskussion*, in: *Festschrift Wieacker*, Göttingen 1978, S. 154–74, und eine bewußte Einschränkung bei seiner Verwendung bei M. Talamanca, *L'esperienza giuridica romana nel tardo-antico fra volgarismo e classicismo*, in: *Le trasformazioni della cultura nella tarda antichità*, hrsg. von M. Mazza und C. Giuffrida 1, Roma 1985, S. 27–80.
Im ersten der vier Bände von *Società romana e impero tardoantico*, hrsg. von A. Giardina, Roma-Bari 1986, ist auch das Recht behandelt. Die Kodifikationsbewegung und insbesondere die großen Kodifikationen von Theodosius und Justinian stehen im Mittelpunkt zahlreicher Arbeiten, die eine ganze Reihe von Beurteilungen der Vergangenheit berichtigt haben. Lehrreich ist die Lektüre des Bandes *Istituzioni giuridiche e realtà politiche del tardo impero (III–V sec. d. C.)*, hrsg. von G. G. Archi, Milano 1976, (worin der Beitrag von J. Gaudemet die politischen Aspekte der theodosianischen Kodifikation behandelt). Bemerkenswerte Anregungen und Beobachtungen, auch zum Verhältnis zwischen juristischen Texten und Buchhandelspraxis, finden sich bei Franca De Marini Avonzo, *La politica legislativa di Valentiniano III e Teodosio II*, Torino 1975². Ihrer Meinung nach (in: *Codice Teodosiano e concilio di Efeso*, in: *Accademia romanistica costantiniana. Atti del quinto convegno internazionale*, Perugia 1983, S. 105–22) sollte die Untersuchung der Ideologien nicht von jener der Kodifikationstechniken getrennt werden: Der Theodosianus schafft ein (im Sinne von J. M. Lotman) Modell der spätantiken Kultur. Ihr Vortrag von 1983, *La pubblicazione in Alessandria di una legge di Teodosio II*, Annali della Facoltà di Giurisprudenza di Genova 20, 1984–85, S. 85–94, ist von außerordentlichem Interesse; er vertieft anhand eines einzigen Beispiels unsere Kenntnis „der Art und Weise, in der die Originaltexte der Kaisergesetze oder die Originalausgabe des Codex Theodosianus oder auch schließlich die Handschriften, auf denen unsere Lesung des Codex selbst beruht, publiziert wurden". Den Ausgangspunkt weiterer Forschungen bildet das Buch von G. G. Archi, *Teodosio II e la sua codificazione*, Napoli 1976, sowie die kurze Zusammenfassung in: *Problemi e modelli legislativi all'epoca di Teodosio II e di Giustiniano*, SDHI 50, 1984, S. 341 ff., 348–8=*Studi sulle fonti del diritto nel tardo impero romano*, Cagliari 1987, S. 101 ff., 103–8. Nach A. D. Manfredini, *Osservazioni sulla compilazione teodosiana (CTh. 1, 1, 5–6 e Nov. Theod. 1), in margine a CTh. 9,34 (de famosis libellis)*, in: *Accademia romanistica costantiniana. Atti del quarto convegno internazionale*, Perugia 1981, S. 387 ff., 404–10; *Il Codex Theodosianus e il codex magisterium vitae*, in: *Accademia romanistica costantiniana. Atti del quinto convegno internazionale*, Perugia 1983, S. 177–208, müßte man den Abstand zwischen dem Codex,

wie er auf uns gekommen ist, und dem Codex *magisterium vitae* des ersten Vorhabens gewaltig verkürzen; freilich muß diese These häufig die Quellen pressen und stößt meines Erachtens auf kaum überwindliche Hindernisse. Mir scheint die Annahme von B. Albanese, *Sul programma legislativo esposto nel 429 da Teodosio II*, in: *Estudios D'Ors* 1, Pamplona 1987, S. 123 ff., 139, nicht fundiert, wonach der Codex *magisterium vitae* nicht – wenigstens äußerlich – die Struktur einer Anthologie besaß, sondern ein den justinianischen *Institutiones* vergleichbares Werk sei. Für W. Turpin, *The Purpose of the Roman Law Codes*, ZSS 104, 1987, S. 620–30, enthält in Wirklichkeit selbst die *scholastica intentio* des ursprünglichen Programms nichts „Schulmäßiges"; sie bedeute „something like ‚lawyerly attention'". M. Bianchini, *Caso concreto e lex generalis. Per lo studio della tecnica e della politica normativa da Costantino a Teodosio II*, Milano 1979, hat einen sehr interessanten Blickwinkel gewählt: Seit Konstantin ist „der *quaestor* der Sprecher des Kaisers" gewesen. Aber in welcher Weise? Es ist nicht so leicht, den Stil der Quästoren im Codex Theodosianus zu unterscheiden, „wie den der Sekretäre *a libellis* in dritten Jahrhundert oder den der Quästoren im sechsten". T. (A. M.) Honoré, *The Making of the Theodosian Code*, ZSS 103, 1986, S. 133 ff., 146, 189, begegnet den Schwierigkeiten mit einer auch sonst versuchten Methode. G. Vidén, *The Roman Chancery Tradition. Studies in the Language of Codex Theodosianus and Cassiodorus' Variae*, Kungälv 1984, geht anders vor und versucht, unterhalb der Ebene einer von der Tendenz her einheitlichen Sprache, Unterschiede in der Syntax und im Vokabular zwischen der östlichen und der westlichen Kanzlei aufzudecken.

Im Rahmen der theodosianischen Kodifizierung nimmt das sogenannte „Zitiergesetz" einen wichtigen Platz ein. E. Volterra, *Sul contenuto del Codice Teodosiano*, BIDR 84, 1981, S. 85 ff., 94, 124; *Sulla legge delle citazioni*, MAL 8.27, 1983, S. 185–267, ist nicht dieser Ansicht. Wenn ich recht sehe, mißversteht er Gesta senatus 4=CTh. 1, 1, 5, wenn er drei (nicht zwei) Codices im ursprünglichen Plan von Theodosius II. ausmacht. Darüberhinaus ist die religiöse Orientierung des Codex Theodosianus (Gibbon sprach von „superstition", worauf W. Turpin, *The Law Codes and Late Roman Law*, RIDA 3. 32, 1985, S. 344, hinweist) nicht zu leugnen. Man kann freilich nicht behaupten, die Absicht des Theodosianus sei es gewesen, „einzig die christlichen gesetzlichen Normen" zu vereinigen, wobei „jeder Rest" heidnischer Gesetzgebung ausgeschlossen worden wäre; enthielt doch der Codex zahlreiche Konstitutionen Julians. Ein weiteres Problem besteht selbstverständlich im Verhältnis zwischen diesen Konstitutionen und den übrigen in denselben Titeln. Grundlegend zu CTh. 1,4,3, ist F. Wieacker, *Textstufen*, S. 156–60, und F. Pringsheim, *Zur Textgeschichte des Zitiergesetzes*, SDHI 27, 1961, S. 235–40.

Das einheitliche Bild der justinianischen Kompilation, das sich dank der normativen Fiktion gebildet hatte, hat lange Zeit das juristische Denken beherrscht, hat sich aber in den letzten fünfzig oder sechzig Jahren schrittweise gelockert. Den Ausgangspunkt bildete eine berühmte Arbeit von F. Pringsheim, *Die Entstehung des Digestenplanes und die Rechtsschulen*, in: *Atti del congresso internazionale di diritto romano* 1 (Roma), Pavia 1934, S. 451–94=*Gesammelte Abhandlungen* 2, S. 41–72. Danach hätte Justinian zur Zeit des *Novus Codex*, lediglich eine einzige Sammlung der *leges* vorgesehen; später, zwischen September und Oktober 530, reifte unter dem Einfluß der *didaskaloi*, Vertretern der gelehrten Tradition, in ihm die Idee, die *iura* zu sammeln. Diese Ergebnisse werden allgemein anerkannt. Von Fall zu Fall ist auch die praktische Absicht der Kanzlei von der theoretischen und systematischen der Rechtslehrer zu unterscheiden; freilich löst sich dieser Dualismus nicht (oder nicht immer) in einem radikalen Gegensatz auf. Vielmehr hat er die Tendenz, wie F. Wieacker, *Vulgarismus*, S. 49, 57 Anm. 200, 59–60, bemerkt hat, hinter „einem einmal akademischen und ein andermal reformistischen, aber immer geschlossenen Klassizismus", zurückzutreten. G. G. Archi, *La valutazione critica del Corpus iuris*, RISG 88, 1951, S. 225, 228–9, 232, 234, 236=*Giustiniano*, S. 209, 214, 218–9, 221, 223–4, hingegen betrachtet, gemäß einem Schematismus, den er selbst im Verlaufe seiner Arbeit immer mehr korrigiert hat, das klassizistische Ideal als Kennzeichen „der kleinen und ausgesuchten Elite der byzantinischen Lehrer"; es sei den „Kanzleijuristen", den „Bürokraten" und den „hohen Hofbeamten" fremd gewesen. Das Beharren auf dem Klassizismus, dem auch F. Schulz anhing, hat die heutige Forschung auf eine andere Ebene gebracht und zu anderen Ergebnissen geführt, im Vergleich zu der, von der F. Pringsheim, *Die archaistische Tendenz Justinians*, in: *Studi Bonfante* 1, Milano 1929, S. 551–87=*Gesammelte Abhandlungen* 2, S. 9–40, und S. Riccobono, *La verità sulle pretese tendenze arcaiche di Giustiniano*, in: *Conferenze per il XIV centenario delle Pandette*, Milano 1931, S. 235–84, ausgingen.

Es steht außer Frage, daß die juristischen Probleme der justinianischen Zeit im Rahmen einer kulturell komplexen Welt zu sehen sind. Die Frage von G. G. Archi, *La legislazione giustinianea: opera di cultura o creazione giuridica?* SDHI 51, 1985, S. 423–48=*Studi*, S. 235–64, kann man in Wirklichkeit nicht beantworten; wenn man sich für eine Alternative entscheidet, opfert man die andere. Die Schwierigkeit besteht darin, daß es unter Romanisten nicht üblich ist (und oft entspricht dies auch nicht ihrer Einstellung), dem erstgenannten Aspekt den Vorzug zu geben. Jedenfalls sollte sich der Blick, wie auch Archi zugibt, nicht allein auf die Kompilation, sondern die gesamte Gesetzgebung Justinians und darüber hinaus, richten. R. Bonini, *Réflexions sur le droit de Justinien*, AG 194, 1978, S. 1–11, ist dieser Überzeugung; seine Arbeiten folgen dieser Linie; sie sind zum Teil zusammengestellt in: *Ricerche di diritto giustinianeo*, Milano 1968, und in: *Problemi di storia delle codificazioni e della politica legislativa* 1, Bologna 1973, S. 3–135; 2, 1975, S. 3–45, 159–80; sein jüngster Beitrag ist: *L'ultima legislazione pubblicistica di Giustiniano (543–565)*, in: *Il mondo del diritto*, S. 139–71=*Studi sull'età giustinianea*, Rimini 1987, S. 57–92. Zu den Novellen vgl. M. Th. Fögen, *Gesetz und Gesetzgebung in Byzanz. Versuch einer Funktionsanalyse*, Ius commune 14, 1987, S. 140–8, mit interessantem methodologischen Ansatz. Aus Anlaß eines interessanten Textes untersucht G. Lanata, *I figli della passione. Appunti sulla Novella 74 di Giustiniano*, in: *Accademia romanistica costantiniana. Atti del settimo convegno internazionale*, Napoli 1988, S. 487–93, deren Verhältnis zum spätantiken Neuplatonismus; in einer anderen Arbeit: *Du vocabulaire de la loi dans les Novelles de Justinien*, Subseciva Groningana 3, 1989, S. 37–48, nimmt er sich unter einem speziellen Gesichtspunkt des Problems des „Stils" an.

Justinian hatte ein gutes Gespühr bei der Auswahl seiner Mitarbeiter, schreibt J. H. A. Lokin, *Die Karriere des Theophilus Antecessor. Rang und Titel im Zeitalter Justinians*, Subseciva Groningana 1, 1984, S. 43–68. Die „Hauptzüge ihrer Persönlichkeit" und den Verlauf ihrer Karrieren herauszuarbeiten, war die Aufgabe, die zu lösen sich P. De Francisci, *Dietro le quinte della Compilazione giustinianea*, in: *Mélanges Meylan* 1, Lausanne 1963, S. 111–23, stellte.

Im Rahmen des Kompilationsunternehmens stellt die Redaktion des Codex ein besonderes Problem dar. Für die Beziehungen zu den drei „vorher bestehenden organischen Sammlungen" und den nachfolgenden Konstitutionen bleiben die *Studi sulle fonti del codice giustinianeo* von G. Rotondi, *Scritti* 1, S. 110–283, grundlegend. Ein weiteres Problem stellt die Redaktion der Digesten dar. Wie vollzog sich die Arbeit der von Justinian ernannten Kommission? Auf diese Frage gab F. Bluhme, *Die Ordnung der Fragmente in den Pandectentiteln*, ZGR 4, 1820, S. 257–472, vor fast zweihundert Jahren eine brillante Antwort. Die Kommissare teilten die zu exzerpierenden klassischen Werke in vier „Massen": die sabinianische Masse, die Edictsmasse, die papinianische Masse und die Appendix. Die ersten drei Massen vertraute man unterschiedlichen Unterkommissionen an, die gleichzeitig arbeiteten; ein zweiter Schritt bestand darin, Auszüge aus den Werken zu machen, die die Appendix bildeten. Die „Massentheorie" hat lange Zeit allen Kritiken widerstanden und man kann sie allgemein anerkannt betrachten. Von ihr ausgehend, haben T. (A. M.) Honoré und A. Rodger, *How the Digest Commissioners worked*, ZSS 87, 1970, S. 246–314, eine neue komplizierte These vorgetragen (die bei Honoré, *Tribonian*, S. 150–86, 257–86, wiederaufgenommen wurde), die jetzt D. J. Osler, *The Compilation of Justinian's Digest*, ZSS 102, 1985, S. 129–84, erbarmungslos zerstörte und sie als „ohne Grundlage" bezeichnete. D. Mantovani, *Digesto e masse bluhmiane*, Milano 1987, S. 130–5, erklärt sich in „allen Einzelheiten" mit Osler einig.

Wir sagten, die Analyse der Kompilation verböte, sie als Einheit zu betrachten. Dies ist in gewisser Weise richtig. Als Erziehungsinstrument aber bildete sie in der Kultur ihrer Zeit eine Einheit. Zum Rechtsunterricht vor und nach der Kompilation vgl. H.J. Scheltema, *L'enseignement de droit des antecésseurs*, Leiden 1970, und N. van der Wal, Wer war der „Enantiophanes"?, TR 48, 1980, S. 125–35; πράττειν, πραττόμενος und πρᾶξις, *als Fachworte im frühbyzantinischen Rechtsunterricht*, Subseciva Groningana 1, 1984, S. 93–127, mit einer kritischen Bemerkung von M. Th. Fögen, *Kleiner Irrtum*, RJ 3, 1984, S. 13–14; N. van der Wal – J. H. A. Lokin, *Historiae iuris Graeco-romani delineatio. Les sources du droit byzantin de 300 à 1453*, Groningen 1985: vgl. besonders die Seiten (40–41, 125) über die *Paraphrasis Institutionum* des Theophilus und das sehr strenge Urteil über die Ausgabe von Ferrini, die „einen Schritt rückwärts" gegenüber der von O. W. Reitz aus dem 18. Jahrhundert darstelle. Eine spezielle Frage wird behandelt von P. van Warmelo, *The Institutes of Justinian as a Students' Manual*, in: *Studies in Justinian's Institutes in Memory of J. A. C. Thomas*, ed. by P. G. Stein und A. D. E. Lewis, London 1983, S. 164–80. Die elegante Untersuchung von A. Schminck, „*Frömmigkeit ziere das Werk". Zur Datierung der 60 Bücher Leons VI.*, Subseciva Groningiana 3, 1989, S. 79–114, die auch der Erforscher der Zeit Justinians nicht vernachlässigen kann, geht der Frage der Zahlensymbolik (und der -mystik) in den Basiliken nach.

ABKÜRZUNGSVERZEICHNIS

AE	L'année épigraphique.
AG	Archivio giuridico.
AHDE	Annuario de historia del derecho español.
AHDO	Archives d'histoire du droit oriental.
AION (archeol)	Istituto universitario orientale di Napoli. Annali del Dipartimento di studi del mondo classico e del Mediterraneo antico. Archeologia e storia antica.
AJPh	American Journal of Philology.
Alföldy, Römische Sozialgeschichte[3]	G. Alföldy, Römische Sozialgeschichte, Wiesbaden 1984[3].
Ampolo, Il lusso funerario	C. Ampolo, Illusso funerario e la città arcaica, AION (archeol) 6,1984, S. 71–102.
Annales	Annales (Économie, Sociétés, Civilisations).
Annali Palermo	Annali del Seminario giuridico di Palermo.
ANRW	Aufstieg und Niedergang der römischen Welt. Geschichte und Kultur Roms im Spiegel der neueren Forschung, herausgegeben von H. Temporini und W. Haase, Berlin-New York 1972 ff.
APF	Archiv für Papyrusforschung und verwandte Gebiete.
Arangio-Ruiz, Rariora	V. Arangio-Ruiz, Rariora, Roma 1946.
Arangio-Ruiz, Scritti 1,3	V. Arangio-Ruiz, Scritti di diritto romano, 1–4, Napoli 1974–77.
Arangio-Ruiz, La società	V. Arangio-Ruiz, La società in diritto romano, Napoli 1950.
Arangio-Ruiz, Storia[7]	V. Arangio-Ruiz, Storia del diritto romano, Napoli 1957[7].
Arangio-Ruiz, Studi	V. Arangio-Ruiz, Studi epigrafici e papirologici, a cura di L. Bove, Napoli 1974.
Archi, Giustiniano	G. G. Archi, Giustiniano legislatore, Bologna 1970.
Archi, Scritti	G. G. Archi, Scritti di diritto romano, 1–3, Milano 1981.
ASNP	Annali della Scuola Normale Superiore di Pisa, Cl. di Lettere e Filosofia.
Atti Verona 2	Atti del congresso internazionale di diritto romano e di storia del diritto (Verona 1948) 2, Milano 1953.
Aymard, Deux anecdotes	A. Aymard, Deux anecdotes sur Scipion Émilien, in: Mélanges de la Société toulousaine d'études classiques 2,1948, S. 101–20= Études, S. 396–408.
Aymard, Études	A. Aymard, Études d'histoire ancienne, Paris 1967.
B.	Basilicorum libri LX, ed C. G. E. Heimbach, Lipsiae 1833–70; Neuauflage, Series A (Textus), hrsgg. von H. J. Scheltema, N. van

	der Wal, Leiden 1955–1988, Series B (Scholia), hrsgg. von H.J. Scheltema, D. Holwerda, N. van der Wal, Leiden 1953–1985.
Behrends, Der Zwölftafelprozeß	O. Behrends, Der Zwölftafelprozeß. Zur Geschichte des römischen Obligationenrechts, Göttingen 1974.
Bengtson, Staatsverträge 2²	Die Staatsverträge des Altertums 2, Die Verträge der griechisch-römischen Welt von 700 bis 338 v.Chr., unter Mitw. von R. Werner, bearb. von H. Bengtson, München 1975².
Betti, Diritto romano 1	E. Betti, Diritto romano 1, Padova 1935.
Betti, Istituzioni	E. Betti, Istituzioni di diritto romano 1, Padova 1942², Nachdr. 1947; 2.1, 1960.
BGU	Aegyptische Urkunden aus den koeniglichen (staatlichen) Museen zu Berlin, Griechische Urkunden, Berlin 1895 ff.
BIDR	Bullettino dell'Istituto di diritto romano.
Bleicken, Zum Regierungsstil	J. Bleicken, Zum Regierungsstil des römischen Kaisers. Eine Antwort auf Fergus Millar (Sitzungsberichte der Wissenschaftlichen Gesellschaft an der J.W. Goethe-Universität Frankfurt am Main 18,5), Wiesbaden 1982.
Bloch, Apologie	M. Bloch, Apologie pour l'histoire ou métier d'historien, Paris 1974⁷=Apologie der Geschichte oder der Beruf des Historikers, Stuttgart 1974. Bloch arbeitete an dem posthum von L. Febvre 1949 herausgegebenen Buch zwischen 1941 und 1942.
Bremer II 1	F.P. Bremer, Iurisprudentiae antehadrianae quae supersunt II 1, Lipisae 1898.
Broughton, MRR	T.R.S. Broughton, The Magistrates of the Roman Republic 1–2, Supplementum, New York 1951–52, 1960, Nachdr. 1968; 3, Atlanta 1986.
Brown, The World of Late Antiquity	P. Brown, The World of Late Antiquity. From Marcus Aurelius to Muhammad, London 1971=Welten im Aufbruch. Die Zeit der Spätantike. Von Mark Aurel bis Mohammed. Bergisch Gladbach 1980.
Bruns-Lenel, Geschichte⁶	C.G. Bruns – A. Pernice – O. Lenel, Geschichte und Quellen des römischen Rechts, in: F. Holtzendorff – J. Kohler, Encyclopädie der Rechtswissenschaft 1, Leipzig-Berlin 1904⁶, S. 75–170. In der 7. Aufl. kann man die Ergänzungen von Pernice und Lenel zum Originaltext von Bruns nicht mehr unterscheiden.
Brunt, Lex de imperio Vespasiani	P.A. Brunt, Lex de imperii Vespasiani, JRS 67, 1977, S. 95–116.
Brunt, Princeps and Equites	P.A. Brunt, Princeps and Equites, JRS 73, 1983, S. 42–75.
Burkert, Cicero	W. Burkert, Cicero als Platoniker und Skeptiker. Zum Platonverständnis der Neuen Akademie, Gymnasium 72, 1965, S. 175–200.
ByzZ	Byzantinische Zeitschrift
CAG	Commentaria in Aristotelem Graeca, edita consilio et auctoritate Academiae Litterarum Regiae Borussicae, Berlin 1891–1909.
CAH 2.1³	The Cambridge Ancient History 2.1, Cambridge 1973³.
CGL III	Corpus Glossariorum Latinorum III, Hermeneumata Pseudodositheana, edidt G. Goetz, Lipsiae 1892.

CH	Codex Hammurabi.
CI.	Codex Iustinianus, rec. P. Krüger, Berolini 1877 (ed. maior); Corpus iuris civilis II, rec. et retr. P. Krüger, ed. undecima, Berolini 1954.
CIL	Corpus Inscriptionum Latinarum.
CL	Codex des Lipit-Ištar.
CLA	E. A. Lowe, Codices Latini Antiquiores, Oxford 1934 ff.
CMH 6	The New Cambridge Modern History 6, Cambridge 1970.
Coll.	Mosaicarum et Romanarum legum collatio.
Coll. libr.	Collectio librorum iuris anteiustiniani, edd. P. Krüger, Th. Mommsen, G. Studemund, I^7, II, III (Berolini 1923, 1878, 1890).
CPL	R. Cavenaile, Corpus Papyrorum Latinarum, Wiesbaden 1958.
CQ	Classical Quarterly
CRAI	Comptes rendues de l'Académie des Inscriptions et Belles-Lettres, Paris.
La critica del testo	La critica del testo. Atti del secondo congresso internazionale della Società italiana di storia del diritto 1–2, Firenze 1981.
CSEL	Corpus Scriptorum Ecclesiasticorum Latinorum.
CTh.	Codex Theodosianus (Theodosiani libri XVI cum Constitutionibus Sirmondianis et Leges Novellae ad Theodosianum pertinentes, edd. Th. Mommsen- P. M. Meyer, I 1–2, II, editio secunda, Berolini 1954).
D.	Digesta Iustiniani Augusti, recognovit Th. Mommsen, Berolini 1870, Nachdr. 1962–63 (editio maior); Corpus iuris civilis I, Digesta, rec. Th. Mommsen, retr. P. Krüger, editio sexta decima, Berolini 1954.
DArch.	Dialoghi di archeologia.
R. David-C. Jauffret-Spinosi, Les grandes systèmes[9]	R. David-C. Jauffret-Spinosi, Les grandes systèmes de droit contemporains, Paris 1989[9].
R. David, I grandi sistemi[3]	R. David, I grandi sistemi giuridici contemporanei, a cura di R. Sacco, Padova 1980[3].
David-Nelson, Text bzw. Kommentar	Gai Institutionum commentarii IV, mit philologischem Kommentar, hrsgg. von M. David und H. L. W. Nelson, Text 1–3; Kommentar, 1–3, Leiden 1854–68.
De Sanctis, Storia dei Romani 2^2, 4.1^2	G. De Sanctis, Storia dei Romani 2, 1907, Firenze 1960^2; 4.1, 1923, Firenze 1969^2.
D'Ippolito, giuristi e sapienti	F. D'Ippolito, Giuristi e sapienti in Roma arcaica, Roma-Bari 1986.
D'Ippolito, I Giuristi e la città	F. D'Ippolito, I giuristi e la città. Ricerche sulla giurisprudenza romana della Repubblica, Napoli 1978.
DK.	Die Fragmente der Vorsokratiker, von H. Diels – W. Kranz, I–III, Berlin 1934–37^5, 1952^8.
Donini, Le scuole	P. Donini, Le scuole l'anima l'impero: la filosofia antica da Antioco a Plotino, Torino 1982.

Ducos, L'influence grecque	M. Ducos, L'influence grecque sur la Loi des douze tables, Paris 1978.
Ducos, Les Romains et la loi	M. Ducos, Les Romains et la loi. Recherches sur les rapports de la philosophie grecque et de la tradition romaine à la fin de la République, Paris 1984.
Dumézil, La religion romaine archaïque[2]	G. Dumézil, La religion romaine archaïque, Paris 1974[2].
Ehrenberg-Jones[2]	Documents illustrating the Reigns of Augustus and Tiberius, collected by V. E. Ehrenberg and A. H. M. Jones, Oxford 1955[2].
Entretiens	Entretiens sur l'antiquité classique, Fondation Hardt, Genève.
Ferrini, Opere 2	C. Ferrini, Opere 2, Studi sulle fonti del diritto romano, a cura di E. Albertario, Milano 1929.
La filosofia greca e il diritto romano	La filosofia greca e il diritto romano. Colloquio italo-francese (Roma, aprile 1973), 1-2, Accademia Nazionale dei Lincei 373-374, 1976-77, Quaderno 221.
Finley, The Ancient Economy	M. I. Finley, The Ancient Economy, Berkeley-Los Angeles 1973, 1985[2]
Finley, Economy and Society	M. I. Finley, Economy and Society in Ancient Greece, ed. with an Introduction by B. D. Shaw and R. P. Saller, London 1981
Finley, Politics	M. I. Finley, Politics in the Ancient World, Cambridge 1983.
Finley, The Use and Abuse	M. I. Finley, The Use and Abuse of History, London 1975[2].
FIRA	Fontes Iuris Romani Anteiustiniani, edd. S. Riccobono, J. Baviera, C. Ferrini, J. Furlani, V. Arangio- Ruiz, I, II, III, editio altera, Florentiae 1940-43, Nachdr. mit Appendix vol. III, 1968.
Fraenkel, Kleine Beiträge 2	E. Fraenkel, Kleine Beiträge zur klassischen Philologie 2, Zur römischen Literatur, zu juristischen Texten, Verschiedenes, Roma 1964.
Frezza, Ius gentium	P. Frezza, Ius gentium, RIDA 2.2, 1949 (Mélanges De Visscher 1) S. 259-308.
Frezza, Preistoria e storia	P. Frezza, Preistoria e storia della lex publica, Archives de droit privé 16, 1953, S. 54-74=BIDR 59-60, 1956, S. 55-82.
Frezza, Storia[3]	P. Frezza, Corso di Storia del diritto romano, Roma 1974[3].
Fr. Leid.	Pauli Sententiarum Fragmentum Leidense (Cod. Leid. B. P. L. 2589), edd. G. G. Archi, M. David, E. Levy, R. Marichal, H. L. W. Nelson, Leiden 1956.
Gadamer Hermeneutik I	H.-G. Gadamer, Gesammelte Werke 1, Hermeneutik I, Wahrheit und Methode. Grundzüge einer philosophischen Hermeneutik[5], Tübingen 1986.
Gadamer, Wahrheit und Methode[4]	H.-G. Gadamer, Wahrheit und Methode. Grundzüge einer philosophischen Hermeneutik, Tübingen 1975[4].
Gai.	Gaius, Institutionum commentarii IV (s. David-Nelson und FIRA).
Gernet, Anthropologie	L. Gernet, Anthropologie de la Grèce antique, Paris 1968.
Gernet, Droit	L. Gernet, Droit et société de la Grèce ancienne, 1955, 1964[2].

Abkürzungsverzeichnis 425

Gibbon, Decline and Fall 1,2,4	E. Gibbon. The History of the Decline and Fall of the Roman Empire 1–7, ed. with Introduction, Notes and Appendices by J. B. Bury, London 1909–14[2].
Gigante, Scritti	M. Gigante, Scritti sulla civiltà letteraria bizantina, Napoli 1981.
Girard, Mélanges 1	P. F. Girard, Mélanges de droit romain 1, Paris 1912.
GLM	Geographi Latini Minores, collegit, recensuit, prolegomenis instruxit A. Riese, 1878.
Glotz, La Civilisation égéenne	G. Glotz, La civilisation égéenne, 1923, nouvelle édition mise à jour par Ch. Picard, Paris 1937.
GRF	Grammaticae Romanae Fragmenta, coll H. Funaioli, I, Lipsiae 1907.
Guthrie, Greek Philosophy 3	W. K. C. Guthrie, A History of Greek Philosophy 3. The Fifth-Century Enlightenment, Cambridge 1969.
HA	Historia Augusta (=SHA).
Handbuch 1,2.1	Handbuch der Quellen und Literatur der neueren europäischen Privatrechtsgeschichte, hrsg. v. H. Coing, 1, Mittelalter (1100–1500), München 1973; 2.1, Neuere Zeit (1500–1800), 1977.
Heurgon, Rome et la Méditerranée occidentale	J. Heurgon, Rome et la Méditerranée occidentale jusqu'aux guerres puniques, Paris 1969.
Honoré, Tribonian	T. (A. M.) Honoré, Tribonian, London 1978.
Honoré, Ulpian	T. (A. M.) Honoré, Ulpian, Oxford 1982.
Horak, Rationes decidendi	F. Horak, Rationes decidendi. Entscheidungsbegründungen bei den älteren römischen Juristen bis Labeo 1, Aalen 1969.
HZ	Historische Zeitschrift.
IG	Inscriptiones Graecae.
II	Inscriptiones Italiae.
IJ	The Irish Jurist.
ILA	Inscriptions Latines d'Afrique.
ILLRP	Inscriptiones Latinae Liberae Rei Publicae, a cura di A. Degrassi, Firenze, I[2], 1965; II, 1963.
ILS	H. Dessau, Inscriptiones Latinae Selectae I–III, 1892–1916.
ILT	Inscriptions Latines de la Tunisie.
Inst.	Institutiones Iustiniani, Corpus iuris civilis I, recognovit P. Krüger, editio sexta decima, Berolini 1954.
IRMAE	Ius Romanum Medii Aevii, Mediolani 1961 ff.
Jackson, Essays	B. S. Jackson, Essays in Jewish and Comparative Legal History, Leiden 1975.
Jacoby, IA, III C	Die Fragmente der griechischen Historiker von F. Jacoby, I A, Leiden 1957[2], III C, 1958.
JGR IV, VII	Ius Graecoromanum, cura J. Zepi et P. Zepi, IV, VII, Athenis 1931.
Jhering, Geist	R. von Jhering, Geist des römischen Rechts auf den verschiedenen Stufen seiner Entwicklung I, Leipzig 1891[5], 1907[6]; II 1, 1880[4], 1894[5], 2, 1883[4], 1898[5]; III 1, 1888[4], 1906[5].
JJP	Journal of Juristic Papyrology.
JÖB	Jahrbuch der österreichischen Byzantinistik.

Jones, The Later Roman Empire	A.H.M.Jones, The Later Roman Empire, 284–602, 1–3, maps, Oxford 1964.
JRH	Journal of Religious History.
JRS	Journal of Roman Studies.
Kaser, Ausgewählte Schriften	M. Kaser, Ausgewählte Schriften 1–2, Napoli 1976.
Kaser, Ius honorarium und ius civile	M. Kaser, Ius honorarium und ius civile, ZSS 101, 1984, S. 1–114.
Kaser, Das römische Privatrecht	M. Kaser, Das römische Privatrecht 1, München 1971^2, 2, 1975^2.
Kaser, Römische Rechtsquellen	M. Kaser, Römische Rechtsquellen und angewandte Juristenmethode, Ausgewählte, zum Teil grundlegend erneuerte Abhandlungen, Wien-Köln-Graz 1986.
Kaser, Das römische Zivilprozeßrecht	M. Kaser, Das römische Zivilprozeßrecht, München 1966.
Kelsen, Reine Rechtslehre	H. Kelsen, Reine Rechtslehre, Wien 1960^2.
Krüger, Geschichte^2	P. Krüger, Geschichte der Quellen und Litteratur des römischen Rechts, München-Leipzig 1912^2.
Kunkel, Herkunft^2	W. Kunkel, Herkunft und soziale Stellung der römischen Juristen, Weimar 1952, Graz-Wien-Köln 1967^2.
Kunkel, Kleine Schriften	W. Kunkel, Kleine Schriften. Zum römischen Strafverfahren und zur römischen Verfassungsgeschichte, Weimar 1974.
Lanata, Legislazione e natura	G. Lanata, Legislazione e natura nelle Novelle giustinianee, Napoli 1984.
Laterculi praesidium I	B. Thomasson, Laterculi praesidum I, composuit B. Thomae, Göteborg 1984.
L. oder Lenel, Pal.	O. Lenel, Palingenesia iuris civilis I, II, Lipsiae 1889, Nachdr., mit G. Sierl, Supplementum, Graz 1960.
Lenel, Edictum^3	O. Lenel, Edictum perpetuum, Leipzig 1927^3.
Lenel, Das Sabinussystem	O. Lenel, Das Sabinussystem, Strassburg 1892.
Levy, Gesammelte Schriften 1	E. Levy, Gesammelte Schriften 1, Graz 1963.
Liebs, Hermogenians iuris epitomae	D. Liebs, Hermogenians iuris epitomae. Zum Stand der römischen Jurisprudenz im Zeitalter Diokletians, Göttingen 1964.
Liebs, Provinzialjurisprudenz	D. Liebs, Römische Provinzialjurisprudenz, ANRW 2.15, 1976, S. 288–362.
Liebs, Rechtsschulen	D. Liebs, Rechtsschulen und Rechtsunterricht im Prinzipat, ANRW 2.15, 1976, S. 197–286.
LIIV Subsidia I^2	Florentina Studiorum Universitas, Legum Iustiniani Imperatoris Vocabularium, Subsidia I, Le costituzioni giustinianee nei papiri e nelle epigrafi, a cura di M. Amelotti e L. Migliardi Zingale, Milano 1985^2.

Abkürzungsverzeichnis 427

Luhmann, Rechtssoziologie²	N. Luhmann, Rechtssoziologie, Opladen 1983².
Magdelain, La loi	A. Magdelain, La loi à Rome. Histoire d'un concept, Paris 1978.
MAL	Memorie della Classe di scienze morali, storiche e filologiche dell'Accademia dei Lincei.
Manthe, Die Libri ex Cassio	U. Manthe, Die Libri ex Cassio des Iavolenus Priscus, Berlin 1982.
Marini	G. Marini, I papiri diplomatici, Roma 1805.
Mazzarino, Aspetti sociali	S. Mazzarino, Aspetti sociali del quarto secolo. Ricerche di storia tardoromana, Roma 1951.
MEFRA	Mélanges de l'École française de Rome.
MGH Auctores XI 2	Monumenta Germaniae Historica, Auctores antiquissimi XI 2, ed. Th. Mommsen, Berolini 1894.
MGH Leges I 1	Monumenta Germaniae Historica, Leges, Sectio I, Leges nationum Germanicarum, Tomus I, Leges Visigothorum, ed. K. Zeumer, Hannoverae et Lipsiae 1902.
MH	Museum Helveticum.
Millar, The Emperor	F. Millar, The Emperor in the Roman World, Ithaca 1977.
Mitteis, Chrestomathie	L. Mitteis-U. Wilcken, Grundzüge und Chrestomathie der Papyruskunde, II Juristischer Teil, 2 Chrestomathie von L. Mitteis, Leipzig-Berlin 1912.
Momigliano, Sui fondamenti	A. Momigliano, Sui fondamenti della storia antica, Torino 1984.
Momigliano, Secondo contributo	A. Momigliano, Secondo contributo alla storia degli studi classici, Roma 1960.
Momigliano, Terzo contributo	A. Momigliano, Terzo contributo alla storia degli studi classici e del mondo antico 1–2, Roma 1966.
Momigliano, Quarto contributo	A. Momigliano, Quarto contributo alla storia degli studi classici e del mondo antico, Roma 1969.
Momigliano, Quinto contributo 1	A. Momigliano, Quinto contributo alla storia degli studi classici e del mondo antico 1, Roma 1975.
Momigliano, Sesto contributo 1	A. Momigliano, Sesto contributo alla storia degli studi classici e del mondo antico 1, Roma 1980.
Mommsen, Additamenta I	Th. Mommsen, Additamenta I, Digestorum libri decimi fragmenta Neapolitana, S. 1–10, in: Digesta Iustiniani Augusti I, (siehe D.)
Mommsen, Praefatio	Th. Mommsen, Praefatio, in: Digesta Iustiniani Augusti I, S. V–LXXX (siehe D.).
Mommsen, Gesammelte Schriften 1,2,3,7	Th. Mommsen, Gesammelte Schriften 1–8, Berlin 1905–13.
Mommsen, Römische Geschichte 1⁷	Th. Mommsen, Römische Geschichte 1⁷, Berlin 1881.
Mommsen, Römisches Staatsrecht	Th. Mommsen, Römisches Staatsrecht 1, Leipzig 1871, 1887³,2.1–2, 1874–75, 1887³, 3.1–2, 1887–88.

Il mondo del diritto	Il mondo del diritto nell'epoca giustinianea. Caratteri e problematiche, a cura di G. G. Archi, Ravenna 1985.
Nelson, Überlieferung	H. L. W. Nelson, Überlieferung, Aufbau und Stil von Gai Institutiones, Leiden 1981.
Nicolet, Polybe et la „constitution" de Rome	Cl. Nicolet, Polybe et la „constitution" de Rome, in: Demokratia et Aristokratia. À propos de Caius Gracchus: mots grecs et réalités romaines, sous la direction de Cl. Nicolet, Paris 1983.
Nörr, Kausalitätsprobleme	D. Nörr, Kausalitätsprobleme im klassischen römischen Recht: ein theoretischer Versuch Labeos, in: Festschrift Wieacker, Göttingen 1978.
Nörr, Rechtskritik	D. Nörr, Rechtskritik in der römischen Antike, München 1974.
Nörr, Zur Reskriptenpraxis	D. Nörr, Zur Reskriptenpraxis in der hohen Prinzipatszeit, ZSS 98, 1981, S. 1–46.
Nov.	Novellae Iustiniani. Corpus iuris civilis III, edd. R. Schoell – D. Kroll, editio sexta decima, Berolini 1954.
Nov. Maior.	Novellae Maioriani, Leges Novellae ad Theodosianum pertinentes (siehe CTh.)
Nov. Theod.	Novellae Theodosii, Leges Novellae ad Theodosianum pertinentes (siehe CTh.)
NSA	Atti dell'Accademia Nazionale dei Lincei. Notizie degli scavi di antichità.
OGIS	W. Dittenberger, Orientis Graeci Inscriptiones Selectae I, II, Lipsiae 1903–05.
ORF[4]	Oratorum Romanorum Fragmenta liberae rei publicae, quartum edidit H. Malcovati, I Textus, II Index verborum, Aug. Taurinorum 1976, 1979.
P[2].	H. Peter, Historicorum Romanorum reliquiae I[2], 1914, II, 1906, editio stereotypa, Stutgardiae 1967.
Parsons, The Law and Social Control	T. Parsons, The Law and Social Control, in: Law and Sociology. Exploratory Essays, edited by W. M. Evan, New York 1962, S. 56–72=The Sociology of Law. A Social-Structural Perspective, edited by W. M. Evan, New York-London 1980, S. 60–68.
Pieler, Byzantinische Rechtsliteratur	P. E. Pieler, Byzantinische Rechtsliteratur, in: H. Hunger, Die hochsprachliche profane Literatur der Byzantiner 2, München 1978, S. 341–480.
PIR	Prosopographia Imperii Romani, editio altera, 1963 ff.
PLP II 2	R. Seider, Paläographie der lateinischen Papyri II, Juristische und christliche Texte, Stuttgart 1981.
PP	La parola del passato.
Pringsheim, Aequitas	F. Pringsheim, Aequitas und bona fides, in: Conferenze per il XIV centenario delle Pandette, Milano 1931, S. 183–214=Gesammelte Abhandlungen 1, S. 154–72.
Pringsheim, Gesammelte Abhandlungen	F. Pringsheim, Gesammelte Abhandlungen 1–2, Heidelberg 1961.
Pringsheim, The Greek Law of Sale	F. Pringsheim, The Greek Law of Sale, Weimar 1950.

PSI	Papiri greci e latini, Pubblicazioni della Società Italiana per la ricerca dei papiri greci e latini in Egitto, Firenze 1912 ff.
Pugliese, Scritti 2, 3	G. Pugliese, Scritti giuridici scelti 1-5, Napoli 1985-86.
QS	Quaderni di storia.
RAL	Rendiconti dell'Accademia Nazionale dei Lincei, Classe di scienze morali, storiche e filologiche.
RE	Paulys Realencyclopädie der classischen Altertumswissenschaft, neue Bearb. von G. Wissowa, W. Kroll, K, Mittelhaus, K. Ziegler, Stuttgart 1873 ff.
RFIC	Rivista di filologia e di istruzione classica.
RG.	Res Gestae divi Augusti.
RH	Revue historique.
RHD	Revue (Nouvelle revue) historique de droit français et étranger.
RhM	Rheinisches Museum.
RIDA	Revue internationale des droits de l'antiquité.
Ries, Prolog und Epilog	G. Ries, Prolog und Epilog in Gesetzen des Altertums, München 1983.
RIL	Rendiconti dell'Istituto Lombardo, Classe di lettere, scienze morali e storiche.
RISG	Rivista italiana per la scienze giuridiche.
RJ	Rechtshistorisches Journal.
Romanitas-Christianitas	Romanitas-Christianitas. Untersuchungen zur Geschichte und Literatur der römischen Kaiserzeit, Johannes Straub gewidmet, hrsg. von G. Wirth, unter Mitwirkung von K.-H. Schwarte und J. Heinrichs, Berlin-New York 1982.
Rotondi, Scritti	G. Rotondi, Scritti giuridici 1-3, Milano 1922.
RPh	Revue de philologie.
RSI	Rivista storica italiana.
Ruschenbusch	E. Ruschenbusch, Σόλωνοσς νόμοι. Die Fragmente des solonischen Gesetzeswerkes mit einer Text- und Überlieferungsgeschichte, Wiesbaden 1966, Nachdr. 1983.
Savigny, Beruf[3]	F. C. von Savigny, Vom Beruf unsrer Zeit für Gesetzgebung und Rechtswissenschaft, Heidelberg 1814, 1840³.
Savigny, Geschichte 4², 6²	F. C. Savigny, Geschichte des römischen Rechts im Mittelalter 4, Heidelberg 1826, 1850², 6, 1831, 1850².
Savigny, System 1, 4	F. C. von Savigny, System des heutigen römischen Rechts 1, Berlin 1840, 4, 1841.
SB	F. Preisigke, F. Bilabel, E. Kiessling, Sammelbuch Griechischer Urkunden aus Aegypten, 1915 ff.
Schiller, An American Experience	A. A. Schiller, An American Experience in Roman Law. Writings from Publications in the United States, Göttingen 1971.
Schulz, History	F. Schulz, History of Roman Legal Science, Oxford 1946, 1953²=Geschichte der römischen Rechtswissenschaft, Weimar 1961.
SEG	Supplemetum epigraphicum Graecum.
SHA	Scriptores historiae Augustae.

430 Abkürzungsverzeichnis

SIG	W. Dittenberger, Sylloge Inscriptionum Graecarum I–IV, 1915–24[3].
Sokolowski	F. Sokolowski, Lois sacrées des cités grecques, Paris 1969.
Spengel III	Rhetores Graeci, ex recognitione L. Sprengel, III, Lipsiae 1856.
Stein, Regulae iuris	P. Stein, Regulae iuris. From juristic Rules to Legal Maxims, Edinburg 1966.
La storia del diritto	La storia del diritto nel quadro delle scienze storiche. Atti del primo congresso internazionale della Società italiana di storia del diritto, Firenze 1966.
Storia delle idee 1	Storia delle idee politiche, economiche e sociali, diretta da L. Firpo, 1 L'antichità classica, Torino 1982.
Strasburger, Zum antiken Gesellschaftsideal	H. Strasburger, Zum antiken Gesellschaftsideal, Heidelberg 1976.
Strauss, Natural Right	L. Strauss, Naturrecht und Geschichte, Stuttgart 1977.
SVF	Stoicorum veterum fragmenta, collegit I. ab Arnim, I–IV, 1903–24, Nachdr. Stuttgart 1968.
Syme, Tacitus	R. Syme, Tacitus 1–2, Oxford 1958.
Symposion 1971	Symposion 1971. Vorträge zur griechischen und hellenistischen Rechtsgeschichte, in Gemeinschaft mit J. Modrzejewski und D. Nörr herausgegeben von H. J. Wolff, Köln-Wien 1975.
Symposion 1979	Symposion 1979. Vorträge zur griechischen und hellenistischen Rechtsgeschichte, in Gemeinschaft mit H. J. Wolff, A. Biscardi und J. Modrzejewski herausgegeben von P. Dimakis, Köln-Wien 1983.
Tecniche[2]	M. Bretone, Tecniche e ideologie dei giuristi romani, Napoli 1982[2].
TH	Tabulae Herculanenses.
Thompson, A Roman Reformer	E. A. Thompson, A Roman Reformer and Inventor, Oxford 1952.
Tjäder	J.-O. Tjäder, Die nichtliterarischen lateinischen Papyri Italiens aus der Zeit 445–700 1, Lund 1955, 2, Stockholm 1982,
TLE[2]	Testimonia linguae Etruscae, selegit recognovit indice verborum instruxit M. Pallottino, editio altera, Firenze 1968.
Tondo, Leges regiae	S. Tondo, Leges regiae e paricidas, Firenze 1973.
TR	Tijdschrift voor Rechtsgeschiedenis – Revue d'histoire du droit.
Vat.	Fragmenta Vaticana.
Voci, Diritto ereditario	P. Voci, Diritto ereditario romano 1, Milano 1967[2], 2, 1963[2].
Walbank, Commentary 1	F. W. Walbank, A Historical Commentary on Polybius 1, Oxford 1957.
Walbank, Polybius	F. W. Walbank, Polybius, Berkeley-Los Angeles-London 1972.
Watson, Law Making	A. Watson, Law Making in the Later Roman Republic, Oxford 1974.
Weber, Gesammelte Aufsätze 1[6]	M. Weber, Gesammelte Aufsätze zur Religionssoziologie 1, Tübingen 1976[6].

Weber, Wirtschaft und Gesellschaft	M. Weber, Wirtschaft und Gesellschaft. Grundriß der verstehenden Soziologie, fünfte revidierte Auflage, besorgt von J. Winckelmann, 1–2, Erläuterungsband, Tübingen 1972, 1976.
Werner, Der Beginn	R. Werner, Der Beginn der römischen Republik. Historisch-chronologische Untersuchungen über die Anfangszeit der libera res publica, München-Wien 1963.
Wieacker, Ausgewählte Schriften 1	F. Wieacker, Ausgewählte Schriften 1, Methodik der Rechtsgeschichte, hrsg. von D. Simon, Frankfurt am Main 1983.
Wieacker, Römische Rechtsgeschichte 1	F. Wieacker, Römische Rechtsgeschichte 1, Einleitung, Quellenkunde, Frühzeit und Republik, München 1988.
Wieacker, Textstufen	F. Wieacker, Textstufen klassischer Juristen, Göttingen 1960.
Wieacker, Vom römischen Recht	F. Wieacker, Vom römischen Recht, Stuttgart 1961².
Wieacker, Vulgarismus	F. Wieacker, Vulgarismus und Klassizismus im Recht der Spätantike, Heidelberg 1955.
Williams, Two New Documents	W. Williams, Formal and Historical Aspects of Two New Documents of Marcus Aurelius, ZPE 17, 1975, S. 37–78.
ZGR	Zeitschrift für geschichtliche Rechtswissenschaft.
ZPE	Zeitschrift für Papyrologie und Epigraphik.
ZRG	Zeitschrift für Rechtsgeschichte (Nachfolgerin der ZGR und Vorgängerin der ZSS).
ZSS	Zeitschrift der Savigny-Stiftung für Rechtsgeschichte (Romanistische Abteilung).
ZSS (GA)	Zeitschrift der Savigny-Stiftung für Rechtsgeschichte (Germanistische Abteilung).

SACHREGISTER

a censibus 172, 175
a cognitionibus 172
a libellis 158–159, 172, 175
a memoria 172
a rationibus 172
a studiis 172
ab epistulis 158–159, 172
absolvere 107–109
Aburnius Valens, Caius 176, 190
acceptilatio 94
accusatio 168
Acilius, Lucius, Interpret der Zwölftafeln 52
actio 52, 69, 72, 297, 396
– *aquae pluviae arcendae* 52, 255
– *arborum furtim caesarum* 289
– *certae creditae pecuniae* 103
– *de dolo* 124, 135, 137, 168
– *depositi* 107–108, 327
– *empti* 124
– *familiae erciscundae* 76
– *furti* 145
– *iniuriarum* 207
– *oneris aversi* 145
– *Publiciana* 109
actione teneri und *obligatio* 109
actiones ficticiae 109
– *in factum* 107–109, 150, 166, 229, 296
– *noxales* 54
– *utiles* 226, 228–229, 307
addictio 285
adgnati 74–75, 287
adgnatio und *cognatio* 74–75
adnotatio 237
Adoption 83, 86, 227
adrogatio 70, 82, 123
adsiduus 279
advocati fisci 151, 171
Ädilen
– kurulische 43, 92, 103, 173
– plebejische 91, 103
Aelius Paetus Cato, Sextus 50, 52–53, 112, 119, 123, 131, 212, 405

Aelius Stilo, Lucius 47, 52, 112
aequitas 40, 127, 133, 135, 139, 168, 169, 222–228, 231, 334, 407
– und *epieikeia* 223
– als Kriterium der Einzelfallwürdigung 168
– als Gleichheitsprinzip 168
– in kritischer Funktion 168–169
– *civilis* und *naturalis* 222, 225–227, 229, 335
– des Prätors 224
– in der kaiserlichen Gesetzgebung 164–166
aerarium populi Romani (Saturni) 161, 171, 174
Africanus, Sextus Caecilius 18, 53, 189, 191
agentes in rebus 235
agere des Rechtsgelehrten 102, 116, 397
Alarich I., König der Westgoten 244
Alarich II., König der Westgoten 250, 262
album des *praetor urbanus* 103–104
Alexandria, Rechtsschule 254
alētheia 185
Alfenus Varus, Publius 142–143, 189, 192, 193, 205, 224, 267
alienam segetem pellicere 288
Allianz 39
alluvio 94
Ambiguitates, als Form der Rechtsliteratur 189
Ambrosius 245
amici des Princeps 150, 409
amicitia 95
Analogie 143–146, 223–224
– und Anomalie 182–183
Anatolius, Lehrer an der Schule von Berytus 253
Anekdotisches 120–121, 191
Annalistik 50–60
Antiquarisches und Geschichte 15–16, 24–25

Sachregister

Antoninus Pius 166–168, 174, 241
Appellation 72, 152–153, 160, 193–194, 255, 267
Appius Claudius Caecus 65–66, 75, 111, 113, 187, 277, 404
Aquilius Gallus, Caius 115–116, 124, 141
Arabia 212
Arcadius Charisius, Aurelius 241, 408
Archaisches, Komplexität des – 84–85
Archaismus 15, 52–53
aretē 113
Aristo, Titius 152, 176, 180–182, 189, 320
Ariston von Chios 218
Aristonikos, Thronprätendent in Pergamon 114
Aristoteles 47, 71, 75, 99–100, 126–128, 184, 218, 222, 232
Arkesilaos 220
Arrius Menander 193–194
ars 144, 208
artes liberales 117–118, 186
Asyl 241
Atilicinus 176, 181, 320
auctoritas des Rechtsgelehrten 114, 116, 139, 147, 149, 224–225, 407
– *veterum*, als Argument 201
– des Princeps 148–149, 162, 234
– und *potestas* 148
– als senatorischer Beschluß 46, 148
auditoria 17–18, 183
Aufidius Namusa 142
Auguren 81, 141
Augustinus 170, 245
Augustus 49, 147–149, 164, 172
– und Livius 49
Aurelian 240
Auspizien 85, 121
Authenticum, s. *Novellae* Justinians

Bactriana 239
Barbaren 240, 249–251
Bardesanes von Edessa 239
Basiliken und Scholien der Basiliken 265, 420
Basilius von Caesarea 238
Bauern 74–75, 79–80, 90–91
Bedingung, bedingende Klausel 51–52, 199, 203–204
Beisitzer 175

benevolentia, in der kaiserlichen Gesetzgebung 163, 228
benignitas, in der kaiserlichen Gesetzgebung 163
Beruf 91, 112, 195, 237, 292, 402
Berufsstände in der Spätantike 237
Berufung s. Appellation
Berytus, Rechtsschule 34, 183, 247, 253–254
Bestattungsluxus 60, 281
Bibel 37, s. a. Pentateuch
Billigkeit, s. *aequitas*
Bischof, schiedsrichterliche Rechtsprechung 266
Boethius 251
bona caduca 161
bona vacantia 313
bonorum possessio 109, 133, 164, 227, 255, 297
bonum et aequum 28, 164, 197, 337
Brahmanen 81, 239
Breviarium Alarici, s. *Lex Romana Visigothorum*
Buch, von der Papyrusrolle zum Kodex 16, 244–245
Bürgerrecht 40, 147, 186, 400, 409
– Verleihung und Verbreitung 147, 155–156, 209, 399–401, 409
– fiktives 95
Bürokratie 161–162, 171–172, 409–411
– „charismatische" 172
– und *cursus honorum* 170–171

Caecilius Metellus, Quintus 112, 115
Caecilius Metellus Macedonicus, Quintus 45, 112, 115
Caelius Sabinus, Gnaeus 176, 192
Caesares, in der diokletianischen Tetrarchie 235
Caesar, Caius Iulius 114–115, 130, 147–149
Caesarea in Palästina, Rechtsschule 254
Caesarius von Arles 251
Caesarius von Nazianz 238–240
Caligula 62, 182
Callistratus 185, 189, 192–194, 240
Campanus 190
Capito, Caius Ateius 176–177, 182, 319, 409
caput tralaticium de impunitate 282

Sachregister

Caracalla 168, 209, 400
Cascellius, Aulus 115, 123, 267, 331
Cassiani 318
Cassiodor 251
Cassius Hemina, Lucius 45
Cassius Longinus, Caius 167, 174, 176–183, 296, 320
Cato, Marcus Porcius, Censor 44, 113–115, 119, 122, 141–142
Cato Licinianus, Marcus Porcius 141–142
causae cognitio 136
cautio damni infecti 106, 224
cautio Muciana 123
cavere, des Rechtsgelehrten 116
Celsus, Iuventius, Pater 176, 182, 320
Celsus, Publius Iuventius, *Celsus filius* 54, 150, 167, 174, 176, 180–182, 185, 187, 189, 190, 196–197, 200, 213–214, 228, 254, 331, 406
centenarii 173
centuria 42
Centuriatkomitien, s. *comitia centuriata*
Centurienordnung 42, 93
– s. a. *centuria*
– s. a. *curia*
Cervidius Scaevola, Quintus 175, 187, 189–190, 203–205
Charondas 61, 282
China 37, 81, 239
Chindaswind, König der Westgoten 250
chirographum 207
Chlodwig, König der Franken 250
Chrestus, Gemicius 175
Christen, Haltung der Regierung unter Trajan 155
Chrysippos 195
Cicero, Marcus Tullius 38–41, 114, 117–118, 120–121, 127–129, 133, 138–141, 177, 183, 186, 218–219, 221–222, 225, 322
civitates 40
Claudius 159, 164, 172, 182
Clemes von Alexandrien 185
clementia, in der kaiserlichen Gesetzgebung 164, 228
cliens et patronus 43
Code civil (Code Napoléon) 26
Codex, als juristischer Text 16, 140, 237, 240, 244, 253–254, 261

– Kodifizierungsvorhaben
– in der späten Republik 130, 149
– und Interpretation 261–263
– moderne Vorstellung 261
Codex Euricianus 250
Codex Gregorianus 245–246, 248–251, 262, 349
Codex Hermogenianus 241, 245–246, 248–251, 262, 349
Codex Iustinianus 244, 246, 251–252, 257, 419–420
– *novus* 251, 255, 257
– *repetitae praelectionis* 251, 255
Codex Theodosianus 243–244, 249–251, 262, 416–417
– ursprüngliches Programm 246–248
– zweites Projekt 246–248
codicilli 149–150, 203
coemptio als Form der *conventio in manum* 82
coercitio 77
cognatio, und *agnatio* 74–75
cognitio s. Prozeß
Collatio legum Mosaicarum et Romanarum 242
Collectio definitionum 264
collegia, in den Zwölftafeln 281
– s. a. Berufe
coloniae 40, 43
comes rei privatae 235
comes sacrarum largitionum 235
comitatus 236
comitia centuriata 42–42, 46, 48, 65, 77, 154
– *curiata* 42–43, 46
– *tributa* 42–43, 46
comitiatus maximus 42, 77–78, 393
commentarii, Form der Rechtsliteratur 180
– lemmatischer Charakter 191–192
commercium 95
commodatum 94, 99, 107, 202–203, 207
concilium plebis 42, 46, 60
condemnare 107–108
condictio 102, 178
confarreatio 82
consensus, s. Konsensualkontrakte
consilium 150–153, 160, 166, 174, 236, 409–410
consistorium 236

consortium der gemeinsam erbenden Brüder 76, 95, 132
constitutio, Bedeutung des Wortes 155, 199
- *generalis*, als *status causae* 127
Constitutio Antoniniana, s. Bürgerrecht
Constitutiones Sirmondianae 246
consuetudo s. Gewohnheitsrecht
- s. a. Gesetz
consultatio, und *disputatio* 141, 158, 164–165
Consultatio veteris cuiusdam iurisconsulti 242
conubium 60, 65, 95
Constantinus, Minister Justinians 253
Constantinus s. Konstantin
Constantius II. 235, 238
conventio in manum, und Eheschließung 82
conventiones iuris gentium 94
Corpus iuris civilis 258
Coruncanius, Tiberius 84, 119, 141
Cratinus, Lehrer an der Schule von Konstantinopel 253
cura, Institut des Privatrechts 161
curatores 172–173
curiae 42, 70, 83
cursus honorum, und Bürokratie 170, 173, 274
Cyrillus der Jüngere, Verfasser eines *index* zu den Digesten 263

damnum iniuria datum. s. *damnum Aquilianum*
damnum Aquilianum 143–144, 406–407
De actionibus 350
Decemvirn 15, 41, 44–47, 49–50, 52, 58–60, 63–65, 73, 78, 87
Decius 240
decreta, der Magistrate 161–162, 313
- des Prätors 104, 313
- des Princeps 155, 158–161, 168, 237, 338
decuriones 177, 237
dediticii 179
deductio ad absurdum 145–146, 225
defensor civitatis 265
definitio 131, 139, 190, 197
Definitiones, als Form der Rechtsliteratur 189

delator 161
Demetrios von Phaleron 45
Demokrit 221
denegatio actionis 106, 295
depositum 94, 144–145, 207–208, 231, 337
devotio 285
dharma 36
Dharmaśāstra 36
diadochai 177, 406–407
diairesis 131–132
Dialektik 118–119, 144, 222
Dialogus Anatolii 264
Diebstahl 54, 131, 178, 206–208, 214
- bei der Hinterlegung und bei der Leihe 207
- bei der *locatio-conductio* 145–147
- von Teilen der Erbschaft 226
Digesta, als Form der Rechtsliteratur 142, 189, 252–254
- Justinians 22, 34, 142, 251
- und kompilatorische Methode 419–420
- und handschriftliche Überlieferung 255–256
Digesten s. *digesta*
dignitas 104, 114, 137, 273
dignitates palatinae 235
dikai emporikai 93
dikai thanatēphoroi 155
Dikaiarch 47
Diktatur 49, 92
diligentia 164
Dio von Prusa 186
Diözese 235, 338
Diokletian 235, 237, 246
Dionys von Halikarnaß 59, 63
disputatio 18, 183
- und *consultatio* 141
Disputationes, als Form der Rechtsliteratur 189, 209
divisio 131
- und *partitio* 139, 403
docere 116
Dogma 24–25, 140, 178, 380–381
dolus 282
- in Rechtsgeschäften 135–137
- beim Diebstahl 208
- bei kriminellem Handeln 136
dominium 107–108, 346
Domitian 182

Dorotheus, Lehrer an der Rechtsschule
  von Berytus 253–255, 263
Drakon 45
ducenarii 173
Edikte der Magistrate 102
– der Ädilen 192, 254
– der *veteres praetores* 103
– des Princeps 155, 162, 238, 313, 414
– des Augustus an die Bewohner von
  Cyrene 155–157
– des Mark Aurel an die Athener 157
edictum, als besondere Klausel 107
– *de iniuriis aestumandis* 135
– *ne quid infamandi causa fiat* 135
– *provinciale* 133, 192–193, 399
– *supervacuum* 135
Edictum Theodorici 249
Edikt des Prätors 16, 22, 101–110, 124,
  132–136, 139, 150, 153, 161–162, 167,
  187, 189, 192, 224, 226–229, 246, 399
– Herausbildung des prätorischen
  Edikts 102, 133–134
– Dauer der Bestimmungen 104,
  132–135, 162, 227
– und Gesetz 134–135, 228
– als *lex annua* 104, 134
– julianische Redaktion 104–105,
  132–133, 399
– Palingenesie des Edikts und moderne
  Diskussion 105, 398–399
Ehegesetze, Eherecht 129, 161, 178, 190
Eheschließung 82, 255
Eigentum 26, 84, 108
  s. a. *dominium*, *mancipatio*
Eigentumsrecht 129
emancipatio durch sieben formale Akte
  86–87
Empedokles 219, 232
emptio venditio 95–97, 99, 102, 108, 124,
  131, 178, 182, 188, 294
– und *permutatio* 182–183
– und *ōnē kai prasis* 98
endoplorare 78
engyē 70
Ennius 50
episcopalis audientia s. Bischof, schiedsrichterliche Rechtsprechung
epistēmē, und *technē* 208
– s. a. *ars*, Dialektik, *probabile*, *verum*

epistulae, der Konsuln 161
– des Princeps 158, 168
Epitome, als Form der Rechtsliteratur
  188–189
Epitome Gai 250, 343
Epitome Iuliani s. *Novellae* Justinians
Epitome Ulpiani 241
equites s. Ritter
Erbeinsetzung s. *heredis institutio*
Erbfolge 167, 209
Erbrecht 130, 149, 151, 168, 178, 257
– s. a. *bonorum possessio*, Fideikommiß,
  Legat, Testament
Erbteilung 210
ercto non cito 131, 178
Erinnerung s. a. Mündlichkeit 17, 61, 141
Etymologie, etymologische Forschungen 211–215
Euhemeros von Messene 63, 280
Eurich, König der Westgoten 250
Eurypides 113
eusebeia, in der kaiserlichen Gesetzgebung 164
exceptio 106, 108, 282
– *doli* 124, 229
– *rei venditae et traditae* 296
exēgētai 84, 404
exempla maiorum 49
exemplum 103, 114, 159, 161, 209
exilium 78

Fabius Ambustus 66
Fabius Mela 192
Fabius Pictor, Quintus 50, 62
Familie 38, 75–76
favor libertatis 198–199
Favorinus von Arelate (Arles) 53
Fideikommiß 149–150, 160, 167–168,
  188, 190, 260
– der Emanzipation 168
– s. a. Legat
fides 99–100, 104
– *bona* 97, 99–101, 107, 124, 224, 231,
  397–398
fiscus 160, 171, 194
flamen, flamines 81–82
Flavius, Gnaeus 111, 405
Florentinus 176, 184, 230, 263–264
Folter 165–166
Form 71, 85

438 Sachregister

Formalismus, juristischer 83–86, 88–89, 95, 148, 195
- in der Definition Webers 71
- und Interpretatio 83–87
- und Gewißtheit der Beziehungen 85–86
- und Tradition 148
Formeln, juristische 107, 109, 113, 115–116, 121, 123, 131, 187, 230
- religiöse 122–123
formula, im Prozeß 100, 102, 123–124
- *petitoria* 108
Fragmenta Vaticana 241–242
fratres sui 96–97
Freie und Sklaven 197–198, 233, 237
- s. a. Sklaven
Freigelassene 43, 179, 209–211, 230, 233, 410
- kaiserliche 172–173
s. a. *liberti*
Freilassung s. *manumissio*
Fremder s. *hostis*
- s. a. Bürgerrecht
Freundschaft, und *philia* 95, 99, 219
fruges excantare 288
Fufidius 176, 189
Fulcinius Priscus 177, 264
Furius Antias 193
furtum s. Diebstahl

Gaius, Verfasser der *Institutiones* 16–17, 51, 54, 132, 138–139, 176, 178–179, 184–186, 190–192, 207, 230–231, 242–243, 250, 254, 263–267, 407
Galba, Servius Sulpicius 117
Galenus 185
Galla Placidia 243
Gefangene 128
Gellius, Aulus 17, 104, 183, 213
Gemeineigentum 131
genera, s. *species*
gentiles 133
Gerechtigkeit s. *aequitas*
Gesellschaft s. *societas*
Gesellschaftsvertrag 132
Gesetz, im weitesten allgemeinen Sinne 19, 22, 46, 124–127, 129, 139, 195, 237
- s. a. Gewohnheitsrecht
- s. a. Recht, *ius, lex*
Gesetzgebung

- sumerische, akkadische 57–58, 65, 389–390
- archaische griechische 57, 62, 64–65, 124–127, 390–391
- solonische 63–64, 390
Geschäftsführung für andere 204
Geschworenengericht 155–156
Gewohnheit, Gewohnheitsrecht 66–67, 95, 110, 124, 126–128, 139, 239
Gleichheit und soziale Unterschiede 38–39, 136–137, 265
gnōmōn des *idios logos* 413
Gordian III. 237
Gortyn, Recht von 57–58, 80
Grachanus, Marcus Iunius Congo 323
Grammatik 118
Gregorius, Verfasser des *Codex Gregorianus* 246
Gregor von Nazianz 238
Gregor von Nyssa 238
Grundlasten s. Servituten
Gundobad, König der Burgunder 250

Hadrian 138, 149, 154, 158, 164, 166–167, 173, 182, 237
Hammurabi 57–58, 389–390
Handel 89–91, 188, 204, 212
Handelsrecht 93–94, 99–100
- Verwendung der Bezeichnung 93–95
Heraklit 63, 219
Hermagoras von Temnos 118
Hermodoros von Ephesos 63
Hermogenian 241, 246, 341
„Helden", in der byzantinischen Rechtsliteratur 263
heredis institutio, ex re certa 83, 150, 178, 198, 205–206, 209, 301, 327
Hexabiblos 265
Hinduismus 36
Hippias 125
Historische Schule 23–25
Homer 113, 182, 184
homines novi 92, 114, 402
honestiores, und *humiliores* 236
Horaz 15, 53
Hortensius Hortalus, Quintus 121
hospitium 34–35, 95
hostis 95
- als Fremder 34–35

Sachregister

humanitas, in der kaiserlichen Gesetzgebung 163, 165, 259
hypomnēmata 348–349
Hypothek, und Pfand 254, 271

Iavolenus Priscus, Lucius 174, 176, 180–182, 184, 188–189, 192, 197–198, 263–264, 407
imperator
- als *pater patriae* 309
- als „lebendes Gesetz" 236–237
- s. a. Princeps
imperium 46, 101, 107, 121
- der Magistrate 101, 106, 162, 170, 396
- des Princeps 162–163, 171
- *proconsulare,* und *potestas tribunicia* 171
- s. a. *iurisdictio*
in bonis habere 108
Index Florentinus, der Digesten 322
Indien 81, 212
Indices, Form der Rechtsliteratur 263
inelegantia iuris 166
infamia 136–137
ingenui 179, 230
iniquitas rei 166
in iure cessio 69–70, 86, 96, 178, 296
iniuria, Vergehen der – 107, 135, 143
in ius vocatio 73–74, 106
Institutiones, als Form der Rechtsliteratur 179, 254
- Justinians 34, 251, 254, 257, 260, 420
instrumentum fundi 210
interdicta 105–106, 136, 255
interdictio aqua et igni 77–78
interlocutiones de plano 154–155, 413
interpretatio 83, 114, 139, 221–222, 224, 250, 262, 404
interpretatio, humanior 151
- als *munus exiguum* 221–222
- westgotische 250, 262
Intestaterbfolge 131, 178, 255
Johannes von Kappadokien 251, 343
Iovianus 238
Isidor, Verfasser eines *index* zu den Digesten 263
Islam 37, 83
iudex 72, 100-101, 295, 313, 395
iudicare 138
iudicia 45, 154

iudicia bonae fidei 101, 107–108, 397–398
iudicium, als *formula* 100
- als „rechtsprechendes Kollegium" 145–146
iudicium Cascellianum 123
Iulianus Apostata 238, 350
Iulianus Ascalonita 349
Iulianus, Salvius 17, 53, 104, 132, 151–152, 174, 176, 182, 184, 189–190, 192, 196–202, 207, 244, 254, 317, 406
Iulius Aquila 322
Iulius Flavianus 175
Iunius Brutus, Macer (pr. 140 v. Chr.?) 131, 141–142, 206–207
iuridici 100–101, 294
iuris consultus 25, 116
iuris peritus 116
iuris prudens 116
iurisdictio 100–102, 104, 393
- und *imperium* 100, 102
ius
- *aequabile* 38, 273
- *constitutum* 199
- und *lex* 45, 67
- und *iustitia* 185, 197
- „Teile" des *ius* 127, 139–140
ius civile, als Recht einer politischen Gemeinschaft 25, 47, 50, 94–96, 101, 109–110, 118–119, 124, 130, 138–140, 152, 178, 180, 187, 189–192, 196, 200, 206–207, 222, 224, 229, 231, 233, 259, 396
- und *ius gentium* 94, 101, 230–231, 233, 397–398
- und *ius honorarium (praetorium)* 110, 259, 297, 398–399
- und *ius naturale* 94, 233
- als *interpretatio* 139, 211–222
ius edicendi 103, 133
ius gentium, s. Naturrecht, s. *ius civile*
ius honorarium oder *praetorium* 102, 107, 109–110, 399–400
- s. a. Edikt, prätorisches
ius naturale, s. Naturrecht, *ius civile*
ius Quiritium 69, 95
ius respondendi 141, 149, 405
Iustinianus 22–23, 34, 105, 152, 188, 209, 238, 251–260, 263, 271, 416–420
Iustinus, christlicher Märtyrer 185
Iustinus II. 258
iustitia 164, 185

Juden 36
Julian s. Iulianus

Kalikles 125, 302
Kanzlei, kaiserliche 158–159, 172–174, 410
Karneades 40, 47, 217, 221
Karthago 40, 90, 291
Kasuistik 144, 198, 203–204, 206, 402–403
kata poda 262, 349
Kauf, griechischer 97–98
Klassizismus 251, 253, 259, 263–265, 415–416, 418–419
Kleanthes 39
Kleisthenes 45
Klientel, als politische Erscheinung 43, 60
Kodex als Buchform 16, 244–245
Kodifizierung 23, 27, 58, 130, 149, 192, 233, 244–259, 262, 265, 415–420
Kognitionsprozeß
– s. Prozeß
Kollegialität der Magistraturen 43
Kolonat 26, 237
Kommentar, als Form der Rechtsliteratur 189–193
Konstantin 16, 235, 238–239, 246, 347, 411
Konstantinopel, Rechtsschule 34, 183, 251, 254
Konstitutionen, kaiserliche 139–140, 161, 163, 189–190, 195, 237, 242–254, 257, 260–263, 312, 413–414
Konsulat 59, 173, 193, 234
Kontrakte 130
– Konsensualkontrakte 96–97, 102, 108, 396-397
Koran (Qur'ān) 37
Korinth 40
Kuriatkomitien, s. *comitia curiata*

Labeo, Marcus Antistius 17, 51–53, 115, 118, 123, 136–137, 148, 176, 180–182, 187, 192–193, 196, 202, 214, 222, 224–229, 254, 264, 309, 331
Lactantius 185
Laelius Felix 112, 190–191
Landwirtschaft 91
– s. a. Bauern

Lapis niger 68
Latiner 167, 179
Latini Iuniani 316
laudationes 115
lectio senatus 274
Legat, Verfügung *mortis causa* 51, 131, 150, 167, 178, 181, 190, 199, 210–212, 255, 260, 309
– s. a. Fideikommiß
Legaten 170–171
legati Augusti pro praetore 133, 170–171, 173
leges, perfectae, imperfectae, minus quam perfectae 66–67, 282
– *regiae* 68, 390–391
– und *iura* 45, 124
leges Liciniae Sextiae 64
leges Porciae de provocatione 78
leges sumptuariae 91
legis actio, Bedeutung des Begriffs allgemein 50, 72, 100, 102, 108, 123, 139, 395–396
– *per condictionem* 74
– *per iudicis arbitrive postulationem* 73–74
– *per manus iniectionem* 73–74, 77
– *per pignoris capionem* 72, 74, 285
– *sacramento*, als *actio generalis* 73–74
– *sacramento in personam* 73–74, 286
– *sacramento in rem* 73–74
leitourgiai 156
lenitas 164
Lentulus, Lucius 149–150
Leo VI., der Weise 265
lessum habere 52
lex, allgemein 19, 45, 396
– und Gewohnheitsrecht 57–58, 127
lex, als Formel oder „Ritus" 72
– *horrendi carminis* 72
– *generalis* 237
– *iusta* 227–229, 407
– *necessaria* 228, 407
– in philosophischem Sinn 125–129, 219
– *curiata de imperio* 42
– *de imperio* 163
– *publica* 46, 65, 195, 273, 285, 396
– *promulgatio* der *lex* 46
– und *difficultas abrogationis* 67, 282
– und *plebiscitum* 60, 139–140
– und *privilegium* 129

Sachregister 441

- und Schrift 46, 61–62
- und *ius* 66–68, 281
- und *exemplum* 159
- und *interpretatio* 128–129
- vorsichtige Verwendung der – 129
- Diskussionen über die – 129, 219

lex
- *Aebutia de formulis* 102, 294
- *Aelia Sentia* 153, 311
- *Aemilia de censura minuenda* 65–66
- *Aquilia de damno* 54, 129, 131, 143, 200, 228, 273, 307, 407
- *Atilia de tutore dando* 129
- *Calpurnia de condictione* 74
- *Canuleia* 65
- *Cincia* 66, 129, 190
- *Cornelia de edictis* 295
- *Cornelia de iniuriis* 129
- *de imperio Verspasiani* 163, 282
- *Falcidia* 129, 190
- *Fufia Caninia* 311
- *Furia de sponsu* 66
- *Furia testamentaria* 66
- *Hortensia de plebiscitis* 276, 298
- *Iulia de adulteriis coercendis* 311
- *Iulia de ambitu* 311
- *Iulia de collegiis* 311
- *Iulia de maritandis ordinibus* 190, 311, 335, 355
- *Iulia de repetundis* 292
- *Iulia de vicesima hereditatum* 311
- *Iulia de vi privata* 311
- *Iulia de vi publica* 311
- *Iulia iudiciorum privatorum* 102, 167, 311
- *Iulia iudiciorum publicorum* 102, 167, 311
- *Iulia maiestatis* 311
- *Iulia sumptuaria* 311
- *Iunia (Norbana)* 316
- *Laetoria (Plaetoria)* 66, 129
- *Maenia de patrum auctoritate* 298
- *Marcia de fenore* 66
- *Ogulnia* s. Plebiszit des Ogulnius
- *Papia Poppaea nuptialis* 190, 311
- *Poetelia (Poetilia) de nexis* 64
- *Publilia de patrum auctoritate* 276
- *Publilia de plebiscitis* 276, 298
- *Silia de condictione* 74

- *Valeria de provocatione* (509 und 300 v. Chr.) 77, 111
- *Valeria Horatia de plebiscitis* 276
- *Valeria Horatia de provocatione* 78, 276
- *Voconia* 66, 129

Lex Romana Burgundionum 246, 251
Lex Romana Visigothorum 244, 246, 250–251, 262, 342
Libanius 247
libellus, Petition 152, 158, 338
Liber Gai, s. *Epitome Gai*
libertas, als republikanisches aristokratisches Ideal 49, 148
liberti
- s. Freigelassene

Libri singulares 190, 193–194, 241, 340
Licinius Crassus, Lucius 112, 121, 193
Licinius Crassus Mucianus, Publius 114, 117, 119
Licinius Rufinus, Marcus Gnaeus 112, 175
Lipit Ištar, König von Isin 58, 390
litis contestatio, in den *legis actiones* 72, 100, 106, 160, 294
- im Formularprozeß 100, 160
- verliert seinen Wert im Kognitionsprozeß 160
- und *restitutio in integrum* 106
Livius 48–49, 59, 63, 177
Livius Andronicus 63
locatio-conductio 96, 99, 102, 108, 144–145, 201–202, 204–205, 293
locupletes 91, 279
Lykurg 45, 61

Macer, Aemilius 193–194
Maecianus, Lucius Volusius 17, 151–152, 174–175, 190, 194, 196, 269, 318
Magie 33, 70–71, 73–74, 78–80
magister equitum 92
magister officiorum 235
Magistraturen 15, 41, 43, 48, 115, 173, 193, 218, 234
- kurulische 92
- ordentliche und außerordentliche 92, 173
malum carmen 78–79
mancipium, als Gewalt 69–71, 76, 79, 87, 96–97, 108, 394

– oder *mancipatio*, als Akt der Privatautonomie 69–71, 86, 96, 178, 296, 394
mandata, des Senats (?) 161
– des Princeps 155, 161–162, 193, 237, 413
mandatum 96, 99, 107–108, 202–203, 207
Manilius, Manius 113, 116–117, 119, 123, 131, 138, 222
manumissio 52, 154, 198, 230, 233, 255, 410
– *testamento* 178, 198–199, 287
manum conserere 286–287
manus 75, 82
manus iniectio 73–74, 77
Marcellus, Ulpius 151–152, 166, 168, 189–190, 193, 196, 244
Marcianus, Aelius 176, 184, 190, 193–194, 212, 230, 263–264
Marcus Aurelius 151–152, 157, 165, 193, 240
Marius, Caius 147
Mauricianus Iunius 190
Meditatio de nudis pactis 348
membrum ruptum 288
merces 96
Minicius 176, 180
Mischna 36
Mischverfassung 41, 44, 385
missiones in possessionem 106
mnēmones 61
Modestinus, Herennius 175, 187–188, 190, 193–194, 203, 241, 243, 263–264
modus 181
Molon von Rhodos 118
Mord 78
mores 80, 285
– *maiorum* 196
Mucius Scaevola, Publius (cos. 133 v. Chr.) 117, 131, 222
Mucius Scaevola, Quintus, Augur (cos. 117 v. Chr.) 139
Mucius Scaevola, Quintus, Pontifex (cos. 95 v. Chr.) 17, 50, 99, 112, 120–123, 128–132, 180, 184, 187, 190–191, 196, 205–207, 210–212, 220, 228, 244, 406
Mündlichkeit und Schrift 17, 140–142, 245, 280, 391–393
Münzprägung 69

munera, als Gegenstand juristischer Untersuchung 153, 241
mutuum 202–203

Naevius 63
natura 127, 217, 229
– s. a. Naturrecht, *ius civile*
Naturrecht 40, 127–128, 132, 195, 206, 216–23
– in der Sophistik 125
– in der Alten Akademie 218
– im Stoizismus 218–219, 221
– bei Cicero 218–222
– und utilitaristische Ausrichtung bei den Epikuräern 217–221
– Polemik der Neuen Akademie gegen das – 217–218
– Erstreckung auf alle Lebewesen 218, 231–233
– und Tradition 219–220
– Erkennbarkeit des – 220–222
nearai diataxeis 257
Neratius Priscus, Lucius (cos. suff. 97 n. Chr.?) 150, 174, 176, 180, 187, 190, 197
Nero 174, 309
Nerva, Kaiser 154
Nerva, Marcus Cocceius, Pater 167, 176–177, 181–182, 320
Nerva, Marcus (?) Cocceius, Filius 176–177, 183
nexum 69–71, 79, 394–395
nobilis 93, 111, 120–121, 402
nobilitas, Bedeutung des Terminus 92
nobilitas 113, 148, 402
nomina, vocabula 211–215
nomos 19, 80, 125–127, 219, 238–239
– *agraphos* 125, 127, 239, 280, 302
– *patrios* 238–239
– *genikos* 237
– und *physis* 125, 302
Notae, als Form der Rechtsliteratur 180, 191, 263
Notitia dignitatum 236
Novellae, Justinians 256–258
– Sammlungen 257–258
– *posttheodosianae* 249–250, 262
numeratio pecuniae 94

Obligation 26, 70, 77, 84, 108–109,
    178–179
obligatio, und *actione teneri* 109
obvagulatio 79
Octavenus 177
officia, als Gegenstand der juristischen
    Literatur 193
Ofilius, Aulus 17, 115, 130, 133, 211–212,
    331
ōnē kai prasis, s. *emptio venditio*
oratio principis 154
ordo equester 92
Origenes 185
Ovid 177

pacta 107
Panaitios 39–40, 45, 47, 117, 218
Pandectae, Form der Rechtsliteratur
    252
Pandektistik 23–25
Papianus, s. *Lex Romana Burgundionum*
Papinianus, Aemilius 17, 139, 147, 175,
    186–190, 193, 203, 210, 231, 242–244,
    250, 254, 263–264, 407–408
Papirius, Caius (?), Pontifex Maximus 84
Papirius, Iustus 152, 240
Paraphrase des Gaius aus Autun 242
Paraphrase der Institutionen, von Theophilus 263, 420
paragraphai, als literarische Form 263
paratitla 262, 349
par(r)icida(s) 288, 394
partitio 139, 403
pater familias 75, 79, 82, 97, 205
patria potestas 75, 79, 87, 97, 394
– und *emancipatio* 86
– s. a. *pater familias*
Patricius, Lehrer an der Schule von
    Berytus 263
Patriziat 92, 121
patronus, und *cliens* 75
– und freigelassener Sklave 152
– Analogie mit dem *parens manumissor*
    86–87
Pauli Sententiae 241, 244, 250, 340, 343,
    409
Paulus, Iulius 17, 132, 142, 147, 152–153,
    176, 185–187, 189–194, 196–197, 199,
    202, 229, 231, 241–244, 263–264, 320,
    340

peculium, des Sklaven 197
Pedius, Sextus 136, 177, 190, 192, 323
Pegasus, Plotius (?) 174, 176, 182, 299,
    318, 320
Peira 265, 348
Pentateuch 36, 79
penus 212–213
perduellio 78
peregrini, s. Fremde
permutatio 182
Personenrecht 178
Pfand und Hypothek 254, 271
Pfandrecht 129, 190
philanthrōpia 163–164, 228, 259
philia, und Freundschaft 99
Philo von Alexandria 177
Philostrat von Lemnos 232
physis 125, 217
– s. a. *natura*
pietas 164
pignoris capio 74
Pinnius Iustus 175
pistis 98–99
Plato 45, 47, 61, 125–128, 170, 215, 219,
    223
Plautius, Caius 66, 177, 180
Plautus 63
plebs 46, 60, 93, 154
Plebiszit, des Canuleius, s. *lex Claudia*
– des Claudius 292
– des Ogulnius 111
– des Ovinius 297
plebiscitum, s. *lex*
poena, und *poinē* 282
Polybios 41, 44, 90
Polybios, Minister des Claudius 159
politeia, s. Verfassung
Polizei, und gerichtliche Funktion 160
Pompeius, Gnaeus, der Große 114, 120,
    147
Pomponius, Sextus 17, 51, 128–129,
    131–132, 136, 139, 176–177, 180, 184,
    189–190, 196, 205–207, 228, 320, 406
pontifices 81–84, 87, 111, 115, 195, 403
pontifex maximus 81–83, 114, 120, 122
populus, im Komitium 45–46
– s. a. Volksversammlungen
possessio 107–108, 123–124, 346
– s. a. *dominium*
postliminium 128–129, 131

potestas, über Sklaven, als Institut des *ius gentium* 94
- *vitae necisque* 74–75, 83, 394
potestas tribunicia, und *imperium proconsulare* 148, 193
Präfekturen, als große territoriale Einheiten 174, 235
praefectus, Titel der Statthalter ritterlichen Ranges 171, 173, 193
- *aerarii militaris* 171, 174
- *aerarii Saturni* 161, 174
- *Alexandriae et Aegypti* 171, 174, 412
- *annonae* 171, 175
- *iure dicundo* 294
- *praetorio* 160, 171, 175, 235–236, 241
- *urbi* 160, 171, 173–174, 235
- *vehiculorum* 174
- *vigilum* 160, 171, 175
praepositus sacri cubiculi 236
praesides 338
praetor 22, 43, 92, 102, 135, 149, 154, 234, 394–395
- *de liberalibus causis* 161, 313
- *fideicommissarius* 161
- *fisci* 61
- *peregrinus* 100–103, 124, 397
- *tutelaris* 161, 193, 313
- *urbanus* 100, 102–110, 124, 397
- s. a. Edikt, Formularprozeß
Prätorianerpräfekt s. *praefectus praetorio*
Pragmatica sanctio pro petitione Vigilii 346
pragmatikoi 112
preces 158, 236, 338
princeps 147–148
- *legibus solutus* 163
- und Rechtsordnung 161, 163–164, 240–241, 411
- und Magistraturen 161–162, 170, 172
- und Prätor 162
- und Provinzialverwaltung 170–171
- s. a. *amici*, kaiserliche Konstitutionen, kaiserliche Rechtsprechung, Kaiser
Priesterkollegien 81–82, 84, 111
Privatrecht 20, 25–28, 34, 48, 50, 53, 95, 129–131, 155, 160, 190, 238, 257, 336–337
- „Entdeckung" des – 26
privilegium, und *lex* 129
probabile, und *verisimile* 220

Procheiros nomos 265
Proculiani und Sabiniani, s. Rechtsschulen
Proculus Iulius 152, 167, 175–176, 180–184
procuratores, kaiserliche 162, 170–172, 313, 410
Prokonsul 171–173, 193, 235, 314
Prozeß 72–74, 77, 100, 102, 105–109, 113, 120, 123, 129, 134, 138, 141, 151–153, 168, 194, 388, 395
- Zivilprozeß, archaischer 72, 77, 395
- Formularprozeß 100, 102, 259, 395
- Kognitionsprozeß 160–161, 193–194, 259, 411
- *per rescriptum* 338
- und Privatautonomie 72
proletarius 279
Protagoras 80, 124, 302
Provinzen 155–157, 160, 170, 173, 188, 193, 209–210, 235, 237
provocatio ad populum 77–78, 392–393
publicani, Steuerpächter 92, 255
Pythagoras 219, 232

quaestio 142, 180
Quaestiones, Form der Rechtsliteratur 180, 189
quaestiones perpetuae, Schwurgerichtshöfe 160
quaestor sacri palatii 235–236
quaestores parricidi 288
Quästur 173, 234
Quintilianus 186
Quirites 69, 284

ratio 135, 169, 217, 224–225, 407
- *naturalis* 229–230
- als Werturteil 44
- als rationales Erklärungsmuster 53–54
- *disputandi* 200-201
- und *aequitas* 135, 168–169
- und *auctoritas* 200–201, 225
- und *utilitas* 135, 149–150
Recht
- und typische Reduktion des Handelns 20, 95–96, 204
- als abstrakte Vorstellung 70–71, 95–96
- Autonomie des – 33, 35–36, 69
- und wirtschaftliche Lage 29–31, 388

Sachregister 445

– und soziale Beziehungen 29–31,
 196–197, 388
– und „Sozialsystem" 32
– und Wandel 31–33, 56–57, 65–68, 80,
 125–126
– und Zeit 57, 67, 132–134, 227, 259–260
– und Tradition als Legitimationsprinzip 56–57
– und Werte 33
– und Moral 36–37, 227–228
– und religiöse Erfahrung 36–37
– „instrumentalistische" Vorstellung
 vom – 56–57, 110
– Kenntnis und Unkenntnis vom –
 22–23
– und Prozeß 72
Recht, internationales 95
Recht, römisches, und rationalistische
 und systematische Auslegung 23–24,
 26
– und Rechtsdogmatik 26–27, 29, 381
– exemplarischer Wert des – 25, 28–30
– „Vollkommenheit" des – 29
– und Rezeption 22–23
– und romanistische Tradition 23–30
– und kanonisches Recht 22–23
– und modernes Zivilrecht 25–29
Rechtsprechung, schiedsrichterliche der
 Bischöfe 266
– kaiserliche 160–161, 165, 265–266,
 409–412
– populare 77, 392–393
– senatorische 235, 411–412
Rechtsschulen 230, 261, 406
– sabinianische und prokulianische
 176–177, 180–184, 318, 406
– und Philosophenschulen 183
– und Grammatik-, Rhetorik-, und Medizinschulen 183
Rechtswissenschaft und Recht 29–30, 33,
 401–409
– „klassische" Bedeutung der Bezeichnung 147
– byzantinische 27, 259, 261–265, 348
– und *nobilitas* 112–115
– und Ritterstand 115, 173–175
– und Staatsdienst in republikanischer
 Zeit 113–115
– und kaiserliche Macht 147–153,
 163–169, 173–175, 182

– und Gesetz 124–130, 195
– und prätorisches Edikt 132–137,
 226–227
– und kaiserliche Gesetzgebung 163–169
– und Prozeß 83, 138–139, 141, 148–149
– und Unterricht 117, 140–141, 145–146,
 178, 209–211
– und *sapientia* 119–120
– und Philosophie 117–119, 184–186,
 263, 408
– und *artes liberales* 117
– und Redekunst 112, 117–121
– und Rhetorik 225–226, 415
– und sprachliche Analyse 50–52,
 213–215
– und Warenwelt 212
– und „Werte" 33, 136–137, 225,
 229–231, 403
– handschriftliche Überlieferung der –
 16–17
– und moderne Forschung 228, 401–409
recitatio 243, 251–252
regula 206, 403
– normative Funktion der – 206–207,
 264
Regulae, Form der Rechtsliteratur 189,
 205–208
rei vindicatio 108–109, 178
– s. a. *legis actio sacramento in rem*
Reichsteilung 235, 247–248
Reiterei 42, 60, 63
Rekkeswind, König der Westgoten 250
relatio 158
relegatio, und Konfiszierung des Besitzes
 164
res mancipi und *nec mancipi* 76, 108
rescripta 155, 158–161, 168, 193, 237, 246,
 338, 412
– normative Wirkung 159, 168–169, 338
respondere 116–117, 138, 141, 224
Responsa, Form der Rechtsliteratur 145,
 187–189
responsum 18, 83, 116–117, 131, 138–146,
 149, 158–159, 202, 224, 246
– der Auguren 122
– der Pontifices 83, 141
– orakelhafte Kürze 83, 120, 141
– autoritative Form 141, 204–205
– *signatum* 141
– und Rechtswesen 83, 138–141

Sachregister

- und Didaktik 116
- und Propaganda 116
- *restitutio in integrum* 105–106, 166
- *rex* 38–39, 42, 59
- *sacrorum* 81–82
- Rhetorik 118–119, 225–226, 261, 413–415
- Ritter, Ritterstand 173–174, 177, 236, 402
- und ritterliche Laufbahn 172–174
- *rogatio* 72, 282
- Rutilius Maximus 190
- Rutilius Rufus, Publius 49, 114

Sabinianer und Prokulianer, s. Rechtsschulen
Sabinus, Masurius 17, 75, 167, 177–184, 187, 191–192, 197, 210–211, 244, 320, 406
Sachen 76, 108
- zusammengesetzte und kollektive 146
- körperliche und unkörperliche 179
Sachenrecht 178, 187
sacramentum 73–74, 286
Sakralrecht 42, 74, 81, 84
sanctio pragmatica 237
sapientia 119–120
Schiedsrichter 100
Scholia Sinaitica 263–264
Scholien zu den Basiliken, s. Basiliken
Schuld 143, 145, 202
Schuldknechtschaft 60, 64, 70–71, 73, 77, 392–393
Scipio Aemilianus, Publius Cornelius 45, 112–113, 122
Scipio Africanus 50
Scipio Nasica Corculum, Publius Cornelius 112, 116, 119, 299
scrinia 235–236
sella curulis 92, 292
Sempronius Sophus, Publius 66, 84
Sempronius Tuditanus, Caius 45
Senat 15, 41, 48, 120, 160, 170, 234
senatusconsultum 20, 139–140, 153–154, 156–157, 189, 190
Senatoren, Senatorenschicht 173–174, 235–236, 274, 292
senatus consultum „Calvisianum" 156
- *Neronianum* 177
- *Orfitianum* 190, 311
- *Tertullianum* 190

Seneca, Philosoph 159, 177, 186, 196
Seneca, Redner 177
Sententiae Syriacae 350
Septimius Severus 153, 168
Seri 238–239
Servius Sulpicius Rufus 17, 50–51, 114–115, 118, 120–122, 133, 142, 144, 176, 187, 196, 198, 213–214, 222, 224–225, 277, 300, 406
Servituten 26, 123, 131, 301
Severus Alexander 175
sexagenarii 173
Sextus Empiricus 230
Sidonius Apollinaris 251
Sklaven 165, 315
- als „Personen" und als „Sachen" 197–198
- und wirtschaftlicher Aspekt 209–211
- und Landarbeit 210–211
- Zorn des Patrons gegenüber dem Sklaven 197–198, 315
- kaiserliche 172, 410
- s. a. *liberti*
societas 96–97, 99, 108, 131–132, 178
Sokrates 61, 89, 113
Solon 45, 64
species 75, 131, 182
sponsalia 70
sponsio 70–71, 96
Staat, als natürliche und historische Erscheinung 170
- Vergleich mit dem menschlichen Körper 170, 316–317
- s. a. Verfassung
Stadt, und Welt 38–40, 147
- und göttliches Vorbild 219
- als „Kunstwerk" 39
- ästhetisch-architektonische Definition 45–46
- als Ort der Philosophie 218
- als Ort des Responsum 144, 188
stationes 183
Statthalter 193, 235
statuliber 51–52, 131, 178, 198, 287
Stephanus 263
stipulatio 26, 71, 94, 105–106, 178, 190, 254
- *damni infecti* 224
Strafrecht und Strafprozeß 129, 194
- s. a. Prozeß

subscriptiones 158
substitutio pupillaris, vulgaris 301
subtilitas 259
suggestio 158
sui 75, 133, 227
Sulla, Lucius Cornelius 147
summae, literarische Form 265
sup(p)ellex 213–214, 331
supplicatio 338
Symmachus, Quintus Aurelius 251
sympatheia, unter den Lebewesen 232
Synesius von Kyrene 263
Syrisch-römisches Rechtsbuch 264
„System", des Sabinus 178–179
„System", des Mucius 131

Tacitus, Cornelius 177
Talion 78, 288
Talmud 36
Tarrutenus Paternus 175, 194, 318
Taurus, Calvisius (Calvenus) 183–184
Tausch s. *permutatio*
technē, und *epistēmē* 208
Terentius Clemens 190
Tertullian, Jurist 189
testamentum 20, 26, 109, 123, 131–133,
    150–152, 167, 178, 198–199, 203–205,
    226, 255, 327
– *calatis comitiis* 70, 82, 132
– *per aes et libram* 86
– prätorisches 109
– *sine scriptis* 347
– und testamentarische Praxis 19, 123
Tetrarchie 235
Thalelaios 263
Themistius 260
Theoderich, Ostgotenkönig 249
Theoderich II. König der Westgoten
    249
Theodosius I. 235, 251
Theodosius II. 16, 244, 246, 249, 252,
    260, 416
Theophilus, Lehrer an der Rechtsschule
    von Konstantinopel 251, 254, 263, 420
Theophrast 218, 232
Theseus 45
Thora 36
Tiberius 176–177
Tiberius II. (Tiberius Constantinus)
    257–258

Tituli ex corpore Ulpiani, s. *Epitome Ulpiani*
traditio 108, 202
– als Institut des *ius gentium* 94
Traditionalismus 54–55, 148, 161–162,
    186, 247–248, 260, 402
Trajan 164–165
Transport, See- und Fluß- 201–202,
    204–205
Trebatius Testa, Caius 115, 117–118, 123,
    149–150, 177, 181, 267, 299
trecenarii 185
tresviri capitales 160
Tribonianus 251, 253–255, 271
Tribus, in der älteren Tribusordnung
    42–43, 60
– in der neueren Tribusordnung 42
tribuni militum consulari potestate 92,
    274
Tribute 194
Tributkomitien, s. *comitia tributa*
Tryphoninus, Claudius 189, 230–231
Tubero, Quintus Aelius, der Jüngere 118,
    214, 300
Tubero, Quintus Aelius, der Ältere 117
Tuscianus 176
tutela 86, 94, 99, 131, 178, 255, 287

Ulpianus, Domitius 17, 132, 135, 137,
    147, 167, 175–176, 185–187, 189–194,
    202, 206–207, 209–212, 219, 224,
    229–230, 232–233, 242–244, 263–264,
    408
Umgangssprache
– „performativer Gebrauch" 70, 284
Unterricht, juristischer und neuer Studienplan Justinians 254–255, 420
Upanischaden 36
Urseius Ferox 176–180
Urteil 138
usucapio 108–109, 133
usus, als Nutzungsrecht 181
– als Art des Erwerbs der *manus* 82
usus fructus 181, 242, 346
utilitas, als Rechtfertigung der Rechtsvorschriften 128, 135, 201, 407

vadimonium 105, 296
Valens, Kaiser 235, 238
Valentinian I. 235

Valentinian II. 16, 243
Varro, Marcus Terentius 52, 119, 197, 215, 277
Veda 36
Venuleius Saturninus 176, 190, 193–194
ver sacrum 72
vera philosophia 185–186
verisimile, und probablile 220
Verkauf 81
– s. a. emptio-venditio
Verres, Caius 104, 133, 304
Vertrag 26
Vertragsrecht 129
Verträge, internationale 90, 128–129, 291
verum, als letztes Ziel der investigatio 220
Vestalinnen 82
Vibius Zeno 251
vicarii 338
vindex 279
vindicatio, der bona caduca 161
virtus 113
– und aretē 113, 298
Vitellius, Jurist 180
Vivianus 177
vocabula, s. nomina
Voconius Saxa, Proconsul von Africa 165
Volkstribunen 42, 49, 92, 173
Volksversammlungen 15, 42, 48, 120, 154
Vollstreckung, erzwungene im archaischen Recht 60, 74

Vormundschaft s. tutela
votum 122
Vulgarismus 258–259, 415
Wirtschaft, antike, Umfang 90–91

Zaleukos 281–283
Zenon von Kyzikos 39, 218
Zensor 43, 93, 103, 122, 282
Zensur 65–66, 92
Zensus 42, 92–93, 155, 292
Zensusklasse 42, 93
„Zitiergesetz" 243, 252, 417–418
Zivilrecht, s. ius civile
Zwölftafeln 16, 34, 38, 41–42, 45–47, 50–54, 57, 59–60, 62, 64–77, 79, 83, 86, 105, 107, 124, 131, 190–191, 213, 273, 275, 281, 282, 283, 284, 288, 391–395
– Rekonstruktion der – 69
– und Schrift 59
– als „carmen necessarium" 53
– und Gewohnheitsrecht 67, 68
– griechischer Einfluß 63–64, 391–392
– und solonische Gesetzgebung 63–64
– und interpretatio 51–52
– und Polybios 43–45, 275
– und Cicero 38–39, 45–49, 275
– und Livius 49–50
– als Gegenstand der antiquarischen und historischen Literatur 45
– ideologische Überhöhung 47, 53
– moderne Analyse 68, 391–393

QUELLENINDEX

Literarische Texte

AESCHYLOS
Prometheus vinctus
448–461: 61, 280

[ALCINOUS]
Didaskalikos (Hermann)
1,p.152: 336

ALEXIS (II, Edmonds)
25,8–9,p.386: 331

AMMIANUS MARCELLINUS
Res gestae
16,5,1: 281
22,10,1–2: 350
22,16,22: 281
30,4,2: 350
30,4,4: 350
30,4,9–13: 350
30,4,15–22: 350

ANTIPHON (Sophista)
87 B 44 DK: 335

APPIANUS
Bella civilia
1,59,266: 276
Iberica
95,412–97,423: 299

AELIUS ARISTIDES
Orationes (Dindorf, Keil)
14 = 26, εἰς Ῥώμην 61 (Oliver): 308

ARISTOTELES
Ars rhetorica (Ross)
1,10,1368 b 7–9: 302
1,13,1373 b 4–6: 302
1,13,1373 b 16–17: 332
1,13,1373 b 18–18 a: 336
1,13,1374 a 26-b 23: 333

1,15,1375 a 25-b 8: 302
1,15,1375 a 27: 333
Atheniensium res publica
(*Athēnaiōn politeia*)
6,1: 282
9,1: 282
Ethica Nicomachea (Bywater)
5,7,1–5,1134 b 18–1135 a 5: 333
5,10,1–8,1137 a 31–1138 a 3: 333
6,11,1,1143 a 21–24: 333
8,10,4,1160 b 22–32: 287
8,13,5–6,1162 b 23–31; 99, 294
Politica (Ross)
1,2,1252 b 20–21: 287
1,7,1255 b 19: 287
2,7,1266 b 14–18: 282
3,14,1285 b 31–33: 287
3,16,1287 a 18-b 8: 302
6,5,1319 b 7–1320 a 2: 302
7,9,1329 a 1–2: 298

ARRIANUS
Indica
11,1–6: 288

ASCONIUS PEDIANUS (Clark)
in Cornelianam
56,7–11: 295

SEMPRONIUS ASELLIO
Res gestae (Peter²)
8: 299

ATHENAEUS
Dipnosophistae (Kaibel)
14,619 b: 280

AUGUSTINUS
Confessiones
6,3,3: 341
De civitate dei

2,9: 288
2,16: 281
3,10: 317
5,17: 400
AURELIUS VICTOR
De Caesaribus
16,12: 400
BARDESANES (III C, Jacoby)
F 3 (a, b), pp.649,21–650,29: 339
BASILICA
60,54,15: 94
60,54,19: 309
BOETHIUS
Commentarii in Ciceronis Topica (V 1, Orelli)
2,p.299,12–18: 289
CAESAR
Bellum Gallicum
6,19,1–2: 287, 394
6,19,3: 394
ATEIUS CAPITO (Strzelecki)
9: 277
24: 276
CASSIUS HEMINA (Peter[2])
18: 276
CATO
De agri cultura
praef. 2: 292
praef. 3: 292
38,4: 330
101: 303
Origines (Peter[2])
21 J: 273
77: 289
90: 273
CICERO
Ad Atticum
3,23,2: 282
5,20,1: 295
6,1,8: 297
6,1,15: 304
6,1,18: 297
Ad Familiares
1,10: 298
3,1,3: 298
13,59: 295
Ad Quintum fratrem (Watt)
1,1,20: 295
De domo sua
1,1: 289
14,36: 333
15,39: 306
29,77: 287
40,106: 283
De haruspicum responso
7,14: 289, 396
De lege agraria
I 6,19: 269
II 11,26: 282
In C. Verrem
II 1,42,109: 304
II 1,44,114: 133, 304
II 1,45,115–6: 304
II,1,45,117: 304
II 5,18,45: 277, 292
II 5,18,46–47: 292
Philippicae
II 28,69: 277
VIII 5,15: 316
IX 6,13: 299
IX 7,16: 299
XI 12,28: 332
Pro Balbo
8,21: 303
Pro Caecina
21,59: 334
23,65–24,69: 138, 305
26,74: 396
33,95: 283
33,96–35,103: 332
Pro Cluentio
53,146: 276, 316
53,147: 301
Pro L. Flacco
3,6: 295
26,62: 281
Pro Milone
4,10: 332
Pro Murena
11,25: 297
12,26: 286, 297

14,30: 322
20,41: 295
Pro Tullio
22,51: 288
Academica posteriora (Varro)
1,2,4–8: 300
1,3,9: 277
1,12,44: 333
Academica priora (Lucullus)
2,2,7–3,8: 332
2,18,60: 332
2,20,65: 332
2,38,119: 332
2,38,121: 332
2,39,122: 221, 333
2,41,128: 332
Cato maior de senectute
9,27: 298
11,37: 75, 287
14,50: 298
15,51: 292
17,61: 298
18,63: 299
De divinatione
2,41,85: 283
De finibus bonorum et malorum
1,1,3: 332
1,5,13: 332
2,1,2–3: 321
2,14,43: 332
2,14,46: 332
2,17,37: 336
2,22,74: 294
3,20,67: 332
3,21,70: 332
5,4,10: 321
5,23,65: 334
De legibus
1,3,10: 299
1,4,14–5,17: 333
1,5,16: 332
1,5,17: 333
1,6,18: 332
1,6,19: 332, 334
1,6,20: 332
1,7,22–23: 332
1,8,25: 332
1,10,28: 332
1,12,33: 332
1,13,35: 332

1,13,36–38: 332
1,13,39: 333
1,15,42: 332
1,16,43–44: 332
1,17,47: 332
1,22,57: 333
2,4,8: 332
2,4,9: 277, 332
2,4,10–5,13: 332
2,7,18: 276
2,10,23: 303
2,23,59: 276, 277, 279, 281
2,24,60: 279
2,24,61: 276
2,25,64: 277, 281
2,26,64: 281
3,1,2: 297
3,3,8: 297
3,5,12: 303
3,8,19: 287
3,20,46: 303
De natura deorum
1,2,4: 332
1,5,11–12: 332
1,22,61–62: 333
1,42,119: 280
2,29,73: 332
2,30,70–31,78: 332
2,62,154: 332
2,67,168: 321
3,2,5–3,7: 333
3,4,9: 333
3,4,10: 325
3,15,38: 334
3,28,71: 332
3,30,74: 301
3,40,95: 333
De officiis
1,4,12: 274
1,4,13: 332
1,5,15: 332, 334
1,5,17: 274
1,6,18: 333
1,6,19: 299, 333
1,7,20: 332
1,7,23: 332
1,9,29: 332
1,10,31: 332
1,12,37: 273
1,14,12: 274

1,16,50–52: 38, 273
1,17,53: 273, 276
1,25,85: 316
1,42,150–151: 292
2,2,5: 336
2,2,7–8: 333
2,4,15: 276
2,5,17: 274
2,8,26–27: 274
2,12,41–42: 38, 273
2,19,65: 299
2,21,73: 274
2,22,78: 274, 334
3,5,21–22: 332
3,5,23: 332
3,6,27: 332
3,10,43: 334
3,14,60: 301
3,15,61: 273
3,16,65: 124, 273, 285, 301
3,17,68: 332
3,17,69: 221, 332–333
3,17,70: 294
3,20,80: 294
De re publica (Ziegler[7])
1,10,15–11,17: 300
1,27,43: 273
1,34,53: 273
2,1,2–3: 44, 275
2,4,7: 91, 292
2,16,30: 275
2,21,37: 275
2,22,40: 279
2,31,53: 78
2,31,54: 77, 78
2,36,61–37,62: 275
2,37,63: 282
3,5,8: 332
3,8,13: 331
3,9,15: 331
3,10,17: 277
3,11,18: 331, 334
3,11,19: 332
3,12,20–21: 331
3,22,33: 332
4,10,12: 288
6,9,9: 299
Hortensius (Müller, Grilli)
101 = 107: 332
Paradoxa Stoicorum

6,2,46: 295
6,3,50: 299
Tusculanae disputationes
1,4,7–8: 321
1,13,30: 332
1,15,35: 332
1,26,65: 332
2,3,9: 332
2,23,55: 277
3,20,46: 332
3,21,51: 332
4,1,1: 77
4,26,57: 336
5,3,7: 336
5,4,11: 332
Brutus (Malcovati[2])
41,152: 307
58,213: 298
64, 228–229: 300
89,305–306: 118, 299
90,308–309: 118, 299
De inventione
1,11,14: 302
2,21,62: 302
2,22,65: 127, 302, 332
2,22,67: 127, 302
2,50,148: 287
2,53,160: 127, 302, 334
2,53,161: 127, 302, 332
2,54,162: 127, 276, 302
2,56,168: 316
De oratore (Kumaniecki)
1,10,41: 286
1,34,158: 332
1,41,186: 297
1,43,193–44,195: 47, 276
1,45,198: 298, 299
1,45,199: 112, 298
1,45,200: 299
1,48,212: 299
1,56,239–40: 117, 299
1,57,244: 298
1,57,245: 277
1,58,247: 277
2,33,142: 306
2,33,143: 299
2,33,144: 306
2,52,209: 273
2,66,268: 300
3,21,79: 332

Quellenindex

3,21,80: 321
3,33,132: 119, 300
3,33,133: 119, 299, 300
3,33,134: 119, 298, 300
3,33,135: 114–115, 299
3,38,153: 285
Orator
42,143: 299
42,144: 241
42,146: 299
49,165: 332
Partitiones oratoriae
37,130: 332
Topica
1,1–5: 299
3,14: 289
4,23: 334
5,28: 139, 305
17,64: 288
17,65–66: 306
18,71: 334
19,72: 299
23,90: 225, 334

CLEMENS ALEXANDRINUS
Stromata (Stählin-Früchtel[3])
I 5,30,1: 336
I 5,32,4: 321
VI 7,54,1: 336

CODEX THEODOSIANUS
Gesta senatus
4: 417
1,1,5: 341, 417
1,1,6: 341
1,2,2: 338
1,2,3: 338
1,2,5: 338
1,2,8: 338
1,2,9: 338
1,2,11: 338
1,4,2: 340
1,4,3: 340, 417
1,16,11: 413
1,29,1: 350
1,29,5: 350
1,29,6: 350
1,29,7: 350
3,2,1: 348
3,5,3: 347

3,5,8: 347
3,5,13: 347
4,6,4: 347
4,6,6: 347
4,6,7: 347
4,8,6 pr. 287
4,12,3: 348
6,21,1: 341
8,12,1: 347
8,12,8,2: 347
8,12,4: 347
8,12,5: 347
8,12,8: 347
8,12,9: 347
8,16,1: 348
8,18,1: 415
8,18,3: 415
11,1,20: 338
11,7,3: 348
14,9,3,1: 341

COLLATIO LEGUM MOSAI-
CARUM ET ROMANARUM
1,11,1–3: 158–159, 312
3,2,1: 315
3,3,1–6: 315
4,8,1: 287, 394
15,2,4: 313
16,9,2: 335

COLUMELLA
De re rustica
3,10,1: 330
4,24,7: 330
5,5,11: 330

CORNELIUS NEPOS
Cato
2,3: 294

CORPUS IURIS CIVILIS
Codex
Const. Summa
3–4: 343
Const. Cordi
4: 346
1,14,1: 338
1,14,2: 338
1,14,3: 338
1,14,5: 282

454   Quellenindex

1,14,12 pr.-1: 338
1,17,1,2: 344, 345
1,17,1,4-5: 252-253, 344
1,17,1,11: 344
1,17,1,12: 262, 349
1,17,2 pr.: 344
1,17,2,1: 344
1,17,2,9: 344
1,17,2,10: 253-254, 344
1,17,2,18: 346
1,17,2,21: 262, 349
1,19,2: 338
1,19,4: 338
1,19,7: 338
1,22,6: 338
1,23,7: 338
1,55,3: 350
1,55,5: 350
2,3,10: 341
4,18,2: 347
4,56,1: 313
4,64,1: 320
4,64,7: 320
5,3,17: 347
5,14,1: 341
5,16,25: 347
5,25,2: 313, 347
5,25,3: 313
5,25,4: 313
5,27,2: 347
5,27,8: 347
5,27,12: 347
6,9,9: 348
6,23,3: 314
6,23,15: 348
6,23,26: 347
6,29,3,1: 318
6,37,21: 348
6,43,1: 348
6,43,2: 348
7,32,10: 415
8,34,3: 348
8,46,5: 313
8,46,10: 287
8,53,25: 347
8,53,27-36: 347
8,57,1: 348
9,51,1: 312
10,11,2: 412
10,16,7: 338

10,19,2: 348
11,19,1,3-4: 341
Digesta
Const. Deo auctore
2: 344, 345
4-5: 252-253, 344
11: 344
12: 262, 349
Const. Dedōken
pr.: 349
1: 344
9: 344
Const. Tanta
pr.: 344
1: 254, 344
2-8: 254
9: 344
10: 253-254, 344
18: 346
21: 262, 349
Const. Omnem
pr.-7: 254
Index Florentinus
XXIV 7: 322
1,1,1: 336
1,1,1 pr.: 185, 321
1,1,1,1: 321
1,1,1,2: 289
1,1,1,3: 232, 337
1,1,1,4: 233, 337
1,1,4: 233, 336
1,1,6 pr.: 233, 337
1,1,7 pr.: 140, 297, 306, 313
1,1,7,1: 297
1,1,8: 297
1,1,9: 324, 335
1,1,10: 336
1,1,10,2: 336, 407
1,1,11: 337
1,2,1: 273, 278
1,2,2,2: 289
1,2,2,4: 281, 283
1,2,2,5: 306
1,2,2,6: 289
1,2,2,7; 297
1,2,2,8: 276
1,2,2,11: 314
1,2,2,12: 139, 306
1,2,2,16: 78
1,2,2,23: 78, 288

Quellenindex

1,2,2,32: 313
1,2,2,35: 319
1,2,2,36: 289, 297
1,2,2,37: 299
1,2,2,38: 277, 290, 306
1,2,2,43: 120, 299, 300
1,2,2,44: 303
1,2,2,47: 278, 318, 406
1,2,2,48: 318, 319
1,2,2,49: 306, 309, 318
1,2,2,50: 318
1,2,2,51: 317, 318
1,2,2,52: 317, 318
1,2,2,53: 318
1,3,1: 323
1,3,2: 323
1,3,3: 324
1,3,4: 324
1,3,8: 324
1,3,20: 278
1,3,31: 314
1,3,32,1: 324
1,3,40: 324
1,4,1 pr.: 314
1,4,1,1: 312
1,4,2: 315
1,5,1: 319
1,5,2: 324
1,5,3: 319, 324
1,5,4,1: 311, 336
1,5,6: 319
1,5,17: 400
1,6,1 pr.-1: 324
1,6,2: 315
1,8,1: 319
1,8,1,1: 324
1,12,1,8: 315
1,13,1 pr.: 323
1,16,6,3: 313
2,13,1,1: 295
2,14,1 pr.: 94, 314, 335
2,14,7 pr.-1: 94
2,14,7,7: 313
3,1,1,3: 318
3,1,1,8: 313
4,1,7 pr.: 166, 315
4,1,7,1: 168, 316
4,2,13: 164–165, 314
4,3,1 pr.-6: 135, 304
4,3,9,5: 136, 305

4,3,11 pr.-1: 305
4,4,1 pr.: 335
4,4,3,1: 322
4,4,13,1: 334
4,5,3,1: 324
4,6,1,1: 313
4,6,26,4: 295
4,6,26,7: 296
4,6,28,2: 313
4,8,19,2: 318
4,8,32,16: 323
4,9,3,1: 334
5,1,18,1: 321
5,1,76: 145–146, 308
5,2,15 pr.: 337
5,4,10: 340
7,1,9,4: 340
7,2,1,1: 316
7,8,12,1: 320
8,3,10: 334
8,3,35: 314
8,5,17,1: 123, 301
9,1,1,4: 277
9,2,5,3: 307
9,2,7 pr.: 307
9,2,7,4: 307
9,2,11,2: 325
9,2,11,3: 324
9,2,15,1: 324
9,2,21,1: 324
9,2,51: 200, 324, 406
9,2,52,1: 306
9,2,52,2: 143, 307
9,4,2,1: 54, 273, 278
10,1,13: 281
10,4,19: 308
12,1,17: 321
12,1,18: 302, 325
12,2,28,6: 288
12,4,3,7: 335
12,6,64: 336
13,4,4,1: 333
13,5,1 pr.: 335
13,5,3,1–2: 296
13,6,5,8: 207, 327
13,7,30: 334
14,1,1,24: 296
14,2,10,1: 202, 325
14,3,11,3: 295
14,6,11: 296

16,3,1,1: 296
16,3,31: 231, 336
17,2,30: 323
18,1,1,1: 320
18,1,51: 94
18,1,78,3: 334
19,1,38,1: 277
19,2,13,1: 202, 325
19,2,13,4: 307
19,2,15,2: 334
19,2,25,5: 288
19,2,30,4: 334
19,2,31: 144–145, 307
19,2,57: 334
19,2,61,1: 204–205, 326
19,4,1: 320
19,4,2: 320
19,5,11: 228, 335, 407
20,1,5 pr.: 296
21,1,17,4: 315
23,2,29: 313
23,2,68: 94
23,3,78,4: 321
24,1,11,3: 318
24,1,25: 324
24,3,64,9: 335
25,1,1 pr.-3: 349
25,1,3 pr.-1: 349
25,2,1: 324
25,2,25: 94
25,3,5: 313
25,3,6,1: 313
26,4,1 pr.: 283
26,4,3 pr.: 283
26,5,12,1: 166, 315
27,1,30 pr.: 310
27,9,5,8: 316
27,10,1,1: 315
28,1,20,7: 324
28,2,23 pr.: 336
28,4,3 pr.: 151, 310, 314
28,5,1,4: 329
28,5,9,13: 329
28,5,10: 329
28,5,11: 329
28,5,35 pr.: 328
28,5,35,1-2: 329
28,5,35,3-5: 209, 328
28,5,45: 205–206, 326
28,5,79 pr.: 329

28,6,39 pr.: 123, 300, 301
28,6,41,8: 329
29,1,1 pr.: 312
29,1,6: 210, 329
29,2,78: 205, 326
29,2,99: 296, 310
29,7,14 pr.: 318
29,7,14,1: 340
30,4 pr.: 331
30,4,1: 329
30,41,2: 327
30,114,8: 316
32,11 pr.: 211, 329
32,19: 320
32,23: 314
32,55: 212, 329
33,1,10 pr.-1: 204, 326
33,1,20 pr.: 326
33,2,33,2: 203, 326
33,7,16 pr.: 331
33,7,26,1: 331
33,9,3,9: 330
33,10,6 pr.: 331
33,10,7: 214, 330
33,10,10: 331
34,2,32,1: 331
34,2,40,2: 203, 326
34,7,1: 327
34,9,12: 310
35,1,40,5: 320
35,1,71,1: 320
35,1,86,1: 327
35,1,92: 316
35,1,94: 324
36,1,48: 188, 322
36,1,76,1: 153, 311
36,2,17: 327
36,2,21 pr.: 316
37,4,8,7: 337
37,4,8,11: 227, 304, 335
37,5,1 pr.: 335
37,8,3: 296
37,9,1,13: 296
37,10,9: 304
37,14,17 pr.: 151–152, 310
38,2,28 pr.: 321
38,2,51: 304
38,10,10,4: 75
38,16,15: 311
38,17,9: 311

Quellenindex

39,2,24,2-5: 334
39,2,43 pr.: 334
39,3,2,6: 334
39,4,16,7: 329, 407
39,6,35,3: 318
40,4,26: 324
40,4,44: 204, 326
40,5,7: 320
40,5,20: 322
40,5,37: 314
40,5,48: 320
40,7,3,2: 324
40,7,20,3: 199, 324, 406
40,7,21 pr.: 51, 277, 324
40,7,25: 287
40,7,28 pr.: 324
40,7,29,1: 287
40,7,39,4: 324
40,9,10: 328
40,11,2: 336
40,15,1,4: 321
41,1,5,7: 94
41,1,9,3: 94
41,1,11: 318
41,1,16: 321
41,1,36: 325
41,2,3,23: 303
42,8,11: 296
43,1,2: 106
43,8,2 pr. 313
43,12,1,12: 334
43,23,2: 334
43,26,1,1: 94
43,26,2,2: 335
44,4,1,1: 335
44,4,4,33: 296
44,7,1 pr.-1: 179, 319
44,7,5 pr.-3: 320
44,7,52 pr.: 297
44,7,52,6: 297
44,7,57: 132, 303
45,1,1,6: 329
45,1,35,2: 293
45,1,91,3: 311, 324
45,1,91,4: 311
45,1,91,6: 311
46,1,8,2: 296
46,4,8,4: 94, 296
47,1,1 pr.: 311
47,2,1 pr.: 331

47,2,18: 318
47,2,77 pr.: 207, 327
47,2,77,1: 323
47,4,1 pr.-1: 226, 334
47,7,1: 288
47,7,11: 288
47,9,1 pr.: 333
47,9,3,2: 333
47,10,15,26: 135, 304
47,22,4: 273, 281
48,1,5: 168, 316
48,2,12,4: 336
48,7,7: 314
48,8,4,1: 312
48,9,5: 287
48,18,1 pr.-1: 315
48,18,1,23: 315
48,18,1,27: 165–166, 315
48,19,27 pr.: 315
48,19,28,7: 339
48,20,7,1: 321
48,22,1: 314
48,22,15: 94
48,22,18 pr.: 309
49,15,5: 128–129, 303
49,15,19 pr.: 324
50,4,8: 311
50,5,3: 292
50,7,18(17): 303
50,10,7,1: 313
50,13,1: 313
50,13,1,5: 336, 407
50,15,1 pr.: 318
50,16,13,1: 323
50,16,53 pr.: 287
50,16,120: 287, 324
50,16,122: 323
50,16,144: 319
50,16,167: 330
50,16,234,2: 303
50,16,237: 277
50,16,242,3: 331
50,17,1: 324, 327
50,17,22 pr.: 324
50,17,32: 324, 336
50,17,90: 335
50,17,107: 324
50,17,183: 315
50,17,192: 310
50,17,202: 324

Institutiones
Const. *Imperatoriam*
3–4: 345
6: 345
1,1,4: 276, 289
1,2 pr.: 232, 337
1,2,1: 335
1,2,4: 276
1,2,6: 314
1,2,12: 319
1,3 pr.: 319, 324
1,5 pr.: 319, 337
1,8 pr.-1: 324
1,8,2: 315
1,12,6: 290
2,1,17: 94
2,1,25: 318
2,1,40: 94
2,2: 319
2,2,1: 324
2,7,2: 347
2,10,1–3: 348
2,17,8: 314
2,20,1–3: 260, 348
2,20,12: 167, 316
2,23,1: 310, 313
2,25 pr.: 149–150, 309, 319
3,13,1: 296
3,23,2: 320
3,29,1: 94
Novellae
15: 350
18,5: 347
22: 346
35,1–2: 343
35,5: 343
78,5: 400
89,12,2–4: 347
Appendix
7,11: 346

CYPRIANUS
Ad Demetrianum (CSEL III 1)
3: 350
Ad Donatum (CSEL III 1)
10: 283, 350

DE REBUS BELLICIS (Ireland)
21,1–2: 240, 339

DE VIRIS ILLUSTRIBUS
21,1: 281

DEMOCRITUS
68 B 117 DK: 333

DEMOSTHENES
Orationes
24,139: 282
24,140: 281

CASSIUS DIO
Historiae Romanae (Boissevain)
36,40,1–2, 295
53,15,4: 313
53,18,3: 309
55,10,10: 309
57,8,1: 309
67,13,3–4: 320
69,6,3: 312
77,9,4–5: 400
80,2,2–4: 318

DIO CHRYSOSTOMUS
Orationes
14: 336
15: 336
15,20: 287
71,5: 322
71,8: 322

DIODODRUS SICULUS
Bibliotheca historica
2,40,1–3: 81, 288
12,17,2: 282
12,17,4: 281
12,23,1: 279
12,26,1: 283
20,36,3: 297
20,36,6: 297

DIOGENES LAERTIUS
Vitae philosophorum (Long)
7,129: 337
9,50: 288
9,72: 333
9,80–81: 300
10,150–153: 332

Quellenindex

DIONYSIUS HALICARNASEUS
Antiquitates Romanae
1,8,3: 278
2,25,3: 289
2,26,1–6: 287
2,27: 290
2,27,1: 287
3,22,6: 77
3,36,4: 283, 289
5,19,4: 78
5,70,2: 78
10,1,2–4: 280
10,51,5: 281
10,52,4: 281
10,54,3: 281
10,55,5: 281
10,56,2: 279, 281
10,57,5: 281
10,57,7: 283
10,60,2–4: 280
10,60,5: 282
11,1,1: 279

DONATUS
Commentum Terenti Eunuchi (Wessner)
515: 282

EDICTUM THEODERICI
(MGH Leges V)
Prol: 342
75: 342

EMPEDOCLES
31 B 135 DK.: 332

ENNIUS
Annales (Vahlen[2], Skutsch)
500 = 5,156: 280

EPICTETUS
Dissertationes ab Arriano digestae
(Schenkl)
4,1,51–53: 335

EPICURUS (Usener, Arrighetti[2])
548 = 144: 331
552: 331
581: 334
Ratae sententiae
31–38: 332

EUSEBIUS CAESARIENSIS
Praeparatio evangelica (Mras)
4,1,51–53: 338
6,10,11–15: 339

EXPOSITIO TOTIUS MUNDI (GLM)
25: 341

FESTUS
De verborum significatu (Lindsay)
4,30-31 (Paul.): 394
14,30–15,5 (Paul.): 306
34,18 (Paul.): 285
50,14–15 (Paul.): 285
66,21 (Paul.): 394
79,23–25: 289
150,36–152,3: 279
158,17–19: 394
160,32–35: 394
174,24–25: 289
176,3–15: 285
180,25–26: 277
190,5–7: 394
198,29–200,4: 289
232,3–4: 285
247,22–24 (Paul.): 288
332,33–34: 277, 394
408,31–410,5: 285
426,18–29: 277
430,20–22: 277
466,2–4: 286
467,3–4 (Paul.): 286
468,16–29: 286
516,33–518,5: 277

FLORUS
Epitoma
1,17 (1,24,1): 281
1,17 (1,25,1): 282
2,14 (4,3,5): 317
2,34 (4,12,65): 309

FRAGMENTA VATICANA
1: 311
47 a: 94
75: 340
75,2: 316
76: 340
78: 340
82: 340

249: 347
266: 318

FRONTINUS (?)
Stratagemata
4,2,2: 299

FRONTO
Epistulae ad Marcum Caesarem (van den Hout)
1,6,2 p.10: 313

GAI EPITOME
1,6,3–4: 290

GAI FRAGMENTA AUGUSTO-
DUNENSIA
4,85–86: 287

GAIUS
Institutiones
1,1: 324, 335
1,1–7: 297
1,2: 139, 323
1,3: 276, 323
1,4: 323
1,5: 314, 323
1,6: 297
1,7: 139, 309, 323
1,8: 179, 319
1,9: 319, 324
1,10–12: 319
1,48: 324
1,49: 324
1,50: 324
1,51: 324
1,52: 94, 324
1,55: 287
1,84: 315
1,111: 289
1,112: 289
1,113: 289
1,119: 283, 394
1,130: 289
1,132: 290
1,134–135: 290
1,152: 287
1,156: 74
1,158: 74
1,165: 283

1,188: 303
1,189: 94, 287
2,2–3: 319
2,10: 319
2,12: 319
2,13: 319, 324
2,14: 319
2,14a: 287, 324
2,15–20: 287
2,22: 287
2,24: 283
2,69: 94
2,103: 86, 290
2,104: 273, 290, 394
2,120: 304
2,126: 304
2,151a: 304
2,192: 309
2,195: 315
2,218: 319
2,224: 287
2,244: 327
2,253: 296
2,267: 324
2,278: 313
2,280: 167, 316
3,88–89: 319
3,92: 283
3,93: 94, 283
3,114: 289
3,132: 94
3,134: 328
3,141: 320
3,153: 269
3,154–154 b: 132, 293, 304
3,174: 273
3,195–197: 207–208, 328
4,11: 285, 288, 289
4,13–15: 286
4,16: 286
4,17: 269
4,17a: 286
4,17b–18: 269
4,19–20: 74
4,21: 286
4,26–29: 284
4,30–31: 294
4,47: 107–108, 296
4,57: 269
4,68–72 a: 269

4,79: 290
4,140: 106
4,142: 106
4,143–156: 106
4,166 a: 301
4,184: 106

GALENUS
Protrepticus (Kühn, Marquardt)
14, I pp. 38–39 = I p. 129: 321
Quod optimus medicus sit quoque philosophus (Kühn, Müller)
3, I pp. 59–61 = II pp. 6–7: 321

GELLIUS
Noctes Atticae
1,12,1–16: 289
1,12,19: 289
1,13,10: 299
1,13,11–13: 299
1,26,1–9: 321
2,28,6: 289
3,4,1: 300
3,18,7: 294
4,1,17: 330
4,1,20: 213, 323, 330
4,17,1: 300
5,13,1–5: 287
5,19,9: 83, 287, 289
5,21,9–13: 277
6,15,1: 207, 327
7,5,1: 277
7,9,1–6: 297
10,20: 303
10,20,2: 276
11,17,1: 295
13,10,1: 277, 299
13,10,2–3: 277
13,12,2: 277
13,13,1: 287, 321
13,15,1: 294
15,13,11: 286
15,27,1–3: 303
15,27,4: 276
16,10,5: 279
16,10,8: 294
16,10,12–13: 279
19,6: 321
20,1: 269
20,1,6: 277

20,1,13: 278
20,1,22: 278
20,1,25: 285
20,1,39–41: 99–100, 294
20,1,42–52: 286
20,10: 277
20,10,4: 286
20,10,7–9: 286

GREGORIUS THAUMATURGUS
Oratio panegyrica in Originem (Crouzel)
5,62: 341

HERACLIDES PONTICUS
Περὶ νόμων (Wehrli)
150: 288

HERACLITUS (DK., Colli)
22 B 114 = 14 A 11: 332

HERMENEUMATA PSEUDO-DOSITHEANA (CGL III)
pp. 30,14–38,29: 412

HERMIPPUS
Περὶ νομοθετῶν Wehrli)
88: 280

HERODIANUS
Ab excessu divi Marci
5,1,2: 318
6,1,1: 318
6,1,4: 318

HOMERUS
Ilias
21,196: 338

HORATIUS
Ars poetica
396–9: 283
Epistulae
2,1,18–27: 15, 269
Sermones
2,1,4–6: 300
2,1,82–83: 300

INTERPRETATIO AD CTH.
1,29,6: 350
1,29,7: 350

462 Quellenindex

ISIDORUS HISPALENSIS
Etymologiae
5,1,3: 281
5,1,5: 303
5,5,6: 335
Historia Gothorum (MGH Auct. XI 2)
35: 343

IUSTINUS
Apologiae (Rauschen²)
I 2,1: 321
I 4,8: 321

IUVENALIS
Satirae
1,127–9: 321
4,78–79: 299
4,80: 299
4,81: 299

LACTANTIUS
De opificio dei (CSEL 27)
20,1: 321
Divinae institutiones (CSEL 19)
3,17,4: 334
5,8,9: 321
5,9,22: 321
5,11,18–19: 321
5,12,1–2: 321
5,16,2–4: 331
6,8,6–9: 332
6,9,2–4: 321

LEX DUODECIM TABULARUM
1,1–3: 73, 285
1,4: 279
2,3: 288
3,1–4: 73, 285
3,5: 285
3,6: 285
4,1: 287
4,2 b: 290
5,3–5: 76, 287
5,7 a: 287
5,10: 287
6,1: 71, 285
6,3: 287
6,6 a: 281, 286
6,8: 287
6,9: 287

7,2: 287
7,5 b: 287
7,8 a: 287
7,9 b: 287
7,10: 287
8,1 a: 288
8,1 b: 288
8,2: 288
8,3–4: 282, 288
8,7: 287
8,8: 288
8,9: 288, 394
8,10: 288, 394
8,11–18: 288
8,21: 287
8,24: 394
8,24 a: 288
9,1–2: 287, 393
9,4: 288
10,2: 279
10,3: 279, 281
10,4: 277
10,6: 279
10,6 a: 279
10,7–8: 279
11,1: 279, 282
12,2: 288
12,4: 282
12,5: 282

LEX ROMANA BURGUNDIONUM
(MGH Leges I 2,1)
5,1: 343
10,1: 343
12,2: 343

LEX ROMANA VISIGOTHORUM
Exemplar auctoritatis (Mommsen): 250

LEX VISIGOTHORUM (MGH Leges I 1)
2,1,10: 242

LIBANIUS
Epistulae (Foerster)
438,5: 341
652,1: 341
1529,1: 341
Orationes (Foerster)
2,44: 341

Quellenindex

48,22: 341
62,21–23: 341

LIBER LEGUM REGIONUM (Nau)
25–28: 339

LIVIUS
Ab urbe condita
1,20,5–7: 289
1,26,6: 285
1,26,6–8: 77
2,3,2–4: 280
2,8,2: 78
2,23,8: 394
2,44,9: 279
2,46,4: 289
3,9,4–5: 280
3,31,8: 281
3,32,1; 281
3,33,1: 279
3,33,3: 279
3,33,5: 281
3,34,6: 48, 276, 303
3,36,7–8: 280
3,44,1: 279
3,55,3: 276
3,55,4–5: 78
3,57,10: 383
3,58,2: 277
4,4,2–4: 49, 277
4,4,5: 282
6,1,10: 283
6,35: 64
6,39–40: 64
6,42: 64
7,17,12: 66, 282
8,9,6: 285
8,9,7–8: 285
8,12,14: 276
8,28,1: 64
8,28,8: 64
9,33,4–9: 66
9,34,6: 66
9,34,7: 66, 282
9,34,8–11: 66
9,34,16–26: 66
9,46,1–12: 297
10,9,3: 78
10,9,5: 78
21,63,3–4: 292
22,10,2–6: 72
25,5,2–4: 298
27,8,4–5: 289
30,1,3–6: 298
40,42,9–10: 289

LIVI PERIOCHAE OMNIUM LIBRORUM AB URBE CONDITA
59: 277

LUCIANUS
Adversus indoctum
2: 341
25: 299

LUCRETIUS
De rerum natura
2,7,13: 331
2,1120–43: 308
3,995–1002: 331
4,16–32: 308
4,65–83: 308
5,1120–35: 331
6,123: 332

IOANNES LYDUS
De magistratibus populi Romani
(Wuensch, Bandy)
1,34: 281
2,7: 338

MACROBIUS
Saturnalia
1,13,21: 276
1,15,9: 297
3,9,10–11: 285
Commentarius in Somnium Scipionis
2,17,13: 282

MANILIUS
Astronomica
1,7: 309

MARCUS AURELIUS
Ad se ipsum (Dalfen)
7,13: 164

MEGASTHENES (III C, Jacoby)
F 4 p.609,26–610,2: 288
19 a,b. pp.621,18–622,16: 288
32,p.634,20–22: 280

MENANDER RHETOR
Διαίρεσις τῶν ἐπιδεικτικῶν
(III Spengel, Russel-Wilson)
I 3, p.360,10–16 = p.60,10–16: 401
I 3, p.363,4–14 = p.64,4–66,14: 401
I 3, p.364,10–16 = p.68,10–16: 401

NONIUS MARCELLUS
De compendiosa doctrina (Lindsay)
p.93,18–19: 279

NOTITIA DIGNITATUM (Seeck)
Or. 19,6–11: 338
Occ. 17,11–13: 338

NOVELLAE MAIORIANI
3: 350

NOVELLAE THEODOSII
1: 341
1,1: 341, 342
1,3: 342
1,5–6: 342
9: 282

ORIGINES
Epistula ad Gregorium (PG 11)
1 = Philocalia 13,1 Robinson: 321
In Genesim homiliae (interprete
Rufino) (VI 1, Baehrens)
11,2: 321

OVIDIUS
Ex Ponto
1,1,36: 309
Fasti
2,127–132: 309
2,637: 309
Metamorphoses
15,860: 309
Tristia
2,215–232: 316
4,4,13: 309

PAULI INSTITUTIONUM FRAG-
MENTA (Coll. libr. III 297 = FIRA II²
pp. 421–2)
2: 321
3: 321

PAULI SENTENTIAE
4,5,3: 314
5,12,9 a: 314

PAULI SENTENTIARUM
FRAGMENTUM LEIDENSE
3: 292

PAUSANIAS
Descriptio Graeciae
10,4,1: 276

PETRONIUS
Satyricon
79,1: 306

PHILO ALEXANDRINUS
De congressu eruditionis gratia (III,
Wendland)
14,79: 336
De specialibus legibus (V, Cohn)
2,69: 335
2,122: 335

PHILOSTRATUS
Vita Apollonii Tyanei
1,2: 337
1,7: 337

PLATO
Epistulae
7,344 b: 333
Gorgias
483b 4–484d 6: 302
Hippias maior
284b 6–e 1: 302
Leges
1,634 c 5–8: 302
3,702 c 5–8: 302
6,757 d 5–e 6: 333
7,793 a 9–d 5: 302
9,874 e 7–875 d 6: 302
Phaedo
109 a 9–b 3: 290
Phaedrus
275 a 2–5: 280
Politicus
293 c 5–294 d 1: 302
295 b 10–296 a 3: 302
301 d 8–e 4: 302

Protagoras
320c 8–322 d 5: 302
326 d 6: 301
337 c 6–d 3: 302
Res publica
5,464 b 1–3: 316
6,484 b 3–485 b 3: 302
6,500 b 8–501 c 9: 332
Theaetetus
167 b 5–c 7: 301
172 a 1–b 6: 301

[PLATO]
Definitiones
411 e 2: 334

PLINIUS MAIOR
Naturalis historia
5,19,76: 318
6,23,101: 329
7,43,139–40: 299
7,53,183: 321
8,3,10: 289
12,18,83–84: 329
16,10,37: 276
17,1,2: 299
17,1,7: 288
18,3,10: 289
18,26,235: 300
21,3,7: 279
28,2,18: 288
28,2,19: 288
28,2,26: 300
33,1,17–19: 297
34,5,21: 281
34,9,99: 312
35,12,154: 280

PLINIUS MINOR
Epistulae
6,31,7–12: 310
7,24,8: 318
8,24,4: 281
10,54: 314
10,55: 314
10,56,3: 313
10,96: 314
10,97: 314
10,104: 316
10,110,1: 313
10,111: 313
Panegyricus Traiano dictus
65,1–2: 313

PLUTARCHUS
Vitae parallelae (Lindskog-Ziegler)
Cato maior
22,2: 274
Coriolanus
25,7: 289
Lycurgus
13,1–3: 280
Numa
9,1–4: 289
Pericles
36: 288
Publicola
11,3: 78
Solon
15,2: 282
19,4: 282
Moralia
De Alexandri Magni fortuna aut virtute
(Nachstädt)
I 6,329 a: 274
De audiendis poetis (PG.)
14,37 a: 331
Quaestiones Romanae (Titchener)
30: 289

[PLUTARCHUS]
De liberis educandis (PG.)
10,8 b: 306
De placitis philosophorum (Mau)
I prooem., 847 e, p. 51,14–15: 336

POLLUX
Onomastikon
7,151: 282

POLYBIUS
Historiae
1,1–4: 274
2,12,7: 281
2,16,30: 275
2,17,12: 275
2,21,37: 275
3,1,4–10: 274
3,22,1–3: 291
3,22,4–13: 90, 291

3,26,1: 291
4,2,1-2: 274
5,33,3-4: 274
6,1,1-3; 274
6,2,1-3: 274
6,3,5-7: 275
6,9,10-13: 274, 275
6,10,12: 274
6,10,13: 275
6,10,14: 275
6,11,1: 44, 275
6,11,2: 44, 275
6,11,3-5: 275
6,11,11-12: 274
6,15,8: 274
6,17,1-7: 274
6,18,1: 274
6,31,2: 275
6,51,6-7: 274
6,56,7-11: 289
6,57: 275
8,1,3: 274
12,5,1-3: 275
12,16,10-11: 282
15,9,2: 274
15,10,2: 274
23,12,8: 274
23,14,1: 274
32,6,5: 275
34,2,7: 288

PHORPHYRIUS
Commentarii in Q. Horatium Flaccum
in Artem poeticam (Meyer)
399: 283
ad Sermones
1,9,76: 285

POSIDONIUS (Edelstein-Kidd, Theiler)
F 39 = 430: 337

VALERIUS PROBUS
De litteris singularibus fragmentum
(Mommsen, GLK. IV = FIRA II²)
3,13: 283
4,1-2: 286
4,4: 286
4,5: 286
(codex Einsidlensis 326)

6,34: 273
6,77: 323

PROCOPIUS CAESARIENSIS
De aedificiis
1,1-10: 346
Historia arcana
6,21: 346
9,51: 346
11,1-2: 346
13,20-21: 346
13,23: 346
14,1: 346
14,9-10: 346
14,20: 346
27,33: 346
28,9: 346
28,16: 346
29,15: 346

PSEUDO-ACRO
Scholia in Horatium vetustiora (Keller)
in Artem poeticam
399: 283

PSEUDO-CAESARIUS
Ἐρωταποχρίσεις (PG. 38)
2,109, p. 980, 17-38 (Riedinger):
238-239, 338

QUINTILIANUS
Institutio oratoria
3,6,70: 313
5,2,5: 311
12,4,12: 322

[QUINTILIANUS]
Declamationes maiores (Lehnert)
6,14, p.124: 287

RECOGNITIONES (Pseudoklementinen II, Rhem-Paschke)
9,19,1-20,3 pp. 270-274: 339

SALLUSTIUS
Bellum Iugurthinum
85,4-50: 299

SALVIANUS
De gubernatione dei
7,21,93: 350
8,5,24: 283

SCHOLIA IN IUVENALEM VETUSTIORA (Wessner)
1,128: 321
4,77: 317

SCHOLIA SINAITICA AD ULPIANI LIBROS AD SABINUM
16–18: 349

SCRIPTORES HISTORIAE AUGUSTAE (SHA)
Vita Marci Antonini
10,11: 313
Vita Severi
1,2: 400
Vita Pescenni Nigri
7,4: 318
Vita Antonini Caracalli
8,5: 318
Vita Alexandri Severi
26,5: 318
51,4: 318

SENECA PHILOSOPHUS
Apocolocyntosis
12,2: 320
De beneficiis
3,20,1–2: 336
4,38,2: 311
5,19,8: 300
De clementia
1,1,2: 309
1,5,1: 317
1,14,2: 309
2,2,1: 317
Ad Helviam de consolatione
6,2–3: 321
Ad Polybium de consolatione
6,5: 312
De vita beata
26,7: 322
Epistulae morales ad Lucilium
31,11: 324, 336
33,7: 323
33,11: 323

47,10: 336
88: 322
89,5: 336
90,3: 336
94,15: 325
94,27: 300
108,31: 77

SERVIUS GRAMMATICUS (und SERVIUS AUCTUS)
In Vergilii Aeneida
3,89: 285
4,103: 289
4,339: 289
4,374: 289
7,695: 281
In Vergilii Bucolica
4,43: 288
8,99: 288
In Vergilii Georgica
1,31: 289
3,387: 289

SEXTUS EMPIRICUS (Mutschmann-Mau)
Adversus mathematicos
9,13: 336
9,123: 336
9,130: 337
Πυρρώνειοι ὑποτυπώσεις
1,8,17: 335
1,11,23–24: 335
2,22,246: 335

SIDONIUS APOLLINARIS
Carmina
23,446–9: 283

SOLŌNOS NOMOI (Ruschenbusch)
60a: 282
66: 282
67: 282
69a–c: 282
70: 282
72a–b: 281
76a: 281

STATIUS
Silvae
3,3: 317
5,1: 317

IOANNES STOBAEUS
Anthologium (Wachsmuth-Hense)
2,7,111i, II p. 103, 12–17: 274
3,1,179, III p. 130: 332
4,1,132, IV p. 79: 332
4,1,136, IV p. 83: 332
4,2,20, IV pp. 127–30: 293

STOICORUM VETERUM FRAGMENTA (SVF)
I 262: 274
I 374: 334
I 587: 274
II 35: 336
II 36: 336
II 1017: 336
III 125: 334
III 262–4: 334
III 266: 334
III 280: 334
III 314: 323
III 352: 335
III 367: 337
III 370: 337

STRABO
Geographica
1,2,15, C 24: 288
6,4,2, C 288: 309
14,1,25 C 642: 281
15,1,39, C 703: 288
15,1,53, C 709: 280

SUETONIUS
Divus Iulius
44,2: 303
Divus Augustus
33,1: 314
58: 309
89,2: 277
Tiberius
11,3: 321
Caligula
34,2: 320
41,1: 280
Divus Claudius
14,1: 314
25,2: 315
Nero
8: 309
37,1: 317
Divus Vespasianus
8,5: 303

SYMMACHUS
Epistulae
3,11,3: 281

SYNESIUS
Dion (Terzaghi)
4, p. 245,8–12: 349

TACITUS
Annales
1,2,1: 309
1,3,7: 317
1,12,3: 317
1,17,1: 309
1,72,1: 309
2,87,1: 309
3,25,2: 303
3,27,1: 281
3,75;1: 319
4,16,2: 289
4,58,1: 318
6,26,1: 318, 320
6,26,2: 320
13,26,1: 311
16,9,1: 317
16,22,5: 317
Dialogus de oratoribus
34,7: 300
Historiae
1,16,1: 317

TERTULLIANUS
Ad nationes
1,10,3: 278

TESTAMENTUM NOVUM
Lucas
2,1: 313

TESTAMENTUM VETUS
Exodus
21,22–25: 281
Leviticus
24,10–23: 288
24,17–20: 281
Numeri

Quellenindex 469

15,32–36: 288
Deuteronomium
19,21: 281

THEMISTIUS
Orationes (Schenkl-Downey)
6,71 c: 348

ULPIANI EPITOME
1–2: 66
2,4: 287
2,7: 324
9,1: 289
10,1: 290
10,5: 289
11,3: 283
11,14: 287
11,28: 318
19,1: 287, 324
25,12: 313
26,7: 311

ULPIANI FRAGMENTA VINDO-
BONENSIA
2,2: 94

VALERIUS MAXIMUS
Facta et dicta memorabilia
2,3,2: 299
2,5,2: 297
2,9,1: 311
4,1,1: 78
4,1,10: 122, 300

7,7,3: 309
8,2,4: 327
9,3,3: 297

VARRO
De lingua Latina
5,14,81: 275
5,15,83: 289
5,36,180: 286
6,7,64: 286
7,1,1–2: 330
7,2,8: 285
7,5,105: 283, 394
De re rustica
1,15: 330
1,17,1: 324

XENOPHON
Memorabilia
4,4,14: 302
4,4,19–25: 302
Oeconomicus
5,1: 292
6,8–10: 292

ZONARAS
Epitome historiarum
7,18: 281

ZOSIMUS
Historia nova
1,11,2–3: 318

Inschriften und Papyri

Keilschrifttexte

CH
196–197: 281
200: 281
XXIV r 77: 278
XXV r 7: 278
XXV r 59–74: 58, 278
XXV r 96: 278
XXVI r 13: 278
XXVI r 18–52: 278

CL
Epil.: 270

Griechische und Lateinische Texte

AE
1955,179: 175, 318

BGU
140: 314
316: 20, 269
1146: 293
1210: 413

CIL
I 205: 398
I 2², 1: 283
I 2², 15: 299
I 2², 366: 283
I 2², 583: 295
I 2², 592: 398
II 2107: 309
II 5041: 313
VI 1,930: 282, 313
VI 2,9404: 273
VI 2,10235: 273
VI 3,19949: 273
VIII 4,24094: 317
X 1,4842: 312
X 1,5398: 313
X 1,6662: 310
XI 1,1146: 398
XII 5497: 309
XIII 2,5708: 20, 270

EDICTA AUGUSTI AD CYRENEN-
SES (SEG IX 8 = FIRA I² 68)
I Z. 4–40: 312
III Z. 56–62: 312
IV Z. 63–71: 312
V Z. 74–82: 312

EHRENBERG-JOHNES²
98 Z. 32–39: 309

EPIGRAPHICA
1,1939, S. 160–2: 347

FIRA I²
7: 295
15: 282, 313
19: 298
36: 313
51: 313
67: 312
68: 156, 312
73: 312
78: 314
88: 400

FIRA III²
47: 324
49: 20, 270
84 a: 273
135: 20, 269

HESPERIA, Suppl. XIII, S. 4–9 (Oliver)
Z. 57–66: 157, 312

IG
VII 413: 313
XII 5,593: 281

II
XIII 1,1 g, p.27: 275

ILA
244: 317

ILLRP
I² 3: 283
I² 316: 299
II 505: 283

ILS
96: 309
100: 309
1455: 310
7249: 373
8364: 373
8973: 317

ILT
699: 317

LEX (ACILIA?) REPETUNDARUM
LXV–LXVI: 295

LEX DE IMPERIO VESPASIANI
17–32: 163, 313, 314
34–39: 163, 282

LEX IRNITANA
(JRS 76, 1986, S. 153–181)
LXXXV 9B 37: 295
XCI, 10A 53–10B: 397

LEX (RUBRIA?) DE GALLIA CISAL-
PINA
XX: 298

MARINI
93: 347

MITTEIS, Chrestomathie
106: 293